KB085668

2025년 23회 대비
나눔의집 사회복지사1급

강의로 쌓는
기본개념

3과목 | 사회복지정책과 제도

8영역
사회복지법제론

사회복지교육연구센터 편저

사회복지
전문출판 나눔의집

CONTENTS

22회 필기시험의 합격률은 지난 21회 40.70%보다 10%가량 떨어진 29.98%로 나타났다. 많은 수험생들이 3교시 과목을 어려워하는데, 이번 22회 시험의 3교시는 순간적으로 답을 찾기에 곤란할 만한 문제들이 더러 포진되어 있었고 그 결과가 합격률에 고르란히 나타난 듯하다. 이번 시험에서 정답논란이 있었던 사회복지정책론 19번 문제는 최종적으로 '전항 정답' 처리되었다.

제22회 사회복지사1급 응시현황 및 결과

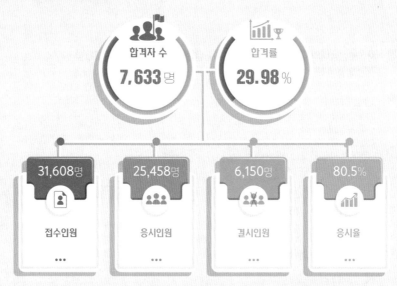

합격자 수
7,633 명

합격률
29.98 %

31,608명	25,458명	6,150명	80.5%
접수인원	응시인원	결시인원	응시율

※이는 필기시험 결과이다.

1회~22회 사회복지사1급 국가시험 합격률 추이

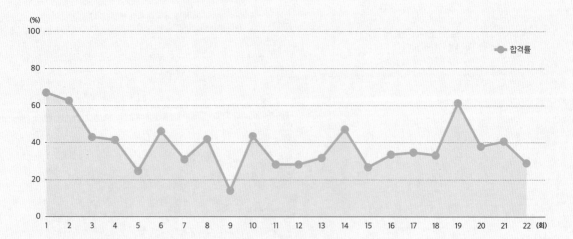

22회 기출 분석 및 23회 합격 대책

22회 기출 분석

사회복지법제론은 예년의 시험에 비해 난이도가 꽤 높게 출제되었다. 출제영역의 분포에는 큰 변화가 없지만, 다수의 문제에서 기존에 출제되지 않았던 법조항이 출제되었다. 예를 들어 사회복지사업법의 자원봉사활동 지원·육성, 국민기초생활보장법의 지역자활센터 사업, 의료급여법의 의료급여심의위원회 등 예년의 시험에서 거의 출제되지 않았던 법조항이 다수의 문제에서 출제되었기 때문에 문제를 접할 때 생소하고 어렵게 느껴졌을 것이다.

23회 합격 대책

최근 사회복지법제론은 법률의 전반적인 내용이 두루 출제되는 경향을 보이고 있으며, 그동안 자주 출제되지 않았던 법조항의 세부적인 내용까지 묻는 문제도 지속적으로 출제되고 있다. 따라서 기초적이면서도 공통적으로 포함되는 영역(용어의 정의, 급여의 종류, 실태조사 등)은 물론, 시행령과 시행규칙에서 언급되는 세부적인 내용도 반드시 살펴봐야 한다. 기존에 자주 출제된 기출 조항에 대한 학습을 탄탄하게 함과 동시에 상대적으로 지엽적이거나 출제되지 않았던 상세한 법조항에 대한 이해도 병행할 필요가 있다.

22회 출제 문항수 및 키워드

장	22회	키워드
1	2	헌법 제10조, 우리나라 사회복지법의 법원
2	1	법률의 제정 연도
3	0	–
4	0	–
5	3	사회보장기본법(사회보장에 관한 국민의 권리, 사회보장제도의 운영, 사회보장위원회 등)
6	2	사회보장급여의 이용·제공 및 수급권자 발굴에 관한 법률(지원대상자의 발굴, 급여의 신청, 한국사회보장정보원 등)
7	4	사회복지사업법(사회복지사업 관련 법률, 사회복지법인, 사회복지시설 등)
8	4	국민기초생활보장법(급여의 종류와 방법, 지역자활센터 등), 의료급여법(의료급여증, 의료급여기금, 의료급여심의위원회 등), 기초연금법(기초연금액의 감액, 시효, 수급권 상실 등)
9	5	국민연금법(가입자, 용어의 정의, 사업의 주관 등), 국민건강보험법(가입자, 국민건강종합계획, 자격의 상실 등), 고용보험법(취업촉진 수당, 용어의 정의, 고용보험기금 등), 노인장기요양보험법(용어의 정의, 사업의 관장, 급여의 종류 등)
10	4	노인복지법(노인복지주택, 노인보호전문기관 등), 아동복지법(아동정책조정위원회, 아동위원, 아동정책기본계획 등), 한부모가족지원법(한부모가족의 날, 용어의 정의, 실태조사 등), 사회복지공동모금회법(모금회의 설립 및 사업, 재원과 배분 등)
11	0	–

합격을 잡는 학습방법

아임패스와 함께하는 단계별 합격전략

나눔의집의 모든 교재는 강의가 함께한다. 혼자 공부하느라 머리 싸매지 말고, 아임패스를 통해 제공되는 강의와 함께 기본개념을 이해하고 암기하고 문제풀이 요령을 습득해보자. 또한 아임패스를 통해 선배 합격자들의 합격수기, 학습자료, 과목별 질문 등을 제공하고 있으니 23회 합격을 위해 충분히 활용해보자.

기본개념 학습 과정

1단계

강의로 쌓는 기본개념

어떤 유형의, 어떤 난이도의 문제가 출제되더라도 답을 찾기 위해서는 기본적인 개념이 탄탄하게 잡혀있어야 한다. 기본개념서를 통해 2급 취득 후 잊어버리고 있던 개념들을 되살리고, 몰랐던 개념들과 애매했던 개념들을 정확하게 잡아보자. 한 번 봐서는 다 알 수 없고 다 기억할 수도 없지만 이제 1단계, 즉 이제 시작이다. '이렇게 공부해서 될까?'라는 의심 말고 '시작이 반이다'라는 마음으로 자신을 다독여보자.

기본개념 완성을 위한 학습자료

기본개념 강의, 기본쌓기 문제, ○X 퀴즈, 기출문제, 정오표, 묻고답하기, 지식창고, 보충자료 등을 아임패스를 통해 만나실 수 있습니다.

실전대비 과정

4단계

강의로 완성하는 FINAL 모의고사 (3회분)

그동안의 학습을 마무리하면서 합격에 대한 확신을 가져보자. 답안카드를 포함하고 있으므로 시험시간에 맞춰 풀어보기 바란다.

강의로 잡는 회차별 기출문제집

학습자가 자체적으로 모의고사처럼 시험시간에 맞춰 풀어볼 것을 추천한다.

※이 내용은 합격수기 게시판에 올라온 선배 합격자들의 학습방법을 바탕으로 재구성한 것입니다.

기출문제 번호 보는 법

22-01-25
기출회차　영역　문제번호

'기출회차-영역-문제번호'의 순으로 기출문제의 번호 표기를 제시하여 어느 책에서든 쉽게 해당 문제를 찾아볼 수 있도록 하였다.

기출문제 풀이 과정

2단계

강의로 복습하는 기출회독

한 번을 복습하더라도 제대로 된 복습이 되어야 한다는 고민으로 만들어진 책이다. 기출 키워드마다 다음 3단계 과정으로 학습해나간다. 기출회독의 반복훈련을 통해 내 것이 아닌 것 같던 개념들이 내 것이 되어감을 느낄 수 있을 것이다.
1. 기출분석을 통한 이론요약
2. 다양한 유형의 기출문제
3. 정답을 찾아내는 훈련 퀴즈

강의로 잡는 장별 기출문제집

기본개념서의 목차에 따라 편집하여 해당 장의 기출문제를 바로 풀어볼 수 있다.

요약정리 과정

예상문제 풀이 과정

3단계

강의로 끝내는 핵심요약집

8영역을 공부하다 보면 먼저 공부했던 영역은 잊어버리기 일쑤인데, 요약노트를 정리해두면 어디서 어떤 내용을 공부했는지를 쉽게 찾아볼 수 있다.

강의로 풀이하는 합격예상문제집

내 것이 된 기본개념들로 문제의 답을 찾아보는 시간이다. 합격을 위한 필수문제부터 응용문제까지 다양한 문제를 수록하여 정답을 찾는 응용력을 키울 수 있다.

강의로 쌓는 **기본개념 활용맵**

★ QR코드를 활용하세요!

스마트폰의 카메라, 네이버의 '스마트렌즈', 카카오톡의 '코드스캔' 기능으로 QR코드를 찍으면 관련 동영상 강의를 바로 볼 수 있습니다.

★ 장별 학습내용 안내

본격적인 학습에 앞서 각 장에서 어떤 내용을 다루고 있는지를 전체적으로 확인해볼 수 있도록 마련하였다.

한눈에 쏙

각 장에서 학습하게 될 내용들을 안내함과 동시에 그동안의 출제율을 반영하여 중요도 및 23회 출제 부분을 표시하였다.

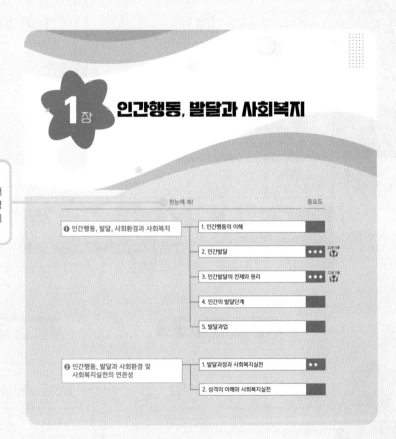

18회 시험부터 22회 시험까지 최근 5개년의 기출문제를 분석하여 관련 정보를 안내하였다.

기출 포인트

최근 5개년 출제 분포와 함께 시험 경향을 안내하여 어떤 점에 유의하면서 학습해야 하는지를 안내하였다.

기출경향 살펴보기

이 장의 기출 포인트

많이 출제될 때는 5문제까지도 출제되는 비중있는 장이다. 비스텍의 관계형성 7대 원칙은 필수적으로 알아두어야 하며, 자칫 소홀하게 보는 전문적 관계의 특징, 원조관계의 요소 등도 빈출 키워드이므로 놓치지 말아야 한다. 2장에서 배운 갈등 상황 등과 함께 묶어 사회복지사의 태도 등을 묻는 문제가 출제되기도 한다.

최근 5개년 출제 분포도

연도별 그래프
문항수

18	19	20	21	22	회차
3	4	3	5	4	

평균출제문항수

3.8 문항

2단계 학습전략

데이터의 힘을 믿으세요!
강의로 복습하는 **기출회독 시리즈**

기출회독

3회독 복습과정을 통해
최신 기출경향 파악

핵심 키워드

최근 10개년의 기출문제를 분석하여 핵심 키워드를 선정하였다. 나눔의집의 학습전략 2단계 기출회독 시리즈는 각 영역별로 핵심 키워드에 따라 복습하도록 구성되어 있다.

최근 10개년 핵심 키워드

기출회독 080	관계형성의 7대 원칙(Biestek)	11문항
기출회독 081	전문적 관계형성의 요소	8문항
기출회독 082	전문적 관계의 특징	6문항
기출회독 083	관계형성의 장애요인 및 사회복지사의 대처	7문항

아임패스와 함께

기본개념 강의를 비롯해 아임패스에서 제공하는 다양한 학습자료들을 보다 편리하게 이용할 수 있도록 각 장마다 QR코드로 안내하고 있다.

기본개념 완성을 위한 **학습자료 제공**

기본개념 강의, 기본쌓기 문제, O X 퀴즈, 기출문제, 정오표, 묻고답하기, 지식창고, 보충자료 등을 **아임패스**를 통해 만나실 수 있습니다.

★ **본문에서 짚어주는 기출경향 및 중요도**

공부하는 내용이 많다 보니 어느 부분이 중요한지, 어떤 내용이 출제되는지를 파악하는 것은 매우 중요하다.
좀 더 효율적으로 학습할 수 있도록 본문에 기출과 관련된 사항들을 안내하였다.

기출회차
1회부터 지금까지 얼마나 자주 출제된
내용인지를 알 수 있도록 출제된 회차
를 표시하였다.

1 인간행동, 발달, 사회환경과 사회복지

Keyword 001, 003

중요도
그동안의 기출경향을 파악하여 학습의
포인트를 짚어주었다.

융 이론에서는 아들러 이론에서
와 마찬가지로 전반적인 개요와
주요 개념을 묻는 문제가 주로
출제되므로 무엇보다 개념을 정
확히 구분하는 것이 중요하다.

2. 분석심리이론의 개요

(1) 개념 및 특징
• 인간행동은 의식과 무의식의 상반되는 두 가지 힘에 의해서 형성된다.
• 무의식을 개인무의식과 집단무의식으로 구분하였다.
• 융은 아동기보다는 성인기의 발달에 더 관심을 두었다.

22회 기출
22회 시험에 출제된 부분은 별도로 표
시하였다.

융 이론에서는 아들러 이론에서
와 마찬가지로 전반적인 개요와
주요 개념을 묻는 문제가 주로
출제되므로 무엇보다 개념을 정
확히 구분하는 것이 중요하다.

2. 분석심리이론의 개요

(1) 개념 및 특징
• 인간행동은 의식과 무의식의 상반되는 두 가지 힘에 의해서 형성된다.
• 무의식을 개인무의식과 집단무의식으로 구분하였다.
• 융은 아동기보다는 성인기의 발달에 더 관심을 두었다.

꼭!
꼭! 봐야 할 내용을 놓치지 않게 한 번
더 강조하였다.

강화(reinforcement) ★
• 강화란 보상을 제공하여 행동에 대한 반응을 강력하게 하는 것을 말한다.
• 행동의 결과로서 그 행동을 좀 더 자주 유지하도록 했다면 그 결과를 강화
  라고 한다.
• 강화물은 반응을 증가시키는 행위나 사물로 행동을 강화함으로써 미래에
  그 행동을 다시 할 가능성을 높이는 역할을 한다.
  ▣ 철수가 심부름을 하자(행동) 엄마가 아이스크림을 사주었다(행동의 결과). 그랬더니 철수가 그 뒤로도
  심부름을 자주하더라(행동빈도의 증가 혹은 유지). 이때 행동의 결과인 '아이스크림 사주기'는 강화에
  해당한다.
• 강화에는 즐거운 결과를 부여하여 행동 재현을 가져오도록 하는 (긍)정적
  강화와 혐오스러운 결과를 제거함으로써 바람직한 행동 재현을 유도하는
  부(정)적 강화가 있다.

간단한 개념정리, 함께 봐두면 도움이 될 만한 내용, 쉽게 헷갈릴 수 있는 내용들에 대해 안내하였다.

잠깐
용어의 정의나 개념 등을 간략히 설명하였다.

> **잠깐!**
>
> 용어 자아와 자기 개념의 차이
> • 자아: 일상적, 경험적인 나, 의식세계의 중심
> • 자기: 본래적, 선험적인 나, 의식과 무의식을 모두 포괄하는 인격과 정신의 중심
>
> **② 자기(self)**
> • 자아가 의식된 나라면, 자기는 의식과 무의식의 세계를 모두 포괄하는 진정한 나를 의미하며 통합성을 추구하는 원형이다.
> • 집단무의식 내에 존재하는 타고난 핵심 원형으로서 모든 의식과 무의식의 주인이며, 모든 콤플렉스와 원형을 끌어들여, 성격을 조화시키고 통일시키

합격자의 한마디
선배 합격자들이 공부하면서 헷갈렸던 내용들이나 암기하는 요령 등에 대해 짚어주었다.

> **합격자의 한마디**
>
> 중개자와 중재자.
> 헷갈리지 마세요~
> 중개자는 클라이언트를 자원이나 서비스와 연결시키는 역할이며, 중재자는 체계 사이의 갈등이나 의견 차이를 조정하는 역할입니다.
>
> **(2) 중재자(mediator)** ⭐
> • 양자 간의 논쟁에 개입하여 타협, 차이점 조정 혹은 상호 만족스러운 합의점을 도출해내는 역할이다.
> • 미시, 중범위, 거시체계 사이의 논쟁이나 갈등을 해결한다. 견해가 다른 양자 간의 의사소통을 향상하고 타협하도록 돕는 역할로, 중립을 유지하며 논쟁에서 어느 한쪽 편도 들지 않는다.
> • 중재자는 자신의 위치를 분명히 하고, 의사를 잘못 전달하는지 인식하며, 관련 당사자가 입장을 명확히 밝히도록 도와준다.

한걸음 더
본문에서 미처 다루지 못했지만 한번쯤 살펴볼 만한 내용을 담았다.

> **한걸음 더**
>
> **개입수준에 따른 사회복지사의 역할**
>
> 마일리 등(Miley et al.)이 제시한 개입수준에 따른 역할 구분이다. 사회복지사1급 시험 초창기에 한 번 출제된 적이 있으나 이후로는 출제되지 않고 있다.
>
> 간혹 옹호가 미시 차원인지 거시 차원인지에 대한 질문을 받는데, 우리가 공부하는 옹호는 개인이나 가족 외에 집단, 지역사회 차원에서도 이루어지기 때문에 미시 차원에서만 이루어진다고 말할 수는 없다. 다만, 옹호자의 역할을 미시 차원이라고 보는 문제나 설명이 있다면 이 학자의 구분에 따른 것이라고 생각하면 된다.
>
> | 개입수준 | 대상 | 역할 |
> |---|---|---|
> | 미시 차원 | 개인, 가족 등 | 조력자, 중개자, 옹호자, 교사 |
> | 중범위 차원 | 조직, 집단 | 촉진자, 중재자, 훈련가 |
> | 거시 차원 | 지역사회 또는 전체 사회 | 계획가, 행동가, 현장개입가 |
> | 전문가 차원 | 동료 및 전문가집단 | 동료, 촉매자, 연구자/학자 |

QR코드로 보는 보충자료
시험에 출제되지는 않았지만 이전 수험생들이 궁금해 했던 내용이나 이해를 도울 수 있는 추가 자료를 따로 담았다. 홈페이지 아임패스 [impass.co.kr]를 통해 확인해볼 수 있다.

>
> 보충자료
> 파슨즈의
> 4가지 기능적 요건
>
> **(3) 사회체계의 구조와 기능**
> • 파슨즈(Parsons)에 의하면 모든 사회체계는 다음 두 축을 중심으로 구조적으로 분화되며 안정상태를 유지한다.
> – 수직적 축: 외적(외부환경) 차원 – 내적(체계 내부)차원
> – 수평적 축: 도구(수단) 차원 – 완성(목적) 차원
> • 파슨즈는 이 두 축으로 사회체계가 안정상태를 유지하기 위해 성공적으로 해결해야 할 기능을 적응, 목표달성, 통합, 형태유지의 4가지로 제시했다.

사회복지사1급의 모든 것
4,840문항 모든 기출을 분석해 찾은 **데이터 기반 학습법**

1998년부터 27년 동안 사회복지 분야의 책을 전문적으로 출판해온 나눔의집은 2002년부터 사회복지사1급 국가시험 대비 수험서를 출간하기 시작하여 현재 22번째 개정판을 출간하였습니다.

2012년부터는 매년 가채점 데이터를 축적하여 최근 13년간 출제된 2,680문항에 대한 21,947명의 마킹률 데이터를 보유하고 있습니다.

이를 바탕으로 분석한 출제율 96.5%의 핵심키워드 250개와 마킹률 데이터를 통해 수험생에게 필요한 자세한 내용 분석을 제공할 수 있게 되었습니다.

나눔의집 사회복지사1급 수험서는 종이에 인쇄된 단순한 책이 아닙니다.
나눔의집을 만나는 순간, 당신의 합격을 위한 최고의 전략을 만나게 될 것입니다.

강의로 쌓는 기본개념 사회복지법제론

5년간 데이터로 찾아낸 합격비책

여기에서 **97.6%**(24문항) 출제

순위	장	장명	출제문항수	평균문항수	22회 기출	체크
1	10장	사회서비스법	27	5.4	🏆	✅
2	9장	사회보험법	22	4.4	🏆	✅
3	8장	공공부조법	19	3.8	🏆	✅
4	7장	사회복지사업법	17	3.4	🏆	✅
5	5장	사회보장기본법	13	2.6	🏆	✅
6	1장	사회복지법의 개관	10	2.0	🏆	✅
7	6장	사회보장급여의 이용·제공 및 수급권자 발굴에 관한 법률	8	1.6	🏆	✅
8	2장	사회복지법의 발달사	6	1.2	🏆	✅

강의로 복습하는 기출회독 **사회복지법제론**

10년간 데이터로 찾아낸 핵심키워드

여기에서 **96.4%**(24문항) 출제

순위	장		기출회독 빈출키워드 No.	출제문항수	22회 기출	체크
1	7장	230	사회복지사업법	35	🏆	✓
2	5장	228	사회보장기본법	27	🏆	✓
3	8장	231	국민기초생활보장법	16	🏆	✓
4	1장	224	법의 체계와 적용	12	🏆	✓
5	2장	227	한국 사회복지법률의 역사	11	🏆	✓
6	9장	236	국민건강보험법	10	🏆	✓
7	9장	237	고용보험법	10	🏆	✓
8	6장	229	사회보장급여의 이용·제공 및 수급권자 발굴에 관한 법률	9	🏆	✓
9	8장	232	기초연금법	9	🏆	✓
10	9장	235	국민연금법	9	🏆	✓
11	9장	238	산업재해보상보험법	9		✓
12	9장	239	노인장기요양보험법	9	🏆	✓
13	10장	241	아동복지법	9	🏆	✓
14	10장	240	노인복지법	8	🏆	✓
15	10장	242	장애인복지법	8		✓
16	10장	243	한부모가족지원법	7	🏆	✓
17	1장	226	헌법상의 사회복지법원	6	🏆	✓
18	8장	233	의료급여법	6	🏆	✓
19	8장	234	긴급복지지원법	5		✓
20	10장	245	사회복지공동모금회법	5	🏆	✓
21	10장	248	가정폭력방지 및 피해자보호 등에 관한 법률	5		✓
22	11장	250	판례	5		✓
23	1장	225	자치법규	4		✓
24	10장	249	성폭력방지 및 피해자보호 등에 관한 법률	4		✓
25	10장	246	다문화가족지원법	3		✓

사회복지사1급 국가시험 안내문

※ 다음은 2024년 1월 13일 시행된 22회 시험에 대한 공고 내용이다. 시험공고는 시험일로부터 대략 3개월 전에 발표되고 있다.

시험방법

시험과목수	문제수	배점	총점	문제형식
3과목(8영역)	200	1점 / 1문제	200점	객관식 5지 선택형

시험과목 및 시험시간

구분	시험과목		입실시간	시험시간
1교시	사회복지기초(50문항)	· 인간행동과 사회환경(25문항) · 사회복지조사론(25문항)	09:00	09:30~10:20 (50분)
		휴식시간 10:20 ~ 10:40 (20분)		
2교시	사회복지실천(75문항)	· 사회복지실천론(25문항) · 사회복지실천기술론(25문항) · 지역사회복지론(25문항)	10:40	10:50~12:05 (75분)
		휴식시간 12:05 ~ 12:25 (20분)		
3교시	사회복지정책과 제도(75문항)	· 사회복지정책론(25문항) · 사회복지행정론(25문항) · 사회복지법제론(25문항)	12:25	12:35~13:50 (75분)

※ 이는 일반수험자 기준이며, 장애인수험자 등 응시편의 제공 대상자는 1.5의 시간을 연장함
※ 시험관련 법령 등을 적용하여 정답을 구하여야 하는 문제는 시험 시행일 현재 시행 중인 법령을 기준으로 출제함

합격(예정)자 결정기준(사회복지사업법에 의거)

· 시험의 합격결정에 있어서는 매 과목 4할 이상, 전 과목 총점의 6할 이상을 득점한 자를 합격예정자로 결정
· 사회복지사1급 국가시험 합격예정자는 한국사회복지사협회에서 응시자격 서류심사를 실시하며, 응시자격서류를 정해진 기한 내에 제출하지 않거나 심사결과 부적격자인 경우에는 최종불합격 처리함
· 최종합격자 발표 후라도 제출된 서류 등의 기재사항이 사실과 다르거나 응시자격 부적격 사유가 발견될 때에는 합격을 취소함

※ 시험관련 정보는 한국산업인력공단 사회복지사1급 홈페이지(http://www.q-net.or.kr/site/welfare)와 한국사회복지사협회 홈페이지(http://www.welfare.net)에서 확인할 수 있다.

대학원 졸업자

고등교육법에 따른 대학원에서 사회복지학 또는 사회사업학을 전공하고 석사학위 또는 박사학위를 취득한 자(시험 시행년도 2월 28일까지 학위를 취득한 자 포함). 다만, 대학에서 사회복지학 또는 사회사업학을 전공하지 아니하고 동 석사학위를 취득한 자는 보건복지부령이 정하는 사회복지학 전공교과목과 사회복지관련 교과목 중 사회복지현장실습을 포함한(2004. 7. 31 이후 입학생부터 해당) 필수과목 6과목 이상(대학에서 이수한 교과목을 포함하되, 대학원에서 4과목 이상을 이수하여야 한다), 선택 과목 2과목 이상을 각각 이수하여야 한다.

대학교 졸업자

① 고등교육법에 따른 대학에서 보건복지부령이 정하는 사회복지학 전공교과목과 사회복지관련 교과목을 이수하고 학사학위를 취득한 자(시험 시행년도 2월 28일까지 학사학위를 취득한 자 포함)
② 법령에서 고등교육법에 따른 대학을 졸업한 자와 동등 이상의 학력이 있다고 인정하는 자로서 보건복지부령으로 정하는 사회복지학 전공교과목과 사회복지관련 교과목을 이수한 자(시험 시행년도 2월 28일까지 동등학력 취득자 포함)

외국대학(원) 졸업자

외국의 대학 또는 대학원(단, 보건복지부장관이 인정한 대학 또는 대학원)에서 사회복지학 또는 사회사업학을 전공하고 학사학위 이상을 취득한 자로서 대학원 졸업자와 대학교 졸업자의 자격과 동등하다고 보건복지부장관이 인정하는 자

전문대학 졸업자

① 고등교육법에 의한 전문대학에서 보건복지부령이 정하는 사회복지학 전공교과목과 사회복지관련 교과목을 이수하고 졸업한 자로서 (시험 시행년도 2월 28일을 기준으로) 1년 이상 사회복지사업의 실무경험이 있는 자
② 법령에서 고등교육법에 따른 전문대학을 졸업한 자와 동등 이상의 학력이 있다고 인정하는 자로서 보건복지부령이 정하는 사회복지학 전공교과목과 사회복지관련 교과목을 이수한 자로서 (시험 시행년도 2월 28일을 기준으로) 1년 이상 사회복지사업의 실무경험이 있는 자

사회복지사 양성교육과정 수료자

① 고등교육법에 따른 대학을 졸업하거나 이와 동등 이상의 학력이 있는 자로서 보건복지부장관이 지정하는 교육훈련기관에서 12주 이상의 사회복지사업에 관한 교육훈련을 이수한 자로서 (시험 시행년도 2월 28일을 기준으로) 1년 이상 사회복지사업의 실무경험이 있는 자
② 사회복지사 3급 자격증 소지자로서 (시험 시행년도 2월 28일을 기준으로) 3년 이상 사회복지사업의 실무경험이 있는 자

※ 다음 각 호의 어느 하나에 해당하는 자는 사회복지사가 될 수 없음.
가. 피성년후견인
나. 금고이상의 형의 선고를 받고 그 집행이 끝나지 아니하였거나 그 집행을 받지 아니하기로 확정되지 아니한 자
다. 법원의 판결에 따라 자격이 상실되거나 정지된 자
라. 마약 · 대마 또는 향정신성의약품의 중독자
마. 정신건강복지법에 따른 정신질환자(다만, 전문의가 사회복지사로 적합하다고 인정하는 사람은 예외)

> ※ 응시자격에 대한 자세한 사항은 한국산업인력공단 HRD고객센터(1644-8000),
>   한국사회복지사협회(02-786-0845)로 문의

일러두기

● 이 책은 한국사회복지교육협의회의 『사회복지 교과목 지침서 2022』를 바탕으로 하면서도 시험의 출제경향, 대학교재의 공통사항, 학습의 편의성 등을 고려하여 구성하였다.

● <사회복지법제론>을 비롯해 수험서에서 다루고 있는 법률은 2024년 3월 초 현재 시행 중인 규정을 따랐다. 이후 추가적인 개정사항이 있을 시 주요 사항을 정리하여 아임패스 내 '학습자료'를 통해 게시할 예정이다.

● 이 책에서 발생할 수 있는 오류사항에 대해서는 아임패스 내 '정오표' 게시판을 통해 정정할 예정이다.

● 학습 중 헷갈리거나 궁금한 내용이 있을 때에는 아임패스 내 '과목별 질문' 게시판을 이용할 수 있다.

기본개념 마스터 하기
아임패스는 사회복지사1급 나눔의집에서 운영하는 학습지원 사이트로 강의수강 및 수험서 안내 등이 제공됩니다.

I'MPASS
기본개념 마스터하기

I'MPASS
사회복지법제론

 교과목 목표

● 사회복지제도에 관한 법리적 이해를 높인다.

● 사회복지 정책, 행정, 실천현장 등의 분야에서 제기되는 이슈에 관한 법리적 해석을 살펴본다.

● 사회복지법에 총론과 각론에 관한 지식을 함양하고, 이를 실천현장에 적용할 수 있도록 한다.

● 사회복지분야의 기본법과 영역별 개별법을 체계적으로 이해한다.

● 현재 시행 중인 사회복지법에 대한 이해와 현장 적용능력을 제고한다.

● 세계화・지방화시대에 적용할 수 있는 사회보장협약 등과 조례 등에 대해 살펴본다.

● 사회복지현장에서 인권보장과 사회보장수급권 등 법적 권리보장에 대해 학습한다.

● 사회복지법 분야에서의 주요 판례 및 법적 변화 추세에 대해 살펴본다.

1장 사회복지법의 개관

한눈에 쏙!

중요도

❶ 법 일반

1. 법의 정의 및 목적

2. 법의 일반적 체계

3. 법원 ★★★ 22회 기출

4. 법의 분류방법 ★★

❷ 사회복지법

1. 사회복지법의 개념

2. 사회복지법의 체계 ★★★ 22회 기출

3. 사회복지와 자치법규 ★★

❸ 사회복지의 주체

1. 기본권의 주체

2. 사회복지의 주체

기출경향 살펴보기

이 장의 기출 포인트

1장은 법에 관한 총론적인 내용이므로 단순히 암기하기보다는 이해하며 학습하는 것이 필요하다. 매회 유사한 형태로 출제되고 있으며, 사회복지법의 법원, 우리나라의 법체계와 법의 제정, 자치법규, 헌법상의 사회복지법원 등에 대해 포괄적으로 이해해야 한다. 어렵지 않게 출제되지만 평소에 자주 접해보지 못한 법과 관련된 생소한 용어와 내용이 나오기 때문에 헷갈릴 수 있다.

최근 5개년 출제 분포도

연도별 그래프

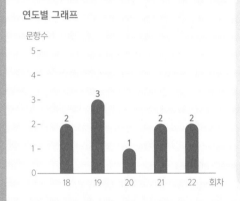

평균출제문항수

2.0 문항

2단계 학습전략

데이터의 힘을 믿으세요!
강의로 복습하는 **기출회독 시리즈**

3회독 복습과정을 통해
최신 기출경향 파악

최근 10개년 핵심 키워드

기출회독 224	법의 체계와 적용	12문항
기출회독 225	자치법규	4문항
기출회독 226	헌법상의 사회복지법원	6문항

기본개념 완성을 위한 **학습자료 제공**

기본개념 강의, 기본쌓기 문제, O X 퀴즈, 기출문제, 정오표, 묻고답하기, 지식창고, 보충자료 등을 **아임패스**를 통해 만나실 수 있습니다.

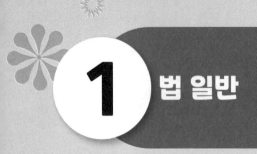

1 법 일반

기출회차

3	4	5
6	7	8	9	10
11	12	13	14	15
16	17	18	19	20
21	22

강의로 복습하는 기출회독 시리즈

Keyword 224

1. 법의 정의 및 목적

(1) 법의 정의

- 사회가 유지되기 위해서는 사회 구성원들의 행동을 규율할 수 있는 일련의 행위준칙인 사회규범이 필요한데 이 규범이 바로 법(法)이다.
- 법은 사회 구성원들이 사회생활을 함에 있어 필요한 행위준칙으로서, 사회질서를 유지하고, 공동생활의 안전을 기하며, 사회정의를 실현하기 위해 국가 권력이 일정한 사회적 행위를 당위적으로 의무지울 것을 요구하는 관념이다.
- 법은 행위규범이다. 행위를 '하여야 하거나 또는 하여서는 안 되거나'에 관한 판단의 근거가 되는 준칙이다.
- 법은 강제규범이다. 행위규범에 위반하는 행위에 대하여 국가권력이 일정한 제재를 가함으로써 강제력을 가진 규범이다. 강제규범이라는 점에서 법은 도덕, 종교, 관습 등과 같은 다른 사회규범과 구별된다.
- 법은 조직규범이다. 법의 본연의 기능을 발휘하기 위하여 법규범의 제정, 적용, 집행을 담당하는 조직과 이 조직을 구성하는 기관에 일정한 권한을 부여하는 규범이다.
- 법은 사회규범이다. 사회규범으로는 법, 도덕, 종교, 관습 등이 있다. 이 가운데 법은 사람들 간의 분쟁이나 갈등을 조정·해결하고, 사회를 안정시키고 질서를 유지하며 사회생활을 평화롭게 하는 준칙이다.

(2) 법의 목적

① 사회정의의 실현

법의 궁극적인 목적은 사회정의의 실현에 있다. 사회정의(social justice)란, 모든 사람에게 기본권이 보장된 상태, 사람들이 응당 자신이 받아야 할 대가를 받는 상태 또는 사회 내에 불평등이 존재하지 않는 평등한 상태 등으로 다양하게 정의되고 있다.

② 법적 안정성

법에 의하여 보호되거나 보장되는 사회생활의 안전이나 안정성을 말한다. 즉, 현행의 법질서가 동요됨이 없이 어느 행위가 옳은 것이며, 어떠한 권리가 보호되며, 어떤 책임이 어떻게 부담되는 지가 일반국민에게 확실하게 알려져 있어서, 사람들이 법의 권위를 믿고 안심하고 행동할 수 있도록 하는 상태를 가리키며, 법적 확실성이라고도 한다.

③ 사회질서의 유지

법은 공동체 생활에 있어서 사회질서의 유지를 목적으로 한다. 사회질서란, 사회적인 과정에 일관성이 있고, 사회의 각 부분들이 각자의 기능을 수행하기 위해서 조화와 균형을 이루는 상태를 말한다. 사회질서는 사회구성원들에 의해 자발적으로 이루어지기도 하지만, 법적 강제에 의해 인위적으로 조성되고 유지되는 경우가 일반적이다.

④ 법의 합목적성

법은 국가와 사회가 추구하는 이념과 가치에 맞게 제정되어야 하며, 국가의 질서 유지 및 국민의 자유와 권리를 보장해야 한다. 현실의 사건을 사회의 실정에 비추어 합목적적으로 판단하여 구체적인 타당성을 부여하는 것을 가리킨다.

2. 법의 일반적 체계

(1) 자연법(自然法, natural law)

자연법이란, 시간과 공간을 초월하는 영구불변의 초경험적이고 이상적인 법을 말한다. 즉, 자연현상에 의해 자연적으로 발생하며, 인위적인 영향을 전혀 받지 않는 초실정적인 법규범이다. 자연법은 우주의 존재질서를 규율하는 보편타당한 원칙으로서, 정의의 이념을 그 내용으로 하고 있기 때문에 법의 근원이 된다.

(2) 실정법(positive law)

실정법은 인간사회의 질서유지를 목적으로 사회적 상황에 따라 생성·발전되어 왔다. 경험적, 역사적인 사실에 의해 성립된 것으로, 현실적인 제도로서 시행되고 있는 제정법, 관습법, 판례법 등이 해당한다. 이는 인간에 의해 이 세상에 존재하는 인위적인 법이다. 따라서 실정법은 국가적, 역사적, 시대적

법실증주의(법률실증주의)

법실증주의는 법의 이론이나 해석·적용에 있어서 어떠한 정치적·사회적·윤리적 요소도 고려하지 않고, 오직 법 자체만을 형식논리적으로 파악하려는 입장이다. 따라서 실정법을 초월하는 자연법(自然法)의 존재를 인정하지 않는다는 점에서 자연법 사상에 대립된다. 법실증주의는 실정법체계의 완전무결성에 대한 확신을 바탕으로 법관에 의한 법창조 내지 자의적 판단을 배제하려는 사상이다.

상황에 따라 다른 모습으로 변천·발전하였다. 19세기 초 이래 법사상적 관심은 실정법으로 집중되었고, 따라서 법실증주의는 자연법의 법적 효력에 대하여 부정적인 입장을 취하였다. 실정법은 크게 국내법과 국제법으로 나뉜다.

① 국내법

- 국내법(國內法, municipal law)이란, 한 국가에 의하여 인정되어 그 국가의 주권이 미치는 범위 내에서만 일정한 절차에 의해 효력을 가지는 법이다.
- 국내법은 사인(私人)과 사인 간, 사인과 국가 또는 공공단체 간(국가와 국가 간, 국가와 공공단체 간, 공공단체와 공공단체 간)의 법률관계를 규율하는 법이다. 한 국가의 국민과 외국인의 생활관계, 즉 섭외적 생활관계에 관하여 어느 국가의 법을 적용할 것인가를 결정하는 법은 국제사법(private international law)인데, 이는 국제법이 아니라 국내법에 속한다.

② 국제법

- 국제법(國際法, international law)은 국제단체에 의하여 인정되어 국가와 국가 사이에 행하여지는 법을 말한다.
- 국내법에 비하여 국제법은 그 위반에 대한 제재력이 약하고, 그의 입법에 대한 일정한 원칙이 확립되지 않고 있어 입법기관이나 입법절차가 불완전하다. 국제법에서는 관습법이 많은 역할을 하고 있으며, 국제조약과 국제관습법은 동일한 효력을 가진다.

3. 법원  22회 기출

일반적으로 법원이란 법이 어떤 방식으로 존재하는가에 대한 것을 의미하는데, 그 법의 존재양식은 표현방식에 따라 성문법과 불문법으로 나누어진다. 성문법이 모든 법률관계를 빠짐없이 규율하기는 어려우므로 성문법 외에 관습법·판례와 조리 등 불문법이 보충적 기능을 한다. 우리나라는 성문법주의를 채택하고 최고의 규범인 헌법에서 법률을 비롯한 각종 법규 형식을 규정하고 있으며 이를 근거로 국가기관이나 지방자치단체에서 관련 입법을 담당하고 있다.

(1) 성문법으로서의 법원 ★꼭!

일정한 형식과 절차를 거쳐 공포되고, 문서의 형식으로 표현된 법을 성문법(成文法, written law)이라 한다. 헌법, 법률, 명령(시행령, 시행규칙), 자치

중요도 ★ ★ ★

성문법원과 불문법원을 구분하는 문제와 각 법원이 어떻게 제정되었는지에 관한 문제가 출제되었다. 또한 사회복지법원, 법체계 등 포괄적인 내용을 이해하고 있는지를 묻는 문제가 출제되기도 했다. 22회 시험에서는 우리나라 사회복지법의 법원과 관련하여 성문법과 불문법의 내용을 묻는 문제가 출제되었다.

잠깐!

사회복지법의 법원(法源)
사회복지법의 원천과 존재양식을 의미하는 것으로, 사회복지와 관련하여 법률에서 '어떠한 형식으로 표현되는가'를 말한다.

법규(조례, 규칙), 국제조약 및 국제법규 등이 해당한다.

① 헌법

- 헌법은 국가와 국민 간의 권리-의무에 관한 기본법이다. 사회복지에 대한 국가의 의무, 즉 생존권 조항을 1919년 바이마르(Weimar)헌법에서 최초로 규정함으로써 헌법은 더욱 중요한 사회복지법의 법원이자 기본 근거가 되었다.
- 헌법은 국가의 기본조직, 통치작용, 국민의 기본권 등을 정한 기본법이다. 헌법은 최상위의 법이므로 하위법인 법률, 명령, 자치법규 등은 헌법에 저촉되어선 안 된다.
- 헌법의 규정은 사회복지 관련 하위법규의 존립근거이면서 동시에 재판의 규범으로서도 의미를 지니고 있다.
- 헌법은 국가의 근본법으로서 국가의 권력구조에 관한 기본적인 사항과 국민의 기본권을 규정하는 최고법이다.
- 국가 최고의 근본규범으로서 헌법이 제정되는 경우에는 그 개정이 쉽지 않기 때문에 헌법의 경우 그 자체에 대한 입안이나 심사의 문제보다는 그 하위의 법령을 제정하거나 개정하는 경우 준거틀로서의 헌법을 해석 · 적용하는 문제가 더욱 중요하다.

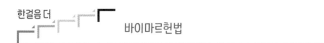

한걸음 더 　　바이마르헌법

바이마르 공화국(1919~1933)의 헌법으로 독일에서 최초로 시행된 민주주의 헌법이다. 많은 기본권 조항을 포함하고 있으며, 제151조에 "경제생활의 질서는 각인으로 하여금 인간다운 생활을 보장하는 것을 목적으로 하는 정의의 원칙에 합치하여야 한다."고 생존권을 규정하였다.

② 법률

헌법 제40조에서 "입법권은 국회에 속한다."라고 하여 국회가 법률을 제정하는 권한을 가지고 있음을 규정하고 있다. 국회의 입법권은 형식적으로 '법률'에 초점을 맞춘 것으로서 헌법에서 '법률'의 형식으로 입법하도록 한 것은 반드시 국회의 의결을 거쳐야 한다.

법령
법령이란 보통은 성문법 전체(헌법, 법률, 명령, 조약, 조례 · 규칙 등)를 가리키나, 좁은 의미로는 법률과 명령만을 뜻한다.

보충자료

법률의 제정

보충자료

법령의 개정 방식

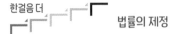

한걸음음더
법률의 제정

법률을 제·개정하는 '입법권'은 국회의 권한으로 규정되어 있다(헌법 제40조). 법치국가에서 법률은 모든 국가 작용의 근거가 되기 때문에, 법률의 제정·개정 및 폐지는 국회의 가장 중요하고 본질적인 권한이라 할 수 있다.

1. 법률안을 심의·의결하는 과정은 국회의 고유권한이지만, 법률안을 제출하는 것은 정부도 할 수 있다. 국무 회의의 심의를 거쳐서 대통령이 서명하고, 국무총리 및 관계 국무위원이 부서하여 국회에 제출하면 이후 심의와 의결의 과정을 거치게 된다.

2. 법률안이 제출되면, 소관 상임위원회에 회부되어 심사를 받고, 심사가 끝나고 본회의에 회부되면 법률안에 대한 심의와 의결이 진행된다. 재적의원 과반수의 출석과 출석의원 과반수의 찬성이 있을 경우 의결된다.

3. 본회의에서 의결되면 정부에 이송되어 15일 이내에 대통령이 공포하게 된다. 법률안에 이의가 있으면 대통령은 거부권을 행사하고 재의를 요구할 수 있다. 재의 요구된 법률안은 국회가 재적의원 과반수의 출석과 출석의 원 2/3 이상의 찬성으로 전과 같은 의결을 하면 그 법률안은 법률로 확정된다.

입법 절차

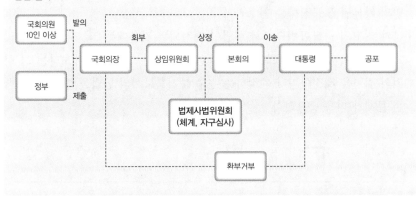

③ 명령

• 명령이란, 국회의 의결을 거치지 않고 대통령 이하의 행정기관이 제정한 법규를 의미한다. 여기에는 대통령령, 총리령, 부령(또는 장관령) 등이 있다.

• 헌법 아래에서는 국민의 권리·의무에 관한 사항은 물론 그 밖에 많은 사항이 법률의 소관 사항으로 되어 있다. 하지만, 오늘날 행정의 양적 확대와 질적 고도화에 따라 입법에 있어서도 사무의 능률적 배분이 요청되어 법률은 대강만을 정하고 세부적 규정은 명령에 위임하는 일이 많아지면서 법원(法源)으로서 명령의 중요성이 점점 커지고 있는데, 이러한 사항을 규정하는 명령은 '위임명령'으로 불린다. 또한 법률에 의한 입법권의 위임에 의하지 않고 정립되는 것이 있는데, 이는 일반적으로 상위의 법령을 집행하기 위하여 필요한 사항을 규정하기 위한 것이거나, 명령권자의 직무를 수행하기 위하여 필요로 하는 사항을 규정하는 것으로 '집행명령'이라고 불린다.

- 이러한 위임명령과 집행명령에 관하여, 헌법 제75조에는 "대통령은 법률에서 구체적으로 범위를 정하여 위임받은 사항과 법률을 집행하기 위한 사항에 관하여 대통령령을 발할 수 있다."고 규정하고 있다. 여기서 법률에서 위임받은 사항에 관하여 대통령령을 발할 수 있다는 것은 '위임명령'을 말하는 것이고, 법률의 집행을 위한 사항에 관하여 대통령령을 발할 수 있다는 것은 '집행명령'을 말하는 것이다.
- 또한, 헌법 제95조에서는 국무총리 또는 행정각부의 장은 소관 사무에 관하여 법률이나 대통령령의 위임 또는 직권으로 총리령 또는 부령을 발할 수 있도록 하여 국무총리와 각 부 장관에게도 위임명령권과 집행명령권을 인정하고 있다.
- 사회복지법의 법원으로서 명령은 보통 개별 법률의 시행령(대통령령) 및 시행규칙(보건복지부령, 여성가족부령)이라는 존재양식으로서 표현되며, 여기서는 개별 법률의 실행을 위한 좀 더 구체적인 사항이 규정된다.

④ 자치법규

시행규칙과 규칙

시행규칙은 장관령을 말하는 것이고, 규칙은 자치법규에서 지방자치단체장이 제정한 법규범이다.

- 자치법규란, 지방자치단체가 법률에 의하여 인정된 자치권의 범위 내에서 자기의 사무에 관하여, 또 주민의 권리의무에 관하여 제정한 자치에 관한 규칙을 말한다. 지방자치단체는 법령의 범위 안에서 자치에 관한 규칙을 제정할 수 있다.
- 자치법규에는 조례와 규칙이 있다. 조례는 지방의회가 법령의 범위 안에서 지역 사무에 관하여 제정한 법이다. 규칙은 지방자치단체의 장이 법령 또는 조례가 위임한 범위 내에서 그 권한에 속하는 사무에 관하여 정립한 법이다.
- 자치법규는 원칙적으로 그 지방자치단체의 지방 내에서만 효력을 갖는다.

⑤ 국제조약과 국제법규

국제조약 체결의 주체

조약을 체결할 수 있는 주체는 국가가 원칙이나, 국제기구도 조약을 체결할 수 있다.

- 국제조약은 그 명칭이 어떠한지를 불문(不問)하고, 국가 간의 문서에 의한 합의를 말하며, 국제법규란 우리나라가 체약국(締約國)이 아니라도 국제사회에서 대다수의 국가에 의하여 일반적으로 그 규범력이 인정된 것과 국제관습법(예 외교관의 특권과 면책에 관한 관습법 등)을 말한다.
- 헌법에 의하여 체결 · 공포된 조약과 일반적으로 승인된 국제법규는 국내법과 같은 효력을 가지므로 국내법의 체계에 수용된다. 여기서 국내법과 같은 효력이란 반드시 법률과 동일한 효력만을 의미하는 것은 아니고, 법률에 해당하는 내용은 법률과, 하위법령에 해당하는 내용은 하위법령과 동일한 효력을 가진다.

- 헌법 제60조 제1항에 열거된 국제조약(상호원조 또는 안전보장에 관한 조약, 중요한 국제조직에 관한 조약, 우호통상항해조약, 주권의 제약에 관한 조약, 강화조약, 국가나 국민에게 중대한 재정적 부담을 지우는 조약, 입법사항에 관한 조약)은 국회가 체결·비준에 동의권을 행사한다는 점에서 법률과 같은 효력을 가지는 것으로 보아야 할 것이다. 그 밖의 국제조약들은 대체적으로 대통령령에 준하는 효력을 가지는 것으로 이해되고 있으나, 실제적으로는 부령에 해당하는 조약도 있다.

한걸음 더 — 국제조약과 국제법규

"헌법에 의해 체결·공포된 조약과 일반적으로 승인된 국제법규는 국내법과 같은 효력을 가진다."(헌법 제6조제1항)

이때 '(국제)조약'이란 특정 명칭에 관계없이 국가 간 혹은 국제기구와 국가 간에 체결된 국제적 합의를 말한다. 즉, 조약은 협약, 협정, 규약, 헌장, 규정 등 여러 명칭으로 불리지만, 어떻게 불리든지 실질적으로 국가 간에 맺은 합의이면 당사자를 구속한다. 조약이 국내에서 효력을 갖기 위해서는 대통령의 비준과 국회의 동의가 필요하다. **예** 국제인권규약, 아동권리협약, 장애인권리협약, 사회보장협정

'일반적으로 승인된 국제법규'란 국제사회에서의 보편적 규범으로 세계 대다수 국가가 승인하고 있는 법규범을 말한다. 국제관습법(**예** 포로의 살해금지와 인도적 처우에 관한 전시국제법상의 기본원칙)과 일반적으로 규범력이 인정되고 있는 조약(**예** UN헌장, 세계인권선언)이 포함된다. 국제법규의 내용이 국민의 권리의무와 관련되어 있고 그 해석이 재판의 전제가 될 경우, 판단은 법원이 한다.

(2) 불문법으로서의 법원 ★꼭!

불문법(不文法, unwritten law)이란, 문서의 형식으로 표현되지 않은 법이다. 입법기관에 의해 일정한 절차에 따라 제정·공포되지 않고 존재하므로 비제정법(非制定法)이라고도 한다. 판례법주의를 취하는 영미법에서는 판례법을 제1차적 법원으로 인정하고 있다. 관습법, 판례법, 조리 등이 불문법에 속한다. 불문법은 현행 민법(민사에 관하여 법률의 규정이 없으면 관습법에 의하고, 관습법이 없으면 조리에 의한다)과 상법(상사에 관하여 본 법에 규정이 없으면 상관습법에 의하고, 상관습법이 없으면 민법의 규정에 의한다)에서 인정하고 있다.

① 관습법

- 관습법이란, 사회적으로 사실상의 관행이 계속적이고 일반적으로 행해짐에 따라 법으로서의 효력을 가지는 불문법을 말한다.
- 관습법이 성립하기 위해서는 관습이 존재하고, 그 관습이 선량한 풍속 및

사회질서에 위반되지 않고, 법적 확신에 따라 지지되어야 한다.

- 관습이 법규범으로 인정받기 위해서는 관습이 어떤 사항에 관하여 그와 관련된 법률에 반대·배치되지 않는 경우나 그 관습과 동일한 것을 규정하고 있지 않은 경우라야 한다.
- 우리나라 대법원은 관습법을 인정하고 있다.

② 판례법

판례법은 법원이 내리는 판결을 법으로 보는 경우이며 대법원의 판례에 의해 형성된다. 우리나라의 경우 사회복지에 관한 판례가 많지는 않으나 점점 증가하고 있는 추세이다. 군인연금법, 공무원연금법, 국민연금법, 국민건강보험법, 국민기초생활보장법, 사회복지사업법 등과 관련된 판례들이 존재한다.

③ 조리

조리란 사물의 도리, 합리성, 본질적 법칙을 의미한다. 조리가 법원의 역할을 하는 이유는 재판은 법에 의존해야 하지만 적용해야 할 제정법, 관습법, 판례법이 없는 경우에도 재판은 해야 하기 때문이다. 조리는 성문법, 관습법, 판례법이 없을 경우 최종적으로 적용되는 보충적 법원이다. 신의성실, 사회통념, 비례원칙 등이 이에 해당한다.

4. 법의 분류방법

(1) 일반법과 특별법 꼭! ★

중요도 ★ ★

일반법과 특별법, 상위법과 하위법, 법령 적용과 해석 등 기본적인 법의 분류방법에 대해 정리해야 한다. 특히, 헌법-법률-명령-조례-규칙으로 이어지는 법률의 수직적 체계는 이후에 나오는 내용을 학습하는 데 있어서 기초적인 내용이므로 반드시 기억해야 한다.

- 일반법과 특별법을 구별하는 것은 '특별법은 일반법에 우선한다'는 특별법 우선의 원칙에 있다. 법 적용의 순위를 정하는 데 있어, 일반적 원칙으로서 특별법은 일반법에 우선하여 먼저 적용하고, 특별법에 해당 규정이 없는 경우에 그의 보충으로서 일반법을 적용한다.
- 일반법과 특별법은 법의 효력이 미치는 범위를 표준으로 하여 그 범위가 일반적인 경우 일반법, 특정적인 경우 특별법이라고 한다. 일반법이란, 사람·장소·사항 등에 관하여 특별한 한정이 없이 일반적으로 넓은 효력범위를 갖는 법을 말하고, 특별법이란, 일정하게 한정된 사람·장소 또는 사항에 관하여 특수적인 좁은 효력범위를 갖는 법을 의미한다.
- 일반법과 특별법은 절대적 개념이라기보다는 상대적 개념으로 비교 대상에 따라 일반법이었던 법이 특별법이 될 수도 있고, 특별법이었던 법이 일반법이 될 수도 있다.

① 인적 범위를 표준으로 하는 구별

일반법은 국민 일반에게 적용되는 법이고, 특별법은 국민 중에 특별한 사람에 한해서만 적용되는 법이다. 예를 들면, 사회복지 분야에서는 사회보장기본법이 일반법에 해당하며 산업재해보상보험법, 고용보험법, 국민기초생활보장법, 노인복지법, 장애인복지법, 아동복지법, 청소년보호법 등은 사회보장기본법과 비교할 때 특별법이다.

② 지역적 범위를 표준으로 하는 구별

일반법은 국토(영토, 영해, 영공)의 전반에 걸쳐 적용되는 법이고, 특별법은 국토 내의 한정된 일부지역에만 적용되는 법이다. 예를 들면, 전국에 시행되는 사회보장기본법, 국민연금법, 국민건강보험법, 국민기초생활보장법, 노인복지법, 장애인복지법 등 국회에서 제정한 사회복지 관련법은 대부분 일반법이다. 반면 서울특별시의 복지관련 조례나 규칙과 같이 지방의회나 지방행정기관이 제정한 조례나 규칙은 전국적으로 시행되는 법과 비교할 때 특별법이다.

③ 사항을 표준으로 하는 구별

일반법은 일반적이고 비교적 넓은 범위의 사항에 관하여 적용되는 법이고, 특별법은 비교적 한정된 좁은 범위의 사항에 관하여 적용되는 법이다. 예를 들면, 사회보장기본법은 일반법이고, 이에 대해 국민연금법, 국민건강보험법, 장애인복지법, 아동복지법, 노인복지법 등은 특별법이다. 그러나 장애인복지법은 상대적으로 장애인고용촉진 및 직업재활법에 대해서는 일반법이 된다.

(2) 상위법과 하위법 ★꼭!

법규범은 수직적으로 체계화되어 있는데, 그 순서는 헌법이 최고 상위에 있고 차례로 '법률-명령-조례-규칙'의 순으로 되어 있다. 이에 따라 하위에 있는 규범이 상위의 규범을 위반하면 위헌 또는 위법이 된다. 법의 제정에서 하위법을 정립하는 집행기관은 입법기관에 의해서 정립된 상위법의 정신에 따라 그것을 구체적으로 실현하는 내용의 하위법을 정립해야 하고, 하위의 법규정은 상위법에 위반되어서는 안 된다. 법의 해석 역시 하위법의 해당 사항이 상위법을 위반해서는 안 된다.

사회복지법의 수직적 체계

법체계

우리나라 법령의 체계는 최고규범인 헌법을 정점으로 그 헌법이념을 구현하기 위하여 국회에서 의결하는 법률을 중심으로 하면서 헌법이념과 법률의 입법취지에 따라 법률을 효과적으로 시행하기 위하여 그 위임 사항과 집행에 관하여 필요한 사항을 정하는 대통령령과 총리령·부령 등 행정상의 입법으로 체계화되어 있다. 또한 헌법상의 자치입법권에 따라 법령의 범위 안에서 지방 사무에 관하여 제정하는 지방자치단체의 자치법규도 전체적인 법체계의 한 부분을 이루고 있다.

이와 같이 법령의 종류는 많지만, 법이 사회질서를 유지하기 위한 규범으로서 통일된 국가의사를 표현하는 것으로 보편적으로 타당한 것이어야 하는 이상, 많은 종류의 법령은 통일된 법체계로서의 질서가 있어야 하며, 상호간에 상충이 생겨서는 안 된다.

법령이 법규범으로서의 존재 근거를 어디서부터 받았는가에 따라 법령 상호간의 위계 체계를 형성할 수 있다. 먼저 주권자인 국민이 직접 인정한 법규범이기 때문에 최고의 규범은 헌법이 된다. 이 헌법에 따라 다른 모든 법형식이 인정된 까닭에 헌법 외의 모든 다른 법형식은 헌법에 종속하는 것이므로 헌법보다는 하위의 지위에 있게 된다.

헌법 다음의 지위에는 법률이 있는데, 법률은 헌법에서 법률로 정하도록 위임한 사항과 국민의 권리·의무에 관한 사항에 관하여 규정하며, 입법기관인 국회의 의결을 거쳐야 하는 것으로 그 지위는 헌법의 다음이 된다.

대통령령은 법률에서 위임된 사항과 법률을 집행하기 위하여 필요한 사항만을 규정할 수 있게 되어 있으므로 대통령령의 지위가 법률보다 높을 수는 없다. 총리령과 부령 역시 법률이나 대통령령에서 위임된 사항과 그 집행을 위하여 만들어질 수 있는 것이므로, 총리령과 부령의 지위는 대통령령 다음이 된다.

그리고 훈령·예규·고시 등과 같은 행정규칙과 조례·규칙과 같은 자치법규도 그 위임 법령과의 관계에 있어서는 하위의 법령에 해당하게 된다. 또한, 국제조약과 국제법규는 국내법 체계로 수용됨으로써 구체적으로 관련 국내법과 상하위적인 위계를 형성한다.

이와 같은 위계 관념에 따르면, 법형식 간의 위계 체계는 헌법, 법률, 대통령령, 총리령·부령(총리령과 부령은 같은 지위에 있는 것으로 일반적으로 이해되고 있음)의 순이 된다. 이 순서에 따라 어느 것이 상위법 또는 하위법인지가 정해지며, 하위법의 내용이 상위법과 저촉되는 경우에는 '상위법 우선의 원칙'에 따라 법령은 관념적으로 통일된 체계를 형성하게 된다.

(3) 강행법과 임의법

강행법은 당사자의 의사와 관계없이 적용이 강제되는 법이고, 임의법은 당사자의 의사에 따라 법을 적용할 수도 있고 적용을 배제할 수도 있는 법이다. 예를 들어 형법은 강행법에 해당되고 민법은 임의법에 해당된다.

(4) 신법과 구법

신법은 새로 제정된 법이고, 구법은 신법에 의해 폐지되는 법을 말한다. 신법의 시행시기와 구법의 종료시기에는 상호 불일치가 존재할 수 있는데, 이러한 불일치를 해결하기 위하여 신법에 '경과규정' 또는 '부칙'을 둔다.

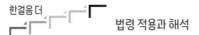

한걸음 더 — 법령 적용과 해석

다음은 특정한 사실에 대하여 여러 개의 관계 법령이 있는 경우로서 관계 법령이 상호 모순·저촉되는 경우 어느 법령을 적용해야 할 것인지 결정해야 하는 상황에서 적용하는 원칙에 대한 설명이다.

1. 형식적 효력의 원칙(상위법 우선의 원칙)

형식적 효력의 원칙은 모든 법령은 헌법을 정점으로 하나의 단계적 구조를 이루고 있으므로 둘 이상 종류의 법령이 그 내용에 있어서 상호 모순·저촉하는 경우에는 상위법령이 하위법령에 우선한다는 것이다.

2. 특별법 우선의 원칙

특별법 우선의 원칙은 동등한 법형식 사이에서 어떤 법령이 규정하고 있는 일반적인 사항과 다른 특정의 경우를 한정하거나 특정의 사람 또는 지역을 한정하여 적용하는 법령이 있는 경우에 이 두 개의 법령은 일반법과 특별법의 관계에 있다고 하고, 이 경우에는 특별법이 일반법에 우선한다는 것으로서 신법우선의 원칙의 예외가 된다.

일반법과 특별법의 관계는 다른 법령과 비교하였을 때 상대적인 구별에 지나지 않는다.

일반법과 특별법 관계에서는 특별법이 규율하고 있는 사항에 관한 한 특별법의 규정이 우선적으로 적용되고 일반법의 규정은 특별법 규정에 모순·저촉하지 아니하는 범위 안에서 2차적으로 적용된다. 이것은 일반법과 특별법의 관계에 있는 법령 사이에서는 어느 쪽이 신법이고 구법인지에 관계없이 특별법 우선의 원칙이 적용된다. 그러나 법률관계가 일반법과 특별법 관계인지의 여부는 쉽게 결정하기 어려운 경우가 많은바, 이 경우에는 각 법령의 입법취지, 법령개정의 경과 및 그 취지, 법문의 표현방법 등을 종합적으로 검토하여 판단해야 한다.

3. 신법 우선의 원칙

신법 우선의 원칙은 형식적 효력이 동등한 법형식 사이에 법령내용이 상호 모순·저촉하는 경우에는 시간적으로 나중에 제정된 것이 먼저 제정된 것보다 우선하는 효력을 가진다는 것이다. 신법 우선의 원칙은 형식적 효력의 원칙에 의하여 해결되지 아니하는 경우에 적용된다. 보통 법령을 제·개정하는 과정에서는 관련되는 법령을 모두 조사하여 모순·저촉여부가 문제되는 경우 정비를 하는 것이 통례이지만 실제로 입법절차상 착오나 미검토 등 실수 외에는 대부분 구법을 여전히 일반법 또는 특별법으로 존속시켜 둘 필요성으로 인하여 신·구 법령 간에 모순·저촉문제가 발생하게 된다. 신법과 구법의 판단기준은 해당 법률의 시행일이 도래하였는지에 따라 결정한다. 또한, 신법 우선의 원칙을 적용하기 위해서는 우선 모순·저촉되는 법령 간의 관계가 일반법·특별법의 관계인지 여부를 먼저 검토하고 특별법 우선의 원칙을 적용할 수 없는 경우에 신법 우선의 원칙을 적용해야 한다.

한걸음 더

법률과 그 하위법령의 일반적 입법원칙

아래는 법률과 그 하위법령의 일반적 입법원칙과 규율범위에 관한 기준을 제시하는 헌법의 조항들이다.

1. 대통령은 법률에서 구체적으로 범위를 정하여 위임받은 사항과 법률을 집행하기 위하여 필요한 사항에 관하여 대통령령을 발할 수 있다(헌법 제75조).
2. 국무총리 또는 행정각부의 장은 소관 사무에 관하여 법률이나 대통령령의 위임 또는 직권으로 총리령 또는 부령을 발할 수 있다(헌법 제95조).
3. 헌법에 의해 체결·공포된 조약과 일반적으로 승인된 국제법규는 국내법과 같은 효력을 가진다(헌법 제6조제1항).
4. 지방자치단체는 주민의 복리에 관한 사무를 처리하고 재산을 관리하며, 법령의 범위 안에서 자치에 관한 규정을 제정할 수 있다(헌법 제117조).

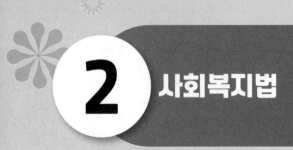

2

사회복지법

		기출회차		
		3	4	5
6	7	8	9	10
11	12	13	14	15
16	17	18	19	20
21	22			

강의로 복습하는 기출회독 시리즈

Keyword 225, 226

1. 사회복지법의 개념

(1) 일반적 정의

① 사회복지(social welfare)

어의적으로 보면 사회 구성원 다수가 평안하고 만족스럽게 잘 지내는 상태
(welfare=well+fare)를 의미한다.

② 사회복지법

사회 구성원 다수가 평안하고 만족스러운 상태를 유지하며 잘 지낼 수 있도록
규정하는 제반 법규를 의미한다. 구체적으로 사회복지법이란 모든 국민과 적
법한 외국인의 욕구를 충족시키고, 생활상의 곤란과 문제를 개인적, 집단적,
지역사회적, 국가적, 국제적 수준에서 예방 · 보호 · 치료 · 회복시킴으로써
그들의 인간다운 생활을 보장하고 사회적 정의를 실현하기 위한 공적 · 사적
제도와 정책 등을 규율하기 위한 제반 법규를 의미한다.

(2) 형식적 의미(협의)

형식적 의미의 사회복지법은 독일의 경우처럼 사회법전이 있는 경우에는 명
시적으로 알 수 있으나 우리나라의 경우 독립적인 사회법전이 존재하지 않으
므로 그 범위가 명확하지 않다. 일반적으로 사회보장기본법상 '사회보장제도'
로 규정하고 있는 공공부조, 사회보험, 사회서비스에 속하는 법률들과 사회
복지사업법상 '사회복지사업'에 속하는 법률들을 형식적 의미의 사회복지법이
라고 본다.

(3) 실질적 의미(광의)

• 실질적 의미의 사회복지법은 법의 존재형식이나 명칭에 관계없이 법규범의
  내용, 목적, 기능들이 사회정의, 사회형평, 사회연대, 사회통합, 인간다운
  생활, 행복권 등과 같이 사회복지 법규범에 내재하는 공통된 법원리 내지

가치에 부합되는 법규를 의미한다.

- 사회복지법의 개념은 실질적 의미의 사회복지법 개념으로 파악하는 것이 바람직하다.

2. 사회복지법의 체계

22회 기출

(1) 헌법과 사회복지법 ⭐꼭!

헌법 제10조의 행복추구권 규정과 제31조에서부터 제36조까지의 규정은 '사회권' 또는 '생존권' 규정이 사회복지법의 기본 방향이자 기본 근거임을 말해준다. 헌법 제10조는 인간의 존엄과 가치 및 행복추구권을 규정하고 있으며, 제34조는 인간다운 생활을 할 권리를 규정하고 있다.

한걸음 더

헌법상의 사회복지법원

헌법은 사회복지법의 법원이 되지만, 헌법상의 모든 조항이 사회복지법의 법원이 되는 것은 아니며 사회복지와 관련된 사회권 규정을 사회복지법원이라고 볼 수 있으며, 대표적으로 다음과 같은 조항들이라고 볼 수 있다.

대한민국 헌법

제10조 모든 국민은 인간으로서의 존엄과 가치를 가지며, 행복을 추구할 권리를 가진다. 국가는 개인이 가지는 불가침의 기본적 인권을 확인하고 이를 보장할 의무를 진다.

제34조 ① 모든 국민은 인간다운 생활을 할 권리를 가진다.
② 국가는 사회보장·사회복지의 증진에 노력할 의무를 진다.
③ 국가는 여자의 복지와 권익의 향상을 위하여 노력하여야 한다.
④ 국가는 노인과 청소년의 복지향상을 위한 정책을 실시할 의무를 진다.
⑤ 신체장애자 및 질병·노령 기타의 사유로 생활능력이 없는 국민은 법률이 정하는 바에 의하여 국가의 보호를 받는다.
⑥ 국가는 재해를 예방하고 그 위험으로부터 국민을 보호하기 위하여 노력하여야 한다.

제35조 ① 모든 국민은 건강하고 쾌적한 환경에서 생활할 권리를 가지며, 국가와 국민은 환경보전을 위하여 노력하여야 한다.
③ 국가는 주택개발정책 등을 통하여 모든 국민이 쾌적한 주거생활을 할 수 있도록 노력하여야 한다.

제36조 ② 국가는 모성의 보호를 위하여 노력하여야 한다.
③ 모든 국민은 보건에 관하여 국가의 보호를 받는다.

(2) 일반 법체계하의 사회복지법

- 사회복지법은 지역적인 적용범위를 기준으로 볼 때 국내에서만 적용되는 국내 사회복지법과 국가 간에 적용되는 국제 사회복지법으로 나뉜다. 사회복지제도의 내용은 나라에 따라 서로 다르다. 사회복지법은 주로 국내법적

중요도 ★ ★ ★

'헌법-법률-명령-자치법규'와 사회복지법이 어떠한 관련성을 갖고 있으며, 사회복지법의 체계는 어떻게 분류되는지에 대해 이해할 필요가 있다. 22회 시험에서는 헌법 제10조의 내용을 묻는 문제가 출제되었다.

인 성격을 띠지만, 사회보장협약, ILO와 같은 국제기구의 국제적 권고, 국제선언 그리고 1964년 제정된 유럽사회보장법전의 내용 등은 국제적인 성격을 갖는다.

- 사회복지법은 성문법에 속한다. 즉, 제정법, 관습법, 판례법 등의 실정법 가운데, 사회복지법은 주로 제도상 입법권을 가지는 자에 의하여 만들어지고, 그 내용이 문서로 작성되어 일정한 형식과 절차를 밟아 공포된 제정법(성문법)에 속한다.
- 사회복지법은 사회법에 속한다.

(3) 사회복지법의 분류체계

- 사회복지법은 하나의 법전으로 체계화되지는 않았지만, 사회보장기본법의 분류에 따라 크게 3가지 영역으로 구분되는 사회복지 관련 법들로 이루어져 있다. 사회복지법은 내용적으로 크게 사회보험법, 공공부조법, 사회서비스법으로 구분된다.
- 이 중, 사회서비스법은 사회복지사업법(제2조)에서 정하는 사회복지사업 중 공공부조법을 제외한 법률 및 사회복지와 관련된 법률로 구성된다.

3. 사회복지와 자치법규

중요도 ★ ★ ★

자치법규(조례와 규칙)의 특징은 자주 출제되는 만큼 자세히 학습해야 한다. 조례로 정하도록 위임하고 있는 사항, 사회복지법의 개념과 자치법규, 사회복지조례의 특징 등에 관한 문제가 출제되었다.

지방자치란, 일정 지역의 주민이 그 지역의 공공사무를 자주적으로 결정하고 처리하는 제도로 일반적으로 주민자치와 단체자치로 나뉜다. 주민자치는 지방자치단체가 지방주민들의 생활에 관련되는 사무를 국가에 의하지 않고 자기들의 의사와 책임 아래 스스로 또는 대표자를 선출하여 처리하는 것이다. 반면 단체자치는 법률상으로 법인격을 가진 자치단체가 국가로부터 상대적으로 독립된 지위를 가지고 일정한 권한을 부여받아 국가의 간섭을 받지 않고 자주적으로 처리하는 것이다.

(1) 자치법규(조례, 규칙) 꼭!

- 헌법 제117조는 "지방자치단체는 주민의 복리에 관한 사무를 처리하고 재산을 관리하며, 법령의 범위 안에서 자치에 관한 규정을 제정할 수 있다"고 규정함으로써 지방자치단체에 자치법규의 제정권을 부여하고 있다.
- 지방자치단체는 법률에 의하여 인정된 자치권의 범위 내에서, 즉 법령의 범위 내에서 자기의 사무 또는 주민의 권리−의무와 자치에 관한 규칙인 자치법규를 제정한다.

- 자치법규에는 조례와 규칙이 있다. 조례와 규칙에 대한 세부적인 내용은 지방자치법에 규정되어 있다.

① 조례의 의의 및 특성

보충자료
조례의 제정 영역과
조례로 정하도록
위임한 사항

- 조례란, 지방자치단체가 그 자치입법권에 의거하여 법령의 범위 안에서 지방의회의 의결을 거쳐 그 사무에 관하여 제정한 법이다. 조례의 제정과 개폐는 의결기관으로서 지방의회의 권한에 속한다.
- 지방자치단체는 조례제정권을 갖고 있다. 지방자치단체는 법령의 범위 안에서 그 사무에 관하여 조례를 제정할 수 있다. 다만, 주민의 권리 제한 또는 의무 부과에 관한 사항이나 벌칙을 정할 때에는 법률의 위임이 있어야 한다. 법령에서 조례로 정하도록 위임한 사항은 그 법령의 하위 법령에서 그 위임의 내용과 범위를 제한하거나 직접 규정할 수 없다(지방자치법 제28조).
- 조례는 위계적(位階的) 특성을 갖고 있다. 시·군 및 자치구의 조례나 규칙은 시·도의 조례나 규칙을 위반하여서는 아니 된다(지방자치법 제30조). 일부 지방자치단체에서는 독자적인 사회복지조례를 제정하여 다른 지방자치단체가 실시하고 있지 않는 사회복지사업을 독자적으로 실시하고 있다.
- 조례는 내용상 포괄성을 갖는다. 조례는 특정 분야에 한해서 제정되는 것이 아니라 자치업무의 수행에 필요한 모든 분야를 포함하고 있다. 따라서 지방자치단체는 사회복지에 관련된 업무의 수행을 위한 사회복지조례도 제정하고 있다.
- 조례는 법질서 유지적 특성을 갖고 있다. 조례는 '법령의 범위 내에서만' 제정할 수 있도록 함으로써 법질서를 유지하고 법적 일관성을 기하고 있다.
- 조례는 지역제한적인 특성을 갖고 있다. 자치법규는 원칙적으로 그 지방자치단체의 지방 내에서만 효력을 갖는다.
- 사회복지조례는 지방자치단체들이 관할 지역주민들의 삶의 질을 균형적으로 발전시키는 데 기여하기 위하여 제정된다. 이를 위하여 조례는 지방자치단체들이 사회복지사업을 수행함에 있어 민주성과 능률성을 도모할 수 있도록 하기 위한 내용을 포함하고 있다.

② 규칙의 의의 및 특성

규칙(規則)은 지방자치단체의 장이 법령 또는 조례가 위임한 범위 내에서 그 권한에 속하는 사무에 관하여 정립한 법이다(지방자치법 제29조). 따라서 규칙제정권은 지방자치단체의 장에게 속한다. 일반적으로 조례가 제정되면 조례의 시행에 관하여 필요한 사항을 규칙으로 정하고 있다. 즉, 조례시행규칙 또는 조례운영규칙을 정한다.

③ 조례 · 규칙의 심의 · 의결

지방자치단체의 장이 조례 · 규칙의 제정 · 개폐 및 공포 등을 하고자 하는 경우에 이를 심의 · 의결하기 위하여 지방자치단체의 장 소속하에 조례 · 규칙 심의회를 둔다.

(2) 지방의회와 지방자치단체의 장

① 지방의회

지방의회는 조례의 제 · 개정 및 폐지뿐만 아니라 예산의 심의 · 확정, 결산의 승인 등과 기타 법령에 의하여 그 권한에 속하는 사항을 의결한다(지방자치법 제47조).

② 지방자치단체의 의의

지방자치단체는 국민기초생활보장제도와 같은 공공부조나 사회복지서비스를 직접 국민들의 삶의 현장에서 집행하는 데 중요한 역할을 하고 있다. 지방자치가 발전되어 가면서 오늘날 공공 사회복지 주체로서 지방자치단체는 그 역할이 점차 증가하고 있다.

③ 지방자치단체의 사무

- 사무처리의 기본원칙: 지방자치단체는 법령을 위반하여 사무를 처리할 수 없으며, 시 · 군 및 자치구는 해당 구역을 관할하는 시 · 도의 조례를 위반하여 사무를 처리할 수 없다(지방자치법 제12조).
- 지방자치단체의 사무범위: 지방자치단체는 관할 구역의 자치사무와 법령에 따라 지방자치단체에 속하는 사무를 처리한다(지방자치법 제13조).

④ 지방자치단체의 장

- 지방자치단체의 장은 지방자치단체를 대표하고, 그 사무를 총괄한다(지방자치법 제114조).
- 시 · 도와 시 · 군 및 자치구에서 시행하는 국가사무는 시 · 도지사와 시장 · 군수 및 자치구의 구청장에게 위임하여 수행하는 것을 원칙으로 한다(지방자치법 제115조).
- 지방자치단체의 장은 그 지방자치단체의 사무와 법령에 따라 그 지방자치단체의 장에게 위임된 사무를 관리하고 집행한다(지방자치법 제116조).

기출회차

			3	**4**	5
6	7	8	9	10
11	12	13	14	15
16	17	18	19	20
21	22			

강의로 복습하는 기출회독 시리즈

3 사회복지의 주체

1. 기본권의 주체

(1) 국민

- 국민이란 국가의 구성원으로서의 계속적 지위를 가지는 자로서 형식적으로는 헌법 제2조에 따른 대한민국의 국적을 가진 모든 자를 의미한다.
- 이에 대한 규정으로는, 헌법 제10조에서 "모든 국민은 인간으로서의 존엄과 가치를 가지며 행복을 추구할 권리를 가진다. 국가는 개인이 가지는 불가침의 기본적 인권을 확인하고 이를 보장할 의무를 진다"고 하여 헌법상의 기본권의 주체가 국민임을 명백히 하고 있다.
- 기본권은 국민 개개인이 국가 내에서 가지는 원칙적인 법적 지위를 규정하고 있는 것이므로 자연인으로서의 개인이 원칙적으로 그 주체가 된다.

(2) 외국인

- 외국인은 대한민국의 국적을 갖지 않고 외국국적을 가진 자이며 무국적자까지 포함한다.
- 현행 헌법은 외국인의 기본권에 대해 상호주의에 입각하여 헌법 제6조에서 "외국인은 국제법과 조약이 정하는 바에 의하여 그 지위가 보장된다"고 정하고 있다. 또한 외국인 근로자에 대해 적용을 확대해 가는 추세이고, 근로 3권은 인정되어야 한다는 것이 다수설이다.
- 외국인에게 인정되는 기본권은 신앙의 자유, 양심의 자유, 사생활비밀의 자유, 통신의 자유, 재판청구권, 출국의 자유, 영장제도, 국가인권위원회에 대한 제소권 등을 들 수 있다.
- 현재 외국인에게 제한적으로 인정되는 기본권은 직업선택의 자유, 거주·이전의 자유, 재산권의 보장 및 입국의 자유 등이 있다.

(3) 법인

우리나라 헌법에서 법인에 관해 명시적으로 밝히고 있지 않으나, 법인의 활동이 궁극적으로 자연인을 위한 목적을 기초로 하기 때문에 특정한 성질에 따

라 특정한 범위 내에서 법인의 기본권의 주체성을 인정하고 있다. 또한 헌법
재판소의 견해(헌재 1991. 6. 30. 90헌바56 등)에 따라 기본권의 주체로 보
고 있다.

2. 사회복지의 주체

공법과 사법
- 공법: 국가 또는 공공단체와 개
  인과의 관계 및 공공단체 상호
  간의 관계를 규율하는 법
- 사법: 사인(私人) 상호 간의 관
  계를 규율하는 법

- 사회복지의 법률관계는 사회복지의 주체와 사회복지의 객체 간의 권리-의
  무관계를 말한다. 사회복지의 법률관계도 크게 공법 관계와 사법 관계로
  나눌 수 있다. 공법과 사법을 구분함에 있어서 여러 학설이 있으나, 사회복
  지의 주체에 대한 법적 검토를 행함에 있어서는 법률관계의 주체를 기준으
  로 공법과 사법을 구분하는 주체설에 따라 논하는 것이 바람직하다.
- 사회복지 분야에서 사회복지 주체는 주로 복지다원주의(welfare
  pluralism)를 통해 설명한다. 즉, 사회복지의 주체는 단일하지 않고 국가,
  지방자치단체, 공공기관, 법인, 종교단체, 개인 등 다양하게 구성되어 있
  다. 사회복지는 국민의 인간다운 생활을 보장한다는 취지에 따라 공공성이
  매우 높은 영역이기 때문에, 그 운영은 공정하게 이루어져야 한다. 따라서
  사회복지의 법률관계를 수행하는 사회복지 주체에 관한 논의는 국민들의
  인간다운 생활을 보장함에 있어 큰 의미가 있다.
- 사회복지법에서는 사회복지의 주체를 크게 공적 사회복지 주체와 민간 사
  회복지 주체로 구분할 수 있다.

1) 공적 사회복지 주체

(1) 공적 사회복지 주체의 의의
사회복지의 공적인 법률관계는 주로 국가나 지방자치단체 또는 공공단체가
법률관계의 주체로서 사회복지와 관련하여 국민과 갖게 되는 권리-의무관계
이다. 공적 사회복지 주체는 사회복지행정의 주체로서 역할을 수행한다.[1]

(2) 공적 사회복지 주체의 종류

① 국가
- 국가란 일정한 영토와 국민·주권을 기초로 통치권력에 의하여 통치권을
  행사하는 공식적인 통치조직을 말한다.
- 국가는 법률상 하나의 인격을 가지는 것으로 간주된다. 다시 말하면 국가

는 법인으로서 법률관계에서의 주체가 되는 것이다. 국가가 행정주체가 되는 경우, 그 권한은 대통령을 정점으로 하는 국가 행정조직을 통해 행사된다. 그리고 그 국가를 위해 실제로 행정사무를 담당·수행하는 역할을 하는 것이 행정기관이며, 이 행정기관은 어떠한 권한을 행사하느냐에 따라 행정관청, 집행기관, 의결기관, 자문기관, 보조기관 등으로 분류된다.

② 지방자치단체

- 지방자치단체는 국가 영토의 일부를 자기 구역으로 하여 그 구역 내의 모든 주민에 대하여 법률이 정하는 범위 내에서 지배권을 행사하는 단체이다. 지방자치단체는 그의 지배권이 지방자치단체에 고유한 것이 아니고, 국가로부터 부여된다는 점에서 국가와 구별되고, 일정한 구역에 대한 지배권을 가지는 지역단체인 점에서 다른 공법인과 구별된다.
- 지방자치단체는 자치행정의 주체로서 국가로부터 행정권의 일부를 부여받은 공공단체이며 공법인(公法人)이다. 공적 사회복지 주체로서의 지방자치단체에는 보통지방자치단체(서울특별시·광역시·도, 시·군·구)와 특별지방자치단체(지방자치단체조합)가 있다.
- 지방자치가 발전되어가면서 오늘날 공적 사회복지 주체로서 지방자치단체는 그 역할이 점차 증가하고 있다. 지방자치단체는 국민기초생활보장제도와 같은 공공부조나 사회복지서비스를 직접 국민들의 삶의 현장에서 집행한다.
- 최근 일부 지방 재정자립도가 높은 지역의 지방자치단체는 재정자립도가 낮은 지역의 지방자치단체보다 높은 수준의 복지혜택을 해당지역의 주민들에게 지방자치단체의 자체 재원을 활용하여 제공하는 경우를 찾아볼 수 있다.
- 지방자치단체가 서비스의 주체가 되는 경우, 지역 특성이나 지역주민의 의견에 따라 서비스의 내용과 수준을 조정할 수 있으며, 다른 지방자치단체와의 경쟁으로 서비스가 개선될 수 있다는 장점이 있다. 하지만, 지방자치단체 간의 재정격차로 인하여 서비스의 불평등이 심화될 수 있다.

③ 공법인

- 특정한 공공목적을 위하여 특별한 법적 근거에 따라서 설립된 법인을 공법인(公法人)이라 한다. 그 결과 공법인은 사법인과는 달리 보통 그 목적이 법률로서 정해져 있고, 목적 달성에 필요한 한도에서 행정권이 부여되고, 여러 특혜가 인정되며, 또한 국가의 특별한 지도감독을 받고 있다.
- 공법인은 광의로는 국가와 공공단체를 모두 포함하고, 협의로는 공공단체와 같은 의미로 사용되고, 최협의로는 지방자치단체를 제외한 공공단체를

의미한다.

2) 민간 사회복지 주체

(1) 법인(法人)의 의의 및 특징

① 의의
법인이란, 자연인이 아니면서 법률상의 권리-의무의 주체가 되는 것이다. 또한 일정한 목적하에 결합된 사람의 집단 또는 재산의 집합체에 대하여 법인격, 즉 법률상 권리-의무의 주체가 될 수 있는 능력이 부여된 것을 말한다. 법인격을 취득할 수 있는 단체로는 사단과 재단이 있다.
- 사단법인: 구성원과는 독립하여 단체 자체가 그 주체가 됨
- 재단법인: 재산을 일정한 목적을 위하여 출연하여 이를 바탕으로 일정한 조직을 갖추어 그 목적을 영위하는 경우 법인격을 가진 결합된 재산의 집단

② 특징
일정한 단체가 법률에 의해 인격을 승인받아 권리-의무의 주체가 된다는 것은 다음과 같은 세 가지 의미를 갖는다.
- 법인은 권리-의무의 주체가 될 수 있지만 자연인처럼 스스로 행동할 수는 없기 때문에 대표이사와 같은 기관을 설정하게 되고, 기관의 행위는 곧 법인의 행위로 간주하는 방식을 취한다.
- 법인은 구성원의 가입·탈퇴가 있더라도 그에 영향을 받지 않고 그 동일성이 유지된다.
- 법인의 재산은 구성원의 재산과는 독립된 법인 자체의 재산이다.

(2) 법인의 종류

① 공법인, 사법인
법률관계가 복잡해져 획일적 기준으로 구별하기가 곤란하나 국가, 지방자치단체 등 공공의 목적을 위해 공법으로 설립된 법인은 공법인, 민법과 상법 등에 의하여 설립되는 회사, 사단법인, 재단법인, 사회복지법인 등은 사법인에 해당한다.

② 영리법인, 비영리법인
- 설립목적이 영리의 추구에 있느냐에 따라 영리법인과 비영리법인으로 분류

한다.

- 비영리법인은 비영리사업의 목적을 달성하는데 필요하여 본질에 반하지 않을 정도의 영리행위를 하는 것은 가능하다.

③ 사단법인, 재단법인
- 사단법인은 일정한 목적을 위하여 결합한 사람의 단체이며, 재단법인은 일정한 목적을 위하여 출연된 재산을 그 실체로 하는 법인이다.
- 법인은 사단법인, 재단법인 두 가지 중 하나로서 설립되어야만 하며, 중간적인 형태의 법인은 인정하지 않는다.

(3) 사회복지법인

① 정의
사회복지법인이란 사회복지사업법 제2조의 "사회복지사업"을 행할 목적으로 설립된 법인을 의미한다. 사회복지법인은 사(私)법인이면서 비영리법인이며, 재단법인의 성격을 동시에 지닌다고 볼 수 있다.

② 사회복지법인의 종류
- 시설법인: 사회복지시설을 설치 · 운영하는 법인. 사회복지사업법 제2조의 사회복지시설을 설치 · 운영할 목적으로 설립된 사회복지법인
- 지원법인: 사회복지사업을 지원하는 법인. 사회복지사업을 지원할 목적으로 설립된 사회복지법인

2장 사회복지법의 발달사

한눈에 쏙!		중요도

❶ 영국의 사회복지법 형성 과정

- 1. 엘리자베스빈민법
- 2. 개정빈민법 이전
- 3. 개정빈민법
- 4. 1900년대 초~대처정부 이전

❷ 한국의 사회복지 관련 입법

- 1. 일제 강점기~한국전쟁기
- 2. 1960년대
- 3. 1970년대
- 4. 1980년대   22회 기출
- 5. 1990년대
- 6. 2000년대 ★★★   22회 기출

기출경향 살펴보기

이 장의 기출 포인트

우리나라 사회복지 관련 주요 법률의 제·개정 과정의 특징에 대한 종합적인 이해를 필요로 하는 문제들이 출제되며, 어느 정도 암기를 요구하는 장이다. 주요 법률의 제·개정 시기를 연대별로 반드시 꼼꼼하게 정리해두어야 하며, 제·개정과 관련된 시대적 특징이나 사회적 배경 등도 관심 있게 살펴보아야 한다. 특히, 주요 법률의 제정 시기는 연대별로 무조건 암기해야 한다.

최근 5개년 출제 분포도

연도별 그래프

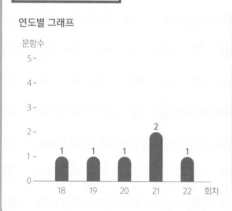

평균출제문항수

1.2 문항

2단계 학습전략

데이터의 힘을 믿으세요!
강의로 복습하는 **기출회독 시리즈**

3회독 복습과정을 통해
최신 기출경향 파악

최근 10개년 핵심 키워드

| 기출회독 **227** | 한국 사회복지법률의 역사 | 11문항 |

기본개념 완성을 위한 **학습자료 제공**

기본개념 강의, 기본쌓기 문제, ○ X 퀴즈, 기출문제, 정오표, 묻고답하기, 지식창고, 보충자료 등을
아임패스를 통해 만나실 수 있습니다.

기출회차				
		3	**4**	5
6	7	8	9	10
11	12	13	14	15
16	17	18	19	20
21	22			
강의로 복습하는 기출회독 시리즈				

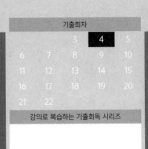

1. 엘리자베스빈민법(Elizabeth Poor Law, 1601)

엘리자베스 1세 영국 여왕이 1601년 소위 '구빈민법(舊貧民法, Old Poor Law)' 또는 '엘리자베스빈민법'을 제정하였다. 1598년 마련된 초안을 입법화한 것으로 최초로 구빈의 책임을 교회가 아닌 정부(지방정부)가 졌다는 점에 큰 의의가 있으나, 실제 내용상으로는 빈민구제보다는 빈민을 통제하고 관리하기 위한 법이었다.

엘리자베스빈민법의 빈민 구분

구분	처우
노동능력이 있는 빈민	강제노동 - 스스로 생활을 영위할 수 있는 노동능력을 가진 사람은 일을 하도록 함
노동능력이 없는 빈민	원내구제 - 구빈원(almshouse) 또는 자선원에 수용되어 제한된 보호를 받도록 함
빈곤아동	강제도제 - 도제(徒弟, apprentice)와 입양을 통하여 보호함

2. 개정빈민법 이전

(1) 정주법

찰스 2세는 빈민의 소속교구를 분명히 하고, 빈민들의 도시유입을 막기 위해 1662년 교구에 정착해 거주할 수 있는 자격을 규정한 정주법(定住法)을 제정하였다.

(2) 길버트법

1782년 길버트 의원이 주도한 길버트법은 일종의 작업장 개선운동이었으며, 교구연합을 통해 보다 효율적인 구빈행정을 시도하였다. 노동능력이 있는 근면한 빈곤자들이 자신의 집에서 공공부조를 받게 되는 원외구제(outdoor relief) 제도를 창시하여 거택보호제도의 효시가 됨으로써, 구빈민법과 차이를 보이고 있다.

(3) 스핀햄랜드법

1795년 5월 스핀햄랜드의 버크셔 카운티(Berkshire County)는 임금보충방안을 채택하였다. 행정장관은 임금보충방안인 급여수당척도(allowance scale)를 도입하기로 결정하였는데, 이 제도에 따르면 교구는 빵 가격과 가족 중 아동의 수에 따라 노동자들에게 그들의 임금을 생존수준까지 보충해주도록 하였다.

3. 개정빈민법(Poor Law Amendment, 1834)

개정빈민법은 빈곤구제의 책임이 국가에 있다고 인정하기는 하였지만, 근본적으로 빈곤의 원인이 개인의 도덕적 문제나 나태에 있다고 보았다. 따라서 사회의 구조적인 개혁의 시도나 제도적인 빈곤구제를 위한 법이라기보다는 사회통제적이고 잔여적인 빈곤구제법이었다.

(1) 원외구제 금지의 원칙

노약자, 질병자 등 예외적인 경우에만 원외구제를 허용하고 원칙적으로 원내구제를 실시했다. 원내구제를 위해 작업장을 활용하였다.

(2) 열등처우의 원칙(principle of less eligibility)

정상적인 노동을 권장하기 위하여 구제의 수준을 최하급 극빈 독립노동자의 생활수준보다 낮은 수준에서 정하였다.

(3) 작업장 심사(workhouse test)의 원칙

빈곤 처우의 지나친 다양성과 자격조사에 따른 부패를 해소하기 위해 단순조사를 실시하였고, 이를 통해 구제적용의 다양성과 불확실성을 배제하였다. 조사를 통해 빈민들을 작업장에 수용하였다.

(4) 전국 균일처우의 원칙(principle of national uniformity)

피구제자에게 주어지는 구제는 중앙행정기관인 빈민법위원회에 의해 전국적으로 통일되었다.

보충자료
독일의 비스마르크
사회보험

4. 1900년대 초~대처정부 이전

(1) 노령연금법

1908년에 제정된 법으로 빈곤이 증명되어야만 수급할 수 있는 무기여 제도였다.

(2) 국민보험법

1911년에 제정된 영국 최초의 사회보험법으로 전국 단일 국가보험 형태로 정착하였다. 국민보험법의 제정 이면에는 당시 자유당정권의 사회개혁사상이 반영되었다. 이 법은 사회보험이 처음 도입되었다는 측면에서 영국 복지국가의 기원으로 평가되기도 하지만, 여러 가지 제한적인 측면도 있다. 국민보험은 제1부 국민건강보험과 제2부 실업보험으로 구성되어 있었고, 각각 로이드 조지(Lloyd George, David)와 처칠(Winston Churchill)이 큰 역할을 하였다. 보험료는 기여제로 노동자와 고용주, 국가가 부담하였고, 보험금 지급은 보험료를 완납한 자에 한하였다.

(3) 실업보험법

1921년 국민보험법을 개정하여 제정한 것이다. 이 법은 당시까지 급여기간 상한이었던 15주를 무시하고 5년간의 시한으로 급여기간을 연장하는 연장급여(extended benefit)를 시행하기도 했으나, 계속된 불황으로 재정 파탄에 직면하였다.

(4) 실업법

1929년 시작된 대공황으로 실업보험에 가입하지 않은 자의 구제가 문제가 되자, 영국 정부는 1934년 실업법을 새로이 제정하고 실업보험제도와 실업부조제도를 새로이 만들었다. 실질적으로 현대적 의미의 공공부조제도의 시작이었다.

(5) 가족수당법

1945년에 제정되어 15세 미만의 부양아동, 재학 중인 15~18세의 아동, 15세 이상의 비근로아동들이 있는 경우 가족수당과 아동소득공제를 제공하였다.

(6) 국민보험산업재해법

1946년에 제정된 이 법은 균일하게 기여하고 최저생활수준 이하의 연금을 균일하게 지급받도록 규정하였다.

(7) 국민보건서비스법(NHS)

1946년 병원의 국영화, 병원종사자의 공무원화, 개업의와 국가 간에 청부계약의 체결 등에 의한 의료공급의 사회화를 전제로 제정되었다. 비용을 대부분 국고에서 조달함으로써 모든 주민에게 원칙적으로 무료 의료를 보장하였다.

(8) 국민부조법

1948년 이 법의 제정으로 빈민법은 350년만에 해체되고, 국민 최저선(national minimum)이라는 이념에 기반을 둔 공공부조제도로 전환하게 되었다.

2 한국의 사회복지 관련 입법

1. 일제시대~한국전쟁기

보충자료
우리나라 전통사회의
복지제도

(1) 일제시대

- 일제시대의 사회복지법은 공공부조제도와 관련이 있다. 노동능력 유무를 기준으로 구분처우를 하였다. 노동능력이 없는 빈민 또는 일시적으로 각종 재해를 당한 사람을 위한 구호사업과 농촌빈민, 화전민, 토막민, 도시세궁민 등 노동능력이 있는 빈민을 대상으로 하는 복지사업을 실시했다.
- 일본에서 1929년 제정되어 1932년부터 실시하던 '구호법(救護法)'을 원용하여 1944년 3월에 '조선구호령'을 실시하였다. 형식상으로는 근대적 의미의 공공부조가 우리나라에 최초로 제도화된 것이며, 국민기초생활보장법의 전신인 생활보호법의 모태가 되었다. 조선구호령의 내용을 간략히 소개하면 다음과 같다.
  - 적용 대상: 65세 이상의 노쇠자, 13세 이하의 유아, 임산부, 불구, 폐질, 질병, 상이, 기타 정신 또는 신체의 장애로 인하여 노동을 하기에 지장이 있는 자
  - 급여 내용: 급여 내용은 생활부조, 의료, 조산, 생업부조, 장제부조 등
  - 원칙: 신청주의에 의해 실시되고, 신청 대상자를 심사하기 위해 자산조사를 거치도록 규정하였다. 거택보호를 원칙으로 하고 예외적으로 구호시설수용, 위탁수용을 할 수 있도록 규정하였다. 재정은 국가가 1/2 또는 7/12 이내를 보조하고, 도는 1/4을 보조할 수 있으며, 이하는 읍·면에서 부담하도록 규정하였다.

(2) 미군정기(1945. 9. 8~1948. 8. 15)

- 형식상으로는 일제시대의 관계법을 계승하고 있으나, 그것보다는 군정법령 및 몇 가지 업무처리 준칙에 의해 이루어졌다. 당시의 빈곤정책은 광범위한 요구호자들의 긴박한 필요에 대응하는 임시적인 구호사업 중심으로 전개되었다. 구호사업은 월남한 피난민과 국내 거주의 요구호빈민에 대한 식량·의료 및 주택 공급에 치중하였다.

48 사회복지사 1급 사회복지법제론

- 미군정기 보건후생정책은 기아의 방지, 최소한의 서민 생계유지, 보건위생 및 치료, 응급주택 공급 등에 중점을 두었으나 획기적인 사업추진이나 장 기계획은 실시하지 않았다.
- 1946년 미군정은 구호준칙으로서 후생국보 3호, 후생국보 3A호, 후생국보 3C호를 제정하였다. 후생국보 3호의 C항은 공공구호(public relief)를 규정 하고 있는데, 이는 조선구호령과 유사하게 구호의 대상으로 65세 이상 된 자, 6세 이하의 부양할 소아를 가진 모(母), 13세 이하의 소아, 불치의 병 자, 분만시 도움을 요하는 자, 정신적·육체적 결함이 있는 자로서, 구호 시설에 수용되지 않고, 가족이나 친척의 보호가 없으며, 노동할 수 없는 자 로 규정하였다.
- 구호 내용으로는 식량, 주택, 연료, 의류, 의료, 매장으로 분류된다.

(3) 정부수립과 한국전쟁기

이 시기 공적 부조 관련 정책의 특징은 외국 민간원조 단체가 주축이 되어 고 아원, 양로원 등 수용보호시설을 중심으로 한 미국식 사회사업 개념이 도입 되었다는 것이라 할 수 있으며, 새로운 공적 부조제도가 조성되지는 않았으 나 공적 부조 방향 설정에 중요한 계기가 되었다. 이 시기에는 헌법(1948. 7. 17), 군사원호법(1950), 근로기준법(1953) 등이 제정되었다.

2. 1960년대

군사정권은 실질적으로 사회복지에 별 관심이 없었다. 군사정권의 정통성을 확보하기 위한 수단을 경제성장 일변도의 산업화에서 찾고 있었기 때문에 사 회복지를 위한 투자는 비생산적이고 경제 성장을 저하시키는 요인으로 간주 하였기 때문이다. 1963년에는 군인연금법, 산업재해보상보험법, 사회보장에 관한법률 및 의료보험법이 각각 제정되었다.

(1) 제3공화국 헌법(1962. 12. 26) - 제5차 개정 헌법
- 제3공화국 헌법의 사회복지적 의미: 인간다운 생활을 할 권리가 헌법 조항 으로 신설되었다.
- 동법 제30조에서는 모든 국민은 인간다운 생활을 할 권리를 가지고, 국가 는 사회보장의 증진에 노력할 의무를 가지며, 생활능력이 없는 국민은 법 률이 정하는 바에 의하여 국가의 보호를 받는다고 규정함으로써 복지권 내 지 인간다운 생활을 할 권리와 이를 보장할 국가의 의무를 규정했다.

(2) 공무원연금법(1960. 1. 1 시행)

공무원연금제도는 공무원의 퇴직 또는 사망과 공무로 인한 부상·질병·폐질에 대하여 적절한 급여를 실시함으로써, 공무원 및 그 유족의 생활안정과 복리향상에 기여함을 그 목적으로 하였다.

(3) 생활보호법(1961. 12. 30 제정)

- 1961년 제정 당시에 규정된 목적은 생활유지능력이 없는 자에 대한 보호였지만, 이후 개정되면서 최저생활의 보장과 자활조성이 목적으로 규정되었다.
- 이 법의 제정으로 우리나라 빈곤 구제정책이 정착되고 공공부조 사업이 본격적으로 실시되기 시작하였다. 그러나 이 법은 1944년 일제시대에 제정된 조선구호령과 유사한 측면이 많다.

(4) 아동복리법(1961년 제정)

- 우리나라에서 보육사업이 본격적으로 실시되었다.
- '탁아소'를 법정 아동복지시설로 인정하였다.
- 보육시설의 설치기준·종사자 배치기준·보육시간·보호내용 등을 구체적으로 규정하였다.

(5) 국가유공자특별원호법(1962년 제정)

1984년 국가유공자등예우및지원에관한법률에 의해 폐지되었다.

(6) 산업재해보상보험법(1963. 11 제정)

산업재해보상보험은 사업장에서 일하는 근로자들이 업무수행 중 또는 업무수행과 관련하여 부상·질병·신체장해 또는 사망한 경우에 근로자 본인의 치료나 본인 및 부양가족의 생계를 보장하기 위한 제도이다.

(7) 사회보장에관한법률(1963. 11. 5 제정)

이 법에서 사회보장은 사회보험에 의한 제급여와 무상으로 행하는 공적부조라고 정의하였다(1995. 12. 30 사회보장기본법 제정으로 폐지).

(8) 의료보험법

의료보험법은 1963년에 제정되었으나 경제적, 기술적 여건의 미비로 실시되지 않다가 1977년 1월 1일부터 500인 이상 사업장을 중심으로 강제 적용하는 사회보험제도로 실시되었다.

미인가탁아시설임시조치령

- 1968년 3월 공포
- 보육시설의 운영주체를 대폭 완화
- '탁아소'에서 '어린이집'으로 명칭 변경
- 외국원조에 주로 의존하던 이들 시설에 대한 정부지원이 시작됨

(9) 기타 주요 법률의 제정

- 갱생보호법(1961년 제정)
- 군사원호보상법(1961년 제정)
- 재해구호법(1962년 제정)
- 군인연금법(1963년 제정)

3. 1970년대

(1) 사회복지사업법(1970. 1. 1 제정) ⭐

이 법에서는 사회복지사업을 생활보호법 · 아동복리법 · 윤락행위등방지법 등에 의한 보호사업 · 복지사업 · 선도사업 · 복지시설의 운영 등을 목적으로 하는 사업으로 정의하였다.

(2) 국민복지연금법(1973. 12. 24 제정)

1973년 국민복지연금법이 제정되었지만 석유파동으로 시행이 연기되었고, 1986년 국민연금법으로 전부 개정되고 1988년부터 시행되었다.

(3) 의료보험법(1976. 12 전부개정, 1977. 1. 1 시행)

- 공무원 · 교직원 · 군인을 제외한 500인 이상 사업장 근로자를 대상으로 최초로 강제적용방식을 도입한 직장의료보험이 실시되었다.
- 사실상 사회보험으로서의 의료보험제도가 도입되었다.
- 농어촌지역 주민의 의료보험 가입은 유보되었다.

(4) 의료보호법(1977. 12. 31 제정)

- 우리나라 의료보호의 효시는 1961년에 제정된 생활보호법을 근거로 저소득자, 무능력자 및 무의 · 무탁자 등과 같은 취약계층에 대해 무료진료 형태의 진료사업을 실시한 것으로 볼 수 있다. 그러나 그 수혜대상이 무능력자로 한정되었고, 진료제공기관도 보건소 및 국 · 공립의료기관 등 일부 진료기관에 국한되는 등 의료부조적 성격을 지니고 있었다.
- 경제적 취약계층을 대상으로 체계적인 의료혜택을 제공하기 위하여 1977년 의료보호법을 제정하는 등 관련 법규를 보완하여 1979년 1월부터 적극적으로 의료보호사업을 실시하였다.

(5) 공무원 및 사립학교교직원 의료보험법(1977. 12. 31 제정)

공무원, 사립학교 교직원 및 그 부양가족의 질병, 부상, 분만, 사망 등에 대한 보험급여가 실시되었다.

4. 1980년대 🏆 22회기출

(1) 제5공화국 헌법(1980. 10. 27 제8차 개정헌법)

• 헌법의 기본권 조항 가운데 행복추구권을 추가하였다.
• 국가는 "사회보장 · 사회복지의 증진에 노력할 의무를 진다"는 조항을 둠으로써 '사회복지'를 별도로 추가하였다.

(2) 아동복지법(1981. 4. 13 전부개정) ⭐꼭!

• 기존의 아동복리법이 아동복지법으로 전부 개정되었다.
• 보호대상 범위가 요보호아동에서 일반아동을 포함한 전체 아동으로 확대되었다.
• 무료 탁아시설은 법인 이외의 자도 신고만으로 시설을 설치 · 운영할 수 있게 하였다.
• 국민과 국가 및 지방자치단체의 책임을 규정하였다.
• 어린이날을 제정하였다.

(3) 심신장애자복지법(1981년 제정)

• 1981년 UN이 '세계 장애인의 해'를 선포하자, 우리나라에서도 심신장애자복지법이 제정되었다.
• 심신장애자복지법에서는 '장애자'를 '지체장애, 시각장애, 청각장애, 언어장애 또는 정신지체 등 정신적 결함으로 인하여 장기간에 걸쳐 일상생활 또는 사회생활에 상당한 제약을 받는 자'로 정의하였다.
• 1988년 서울장애인올림픽 개최를 계기로 장애인에 대한 사회적 관심이 높아짐에 따라 심신장애자복지법은 1989년 장애인복지법으로 전부 개정되었다.

(4) 노인복지법(1981년 제정) ⭐꼭!

① 1981. 6. 5 제정

노인의 심신의 건강 유지 및 생활안정을 위하여 필요한 조치를 강구함으로써 이러한 사회문제를 해결하고, 노인의 복지증진에 기여하기 위한 것이다.

② 1989. 12. 30 개정

- 노인복지대책위원회를 설치하였다.
- 65세 이상의 노인에 대한 노령수당이 지급되었다.
- 노인복지시설의 범위에 실비양로시설, 유료노인요양시설 및 노인복지주택을 추가하였다.

(5) 사회복지사업법(1970년 제정된 사회복지사업법을 1983. 5. 21 일부개정) ⭐

- 복지증진의 책임이 국가와 지방자치단체에 있음을 명문화하였다.
- 1983년 사회복지사업법이 개정되면서 기존의 '사회복지사업종사자' 자격에 관한 규정이 '사회복지사' 자격에 관한 규정으로 개정되었고, 사회복지사 자격제도가 처음으로 도입되었다.

(6) 국민연금법(1986. 12. 31 전부개정) ⭐

국민연금법은 국민의 노령·폐질 또는 사망에 대하여 연금급여를 실시함으로써, 국민의 생활안정과 복지증진에 기여함을 목적으로, 기존의 국민복지연금법을 전부개정하여 14년간의 휴면기를 끝내고 1988년부터 본격 실시되었다.

(7) 최저임금법(1986. 12. 31 제정)

- 노동자에 대하여 임금의 최저수준을 보장하는 것을 목적으로 하였다.
- 이 법에 의해서 사용자는 최저임금의 적용을 받는 근로자에 대하여 최저임금액 이상의 임금을 지급하여야 한다. 이 법의 제정은 근로자의 복지를 증진시키는 계기가 되었다.

(8) 의료보험법 개정

① 1988년 개정

농어촌지역으로 확대 실시되었다.

② 1989년 개정

도시지역 확대 실시로 전국민 의료보험 체제가 확립되었다.

법 명	년 도	주요 골자
의료보험법	1963년 제정	임의적용 방식
	1976년 개정	농어촌지역 주민의 의료보험 가입이 유보됨
	1988년 1월	농어촌지역에 실시함
	1989년 7월	도시지역까지 확대 적용 → 전국민 의료보험 체제 확립
국민의료보험법	1997년 제정	국민의료보험법 제정
	1998년 10월	• 국민의료보험관리공단 출범 • 다수 보험자방식(조합주의방식)의 의료보험제도 → 통합주의 방식의 의료보험제도로 변경함 • 공 · 교공단과 227개 지역조합을 통합
국민건강보험법	1999년 제정	• 국민건강보험법 제정 • 지역과 직장 의료보험이 완전통합되는 국민건강보험제도 구축

(9) 장애인복지법(1989. 12. 20 전부개정) ⭐꼭!

1981년 제정된 심신장애자복지법을 개정하여 장애인복지법으로 명칭을 변경하였다.

(10) 기타 주요 법률의 제 · 개정

- 사회복지사업기금법(1980. 12. 31 제정)
- 생활보호법(1961년 제정된 생활보호법을 1983. 12. 30 전부개정)
- 진폐의예방과진폐근로자의보호등에관한법률(1984. 12. 31 제정)
- 모자복지법(1989. 4. 1 제정)

5. 1990년대

1997년 11월, 우리나라에 본격적으로 불어닥친 외환위기로 인해 대량 실업이 발생하였다. 그러나 대량 실업과 대량 빈곤현상에 대처할 사회안전망은 마련되어 있지 않아, 한시적이고 즉흥적인 제도들이 시행되었다. 이러한 문제를 해결하기 위한 하나의 방안으로 기존의 생활보호법을 대체하는 국민기초생활보장법을 1999년 9월 7일 제정하였다.

(1) 고용보험법(1993. 12. 27 제정) ⭐꼭!

적극적 고용정책의 일환으로 근로자의 직업능력개발 · 실업예방 및 고용기회의 확대등을 도모하고, 근로자의 실업으로 인한 경제 · 사회적인 어려움을 해소하는 것을 주된 내용으로 하는 고용보험제도를 시행함으로써 근로자의 생활의 안정 및 경제 · 사회발전에 이바지하려는 것이다.

(2) 사회보장기본법(1995. 12. 30 제정) ⭐

- 모든 국민이 인간다운 생활을 할 수 있도록 최저생활을 보장하고 사회 공동체의 참여가 가능하도록 하기 위한 복지사회를 실현하는 것을 사회보장제도의 기본 이념으로 한다.
- 사회보장의 범위에 사회보험, 공공부조, 사회복지서비스 및 관련 복지제도를 포함하여 국민복지증진의 토대를 마련하였다.
- 사회보장에 대한 국가 및 지방자치단체의 책임 역할 및 비용 부담을 명시하고, 민간 부문이 적극적으로 참여할 수 있는 여건을 조성하도록 하여 사회복지의 증진을 도모하였다.
- 국가는 국민이 건강하고 문화적인 생활을 보장받도록 노력하여야 하며, 최저생계비와 최저임금을 참작하여 사회보장 급여수준을 결정한다.
- 사회보장의 급여를 받을 권리의 양도 · 담보 · 압류를 금지하며, 동 권리의 제한 또는 정지는 관계 법령이 정하는 바에 의하여 그 목적에 필요한 최소한의 범위에 그치도록 함으로써 사회보장수급권을 보호한다.

(3) 사회복지사업법 개정

① 1992. 12. 8 전부개정

사회복지행정의 전문성과 효율성을 높이기 위하여 일선행정기관에 사회복지 전담공무원을 두고 시 · 군 · 구에는 복지사무전담기구를 설치할 수 있도록 하며, 사회복지사업의 범위를 조정하였다.

② 1997. 8. 22 전부개정

사회복지사의 전문성을 제고하기 위하여 사회복지사 1급은 국가시험에 합격한 자로 하고, 현행 사회복지시설 설치 · 운영에 대한 허가제를 신고제로 변경하여 동 시설의 설치 · 운영을 용이하게 하며, 개인도 동 시설을 설치 · 운영할 수 있도록 하고, 사회복지법인과 시설운영의 투명성을 보장할 수 있도록 제도적 장치를 강화하며, 자원봉사활동을 지원할 수 있는 법적 근거를 마련하였다. 사회복지시설에 대한 평가제도를 도입하고 그 결과를 동 시설의 감독 또는 지원에 반영할 수 있도록 하였다.

(4) 사회복지공동모금법(1997. 3. 27 제정) ⭐

- 공공 주도의 성금모금 및 관리 · 운영을 지양하고 민간단체가 이웃돕기성금

을 직접 모금 · 배분 및 관리하도록 함으로써 이웃돕기운동의 자율성을 보장하며 민간의 참여를 활성화하려는 것이다.
- 1999. 3. 31 사회복지공동모금회법으로 개정

(5) 국민기초생활보장법 제정(1999. 9. 7 제정) – 생활보호법 폐지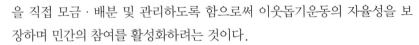

자활후견기관(현재의 지역자활센터) 규정

자활후견기관에 관한 규정은 1997년 생활보호법이 개정되면서 추가되었다.

- 생활보호법상의 피보호자, 보호기관 등의 용어를 수급권자, 보장기관 등 권리적 성격이 강한 용어로 변경하였다.
- 인구학적 기준(18세 미만, 65세 이상)을 철폐하고 소득인정액이 최저생계비 이하인 국민은 누구나 국가로부터 지원을 받을 수 있도록 하였다.
- 급여의 종류로서 생계 · 주거 · 의료 · 교육 · 해산 · 장제 · 자활급여 등을 규정하고, 수급자에 대한 급여는 생계급여와 수급자의 필요에 따라 주거 · 의료 · 교육 · 장제 · 해산 · 자활급여를 함께 지급하도록 하였다.
- 근로능력이 있는 수급권자에 대하여는 조건부로 급여를 할 수 있도록 하되 직업훈련 등 자활을 촉진하는 사업과 연계시키는 방안을 두었다.

(6) 장애인복지법(1999. 2. 8 전부개정)
- 장애인의 정의를 주요 외부신체기능의 장애, 내부기관의 장애와 정신지체, 정신질환에 의한 장애로 인하여 장기간에 걸쳐 일상생활 또는 사회생활에 상당한 불편을 겪는 사람으로 확대하였다.
- 장애인의 정보접근을 위해 전기통신, 방송시설의 정비와 방송(방송프로그램), 국가적인 주요 행사, 민간 주최의 주요행사에 수화통역, 폐쇄자막방송 등을 실시하도록 하고 점자 및 음성도서의 보급을 규정하였다.
- 장애인의 선거권 행사의 편의를 위해 장애인 편의시설의 설치, 장애인용 투표 보조기구의 개발 · 보급을 규정하였다.
- 장애인복지시설의 종류를 장애인생활시설, 장애인지역사회재활시설, 장애인직업재활시설, 장애인 유료복지시설, 기타 대통령령으로 정하는 시설로 하였다.

(7) 국민의료보험법

① 1997년 제정 – 기존 의료보험법 폐지

② 1998년 10월 개정
- 국민의료보험관리공단이 출범되었다.
- 다수 보험자방식(조합주의방식)의 의료보험제도에서 통합주의 방식의 의료

보험제도로 변경되었다.

- 공·교공단과 227개 지역조합을 통합하였다.

(8) 국민건강보험법(1999. 2. 8 제정) ★꼭!

- 기존 국민의료보험법 폐지
- 다보험자 방식의 의료보험 관리체계를 단일보험자로 통합 운영함으로써 관리운영의 효율성과 보험료 부담의 형평성을 높였다(실질적인 통합은 2003년).
- 질병의 치료 외에 예방, 건강증진 등을 포함하는 포괄적인 의료서비스 제공으로 국민건강의 향상을 도모하였다.

(9) 기타 주요 법률의 제정

- 장애인고용촉진등에 관한 법률(1990. 1. 13 제정)
- 영유아보육법(1991. 1. 14 제정)
- 사내근로복지기금법(1991. 8. 10 제정)
- 성폭력범죄의 처벌 및 피해보호자 등에 관한 법률(1994. 1. 5 제정)
- 보호관찰 등에 관한 법률(1995. 1. 5 제정): 갱생보호법 폐지, 기존의 보호관찰법 전부 개정
- 정신보건법(1995. 12. 30 제정)
- 청소년보호법(1997. 3. 7 제정)
- 가정폭력방지 및 피해자보호 등에 관한 법률(1997. 12. 31 제정)

6. 2000년대 22회 기출 🏆

국내적으로는 1997년에 발생한 외환위기를 탈출하였으며, 생산적 복지, 적극적 노동시장정책 등이 국가의 주요 정책방향으로 제시되었다. 고령화가 급속히 촉진되어 사회문제로 대두되었으며, 장애인고용문제에 대한 이슈가 지속적으로 제기되었고, 남녀평등 및 모성보호에 대한 관심이 고조된 시기이다. 의료급여법이 제정되어 기존의 의료보호법을 대체하였으며, 국민건강보험재정을 건전화시키기 위한 특별법이 제정되었다. 또한 저출산, 고령화 문제가 중요한 사회문제로 대두되면서 기초연금법, 노인장기요양보험법 등이 제정되었다.

중요도

우리나라 사회복지법 입법 변천사와 관련하여 제정된 법률, 전부 개정된 법률의 내용을 비롯하여 법제명의 변천 등을 정확하게 암기하는 것이 필요하다. 이 부분에서는 주요 법률들의 입법 순서 및 배경을 묻는 문제들이 해마다 출제되고 있다. 22회 시험에서는 법률의 제정 연도가 가장 최근인 것을 찾는 문제가 출제되었다.

(1) 사회복지사업법 개정

① 2000. 1. 12 일부개정

국민의 사회복지에 대한 이해를 증진하고 사회복지사업 종사자의 활동을 장려하기 위하여 매년 9월 7일을 사회복지의 날로 정하였다.

② 2003. 7. 30 일부개정

지역사회복지협의체를 설치하고, 지역사회복지계획을 수립 및 시행하였다. 개인별 보호계획을 수립하여 서비스를 제공하였고, 재가복지 우선 제공 원칙을 수립하였다.

③ 2007. 12. 14 일부개정

사회복지업무를 효율적으로 처리하고, 사회복지시설 종사자의 처우를 개선하며, 사회복지시설의 효율적인 운영과 지도 · 감독을 실시하기 위하여 필요한 사항을 규정하는 등 현행 제도의 운영상 나타난 일부 미비점을 개선 · 보완하였다.

④ 2009. 6. 9 일부개정

국가 및 지방자치단체 등 공공부문과 민간부문 간 정보를 공유하는 통합전산망을 마련함으로써 사회복지서비스의 중복 제공 및 부정수급을 방지하여 공정하고 효율적인 사회복지행정을 구현하는 한편, 통합전산망의 구축 및 운영과정에서 발생할 수 있는 정보 유출, 오용 및 남용을 금지하고 이에 대한 벌칙을 마련함으로써 개인정보를 보호하였다.

⑤ 2016. 2. 3 일부개정

사회복지사업의 정의에 청소년복지 지원법을 추가하고, 사회복지사 자격의 정지 및 취소요건에 대한 법적근거를 마련하며, 보조금의 부정수급에 대하여 환수명령을 의무화하도록 명시하는 등 현행 법률상 미흡한 점을 개선 · 보완하였다.

⑥ 2017. 10. 24 일부개정

복지업무에 종사하는 사람이 그 업무를 수행할 때에 사회복지를 필요로 하는 사람의 인권을 침해하는 행위를 한 경우에는 그 사실을 공표하는 등의 조치를 취하도록 하고, 사회복지서비스 제공은 현물(現物)로 제공하는 것을 원칙으로 하며, 사회복지사의 자격이 취소된 사람에게는 그 취소된 날부터 2년 이내에 자격을 재교부하지 못하도록 하고, 사회복지법인과 사회복지시설의 공공성을 강화하기 위하여 사회복지법인 임원 및 사회복지시설의 장의 결격사유를 추가하였다.

⑦ 2018. 12. 11 일부개정

정신건강 · 의료 · 학교 등의 직무영역별 전문사회복지사 제도를 도입하여 다양화 · 전문화되는 사회복지 욕구에 능동적으로 대응할 수 있도록 하고, 사회복지법인 등의 불합리한 채용관행을 개선할 수 있도록 종사자 채용절차를 규정하는 등 현행법의 미비점을 개선하였다.

(2) 장애인고용촉진 및 직업재활법(2000. 1. 12 전부개정)

- 장애인고용촉진등에 관한 법률 → 장애인고용촉진 및 직업재활법(법명 변경)
- 장애인이 그 능력에 맞는 직업생활을 통하여 인간다운 생활을 할 수 있도록 장애인의 고용촉진과 직업재활 및 직업안정을 도모하기 위하여 제정하였다.

(3) 장애인복지법

① 2003. 9. 29 일부개정

- 국민기초생활보장법상의 생계급여 수급자인 장애인과 차상위계층인 1급, 2급, 3급(중복장애)의 중증장애인에게 장애수당이 지급되도록 하기 위해 관련 조항을 개정하였다.
- 장애범주를 10개 범주에서 15개 범주로 확대하였다(호흡기장애인, 간장애인, 안면장애인, 장루 · 요루장애인, 간질장애인 새로 추가).

② 2004. 3. 5 일부개정

장애인복지조정위원회에 실무위원회를 설치하였다.

(4) 정신보건법(2000. 1. 12 일부개정)

- 시 · 도지사가 정신의료기관을 지정하여 당해 정신의료기관으로 하여금 지역사회정신보건사업을 지원하도록 하는 제도를 폐지하였다.
- 사회복귀시설을 설치한 자가 그 시설의 폐지 · 휴지 또는 재개에 관한 신고의무를 위반한 경우 과태료만 부과하도록 하였다.
- 정신의료기관에 자의로 입원한 정신질환자에 대한 퇴원중지제도를 폐지하여 당해 환자의 퇴원에 대한 자율성을 보장하고 인권침해의 소지를 없애도

록 하였다.

(5) 사회복지공동모금회법(2001. 7. 1 일부개정)

사회복지공동모금회가 복권을 발행할 수 있는 법률적 근거를 규정하였다.

(6) 의료급여법(2001. 10. 1 전부개정) ★꼭!

- 의료보호법 → 의료급여법(법명 변경)
- 생활이 어려운 저소득 국민의 건강 증진을 목적으로 한다.
- 이 법의 근거 법률인 국민기초생활보장법에서 종전의 '의료보호'를 '의료급여'로 변경하였다.
- 보건복지부에 중앙의료급여심의위원회를 설치하였다.
- 의료급여의 내용에 예방·재활을 추가하여 생활이 어려운 저소득 국민의 의료에 대한 권리를 강화하였다.
- 의료급여를 받을 수 있는 기간의 제한을 폐지하여 수급권자가 연중 상시적으로 의료급여를 받을 수 있도록 하였다(현재는 연간 365일의 급여상한제를 두고 있음).

(7) 아동복지법(2000. 7. 13 전부개정)

- 아동복지지도원을 별정직공무원에서 사회복지전담공무원으로 그 신분을 변경하고, 아동학대에 대한 정의와 금지유형을 명확히 규정하였다.
- 아동학대에 대하여 신고를 의무화하고 긴급전화 설치 및 학대아동에 대한 보호체계를 갖추었다.

(8) 모·부자복지법(2002. 12. 18 개정) ★꼭!

- 기존의 모자복지법에서는 여성이 세대주인 모자가정에 대해서만 국가 등이 경제적·사회적 지원을 하도록 하고 있으나, 이를 확대하여 같은 조건의 남성이 세대주인 부자가정에 대하여도 지원하도록 하려는 것이다.
- 2007. 10. 17 한부모가족지원법으로 개정(2008. 1. 18 시행)

(9) 긴급복지지원법(2005. 12. 23 제정) ★꼭!

- 경제 양극화 및 이혼 증가 등 사회변화 속에서 소득상실, 질병과 같이 갑작스러운 위기상황이 발생한 경우 누구든지 손쉽게 도움을 청하고 필요한 지원을 받을 수 있는 제도를 마련하기 위하여 제정되었다.
- 지역사회의 각종 복지지원을 활용하여 위기상황에 처한 자를 조기에 찾을 수 있는 체계를 갖추고 이들에게 필요한 지원을 신속하게 실시하며 기존의

공공부조제도나 사회복지서비스와 연계하는 것을 목적으로 한다.

• 2009년 5월 28일 개정으로 한시법이라는 규정이 삭제되었다.

(10) 기초노령연금법(2007. 4. 25 제정)

노인이 후손의 양육과 국가 및 사회의 발전에 이바지하여 온 점을 고려하여 생활이 어려운 노인에게 기초노령연금을 지급함으로써 노인의 생활안정을 지원하고 복지를 증진하기 위해 제정되었다. 65세 이상인 자로서 소득인정액 (본인 및 배우자의 소득인정액에 한함)이 대통령령으로 정하는 금액 이하인 자에게 기초노령연금을 지급한다.

(11) 노인장기요양보험법(2007. 4. 27 제정) ★꼭!

노인의 간병 · 장기요양 문제를 사회적 연대원리에 따라 정부와 사회가 공동으로 해결할 수 있도록 이 제도를 도입하여 노인의 노후생활 안정을 도모하고 그 가족의 부양부담을 덜어줌으로써 국민의 삶의 질을 향상하려는 것이다.

(12) 다문화가족지원법(2008. 3. 21 제정) ★꼭!

결혼이민자 및 그 자녀 등으로 구성되는 다문화가족이 언어 및 문화적 차이로 인하여 사회부적응과 가족 구성원 간 갈등 및 자녀교육에 어려움을 겪고 있음에 따라, 다문화가족의 구성원이 우리 사회의 구성원으로 순조롭게 통합되어 안정적인 가족생활을 영위할 수 있도록 하기 위한 가족상담 · 부부교육 · 부모교육 및 가족생활교육 등을 추진하고, 문화의 차이 등을 고려한 언어통역, 법률상담 및 행정지원 등의 전문적인 서비스를 제공하도록 하는 등 다문화가족에 대한 지원정책의 제도적인 틀을 마련하려는 것이다. 평등한 가족관계의 유지, 가정폭력 피해자 보호 · 지원, 다국어 서비스 제공, 다문화가족지원센터의 지정 등을 주요 내용으로 한다.

(13) 장애인연금법(2010. 4. 12 제정) ★꼭!

경제활동이 어려운 근로무능력 중증장애인은 생활수준이 열악하고 국민연금 등 공적소득보장제도의 사각지대에 놓인 경우가 많으므로, 18세 이상의 중증장애인으로서 소득인정액이 일정 수준 이하인 자에게 매월 일정액의 무기여 (無寄與) 연금을 지급하는 장애인연금 제도를 도입하여 중증장애인에 대한 사회보장 사각지대를 해소하고 사회통합을 강화하려는 것이다.

(14) 장애인활동 지원에 관한 법률(2011. 1. 4 제정)

신체적 · 정신적 장애 등의 사유로 혼자서 일상생활과 사회생활을 하기 어려운 장애인에게 제공하는 활동지원급여에 관한 사항을 규정하여 장애인의 자립생활을 지원하고 그 가족의 부담을 줄임으로써 장애인의 삶의 질을 높이는 것을 목적으로 한다.

(15) 기초연금법(2014. 5. 20 제정, 기존 기초노령연금법 폐지) ⭐꼭!

국가재정의 지속가능성을 확보하면서 노인세대를 위한 안정적인 공적연금제도를 마련하여 65세 이상의 노인 중 소득기반이 취약한 70퍼센트의 노인에게 기초연금을 지급함으로써 노인 빈곤 문제를 해소하고 노인의 생활안정과 복지 증진에 기여하려는 것이다.

(16) 국민기초생활보장법(2014. 12. 30 일부개정) ⭐꼭!

국민기초생활보장제도를 맞춤형 빈곤정책으로 전환하여 급여별 수급자 선정 기준을 다층화하고, 최저생계비 대신 최저보장수준 및 기준 중위소득 제도를 도입하는 등의 내용으로 국민기초생활보장법이 개정되었다.

(17) 사회보장급여의 이용 · 제공 및 수급권자 발굴에 관한 법률(2014. 12. 30 제정) ⭐꼭!

- 사회보장급여의 신청, 조사, 결정 · 지급, 사후관리에 이르는 복지대상자 선정과 지원에 필요한 일련의 절차 및 방법 등에 관한 사항을 구체적으로 규정하고, 소외계층을 발굴하기 위한 신고의무, 보호대상자에게 필요한 급여의 직권신청, 보호계획 수립 · 지원, 상담 · 안내 · 의뢰 등 수급권자 보호를 강화하고 복지사각지대를 해소하기 위한 방안을 제도적으로 보완하려는 것이다.
- 중앙행정기관 · 지방자치단체 및 관련 공공기관 간 정보의 연계를 통하여 복지행정 업무를 전자적으로 지원하는 사회보장정보시스템의 원활한 운영을 뒷받침함으로써 복지사업의 효과성을 제고하는 한편, 중앙행정기관과 지방자치단체 간의 유기적인 연계와 통일성을 기하여 지역 단위의 종합적 사회보장과 지역 간 균형발전을 실현하기 위한 방안 및 지원체계를 정립하여 궁극적으로는 국민이 자신에게 적합한 복지혜택을 선택할 수 있도록 하는 맞춤형 서비스를 제공함으로써 국민의 복지체감도를 향상시키려는 것이다.

(18) 정신건강증진 및 정신질환자 복지서비스 지원에 관한 법률(2016. 5. 29 전부개정)

법률의 명칭이 정신보건법에서 정신건강증진 및 정신질환자 복지서비스 지원에 관한 법률로 변경되었다. 정신질환자의 범위를 중증정신질환자로 축소 정의하고, 전 국민 대상의 정신건강증진의 장을 신설하며, 비자의 입원·퇴원 제도를 개선하고, 정신질환자에 대한 복지서비스 제공 등을 추가하였다.

(19) 아동수당법(2018. 3. 27 제정)

6세 미만 아동에게 보호자와 그 가구원의 경제적 수준을 고려하여 아동수당을 지급하도록 함으로써 아동 양육에 따른 경제적 부담을 경감하고 아동의 건강한 성장 환경을 조성하며, 아동 양육에 대한 국가의 책임성을 강화하기 위해 제정되었다.

(20) 기타 주요 법률의 제정

- 건강가정기본법(2004. 2. 9 제정)
- 저출산·고령사회기본법(2005. 5. 18 제정)
- 자원봉사활동기본법(2005. 8. 4 제정)
- 장애인차별금지 및 권리구제 등에 관한 법률(2007. 4. 10 제정)
- 노숙인 등의 복지 및 자립지원에 관한 법률(2011. 6. 7 제정)
- 장애아동 복지지원법(2011. 8. 4 제정)
- 치매관리법(2011. 8. 4 제정)
- 발달장애인 권리보장 및 지원에 관한 법률(2014. 5. 20 제정)

3장 사회복지의 권리성

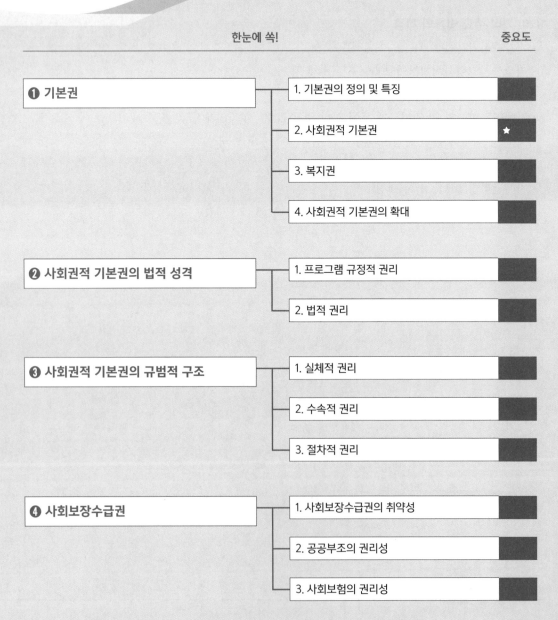

한눈에 쏙!

중요도

❶ 기본권
- 1. 기본권의 정의 및 특징
- 2. 사회권적 기본권 ★
- 3. 복지권
- 4. 사회권적 기본권의 확대

❷ 사회권적 기본권의 법적 성격
- 1. 프로그램 규정적 권리
- 2. 법적 권리

❸ 사회권적 기본권의 규범적 구조
- 1. 실체적 권리
- 2. 수속적 권리
- 3. 절차적 권리

❹ 사회보장수급권
- 1. 사회보장수급권의 취약성
- 2. 공공부조의 권리성
- 3. 사회보험의 권리성

기출경향 살펴보기

이 장의 기출 포인트

출제비중이 낮은 장이다. 예년의 시험에서 가장 많이 출제된 내용은 헌법상의 조항으로 본 기본권의 종류, 사회보장수급권의 주요 특징 등이다. 1장에서 공부했던 헌법상 사회복지법의 법원과 연계하여 사회권적 기본권을 정리해야 하며, 사회권적 기본권의 규범적 구조(실체적 권리, 수속적 권리, 절차적 권리), 사회보장수급권 등도 함께 정리해 둘 필요가 있다.

최근 5개년 출제 분포도

연도별 그래프

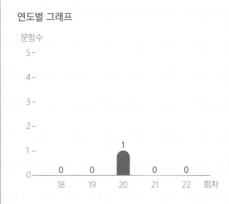

평균출제문항수

0.2 문항

2단계 학습전략

데이터의 힘을 믿으세요!
강의로 복습하는 **기출회독 시리즈**

3회독 복습과정을 통해
최신 기출경향 파악

최근 10개년 핵심 키워드

기본개념 완성을 위한 **학습자료 제공**

기본개념 강의, 기본쌓기 문제, O X 퀴즈, 기출문제, 정오표, 묻고답하기, 지식창고, 보충자료 등을 **아임패스**를 통해 만나실 수 있습니다.

기출회차				
		3	4	5
6	7	8	9	10
11	12	13	14	15
16	17	18	19	20
21	22			

강의로 복습하는 기출회독 시리즈

1 기본권

보충자료

인권, 시민권, 기본권의
차이

1. 기본권의 정의 및 특징

(1) 기본권의 정의

기본권이란, 국민이 향유하는 기본적인 권리로서 헌법에 의해 보장되는 권리를 말한다. 반면에 인권이란 인간이 인간이기 때문에 당연히 갖는 생래적 자연권을 말한다. 기본권은 천부인권상의 권리뿐만 아니라 실정법에 의해서 비로소 형성되거나 구체화되는 권리까지도 포함하는 포괄적인 권리라고 할 수 있다.

(2) 기본권의 성격

① 주관적 공권

이는 기본권을 국민이 국가권력에 대하여 일정한 권리로서 가진다는 것을 말한다.

② 자연권성

시대와 장소에 따라서 다소의 차이는 있으나, 기본권은 본질적으로 인간이 가지는 권리라는 것을 말한다. 기본권이 자연권인가, 실정권인가에 대해서 견해가 갈려 있으나, 현행 헌법은 자연권설에 기초하고 있다. 자연권은 생래적 권리, 천부인권을 말하며, 실정권은 헌법에 규정되어야 비로소 권리가 된다고 보는 학설이다.

③ 기본권의 이중성

기본권은 주관적으로는 개인을 위한 대국가적 공권을 의미하지만, 객관적으로는 국가의 기본적 법 질서성을 동시에 가지는데, 이러한 면을 이중성이라 한다.

(3) 기본권의 제한

현대 국가에서는 비상시의 원활한 대처와 위기극복을 위하여 헌법에 보장된 기본권이라 하더라도 헌법 제37조 제2항에 의해서 국가안전보장, 질서유지, 공공복리를 위해서 필요한 경우에 한하여 제한이 가능하다. 그러나 기본권을 제한하더라도 과잉금지의 원칙, 이중기준의 원칙 등에 따라야 하고, 제한하는 경우에도 본질적인 내용은 침해할 수 없다는 한계가 있다.

2. 사회권적 기본권(생존권적 기본권)

중요도 ★

사회복지법률들은 헌법에서 보장하고 있는 사회권적 기본권(생존권적 기본권)에 근거한다. 인간다운 생활을 할 권리를 포함한 사회권 조항들은 빠짐없이 그 내용을 숙지하도록 하자.

한걸음 더

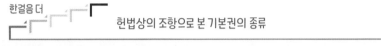

헌법상의 조항으로 본 기본권의 종류

1. 포괄적 기본권

모든 국민은 인간으로서의 존엄과 가치를 가지며, 행복을 추구할 권리를 가진다. 국가는 개인이 가지는 불가침의 기본적 인권을 확인하고 이를 보장할 의무를 진다(제10조).

2. 평등권

모든 국민은 법 앞에 평등하다. 누구든지 성별·종교 또는 사회적 신분에 의하여 정치적·경제적·사회적·문화적 생활의 모든 영역에 있어서 차별을 받지 아니한다(제11조).

3. 자유권적 기본권

• 모든 국민은 신체의 자유를 가진다. 누구든지 법률에 의하지 아니하고는 체포·구속·압수·수색 또는 심문을 받지 아니하며, 법률과 적법한 절차에 의하지 아니하고는 처벌·보안처분 또는 강제노역을 받지 아니한다(제12조).
• 모든 국민은 거주·이전의 자유를 가진다(제14조).
• 모든 국민은 주거의 자유를 침해받지 아니한다(제16조).
• 모든 국민은 사생활의 비밀과 자유를 침해받지 아니한다(제17조).
• 모든 국민은 통신의 비밀을 침해받지 아니한다(제18조).
• 모든 국민은 양심의 자유를 가진다(제19조).
• 모든 국민은 종교의 자유를 가진다(제20조).
• 모든 국민은 언론·출판의 자유와 집회·결사의 자유를 가진다(제21조).
• 모든 국민은 학문과 예술의 자유를 가진다(제22조).

4. 경제적 기본권

• 모든 국민의 재산권은 보장된다. 그 내용과 한계는 법률로 정한다(제23조).
• 모든 국민은 직업선택의 자유를 가진다(제15조).

5. 정치적 기본권

모든 국민은 법률이 정하는 바에 의하여 선거권을 가진다(제24조).

6. 청구권적 기본권

• 모든 국민은 법률이 정하는 바에 의하여 국가기관에 문서로 청원할 권리를 가진다(제26조).
• 모든 국민은 헌법과 법률이 정한 법관에 의하여 법률에 의한 재판을 받을 권리를 가진다(제27조).
• 형사피의자 또는 형사피고인으로서 구금되었던 자가 법률이 정하는 불기소처분을 받거나 무죄판결을 받은 때에는 법률이 정하는 바에 의하여 국가에 정당한 보상을 청구할 수 있다(제28조).
• 공무원의 직무상 불법행위로 손해를 받은 국민은 법률이 정하는 바에 의하여 국가 또는 공공단체에 정당한 배상을 청구할 수 있다. 이 경우 공무원 자신의 책임은 면제되지 아니한다(제29조).

(1) 사회권적 기본권의 의의

사회권적 기본권은 국민이 국가기관에 대하여 인간다운 생활과 최저한의 생활보장을 적극적으로 요구할 수 있는 권리를 의미하며, 사회권적 기본권을 생존권적 기본권(생존권)이라고도 한다.

(2) 최초의 사회권

사회권적 기본권을 세계 최초로 규정한 것은 1919년 독일의 바이마르헌법이다. 사회권적 기본권(생존권)은 바이마르헌법에서 최초로 보장된 이래 세계 각국의 헌법이 이를 규정하였다. 바이마르헌법 제151조는 "경제생활의 질서는 각인으로 하여금 인간다운 생활을 보장하는 것을 목적으로 하는 정의의 원칙에 합치하여야 한다"고 규정하고 있다.

(3) 우리나라 헌법의 규정

- 사회권적 기본권에 대해서는 인간다운 생활을 할 권리, 교육을 받을 권리, 근로에 대한 권리, 근로 3권, 환경권 등을 규정하고 있다.
- 우리나라 헌법은 기본권 보장에 관한 규정을 두고 있다. 우리 헌법 전문에는 국민생활의 균등한 향상을 기하고 자유와 행복을 확보할 것이 명시되어 있다. 헌법상 국가는 사회보장 내지 사회복지의 증진을 위해 노력해야 할 의무가 있으며, 생활능력이 없는 국민은 국가로부터 보호를 받는다.
- 대한민국의 헌법은 사회권(=생존권=인간다운 생활을 할 권리=사회복지권=복지권)에 대한 기본원칙을 제34조 제1항에 규정하고, 그 세부적인 내용은 제34조 제2항에서 제6항까지 규정하고 있다.

헌법에서의 생존권 규정

조항	핵심	내용
헌법 제10조	기본권 보장의 대원칙 규정	모든 국민은 인간으로서의 존엄과 가치를 가지며, 행복을 추구할 권리를 가진다. 국가는 개인이 가지는 불가침의 기본적 인권을 확인하고 이를 보장할 의무를 진다.
헌법 제34조 제1항	생존권 보장의 기본원칙	모든 국민은 인간다운 생활을 할 권리를 가진다.
헌법 제34조 제2항 이하	생존권을 구체적으로 규정	• 국가는 사회보장·사회복지의 증진에 노력할 의무를 진다. • 국가는 여자의 복지와 권익의 향상을 위하여 노력하여야 한다. • 국가는 노인과 청소년의 복지향상을 위한 정책을 실시할 의무를 진다. • 신체장애자 및 질병·노령 기타의 사유로 생활능력이 없는 국민은 법률이 정하는 바에 의하여 국가의 보호를 받는다. • 국가는 재해를 예방하고 그 위험으로부터 국민을 보호하기 위하여 노력하여야 한다.

- 그 내용을 살펴보면 국가는 사회보장, 사회복지 증진의 책임이 있고, 여자 · 노인 · 청소년 복지 정책을 실시해야 한다고 규정되어 있다. 그러나 장애인복지와 의료에 관한 국가의 책임을 명시하고 있는지는 그 조문을 잘 살펴보아야 한다. 다른 조문들은 "국가는 ~에 노력하여야 한다." 혹은 "국가는 ~에 의무를 진다."라고 표현되어 있는 반면, 장애인과 관련된 제5항은 "~법률이 정하는 바에 의하여 국가의 보호를 받는다."라고 규정함으로써 국가의 의무, 즉 법적 권리로서의 성격이 약하다. 또한 장애인복지를 제공해야 한다는 내용이 아니라 "신체장애자 및 질병, 노령, 기타의 사유로 생활능력이 없는 국민은~"이라고 표현함으로써 결국 장애인복지가 아닌 빈곤에 대한 규정으로서 단지, 빈곤의 사유 중 장애, 질병, 노령을 언급하고 있는 것이다. 그러므로 헌법 상의 생존권적 기본권은 여성복지, 노인복지, 청소년복지는 국가의 의무로 규정되어 있지만, 장애인복지, 건강에 관한 복지 등에 대한 국가의 의무는 없다.

3. 복지권

(1) 복지권
전통적으로 기본권은 내용상 기본적 인권으로서 인간의 존엄과 가치 및 행복추구권 그리고 개별적인 기본권으로서 평등권, 자유권, 사회권, 참정권으로 구분된다. 이 중 사회권을 복지권이라고도 하며, 인간의 존엄과 가치 및 행복추구권이라는 기본적 인권 아래 주로 생존권의 한 영역으로 분석된다.[3]
- 기본권(fundamental rights): 인간이 인간으로서 누릴 수 있는 권리 가운데 헌법이 보장하는 국민의 기본적 권리이다.
- 복지권(welfare right; right to welfare): 헌법상 국민들이 복지혜택을 받을 권리를 말한다. 즉, 복지권이란 모든 국민이 인간다운 생활을 누리는 데 필요한 복지서비스를 국가로부터 보장받을 권리를 말한다.

(2) 사회보장수급권

① 사회보장을 받을 권리
사회보장을 받을 권리란 사회보장수급권(사회보장기본법 제9조)을 말하는 것으로, 질병 · 노령 · 실직 등으로 말미암아 보호를 필요로 하는 개인이 인간의 존엄에 상응하는 인간다운 생활을 하기 위하여 국가에 대해 일정한 급여와 서비스 지원을 적극적으로 요구할 수 있는 권리를 말한다.

② 사회보장수급권의 위치

사회보장을 받을 권리는 헌법상의 생존권, 사회권 조항을 기반으로 하는 권리로서 사회보장기본법 제9조에 의하여 '사회보장을 받을 권리', '사회보장수급권'으로 명시된 법적 용어이다. 이는 외국의 학자들이나 미국의 복지권 운동에 의해 복지권으로 사용되기도 한다.

4. 사회권적 기본권의 확대

요보호자(要保護者)
보호를 필요로 하는자

- 복지권의 범위 확대: 요보호자 → 전 국민(국내 체류 유자격 외국인 포함)
- 복지권은 그 대상이 요보호대상자에서 모든 국민으로, 그리고 국내 체류 유자격 외국인들에게까지 상호주의와 인도주의에 입각해 확대 발전되고 있다. 따라서 복지권이 공민권보다 오히려 대상 범위가 더 넓게 확대되고 있다.

기출회차			
	3	4	5
6	7	8	9	10
11	12	13	14	15
16	17	18	19	20
21	22		

강의로 복습하는 기출회독 시리즈

2 사회권적 기본권의 법적 성격

사회권적 기본권(생존권)의 법적 성격에 관한 학설은 크게 프로그램 규정설(program 規定說, 또는 입법 방침설)과 법적 권리설(法的 權利說)로 나뉘고, 법적 권리설은 다시 추상적 권리설(抽象的 權利說)과 구체적 권리설(具體的 權利說)로 세분된다.[4]

사회권적 기본권의 성격

1. 프로그램 규정적 권리

- 프로그램 규정적 권리설(= 입법 방침설)은 사회권적 기본권에 대해서 재판을 통해 구제 받을 수 있는 권리가 아닌, 국가가 국민에게 하나의 정책을 선언한 것에 지나지 않는다고 보는 학설이다. 모든 국민의 인간다운 생활을 위한 국가보호에 관한 헌법 규정은 구체적이고 현실적인 권리를 부여한 규정이 아니라, 그에 관한 법의 제정을 통해서만 효력이 발생하는 강령규정으로서, 입법자에게 입법의 방침을 지시하는 규정이라는 것이다. 즉, 국가가 프로그램(정책)을 행하면 그 프로그램(정책)에 대한 급여를 받을 수 있지만, 국가가 프로그램(정책)을 행하지 않으면 그와 관련한 사회보장(사회복지)에 대해 국가를 상대로 청구(요구)할 수 없다는 학설이다.

- 헌법상의 사회권적 기본권은 입법권만을 구속하고, 행정권과 사법권을 구속하지 않는다고 본다. 따라서 그 실시는 국가의 자유재량이며, 일종의 반사적 이익에 속한다. 국민은 인간다운 생활에 필요한 급여를 구체적으로 청구할 수 없으며, 국가는 입법을 할 정치적 · 도의적 책임을 지는 데 불과하다.

반사적 이익(反射的 利益)

법이 공익의 보호 · 증진을 위해 일정한 규율을 행하는 데 따르는 반사적 효과로서 특정 또는 불특정의 사인(私人)에게 생기는 일정한 이익을 말한다. 이러한 반사적 이익은 법적으로 주장될 수 없으며, 일반적으로 재판상의 보호를 받을 수 없는 것으로 해석되고 있다. 반사적 이익의 반대말은 재판상의 보호를 받을 수 있는 '개인적 공권(個人的 公權)'이다.

2. 법적 권리

법적 권리설은, 사회복지의 권리에 관한 헌법규정은 법적인 권리로서 개별 국민은 사회복지의 혜택을 누릴 권리가 법으로 보장되어 있으며, 국가는 이를 이행할 의무가 있다는 학설이다. 법적 권리설에서 사회권적 기본권은 입법권뿐만 아니라 행정권과 사법권을 모두 구속한다고 본다. 법적 권리는 추상적 권리와 구체적 권리로 나누어진다.

(1) 추상적 권리

추상적 권리설은 국민은 국가에 대해 사회복지 혜택을 받을 추상적 권리를 가지며, 국가는 입법, 기타 국정상 필요한 조치를 강구할 추상적 의무를 진다고 보는 학설이다. 헌법상의 사회권적 기본권은 직접적이고 구체적으로 권리를 보장하고 있지는 않다. 그러나 구체적인 권리를 보장하고 있지 않다고 해서 사회권적 기본권이 법적 권리가 아니라는 것은 아니며, 국민은 국가에 대하여 입법과 기타의 조치를 요구할 추상적 권리를 가진다.

(2) 구체적 권리

- 구체적 권리설은 사회권적 기본권이란 헌법에 보장된 권리이며, 헌법상의 의무이기 때문에, 국민은 헌법의 정신을 기초로 하여 국가 기관에 직접 사회권 보장을 청구할 수 있으며, 국가는 이에 대해 적극적으로 응해야 할 의무가 있다는 학설이다. 따라서 사회복지에 관한 입법이 없거나, 있더라도 그 내용이 불충분한 경우에는 법률의 제정이나 개정을 요구할 수 있는 것이다.
- 현재의 다수설은 모든 헌법 규범은 반드시 실현되어야 할 재판규범으로 보는 불완전한 구체적 권리이다. 사회권적 기본권은 구체적 기본권이기는 하지만, 자유권처럼 직접적인 효력을 가지지는 못하고 입법에 의하여 완전하고 구체적인 권리가 된다.[5]

복지권의 성격

	구체성	적극성	권리의 강도	법적 권리
프로그램 규정적 권리	매우 약함	매우 미약	매우 미약	아님
추상적 권리	약함	미약	미약	법적 권리
구체적 권리	매우 강함	매우 강함	매우 강함	법적 권리

※ 법률유보: 국민의 권리, 의무에 관한 사항은 반드시 법률로 규정해야 한다는 원칙이다. 행정법에서는 모든 행정은 법률에 근거해야 한다는 내용이고, 헌법에서는 기본권 제한을 최소화 해야 한다는 내용이다.

기출회차				
		3	**4**	5
6	7	8	9	10
11	12	13	14	15
16	17	18	19	20
21	22			

강의로 복습하는 기출회독 시리즈

3 사회권적 기본권의 규범적 구조

1. 실체적 권리

보충자료

실체적 권리와
절차적 권리

모든 국민에게 인간다운 생활을 유지하도록 보장하기 위한 헌법상 권리를 구체화하는 법이 제정되었을 때, 국민이 해당 법률에 의해 현실적인 급여를 청구할 수 있는 권리를 말한다. 사회복지법은 수급요건, 수급권자, 급여수준, 수급기준, 급여종류, 재원조달, 전달체계, 수급권의 보호와 제한 등을 구체적으로 규정하여야 한다.

(1) 공공부조청구권
공공부조법에 의한 생계급여나 의료급여 등을 청구할 수 있는 권리를 말한다.

(2) 사회보험청구권
사회보험법에 의한 연금이나 요양급여, 실업급여, 휴업급여 등을 청구할 수 있는 권리를 말한다.

(3) 사회서비스청구권
법에서 정하는 사회서비스를 청구할 수 있는 권리를 말한다.

2. 수속적 권리

복지급여를 받기 위해 거쳐야 하는 일련의 수속과정이 본래의 수급권 보장을 위해 적합하게 진행되어야 할 것을 요구하는 권리이다. 급여정보권, 상담권, 적법진행보장권 등이 이에 해당한다.

3. 절차적 권리

사회보장수급권의 실체적 권리를 보장하고 실현하기 위해 필요한 의무를 이행하고 강제를 구체적으로 실현하는 절차와 관련된 권리이다. 절차적 권리는 복지급여쟁송권, 복지행정참여권, 복지입법청구권으로 구성된다.[6]

(1) 복지급여쟁송권

복지권이 위법 또는 부당한 행정기관의 조치에 의해서 침해되었을 때 이의구제를 신청하는 권리를 말한다.

(2) 복지행정참여권

복지행정 과정에 복지권자나 국민들이 참여할 권리를 말한다. 사회복지수급자격이나 급여를 결정함에 있어 자산조사나 상태조사가 이루어지는 과정에서 재량권의 남용을 막고 복지행정이 공평무사하게 이루어지도록 하기 위한 것이다.

(3) 복지입법청구권

인간다운 생활을 보장할 구체적 법률이 제정되지 않았거나 제정된 법률의 내용이 불충분한 경우에 복지권을 보장하기 위한 입법이나 개정을 청구할 수 있는 권리를 말한다.

사회권적 기본권의 규범적 구조

한걸음 더 — 행정심판과 행정소송

보충자료

행정심판과 행정소송

- 행정심판은 행정기관의 위법 또는 부당하게 공권력을 행사하거나, 필요한 행위를 행사하지 않아 국민의 권리 또는 이익의 침해를 구제하기 위해 행정기관이 마련한 쟁송절차이다.
- 행정소송이 사법절차라면, 행정심판은 재판의 일종이긴 하나 행정절차일 뿐 결코 사법절차는 아니다. 행정심판을 두는 이유는, 행정기관 스스로 시정할 기회를 주기 위함이다. 이를 통해 행정기관은 자체의 전문적이고 기술적인 지식을 활용해 과다한 행정소송의 폭주로 인한 법원의 부담을 줄일 수 있고, 국민의 시간과 비용을 절약할 수 있다.
- 행정심판은 행정통제적 성격이 강하고, 행정소송은 권리구제적 성격이 강하다.

기출회차

		3	4	5
6	7	8	9	10
11	12	13	14	15
16	17	18	19	20
21	22			

강의로 복습하는 기출회독 시리즈

4 사회보장수급권

1. 사회보장수급권의 취약성

• 오랫동안 사회보장수급권은 기본권의 성격상 프로그램규정적 권리로 인정되어온 것이 통설이었다. 현재는 법적 권리설로 차츰 인정되고 있으나 학자마다 추상적 권리설, 구체적 권리설로 이견이 있다. 재산권처럼 구체적 권리설로 이견이 존재하지 않는 기본권과 달리 사회보장수급권은 다른 기본권보다 권리성이 약하다.[7]

• 복지급여 종류에는 현금급여나 현물급여뿐만 아니라 시설수용서비스, 직업훈련서비스, 상담서비스와 같은 복지서비스가 있다. 이와 같은 복지서비스는 모든 내용을 법률조항으로 규정하기가 어려울 뿐만 아니라 표준화시켜 모든 상황에 일률적으로 적용하기 어려운 점이 있다. 국민들에게 권리로서 인정받기 위해서는 객관적이고 획일적으로 적용할 수 있는 기준이 마련되어야 하기 때문에 개별 사례적이고 복잡하고 다양한 사회서비스 분야에서의 복지권은 취약하게 마련이다.

• 복지수혜의 근거인 빈곤을 수혜자 개인의 책임으로 돌리려는 사회적 인식으로 인해 사회보장수급권은 기본권으로 인식되기 어려운 면이 있다.

• 국민 다수가 향유하는 권리라기보다는 사회 내에 소수 극빈계층에 속하는 사람들을 위한 권리라고 인식하는 사람들이 많기 때문에 다수로부터 복지권이 기본권으로 인정받지 못하는 한계도 있다.

• 공공부조 수급권은 사회보험 수급권보다 더 취약하다. 사회보험 수급권은 수급자가 보험료를 내기 때문에 일종의 재산권적 성격을 갖기 때문이다.

2. 공공부조의 권리성

(1) 공공부조의 특징

• 공공부조는 프로그램의 수행주체가 국가나 지방자치단체 또는 관련 공공기관인 공적인 프로그램이다.

- 공공부조는 법적으로는 모든 국민이 보호의 대상이지만, 실제로는 자산조사를 거쳐 일정한 빈곤선 이하에서 자신의 능력으로 독립된 생활을 하기가 어렵고, 또한 가족이나 친족의 도움을 받을 수 없는 생활곤궁자인 절대빈곤층이 주 대상이 되고 있다. 따라서 공공부조 수급권자는 상대적으로 소수에 국한된다.
- 공공부조는 모든 국민을 대상으로 차별 없이 제공되는 보편적(universal)인 프로그램이 아니라, 엄격한 자산조사를 거쳐 선별된 대상자에게만 선택적으로 행해지는 선별적 프로그램이다. 또한 공공부조는 규제적인 특징을 갖고 있다. 대상자가 공공부조의 혜택을 받기 위해서는 공공기관이 수혜자격 여부를 판정하기 위해 실시하는 조사에 응해야 한다.
- 공공부조 프로그램을 실시하기 위해 필요한 재원은 일반조세 수입으로 충당한다. 공공부조의 수혜자들은 프로그램의 재원을 위해 자신이 별도로 경제적인 기여를 하지 않는다.

(2) 공공부조의 권리성
- 공공부조 수급권은 생활능력이 없는 국민들의 인간다운 생활을 유지시켜주기 위한 헌법상 규정이다. 따라서 생활능력이 없는 국민은 국가로부터 건강하고 문화적인 최저한도의 인간다운 생활을 보장받을 수 있는 권리가 있고, 국가는 이들이 최소한 최저수준의 인간다운 생활을 영위할 수 있도록 사회보장과 사회복지의 증진을 위해 노력해야 할 의무가 있다.
- 국민기초생활보장법이 제정됨에 따라 기초생활보장의 과학적 기준으로서 최저생계비를 설정하고, 모든 국민들에게 최저생계비를 보장해줌으로써 공공부조 수급권은 과거의 생활보호법상의 프로그램 규정적 권리에서 벗어나 구체적 권리는 아니지만 추상적 법적 권리로 그 권리성이 일보 진전되었다.

3. 사회보험의 권리성

우리나라의 사회보험은 노동능력의 상실에 대비한 산업재해보상보험·국민건강보험과 노동 기회의 상실에 대비한 연금보험·고용보험으로 크게 구분할 수 있다. 최근에 도입된 노인장기요양보험까지 포함하여 총 5가지의 사회보험제도가 시행되고 있다.

(1) 사회보험의 특징
사회보험 수급권자의 권리는 다른 사회복지제도의 수급권자가 갖고 있는 권리와 차이가 있다.

- 사회보험은 민간보험이 아닌 공적 보험이다. 따라서 보험의 수행 주체가 국가나 공공기관이며 사회보험 관련법상 일정한 자격 요건을 갖추고 있으면 법에 의해 가입이 강제로 이루어진다.
- 사회보험은 보험운영에 필요한 주된 재원이 주로 수혜 대상자의 기여금(산재보험의 경우는 제외)과 사용자의 부담금으로 충당되고 있고, 일부 보험은 국가의 기여금도 포함된다.
- 사회보험은 소득과 재산에 대한 자산조사(means-test)를 실시하지 않고 일정 요건을 갖춘 모든 사람들에게 급여를 제공한다.

(2) 사회보험의 권리성

- 사회보험은 보험 운영에 필요한 주된 재원이 주로 보험급여를 받게 되는 가입자의 기여금으로 충당되고 있다. 따라서 사회보험은 향후 발생할 사회적 위험에 대비해서 미리 가입자가 자신의 경제적 부담으로 보험료를 부담하고, 일정한 사회적 위험이 발생했을 때 응당 현금 또는 현물로 급여를 받게 되기 때문에 사회보험 수급권의 권리성이 매우 강하다.
- 일정한 범위의 국민은 법률상 당연히 국민연금에 가입되고, 급여의 종류와 내용이 법률로 정해져 있으며, 연금보험료의 액수와 징수방법도 법률로 정해져 있는 등 보험관계의 내용을 당사자들이 개별적으로 선택할 수 없다.
- 판례를 보면, "사회보험 수급권은 재산권으로서 특징을 갖는다. 국가는 매년 사회보험의 관리·운영에 필요한 관리·운영비만을 전부 또는 일부 부담하고, 실제 급여에 필요한 재원을 이루는 보험료는 가입자 본인이 전부 또는 일부를 부담하므로 재산권으로서의 성격도 가지고 있는 것으로 보아야 한다(헌법재판소, 2001)." 즉, 국민연금 수급권이나 건강보험 수급권 같은 사회보험 수급권은 보험료 기여를 조건으로 수급권이 발생하므로 일종의 재산권의 성격을 갖는다.
- 사회보험 수급권은 구체적·법적 권리이다. 사회보험 수급권은 헌법에 보장된 인간다운 생활을 보장하기 위한 사회보장적 급여로서 생존권을 구체화하는 권리이다. 사회보험법에 구체적으로 보장된 권리이기 때문에 국민은 사회적 위험이 발생했을 때 국가에 대해 보험급여를 적극적으로 요청할 법적인 권리가 있으며, 국가는 이에 대해 적극적으로 응해야 할 의무가 있다. 만일 국가가 사회보험 수급권을 법률이 정하는 대로 보장하지 못하는 경우, 수급권자인 국민은 국가를 대상으로 구체적 소송을 통해서 법으로 정해진 권리를 구제받을 수 있다.

4장 국제법과 사회복지

한눈에 쏙!　　　　　　　　　　　　　　　　중요도

❶ 국제인권규약 A, B
- 1. 구성
- 2. 특징

❷ 사회보장에 관한 다양한 국제 선언 및 조약
- 1. 사회복지 국제화의 원인
- 2. 국제 사회복지 관련 기구
- 3. 사회복지에 관한 국제적 선언
- 4. ILO의 국제 사회복지 조약

❸ 아동 및 장애인 관련 선언 및 협약
- 1. 아동 관련 선언 및 협약
- 2. 장애인 관련 선언 및 협약

❹ 사회보장협정
- 1. 개요
- 2. 사회보장협정을 체결하는 이유
- 3. 사회보장협정 추진현황

기출경향 살펴보기

이 장의 기출 포인트

최근 시험에서 출제되지 않고 있다. 초창기 시험에서 출제되었던 조약 및 협약들에 관한 내용을 중심으로 간략하게 그 특징과 내용들을 살펴보고 넘어가도 무방하다. 예년의 시험에서는 외국과의 사회보장협정을 두고 있는 법을 고르는 문제, ILO 사회보장최저기준조약, 아동권리협약, 사회보장협정, 국제인권규약 등에 관한 문제가 출제되었다.

최근 5개년 출제 분포도

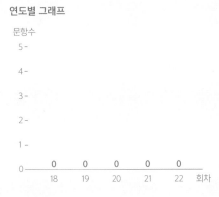

연도별 그래프

문항수

5 -
4 -
3 -
2 -
1 -
0 ─────○────○────○────○────○─────
       18   19   20   21   22 회차

평균출제문항수

0.0 문항

2단계 학습전략

데이터의 힘을 믿으세요!
강의로 복습하는 **기출회독 시리즈**

3회독 복습과정을 통해
최신 기출경향 파악

최근 10개년 핵심 키워드

기본개념 완성을 위한 **학습자료 제공**

기본개념 강의, 기본쌓기 문제, O X 퀴즈, 기출문제, 정오표, 묻고답하기, 지식창고, 보충자료 등을 **아임패스**를 통해 만나실 수 있습니다.

기출회차

		3	4	5
6	**7**	8	9	10
11	12	13	14	15
16	17	18	19	20
21	22			

강의로 복습하는 기출회독 시리즈

1 국제인권규약 A, B

보충자료

국제인권규약 A

1. 구성

(1) A규약(Part A)

- 경제적 · 사회적 · 문화적 권리에 관한 규약(1966년 12월 채택, 1976년 1월 발효)이다.
- 생존권적 기본권을 대상으로 노동기본권 · 사회보장권 · 생활향상 · 교육권 등을 각 체약국이 그들의 입법조치로써 실현 달성할 것을 내용으로 하며, 이의 실시상황을 UN에 보고할 것을 의무화하였다.
- 경제적 · 사회적 · 문화적 권리에 관한 규약(약칭: 국제인권규약 A)은 제1조 자결권, 제6~8조 노동권, 제10~11조 사회보장수급권, 제12조 건강권, 제13조 교육권 등을 규정하고 있다.
- A규약의 선택의정서: 2008년 6월 UN 인권이사회에서 채택되었다. 권리의 침해에 대해 개인이 직접 감시기관에 통보하고, 협약 당사국들이 침해 사례에 대한 정보를 공유하도록 하는 내용과 침해 사례에 대한 조사 절차 등이 규정되어 있다.

(2) B규약(Part B)

- 시민적 · 정치적 권리에 관한 규약(1966년 12월 채택, 1976년 3월 발효)이다.
- 자유권적 기본권의 존재를 전제로 하여, 체약국이 이를 존중할 것을 의무화하였으며, 이것의 실시 확보를 위하여 인권심사위원회와 그리고 필요에 따라 특별조정위원회를 설치할 것과 선택의정서 참가국에 대해서는 개인이 인권심사위원회에 직접 청원(請願)할 수 있는 길을 열어놓았다.
- B규약의 선택의정서: 1976년 3월 발효

2. 특징

- 법적 구속력이 있다. 세계인권선언이 개인과 국가가 달성해야 할 공통의 기준으로서 채택되어 도의적인 구속력은 지녔으나 법적 구속력이 없었던 것에 반해, 국제인권규약은 국제조약으로서, 체약국(締約國)을 법적으로 구속하는 것이 특징이다.
- 민족자결권과 자연의 부(富) 및 자원에 대한 영구적 권리 규정(제1조)이라는 특징이 있다.
- 우리나라는 A · B규약을 1990년 4월에 비준하였다.

기출회차

			3	4	5
6	7	8	9	10
11	12	13	14	15
16	17	18	19	20
21	22			

강의로 복습하는 기출회독 시리즈

2 사회보장에 관한 다양한 국제 선언 및 조약

1. 사회복지 국제화의 원인

- 인간다운 생활보장의 보편화
- 노동자의 국제적 이동
- 국제적인 노동조합의 사회복지운동
- 국제적 사회복지 기준의 설정

2. 국제 사회복지 관련 기구

국제 사회복지 관련 기구들은 사회복지에 관해 국제적으로 연대하여 대처하기도 하고, 보편적인 사회보장기준을 제시함으로써 개별국가의 사회복지법 제·개정에 영향을 미치고 있다.

(1) 국제연합(UN)

국제연합은 총회에서 주요 선언이나 권고협약을 채택함으로써 사회복지 분야뿐 아니라 여러 분야에 국제적인 기준을 설정하고 있다.

예 아동의 권리에 관한 협약, 장애인권리협약

(2) 국제노동기구(ILO)

ILO는 근로조약이나 권고를 채택함으로써 근로조건의 국제적 기준을 설정하는 것이 본래의 임무였으나, 2차 세계대전 후에는 UN의 경제사회이사회와 협력하여 근로조건뿐 아니라 사회복지에 대해서도 활발한 활동을 전개하고 있다.

(3) 세계보건기구(WHO)

전염병이나 기타 질병예방, 환경위생, 영양 등에 대하여 국제적인 조사·보급활동을 행하고 있고, 약품법의 통일이나 국제위생조약의 채택뿐 아니라 특히 장애인복지와 관련하여 많은 활동을 하고 있다.

(4) 국제사회보장협회(ISSA)

1927년 질병보험을 확대 · 강화하기 위해 창설된 국제사회보장협회는 각국의 사회보장 관계기관의 국제적 단체로서, 사회보장에 관하여 조사 · 연구를 행하고 국제적 경험교류의 기관으로서 활동하고 있다. ILO와 밀접한 관계를 갖고 협력하여 국제사회보장의 발전을 시도하고 있다.

(5) 유럽협의회(Council of Europe)

1949년 설립된 유럽협의회는 회원국들의 사회보장제도를 발전시키기 위해 1961년 유럽사회헌장(European Social Charter)을 채택하고, 사회보장의 권리를 기본적인 사회적 권리로 규정하고, 최소한 ILO의 사회보장최저기준조약수준으로 사회보장제도를 유지해야 한다고 선언하였다. 1964년 유럽사회보장법전(European Code on Social Security)을 제정하였다.

(6) 유럽경제공동체(EEC)

1958년 해외이주근로자의 사회보장(Social Security for Migrant Workers)에 관한 규칙을 제정하였다.

(7) 국제사회복지협의회(ICSW)

국제사회복지협의회는 사회복지에 관한 국제적 협의체이다. 이 협의회는 사회보장을 개인이 그 자신의 능력이나 예견만으로는 그 자신이나 그의 가족을 보호할 수 없는 사회의 모든 우발적 사고에 대처하여 사회에 의하여 마련된 모든 보호조치라고 정의하고 있다.

(8) 경제협력개발기구(OECD)

OECD는 GATT, ILO, IAEA, WHO 등 각종 국제기구와 밀접한 관계를 구축하면서 고용, 노동, 사회적 문제, 교육, 식품, 통상, 경제정책, 개발협력 등과 같은 경제 · 사회 분야 정책 전반에 걸쳐 수시 논의 및 협력을 추진하고 있다.

3. 사회복지에 관한 국제적 선언

각종 세계적인 선언문들은 사회복지에 관해 언급한 것이 많다. 특히 제2차 세계대전 후의 국제적 선언에는 전쟁에 의해 피폐된 국가경제로부터 국민들의 생존권을 보편적으로 보장하기 위한 내용들이 자주 등장한다.

(1) 인권선언문(1793년)

인권선언문은 공공 구호(public relief)는 국가의 신성한 책무이고 그 적용범위는 법률로 정한다고 선언하였다. 인권선언문 21조는 "공공구호는 신성불가침의 책무이다. 사회는 빈곤한 시민들에게 노동의 기회를 제공하거나 노동할 수 없는 상태에 있는 사람들에게는 생존의 수단을 제공하여 시민들의 생존을 보장해야 한다"고 규정함으로써 근로의 권리와 공공부조 수급권을 선언하였다.

(2) 대서양헌장(1941년)

미국의 루스벨트 대통령과 영국의 처칠 수상이 '대서양헌장'을 선언하고 '공포와 결핍으로부터의 자유(freedom from fear and want)'라는 슬로건을 제시하고, 서방국가들이 사회보장에 관한 권리를 국민의 기본권으로 인정하게 하였다.

(3) 필라델피아선언(1944년)

필라델피아선언은 국제노동기구(ILO) 필라델피아 총회에서 채택된 ILO의 목적에 관한 선언이다. 필라델피아선언은 사회보장원칙 및 전쟁에서 생기는 제 문제를 심의하여 결과적으로 소득보장에 관한 권고, 의료보호에 관한 권고, 군대 및 전시고용으로부터 풀려난 자에 대한 소득보장 및 의료에 관한 권고를 채택하였다.

(4) 세계인권선언(1948년)

세계인권선언은 1948년 12월 제3차 국제연합 총회에서 채택되었다. 이 선언은 보편적으로 사회보장을 받을 권리를 선언하였다(제22조). 또한 자신 및 그 가족의 건강과 안녕을 유지함에 충분한 생활수준을 보유할 권리를 가지며, 생활의 곤궁을 받을 때에 생활보장을 받을 권리를 가지며, 모성과 유약(幼弱)은 특별한 보호와 원조를 받을 권리가 있다고 천명하였다.

(5) 사회보장헌장(1961년)

세계노동조합연맹(World Federation of Trade Union : WFTU)이 채택한 '사회보장헌장'은 전문에서 "사회보장은 모든 노동자의 기본적 권리를 구성하고 있다"고 천명하였다. 또한 사회적 보호는 법률에 의해 보장되는 정치적 · 경제적 차원의 인권의 표현이라고 하였다. 사회보장에 관해 근로자 무기여 원칙, 의료의 사회화 원칙, 완결성의 원칙, 포괄성의 원칙, 무차별 보장의 원칙 등 사회보장에 관한 기본 원칙을 선언하였다.

(6) 유럽사회보장법전(1964년)

서유럽의 17개국으로 구성된 유럽협의회(CE)에서 사회보장에 관한 최고 기준에 해당하는 유럽적 수준의 사회보장조약을 성립시키고, 각국의 비준을 거쳐, 일반적으로 '유럽사회보장법전'이라 부른다.

4. ILO의 국제 사회복지 조약

ILO는 1944년에 소득보장의 권고, 의료보장의 권고, 고용서비스의 권고를 사회보장법 체계의 3대 기본요소로 채택하였다.

(1) 사회보장최저기준에 관한 조약[The Social Security (Minimum Standards), Convention, 1952 (No. 102)]

- 1952년 ILO 제35차 총회에서 채택되었다. 이 조약은 전후 각국의 사회보장제도 발전의 일반적 추세에 부응한 것으로, 사회보장 자체를 전체로서 하나의 것으로 생각하면서도 내부적으로 각 급여와 사고 부문간의 균형을 취하였으며, 각 부문별로 비준을 허용하였다.
- 이때 채택된 사회보장 최저기준의 원칙은 대상의 보편성, 비용부담의 공평성, 급여수준의 적절성이다.
- 이 조약은 사회보장급여를 의료급여(요양급여), 질병급여(상병급여), 실업급여, 노령급여, 업무상재해급여, 가족급여(아동급여), 출산급여, 폐질급여(장애급여), 유족급여의 9개로 규정하였다.

(2) 사회보장 내 외국인 균등대우 조약

ILO는 1962년에 사회보장 내 외국인 균등대우 조약을 채택함으로써 이 조약의 비준국은 사회보장의 적용범위 및 수급권에 있어서 자국의 영토 내에 있는 다른 모든 비준국 국민에 대하여 자국의 사회보장법규에 의하여 자국민에게 주어지는 것과 동등한 대우를 해줄 것을 규정하고 있다.

(3) 업무재해조약 및 질병 · 노령 · 유족급여조약

ILO는 1964년에는 업무재해조약을, 1967년에는 질병 · 노령 · 유족급여조약을 채택하였다. 여기서 조약은 비준시 비준국 간에 강제성을 띠게 되지만, 권고는 강제성이 없는 기준설정문서의 성격만을 갖는다.

기출회차

3 4 5
6 7 8 9 10
11 12 13 14 15
16 17 18 19 20
21 22

강의로 복습하는 기출회독 시리즈

3 아동 및 장애인 관련 선언 및 협약

1. 아동 관련 선언 및 협약

(1) 아동의 권리에 관한 제네바 선언

• 1924년 국제연맹 총회에서 '아동의 권리에 관한 제네바 선언'을 채택함으로써 공식화되었다.

• 이 선언은 전문과 5개조의 본문으로 되어 있는데, 그 전문에서 "모든 나라의 남녀와 인류가 아동에 대하여 최선의 것을 주어야 할 의무를 진다는 것을 인정하고, 인종·국적 또는 신념에 관한 어떠한 사유에도 관계없이 모든 아동에게 다음과 같은 사항을 보장할 것을 선언하고 또한 자기의 의무로서 수락한다"고 그 기본 이념을 분명히 하였다.

(2) 아동권리선언

• 1959년 UN에서 채택된 '아동권리선언'은 아동과 청소년의 권리신장에 획기적으로 기여한 국제문서이다.

• 아동권리선언은 UN헌장과 세계인권선언(1948년)의 원칙과 정신에 입각해서 작성되었다.

• 이 선언은 전문과 10개조의 본문으로 구성되고, 제네바 선언과 비교할 때 한층 상세하고 넓은 관점에서 그 내용을 확대, 개선한 것이다.

• 기본 정신은 성장 도상에 있는 아동, 즉 사회적 약자의 입장에 있는 사람에 대하여, 그 인권의 보장과 실현을 가능하게 하기 위하여 특별한 조치와 배려를 해야 할 필요성을 선언하는 데 있다.

• 아동을 단순히 구제나 보호의 대상으로서 뿐만 아니라 인권이나 자유의 주체로서 파악하려고 하는 자세를 보인 점은 주목할 만하다.

(3) 아동의 권리에 관한 국제협약(약칭: 아동권리협약)

아동권리협약은 전문과 54개 조문으로 되어 있으며 제1부(1~41조), 제2부(42~45조), 제3부(46~54조)로 구성되어 있다. 1989년에 국제연합(UN) 총회에서 채택하였고, 우리나라는 1991년 11월 20일에 비준하여 12월 20일에 발효하였다.

① 아동의 권리에 관한 국제협약의 특징
- 첫째, 이전의 아동의 권리에 관한 선언과는 달리 국제협약으로서 국제법의 효력을 갖게 됨으로써 협약 당사국에 있어서는 국내법과 동일한 법적 구속력이 있는 아동의 권리를 구체적으로 제시
- 둘째, 협약은 아동을 소극적 보호의 대상으로만 규정하던 과거의 아동권리에서 탈피하여 적극적인 권리의 주체로 규정
- 셋째, 협약은 정부 및 민간 차원에서 아동의 최선의 이익을 우선하는 원칙을 규정
- 넷째, 아동의 적극적 권리로서의 시민적 자유권, 즉 의사표시권과 자기 결정권, 정보접근권 등을 보장
- 다섯째, 유엔 아동권리위원회의 설치와 당사국의 국가보고서 제출 규정 등 협약 당사국의 협약준수를 의무화함

② 주요 내용
- 아동을 보호의 대상뿐만 아니라 적극적인 권리의 주체로 인식
- 주요 원칙 제시: 무차별의 원칙, 아동의 최선의 이익 우선 원칙
- 아동의 4대 권리: 생존의 권리, 발달의 권리, 보호의 권리, 참여의 권리
- 생존의 권리는 적절한 생활수준을 누릴 권리, 의료서비스를 받을 수 있는 권리
- 발달의 권리는 교육, 놀이, 여가, 정보를 누릴 권리, 문화 활동, 사상, 양심, 종교의 자유를 누릴 권리
- 보호의 권리는 각종 착취와 학대, 가족과의 인위적인 분리, 형법 등의 폐습으로부터 보호받을 권리
- 참여의 권리는 자신의 의사를 표현할 자유와 자기 생활에 영향을 주는 일에 대하여 말할 수 있는 권리, 책임감 있는 어른이 되기 위해 아동자신의 능력에 부응하여 적절한 사회활동에 참여할 기회를 가질 권리

2. 장애인 관련 선언 및 협약

(1) 장애인권리에 관한 선언

① 장애인권리선언(1975년 UN 제30차 총회에서 채택)

이 선언에서는 장애인을 신체적 · 정신적 능력의 불완전으로 인하여 개인 또는 사회적 일상생활에서 필요한 것을 혼자서는 완전하게 또는 부분적으로 확보할 수 없는 사람으로 규정하였다.

② 정신지체인권리선언(1971년 12월 20일 UN총회)

이 선언은 정신지체를 가진 장애인이 다른 사회 구성원과 더불어 일반적인 사회생활을 영위하고, 이들에게도 사회정의와 평등의 규범이 관철되어야 한다는 권리사상의 표현이며, 이러한 제반 권리의 보장을 각국이 정책으로 전개하여야 한다는 방향성을 제시한 것이다.

(2) 장애인권리협약

장애인권리협약은 2006년 12월 UN총회에서 채택하였다. 협약 제45조에서 20번째 국가의 비준서를 기탁한 후 30일 후에 발효된다고 규정하여 2007년 5월 3일부터 정식으로 발효되었다. 우리나라는 2008년 12월 2일 협약비준동의안에 의결하였고 선택의정서의 비준은 유보하였다.

① 목적

장애인이 인권과 기본적인 자유를 완전하고 동등하게 누릴 수 있도록 보호하는 것이며, 또한 장애인의 천부적인 존엄성에 대한 존중을 촉진하기 위한 것이다.

② 주요 내용

- 평등(차별금지): 당사국들은 최대한 이용 가능한 자원을 활용하여 장애인에 대한 차별을 없애고 평등을 보장하며, 기본적인 경제, 사회, 문화적 권리를 점진적으로 성취하여야 한다.
- 여성장애인과 장애아동에 대한 보호: 특히 여성장애인과 장애아동의 기본적인 자유의 완전한 향유를 위한 적절한 조치를 취해야 한다.
- 시설 접근성 및 서비스에 대한 접근성: 건물, 도로, 대중교통 및 기타 실내외 시설의 이용뿐만 아니라 정보, 의사소통 및 기타 서비스에 대한 접근성이 보장되어야 한다.

잠깐!

협약 주요 내용
- 장애여성 및 장애아동 보호
- 동등한 법적 능력 부여
- 비인도적 처우 금지
- 자립 위한 이동권 보장

선택의정서 주요 내용

협약규정의 위반으로 피해를 입었다고 주장하는 개인이나 집단, 이들을 대리하는 주체에 대한 UN장애인권리위원회의 직접조사권

- 사법적 접근성: 장애인은 법 앞에 인간으로서 인정받아야 하고, 당사국들은 그들의 법적 능력을 행사하는 데 필요한 조치들을 취해야 한다.
- 위험상황 및 인도적 차원의 위급상황으로부터의 자유: 무력분쟁 등 위험상황 및 인도적 차원의 위급상황에서 장애인의 안전은 보장되어야 하며, 사회에서 착취 및 폭력과 학대로부터 자유로워야 한다.
- 자립생활 지원: 당사국들은 장애인들이 지역사회에서 평등한 권리를 누리고 스스로 살아갈 수 있도록 효과적이고 적절한 대안을 마련하여 지원하여야 하며, 지역사회와의 통합을 촉진하여야 한다.
- 이동권, 교육권, 건강권: 당사국들은 장애인의 이동을 보장하고, 자유롭고 완전한 동의 아래 가정을 꾸리고 교육에 대한 장애인의 권리를 인정하며, 통합교육 및 평생교육을 보장한다. 또한 장애인들이 최고로 달성할 수 있는 수준의 건강을 향유할 권리가 있다는 것을 인정하고 이에 상응하는 의료 및 건강관리 서비스를 제공한다.
- 근로, 정치, 문화생활 등의 보장: 개방적이고 접근 가능한 근로환경 및 고용조건을 제공하여 장애인들의 일할 권리를 보호하여야 한다. 당사국들은 장애인들이 동등한 정치적 권리들을 행사할 수 있도록 기회를 보장하며, 그들이 문화생활, 레크리에이션, 여가생활 등을 비장애인과 동등한 입장에서 참여할 수 있도록 보장한다.
- 정보 수집 및 모니터링: 각국은 본 협약에 영향을 미치는 정책을 만들고 시행 가능하게 하기 위하여 적절한 정보를 수집하며, 국내에 전담부서 및 독립기구를 통한 모니터링을 실시한다. 더 나아가 국제협력을 통하여 장애인의 권익증진을 도모하고 각국 대표에 의해 구성되는 장애인권리위원회를 설치한다.

③ 장애인권리협약 후속조치
- 국내 발효 후 2년 이내, 그 후 최소 4년마다 협약 이행사항에 대한 국가 보고서를 작성하여 유엔 장애인권리위원회에 제출
- 협약의 내용에 부합하도록 국내 관련법의 정비를 지속적으로 추진
- 선택의정서는 관계부처와의 협의 하에 가입을 검토할 예정

		기출회차		
		3	4	5
6	7	8	9	10
11	12	13	14	15
16	17	18	19	20
21	22			

강의로 복습하는 기출회독 시리즈

4 사회보장협정

1. 개요

• 사회보장협정이란, 사회보장에 관해 상호주의에 입각하여 정부가 단독으로 외국정부와 맺는 약정 또는 정부 간의 협정을 말한다. 이는 국제법상 실질적 의의를 갖는 조약의 하나이다.

• 사회보장협정은 협정 당사국 간의 사회문제에 관한 분야에서 특히 사회보험료의 납부의무에 관하여 협력할 것을 결의하고, 그들 각자의 영역 간에 이동하거나 또는 그들 각자의 영역 안에서 근로하는 자의 복지를 증진시키기를 희망하며, 양국 국민들이 그들 각자의 사회보장법령에 의하여 협약의 적용 대상이 되는 문제에 관하여 동등한 권리를 누리도록 보장하는 것을 합의한 것이다.

• 사회보장협정을 체결하는 목적은 협정당사국의 사회보장제도 간에 서로 다른 점을 상호 조정하여 양 당사국 국민에게 다음과 같은 혜택을 부여하기 위한 것으로 이중가입 배제, 가입기간 합산, 동등대우, 급여송금보장이라는 하위혜택을 부여한다.

• 우리나라의 경우 사회보장협정은 주로 연금보험료의 이중부담 면제를 포함하여 연금제도와 관련된 국가 간 협조를 위하여 맺는 조약의 일종이다. 보통 양국 간 협정을 맺게 되나 유럽연합규정(EU Regulation)과 같이 다자간 협정을 맺는 경우도 있다.

2. 사회보장협정을 체결하는 이유

(1) 이중보험료 부담 문제 해결

파견근로자와 같이 단기간 외국에 나가는 사람들이 양국의 연금제도에 이중으로 보험료를 부담하는 문제를 해결하기 위해서이다. 특히, 외국의 경우는 연금보험료율이 우리보다 매우 높기 때문에 그 부담이 클 뿐 아니라, 대부분 반환일시금제도가 없어 귀국할 때 아무런 혜택을 받지 못해 커다란 손해를 볼 수 있기 때문이다.

(2) 연금혜택의 기회 확대

이민자와 같이 장기체류하는 사람들이 양국으로부터 연금 혜택을 받을 수 있는 기회를 확대하기 위해서다. 가령, 우리나라 국민연금에 7년을 가입하고, 캐나다연금에 15년을 가입한 자는 우리나라 최소가입요건(10년)으로 인해 연금을 받을 수 없으나, 협정을 맺게 되면 총 22년의 가입기간이 인정되어 우리나라 연금을 받을 수 있게 된다. 물론 연금은 22년치가 아니라 7년치로 계산된 액수가 지급된다.

(3) 사회보장협정의 하위 목적

- 이중가입 배제: 단기간 동안 협정상대국에서 근로하거나 자영업을 하는 사람들이 양국 중 한 국가의 사회보장제도에만 가입하도록 함으로써 재정적 부담을 감소시킴
- 가입기간 합산: 협정상대국으로 이민가거나 장기체류하여 연금가입기간이 양국으로 분리되어 연금을 받지 못하는 사람들이 양국에서의 가입기간을 합산하여 연금 수급
- 동등대우: 국가에 따라 적용범위에 있어서 다소 차이는 있으나 일반적으로 협정상대국 국민에 대해서는 연금수급권 취득, 급여지급 등 법령 적용에 있어 자국민과 동등하게 대우
- 급여송금보장: 협정당사국 간에는 연금급여를 해외로 자유롭게 송금 가능

3. 사회보장협정 추진현황

- 사회보장협정은 대부분 양 당사국의 정부 간에 체결되고 있으며, 그 형태는 협정의 적용범위에 따라 가입기간 합산 협정과 보험료 면제 협정으로 크게 구분된다.
- 가입기간 합산협정(보험료 면제 포함)은 캐나다, 미국, 독일, 헝가리, 프랑스, 호주, 체코, 아일랜드, 벨기에, 폴란드, 슬로바키아, 불가리아, 루마니아, 오스트리아, 덴마크, 인도, 스페인과의 협정이 해당한다. 보험료 면제협정은 양국 가입기간 합산규정은 제외하고 사회보험료 이중적용 방지만을 규정한 사회보장협정 형태에 해당한다. 이란, 영국, 네덜란드, 일본, 이탈리아, 우즈베키스탄, 몽골, 중국과의 협정이 보험료 면제협정에 해당한다.

합격자의 한마디

우리나라는 국민연금법에서 사회보장협정에 관한 규정을 두고 있어요. 국민연금법 제127조(외국과의 사회보장협정)에서는 "대한민국이 외국과 사회보장협정을 맺은 경우에는 이 법에도 불구하고 국민연금의 가입, 연금보험료의 납부, 급여의 수급 요건, 급여액의 산정, 급여의 지급 등에 관하여 그 사회보장협정에서 정하는 바에 따른다."고 명시되어 있어요.

5장 사회보장기본법

[시행 2021.12.9 / 법률 제18215호 / 개정 2021.6.8]

한눈에 쏙!   중요도

❶ 개요
- 1. 법의 목적 및 기본이념 ★★ 22회 기출
- 2. 의의 및 특징
- 3. 용어의 정의 ★★★
- 4. 연혁

❷ 공공부조 · 사회보험 · 사회서비스
- 1. 공공부조
- 2. 사회보험
- 3. 사회서비스

❸ 사회보장에 관한 국민의 권리
- 1. 사회보장수급권의 의의 및 수급권자
- 2. 사회보장 급여 ★★★ 22회 기출
- 3. 사회보장수급권의 내용 ★★★ 22회 기출

❹ 사회보장제도의 운영 및 사회보장 기본계획
- 1. 사회보장제도의 운영 ★★★ 22회 기출
- 2. 사회보장 기본계획 22회 기출
- 3. 사회보장위원회 ★★★ 22회 기출

❺ 기타
- 1. 사회보장정보의 관리
- 2. 보칙

기출경향 살펴보기

이 장의 기출 포인트

매회 2~3문제가 출제되고 있다. 용어의 정의, 기본이념, 국가와 지방자치단체의 책임, 사회보장 기본계획, 사회보장위원회, 사회보장제도의 운영원칙, 사회보장급여 등 전반적인 내용이 두루 출제되고 있으므로 법률의 모든 내용을 꼼꼼하게 살펴봐야 한다. 기존에 출제된 조항들이 어느 정도 반복적으로 출제되는 경향을 보이고 있으므로 기출된 조항들을 중심으로 정리하면 효율적일 것이다.

최근 5개년 출제 분포도

연도별 그래프

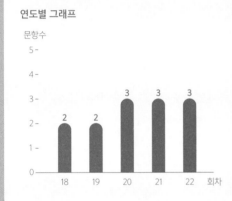

평균출제문항수

2.6 문항

2단계 학습전략

데이터의 힘을 믿으세요!
강의로 복습하는 **기출회독 시리즈**

3회독 복습과정을 통해
최신 기출경향 파악

최근 10개년 핵심 키워드

기출회독 228	사회보장기본법	27문항

기본개념 완성을 위한 **학습자료 제공**

기본개념 강의, 기본쌓기 문제, ○X 퀴즈, 기출문제, 정오표, 묻고답하기, 지식창고, 보충자료 등을 **아임패스**를 통해 만나실 수 있습니다.

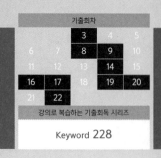

1. 법의 목적 및 기본이념 22회기출 🏆

(1) 법의 목적(제1조)

사회보장에 관한 국민의 권리와 국가 및 지방자치단체의 책임을 정하고 사회보장정책의 수립·추진과 관련 제도에 관한 기본적인 사항을 규정함으로써 국민의 복지증진에 이바지하는 것을 목적으로 한다.

(2) 법의 기본이념(제2조)

사회보장은 모든 국민이 다양한 사회적 위험으로부터 벗어나 행복하고 인간다운 생활을 향유할 수 있도록 자립을 지원하며, 사회참여·자아실현에 필요한 제도와 여건을 조성하여 사회통합과 행복한 복지사회를 실현하는 것을 기본이념으로 한다.

(3) 사회보장정책의 기본방향

① 평생사회안전망의 구축·운영(제22조)

• 국가와 지방자치단체는 모든 국민이 생애 동안 삶의 질을 유지·증진할 수 있도록 평생사회안전망을 구축하여야 한다.

• 국가와 지방자치단체는 평생사회안전망을 구축·운영함에 있어 사회적 취약계층을 위한 공공부조를 마련하여 최저생활을 보장하여야 한다.

② 사회서비스 보장(제23조)

• 국가와 지방자치단체는 모든 국민의 인간다운 생활과 자립, 사회참여, 자아실현 등을 지원하여 삶의 질이 향상될 수 있도록 사회서비스에 관한 시책을 마련하여야 한다.

• 국가와 지방자치단체는 사회서비스 보장과 소득보장이 효과적이고 균형적으로 연계되도록 하여야 한다.

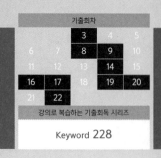

중요도 ★ ★

사회보장기본법은 사회복지법의 체계에서 사회보장의 기본원칙과 범위 등을 규정하는 기본법으로서 중요한 의미를 갖는다. 법의 목적, 기본이념은 사회복지사업법의 규정과 헷갈리지 않도록 정리해야 한다. 22회 시험에서는 사회보장기본법의 전반적인 내용을 묻는 문제에서 평생사회안전망의 구축, 다른 법률과의 관계에 관한 내용이 선택지로 출제되었다.

③ 소득보장(제24조)

- 국가와 지방자치단체는 다양한 사회적 위험 하에서도 모든 국민들이 인간다운 생활을 할 수 있도록 소득을 보장하는 제도를 마련하여야 한다.
- 국가와 지방자치단체는 공공부문과 민간부문의 소득보장제도가 효과적으로 연계되도록 하여야 한다.

(4) 기타

① 다른 법률과의 관계(제4조)

사회보장에 관한 다른 법률을 제·개정하는 경우에는 이 법에 부합되도록 하여야 한다.

② 국가와 지방자치단체의 책임(제5조)

- 국가와 지방자치단체는 모든 국민의 인간다운 생활을 유지·증진하는 책임을 가진다.
- 국가와 지방자치단체는 사회보장에 관한 책임과 역할을 합리적으로 분담하여야 한다.
- 국가와 지방자치단체는 국가 발전수준에 부응하고 사회환경의 변화에 선제적으로 대응하며 지속가능한 사회보장제도를 확립하고 매년 이에 필요한 재원을 조달하여야 한다.
- 국가는 사회보장제도의 안정적인 운영을 위하여 중·장기 사회보장 재정추계를 격년으로 실시하고 이를 공표하여야 한다.

③ 국가 등과 가정(제6조)

- 국가와 지방자치단체는 가정이 건전하게 유지되고 그 기능이 향상되도록 노력하여야 한다.
- 국가와 지방자치단체는 사회보장제도를 시행할 때에 가정과 지역공동체의 자발적인 복지 활동을 촉진하여야 한다.

④ 국민의 책임(제7조)

- 모든 국민은 자신의 능력을 최대한 발휘하여 자립·자활할 수 있도록 노력하여야 한다.
- 모든 국민은 경제적·사회적·문화적·정신적·신체적으로 보호가 필요하다고 인정되는 사람에게 지속적인 관심을 가지고 이들이 보다 나은 삶을 누릴 수 있는 사회환경 조성에 서로 협력하고 노력하여야 한다.

- 모든 국민은 관계 법령에서 정하는 바에 따라 사회보장급여에 필요한 비용의 부담, 정보의 제공 등 국가의 사회보장정책에 협력하여야 한다.

⑤ 외국인에 대한 적용(제8조)

국내에 거주하는 외국인에게 사회보장제도를 적용할 때에는 상호주의의 원칙에 따르되, 관계 법령에서 정하는 바에 따른다.

2. 의의 및 특징

(1) 의의

모든 국민이 평생 동안 겪는 다양한 사회적 위험에 대하여 사회정책과 경제정책을 통합적으로 고려하여 국민의 보편적 · 생애주기적인 특성에 맞게 소득과 사회서비스를 함께 보장하는 방향으로 사회보장제도를 확대 · 재정립함으로써 한국의 상황에 맞는 새로운 중장기 사회보장정책의 비전과 미래지향적인 발전방향을 제시하여 건강한 복지국가를 설립할 수 있는 토대를 마련하였다.

(2) 특징

- 사회보장기본법은 다른 개별 사회복지법률들과 비교해볼 때 일반법에 해당하며, 특별법 우선 적용의 원칙에 따라 개별 사회복지법률들이 우선 적용된다.
- 사회보장기본법은 시기적으로 1995년 사회보장기본법이 제정되기 이전에 이미 제정된 사회보장관련 법들과 관련된 사항에 대해 소급하여 적용할 수 없다(법률불소급의 원칙).
- "사회보장에 관한 다른 법률을 제정하거나 개정하는 경우에는 이 법에 부합되도록 하여야 한다(사회보장기본법 제4조)"고 규정하고 있기 때문에 향후 사회보장기본법이 제정된 이후 사회보장에 관한 법률을 제정하거나 개정할 경우에는 사회보장기본법의 내용에 부합하도록 하여야 한다.
- 사회보장기본법은 헌법과 개별 사회복지법 간에 중개자로서의 역할을 한다. 헌법에 규정된 사회보장에 관한 내용이 인간다운 생활을 할 권리와 같이 매우 추상적인 형태로 표현되어 있기 때문에 헌법의 범위 내에서 개별적인 사회복지법의 제정에 입법지침을 제공해주고 있다.

3. 용어의 정의

중요도 ★ ★ ★

최근 시험에서 사회보장기본법상 용어의 정의를 묻는 문제가 지속적으로 출제되고 있다.

(1) 사회보장 ★꼭!

출산, 양육, 실업, 노령, 장애, 질병, 빈곤 및 사망 등의 사회적 위험으로부터 모든 국민을 보호하고 국민 삶의 질을 향상시키는 데 필요한 소득·서비스를 보장하는 사회보험, 공공부조, 사회서비스를 말한다.

(2) 사회보험 ★꼭!

국민에게 발생하는 사회적 위험을 보험의 방식으로 대처함으로써 국민의 건강과 소득을 보장하는 제도를 말한다.

(3) 공공부조 ★꼭!

국가와 지방자치단체의 책임하에 생활 유지 능력이 없거나 생활이 어려운 국민의 최저생활을 보장하고 자립을 지원하는 제도를 말한다.

(4) 사회서비스 ★꼭!

국가·지방자치단체 및 민간부문의 도움이 필요한 모든 국민에게 복지, 보건의료, 교육, 고용, 주거, 문화, 환경 등의 분야에서 인간다운 생활을 보장하고 상담, 재활, 돌봄, 정보의 제공, 관련 시설의 이용, 역량 개발, 사회참여 지원 등을 통하여 국민의 삶의 질이 향상되도록 지원하는 제도를 말한다.

(5) 평생사회안전망 ★꼭!

생애주기에 걸쳐 보편적으로 충족되어야 하는 기본욕구와 특정한 사회위험에 의하여 발생하는 특수욕구를 동시에 고려하여 소득·서비스를 보장하는 맞춤형 사회보장제도를 말한다.

(6) 사회보장 행정데이터

국가, 지방자치단체, 공공기관 및 법인이 법령에 따라 생성 또는 취득하여 관리하고 있는 자료 또는 정보로서 사회보장 정책 수행에 필요한 자료 또는 정보를 말한다.

4. 연혁

(1) 사회보장에관한법률(1963. 11. 5 제정)

전문 7개조밖에 갖추지 못하였으며, 사회보장심의위원회에 관한 규정 이외에는 상징적 의미밖에 없었다. 사회보장사업에 대한 정부 부처 내 담당 부처를 명확히 명시하지 않았기 때문에, 사회보장사업을 일원화시켜 통일성을 기하지 못하였다.

(2) 사회보장기본법(1995. 12. 30 제정)

사회보장에관한법률을 폐지하고 우리나라의 경제·사회의 발전수준과 국민의 복지욕구에 부합하는 사회보장제도를 확립하여 국민복지의 증진을 도모하기 위해 제정하였다.

(3) 2012. 1. 26 전부개정

종전의 사회보장 범위를 확대하여 사회복지서비스 및 관련 복지제도를 포괄하고, 사회보장의 기본이념, 기본원칙, 추진체계 등을 명확히 하였으며, 사회보장정책의 기본방향과 사회보장정보의 관리 등을 새로이 추가하였다.

(4) 2015. 12. 29 일부개정

국민기초생활보장제도를 맞춤형 빈곤정책으로 전환하여 급여별 수급자 선정기준을 다층화하고, 최저생계비 대신 최저보장수준 및 기준 중위소득 제도를 도입하는 등의 내용으로 국민기초생활보장법이 개정됨에 따라, 개정된 내용을 반영하기 위해 개정되었다.

(5) 2018. 12. 11 일부개정

보건복지부장관을 포함한 중앙행정기관의 장과 지방자치단체의 장이 사회보장제도의 신설 또는 변경에 관한 협의 업무를 수행하기 위하여 필요하다고 인정하는 경우 관련 자료의 수집·조사 및 분석에 관한 업무를 정부출연 연구기관, 사회보장정보원 또는 관련 전문기관·단체에 위탁할 수 있도록 근거를 마련하였다.

(6) 2019. 12. 3 일부개정

국제협력 업무의 수행 필요성을 고려하여 사회보장정보원의 명칭을 한국사회보장정보원으로 변경하는 등 현행 제도의 운영상 나타난 일부 미비점을 개선·보완하였다.

기출회차

		3	**4**	5
6	7	8	9	**10**
11	12	13	14	15
16	17	18	19	20
21	22			

강의로 복습하는 기출회독 시리즈

Keyword 228

2 공공부조 · 사회보험 · 사회서비스

1. 공공부조

(1) 공공부조 제도의 목적

- 공공부조 제도란, 사회보장 제도의 하나로 모든 국민이 인간다운 생활을 영위하도록 하기 위해 국가 및 지방자치단체의 책임하에 생활유지능력이 없거나 생활이 어려운 국민의 최저생활을 보장하고 자립을 지원하는 제도를 말한다.[8]
- 우리나라의 공공부조법인 국민기초생활보장법에는 공공부조의 목적에 대해 헌법상 국민의 생존권 보장이념에 근거를 두며, 생활유지의 능력이 없거나 생활이 어려운 자에게 필요한 급여를 행하여 이들의 최저생활을 보장하고 자활을 조성하는 것을 목적으로 한다(국민기초생활보장법 제1조)고 규정되어 있다.

(2) 공공부조의 기본 원리

① 국가 책임
생활능력이 없는 빈곤층에 대한 국가적 차원의 책임 규정

② 생존권 보장
건강하고 문화적인 최저수준의 생활을 보장하여 국민의 생존권을 보호

③ 보충성
자신의 자산과 근로능력을 최대한 활용한 후 부족분을 보충(사회보험은 1차적 사회안전망의 역할을 수행하고 공공부조는 2차적 사회안전망의 역할을 수행)

④ 사회적 형평
동일한 상황에 있는 대상자들은 모두 똑같은 보장을 받아야 하고(수평적 형

평), 다른 상황에 있는 대상자들은 다른 보장을 받아야 함(수직적 형평)

⑤ 자립조성
수급권자가 급여 수급에 의존하지 않고 자립할 수 있도록 함

(3) 공공부조의 특징

- 공공부조는 프로그램의 수행주체가 국가나 지방자치단체 또는 관련 공공기관인 공적인 프로그램이다.
- 공공부조는 법적으로는 모든 국민이 보호의 대상이지만, 실제로는 자산조사를 거쳐 일정한 빈곤선 이하에서 자신의 능력으로 독립된 생활을 하기가 어렵고, 또한 가족이나 친족의 도움을 받을 수 없는 생활곤궁자인 절대빈곤층이 주대상이 되고 있다. 따라서 공공부조 수급권자는 상대적으로 소수에 국한된다.
- 공공부조 프로그램을 실시하기 위해 필요한 재원은 일반조세수입으로 충당하며, 수직적 소득 재분배의 기능을 한다.
- 공공부조의 수혜자들은 프로그램의 재원을 위해 자신이 별도로 경제적인 기여를 하지 않는다.
- 공공부조는 모든 국민을 대상으로 제공되는 보편적인 프로그램이 아니라, 엄격한 자산조사를 거쳐 선별된 대상자에게만 선택적으로 행해지는 선별적 프로그램이다.
- 공공부조는 규제적인 특징을 갖고 있다. 대상자가 공공부조의 혜택을 받기 위해서는 공공기관이 수혜자격 여부를 판정하기 위해 실시하는 조사에 응해야 한다.

2. 사회보험

(1) 사회보험의 개념

사회보험은 사회보장제도의 하나로서 생활상에 직면하는 제반 사회적 위험에 대응하기 위하여 보험 원리를 적용하여 국가가 시행하는 강제보험을 총칭한다. 여기서의 사회보험법은 별도의 법률 명칭이 있는 것이 아니라 사회보험 제도의 운영과 실시에 관한 법률을 총칭하는 것이다. 우리나라 사회보장기본법에서는 '사회보험'을 국민에게 발생하는 사회적 위험을 보험방식에 의하여 대처함으로써 국민 건강과 소득을 보장하는 제도로 규정하고 있다. 사회보험의 특징은 가입의 강제성과 운영주체가 국가의 독점이라는 점 등이다.

(2) 사회보험법의 형태

한국의 경우 5대 사회보험법으로 노령에 대비한 국민연금법, 질병에 대비한 국민건강보험법, 실업에 대비한 고용보험법, 산업재해에 대비한 산업재해보상보험법, 마지막으로 노인장기요양보험법이 있다. 공적 연금을 가입 대상자를 기준으로 분류하면 4대 공적 연금법으로는 국민연금법, 군인연금법, 사립학교교직원 연금법, 공무원연금법이 있다.

(3) 사회보험과 민간보험의 유사점과 차이점

① 사회보험과 민간보험 간의 유사점
• 위험을 이전(移轉)하고 정해진 위험을 공동으로 분담
• 적용 범위, 급여, 재정과 관련된 모든 조건을 구체적으로 명시
• 급여를 받을 자격과 급여량을 정하기 위해서는 명확한 계산이 필요
• 운용에 필요한 비용을 충당할 충분한 기여금과 보험료가 필요
• 급여를 받을 때 증명된 욕구에 근거하지 않음
• 사회구성원에게 경제적 안정을 제공함으로써 사회 전체를 유익하게 함

② 사회보험과 민간보험의 차이점[9]

구분	사회보험	민간보험
가입	강제적	자발적
보험료 · 기여금 부과기준	소득수준	위험정도 · 급여수준
보호의 양	최저 소득보호	더 많은 보호 가능
강조	사회적 적절성	개인의 적절성
급여근거	법	계약
운영형태	정부독점	경쟁
비용 예측	어려움	비교적 쉬움
완전한 재정준비	필요하지 않음	필요함
목적 · 결과 관련 의견	다양함	대체로 일치
투자	대체로 정부 업무	주로 민간 분야
인플레이션	세금 통해 인플레이션으로 인한 손실 보상	인플레이션 보상 취약

(4) 사회보험법의 특성

사회보험법은 다른 사회보장제도와 내용상 구분이 되는 몇 가지 특성을 갖고 있다.
• 사회보험은 강제 가입을 법에 규정하고 있어 '역(逆)의 선택(adverse

역의 선택

• 비대칭적인 정보의 특성상 정보수준이 낮은 쪽이 불리한 선택을 하게 됨을 일컫는다.
• 보험시장에서 역의 선택은 사고위험이 높은 그룹이 집중적으로 보험에 가입하는 현상으로, 공적 사회보험에서는 이를 방지하기 위해 강제가입을 두고 있다.

selection)'을 방지하고 규모의 경제(economy of scale)를 기할 수 있다.

• 사회보험은 일종의 빈곤을 예방하기 위한 소득보장으로 예방적 의미를 가진다.

• 사회보험의 주된 재원은 가입자가 의무적으로 납부하는 기여금 내지 보험료로 조달되고, 이를 재원으로 하여 보험급여가 지급되기 때문에 보험료를 납부한 가입자가 보험급여를 응당 받을 자격이 있어 권리성이 매우 강하다.

• 사회보험은 가입자격, 수급자격, 가입·탈퇴, 수급 시기, 급여 수준 등 모든 보험 관련사항이 법적으로 규정되어 있으므로 획일적으로 관리된다. 따라서 이들 법정 사항을 신설·변경·폐지할 경우에는 국회의 법률 개정 절차를 거쳐야 한다.

• 사회보험은 미약하나마 서로 다른 소득계층 간의 수직적 재분배 기능을 하고 있고, 반면 사회적 위험이 서로 다른 계층 간에 수평적 재분배 기능을 하고 있어 사회적 형평을 기함으로써 사회연대(social solidarity)를 도모하고 있다.

• 사회보험은 민간보험이 아닌 공적 보험이다. 따라서 보험의 수행주체가 국가나 공공기관이며 사회보험 관련법상 일정한 자격요건을 갖추고 있으면 법에 의해 가입이 강제로 이루어지는 공적 보험이다.

• 사회보험의 운영에 필요한 주된 재원은 주로 수혜 대상자의 기여금(산재보험의 경우는 제외)과 사용자의 부담금으로 충당되고 있고, 일부 보험은 국가의 기여금도 포함된다.

• 사회보험은 소득과 재산에 대한 자산조사를 실시하지 않고 일정 요건을 갖춘 모든 사람들에게 급여를 제공한다.

(5) 사회보험법의 기본원리

① 소득 재분배의 원리
사회보험제도는 소득 재분배의 원리를 기초로 하고 있으며, 특히 수평적 재분배 기능이 강하게 이루어진다. 소득 재분배 효과는 기여금의 납부나 급여의 지급에 반영될 수 있다.

② 보편주의 원리
사회보험법의 적용범위는 전 국민을 대상으로 하여야 한다는 원리이다. 보편주의의 원리는 제도 운영상의 기술축적과 국가 재정의 충분성 등에 따라 적용범위를 점차 확대해 나감에 따라 해결한다.

③ 비용분담의 원리

사회보험법의 운영에 필요한 재원은 사용자, 피용자, 국가가 분담하여 조달하여야 한다는 원리이다.

(6) 사회보험법의 구성체계

① 사회보험의 주체(보험자, 관리운영 주체)

- 사회보험법의 일차적인 운영주체는 국가이다.
- 우리나라 사회보험의 주관부처는 정부의 각 부처에 분산되어 있다. 예컨대, 군인연금은 국방부, 국민연금과 건강보험, 노인장기요양보험은 보건복지부, 공무원연금은 행정안전부, 사립학교교원연금은 교육부, 산업재해보상보험과 고용보험은 고용노동부에서 관리, 운영하고 있으며, 효율적인 운영을 위하여 직접적인 보험사무는 공법인인 국민연금공단, 국민건강보험공단, 공무원연금관리공단, 사립학교교직원연금관리공단, 근로복지공단 등이 위탁받아 관리, 운영하고 있다.

② 사회보험의 대상

사회보험의 종류와 성질에 따라 국민 중 일부나 특수계층만을 사회보험의 대상으로 하는 경우가 있으나 전체적인 적용범위는 원칙적으로 전 국민으로 한다.

③ 보험급여의 종류와 수준

사회보험법에서의 급여는 피보험자가 일정한 수급자격을 갖추었을 때 보험자로부터 지급받는 금전, 물품, 기타 혜택을 의미한다. 사회보험법은 사회적 위험에 직면한 국민의 소득을 보장하기 위하여 현금이나 현물로 급여를 지급하도록 규정하고 있다.

④ 재원의 조달

사회보장제도는 제도를 운영하는 데 드는 비용을 조달하는 데 있어서 여러 가지 방식을 채택하고 있다. 우리나라의 경우 산업재해보상보험에 있어서는 비용의 전액을 사용자가 부담하고 국가가 관리운영비를 보조하고 있으며, 기타 사회보험의 경우는 사용자, 피용자의 2자 부담을 원칙으로 하고 국가가 관리운영비를 부담하는 방식을 취하고 있다.[10]

3. 사회서비스

- 사회서비스법은 주로 서비스의 제공을 급여 내용으로 한다는 점에서 차이가 있다. 사회보험법이나 공공부조법의 경우 현금급여(in-cash benefit)나 현물급여(in-kind benefit)가 급여의 주된 내용을 이루는 데 반하여, 사회서비스법은 상담·재활·지도 등과 같은 비물질적·사회심리적·정신적 서비스의 급여(service benefit)가 주종을 이루고 있다.
- 사회서비스법은 급여의 특성상 개별적 처우를 요한다. 사회보험법과 공공부조법의 경우 가입기간, 소득, 재산 등과 같은 기준에 따라 획일적으로 규율하고 수급권자를 처우할 수 있으나, 사회서비스법은 서비스의 욕구가 매우 다양하고, 대상자에 따라 그 정도가 차이가 나며, 환경에 의해 영향을 받고, 또 시간에 따라 변화하기 때문에 획일적으로 처우하기 어렵고, 수급권자 개개인에 대하여 개별적으로 처우해야 할 필요가 있다.

3 사회보장에 관한 국민의 권리 (사회보장수급권)

기출회차

		3	4	5
6	7	8	9	10
11	12	13	14	15
16	17	18	19	20
21	22			

강의로 복습하는 기출회독 시리즈

Keyword 228

1. 사회보장수급권의 의의 및 수급권자

- 사회보장수급권은 사회보장기본법에 의한 복지권으로, 국민이 사회보장급여를 받을 권리를 말한다. 사회보장기본법상 사회보장은 사회보험, 공공부조, 사회서비스로 구분된다. 따라서 사회보장수급권은 사회보험수급권, 공공부조수급권, 사회서비스수급권으로 구분된다.
- 모든 국민은 사회보장 관계 법령에서 정하는 바에 따라 사회보장급여를 받을 권리(사회보장수급권)를 가진다.

2. 사회보장 급여 22회기출 🏆

중요도

사회보장기본법의 전반적인 내용을 묻는 문제에서 선택지로 자주 등장한다. 급여의 수준은 어떠한 기준으로 결정되며, 사회보장급여의 신청에는 어떠한 특성이 있는지 잘 정리해두어야 한다. 22회 시험에서는 사회보장에 관한 국민의 권리를 묻는 문제에서 사회보장 급여의 수준에 관한 내용이 선택지로 출제되었다.

(1) 사회보장을 받을 권리(제9조) ⭐

모든 국민은 사회보장 관계 법령에서 정하는 바에 따라 사회보장급여를 받을 권리(사회보장수급권)를 가진다.

(2) 사회보장 급여의 수준(제10조) ⭐

- 국가와 지방자치단체는 모든 국민이 건강하고 문화적인 생활을 유지할 수 있도록 사회보장급여의 수준 향상을 위하여 노력하여야 한다.
- 국가는 관계 법령에서 정하는 바에 따라 최저보장수준과 최저임금을 매년 공표하여야 한다.
- 국가와 지방자치단체는 최저보장수준과 최저임금 등을 고려하여 사회보장급여의 수준을 결정하여야 한다.

(3) 사회보장급여의 신청(제11조) ⭐

- 급여의 수급권은 신청해야 행사할 수 있으므로, 사회보장급여를 받으려는 사람은 국가 또는 지방자치단체에 신청하여야 한다(신청주의 원칙). 다만, 관계 법령에서 따로 정하는 경우에는 국가나 지방자치단체가 신청을 대신

할 수 있다(필요시 직권주의 병행).

- 사회보장급여를 신청하는 사람이 다른 기관에 신청한 경우에는 그 기관은 지체없이 이를 정당한 권한이 있는 기관에 이송하여야 한다. 이 경우 정당한 권한이 있는 기관에 이송된 날을 사회보장급여의 신청일로 본다.

3. 사회보장수급권의 내용 ^{22회기출}

(1) 사회보장수급권의 보호(제12조) ★꼭!

사회보장수급권은 관계 법령에서 정하는 바에 따라 다른 사람에게 양도하거나 담보로 제공할 수 없으며, 압류할 수 없다(일신전속권[一身專屬權]).

(2) 사회보장수급권의 제한 및 포기(제13조, 제14조) ★꼭!

- 사회보장수급권은 제한되거나 정지될 수 없다. 다만, 관계 법령에서 따로 정하고 있는 경우에는 제한되거나 정지될 수 있다. 사회보장수급권이 제한 또는 정지되는 경우에는 그 제한 또는 정지의 목적에 필요한 최소한의 범위에 그쳐야 한다.
- 사회보장수급권은 정당한 권한이 있는 기관에 서면으로 통지하여 포기할 수 있다. 사회보장수급권의 포기는 취소할 수 있다. 사회보장수급권을 포기하는 것이 다른 사람에게 피해를 주거나 사회보장에 관한 관계 법령에 위반되는 경우에는 이를 포기할 수 없다.

(3) 불법행위에 대한 구상(제15조)

제3자의 불법행위로 피해를 입은 국민이 그로 인하여 사회보장수급권을 가지게 된 경우 사회보장제도를 운영하는 자는 불법행위의 책임이 있는 자에 대하여 관계법령에 따라 구상권(求償權)을 행사할 수 있다.

중요도 ★ ★ ★

사회보장수급권의 내용은 출제 빈도가 매우 높은 내용이므로 그 특징들을 반드시 정리해두어야 한다. 사회보장수급권의 특징(압류 불가, 제한·정지 불가, 포기 가능·포기 취소 가능, 불법행위에 대한 구상권)을 꼭 기억해야 한다. 22회 시험에서는 사회보장에 관한 국민의 권리를 묻는 문제에서 사회보장수급권의 제한 및 포기에 관한 내용이 선택지로 출제되었다. 또한 사회보장기본법의 전반적인 내용을 묻는 문제에서 불법행위에 대한 구상에 관한 내용이 선택지로 출제되었다.

기출회차
3 4 5
6 7 **8** 9 10
11 12 13 14 15
16 **17** **18** 19 20
21 **22**

강의로 복습하는 기출회독 시리즈

Keyword 228

4 사회보장제도의 운영 및 사회보장 기본계획

1. 사회보장제도의 운영 🏆 22회기출

(1) 사회보장제도의 운영원칙(제25조) ⭐꼭!

중요도 ★ ★ ★

사회보장제도의 운영원칙은 사회보장제도의 마련 및 그 시행에 있어서 근원적인 역할을 하기 때문에 잘 알아둘 필요가 있다. 22회 시험에서는 사회보장제도의 운영에 관한 전반적인 내용을 묻는 문제가 출제되었다.

① 보편성

국가와 지방자치단체가 사회보장제도를 운영할 때에는 이 제도를 필요로 하는 모든 국민에게 적용하여야 한다.

② 형평성

국가와 지방자치단체는 사회보장제도의 급여수준과 비용부담 등에서 형평성을 유지하여야 한다.

③ 민주성

국가와 지방자치단체는 사회보장제도의 정책 결정 및 시행 과정에 공익의 대표자 및 이해관계인 등을 참여시켜 이를 민주적으로 결정하고 시행하여야 한다.

④ 효율성, 연계성 및 전문성

국가와 지방자치단체가 사회보장제도를 운영할 때에는 국민의 다양한 복지 욕구를 효율적으로 충족시키기 위하여 연계성과 전문성을 높여야 한다.

⑤ 공공성

사회보험은 국가의 책임으로 시행하고, 공공부조와 사회서비스는 국가와 지방자치단체의 책임으로 시행하는 것을 원칙으로 한다. 다만, 국가와 지방자치단체의 재정 형편 등을 고려하여 이를 협의 · 조정할 수 있다.

(2) 협의 및 조정(제26조)
• 국가와 지방자치단체는 사회보장제도를 신설하거나 변경할 경우 기존 제도

와의 관계, 사회보장 전달체계에 미치는 영향, 재원의 규모·조달방안을 포함한 재정에 미치는 영향 및 지역별 특성 등을 사전에 충분히 검토하고 상호 협력하여 사회보장급여가 중복 또는 누락되지 아니하도록 하여야 한다.

• 중앙행정기관의 장과 지방자치단체의 장은 사회보장제도를 신설하거나 변경할 경우 신설 또는 변경의 타당성, 기존 제도와의 관계, 사회보장 전달체계에 미치는 영향, 지역복지 활성화에 미치는 영향 및 운영방안 등에 대하여 대통령령으로 정하는 바에 따라 보건복지부장관과 협의하여야 한다.

• 중앙행정기관의 장과 지방자치단체의 장은 업무를 효율적으로 수행하기 위하여 필요하다고 인정하는 경우에는 관련 자료의 수집·조사 및 분석에 관한 업무를 '정부출연연구기관, 한국사회보장정보원, 그 밖에 대통령령으로 정하는 전문기관 또는 단체'에 위탁할 수 있다.

• 중앙행정기관의 장과 지방자치단체의 장은 사회보장제도 운영에 관한 협의가 이루어지지 아니할 경우 사회보장위원회에 조정을 신청할 수 있으며, 사회보장위원회는 대통령령으로 정하는 바에 따라 이를 조정한다.

• 보건복지부장관은 사회보장급여 관련 업무에 공통적으로 적용되는 기준을 마련할 수 있다.

(3) 민간의 참여(제27조)

• 국가와 지방자치단체는 사회보장에 대한 민간부문의 참여를 유도할 수 있도록 정책을 개발·시행하고 그 여건을 조성하여야 한다.

• 국가와 지방자치단체는 사회보장에 대한 민간부문의 참여를 유도하기 위하여 자원봉사, 기부 등 나눔의 활성화를 위한 각종 지원 사업, 사회보장정책의 시행에 있어 민간 부문과의 상호협력체계 구축을 위한 지원사업, 그 밖에 사회보장에 관련된 민간의 참여를 유도하는 데에 필요한 사업이 포함된 시책을 수립·시행할 수 있다.

• 국가와 지방자치단체는 개인·법인 또는 단체가 사회보장에 참여하는 데에 드는 경비의 전부 또는 일부를 지원하거나 그 업무를 수행하기 위하여 필요한 지원을 할 수 있다.

(4) 비용의 부담(제28조)

• 사회보장비용의 부담은 각각의 사회보장제도의 목적에 따라 국가·지방자치단체 및 민간부문 간에 합리적으로 조정되어야 한다.

• 사회보험에 드는 비용은 사용자·피용자 및 자영업자가 부담하는 것을 원칙으로 하되, 관계 법령이 정하는 바에 따라 국가가 그 비용의 일부를 부담할 수 있다.

- 공공부조 및 관계 법령에서 정하는 일정 소득 수준 이하의 국민에 대한 사회서비스에 드는 비용의 전부 또는 일부는 국가와 지방자치단체가 부담한다.
- 부담 능력이 있는 국민에 대한 사회서비스에 드는 비용은 그 수익자가 부담함을 원칙으로 하되, 관계 법령이 정하는 바에 따라 국가와 지방자치단체가 그 비용의 일부를 부담할 수 있다.

(5) 사회보장 전달체계(제29조)

- 국가와 지방자치단체는 모든 국민이 쉽게 이용할 수 있고, 사회보장급여가 적시에 제공되도록 지역적·기능적으로 균형잡힌 사회보장 전달체계를 구축하여야 한다.
- 국가와 지방자치단체는 사회보장 전달체계의 효율적 운영에 필요한 조직, 인력, 예산 등을 갖추어야 한다.
- 국가와 지방자치단체는 공공부문과 민간부문의 사회보장 전달체계가 효율적으로 연계되도록 노력하여야 한다.

(6) 사회보장급여의 관리(제30조)

- 국가와 지방자치단체는 국민의 사회보장수급권의 보장 및 재정의 효율적 운용을 위하여 사회보장수급권자 권리구제, 사회보장급여의 사각지대 발굴, 사회보장급여의 부정·오류 관리, 사회보장급여의 과오지급액의 환수 관리 등에 관한 사회보장급여의 관리체계를 구축·운영하여야 한다.
- 보건복지부장관은 사회서비스의 품질기준 마련, 평가 및 개선 등의 업무를 수행하기 위하여 필요한 전담기구를 설치할 수 있다.

(7) 사회보장통계(제32조, 제32조의2)

- 국가와 지방자치단체는 효과적인 사회보장정책의 수립·시행을 위하여 사회보장에 관한 통계를 작성·관리하여야 한다.
- 관계 중앙행정기관의 장과 지방자치단체의 장은 소관 사회보장통계를 대통령령으로 정하는 바에 따라 보건복지부장관에게 제출하여야 한다.
- 보건복지부장관은 제출된 사회보장통계를 종합하여 사회보장위원회에 제출하여야 한다.
- 보건복지부장관은 사회보장 재정추계 및 사회보장통계 업무를 효율적으로 수행하기 위하여 필요하다고 인정하는 경우에는 관련 자료의 수집·조사 및 분석에 관한 업무 등을 정부출연연구기관, 그 밖에 대통령령으로 정하는 전문기관 또는 단체에 위탁할 수 있다.

(8) 정보공개(제33조)

국가와 지방자치단체는 사회보장제도에 관하여 국민이 필요한 정보를 관계 법령에서 정하는 바에 따라 공개하고, 이를 홍보하여야 한다.

(9) 사회보장에 관한 설명 · 상담 · 통지(제34조~제36조)

- 국가와 지방자치단체는 사회보장 관계 법령에서 규정한 권리나 의무를 해당 국민에게 설명하도록 노력하여야 한다.
- 국가와 지방자치단체는 사회보장 관계 법령에서 정하는 바에 따라 사회보장에 관한 상담에 응하여야 한다.
- 국가와 지방자치단체는 사회보장 관계 법령에서 정하는 바에 따라 사회보장에 관한 사항을 해당 국민에게 알려야 한다.

2. 사회보장 기본계획 22회기출 🏆

(1) 사회보장 기본계획의 수립(제16조, 제17조) ⭐꼭!

- 보건복지부장관은 관계 중앙행정기관의 장과 협의하여 사회보장에 관한 기본계획을 5년마다 수립하여야 한다. 이는 사회보장위원회와 국무회의의 심의를 거쳐 확정한다.
- 기본계획에는 '국내외 사회보장환경의 변화와 전망, 사회보장의 기본목표 및 중장기 추진방향, 주요 추진과제 및 추진방법, 필요한 재원의 규모와 조달방안, 사회보장 관련 기금 운용방안, 사회보장 전달체계, 그 밖에 사회보장정책의 추진에 필요한 사항'이 포함되어야 한다.
- 기본계획은 다른 법령에 따라 수립되는 사회보장에 관한 계획에 우선하며 그 계획의 기본이 된다.

(2) 연도별 시행계획의 수립 및 시행(제18조)

- 보건복지부장관 · 관계 중앙행정기관의 장은 기본계획에 따라 사회보장과 관련된 소관 주요시책의 시행계획을 매년 수립 · 시행하여야 한다.
- 관계 중앙행정기관의 장은 수립한 소관 시행계획 및 전년도의 시행계획에 따른 추진실적을 대통령령으로 정하는 바에 따라 매년 보건복지부장관에게 제출하여야 한다.
- 보건복지부장관은 제출받은 관계 중앙행정기관 및 보건복지부 추진실적을 종합하여 성과를 평가하고, 그 결과를 사회보장위원회에 보고하여야 한다.
- 보건복지부장관은 성과 평가를 효율적으로 하기 위해 이에 필요한 조사 ·

합격자의 한마디

사회보장 기본계획은 5년마다 수립하고, 중장기 사회보장 재정추계는 격년으로 실시하는 것을 반드시 기억하세요. 빈칸 넣기 문제나 법률의 전반적인 사항을 묻는 문제에서 선택지로 자주 출제되고 있어요.

분석 등을 전문기관에 의뢰할 수 있다.

(3) 사회보장에 관한 지역계획의 수립 · 시행(제19조)

- 특별시장 · 광역시장 · 특별자치시장 · 도지사 또는 특별자치도지사 · 시장 · 군수 · 구청장은 관계 법령으로 정하는 바에 따라 사회보장에 관한 지역계획을 수립 · 시행하여야 한다.
- 지역계획은 기본계획과 연계되어야 하며, 지역계획의 수립 · 시행 및 추진 실적의 평가 등에 필요한 사항은 대통령령으로 정한다.

3. 사회보장위원회(제20조, 제21조) 22회기출 🏆

중요도 ★ ★ ★

사회보장위원회에 관한 내용은 법률의 전반적인 사항을 묻는 문제에서 선택지로 자주 출제되며, 단독 문제로도 출제된 바 있다. 특히, 사회보장위원회의 구성 및 운영, 심의 · 조정 사항에 관한 내용이 자주 출제된다. 22회 시험에서는 사회보장기본법의 전반적인 내용을 묻는 문제에서 사회보장위원회의 구성에 관한 내용이 선택지로 출제되었다.

(1) 구성 및 운영 ★꼭!

- 사회보장에 관한 주요시책을 심의 · 조정하기 위하여 국무총리 소속으로 사회보장위원회를 둔다.
- 위원장 1명, 부위원장 3명과 행정안전부장관, 고용노동부장관, 여성가족부장관, 국토교통부장관을 포함한 30명 이내의 위원으로 구성한다.
- 위원장은 국무총리가 되고 부위원장은 기획재정부장관, 교육부장관 및 보건복지부장관이 된다.
- 위원은 대통령령으로 정하는 관계 중앙행정기관의 장과 근로자를 대표하는 사람, 사용자를 대표하는 사람, 사회보장에 관한 학식과 경험이 풍부한 사람, 변호사 자격이 있는 사람 중에서 대통령이 위촉하는 사람으로 한다.
- 임기는 2년이다. 다만, 공무원의 임기는 재임기간으로 한다.
- 위원회를 효율적으로 운영하고 위원회의 심의 · 조정 사항을 전문적으로 검토하기 위하여 위원회에 실무위원회를 두며, 실무위원회에 분야별 전문위원회를 둘 수 있다.
- 실무위원회에서 의결한 사항은 위원장에게 보고하고 위원회의 심의를 거쳐야 한다. 다만, 대통령령으로 정하는 경미한 사항에 대하여는 실무위원회의 의결로써 위원회의 의결을 갈음할 수 있다.
- 위원회의 사무를 효율적으로 처리하기 위하여 보건복지부에 사무국을 둔다.

(2) 위원회의 심의 · 조정 사항

사회보장 증진을 위한 기본계획, 사회보장 관련 주요 계획, 사회보장제도의 평가 및 개선, 사회보장제도의 신설 또는 변경에 따른 우선순위, 2개 이상의 중앙행정기관이 관련되는 주요 사회보장정책, 사회보장급여 및 비용 부담,

국가와 지방자치단체의 역할 및 비용 분담, 사회보장의 재정추계 및 재원조달 방안, 사회보장 전달체계 운영 및 개선, 사회보장통계, 사회보장정보의 보호 및 관리, 사회보장제도 운영에 관한 협의에 따른 조정, 그 밖에 위원장이 심의에 부치는 사항을 심의 · 조정한다.

(3) 관계 행정기관의 이행

관계 중앙행정기관의 장과 지방자치단체의 장은 위원회의 심의 · 조정 사항을 반영하여 사회보장제도를 운영 또는 개선하여야 한다.

5 기타

기출회차				
		3	4	5
6	7	8	9	10
11	**12**	13	14	15
16	17	**18**	19	20
21	22			

강의로 복습하는 기출회독 시리즈

Keyword 228

1. 사회보장정보의 관리

(1) 사회보장정보시스템의 구축 · 운영 등(제37조)

- 국가와 지방자치단체는 국민편익의 증진과 사회보장업무의 효율성 향상을 위하여 사회보장업무를 전자적으로 관리하도록 노력하여야 한다.
- 국가는 관계 중앙행정기관과 지방자치단체에서 시행하는 사회보장수급권자 선정 및 급여 관리 등에 관한 정보를 통합 · 연계하여 처리 · 기록 및 관리하는 시스템을 구축 · 운영할 수 있다.
- 보건복지부장관은 사회보장정보시스템의 구축 · 운영을 총괄하며, 사회보장정보시스템 구축 · 운영의 전 과정에서 개인정보 보호를 위하여 필요한 시책을 마련하여야 한다.
- 보건복지부장관은 관계 중앙행정기관, 지방자치단체 및 관련 기관 · 단체에 사회보장정보시스템의 운영에 필요한 정보의 제공을 요청하고 제공받은 목적의 범위에서 보유 · 이용할 수 있다. 이 경우 자료의 제공을 요청받은 자는 정당한 사유가 없으면 이에 따라야 한다.
- 관계 중앙행정기관 및 지방자치단체의 장은 사회보장정보시스템의 활용이 필요한 경우 사전에 보건복지부장관과 협의하여야 한다. 이 경우 보건복지부장관은 관련 업무에 필요한 범위에서 정보를 제공할 수 있고 정보를 제공받은 관계 중앙행정기관 및 지방자치단체의 장은 제공받은 목적의 범위에서 보유 · 이용할 수 있다.
- 보건복지부장관은 사회보장정보시스템의 운영 · 지원을 위하여 전담기구를 설치할 수 있다.

(2) 개인정보 등의 보호(제38조)

- 사회보장 업무에 종사하거나 종사하였던 자는 사회보장업무 수행과 관련하여 알게 된 개인 · 법인 또는 단체의 정보를 관계 법령에서 정하는 바에 따라 보호하여야 한다.
- 국가와 지방자치단체, 공공기관, 법인 · 단체, 개인이 조사하거나 제공받

은 개인 · 법인 또는 단체의 정보는 이 법과 관련 법률에 근거하지 아니하고 보유, 이용, 제공되어서는 아니 된다.

2. 보칙

(1) 권리구제(제39조)

위법 또는 부당한 처분을 받거나 필요한 처분을 받지 못함으로써 권리 또는 이익을 침해받은 국민은 행정심판법에 따른 행정심판을 청구하거나 행정소송법에 따른 행정소송을 제기하여 그 처분의 취소 또는 변경 등을 청구할 수 있다.

(2) 국민 등의 의견수렴(제40조)

국가와 지방자치단체는 국민생활에 중대한 영향을 미치는 사회보장 계획 및 정책을 수립하려는 경우 공청회 및 정보통신망 등을 통하여 국민과 관계 전문가의 의견을 충분히 수렴하여야 한다.

(3) 관계 행정기관 등의 협조(제41조)

- 국가와 지방자치단체는 사회보장 관련 계획 및 정책의 수립 · 시행, 사회보장통계의 작성 등을 위하여 관련 공공기관, 법인, 단체 및 개인에게 자료제출 등 필요한 협조를 요청할 수 있다.
- 위원회는 사회보장에 관한 자료 제출 등 위원회 업무에 필요한 경우 관계 행정기관의 장에게 협조를 요청할 수 있다.
- 협조요청을 받은 자는 정당한 사유가 없으면 이에 따라야 한다.

(4) 사회보장 행정데이터의 제공 요청(제42조)

위원회는 사회보장 정책의 심의 · 조정 및 연구를 위하여 관계 기관의 장에게 사회보장 행정데이터가 모집단의 대표성을 확보할 수 있는 범위에서 다음에 해당하는 사회보장 행정데이터의 제공을 요청할 수 있다. 이 경우 사회보장 행정데이터의 제공을 요청받은 관계 기관의 장은 특별한 사유가 없으면 이에 따라야 한다.

- 사회보험, 공공부조 및 사회서비스에 관한 자료 또는 정보
- 고용정책 기본법에 따른 고용 · 직업에 관한 정보
- 국세기본법 및 지방세기본법에 따른 과세정보로서 '소득 및 원천징수, 근로장려금 및 자녀장려금의 결정 · 환급 내역, 재산세'의 정보
- 주민등록법에 따른 주민등록전산정보자료

• 그 밖에 위원회의 업무 수행을 위하여 필요하다고 대통령령으로 정하는 자료 또는 정보

(5) 사회보장 행정데이터 분석센터(제43조)

보건복지부장관은 제공받은 사회보장 행정데이터의 원활한 분석, 활용 등을 위하여 사회보장 행정데이터 분석센터를 설치·운영할 수 있다.

6장 사회보장급여의 이용·제공 및 수급권자 발굴에 관한 법률

[시행 2024.7.24 / 법률 제20097호 / 개정 2024.1.23]

한눈에 쏙!   중요도

❶ 개요
- 1. 법의 목적
- 2. 기본원칙 · 22회 기출 🏆
- 3. 다른 법률과의 관계
- 4. 용어의 정의 · 22회 기출 🏆

❷ 사회보장급여
- 1. 사회보장급여의 이용 ★★★ · 22회 기출 🏆
- 2. 지원대상자의 발굴 · 22회 기출 🏆
- 3. 수급권자 등의 지원
- 4. 사회보장급여의 관리

❸ 사회보장정보
- 1. 사회보장정보 및 사회보장정보시스템의 이용 등 ★★ · 22회 기출 🏆
- 2. 사회보장정보의 보호

❹ 사회보장에 관한 지역계획 및 운영체계 등
- 1. 지역사회보장에 관한 계획 ★★ · 22회 기출 🏆
- 2. 지역사회보장 운영체계 ★★
- 3. 지역사회보장 지원 및 균형발전

❺ 기타
- 1. 수급자의 권리보호
- 2. 보칙
- 3. 벌칙 등

기출경향 살펴보기

이 장의 기출 포인트

17회 시험에서 처음 등장한 이후 지속적으로 출제되고 있다. 용어의 정의, 사회보장급여, 사회보장정보, 지역사회보장 운영체계 등 법률의 전반적인 내용을 꼼꼼하게 정리해야 한다. 용어의 정의, 통합사례관리, 한국사회보장정보원, 사회복지전담공무원, 사회보장급여의 신청, 실태조사, 발굴조사, 수급자격 확인을 위한 조사, 사회서비스정보시스템, 이의신청 등에 관한 내용이 출제되었다.

최근 5개년 출제 분포도

연도별 그래프

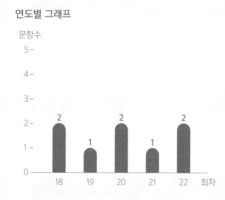

평균출제문항수

1.6 문항

2단계 학습전략

데이터의 힘을 믿으세요!
강의로 복습하는 **기출회독 시리즈**

3회독 복습과정을 통해
최신 기출경향 파악

최근 10개년 핵심 키워드

| 기출회독 229 | 사회보장급여의 이용·제공 및 수급권자 발굴에 관한 법률 | 9문항 |

기본개념 완성을 위한 **학습자료 제공**

기본개념 강의, 기본쌓기 문제, ○×퀴즈, 기출문제, 정오표, 묻고답하기, 지식창고, 보충자료 등을
아임패스를 통해 만나실 수 있습니다.

기출회차

			3	4	5
6	7	8	9	10
11	12	13	14	15
16	**17**	18	**19**	**20**
21	**22**			

강의로 복습하는 기출회독 시리즈

Keyword 229

1 개요

1. 법의 목적

이 법은 사회보장기본법에 따른 사회보장급여의 이용 및 제공에 관한 기준과 절차 등 기본적 사항을 규정하고 지원을 받지 못하는 지원대상자를 발굴하여 지원함으로써 사회보장급여를 필요로 하는 사람의 인간다운 생활을 할 권리를 최대한 보장하고, 사회보장급여가 공정하고 효과적으로 제공되도록 하며, 사회보장제도가 지역사회에서 통합적으로 시행될 수 있도록 그 기반을 구축하는 것을 목적으로 한다.

2. 기본원칙 22회 기출 🏆

- 사회보장급여가 필요한 사람은 누구든지 자신의 의사에 따라 사회보장급여를 신청할 수 있으며, 보장기관은 이에 필요한 안내와 상담 등의 지원을 충분히 제공하여야 한다.
- 보장기관은 지원이 필요한 국민이 급여대상에서 누락되지 아니하도록 지원대상자를 적극 발굴하여 이들이 필요로 하는 사회보장급여를 적절하게 제공받을 수 있도록 노력하여야 한다.
- 보장기관은 국민의 다양한 복지욕구를 충족시키고 생애주기별 필요에 맞는 사회보장급여가 공정·투명·적정하게 제공될 수 있도록 노력하여야 한다.
- 보장기관은 사회보장급여와 사회복지법인, 사회복지시설 등 사회보장 관련 민간 법인·단체·시설이 제공하는 복지혜택 또는 서비스를 효과적으로 연계하여 제공할 수 있도록 노력하여야 한다.
- 보장기관은 국민이 사회보장급여를 편리하게 이용할 수 있도록 사회보장정책 및 관련 제도를 수립·시행하기 위하여 노력하여야 한다.
- 보장기관은 지역의 사회보장 수준이 균등하게 실현될 수 있도록 노력하여야 한다.

3. 다른 법률과의 관계

사회보장급여의 이용 및 제공에 필요한 기준, 방법, 절차와 지원대상자의 발굴 및 지원 등에 관하여는 다른 법률에 특별한 규정이 있는 경우를 제외하고는 이 법에 따른다.

4. 용어의 정의 ^{22회 기출} 🏆

(1) 사회보장급여
보장기관이 사회보장기본법에 따라 제공하는 현금, 현물, 서비스 및 그 이용권을 말한다.

(2) 수급권자 ^{꼭!} ⭐
사회보장기본법에 따른 사회보장급여를 제공받을 권리를 가진 사람을 말한다.

(3) 수급자 ^{꼭!} ⭐
사회보장급여를 받고 있는 사람을 말한다.

(4) 지원대상자
사회보장급여를 필요로 하는 사람을 말한다.

(5) 보장기관 ^{꼭!} ⭐
관계 법령 등에 따라 사회보장급여를 제공하는 국가기관과 지방자치단체를 말한다.

기출회차

			3	4	5
6	7	8	9	10
11	12	13	14	15
16	17	18	**19**	**20**
21	**22**			

강의로 복습하는 기출회독 시리즈

Keyword 229

2 사회보장급여

중요도 ★ ★ ★

사회보장급여의 신청 대상은 누구이며, 급여의 신청부터 급여의 제공까지의 과정에 관한 세부적인 내용을 묻는 문제가 출제될 가능성이 있으니 반드시 정리해야 한다. 22회 시험에서는 사회보장급여의 이용·제공 및 수급권자 발굴에 관한 법률의 전반적인 내용을 묻는 문제에서 사회보장급여의 신청에 관한 내용이 선택지로 출제되었다.

1. 사회보장급여의 이용 🏆 22회 기출

(1) 사회보장급여의 신청 및 사회보장 요구의 조사 ⭐꼭!

① 사회보장급여의 신청(제5조)

• 지원대상자와 그 친족, 후견인, 청소년상담사·청소년지도사, 지원대상자를 사실상 보호하고 있는 자(관련 기관 및 단체의 장을 포함) 등은 지원대상자의 주소지 관할 보장기관에 사회보장급여를 신청할 수 있다. 다만, 지원대상자의 주소지와 실제 거주지가 다른 경우에는 실제 거주지 관할 보장기관에도 신청할 수 있고, 중앙행정기관의 장이 지원대상자의 이용 편의, 사회보장급여의 제공 유형 등을 고려하여 필요하다고 결정한 사회보장급여의 경우에는 지원대상자의 주소지 관할이 아닌 보장기관에도 신청할 수 있다.

• 보장기관의 업무담당자는 지원대상자가 누락되지 아니하도록 하기 위하여 관할 지역에 거주하는 지원대상자에 대한 사회보장급여의 제공을 직권으로 신청할 수 있다. 이 경우 지원대상자의 동의를 받아야 하며, 동의를 받은 경우에는 지원대상자가 신청한 것으로 본다.

• 보장기관의 업무담당자는 지원대상자가 심신미약 또는 심신상실 등 대통령령으로 정하는 경우에 해당하면 지원대상자의 동의 없이 직권으로 사회보장급여의 제공을 신청할 수 있다. 이 경우 보장기관의 업무담당자는 직권신청한 사실을 보장기관의 장에게 지체 없이 보고하여야 한다.

• 보장기관의 장이 지정한 법인·단체·시설·기관 등은 사회보장급여 신청권자의 요청에 따라 신청을 지원할 수 있다.

• 보장기관의 업무담당자는 사회보장급여 신청 시 신청인 또는 지원대상자에 대하여 '근거 법령, 수급자격의 조사에 따른 조사의 목적, 조사 정보의 범위 및 이용방법, 신고의무, 정보의 보유기간 및 파기'의 사항을 고지하여야 한다.

② 사회보장 요구의 조사(제6조)

보장기관의 장은 사회보장급여의 신청을 받으면 '지원대상자의 사회보장 요구와 관련된 사항, 지원대상자의 건강상태·가구 구성 등 생활 실태에 관한 사항, 그 밖에 지원대상자에게 필요하다고 인정되는 사회보장급여에 관한 사항'을 조사하여야 한다.

(2) 수급자격의 조사(제7조)

- 보장기관의 장은 사회보장급여의 신청을 받으면 지원대상자와 그 부양의무자(배우자와 1촌의 직계혈족 및 그 배우자를 말함)에 대하여 사회보장급여의 수급자격 확인을 위하여 다음의 어느 하나에 해당하는 자료 또는 정보를 제공받아 조사하고 처리할 수 있다. 다만, 부양의무자에 대한 조사가 필요하지 아니하거나 그 밖에 대통령령으로 정하는 사유에 해당하는 경우는 제외한다.
  - 인적사항 및 가족관계 확인에 관한 사항
  - 소득·재산·근로능력 및 취업상태에 관한 사항
  - 사회보장급여 수급이력에 관한 사항
  - 그 밖에 수급권자를 선정하기 위하여 보장기관의 장이 필요하다고 인정하는 사항
- 보장기관의 장은 위의 사항을 확인하기 위하여 필요한 자료의 확보가 곤란한 경우 신청인 또는 지원대상자와 그 부양의무자에게 필요한 자료의 제출을 요구할 수 있다.
- 보장기관의 장은 조사 과정에서 지원대상자에게 의견을 진술할 기회를 제공하여야 한다.
- 보장기관은 신청인 또는 지원대상자와 그 부양의무자가 조사를 방해 또는 기피하거나 자료 제출 요구를 두 번 이상 거부하는 경우에는 해당 사회보장급여의 신청을 각하할 수 있다.

(3) 사회보장급여 제공의 결정(제9조)

- 보장기관의 장이 사회보장 요구의 조사 및 수급자격의 조사를 실시한 경우에는 사회보장급여의 제공 여부 및 제공 유형을 결정하되, 제공하고자 하는 사회보장급여는 지원대상자가 현재 제공받고 있는 사회보장급여와 보장 내용이 중복되도록 하여서는 아니 된다.
- 보장기관의 장은 사회보장급여의 제공 결정에 필요한 경우 지원대상자와 그 친족, 그 밖에 관계인의 의견을 들을 수 있다.
- 보장기관의 장은 결정된 사회보장급여의 제공 여부와 그 유형 및 변경사항

신고의무 등을 서면(신청인의 동의에 의한 전자문서를 포함)으로 신청인에게 통지하여야 하며, 필요한 경우 구두 등의 방법을 병행할 수 있다. 이 경우 통지에 필요한 사항은 대통령령으로 정한다.

- 보장기관의 장이 사회보장급여의 제공 여부 및 제공 유형을 결정할 때 제공받은 자료 · 정보의 전부 또는 일부를 통해 평가한 지원대상자와 그 부양의무자의 소득 · 재산 수준이 보건복지부장관이 정하는 기준 이하인 경우에는 소득 · 재산 관련 조사의 일부를 생략하고 사회보장급여의 지급을 결정할 수 있다.

2. 지원대상자의 발굴 🏆²²ʰ 기출

(1) 위기가구의 발굴(제9조의2)

- 보장기관의 장은 누락된 지원대상자가 적절한 사회보장급여를 제공받을 수 있도록 지원이 필요한 다음의 가구(위기가구)를 발굴하기 위하여 노력하여야 한다.
    - 관계 기관 · 법인 · 단체 · 시설의 장에게 공유받은 정보와 자료 또는 정보의 처리 결과 보장기관의 장이 위기상황에 처하여 있다고 판단한 사람의 가구
    - 자살자가 발생한 가구 또는 자살시도자가 발생한 가구로서 자살예방센터의 장 또는 정신건강복지센터의 장이 '자살자가 주소득자였던 가구, 자살자의 유족으로서 자살을 시도할 우려가 있다고 판단되는 사람이 속한 가구, 다시 자살을 시도할 우려가 있다고 판단되는 자살시도자가 속한 가구, 그 밖에 가구 구성원의 자살 또는 자살시도로 경제적 어려움에 처해있거나 정상적인 경제활동이 곤란하다고 인정되는 가구'에 해당한다고 보장기관의 장에게 알린 가구 중 보장기관의 장이 위기상황에 처해있다고 판단한 가구
- 보장기관의 장은 발굴한 위기가구의 구성원이 필요로 하는 적절한 사회보장급여를 제공받을 수 있도록 지원하여야 한다.

(2) 자료 또는 정보의 제공과 홍보 및 처리 등

① 자료 또는 정보의 제공과 홍보(제10조)

보장기관의 장은 지원대상자를 발굴하기 위하여 '사회보장급여의 내용 및 제공규모, 수급자가 되기 위한 요건과 절차, 그 밖에 사회보장급여 수급을 위하

여 필요한 정보'의 사항에 대한 자료 또는 정보의 제공과 홍보에 노력하여야
한다.

② 자료 또는 정보의 처리 등(제12조)

- 보건복지부장관은 보장기관이 자료 또는 정보의 제공과 홍보에 따른 업무
  를 효율적으로 수행할 수 있도록 지원하기 위하여 사회보장정보시스템을
  통하여 다음의 자료 또는 정보를 처리할 수 있다.
  - 전기사업법에 따른 단전(전류제한을 포함), 수도법에 따른 단수, 도시가
    스사업법에 따른 단가스 가구정보(가구정보는 주민등록전산정보 · 가족
    관계등록전산정보를 포함)
  - 초 · 중등교육법에 따른 학교생활기록 정보 중 담당교원이 위기상황에
    처하여 있다고 판단한 학생의 가구정보
  - 국민건강보험법에 따른 보험료를 3개월 이상 체납한 사람의 가구정보
  - 국민기초생활보장법 또는 긴급복지지원법에 따른 신청 또는 지원 중 탈
    락가구의 가구정보
  - 사회복지사업법에 따른 시설의 장이 입소 탈락자나 퇴소자 중 위기상황
    에 처하여 있다고 판단한 사람의 가구정보
  - 신용정보의 이용 및 보호에 관한 법률에 따른 종합신용정보집중기관과
    개별신용정보집중기관이 보유하고 있는 개인신용정보 중 보건복지부장
    관이 위기상황에 처하여 있다고 판단한 사람의 대통령령으로 정하는 기
    준에 해당하는 연체정보(대출금, 신용카드대금, 통신요금 등) 및 해당
    연체정보와 관련된 채무액으로서 금융위원회 위원장과 협의하여 정하는
    개인신용정보
  - 공공주택 특별법에 따른 공공주택사업자가 보유하고 있는 정보로서 임
    대료를 3개월 이상 체납한 임차인의 가구정보
  - 공동주택관리법에 따른 관리주체가 보유하고 있는 정보로서 관리비를
    3개월 이상 체납한 입주자의 가구정보
  - 집합건물의 소유 및 관리에 관한 법률에 따라 시 · 도지사 또는 시장 · 군
    수 · 구청장이 보고 또는 제출받은 자료로서 같은 법에 따른 관리단의 사
    무 집행을 위한 비용과 분담금을 3개월 이상 체납한 구분소유자 또는 점
    유자의 가구정보
  - 국민연금법에 따라 국민연금공단에서 실시하는 자금의 대여사업을 이용
    하는 자의 가구정보
  - 기간통신사업자가 보유한 이용자의 정보로서 전기통신사업법에 따른 전
    자정보시스템을 통하여 제공할 수 있는 정보 중 보건복지부장관이 위기

상황에 처하여 있다고 판단한 이용자의 이동전화번호 정보
- 그 밖에 지원대상자의 발굴을 위하여 필요한 정보로서 대통령령으로 정하는 정보
- 보건복지부장관은 관계 중앙행정기관, 지방자치단체 및 관계 기관·법인·단체·시설의 장에게 위의 자료 또는 정보의 제공을 요청할 수 있다. 이 경우 관계 중앙행정기관의 장 등은 정당한 사유가 없으면 이에 따라야 한다.

(3) 정보공유 등의 협조 요청(제11조)

- 보장기관의 장은 관할 지역에 거주하는 지원대상자를 발굴(지원대상자의 소재 파악을 포함)하기 위하여 '사회복지법인 및 사회복지시설, 국민연금공단, 국민건강보험공단, 보건소, 초·중등교육법에 따른 학교, 경찰서, 소방대, 공공주택사업자, 공동주택관리법에 따른 관리주체, 공동주택관리정보시스템을 위탁받아 운영하는 자, 집합건물의 소유 및 관리에 관한 법률에 따른 관리단, 신용회복위원회, 한국정보통신진흥협회, 그 밖에 대통령령으로 정하는 기관·법인·단체·시설'에 해당하는 관계 기관·법인·단체·시설의 장에게 소관 업무의 수행과 관련하여 취득한 정보의 공유, 지원대상자의 거주지 등 현장조사 시 소속 직원의 동행 등 필요한 사항에 대한 협조를 요청할 수 있다. 이 경우 관계 기관·법인·단체·시설의 장은 정당한 사유가 없으면 이에 따라야 한다.
- 보장기관의 장은 발굴조사를 실시하기 위하여 보장기관이 보유 중인 행정정보 중 대통령령으로 정하는 정보를 활용할 수 있다.

(4) 발굴조사의 실시 및 실태점검(제12조의2) ⭐꼭!

- 보장기관의 장은 지원대상자에 대한 발굴조사를 분기마다 정기적으로 실시하여야 한다. 다만, 긴급복지지원법에 따라 발굴조사를 실시한 경우에는 그러하지 아니하다.
- 보건복지부장관은 지원대상자 발굴체계의 운영 실태를 매년 정기적으로 점검하고 개선방안을 마련하여야 한다.

(5) 지원대상자 발견 시 신고의무(제13조)

- 누구든지 출산, 양육, 실업, 노령, 장애, 질병, 빈곤 및 사망 등의 사회적 위험으로 인하여 사회보장급여를 필요로 하는 지원대상자를 발견하였을 때에는 보장기관에 알려야 한다.
- '사회복지시설의 장과 그 종사자, 장애인활동지원기관의 장 및 그 종사자와

활동지원인력, 의료인과 의료기관의 장, 의료기사, 응급구조사, 구조대 및 구급대의 대원, 경찰공무원, 자치경찰공무원, 정신건강복지센터의 장과 그 종사자, 어린이집의 원장 등 보육교직원, 유치원 교직원 및 강사 등, 초·중등교육법에 따른 교직원·전문상담교사 등 및 산학겸임교사 등, 학원의 운영자·강사·직원 및 교습소의 교습자·직원, 성폭력피해상담소의 장과 그 종사자 및 성폭력피해자보호시설의 장과 그 종사자, 성매매방지 및 피해자보호 등에 관한 법률에 따른 지원시설의 장과 그 종사자 및 성매매피해상담소의 장과 그 종사자, 가정폭력 관련 상담소의 장과 그 종사자 및 가정폭력피해자 보호시설의 장과 그 종사자, 건강가정지원센터의 장과 그 종사자, 노인장기요양기관의 장과 그 종사자, 보건소의 방문간호 업무 종사자, 다문화가족지원센터의 장과 그 종사자, 행정리의 이장 및 행정동의 하부조직으로 두는 통의 통장, 공동주택관리법에 따른 관리주체, 자살예방센터의 장과 그 종사자, 전기사업법·수도법 및 도시가스사업법에 따른 검침 및 안전점검 관련 업무 종사자, 국민연금공단·국민건강보험공단 및 근로복지공단에서 보험료의 납부·징수나 연금·보험급여의 지급 등과 관련한 민원 또는 상담 업무에 종사하는 자, 우편업무를 집행하는 우편집배원'의 어느 하나에 해당하는 사람은 그 직무상 사회적 위험으로 인하여 사망 또는 중대한 정신적·신체적 장애를 입을 위기에 처한 지원대상자를 발견한 경우 지체 없이 보장기관에 알리고, 지원대상자가 신속하게 지원을 받을 수 있도록 노력하여야 한다.

(6) 민관협력(제14조)

• 보장기관과 관계 기관·법인·단체·시설은 지역사회 내 사회보장이 필요한 지원대상자를 발굴하고, 가정과 지역공동체의 자발적인 협조가 이루어질 수 있도록 노력하여야 한다.
• 특별자치시장 및 시장·군수·구청장은 지원대상자의 발굴 및 지역사회보호체계의 구축을 위하여 필요한 경우 지역사회보장협의체(특별자치시의 경우에는 시·도사회보장위원회)에 관계 기관·법인·단체·시설의 장 및 그 밖에 사각지대 발굴과 관련한 기관·법인·단체·시설의 장 등을 포함시켜 운영할 수 있다.
• 특별자치시장 및 시장·군수·구청장은 지역사회 내 지원대상자를 발굴하는 활동을 촉진하기 위하여 예산의 범위에서 필요한 비용을 지원할 수 있다.

3. 수급권자 등의 지원

(1) 지원계획의 수립 및 시행(제15조) ⭐

- 보장기관의 장은 사회보장급여의 제공을 결정한 때에는 필요한 경우 다음의 사항이 포함된 수급권자별 사회보장급여 제공계획을 수립하여야 한다. 이 경우 수급권자 또는 그 친족이나 그 밖의 관계인의 의견을 고려하여야 한다.
    - 사회보장급여의 유형 · 방법 · 수량 및 제공기간
    - 사회보장급여를 제공할 기관 및 단체
    - 동일한 수급권자에 대하여 사회보장급여를 제공할 보장기관 또는 관계 기관 · 법인 · 단체 · 시설이 둘 이상인 경우 상호간 연계방법
    - 사회보장 관련 민간 법인 · 단체 · 시설이 제공하는 복지혜택과 연계가 필요한 경우 그 연계방법
- 보장기관의 장은 지원계획에 따라 사회보장급여가 제공될 수 있도록 노력하여야 하며, 필요한 경우 사회보장급여 제공결과를 정기적으로 평가하고 그 결과에 따라 지원계획을 변경할 수 있다.
- 보장기관의 장은 수급권자의 지원계획 수립 · 변경 시 사회보장정보시스템을 통하여 수급자격을 확인할 수 있다.
- 보장기관의 장은 지원계획의 실행을 위하여 필요하다고 판단되는 최소한의 정보를 관계 보장기관과 공유할 수 있으며, 필요한 경우 수급권자의 동의를 받아 대통령령으로 정하는 법인 · 단체 · 시설과 공유할 수 있다.
- 보장기관의 장은 지원계획 수립 · 이행 등의 전문성 향상을 지원하기 위하여 교육, 컨설팅 등 필요한 업무를 공공기관 등 관계 기관에 위탁할 수 있다.

(2) 수급권자등에 대한 상담 · 안내, 의뢰 등(제16조)

- 보장기관의 업무담당자는 수급권자 또는 지원대상자(수급권자등)가 필요한 사회보장급여를 편리하게 이용할 수 있도록 사회보장급여의 명칭, 수급권자의 선정기준, 보장내용 및 신청방법 등에 관한 사항을 상담하고 안내하여야 하며, 이를 위하여 사회보장정보시스템에서 지원하는 정보를 최대한 활용하여야 한다.
- 보장기관의 업무담당자는 수급권자등이 필요로 하는 사회보장급여의 이용이 다른 보장기관의 권한에 속한다고 판단되는 경우 신청인 또는 수급권자등에게 위의 사항과 해당 보장기관을 안내하고, 필요한 경우 해당 보장기관 또는 관계 기관 · 법인 · 단체 · 시설에 사회보장급여 또는 복지혜택 · 서비스의 제공을 의뢰하여야 한다.

- 보건복지부장관은 상담 · 안내 · 의뢰가 사회보장정보시스템을 통하여 효율적으로 이루어질 수 있도록 하여야 한다.
- 보장기관의 장은 수급권자등에게 사회보장급여의 이용 및 제공에 필요한 사항을 종합적으로 상담 · 안내 · 의뢰하는 등의 업무를 수행하기 위하여 전화상담센터 등을 설치 · 운영할 수 있다.

(3) 이의신청(제17조)

- 이 법에 따른 처분에 이의가 있는 수급권자등은 그 처분을 받은 날로부터 90일 이내에 처분을 결정한 보장기관의 장에게 이의신청을 할 수 있다. 다만, 정당한 사유로 인하여 그 기간 내에 이의신청을 할 수 없음을 증명한 때에는 그 사유가 소멸한 때부터 60일 이내에 이의신청을 할 수 있다.
- 보장기관의 장은 이의신청을 받은 날부터 10일 이내에 그 이의신청에 대하여 결정하고 그 결과를 신청인에게 지체 없이 통지하여야 한다. 다만, 부득이한 사유로 정하여진 기간 이내에 결정할 수 없을 때에는 그 기간의 만료일 다음 날부터 기산하여 10일 이내의 범위에서 연장할 수 있으며, 연장 사유를 신청인에게 통지하여야 한다.

(4) 수급권자의 보호자에 대한 지원(제18조)

보장기관의 장은 급여 제공이 결정된 수급권자를 자신의 가정에서 돌보는 사람의 부담을 줄이기 위하여 상담을 실시하거나 금전적 지원 등을 할 수 있다.

4. 사회보장급여의 관리

(1) 사회보장급여의 적정성 확인조사 및 부정수급 실태조사 ★

① 사회보장급여의 적정성 확인조사(제19조)

보장기관의 장은 수급자에 대한 사회보장급여의 적정성을 확인하기 위하여 수급자격의 조사에 해당하는 정보를 조사할 수 있다.

② 사회보장급여 부정수급 실태조사(제19조의2)

- 보건복지부장관은 속임수 등의 부정한 방법으로 사회보장급여를 받거나 타인으로 하여금 사회보장급여를 받게 한 경우에 대하여 보장기관이 효과적인 대책을 세울 수 있도록 그 발생 현황, 피해사례 등에 관한 실태조사를 3년마다 실시하고, 그 결과를 공개하여야 한다.

- 보건복지부장관은 실태조사를 위하여 필요한 경우 관계 중앙행정기관의 장, 공공기관의 장, 그 밖에 관련 시설·법인·단체의 장에게 필요한 자료의 제출 또는 의견의 진술 등을 요청할 수 있다. 이 경우 관계 중앙행정기관의 장 등은 특별한 사유가 없으면 그 요청에 따라야 한다.

(2) 수급자의 변동신고(제20조)

주기적으로 또는 기간을 정하여 사회보장급여를 제공받는 수급자는 거주지, 세대원, 소득·재산 상태, 근로능력, 다른 급여의 수급이력 등의 사항이 변동되었을 때에는 지체 없이 관할 보장기관의 장에게 신고하여야 한다.

(3) 사회보장급여의 변경·중지(제21조)

- 보장기관의 장은 사회보장급여의 적정성 확인조사 및 수급자의 변동신고에 따라 수급자 및 그 부양의무자의 인적사항, 가족관계, 소득·재산 상태, 근로능력 등에 변동이 있는 경우에는 직권 또는 수급자나 그 친족, 그 밖의 관계인의 신청에 따라 수급자에 대한 사회보장급여의 종류·지급방법 등을 변경할 수 있다.
- 보장기관의 장은 변동으로 수급자에 대한 사회보장급여의 전부 또는 일부가 필요 없게 된 때에는 사회보장급여의 전부 또는 일부를 중지하거나 그 종류·지급방법 등을 변경하여야 한다. 다만, 위의 내용에 따른 변동이 소득·재산 상태 등의 변동수준, 수급기간 등을 고려하여 보건복지부장관이 정하는 기준에 해당하는 경우에는 그러하지 아니하다.
- 사회보장급여의 변경 또는 중지는 서면(수급자의 동의에 의한 전자문서를 포함)으로 그 이유를 명시하여 수급자에게 통지하여야 하며, 필요한 경우 구두 등의 방법을 병행할 수 있다.

(4) 사회보장급여의 환수(제22조)

- 수급자가 신고를 고의로 회피하거나 속임수 등의 부정한 방법으로 사회보장급여를 받거나 타인으로 하여금 사회보장급여를 받게 한 경우에는 사회보장급여를 제공한 보장기관의 장은 그 사회보장급여의 전부 또는 일부를 그 사회보장급여를 받거나 받게 한 자(부정수급자)로부터 환수할 수 있다.
- 보장기관의 장은 수급권이 없는 자에게 사회보장급여를 제공하거나 그 변경·중지로 인하여 수급자에게 이미 제공한 사회보장급여 중 과잉지급분이 발생한 경우에는 즉시 이를 제공받은 사람에 대하여 그 전부 또는 일부의 반환을 명하여야 한다. 다만, 이를 이미 소비하였거나 그 밖에 수급자에게 부득이한 사유가 있는 때에는 그 반환을 면제할 수 있다.

(5) 맞춤형 급여 안내(제22조의2)

- 보건복지부장관과 보장기관의 장은 사회보장급여 신청권자의 신청을 받아 주기적으로 사회보장급여의 수급가능성을 확인하여 그 결과를 안내할 수 있다.
- 맞춤형 급여 안내를 받고자 하는 자는 보건복지부장관 또는 보장기관의 장에게 신청하여야 한다. 다만, 다음의 어느 하나에 해당하는 자는 보건복지부령으로 정하는 바에 따라 신청을 거부하지 아니하는 경우 맞춤형 급여 안내를 신청한 것으로 본다.
  - '국민기초생활보장법, 한부모가족지원법, 기초연금법, 장애인연금법, 장애인복지법, 그 밖에 대통령령으로 정하는 법률'에서 정하는 사업의 수급자
  - '장애인연금법, 기초연금법, 장애인복지법, 그 밖에 대통령령으로 정하는 법률'에서 정하는 사업의 수급희망 이력관리 신청자

3 사회보장정보

			기출회차	
		3	4	5
6	7	8	9	10
11	12	13	14	15
16	17	**18**	19	**20**
21	**22**			

강의로 복습하는 기출회독 시리즈

Keyword 229

중요도 ★ ★

사회보장정보와 관련된 시스템의 이용에 관한 내용을 중심으로 정리해두자. 22회 시험에서는 사회보장급여의 이용·제공 및 수급권자 발굴에 관한 법률의 전반적인 내용을 묻는 문제에서 한국사회보장정보원에 관한 내용이 선택지로 출제되었다.

1. 사회보장정보 및 사회보장정보시스템의 이용 등 22회기출

(1) 사회보장정보의 처리 등(제23조) 꼭!

- 보건복지부장관은 보장기관이 수급권자의 선정 및 급여관리 등에 관한 업무를 효율적으로 수행할 수 있도록 사회보장정보시스템을 통하여 다음에 해당하는 자료 또는 정보를 처리할 수 있다.
  - 근거 법령, 보장대상 및 내용, 예산 등 사회보장급여 현황에 관한 자료 또는 정보
  - 상담, 신청, 조사 및 자격의 변동관리에 필요한 인적사항·소득·재산 등에 관한 자료 또는 정보
  - 사회보장급여 수급이력에 관한 자료 또는 정보
  - 보건복지부장관이 위임·위탁받은 업무를 수행하는 데 필요한 자료 또는 정보
  - 사회보장정보와 관련된 법령 등에 따른 상담, 신청, 조사, 결정, 제공, 환수 등의 업무처리내역에 관한 자료 또는 정보
  - 사회보장 관련 민간 법인·단체·시설의 사회보장급여 제공 현황 및 보조금 수급이력에 관한 자료 또는 정보
  - 그 밖에 사회보장급여의 제공·관리 및 사회보장정보시스템 구축·운영에 필요한 정보로서 대통령령으로 정하는 자료 또는 정보
- 보건복지부장관은 사회보장정보를 처리하기 위하여 관계 중앙행정기관, 지방자치단체, 관계 기관·법인·단체·시설의 장에게 필요한 자료 또는 정보를 요청할 수 있다. 이 경우 관계 중앙행정기관의 장 등은 정당한 사유가 없으면 그 요청에 따라야 한다.
- 사회보장 관련 민간 법인·단체·시설의 장은 사회보장정보시스템이 원활히 운영될 수 있도록 적극 협력하여야 한다.
- 보건복지부장관은 사회보장정보를 사회보장 관련 예측조사, 연구개발 등에 활용할 수 있도록 지원할 수 있다.

(2) 사회보장정보시스템의 이용 등(제24조) ⭐

- 보장기관의 장은 업무를 효율적으로 수행하기 위하여 사회보장정보시스템을 이용하거나 관할 업무시스템과 사회보장정보시스템을 연계하여 이용할 수 있다. 이 경우 보장기관의 장은 사회보장정보시스템을 이용하여 처리하고자 하는 자료 또는 정보와 그 범위, 처리 목적·방식, 해당 자료 또는 정보의 보유기관 등을 특정하여 보건복지부장관과 협의하여야 한다.
- 보장기관의 장이 위의 내용에 따라 보건복지부장관과 협의하는 경우 보건복지부장관이 정하는 소득·재산조사의 유형 등 사회보장정보의 표준화에 관한 사항을 준수하여야 한다.
- 보건복지부장관은 사회보장의 사각지대를 해소하기 위하여 사회보장정보시스템을 통해 처리된 정보를 보장기관의 장에게 제공할 수 있으며, 보장기관의 장은 필요한 경우 지원대상자의 동의를 받아 대통령령으로 정하는 법인·단체·시설의 장이 활용할 수 있도록 지원할 수 있다.
- 보장기관의 장은 사회보장정보시스템을 통한 사회보장정보를 이 법에서 정한 목적 외의 용도로 이용하여서는 아니 된다.
- 보건복지부장관이 사회보장정보를 제공하는 경우에는 이용 목적을 고려하여 필요 최소한의 사회보장정보를 제공하여야 한다.

(3) 사회서비스정보시스템의 구축·운영 등(제24조의2)

- 보건복지부장관은 보장기관이 '사회복지법인 및 사회복지시설, 사회서비스 제공자, 사회서비스를 제공하는 기관으로서 대통령령으로 정하는 기관'의 법인·단체·시설·기관의 업무를 전자화하고 업무 수행에 필요한 정보를 통합·연계하여 처리·기록 및 관리하는 정보시스템을 구축·운영할 수 있다.
- 사회서비스 제공기관의 운영자, 종사자 및 그 밖에 보건복지부령으로 정하는 자는 다음의 업무를 수행하기 위하여 사회서비스정보시스템을 이용할 수 있다.
  - 위기가구의 발굴 지원
  - 민관협력 및 지원계획의 실행에 필요한 업무
  - 보장기관이 의뢰한 사회보장급여의 이용 및 제공에 관한 업무
  - 통합사례관리의 수행에 관한 업무
  - 통합사례관리 및 통합서비스, 지역보건의료서비스 등 보건복지부령으로 정하는 사례관리 사업 사이의 연계 및 협업에 관한 업무
  - 사회복지법인 및 사회복지시설의 종사자, 거주자 및 이용자에 관한 자료 등 운영에 필요한 정보의 처리·기록·관리 업무

- 사회서비스전자이용권의 관리에 관한 업무
- 그 밖에 사회서비스 제공기관의 사회보장급여 제공, 종사자 및 이용자 등의 관리, 사회서비스 제공기관의 운영 등 대통령령으로 정하는 업무
- 보건복지부장관은 사회서비스제공기관이 업무를 수행하는 데 필요한 자료 또는 정보를 사회서비스정보시스템을 통하여 처리할 수 있다.
- 보건복지부장관은 자료 또는 정보를 처리하기 위하여 관계 중앙행정기관, 지방자치단체, 관련 기관·법인·시설·단체에 필요한 자료 또는 정보를 요청할 수 있다. 이 경우 관계 중앙행정기관의 장 등은 정당한 사유가 없으면 그 요청에 따라야 한다.
- 보건복지부장관은 보장기관과 사회서비스 제공기관이 수급권자에게 사회보장급여를 효과적으로 제공할 수 있도록 사회서비스정보시스템을 사회보장정보시스템과 연계하여 운영한다.

(4) 대국민 포털 구축 등(제25조)
- 보건복지부장관은 사회보장급여가 필요한 국민에게 사회보장 관련 자료 또는 정보의 검색, 조회 등 온라인 서비스를 제공하는 인터넷 기반의 대국민 포털을 구축·관리하고 그 활용을 촉진하여야 한다.
- 보건복지부장관 및 보장기관의 장은 대국민 포털 등 첨단 정보통신기술을 활용하여 필요한 국민이 사회보장정보를 활용할 수 있도록 노력하여야 한다.

(5) 사회보장정보의 정확성 유지 및 표준화

① 사회보장정보의 정확성 유지(제26조)
- 정보보유기관의 장은 사회보장정보의 정확성을 유지하기 위하여 노력하여야 한다.
- 보건복지부장관은 사회보장정보를 주기적으로 갱신하여야 하며, 그 정보에 오류가 있다고 판단되는 경우에는 원천 자료 또는 정보를 제공한 정보보유기관의 장에게 해당 자료 또는 정보의 수정 또는 보완을 요구할 수 있다.
- 자료 또는 정보의 수정 또는 보완을 요구받은 정보보유기관의 장은 그에 따른 조치결과를 보건복지부장관에게 통보하여야 한다. 다만, 정보보유기관이 공공기관 등의 기관인 경우에는 조치결과를 제출하기 전에 관계 중앙행정기관 또는 지방자치단체의 장과 미리 협의하여야 한다.

② 사회보장정보의 표준화(제27조)

보건복지부장관은 사회보장정보의 공동 활용을 통하여 국민이 사회보장급여의 이용을 편리하게 할 수 있도록 사회보장정보와 관련된 각종 기준, 절차, 방법, 서식 등을 표준화하여 보장기관의 장에게 제시할 수 있다. 이 경우 보장기관의 장은 정당한 사유가 없으면 이에 따라야 한다.

(6) 사회보장정보 등의 협의 · 조정(제28조)

- 보장기관의 장 또는 관계 중앙행정기관의 장이 사회보장정보의 처리 등, 사회보장정보시스템의 이용, 사회보장정보의 표준화, 업무의 위임 · 위탁 등에 관하여 의견이 있는 경우에는 보건복지부장관과 협의하고, 협의가 이루어지지 아니할 경우 사회보장기본법에 따른 사회보장위원회가 이를 조정한다.
- 보건복지부장관은 협의를 원활히 진행하기 위하여 사회보장정보협의체를 운영할 수 있으며, 사회보장정보협의체의 역할 및 운영 등에 필요한 사항은 대통령령으로 정한다.

(7) 한국사회보장정보원(제29조) ★꼭!

- 사회보장정보시스템의 운영 · 지원을 위하여 한국사회보장정보원을 설립한다.
- 한국사회보장정보원은 법인으로 한다.
- 한국사회보장정보원은 위탁 등을 받아 다음의 업무를 수행한다.
  - 사회보장정보시스템의 구축 및 유지 · 기능개선 · 관리 · 교육 · 상담 등 운영에 관한 사항
  - 자료 또는 정보의 처리 및 사회보장정보의 처리
  - 신청, 접수, 조사, 결정, 환수 등 업무의 전자적 처리지원
  - 사회서비스이용권의 이용 · 지급 및 정산 등에 필요한 정보시스템의 운영, 사회서비스이용권을 통하여 사회서비스를 제공하는 사업의 관리에 관한 사항
  - 사회보장 관련 민간 법인 · 단체 · 시설에 대한 전자화 지원
  - 사회보장제도의 운영에 필요한 정책정보 및 통계정보의 생산 · 분석, 제공과 사회보장정책 지원을 위한 조사 · 연구
  - 대국민 포털의 운영에 관한 사항
  - 그 밖에 이 법 또는 다른 법령에 따라 보건복지부장관, 국가 또는 지방자치단체로부터 위탁받은 업무
- 정부는 사회보장급여의 이용 및 제공이 원활히 이루어질 수 있도록 한국사

회보장정보원의 설립 · 운영에 필요한 비용을 출연하거나 지원할 수 있다.

- 한국사회보장정보원에 관하여 이 법에서 규정한 사항 외에는 민법 중 재단법인에 관한 규정을 준용한다.
- 한국사회보장정보원의 임직원이나 임직원으로 재직하였던 사람은 그 직무상 알게 된 비밀을 누설하거나 다른 용도로 사용하여서는 아니 된다.

2. 사회보장정보의 보호

(1) 사회보장정보의 보호대책 수립 · 시행(제30조)

- 보건복지부장관은 사회보장정보시스템의 사회보장정보를 안전하게 보호하기 위하여 물리적 · 기술적 대책을 포함한 보호대책을 수립 · 시행하여야 한다.
- 한국사회보장정보원의 장은 보호대책을 시행하기 위한 실행계획을 매년 수립하여 보건복지부장관에게 제출하여야 한다.
- 사회보장정보시스템을 이용하는 보장기관의 장은 보안에 관한 업무를 총괄하는 자를 지정하여 보건복지부장관에게 통보하여야 하며, 정보보호책임자의 지정 및 업무 등에 필요한 사항은 대통령령으로 정한다.

(2) 사회보장정보 침해행위 등의 금지(제31조)

누구든지 사회보장정보를 처리할 때 '사회보장정보의 처리업무를 방해할 목적으로 사회보장정보를 위조 · 변경 · 훼손하거나 말소하는 행위, 정당한 사유 없이 사회보장정보를 위조 · 변경 · 훼손 · 말소 · 유출하거나 그 방법 또는 프로그램을 공개 · 유포 · 사용하는 행위, 정당한 사유 없이 사회보장정보시스템을 위조 · 변경 · 훼손하거나 이용하는 행위, 정당한 권한이 없거나 허용된 권한을 초과하여 사회보장정보를 처리하는 행위, 업무 외의 목적으로 사회보장정보를 열람하거나 조회하는 행위'를 하여서는 아니 된다.

(3) 사회보장정보 보호 교육(제31조의2)

- 보건복지부장관은 사회보장정보를 처리하는 자에게 사회보장정보 보호에 관한 교육을 실시하여야 한다.
- 보건복지부장관은 사회보장정보 보호 교육을 한국사회보장정보원 또는 한국보건복지인재원에 위탁할 수 있다.

(4) 사회보장정보의 파기(제34조)

보장기관의 장 및 한국사회보장정보원의 장은 사회보장정보를 5년이 지나면 파기하여야 한다. 다만, 대통령령으로 정하는 지원대상자의 보호에 필요한 사회보장정보는 5년을 초과하여 보유할 수 있다.

기출회차

			3	4	5
6	7	8	9	10
11	12	13	14	15
16	17	18	19	20
21	22			

강의로 복습하는 기출회독 시리즈

Keyword 229

4 사회보장에 관한 지역계획 및 운영체계 등

중요도 ★ ★

사회복지법제론에서 출제되지 않더라도 <지역사회복지론>의 지역사회보장계획에 관한 영역에서도 다루는 내용이기 때문에 반드시 정리해야 한다. 22회 시험에서는 사회보장급여의 이용·제공 및 수급권자 발굴에 관한 법률의 전반적인 내용을 묻는 문제에서 지역사회보장계획에 관한 내용이 선택지로 출제되었다.

1. 지역사회보장에 관한 계획 22회 기출

(1) 지역사회보장에 관한 계획의 수립(제35조) 꼭!

- 특별시장·광역시장·특별자치시장·도지사·특별자치도지사 및 시장·군수·구청장은 지역사회보장에 관한 계획을 4년마다 수립하고, 매년 지역사회보장계획에 따라 연차별 시행계획을 수립하여야 한다. 이 경우 사회보장기본법에 따른 사회보장에 관한 기본계획과 연계되도록 하여야 한다.

- 시장·군수·구청장은 해당 시·군·구의 지역사회보장계획(연차별 시행계획을 포함)을 지역주민 등 이해관계인의 의견을 들은 후 수립하고, 지역사회보장협의체의 심의와 해당 시·군·구 의회의 보고를 거쳐 시·도지사에게 제출하여야 한다.

- 시·도지사(특별자치시장은 제외)는 제출받은 시·군·구의 지역사회보장계획을 지원하는 내용 등을 포함한 해당 특별시·광역시·도·특별자치도의 지역사회보장계획을 수립하여야 한다.

- 특별자치시장은 지역주민 등 이해관계인의 의견을 들어 지역사회보장계획을 수립하여야 한다.

- 시·도지사는 지역사회보장계획을 시·도사회보장위원회의 심의와 해당 시·도 의회의 보고를 거쳐 보건복지부장관에게 제출하여야 한다. 이 경우 보건복지부장관은 제출된 계획을 사회보장위원회에 보고하여야 한다.

- 시·도지사 또는 시장·군수·구청장은 지역사회보장계획을 수립할 때 필요하다고 인정하는 경우에는 사회보장 관련 기관·법인·단체·시설에 자료 또는 정보의 제공과 협력을 요청할 수 있다.

- 보장기관의 장은 지역사회보장계획의 수립 및 지원 등을 위하여 지역 내 사회보장 관련 실태와 지역주민의 사회보장에 관한 인식 등에 관하여 필요한 조사를 실시할 수 있으며, 시·도지사 및 시장·군수·구청장은 지역사회보장계획 수립 시 지역사회보장조사 결과를 반영할 수 있다.

(2) 지역사회보장계획의 내용(제36조) ⭐

- 시 · 군 · 구 지역사회보장계획은 다음의 사항을 포함하여야 한다.
  - 지역사회보장 수요의 측정, 목표 및 추진전략
  - 지역사회보장의 목표를 점검할 수 있는 지표의 설정 및 목표
  - 지역사회보장의 분야별 추진전략, 중점 추진사업 및 연계협력 방안
  - 지역사회보장 전달체계의 조직과 운영
  - 사회보장급여의 사각지대 발굴 및 지원 방안
  - 지역사회보장에 필요한 재원의 규모와 조달 방안
  - 지역사회보장에 관련한 통계 수집 및 관리 방안
  - 지역 내 부정수급 발생 현황 및 방지대책
  - 그 밖에 대통령령으로 정하는 사항
- 특별시 · 광역시 · 도 · 특별자치도 지역사회보장계획은 다음의 사항을 포함하여야 한다.
  - 시 · 군 · 구의 사회보장이 균형적이고 효과적으로 추진될 수 있도록 지원하기 위한 목표 및 전략
  - 지역사회보장지표의 설정 및 목표
  - 시 · 군 · 구에서 사회보장급여가 효과적으로 이용 및 제공될 수 있는 기반 구축 방안
  - 시 · 군 · 구 사회보장급여 담당 인력의 양성 및 전문성 제고 방안
  - 지역사회보장에 관한 통계자료의 수집 및 관리 방안
  - 시 · 군 · 구의 부정수급 방지대책을 지원하기 위한 방안
  - 그 밖에 지역사회보장 추진에 필요한 사항
- 특별자치시 지역사회보장계획은 다음의 사항을 포함하여야 한다.
  - 시 · 군 · 구 지역사회보장계획의 사항
  - 사회보장급여가 효과적으로 이용 및 제공될 수 있는 기반 구축 방안
  - 사회보장급여 담당 인력의 양성 및 전문성 제고 방안
  - 그 밖에 지역사회보장 추진에 필요한 사항

(3) 지역사회보장계획의 시행 및 변경

① 지역사회보장계획의 시행(제37조)

- 시 · 도지사 또는 시장 · 군수 · 구청장은 지역사회보장계획을 시행하여야 한다.
- 시 · 도지사 또는 시장 · 군수 · 구청장은 지역사회보장계획을 시행할 때 필요하다고 인정하는 경우에는 사회보장 관련 민간 법인 · 단체 · 시설에 인

력, 기술, 재정 등의 지원을 할 수 있다.

② 지역사회보장계획의 변경(제38조)

시 · 도지사 또는 시장 · 군수 · 구청장은 사회보장의 환경 변화, 사회보장기본법에 따른 사회보장에 관한 기본계획의 변경 등이 있는 경우에는 지역사회보장계획을 변경할 수 있으며, 그 변경 절차는 지역사회보장에 관한 계획의 수립(제35조)을 준용한다.

(4) 지역사회보장계획 시행결과의 평가(제39조)

- 보건복지부장관은 시 · 도 지역사회보장계획의 시행결과를, 시 · 도지사는 시 · 군 · 구 지역사회보장계획의 시행결과를 각각 보건복지부령으로 정하는 바에 따라 평가할 수 있다.
- 시 · 도지사는 평가를 시행한 경우 그 결과를 보건복지부장관에게 제출하여야 한다. 보건복지부장관은 이를 종합 · 검토하여 사회보장위원회에 보고하여야 한다.
- 보건복지부장관 또는 시 · 도지사는 필요한 경우 평가결과를 지방자치단체대한 지원에 반영할 수 있다.

2. 지역사회보장 운영체계

<지역사회복지론>에서도 다루는 내용인 만큼 전반적인 내용을 꼼꼼하게 정리해야 한다.

(1) 시 · 도사회보장위원회(제40조) 꼭!

- 시 · 도지사는 시 · 도의 사회보장 증진을 위하여 시 · 도사회보장위원회를 둔다.
- 시 · 도사회보장위원회는 다음의 업무를 심의 · 자문한다.
  - 시 · 도의 지역사회보장계획 수립 · 시행 및 평가에 관한 사항
  - 시 · 도의 지역사회보장조사 및 지역사회보장지표에 관한 사항
  - 시 · 도의 사회보장급여 제공에 관한 사항
  - 시 · 도의 사회보장 추진과 관련한 중요 사항
  - 읍 · 면 · 동 단위 지역사회보장협의체의 구성 및 운영에 관한 사항(특별자치시에 한정)
  - 사회보장과 관련된 서비스를 제공하는 관계 기관 · 법인 · 단체 · 시설과의 연계 · 협력 강화에 관한 사항(특별자치시에 한정)
  - 그 밖에 위원장이 필요하다고 인정되는 사항
- 시 · 도사회보장위원회는 다음의 사람 중 시 · 도지사가 임명 또는 위촉한

사람으로 구성한다.
- 사회보장에 관한 전문적 지식이나 경험을 가진 사람
- 사회보장 관련 기관 및 단체의 대표자
- 사회보장을 필요로 하는 사람의 이익 등을 대표하는 사람
- 지역사회보장협의체의 대표자
- 비영리민간단체에서 추천한 사람
- 사회복지공동모금지회에서 추천한 사람
- 읍·면·동 단위 지역사회보장협의체의 위원장(특별자치시에 한정하며, 공동위원장이 있는 경우에는 민간위원 중에서 선출된 공동위원장을 말함)
- 사회보장에 관한 업무를 담당하는 공무원
- 다음의 어느 하나에 해당하는 사람은 시·도사회보장위원회의 위원이 될 수 없다.
  - 미성년자
  - 피성년후견인, 피한정후견인
  - 파산선고를 받고 복권되지 아니한 사람
  - 법원의 판결에 따라 자격이 상실되거나 정지된 사람
  - 금고 이상의 실형을 선고받고 그 집행이 끝나거나(집행이 끝난 것으로 보는 경우를 포함) 집행이 면제된 날부터 3년이 지나지 아니한 사람
  - 금고 이상의 형의 집행유예를 선고받고 그 유예기간 중에 있는 사람
  - 사회복지사업 또는 그 직무와 관련하여 아동복지법에 따른 벌칙(제71조), 보조금 관리에 관한 법률에 따른 벌칙(제40조부터 제42조) 또는 형법에 따른 유기와 학대의 죄(제28장)·횡령과 배임의 죄(제40장, 점유이탈물횡령은 제외)를 범하거나 이 법을 위반하여 '100만원 이상의 벌금형을 선고받고 그 형이 확정된 후 5년이 지나지 아니한 사람, 금고 이상의 형의 집행유예를 선고받고 그 유예기간이 끝난 날부터 7년이 지나지 아니한 사람, 금고 이상의 실형을 선고받고 그 집행이 끝나거나(집행이 끝난 것으로 보는 경우를 포함) 집행이 면제된 날부터 7년이 지나지 아니한 사람, 성폭력범죄 또는 아동·청소년대상 성범죄를 저지른 사람으로서 형 또는 치료감호를 선고받고 확정된 후 그 형 또는 치료감호의 전부 또는 일부의 집행이 끝나거나(집행이 끝난 것으로 보는 경우를 포함) 집행이 면제되거나 집행의 유예기간이 끝난 날부터 10년이 지나지 아니한 사람'의 어느 하나에 해당하는 사람
- 보장기관의 장은 시·도사회보장위원회의 효율적 운영을 위하여 필요한 운영비 등 경비를 지원할 수 있다.

- 시 · 도사회보장위원회의 조직 · 운영에 필요한 사항은 보건복지부령으로 정하는 바에 따라 해당 시 · 도의 조례로 정한다.

(2) 지역사회보장협의체(제41조) ★꼭!

- 시장 · 군수 · 구청장은 지역의 사회보장을 증진하고, 사회보장과 관련된 서비스를 제공하는 관계 기관 · 법인 · 단체 · 시설과 연계 · 협력을 강화하기 위하여 해당 시 · 군 · 구에 지역사회보장협의체를 둔다.
- 지역사회보장협의체는 다음의 업무를 심의 · 자문한다.
  - 시 · 군 · 구의 지역사회보장계획 수립 · 시행 및 평가에 관한 사항
  - 시 · 군 · 구의 지역사회보장조사 및 지역사회보장지표에 관한 사항
  - 시 · 군 · 구의 사회보장급여 제공에 관한 사항
  - 시 · 군 · 구의 사회보장 추진에 관한 사항
  - 읍 · 면 · 동 단위 지역사회보장협의체의 구성 및 운영에 관한 사항
  - 그 밖에 위원장이 필요하다고 인정하는 사항
- 지역사회보장협의체의 위원은 다음의 사람 중 시장 · 군수 · 구청장이 임명 또는 위촉한다. 다만, 시 · 도사회보장위원회의 위원의 결격사유에 해당되는 사람은 위원이 될 수 없다.
  - 사회보장에 관한 학식과 경험이 풍부한 사람
  - 지역의 사회보장 활동을 수행하거나 서비스를 제공하는 기관 · 법인 · 단체 · 시설의 대표자
  - 비영리민간단체에서 추천한 사람
  - 읍 · 면 · 동 단위 지역사회보장협의체의 위원장(공동위원장이 있는 경우에는 민간위원 중에서 선출된 공동위원장)
  - 사회보장에 관한 업무를 담당하는 공무원
- 지역사회보장협의체의 업무를 효율적으로 수행하기 위하여 지역사회보장협의체에 실무협의체를 둔다.
- 보장기관의 장은 지역사회보장협의체의 효율적 운영을 위하여 필요한 인력 및 운영비 등 재정을 지원할 수 있다.
- 규정된 사항 외에 지역사회보장협의체 및 실무협의체의 조직 · 운영에 필요한 사항은 보건복지부령으로 정하는 바에 따라 해당 시 · 군 · 구의 조례로 정한다.
- 특별자치시장 및 시장 · 군수 · 구청장은 읍 · 면 · 동 단위로 읍 · 면 · 동의 사회보장 관련 업무의 원활한 수행을 위하여 해당 읍 · 면 · 동에 읍 · 면 · 동 단위 지역사회보장협의체를 둔다.
- 읍 · 면 · 동 단위 지역사회보장협의체의 조직 · 운영에 필요한 사항은 보건

복지부령으로 정하는 바에 따라 해당 특별자치시 및 시·군·구의 조례로
정한다.

한걸음 더

지역사회보장협의체와 실무협의체의 구성 및 운영

1. 지역사회보장협의체의 구성 및 운영

- 지역사회보장협의체는 위원장을 포함하여 10명 이상 40명 이하의 위원으로 구성한다.
- 지역사회보장협의체의 위원장은 위원 중에서 호선하되, 공무원인 위원과 위촉 위원 각 1명을 공동위원장으로 선출할 수 있다.
- 지역사회보장협의체의 위원의 임기는 2년으로 하되, 위원장은 한 차례만 연임할 수 있다. 다만, 공무원인 위원의 임기는 그 재직기간으로 한다.
- 지역사회보장협의체의 회의는 재적위원 3분의 1 이상이 요구하거나 위원장이 필요하다고 인정하는 경우에 소집할 수 있다.
- 지역사회보장협의체의 위원장은 지역사회보장협의체의 효율적인 심의·자문을 위하여 전문위원회를 구성·운영할 수 있으며, 전문위원회 운영에 필요한 세부적인 사항은 시·군·구의 조례로 정한다.

2. 지역사회보장협의체에 두는 실무협의체의 구성 및 운영

- 실무협의체는 위원장 1명을 포함하여 10명 이상 40명 이하의 위원으로 구성한다.
- 실무협의체의 위원장은 위원 중에서 호선하고, 위원은 사회보장에 관한 실무지식과 경험이 풍부한 사람 중에서 다음의 어느 하나에 해당하는 사람을 지역사회보장협의체의 위원장이 성별을 고려하여 임명하거나 위촉한다. 이 경우 지역사회보장협의체의 위원장이 공동위원장인 경우에는 공동으로 임명하거나 위촉한다.
  - 지역의 사회보장 활동을 수행하거나 서비스를 제공하는 기관·법인·단체·시설 또는 공익단체의 실무자
  - 사회보장에 관한 업무를 담당하는 공무원
  - 비영리민간단체 지원법에 따른 비영리민간단체에서 추천한 사람
  - 그 밖에 학계 등 사회보장 관련 분야 종사자
- 실무협의체의 위원의 임기는 2년으로 하되, 위원장은 한 차례만 연임할 수 있다. 다만, 공무원인 위원의 임기는 그 재직기간으로 한다.
- 실무협의체의 위원장은 지역의 사회보장 관련 기관·법인·단체·시설 간 연계·협력을 강화하기 위하여 실무분과를 구성·운영할 수 있으며, 실무분과의 운영에 관한 세부적인 사항은 시·군·구의 조례로 정할 수 있다.

(3) 사회보장사무 전담기구(제42조) ⭐꼭!

- 특별자치시장 및 시장·군수·구청장은 사회보장에 관한 업무를 효율적으로 수행하기 위하여 관련 조직, 인력, 관계 기관 간 협력체계 등을 마련하여야 하며, 필요한 경우에는 사회보장에 관한 사무를 전담하는 기구를 별도로 설치할 수 있다.
- 사회보장사무 전담기구는 사회보장정보시스템을 활용하여 수급권자에게 필요한 정보를 종합 안내하고, 사회보장급여에 대한 신청 등이 편리하게 이루어질 수 있도록 운영되어야 한다.

- 사회보장사무 전담기구의 사무 범위, 조직 및 운영 등에 필요한 사항은 해당 특별자치시 및 시·군·구의 조례로 정한다.

(4) 통합사례관리(제42조의2)

- 보건복지부장관, 시·도지사 및 시장·군수·구청장은 지원대상자의 사회보장 수준을 높이기 위하여 지원대상자의 다양하고 복합적인 특성에 따른 상담과 지도, 사회보장에 대한 욕구조사, 서비스 제공 계획의 수립을 실시하고, 그 계획에 따라 지원대상자에게 보건·복지·고용·교육 등에 대한 사회보장급여 및 민간 법인·단체·시설 등이 제공하는 서비스를 종합적으로 연계·제공하는 통합사례관리를 실시할 수 있다.
- 통합사례관리를 실시하기 위하여 필요한 경우에는 특별자치시 및 시·군·구에 통합사례관리사를 둘 수 있다.
- 보건복지부장관은 통합사례관리 사업의 전문적인 지원을 위하여 해당 업무를 공공 또는 민간 기관·단체 등에 위탁하여 실시할 수 있다.

(5) 사회복지전담공무원(제43조) ★꼭!

- 사회복지사업에 관한 업무를 담당하게 하기 위하여 시·도, 시·군·구, 읍·면·동 또는 사회보장사무 전담기구에 사회복지전담공무원을 둘 수 있다.
- 사회복지전담공무원은 사회복지사업법에 따른 사회복지사의 자격을 가진 사람으로 하며, 그 임용 등에 필요한 사항은 대통령령으로 정한다.
- 사회복지전담공무원은 사회보장급여에 관한 업무 중 취약계층에 대한 상담과 지도, 생활실태의 조사 등 보건복지부령으로 정하는 사회복지에 관한 전문적 업무를 담당한다.
- 국가는 사회복지전담공무원의 보수 등에 드는 비용의 전부 또는 일부를 보조할 수 있다.
- 시·도지사 및 시장·군수·구청장은 사회복지전담공무원의 교육훈련에 필요한 시책을 수립·시행하여야 한다.

3. 지역사회보장 지원 및 균형발전

(1) 지역사회보장의 균형발전(제45조)

중앙행정기관의 장 및 시·도지사는 시·도 및 시·군·구 간 사회보장 수준의 차이를 최소화하기 위하여 예산 배분, 사회보장급여의 제공 기관 등의 배치 등에 필요한 조치를 하여야 한다.

(2) 지역사회보장균형발전지원센터(제46조)

• 보건복지부장관은 시·도 및 시·군·구의 사회보장 추진 현황 분석, 지역 사회보장계획의 평가, 지역 간 사회보장의 균형발전 지원 등의 업무를 효과적으로 수행하기 위하여 지역사회보장균형발전지원센터를 설치·운영할 수 있다.
• 보건복지부장관은 지역사회보장균형발전지원센터의 운영을 관련 전문기관에 위탁할 수 있다.

(3) 지방자치단체에 대한 지원(제47조)

중앙행정기관의 장은 시·도지사 및 시장·군수·구청장에게 사회보장 사업의 수행에 필요한 비용을 지원할 수 있으며, 이 경우 평가결과를 반영할 수 있다.

(4) 사회보장 특별지원구역 운영(제48조)

중앙행정기관의 장 또는 시·도지사는 영구임대주택단지, 저소득층 밀집 거주지, 그 밖에 보건·복지·고용·주거·문화 등 특정 분야의 서비스가 취약한 지역을 사회보장 특별지원구역으로 선정하여 지원할 수 있다. 이 경우 중앙행정기관의 장 또는 시·도지사는 사회보장 특별지원구역을 선정할 때 관계 행정기관의 장과 협의하여야 한다.

5 기타

기출회차				
		3	4	5
6	7	8	9	10
11	12	13	14	15
16	17	18	19	20
21	22			

강의로 복습하는 기출회독 시리즈

Keyword 229

1. 수급자의 권리보호

(1) 비밀유지 의무(제49조)

'신청·조사·결정·확인조사, 환수 등 급여의 제공 및 관리 등에 관한 업무, 사회보장정보의 처리 등에 관한 업무, 사회서비스정보시스템의 자료 또는 정보의 처리 등에 관한 업무, 통합사례관리에 관한 업무'에 종사하거나 종사하였던 사람은 직무상 알게 된 비밀을 다른 사람에게 누설하거나 직무상 목적 외의 용도로 이용하여서는 아니 된다.

(2) 사회보장급여의 압류 금지(제50조)

사회보장급여로 지급된 금품과 이를 받을 권리는 압류하지 못한다.

2. 보칙

(1) 권한의 위임·위탁 및 인력·비용의 지원

① 권한의 위임·위탁(제51조)

이 법에 따른 보장기관의 장의 권한 또는 업무의 일부 중 '신청의 접수, 사회보장 요구의 조사·수급자격의 조사 및 사회보장급여의 적정성 확인조사, 금융정보등의 처리'의 사항을 소속 기관의 장이나 지방자치단체의 장에게 위임하거나 보건복지부장관, 다른 행정기관의 장에게 위탁할 수 있다.

② 위임·위탁 시 인력 및 비용의 지원(제52조)

보장기관의 장 또는 보건복지부장관은 위임·위탁된 업무의 처리에 필요한 인력 또는 경비를 지원하여야 한다.

(2) 고발 및 징계요구

- 보건복지부장관은 이 법 위반에 따른 범죄혐의가 있다고 인정될 만한 상당한 이유가 있을 때에는 관할 수사기관에 그 내용을 고발하여야 한다.
- 보건복지부장관은 이 법의 위반행위가 있다고 인정될 만한 상당한 이유가 있을 때에는 책임이 있는 사람을 징계할 것을 해당 기관의 장에게 요구할 수 있다. 이 경우 요구를 받은 기관은 이를 존중하고, 그 결과를 보건복지부장관에게 통보하여야 한다.
- 보장기관의 장은 소관 업무와 관련하여 이 법의 위반행위자에 대하여 관할 수사기관에 고발을 하거나 해당 기관의 장에게 징계요구를 할 수 있다. 이 경우 징계요구를 받은 기관은 이를 존중하고, 그 결과를 보건복지부장관에게 통보하여야 한다.

3. 벌칙 등

(1) 벌칙

① 10년 이하의 징역 또는 1억원 이하의 벌금

사회보장정보의 처리업무를 방해할 목적으로 사회보장정보를 위조 · 변경 · 훼손하거나 말소하는 행위를 한 사람

② 5년 이하의 징역 또는 5천만원 이하의 벌금

- 아동복지법에 따른 학생등에 대한 학대 예방 및 지원을 위하여 제공받은 자료 또는 정보를 학대 예방 및 지원을 위한 목적 외로 사용하거나 다른 사람에게 제공 또는 누설한 사람
- 한국사회보장정보원의 임직원이나 임직원으로 재직하였던 사람으로서 그 직무상 알게 된 비밀을 누설하거나 다른 용도로 사용한 사람
- '신청 · 조사 · 결정 · 확인조사, 환수 등 급여의 제공 및 관리 등에 관한 업무, 사회보장정보의 처리 등에 관한 업무, 사회서비스정보시스템의 자료 또는 정보의 처리 등에 관한 업무, 통합사례관리에 관한 업무'에 종사하거나 종사하였던 사람으로서 직무상 알게 된 비밀을 다른 사람에게 누설하거나 직무상 목적 외의 용도로 이용한 사람
- 정당한 사유 없이 사회보장정보를 위조 · 변경 · 훼손 · 말소 · 유출하거나 그 방법 또는 프로그램을 공개 · 유포 · 사용하는 행위를 한 사람
- 정당한 사유 없이 사회보장정보시스템을 위조 · 변경 · 훼손하거나 이용하

는 행위를 한 사람

- 정당한 권한이 없거나 허용된 권한을 초과하여 사회보장정보를 처리하는 행위를 한 사람

③ 1년 이하의 징역 또는 1천만원 이하의 벌금

신고를 고의로 회피하거나 속임수 등의 부정한 방법으로 사회보장급여를 받거나 타인으로 하여금 사회보장급여를 받게 한 부정수급자

(2) 과태료

① 5천만원 이하의 과태료

수급자격의 조사범위를 초과하여 개인정보를 수집한 사람

② 3천만원 이하의 과태료

- 사회보장정보 등에 대한 침해행위의 시정요구에 따르지 아니한 사람
- 사회보장정보의 파기를 하지 아니한 사람

7장 사회복지사업법

[시행 2024.4.24 / 법률 제20098호 / 개정 2024.1.23]

한눈에 쏙!	중요도

❶ 개요
- 1. 목적 및 기본이념
- 2. 의의 및 특징
- 3. 용어의 정의
- 4. 연혁
- 5. 사회복지사업법에서 규정하고 있는 사회복지사업에 관한 법률들 ★ — 22회 기출 🏆
- 6. 사회복지의 날

❷ 사회복지사업의 시행
- 1. 국가와 지방자치단체의 책임 ★★ — 22회 기출 🏆
- 2. 사회복지사 ★★★ — 22회 기출 🏆
- 3. 사회복지법인 ★★★ — 22회 기출 🏆
- 4. 사회복지시설 ★★★ — 22회 기출 🏆
- 5. 보조금 등
- 6. 후원금의 관리
- 7. 재가복지서비스

❸ 법정 단체
- 1. 한국사회복지사협회
- 2. 한국사회복지협의회 — 22회 기출 🏆

❹ 수급자의 권리보호
- 1. 수급자의 권리보호
- 2. 벌칙 등 — 22회 기출 🏆

기출경향 살펴보기

이 장의 기출 포인트

매회 3문제 이상 출제되며, 단일 법률로서 출제 비중이 가장 높은 만큼 정리해야 할 내용이 많다. 사회복지법인(설립허가, 정관, 임원, 재산 등), 사회복지사와 요양보호사 등 사회복지인력(결격사유, 채용의무시설, 보수교육 등), 사회복지시설(설치 및 운영, 보험가입 의무 등) 등이 가장 많이 출제되었다. 그 외에도 기본이념, 사회복지의 날, 사회복지시설 운영위원회, 한국사회복지사협회, 과태료 부과대상, 사회복지사업 관련 법률 등에 관한 문제가 출제된 바 있다.

최근 5개년 출제 분포도

연도별 그래프

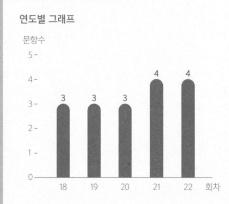

평균출제문항수

3.4 문항

2단계 학습전략

데이터의 힘을 믿으세요!
강의로 복습하는 **기출회독 시리즈**

3회독 복습과정을 통해
최신 기출경향 파악

최근 10개년 핵심 키워드

기출회독 230	사회복지사업법	35문항

기본개념 완성을 위한 **학습자료 제공**

기본개념 강의, 기본쌓기 문제, OX 퀴즈, 기출문제, 정오표, 묻고답하기, 지식창고, 보충자료 등을 **아임패스**를 통해 만나실 수 있습니다.

1 개요

기출회차				
	3	4	5
6	7	8	9	10
11	12	13	14	15
16	17	18	19	20
21	22			

강의로 복습하는 기출회독 시리즈

Keyword 230

1. 목적 및 기본이념

(1) 목적(제1조)

사회복지사업법은 사회복지사업에 관한 기본적 사항을 규정하여 사회복지를 필요로 하는 사람에 대하여 인간의 존엄성과 인간다운 생활을 할 권리를 보장하고 사회복지의 전문성을 높이며, 사회복지사업의 공정·투명·적정을 도모하고, 지역사회복지의 체계를 구축하고 사회복지서비스의 질을 높여 사회복지의 증진에 이바지함을 목적으로 한다.

(2) 기본이념(제1조의2) ★

- 사회복지를 필요로 하는 사람은 누구든지 자신의 의사에 따라 서비스를 신청하고 제공받을 수 있다.
- 사회복지법인 및 사회복지시설은 공공성을 가지며 사회복지사업을 시행하는 데 있어서 공공성을 확보하여야 한다.
- 사회복지사업을 시행하는 데 있어서 사회복지를 제공하는 자는 사회복지를 필요로 하는 사람의 인권을 보장하여야 한다.
- 사회복지서비스를 제공하는 자는 필요한 정보를 제공하는 등 사회복지서비스를 이용하는 사람의 선택권을 보장하여야 한다.

2. 의의 및 특징

- 사회복지사업의 내용, 절차 등에 관하여 이 법이 정한 사회복지사업에 관한 법률들(제2조 제1호)에 특별한 규정이 있는 경우를 제외하고는 사회복지사업법에서 정하는 바에 따른다. 사회복지사업에 관한 법률들(제2조 제1호)을 개정할 때에는 사회복지사업법에 부합되도록 해야 한다.
- 사회복지사업법은 국가·지방자치단체 및 민간부문의 도움을 필요로 하는 모든 국민에게 사회복지서비스를 제공하여 정상적 사회생활을 가능하도록

지원하기 위해서 사회복지서비스법들의 일반법이자 상위의 지위를 갖는다.
- 사회복지사업법은 모든 국민의 인간다운 생활을 할 권리를 규정한 헌법 제 34조 제1항과 국가의 사회보장·사회복지의 증진에 노력할 책임을 규정한 같은 조 제2항을 구체화하는 법률로서 그 의의를 갖으며, 각종 사회복지사업 분야에 관한 법률의 기본적 사항을 총괄적으로 규정한 일반법이자 기본법으로서 의의가 있다.

3. 용어의 정의

(1) 사회복지사업
사회복지사업법에서 규정하고 있는 법률에 의한 보호·선도 또는 복지에 관한 사업과 사회복지상담·직업지원·무료 숙박·지역사회복지·의료복지·재가복지·사회복지관 운영·정신질환자 및 한센병력자의 사회복귀에 관한 사업 등 각종 복지사업과 이와 관련된 자원봉사활동 및 복지시설의 운영 또는 지원을 목적으로 하는 사업을 말한다.

(2) 지역사회복지
주민의 복지증진과 삶의 질 향상을 위하여 지역사회 차원에서 전개하는 사회복지를 말한다.

(3) 사회복지법인
사회복지사업을 행할 목적으로 설립된 법인을 말한다.

(4) 사회복지시설
사회복지사업을 행할 목적으로 설치된 시설을 말한다.

(5) 사회복지관
지역사회를 기반으로 일정한 시설과 전문인력을 갖추고 지역주민의 참여와 협력을 통하여 지역사회의 복지문제를 예방하고 해결하기 위하여 종합적인 복지서비스를 제공하는 시설을 말한다.

(6) 사회복지서비스
국가·지방자치단체 및 민간부문의 도움을 필요로 하는 모든 국민에게 사회보장기본법에 따른 사회서비스 중 사회복지사업을 통한 서비스를 제공하여 삶의 질이 향상되도록 제도적으로 지원하는 것을 말한다.

(7) 보건의료서비스
국민의 건강을 보호 · 증진하기 위하여 보건의료인이 하는 모든 활동을 말한다.

4. 연혁

(1) 입법 배경
1960년대 중반에는 우리나라에 생활보호법, 아동복리법, 윤락행위등방지법의 3법이 있었으며, 심신장애자복지법 · 노인복지법 · 모자복지법 등 사회복지서비스법들이 계속 제정되었다. 이러한 사회복지서비스를 위한 법이 각 분야별로 개별적으로 분립되어 제정되고 개정됨에 따라 사회복지서비스 분야에 관한 법률의 기본적 사항을 체계화시켜 규정한 기본법을 제정할 필요가 생겼다.

(2) 주요 사항

① 1970. 1. 1 제정(4월 시행)

② 1983. 5. 21 개정
사회복지사업종사자 자격에 관한 규정이 사회복지사 자격에 관한 규정으로 개정되면서 사회복지사 자격제도가 처음으로 도입됨

③ 1992. 12. 8 개정
- 일선 행정기관에 사회복지전담공무원을 둠
- 시 · 군 · 구에는 복지전담기구를 설치

④ 1997. 8. 22 개정
- 복지 13법으로 확대
- 국가시험에 합격한 자에게 사회복지사 1급 자격을 부여함
- 사회복지시설의 설치 · 운영에 대한 허가제를 신고제로 변경
- 자원봉사활동을 지원할 수 있는 법적 근거를 마련

⑤ 1999. 4. 30 개정

가정폭력방지및피해자보호등에관한법률을 추가(복지 14법)

⑥ 2000. 1. 12 개정

사회복지의 날 제정(9월 7일)

⑦ 2003. 7. 30 일부개정

- 지역사회복지협의체 설치(시·군·구)
- 지역사회복지계획 수립·시행: 사회복지서비스와 보건의료서비스의 연계를 통한 지역사회 중심의 효율적 사회복지사업 추진
- 재가복지서비스 우선 제공

⑧ 2006. 3. 24 일부개정

식품기부활성화에 관한 법률 추가(복지 16법)

⑨ 2007. 3. 7 시행규칙 일부개정

사회복지서비스 이용권 제도의 시행에 필요한 구체적 사항을 정함

⑩ 2007. 12. 14 일부개정

의료급여법 추가(복지 17법)

⑪ 2009. 6. 9 일부개정

- 기초노령연금법, 긴급복지지원법, 다문화가족지원법 추가(복지 20법)
- 정보시스템 운영 전담기구 설립: 국가 및 지방자치단체 등 공공 부문과 민간 부문 간 정보를 공유하는 통합전산망을 마련함으로써 사회복지서비스의 중복 제공 및 부정 수급을 방지하여 공정하고 효율적인 사회복지행정을 구현하는 한편, 통합전산망의 구축 및 운영 과정에서 발생할 수 있는 정보 유출·오용 및 남용을 금지하고 이에 대한 벌칙을 마련함으로써 개인정보를 보호하려는 것

⑫ 2010. 4. 12 일부개정

장애인연금법 추가(복지 21법)

⑬ 2010. 4. 15 일부개정

성폭력방지 및 피해자보호 등에 관한 법률 신설(종전의 성폭력범죄의 처벌 및

피해자보호 등에 관한 법률 폐지)

⑭ 2011. 1. 14 일부개정
장애인활동 지원에 관한 법률 추가(복지 22법)

⑮ 2011. 6. 7 일부개정
노숙인 등의 복지 및 자립지원에 관한 법률 추가(복지 23법)

⑯ 2011. 8. 4 일부개정
보호관찰 등에 관한 법률 추가(복지 24법)

⑰ 2012. 1. 26 일부개정
- 장애아동복지지원법 추가(복지 25법)
- 법인의 이사 정수를 최소 5명에서 7명으로 증원하고 법인 이사정수의 3분의 1(소수점 이하 버림) 이상을 사회복지위원회, 지역사회복지협의체에서 2배수로 추천한 사람 중에서 선임하도록 함

⑱ 2014. 5. 20 일부개정
발달장애인 권리보장 및 지원에 관한 법률 추가(복지 26법)

⑲ 2014. 12. 30 일부개정
- 사회보장급여의 이용 · 제공 및 수급권자 발굴에 관한 법률 제정
- 급여의 신청, 수급자격의 조사, 급여의 결정 · 제공 등 사회보장급여의 이용 및 제공을 위한 기본적 절차를 규정함
- 지원대상자의 발굴을 위하여 업무담당자가 직권으로 필요한 급여를 신청할 수 있도록 하고, 타 급여와 연계하여 지속적인 지원이 필요한 경우에는 지원계획을 수립하여 맞춤형 급여를 제공할 수 있도록 함으로써 수급권자의 보호를 강화함
- 지역의 사회보장 증진 및 관련 기관 · 단체와 연계를 강화하고 사회보장 업무를 효율적으로 수행하기 위하여 시 · 도 사회보장위원회와 시 · 군 · 구 지역사회보장협의체를 두는 한편, 읍 · 면 · 동 단위로 복지위원을 위촉하고 필요한 경우에는 시 · 군 · 구에 사회보장 사무 전담기구를 설치할 수 있도록 하여 지역사회보장의 원활한 운영체계를 마련함

⑳ 2016. 2. 3 일부개정

- 청소년복지지원법 추가(복지 27법)
- 사회복지사 자격의 정지 및 취소요건에 대한 법적근거를 마련하며, 보조금 의 부정수급에 대하여 환수명령을 의무화하도록 명시하는 등 현행 법률상 미흡한 점을 개선·보완하려는 것임

㉑ 2017. 10. 24 일부개정

- 복지업무에 종사하는 사람이 그 업무를 수행할 때에 사회복지를 필요로 하 는 사람의 인권을 침해하는 행위를 한 경우에는 그 사실을 공표하는 등의 조치를 취하도록 함
- 사회복지서비스 제공은 현물(現物)로 제공하는 것을 원칙으로 하며, 사회 복지사의 자격이 취소된 사람에게는 그 취소된 날부터 2년 이내에 자격을 재교부하지 못하도록 함
- 사회복지법인과 사회복지시설의 공공성을 강화하기 위하여 사회복지법인 임원 및 사회복지시설의 장의 결격사유를 추가함

㉒ 2018. 12. 11 일부개정

- 정신건강·의료·학교 등의 직무영역별 사회복지사를 신설함
- 사회복지시설과 사회복지법인 등이 채용광고와 다르게 채용하거나 근로조 건을 변경하지 못하도록 하여 불합리한 채용관행을 개선함

5. 사회복지사업법에서 규정하고 있는 사회복지사업에 관한 법률들(제2조 제1호) 22회 기출

현재 사회복지사업법에서 규정하고 있는 사회복지사업에 관한 법률들은 다음 과 같다. 사회복지사업의 내용 및 절차 등에 관하여 다음의 각 법률에 특별한 규정이 있는 경우를 제외하고는 사회복지사업법에서 정하는 바에 따르며, 각 법률을 개정하는 경우 이 법에 부합하도록 해야 한다.

가. 국민기초생활보장법

나. 아동복지법

다. 노인복지법

라. 장애인복지법

마. 한부모가족지원법

바. 영유아보육법

중요도 ★

사회복지사업법에서 규정하고 있는 사회복지사업에 관한 법률 들에는 어떠한 것이 있는지를 묻 는 문제가 단독 문제로 출제된 바 있다. 사회보험법(국민연금 법, 국민건강보험법, 고용보험 법, 산업재해보상보험법, 노인장 기요양보험법)은 사회복지사업 법에서 규정하고 있는 사회복지 사업에 관한 법률들에 해당되지 않음을 반드시 기억하자. 22회 시험에서는 사회복지사업법상 사회복지사업 관련 법률을 찾는 문제가 출제되었다.

사. 성매매방지 및 피해자보호 등에 관한 법률

아. 정신건강증진 및 정신질환자 복지서비스 지원에 관한 법률

자. 성폭력방지 및 피해자보호 등에 관한 법률

차. 입양특례법

카. 일제하 일본군위안부 피해자에 대한 생활안정지원 및 기념사업 등에 관한 법률

타. 사회복지공동모금회법

파. 장애인 · 노인 · 임산부 등의 편의증진 보장에 관한 법률

하. 가정폭력방지 및 피해자보호 등에 관한 법률

거. 농어촌주민의 보건복지증진을 위한 특별법

너. 식품등 기부 활성화에 관한 법률

더. 의료급여법

러. 기초연금법

머. 긴급복지지원법

버. 다문화가족지원법

서. 장애인연금법

어. 장애인활동 지원에 관한 법률

저. 노숙인 등의 복지 및 자립지원에 관한 법률

처. 보호관찰 등에 관한 법률

커. 장애아동복지지원법

터. 발달장애인 권리보장 및 지원에 관한 법률

퍼. 청소년복지지원법

허. 그 밖에 대통령령으로 정하는 법률(건강가정기본법, 북한이탈주민의 보호 및 정착지원에 관한 법률, 자살예방 및 생명존중문화 조성을 위한 법률, 장애인 · 노인 등을 위한 보조기기 지원 및 활용촉진에 관한 법률)

6. 사회복지의 날

국가는 국민의 사회복지에 대한 이해를 증진하고 사회복지사업 종사자의 활동을 장려하기 위하여 매년 9월 7일을 사회복지의 날로 하고, 사회복지의 날부터 1주간을 사회복지주간으로 한다. 국가와 지방자치단체는 사회복지의 날의 취지에 적합한 행사 등 사업을 하도록 노력하여야 한다.

		기출회차		
		3	4	5
6	7	8	9	10
11	12	13	14	15
16	17	18	19	20
21	22			

강의로 복습하는 기출회독 시리즈

Keyword 230

2 사회복지사업의 시행

1. 국가와 지방자치단체의 책임 22회 기출 🏆

(1) 복지와 인권증진의 책임(제4조)

- 국가와 지방자치단체는 사회복지서비스를 증진하고, 서비스를 이용하는 사람에 대하여 인권침해를 예방하고 차별을 금지하며 인권을 옹호할 책임을 진다.
- 국가와 지방자치단체는 사회복지서비스와 보건의료서비스를 함께 필요로 하는 사람에게 이들 서비스가 연계되어 제공되도록 노력하여야 한다.
- 국가와 지방자치단체, 그 밖에 사회복지사업을 하는 자는 사회복지를 필요로 하는 사람에 대하여 그 사업과 관련한 상담, 작업치료, 직업훈련 등을 실시하고 필요한 경우에는 주민의 복지 욕구를 조사할 수 있다.
- 국가와 지방자치단체는 도움을 필요로 하는 국민이 본인의 선호와 필요에 따라 적절한 사회복지서비스를 제공받을 수 있도록 사회복지서비스 수요자 등을 고려하여 사회복지시설이 균형 있게 설치되도록 노력하여야 한다.
- 국가와 지방자치단체는 민간부문의 사회복지 증진활동이 활성화되고 국가 및 지방자치단체의 사회복지사업과 민간부문의 사회복지 증진활동이 원활하게 연계될 수 있도록 노력하여야 한다.
- 국가와 지방자치단체는 사회복지를 필요로 하는 사람의 인권이 충분히 존중되는 방식으로 사회복지서비스를 제공하고 사회복지와 관련된 인권교육을 강화하여야 한다.
- 국가와 지방자치단체는 사회복지서비스를 이용하는 사람이 긴급한 인권침해 상황에 놓인 경우 신속히 대응할 체계를 갖추어야 한다.
- 국가와 지방자치단체는 시설 거주자의 희망을 반영하여 지역사회보호체계에서 서비스가 제공될 수 있도록 노력하여야 한다.
- 국가와 지방자치단체는 사회복지서비스를 필요로 하는 사람들에게 사회복지서비스의 실시에 대한 정보를 제공하여야 한다.
- 국가와 지방자치단체는 사회복지서비스를 제공하는 자로부터 위법 또는 부당한 처분을 받아 권리나 이익을 침해당한 사람을 위하여 간이하고 신속한

중요도 ★★

국가와 지방자치단체의 책임에 관한 내용은 사회복지사업법의 전반적인 내용을 묻는 문제에서 선택지로 자주 출제된다. 특히, 사회복지서비스 제공의 원칙은 출제빈도가 매우 높으므로 반드시 기억해야 한다. 22회 시험에서는 사회복지사업법의 전반적인 내용을 묻는 문제에서 사회복지서비스 제공의 원칙, 사회복지 자원봉사활동의 지원·육성에 관한 내용이 선택지로 출제되었다.

구제조치를 마련하여야 한다.

(2) 인권존중 및 최대 봉사의 원칙(제5조)

- 이 법에 따라 복지업무에 종사하는 사람은 그 업무를 수행할 때에 사회복지를 필요로 하는 사람을 위하여 인권을 존중하고 차별 없이 최대로 봉사하여야 한다.
- 국가와 지방자치단체는 복지업무에 종사하는 사람이 그 업무를 수행할 때에 사회복지를 필요로 하는 사람의 인권을 침해하는 행위를 한 경우에는 사회복지사업에 관한 법률(제2조 제1호)이 정하는 바에 따라 처분하고 그 사실을 공표하는 등의 조치를 하여야 한다.

(3) 사회복지서비스 제공의 원칙(제5조의2) ⭐꼭!

- 사회복지서비스를 필요로 하는 사람에 대한 사회복지서비스 제공은 현물(現物)로 제공하는 것을 원칙으로 한다.
- 시장·군수·구청장은 국가 또는 지방자치단체 외의 자로 하여금 서비스 제공을 실시하게 하는 경우에는 보호대상자에게 사회복지서비스 이용권을 지급하여 국가 또는 지방자치단체 외의 자로부터 그 이용권으로 서비스 제공을 받게 할 수 있다.
- 국가와 지방자치단체는 사회복지서비스의 품질향상과 원활한 제공을 위하여 필요한 시책을 마련하여야 한다.
- 국가와 지방자치단체는 사회복지서비스의 품질을 관리하기 위하여 사회복지서비스를 제공하는 기관·법인·시설·단체의 서비스 환경, 서비스 제공 인력의 전문성 등을 평가할 수 있다.
- 보건복지부장관은 평가를 위하여 평가기관을 설치·운영하거나, 평가의 전부 또는 일부를 관계 기관 또는 단체에 위탁할 수 있다.
- 보건복지부장관은 평가를 위탁한 기관 또는 단체에 대하여 그 운영에 필요한 비용을 지원할 수 있다.

(4) 사회복지 자원봉사활동의 지원·육성(제9조)

- 국가와 지방자치단체는 사회복지 자원봉사활동을 지원·육성하기 위하여 '자원봉사활동의 홍보 및 교육, 자원봉사활동 프로그램의 개발·보급, 자원봉사활동 중의 재해에 대비한 시책의 개발, 그 밖에 자원봉사활동의 지원에 필요한 사항'을 실시하여야 한다.
- 국가와 지방자치단체는 사회복지 자원봉사활동의 지원·육성을 효율적으로 수행하기 위하여 사회복지법인이나 그 밖의 비영리법인·단체에 이를

위탁할 수 있다.

2. 사회복지사 ^{22회 기출} 🏆

(1) 사회복지사 자격증의 발급(제11조) ⭐^{꼭!}

- 보건복지부장관은 사회복지에 관한 전문지식과 기술을 가진 사람에게 사회복지사 자격증을 발급할 수 있다. 다만, 자격증 발급 신청일 기준으로 결격사유에 해당하는 사람에게 자격증을 발급해서는 아니 된다.
- 사회복지사의 등급은 1급 · 2급으로 하되, 정신건강 · 의료 · 학교 영역에 대해서는 영역별로 정신건강사회복지사 · 의료사회복지사 · 학교사회복지사의 자격을 부여할 수 있다.
- 사회복지사 1급 자격은 국가시험에 합격한 사람에게 부여하고, 정신건강사회복지사 · 의료사회복지사 · 학교사회복지사의 자격은 1급 사회복지사의 자격이 있는 사람 중에서 보건복지부령으로 정하는 수련기관에서 수련을 받은 사람에게 부여한다.
- 사회복지사 자격증을 발급받은 사람은 다른 사람에게 그 자격증을 빌려주어서는 아니 되고, 누구든지 그 자격증을 빌려서는 아니 된다.
- 누구든지 사회복지사 자격증을 빌려주거나 빌리는 금지된 행위를 알선하여서는 아니 된다.

(2) 사회복지사의 결격사유(제11조의2) ⭐^{꼭!}

- 피성년후견인
- 금고 이상의 형의 선고를 받고 그 집행이 끝나지 아니하였거나 그 집행을 받지 아니하기로 확정되지 아니한 사람
- 법원의 판결에 따라 자격이 상실되거나 정지된 사람
- 마약 · 대마 또는 향정신성의약품의 중독자
- 정신건강증진 및 정신질환자 복지서비스 지원에 관한 법률에 따른 정신질환자(다만, 전문의가 사회복지사로서 적합하다고 인정하는 사람은 제외)

(3) 사회복지사의 자격취소 등(제11조의3) ⭐^{꼭!}

- 보건복지부장관은 사회복지사가 '거짓이나 그 밖의 부정한 방법으로 자격을 취득한 경우, 사회복지사의 결격사유 중 어느 하나에 해당하게 된 경우, 자격증을 대여 · 양도 또는 위조 · 변조한 경우, 사회복지사의 업무수행 중 그 자격과 관련하여 고의나 중대한 과실로 다른 사람에게 손해를 입힌 경

중요도 ★ ★ ★

사회복지사의 결격사유, 자격, 보수교육 등에 관한 내용은 시험에서 자주 출제되므로 반드시 정리해두어야 한다. 22회 시험에서는 사회복지사업법의 전반적인 내용을 묻는 문제에서 사회복지사의 자격증 발급에 관한 내용이 선택지로 출제되었다.

우, 자격정지 처분을 3회 이상 받았거나 정지 기간 종료 후 3년 이내에 다시 자격정지 처분에 해당하는 행위를 한 경우, 자격정지 처분 기간에 자격증을 사용하여 자격 관련 업무를 수행한 경우'에는 그 자격을 취소하거나 1년의 범위에서 정지시킬 수 있다.

- 다만, 사회복지사가 '거짓이나 그 밖의 부정한 방법으로 자격을 취득한 경우, 사회복지사의 결격사유 중 어느 하나에 해당하게 된 경우, 자격증을 대여 및 양도 또는 위조 및 변조한 경우'에는 그 자격을 취소하여야 한다.
- 보건복지부장관은 '사회복지사의 업무수행 중 그 자격과 관련하여 고의나 중대한 과실로 다른 사람에게 손해를 입힌 경우'에 해당하여 사회복지사의 자격을 취소하거나 정지시키려는 경우에는 한국사회복지사협회의 장 등 관계 전문가의 의견을 들을 수 있다.
- 자격이 취소된 사람은 취소된 날부터 15일 내에 자격증을 보건복지부장관에게 반납하여야 한다.
- 보건복지부장관은 자격이 취소된 사람에게는 그 취소된 날부터 2년 이내에 자격증을 재교부하지 못한다.

(4) 유사명칭의 사용금지(제11조의4)

이 법에 따른 사회복지사가 아니면 사회복지사 또는 이와 유사한 명칭을 사용하지 못한다.

(5) 사회복지사 의무채용(시행령 제6조 제1항)

사회복지법인 및 사회복지시설을 설치 · 운영하는 자는 해당 법인 또는 시설에서 다음에 해당하는 업무에 종사하는 자를 사회복지사로 채용하여야 한다.
- 사회복지 프로그램의 개발 및 운영 업무
- 시설거주자의 생활지도 업무
- 사회복지를 필요로 하는 사람에 대한 상담 업무

(6) 사회복지사 의무채용시설이 아닌 경우(시행령 제6조 제2항) ⭐꼭!

- 노인복지법에 따른 노인여가복지시설(노인복지관은 제외)
- 장애인복지법에 따른 장애인 지역사회재활시설 중 수화통역센터, 점자도서관, 점자도서 및 녹음서 출판시설
- 영유아보육법에 따른 어린이집
- 성매매방지 및 피해자보호 등에 관한 법률에 따른 성매매피해자등을 위한 지원시설 및 성매매피해상담소
- 정신건강증진 및 정신질환자 복지서비스 지원에 관한 법률에 따른 정신요

양시설 및 정신재활시설
- 성폭력방지 및 피해자보호 등에 관한 법률에 따른 성폭력피해상담소

(7) 사회복지사 보수교육(제13조, 시행규칙 제5조) ★꼭!

- 보건복지부장관은 사회복지사의 자질 향상을 위하여 필요하다고 인정하면 사회복지사에게 교육을 받도록 명할 수 있다. 다만, 사회복지법인 또는 사회복지시설에 종사하는 사회복지사는 정기적으로 인권에 관한 내용이 포함된 보수교육(補修敎育)을 받아야 한다.
- 사회복지법인 또는 사회복지시설을 운영하는 자는 그 법인 또는 시설에 종사하는 사회복지사에 대하여 정기적인 보수교육을 이유로 불리한 처분을 하여서는 아니 된다.
- 보건복지부장관은 보수교육을 보건복지부령으로 정하는 기관 또는 단체에 위탁할 수 있다.
- 의료사회복지사 또는 학교사회복지사의 자격을 가지고 해당 자격과 관련된 업무에 종사하는 사람은 연간 12시간 이상의 보수교육을 받아야 한다. 다만, 다음의 어느 하나에 해당하는 사람에 대해서는 보수교육을 면제한다.
  - 군복무, 질병, 해외체류, 휴직 등 부득이한 사유로 해당 연도에 6개월 이상의 기간 동안 해당 자격과 관련된 업무에 종사하지 않은 사람
  - 고등교육법에 따른 학교에서 사회복지학 또는 사회사업학을 전공하고 있는 사람
  - 그 밖에 불가피한 사유로 보수교육을 받기가 곤란하다고 보건복지부장관이 인정하는 사람
- 사회복지법인 또는 사회복지시설에 종사하는 사회복지사는 연간 8시간 이상의 보수교육을 받아야 한다. 다만, 다음의 어느 하나에 해당하는 자에 대해서는 보수교육을 면제한다.
  - 군복무, 질병, 해외체류, 휴직 등 부득이한 사유로 해당 연도에 6개월 이상 사회복지법인 또는 사회복지시설에 종사하지 아니한 자
  - 사회복지사업에 관한 법률들(제2조 제1호 각 목의 법률)에 따른 보수교육을 받은 자
  - 고등교육법에 따른 학교에서 사회복지학 또는 사회사업학을 전공하고 있는 사람
  - 그 밖에 불가피한 사유로 보수교육을 받기가 곤란하다고 보건복지부장관이 인정하는 자
- 보수교육에는 사회복지윤리 및 인권보호, 사회복지정책 및 사회복지실천기술 등이 포함되어야 한다.

중요도 ★ ★ ★

사회복지법인은 출제비중이 높은 내용이므로 반드시 꼼꼼하게 정리해두어야 한다. 사회복지법인과 관련하여 설립은 허가, 법인의 정관 변경은 인가, 시설의 설치는 신고라는 점을 꼭 외워두자. 이사 및 감사에 관한 사항도 인원, 겸직 등을 잘 살펴봐야 한다. 22회 시험에서는 사회복지법인에 관한 주요 내용을 묻는 문제가 출제되었다.

허가

법령에 의하여 일반적으로 금지되어 있는 행위를 특정의 경우에 특정인에 대하여 해제하는 행정처분이다.

3. 사회복지법인 22회 기출 🏆

(1) 법인의 설립허가 ⭐꼭!

① 허가(제16조)

사회복지법인을 설립하려는 자는 대통령령으로 정하는 바에 따라 시·도지사의 허가를 받아야 한다. 이 규정에 따라 허가를 받은 자는 법인의 주된 사무소의 소재지에서 설립등기를 하여야 한다.

② 사회복지법인 설립허가 신청서류(시행규칙 제7조)

- 설립취지서 1부
- 정관 1부
- 재산출연증서 1부
- 재산의 소유를 증명할 수 있는 서류(부동산의 경우에는 등기부 등본) 1부
- 재산의 평가조서(감정평가업자의 감정평가서) 1부
- 재산의 수익조서(수익용 기본재산을 갖춘 경우에 한하며, 공인된 감정평가기관의 수익증명 또는 수익을 증명할 수 있는 기관의 증빙서류를 첨부) 1부
- 임원의 취임승낙서 및 이력서 각 1부
- 시·도사회보장위원회 또는 지역사회보장협의체로부터 받은 이사 추천서 1부
- 임원 상호 간의 관계에 있어 법규정에 저촉되지 않음(이사회의 구성에 있어서 대통령령이 정하는 특별한 관계에 있는 자가 이사 현원의 5분의 1을 초과할 수 없음)을 입증하는 각서 1부
- 임원의 결격사유에 해당하지 않음을 입증하는 각서 1부
- 설립 해당 연도 및 다음 연도의 사업계획서 및 예산서 각 1부

(2) 정관(제17조)

- 법인의 정관에는 다음 사항이 포함되어야 한다.
  - 목적
  - 명칭
  - 주된 사무소의 소재지
  - 사업의 종류
  - 자산 및 회계에 관한 사항
  - 임원의 임면 등에 관한 사항
  - 회의에 관한 사항

인가

제3자의 법률행위를 보충하여 그 법률상 효력을 완성시켜 주는 행정행위이다.
※ 사회복지법인의 설립은 허가, 정관의 변경은 인가라는 점에 주의하자.

- 수익을 목적으로 하는 사업이 있는 경우 그에 관한 사항
- 정관의 변경에 관한 사항
- 존립시기와 해산사유를 정한 때에는 그 시기와 사유 및 남은 재산의 처리방법
- 공고 및 그 방법에 관한 사항

• 법인이 정관을 변경하고자 할 때에는 시·도지사의 인가를 받아야 한다. 다만, 보건복지부령으로 정하는 경미한 사항의 경우에는 그러하지 아니하다.

(3) 임원의 구성 및 요건 ★

① 구성(제18조)

• 법인은 대표이사를 포함한 이사 7명 이상과 감사 2명 이상을 두어야 한다. 법인은 이사 정수의 3분의 1(소수점 이하 버림) 이상을 시·도사회보장위원회, 지역사회보장협의체의 어느 하나에 해당하는 기관이 3배수로 추천한 사람 중에서 선임하여야 한다.

• 시·도사회보장위원회, 지역사회보장협의체는 이사를 추천하기 위하여 매년 '사회복지 또는 보건의료에 관한 학식과 경험이 풍부한 사람, 사회복지를 필요로 하는 사람의 이익 등을 대표하는 사람, 비영리민간단체에서 추천한 사람, 사회복지공동모금지회에서 추천한 사람'의 어느 하나에 해당하는 사람으로 이사 후보군을 구성하여 공고하여야 한다. 다만, 사회복지법인의 대표자, 사회복지사업을 하는 비영리법인 또는 단체의 대표자, 지역사회보장협의체의 대표자는 제외한다.

• 이사회의 구성에 있어서 대통령령으로 정하는 특별한 관계에 있는 사람이 이사 현원의 5분의 1을 초과할 수 없다.

• 법인은 임원을 임면하는 경우에는 보건복지부령으로 정하는 바에 따라 지체없이 시·도지사에게 보고하여야 한다.

합격자의 한마디

사회복지법인에 관한 문제는 매년 반드시 출제됩니다. 특히, 법인의 구성에 관한 내용은 사회복지법인의 전반적인 내용을 묻는 문제에서 선택지로 자주 출제되고, 빈칸 넣기 문제로도 출제된 바 있으니 반드시 정리해두세요.

② 요건(제19조~제22조의3)

• 결격사유: 다음 중 어느 하나에 해당하는 사람은 임원이 될 수 없으며, 다음 중 어느 하나에 해당하게 되었을 때에는 그 자격을 상실한다.
- 미성년자
- 피성년후견인 또는 피한정후견인
- 파산선고를 받고 복권되지 아니한 사람
- 법원의 판결에 따라 자격이 상실되거나 정지된 사람
- 금고 이상의 실형을 선고받고 그 집행이 끝나거나(집행이 끝난 것으로

보충자료

법인의 종류

보는 경우를 포함) 집행이 면제된 날부터 3년이 지나지 아니한 사람

- 금고 이상의 형의 집행유예를 선고받고 그 유예기간 중에 있는 사람
- 사회복지사업 또는 그 직무와 관련하여 아동복지법, 보조금 관리에 관한 법률, 지방재정법, 영유아보육법, 장애아동복지지원법 또는 형법에서 명시한 죄를 범하거나 이 법을 위반하여 '100만원 이상의 벌금형을 선고 받고 그 형이 확정된 후 5년이 지나지 아니한 사람, 형의 집행유예를 선 고받고 그 형이 확정된 후 7년이 지나지 아니한 사람, 징역형을 선고받 고 그 집행이 끝나거나(집행이 끝난 것으로 보는 경우를 포함) 집행이 면 제된 날부터 7년이 지나지 아니한 사람'의 어느 하나에 해당하는 사람
- 성폭력범죄의 처벌 등에 관한 특례법의 성폭력범죄 또는 아동·청소년 의 성보호에 관한 법률의 아동·청소년대상 성범죄를 저지른 사람으로 서 형 또는 치료감호를 선고받고 확정된 후 그 형 또는 치료감호의 전부 또는 일부의 집행이 끝나거나(집행이 끝난 것으로 보는 경우를 포함) 집 행이 유예·면제된 날부터 10년이 지나지 아니한 사람
- 아동복지법에 따른 아동학대관련범죄를 저지른 사람으로서 '금고 이상의 실형을 선고받고 그 집행이 끝나거나(집행이 끝난 것으로 보는 경우를 포함) 집행이 면제된 날부터 10년이 지나지 아니한 사람, 금고 이상의 형의 집행유예를 선고받고 그 집행유예가 확정된 날부터 10년이 지나지 아니한 사람, 벌금형을 선고받고 그 형이 확정된 날부터 5년이 지나지 아니한 사람'의 어느 하나에 해당하는 사람
- 임원의 해임명령에 따라 해임된 날부터 5년이 지나지 아니한 사람
- 설립허가가 취소된 사회복지법인의 임원이었던 사람(그 허가의 취소사 유 발생에 관하여 직접적인 또는 이에 상응하는 책임이 있는 자로서 대 통령령으로 정하는 사람으로 한정)으로서 그 설립허가가 취소된 날부터 5년이 지나지 아니한 사람
- 시설의 장에서 해임된 사람으로서 해임된 날부터 5년이 지나지 아니한 사람
- 시설의 폐쇄명령을 받고 3년이 지나지 아니한 사람
- 사회복지분야의 6급 이상 공무원으로 재직하다 퇴직한 지 3년이 경과하 지 아니한 사람 중에서 퇴직 전 5년 동안 소속하였던 기초자치단체가 관 할하는 법인의 임원이 되고자 하는 사람
- 임원의 보충: 이사 또는 감사 중 결원이 생긴 때에는 2개월 이내에 보충해 야 한다.
- 겸직 금지: 이사는 법인이 설치한 사회복지시설의 장을 제외한 그 시설의 직원을 겸할 수 없다. 감사는 법인의 이사, 법인이 설치한 사회복지시설의

장 또는 그 직원을 겸할 수 없다.

- 해임명령: 시·도지사는 임원이 '시·도지사의 명령을 정당한 이유 없이 이행하지 아니하였을 때, 회계부정이나 인권침해 등 현저한 불법행위 또는 그 밖의 부당행위 등이 발견되었을 때, 법인의 업무에 관하여 시·도지사에게 보고할 사항에 대하여 고의로 보고를 지연하거나 거짓으로 보고를 하였을 때, 임원 관련 규정을 위반하여 선임된 사람, 겸직금지 규정을 위반한 사람, 직무집행 정지명령을 이행하지 아니한 사람, 그 밖에 이 법 또는 이 법에 따른 명령을 위반하였을 때' 중 어느 하나에 해당할 때에는 그 임원의 해임을 명할 수 있다. 이 해임명령은 시·도지사가 해당 법인에게 그 사유를 들어 시정을 요구한 날부터 15일 경과하여도 이에 응하지 않은 경우에 한한다. 다만, 시정을 요구하여도 시정할 수 없는 것이 명백하거나 회계부정, 횡령, 뇌물수수 등 비리의 정도가 중대한 경우에는 시정요구 없이 임원의 해임을 명할 수 있다. 해임명령을 위한 사실 여부에 대한 조사나 감사가 진행 중인 경우 및 해임명령 기간 중인 경우에는 해당 임원의 직무집행을 정지시킬 수 있다.
- 임시이사: 법인이 '기간 내에 결원된 이사를 보충하지 아니하거나 보충할 수 없는 것이 명백한 경우, 기간 내에 임원의 해임에 관한 사항을 의결하기 위한 이사회를 소집하지 아니하거나 소집할 수 없는 것이 명백한 경우'의 어느 하나에 해당하여 법인의 정상적인 운영이 어렵다고 판단되는 경우 시·도지사는 지체 없이 이해관계인의 청구 또는 직권으로 임시이사를 선임하여야 한다.

사회복지법인의 임원 구성

	이사	감사
	7명 이상(대표이사 포함)	2명 이상
구성	• 특별한 관계에 있는 사람이 이사 현원의 1/5을 초과할 수 없다. • 외국인 이사는 이사 현원의 1/2 미만이어야 한다.	• 이사와 특별한 관계에 있는 사람이 아니어야 한다. • 감사 중 1명은 법률 또는 회계에 관한 지식이 있는 사람 중에서 선임하여야 한다. 다만, 대통령령으로 정하는 일정 규모 이상의 법인은 시·도지사의 추천을 받아 주식회사 등의 외부감사에 관한 법률 제2조제7항에 따른 감사인에 속한 사람을 감사로 선임하여야 한다.
임기	3년(연임 가능)	2년(연임 가능)
겸직	법인이 설치한 사회복지시설의 장을 제외한 그 시설의 직원을 겸할 수 없다.	법인의 이사, 법인이 설치한 사회복지시설의 장 또는 그 직원을 겸할 수 없다.

*특별한 관계에 있는 사람의 범위(시행령 제9조)
1. 출연자
2. 출연자 또는 이사와의 관계가 다음 어느 하나에 해당하는 사람
   가. 6촌 이내의 혈족
   나. 4촌 이내의 인척
   다. 배우자(사실상 혼인관계에 있는 사람을 포함한다)
   라. 친생자(親生子)로서 다른 사람에게 친양자(親養子)로 입양된 사람 및 그 배우자와 직계비속
3. 출연자 또는 이사의 사용인 그 밖에 고용관계에 있는 자(출연자 또는 이사가 출자에 의하여 사실상 지배하고 있는 법인의 사용인 그 밖에 고용관계에 있는 자를 포함한다)
4. 출연자 또는 이사의 금전 그 밖의 재산에 의하여 생계를 유지하는 자 및 그와 생계를 함께 하는 자
5. 출연자 또는 이사가 재산을 출연한 다른 법인의 이사

(4) 재산 등(제23조)

법인은 사회복지사업의 운영에 필요한 재산을 소유하여야 한다. 법인의 재산은 보건복지부령으로 정하는 바에 따라 기본재산과 보통재산으로 구분하며, 기본재산은 그 목록과 가액을 정관에 적어야 한다. 법인은 기본재산에 관하여 매도·증여·교환·임대·담보제공 또는 용도변경을 하려는 경우, 보건복지부령으로 정하는 금액 이상을 1년 이상 장기차입하려는 경우 시·도지사의 허가를 받아야 한다. 다만, 보건복지부령으로 정하는 사항에 대하여는 그러하지 아니하다.

- 기본재산: 부동산, 정관에서 기본재산으로 정한 재산, 이사회의 결의에 의하여 기본재산으로 편입된 재산
- 목적사업용 기본재산: 법인이 사회복지시설 등을 설치하는 데 직접 사용하는 기본재산
- 수익용 기본재산: 법인이 그 수익으로 목적사업의 수행에 필요한 경비를 충당하기 위한 기본재산
- 보통재산: 기본재산이 아닌 그 밖의 재산

(5) 설립허가 취소 등(제26조)

시·도지사는 법인이 다음 중 어느 하나에 해당할 때에는 기간을 정하여 시정명령을 하거나 설립허가를 취소할 수 있다. 설립허가를 취소하는 경우는 다른 방법으로 감독 목적을 달성할 수 없거나 시정을 명한 후 6개월 이내에 법인이 이를 이행하지 아니한 경우로 한정한다.

- 거짓이나 그 밖의 부정한 방법으로 설립허가를 받았을 때
- 설립허가 조건을 위반하였을 때
- 목적 달성이 불가능하게 되었을 때
- 목적사업 외의 사업을 하였을 때
- 정당한 사유 없이 설립허가를 받은 날부터 6개월 이내에 목적사업을 시작하지 아니하거나 1년 이상 사업실적이 없을 때
- 법인이 운영하는 시설에서 반복적 또는 집단적 성폭력범죄 및 학대관련범

잠깐!

설립허가 취소 규정에서 유의할 점

"거짓, 기타 부정한 방법으로 설립허가를 받았을 때"와 "법인이 설립 후 기본재산을 출연하지 아니한 때"에는 강행규정으로 반드시 설립허가를 취소해야 하며, 그 외의 경우는 설립허가를 취소할 수 있는 임의규정이다.

죄가 발생한 때

- 법인이 운영하는 시설에서 중대하고 반복적인 회계부정이나 불법행위가 발생한 때
- 법인 설립 후 기본재산을 출연하지 아니한 때
- 임원정수를 위반한 때
- 임원 관련 규정을 위반하여 이사를 선임한 때
- 규정에 따라 임원의 해임명령을 이행하지 아니한 때
- 기타 이 법 또는 이 법에 따른 명령이나 정관을 위반하였을 때

(6) 남은 재산의 처리(제27조)

- 해산한 법인의 남은 재산은 정관으로 정하는 바에 따라 국가 또는 지방자치단체에 귀속된다.
- 국가 또는 지방자치단체에 귀속된 재산은 사회복지사업에 사용하거나 유사한 목적을 가진 법인에 무상으로 대여하거나 무상으로 사용·수익하게 할 수 있다. 다만, 해산한 법인의 이사 본인 및 그와 대통령령으로 정하는 특별한 관계에 있는 사람이 이사로 있는 법인에 대하여는 그러하지 아니하다.

(7) 수익 사업(제28조)

- 법인은 목적 사업의 경비에 충당하기 위하여 필요한 때에는 법인의 설립목적 수행에 지장이 없는 범위 안에서 수익 사업을 할 수 있다.
- 수익 사업에서 생긴 수익을 법인 또는 법인이 설치한 사회복지시설의 운영 외의 목적에 사용할 수 없다.
- 수익 사업에 관한 회계는 법인의 다른 회계와 구분하여 회계처리하여야 한다.

(8) 합병(제30조)

- 법인은 시·도지사의 허가를 받아 이 법에 따른 다른 법인과 합병할 수 있다. 다만, 주된 사무소가 서로 다른 특별시·광역시·특별자치시·도·특별자치도에 소재한 법인 간의 합병의 경우에는 보건복지부장관의 허가를 받아야 한다.
- 법인이 합병하는 경우 합병 후 존속하는 법인 또는 합병으로 설립된 법인은 합병으로 소멸된 법인의 지위를 승계한다.

(9) 동일명칭 사용 금지(제31조)

사회복지사업법에 따른 사회복지법인이 아닌 자는 사회복지법인이라는 용어

를 사용하지 못한다.

4. 사회복지시설  22회기출

중요도
사회복지시설과 관련하여 사회복지관의 설치, 사회복지관의 서비스 우선 제공, 시설의 설치, 시설의 장과 종사자, 시설의 운영 등 전반적인 내용이 출제되었다. 22회 시험에서는 사회복지시설에 관한 주요 내용을 묻는 문제가 출제되었다.

(1) 시설의 설치(제34조) ★꼭!

• 국가나 지방자치단체는 사회복지시설을 설치·운영할 수 있다. 국가나 지방자치단체가 설치한 시설은 필요한 경우 사회복지법인이나 비영리법인에 위탁하여 운영하게 할 수 있다.

• 국가 또는 지방자치단체 외의 자가 시설을 설치·운영하려는 경우에는 보건복지부령으로 정하는 바에 따라 시장·군수·구청장에게 신고하여야 한다. 다만, '폐쇄명령을 받고 3년이 지나지 아니한 자, 사회복지법인 임원의 결격사유(제19조 제1항 제1호 및 제1호의2부터 제1호의8까지)의 어느 하나에 해당하는 개인 또는 그 개인이 임원인 법인'에 해당하는 자는 시설의 설치·운영 신고를 할 수 없다.

• 시설을 설치·운영하는 자는 보건복지부령으로 정하는 재무·회계에 관한 기준에 따라 시설을 투명하게 운영하여야 한다.

(2) 시설의 통합 설치·운영 등에 관한 특례(제34조의2)

• 이 법 또는 사회복지사업에 관한 법률들(제2조 제1호)에 따른 시설을 설치·운영하려는 경우에는 지역특성과 시설분포의 실태를 고려하여 이 법 또는 사회복지사업에 관한 법률들(제2조 제1호)에 따른 시설을 통합하여 하나의 시설로 설치·운영하거나 하나의 시설에서 둘 이상의 사회복지사업을 통합하여 수행할 수 있다. 이 경우 국가 또는 지방자치단체 외의 자는 통합하여 설치·운영하려는 각각의 시설이나 사회복지사업에 관하여 해당 관계 법령에 따라 신고하거나 허가 등을 받아야 한다.

• 둘 이상의 시설을 통합하여 하나의 시설로 설치·운영하거나 하나의 시설에서 둘 이상의 사회복지사업을 통합하여 수행하는 경우 해당 시설에서 공동으로 이용하거나 배치할 수 있는 시설 및 인력 기준 등은 보건복지부령으로 정한다.

(3) 보험가입 의무(제34조의3) ★꼭!

• 시설의 운영자는 화재로 인한 손해배상책임과 화재 외의 안전사고로 인하여 생명·신체에 피해를 입은 보호대상자에 대한 손해배상책임을 이행하기 위하여 손해보험회사의 책임보험에 가입하거나 한국사회복지공제회의 책

임공제에 가입하여야 한다.

- 국가나 지방자치단체는 예산의 범위에서 책임보험 또는 책임공제의 가입에 드는 비용의 전부 또는 일부를 보조할 수 있다.
- 책임보험이나 책임공제에 가입하여야 할 시설의 범위는 대통령령으로 정한다.

(4) 시설의 안전점검 등(제34조의4)

- 시설의 장은 시설에 대하여 정기 및 수시 안전점검을 실시하여야 하며, 그 결과를 시장·군수·구청장에게 제출하여야 한다.
- 국가 또는 지방자치단체는 예산의 범위 안에서 안전점검, 시설의 보완 및 시설의 개·보수에 드는 비용의 전부 또는 일부를 보조할 수 있다.

(5) 사회복지관의 설치(제34조의5) ★꼭!

- 사회복지시설 중 사회복지관은 지역복지증진을 위하여 '지역사회의 특성과 지역주민의 복지욕구를 고려한 서비스 제공 사업, 국가·지방자치단체 및 민간 부문의 사회복지서비스를 연계·제공하는 사례관리 사업, 지역사회 복지공동체 활성화를 위한 복지자원 관리·주민교육 및 조직화 사업, 그 밖에 복지증진을 위한 사업으로서 지역사회에서 요청하는 사업'을 실시할 수 있다.
- 사회복지관은 모든 지역주민을 대상으로 사회복지서비스를 실시하되, 다음에 해당하는 지역주민에게 우선 제공하여야 한다.
  - 국민기초생활보장법에 따른 수급자 및 차상위계층
  - 장애인, 노인, 한부모가족 및 다문화가족
  - 직업 및 취업 알선이 필요한 사람
  - 보호와 교육이 필요한 유아·아동 및 청소년
  - 그 밖에 사회복지관의 사회복지서비스를 우선 제공할 필요가 있다고 인정되는 사람

(6) 시설의 장과 종사자(제35조, 제35조의2) ★꼭!

- 시설의 장은 상근하여야 한다.
- 다음의 어느 하나에 해당하는 사람은 시설의 장이 될 수 없다. 시설의 장이 다음의 어느 하나에 해당하게 되었을 때에는 그 자격을 상실한다.
  - 사회복지법인 임원의 결격사유(제19조 제1항 제1호, 제1호의2부터 제1호의9까지 및 제2호의2부터 제2호의4까지)의 어느 하나에 해당하는 사람

- 사회복지법인의 해임명령에 따라 해임된 날부터 5년이 지나지 아니한 사람
- 사회복지분야의 6급 이상 공무원으로 재직하다 퇴직한 지 3년이 경과하지 아니한 사람 중에서 퇴직 전 5년 동안 소속하였던 기초자치단체가 관할하는 시설의 장이 되고자 하는 사람
- 사회복지법인과 사회복지시설을 설치·운영하는 자는 시설에 근무할 종사자를 채용할 수 있다.
- 다음의 어느 하나에 해당하는 사람은 사회복지법인 또는 사회복지시설의 종사자가 될 수 없다. 종사자가 다음의 어느 하나에 해당하게 되었을 때에는 그 자격을 상실한다.
  - 사회복지법인 임원의 결격사유(제19조 제1항 제1호의7 또는 제1호의9)에 해당하는 사람
  - 종사자로 재직하는 동안 시설이용자를 대상으로 「성폭력범죄의 처벌 등에 관한 특례법」 제2조에 따른 성폭력범죄 및 「아동·청소년의 성보호에 관한 법률」 제2조 제2호에 따른 아동·청소년대상 성범죄를 저질러 금고 이상의 형 또는 치료감호를 선고받고 그 형이 확정된 사람

(7) 운영위원회(제36조, 시행규칙 제24조) 꼭!

- 시설의 운영에 관한 다음의 사항을 심의하기 위하여 운영위원회를 둔다. 다만, 보건복지부령으로 정하는 경우에는 복수의 시설에 공동으로 운영위원회를 둘 수 있다.
  - 시설운영계획의 수립·평가에 관한 사항
  - 사회복지프로그램의 개발·평가에 관한 사항
  - 시설종사자의 근무환경 개선에 관한 사항
  - 시설거주자의 생활환경 개선 및 고충 처리 등에 관한 사항
  - 시설종사자와 거주자의 인권보호 및 권익증진에 관한 사항
  - 시설과 지역사회와의 협력에 관한 사항
  - 그 밖에 시설의 장이 회의에 부치는 사항
- 운영위원회의 위원은 위원장을 포함하여 5명 이상 15명 이하의 위원으로 구성한다. 다만, 시설의 장, 시설 거주자 대표, 시설 거주자의 보호자 대표, 시설 종사자의 대표, 해당 시·군·구 소속의 사회복지업무를 담당하는 공무원, 후원자 대표 또는 지역주민, 공익단체에서 추천한 사람, 그 밖에 시설의 운영 또는 사회복지에 관하여 전문적인 지식과 경험이 풍부한 사람 중 같은 호에 해당하는 위원이 2명을 초과해서는 안 된다. 운영위원회의 위원장은 위원 중에서 호선하며, 위원의 임기는 3년으로 한다.

- 운영위원회의 위원은 다음에 해당하는 자 중에서 관할 시장 · 군수 · 구청장이 임명 또는 위촉한다.
  - 시설의 장
  - 시설 거주자 대표
  - 시설 거주자의 보호자 대표
  - 시설 종사자의 대표
  - 해당 시 · 군 · 구 소속의 사회복지업무를 담당하는 공무원
  - 후원자 대표 또는 지역주민
  - 공익단체에서 추천한 사람
  - 그 밖에 시설의 운영 또는 사회복지에 관하여 전문적인 지식과 경험이 풍부한 사람

(8) 시설의 휴지 · 재개 · 폐지신고 등(제38조)

- 신고를 한 자는 지체없이 시설의 운영을 시작하여야 한다.
- 시설의 운영자는 그 운영을 일정 기간 중단하거나 다시 시작하거나 시설을 폐지하려는 경우에는 보건복지부령으로 정하는 바에 따라 시장 · 군수 · 구청장에게 신고하여야 한다.
- 시장 · 군수 · 구청장은 시설 운영이 중단되거나 시설이 폐지되는 경우에는 보건복지부령으로 정하는 바에 따라 시설 거주자의 권익을 보호하기 위하여 다음의 조치를 하고 신고를 수리하여야 한다.
  - 시설 거주자가 자립을 원하는 경우 자립을 할 수 있도록 지원하고 그 이행을 확인하는 조치
  - 시설 거주자가 다른 시설을 선택할 수 있도록 하고 그 이행을 확인하는 조치
  - 시설 거주자가 이용료 · 사용료 등의 비용을 부담하는 경우 납부한 비용 중 사용하지 아니한 금액을 반환하게 하고 그 이행을 확인하는 조치
  - 보조금 · 후원금 등의 사용 실태 확인과 이를 재원으로 조성한 재산 중 남은 재산의 회수조치
  - 그 밖에 시설 거주자의 권익 보호를 위하여 필요하다고 인정되는 조치

(9) 시설 수용인원의 제한(제41조, 시행령 제19조) ★꼭!

- 각 시설의 수용인원은 300명을 초과할 수 없다.
- 수용인원 300명을 초과할 수 있는 사회복지시설
  - 노인복지법에 따른 노인주거복지시설 중 양로시설과 노인복지주택
  - 노인복지법에 따른 노인의료복지시설 중 노인요양시설

– 보건복지부장관이 사회복지시설의 종류, 지역별 사회복지시설의 수, 지역별·종류별 사회복지서비스 수요 및 사회복지사업 관련 종사자의 수 등을 고려하여 정하여 고시하는 기준에 적합하다고 시장·군수·구청장이 인정하는 사회복지시설

(10) 시설의 서비스 최저기준(제43조)

보건복지부장관은 시설에서 제공하는 서비스의 최저기준을 마련하여야 하며, 시설 운영자는 서비스 최저기준 이상으로 서비스 수준을 유지하여야 한다.

(11) 시설의 평가(제43조의2)

보건복지부장관과 시·도지사는 보건복지부령으로 정하는 바에 따라 시설을 정기적으로 평가하고(3년마다 1회 이상, 시행규칙 제27조의2), 그 결과를 공표하거나 시설의 감독·지원 등에 반영할 수 있으며 시설 거주자를 다른 시설로 보내는 등의 조치를 할 수 있다.

(12) 시설설치의 방해금지(제6조)

누구든지 정당한 이유 없이 사회복지시설의 설치를 방해하여서는 안 되며, 시장·군수·구청장은 정당한 이유 없이 사회복지시설의 설치를 지연시키거나 제한하는 조치를 하여서는 안 된다.

(13) 사회복지시설 업무의 전자화(제6조의2)

• 보건복지부장관은 사회복지법인 및 사회복지시설의 종사자, 거주자 및 이용자에 관한 자료 등 운영에 필요한 정보의 효율적 처리와 기록·관리 업무의 전자화를 위하여 정보시스템을 구축·운영할 수 있다.
• 보건복지부장관은 정보시스템을 구축·운영하는 데 필요한 자료를 수집·관리·보유할 수 있으며 관련 기관 및 단체에 필요한 자료의 제공을 요청할 수 있다. 이 경우 요청을 받은 기관 및 단체는 정당한 사유가 없으면 그 요청에 따라야 한다.
• 지방자치단체의 장은 사회복지사업을 수행할 때 관할 복지행정시스템과 정보시스템을 전자적으로 연계하여 활용하여야 한다.
• 사회복지법인의 대표이사와 사회복지시설의 장은 국가와 지방자치단체가 실시하는 사회복지업무의 전자화 시책에 협력하여야 한다.
• 보건복지부장관은 정보시스템을 효율적으로 운영하기 위하여 전담기구에 그 운영에 관한 업무를 위탁할 수 있다.

5. 보조금 등(제42조)

- 국가나 지방자치단체는 사회복지사업을 하는 자 중 대통령령으로 정하는 자에게 운영비 등 필요한 비용의 전부 또는 일부를 보조할 수 있다.
- 보조금은 그 목적 외의 용도에 사용할 수 없다.
- 국유·공유 재산의 우선매각: 국가나 지방자치단체는 사회복지사업과 관련한 시설을 설치하거나 사업을 육성하기 위하여 필요하다고 인정하면 사회복지법인 또는 사회복지시설에 국유·공유 재산을 우선매각하거나 임대할 수 있다.
- 지방자치단체에 대한 지원금: 보건복지부장관은 시·도지사 및 시장·군수·구청장에게 사회복지사업의 수행에 필요한 비용을 지원할 수 있다. 또한 지역사회보장계획의 시행결과에 따른 평가결과를 반영하여 사회복지사업의 수행에 필요한 지원을 할 수 있다.
- 비용의 징수: 이 법에 따른 복지조치에 필요한 비용을 부담한 지방자치단체의 장이나 그 밖에 시설을 운영하는 자는 그 혜택을 받은 본인 또는 그 부양의무자로부터 대통령령으로 정하는 바에 따라 그가 부담한 비용의 전부 또는 일부를 징수할 수 있다.

보조금의 전부 또는 일부의 반환을 명할 수 있는 경우

- 거짓이나 그 밖의 부정한 방법으로 보조금을 받았을 때
- 사업 목적 외의 용도에 보조금을 사용하였을 때
- 이 법 또는 이 법에 따른 명령을 위반하였을 때

6. 후원금의 관리(제45조)

- 사회복지법인의 대표이사와 시설의 장은 아무런 대가없이 무상으로 받은 금품이나 그 밖의 자산의 수입·지출 내용을 공개해야 하며 관리에 명확성이 확보되도록 하여야 한다.
- 후원금에 관한 영수증 발급, 수입 및 사용결과 보고 등 기타 후원금 관리 및 공개 절차 등 구체적인 사항은 보건복지부령으로 정한다.

7. 재가복지서비스

(1) 재가복지서비스의 종류(제41조의2)
- 국가나 지방자치단체는 보호대상자가 다음의 어느 하나에 해당하는 재가복지서비스를 제공받도록 할 수 있다.
  - 가정봉사서비스: 가사 및 개인활동을 지원하거나 정서활동을 지원하는 서비스

- 주간 · 단기 보호서비스: 주간 · 단기 보호시설에서 급식 및 치료 등 일상생활의 편의를 낮 동안 또는 단기간 동안 제공하거나 가족에 대한 교육 및 상담을 지원하는 서비스
- 시장 · 군수 · 구청장은 보호대상자별 서비스 제공 계획에 따라 보호대상자에게 사회복지서비스를 제공하는 경우 시설 입소에 우선하여 재가복지서비스를 제공하도록 하여야 한다.

(2) 가정봉사원의 양성(제41조의4)

국가나 지방자치단체는 재가복지서비스를 필요로 하는 가정 또는 시설에서 보호대상자가 일상생활을 하기 위하여 필요한 각종 편의를 제공하는 가정봉사원을 양성하도록 노력하여야 한다.

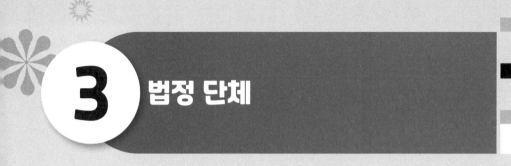

기출회차				
		3	4	5
6	7	8	9	10
11	12	13	14	15
16	17	18	19	20
21	22			

강의로 복습하는 기출회독 시리즈

Keyword 230

3 법정 단체

1. 한국사회복지사협회(제46조, 시행령 제22조)

- 사회복지사는 사회복지에 관한 전문지식과 기술을 개발·보급하고 사회복지사의 자질향상을 위한 교육훈련 및 사회복지사의 복지증진을 도모하기 위하여 한국사회복지사협회를 설립한다.
- 협회는 법인으로 하되, 협회의 조직과 운영 등에 관하여 필요한 사항은 대통령령으로 정한다.
- 이 법에 규정된 사항을 제외하고는 민법 중 사단법인에 관한 규정을 준용한다.
- 한국사회복지사협회의 업무는 다음과 같다.
  - 사회복지사에 대한 전문지식 및 기술의 개발·보급
  - 사회복지사의 전문성 향상을 위한 교육훈련
  - 사회복지사제도에 대한 조사연구·학술대회개최 및 홍보·출판사업
  - 국제사회복지사단체와의 교류·협력
  - 보건복지부장관이 위탁하는 사회복지사업에 관한 업무
  - 기타 협회의 목적달성에 필요한 사항

2. 한국사회복지협의회(제33조, 시행령 제12조) 22회 기출

- 사회복지에 관한 업무를 수행하기 위하여 전국 단위의 한국사회복지협의회(중앙협의회), 시·도 단위의 시·도 사회복지협의회(시·도협의회) 및 시·군·구(자치구) 단위의 시·군·구 사회복지협의회(시·군·구협의회)를 둔다.
- 중앙협의회, 시·도협의회 및 시·군·구 협의회는 이 법에 따른 사회복지법인으로 하되, "법인은 사회복지사업의 운영에 필요한 재산을 소유하여야 한다(제23조 제1항)"는 조항은 적용하지 아니한다.
- 중앙협의회 설립 및 운영 등에 관한 허가, 인가, 보고 등은 보건복지부장관

에게 한다.

• 한국사회복지협의회의 업무는 다음과 같다.
  – 사회복지에 관한 조사 · 연구 및 정책 건의
  – 사회복지 관련 기관 · 단체 간의 연계 · 협력 · 조정
  – 사회복지 소외계층 발굴 및 민간사회복지자원과의 연계 · 협력
  – 사회복지에 관한 교육훈련
  – 사회복지에 관한 자료수집 및 간행물 발간
  – 사회복지에 관한 계몽 및 홍보
  – 자원봉사활동의 진흥
  – 사회복지사업에 관한 기부문화의 조성
  – 사회복지사업에 종사하는 사람의 교육훈련과 복지증진
  – 사회복지에 관한 학술 도입과 국제사회복지단체와의 교류
  – 보건복지부장관이 위탁하는 사회복지에 관한 업무(중앙협의회만 해당)
  – 시 · 도지사 및 중앙협의회가 위탁하는 사회복지에 관한 업무(시 · 도협의회만 해당)
  – 시 · 도지사, 시장 · 군수 · 구청장, 중앙협의회 및 시 · 도협의회가 위탁하는 사회복지에 관한 업무(시 · 군 · 구협의회만 해당)
  – 그 밖에 중앙협의회, 시 · 도협의회, 시 · 군 · 구협의회의 목적 달성에 필요하여 각각의 정관에서 정하는 사항

				기출회차		
			3		4	5
6	7		8	9		10
11	12		13	14		15
16	17		18	19		20
21		**22**				

강의로 복습하는 기출회독 시리즈

Keyword 230

4 수급자의 권리보호

1. 수급자의 권리보호

(1) 비밀누설의 금지

사회복지사업 또는 사회복지업무에 종사하였거나 종사하고 있는 자는 그 업무수행 과정에서 알게 된 다른 사람의 비밀을 누설하여서는 아니 된다.

(2) 압류금지

사회복지사업법 및 사회복지사업에 관한 법률(제2조 제1호)에 따라 지급된 금품과 이를 받을 권리는 압류하지 못한다.

2. 벌칙 등 ^{22회기출}

(1) 벌칙 및 과태료

① 5년 이하의 징역 또는 5천만원 이하의 벌금

- 법인은 기본재산에 관하여 매도·증여·교환·임대·담보제공 또는 용도변경하고자 할 때, 그리고 보건복지부령으로 정하는 금액 이상을 1년 이상 장기차입하고자 할 때에는 시·도지사의 허가를 받아야 하나 이를 위반한 자
- 사회복지사업을 수행하는 자에게 지급된 국가 또는 지방자치단체의 보조금을 목적 외의 용도로 사용한 자

② 1년 이하의 징역 또는 1천만원 이하의 벌금

- 정당한 이유 없이 사회복지시설의 설치를 방해한 자
- 사회복지사 자격증을 다른 사람에게 빌려주거나 빌린 사람
- 사회복지사 자격증을 빌려주거나 빌리는 것을 알선한 사람
- 사회복지법인의 임원선임과 관련하여 금품, 향응 또는 재산상의 이익을 주

잠깐!

벌금
- 일정금액을 국가에 납부하게 하는 형벌. 과료(科料)·몰수(沒收)와 더불어 재산형의 하나이다.
- 형법상 벌금은 5만원 이상. 벌금은 판결 확정일로부터 30일 이내에 납입하여야 하며, 벌금을 선고할 때에는 동시에 그 금액을 완납할 때까지 노역장에 유치할 것을 명할 수 있다(형법 제69조제1항).

고받거나 주고받을 것을 약속한 사람
- 수익사업으로부터 생긴 수익을 법인 또는 그가 설치한 사회복지시설의 운영 외의 목적에 사용한 자
- 국가 또는 지방자치단체 외의 자가 시장 · 군수 · 구청장에게 신고하지 않고 사회복지시설을 설치 · 운영한 자
- 정당한 이유 없이 시설운영이 중단되거나 폐지되는 경우, 사업의 정지 및 시설의 폐쇄 명령을 받은 경우 시설거주자를 다른 시설로 보내는 등 시설거주자 권익 보호조치를 기피 또는 거부한 자
- 정당한 이유 없이 보건복지부장관, 시 · 도지사 또는 시장 · 군수 · 구청장의 시설의 개선, 사업의 정지, 시설의 장의 교체 명령이나 시설폐쇄 명령을 이행하지 아니한 자
- 사회복지사업 또는 사회복지업무에 종사하였거나 종사하고 있는 자로서 그 업무수행의 과정에서 알게 된 다른 사람의 비밀을 누설한 자
- 보건복지부장관, 시 · 도지사 또는 시장 · 군수 · 구청장이 명령한 소관업무와 회계감사에 관한 보고를 하지 아니하거나 거짓으로 보고한 자, 자료를 제출하지 아니하거나 거짓 자료를 제출한 자, 검사 · 질문 · 회계감사를 거부 · 방해 또는 기피한 자

③ 300만원 이하의 벌금
사회복지법인 및 사회복지시설을 설치 · 운영하는 자가 대통령령으로 정하는 바에 따라 사회복지사를 그 종사자로 채용하고, 보고방법 · 보고주기 등 보건복지부령으로 정하는 바에 따라 시 · 도지사 또는 시장 · 군수 · 구청장에게 사회복지사의 임면에 관한 사항을 보고하지 않은 경우

④ 500만원 이하의 과태료
- 사회복지법인과 사회복지시설을 설치 · 운영하는 자가 해당 법인 또는 시설의 종사자를 채용할 때 정당한 사유 없이 채용광고의 내용을 종사자가 되려는 사람에게 불리하게 변경하여 채용한 경우
- 사회복지법인과 사회복지시설을 설치 · 운영하는 자가 종사자를 채용한 후에 정당한 사유 없이 채용광고에서 제시한 근로조건을 종사자에게 불리하게 변경하여 적용한 경우

⑤ 300만원 이하의 과태료
- 사회복지사 보수교육(인권에 관한 내용 포함)을 받지 아니한 경우
- 사회복지사 보수교육을 이유로 불리한 처분을 한 경우

과태료
- 벌금이나 과료와는 달리 형벌의 성질을 가지지 않는 법령위반에 대해서 과해지는 금전벌
- 공법상의 의무나 질서의 유지 등을 위해서 위반자에게 가해지는 벌로 범칙금, 구류, 과태료가 있음

- 사회복지사업법에 따른 사회복지사가 아님에도 사회복지사 또는 이와 유사한 명칭을 사용한 경우
- 법인이 임원을 임면할 때 지체없이 이를 시·도지사에게 보고하지 않은 경우
- 법인이 매수·기부채납, 후원 등의 방법으로 재산을 취득하였을 때 이를 법인의 재산으로 편입조치하고, 그 취득사유, 취득재산의 종류·수량 및 가액을 매년 시·도지사에게 보고하여야 하나 이를 위반한 경우
- 사회복지법인이 아닌 자가 사회복지법인이라는 명칭을 사용한 경우
- 시설의 운영자가 화재로 인한 손해배상책임의 이행을 위한 책임보험과 한국사회복지공제회의 책임공제에 가입하지 않은 경우
- 시설의 장이 시설에 대하여 정기 및 수시 안전점검을 실시하지 않았거나 안전점검 결과를 시장·군수·구청장에게 제출하지 않은 경우
- 후원금품대장 등 보건복지부령이 정하는 서류를 시설 내에 비치하지 않은 경우
- 지체 없이 시설의 운영을 시작하지 않은 경우
- 시설의 휴지·재개·폐지신고 등을 하지 않은 경우
- 후원금의 관리를 명확하게 하지 않은 경우

(2) 양벌규정

법인의 대표자나 법인 또는 개인의 대리인·사용인, 그 밖의 종업원이 그 법인 또는 개인의 업무에 관하여 벌칙에 해당하는 위반행위를 하면 그 행위자를 벌하는 외에 그 법인 또는 개인에게도 해당 조문의 벌금형을 부과한다. 다만, 법인 또는 개인이 그 위반행위를 방지하기 위하여 해당 업무에 관하여 상당한 주의와 감독을 게을리하지 아니한 경우에는 제외한다.

8장 공공부조법

한눈에 쏙!		중요도
❶ 국민기초생활보장법	1. 개요	
	2. 수급권자	★★
	3. 급여	★★★ 22회 기출 🏆
	4. 보장기관 및 보장시설	★
	5. 수급자의 권리보호	
❷ 의료급여법	1. 개요	
	2. 수급권자	★★★
	3. 의료급여	★★ 22회 기출 🏆
	4. 보장기관 등	22회 기출 🏆
	5. 수급자의 권리보호	
❸ 긴급복지지원법	1. 개요	★★
	2. 급여	★★★
	3. 사후조사 및 적정성 심사	
❹ 기초연금법	1. 개요	
	2. 연금	★★★ 22회 기출 🏆
	3. 기타	★★ 22회 기출 🏆
❺ 장애인연금법	1. 개요	
	2. 연금	
	3. 기타	

기출경향 살펴보기

이 장의 기출 포인트

공공부조법에 해당하는 각 법률의 전반적인 사항을 묻는 유형으로 주로 출제되기 때문에 정리해야 할 내용의 양이 방대하다. 최근 시험에서는 시행령이나 시행규칙 등 법률의 세부적인 내용까지 출제되는 경향을 보이고 있다. 국민기초생활보장법, 기초연금법은 거의 매회 출제되고 있으며, 의료급여법, 긴급복지지원법은 평균적으로 격년을 주기로 하여 출제되는 경향을 보인다. 장애인연금법은 신규 제정된 이후 아직 출제되지 않았다.

최근 5개년 출제 분포도

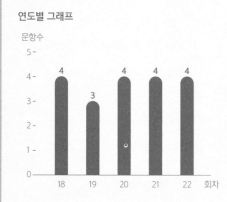

연도별 그래프

평균출제문항수

3.8 문항

2단계 학습전략

데이터의 힘을 믿으세요!
강의로 복습하는 **기출회독 시리즈**

3회독 복습과정을 통해
최신 기출경향 파악

최근 10개년 핵심 키워드

기출회독 231	국민기초생활보장법	16문항
기출회독 232	기초연금법	9문항
기출회독 233	의료급여법	6문항
기출회독 234	긴급복지지원법	5문항

기본개념 완성을 위한 **학습자료 제공**

기본개념 강의, 기본쌓기 문제, OX 퀴즈, 기출문제, 정오표, 묻고답하기, 지식창고, 보충자료 등을 **아임패스**를 통해 만나실 수 있습니다.

1절 국민기초생활보장법

[시행 2023.11.17 / 법률 제19646호 / 개정 2023.8.16]

한눈에 쏙! | 중요도

❶ 개요
- 1. 목적과 의의
- 2. 용어의 정의 ★★
- 3. 최저보장수준의 결정 등
- 4. 기준 중위소득의 산정
- 5. 소득인정액의 산정

❷ 수급권자
- 1. 수급권자
- 2. 수급자 선정기준
- 3. 조건부수급자

❸ 급여
- 1. 급여의 기본원칙
- 2. 급여의 기준 ★★
- 3. 급여의 종류 ★★★ 22회 기출
- 4. 급여의 실시 ★★★
- 5. 자활지원 22회 기출

❹ 보장기관 및 보장시설
- 1. 보장기관 ★
- 2. 생활보장위원회
- 3. 기초생활보장 계획의 수립 및 평가
- 4. 보장시설
- 5. 보장비용

❺ 수급자의 권리보호
- 1. 수급자의 권리와 의무
- 2. 벌칙

1 개요

기출회차				
		3	4	5
6	7	8	9	10
11	12	13	14	15
16	17	18	19	20
21	22			

강의로 복습하는 기출회독 시리즈

Keyword 231

1. 목적과 의의

(1) 목적(제1조)

이 법은 생활이 어려운 사람에게 필요한 급여를 실시하여 이들의 최저생활을 보장하고 자활을 돕는 것을 목적으로 한다.

(2) 의의[11]

① 공공부조 수급권의 법적 명확화

- 국민기초생활보장법은 헌법에 보장된 인간다운 생활을 할 권리, 생존권, 사회권, 복지권 내지 사회보장수급권 보장을 규정한 법으로서, 공공부조 수급권을 구체적으로 보장하기 위한 법률이다.
- 급여를 받는 사람들의 권리를 인정하여 수급자와 수급권자라는 용어를 사용함으로써 복지권 내지 생존권에 대한 수혜자의 법적 권리를 강조하였다.
- 이 법은 공공부조 수급권을 프로그램 규정설에 입각한 권리가 아니라 법적 권리로 인정한 법률이라는 점에서 의의를 가진다.

프로그램 규정설과 법적 권리설

- 프로그램 규정설: 사회복지 권리에 관한 법규정이 구체적·현실적 권리를 부여한 것이 아닌, 입법의 방침을 지시하는 정책 선언에 불과하다는 것
- 법적 권리설: 사회복지 권리에 관한 헌법 규정은 법적인 권리로서 개개국민은 복지의 혜택을 누릴 권리가 법적으로 보장된다는 입장

② 최저생계보장에 대한 국가 책임의 강조

국민기초생활보장법은 국가와 지방자치단체가 생활이 어려운 자에게 필요한 급여를 행하여 이들의 최저생활을 보장하고 자활을 조성해야 할 책임이 있음을 명시하고 있다는 점에서 의의가 있다.

③ 종합적 빈곤 대책

- 국민기초생활보장법은 생활이 어려운 자들이 인간다운 최저생활을 영위할 수 있도록 보장해주고, 스스로 자립·자활하도록 조성해주는 데 그 목적을 두고 있다.
- 기존의 생활보호법상 수급요건인 인구학적 기준(18세 미만 65세 이상)을 철폐하고, 맞춤형 빈곤정책으로 전환하여 지원대상을 확대하였으며, 일할

수록 유리한 급여체계를 마련함으로써 탈수급 유인을 촉진하는 빈곤예방기능을 강화하였다.
- 근로능력이 있는 수급권자에 대해서는 근로조건부(근로와 연계하여)로 급여를 제공하는 적극적 자활정책을 수행한다.

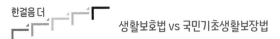

한걸음 더 ─── 생활보호법 vs 국민기초생활보장법

국민기초생활보장법이 제정되면서 '보호'에서 '급여'로 명칭을 변경하였고, '주거급여'가 신설되었다.

생활보호법	국민기초생활보장법
제7조(보호의 종류) ① 생계보호, ② 의료보호, ③ 자활보호 ④ 교육보호, ⑤ 해산보호, ⑥ 장제보호	제7조(급여의 종류) ① 생계급여, ② 주거급여, ③ 의료급여, ④ 교육급여 ⑤ 해산급여, ⑥ 장제급여, ⑦ 자활급여

2. 용어의 정의

중요도 ★ ★

국민기초생활보장법의 용어의 정의에 관련된 문제가 종종 쉽게 출제되고 있다. 법률의 내용을 쉽게 이해하기 위해서는 용어의 정의를 파악하는 것이 중요하므로 반드시 정리해두도록 하자.

(1) 수급권자 꼭!★

이 법에 따른 급여를 받을 수 있는 자격을 가진 사람을 말한다.

(2) 수급자 꼭!★

이 법에 따른 급여를 받는 사람을 말한다.

(3) 수급품

이 법에 따라 수급자에게 지급하거나 대여하는 금전 또는 물품을 말한다.

(4) 보장기관 꼭!★

이 법에 따른 급여를 실시하는 국가 또는 지방자치단체를 말한다.

(5) 부양의무자 꼭!★

수급권자를 부양할 책임이 있는 사람으로서 수급권자의 1촌의 직계혈족과 그 배우자(사망한 1촌의 직계혈족의 배우자는 제외)를 말한다.

(6) 최저보장수준 꼭!★

국민의 소득·지출 수준과 수급권자의 가구 유형 등 생활실태, 물가상승률 등을 고려하여 급여의 종류별로 공표하는 금액이나 보장수준을 말한다.

(7) 최저생계비 ★^{꼭!}

국민이 건강하고 문화적인 생활을 유지하기 위하여 필요한 최소한의 비용으로서 보건복지부장관이 계측하는 금액을 말한다.

(8) 개별가구

이 법에 따른 급여를 받거나 자격요건에 부합하는지에 관한 조사를 받는 기본단위로서 수급자 또는 수급권자로 구성된 가구를 말한다.

(9) 소득인정액 ★^{꼭!}

보장기관이 급여의 결정 및 실시 등에 사용하기 위하여 산출한 개별가구의 소득평가액과 재산의 소득환산액을 합산한 금액을 말한다.

(10) 기준 중위소득 ★^{꼭!}

보건복지부장관이 급여의 기준 등에 활용하기 위하여 중앙생활보장위원회의 심의·의결을 거쳐 고시하는 국민 가구소득의 중위값을 말한다.

(11) 차상위계층 ★^{꼭!}

수급권자(특례 수급권자로 보는 사람은 제외)에 해당하지 아니하는 계층으로서 소득인정액이 기준 중위소득의 100분의 50 이하인 계층을 말한다.

3. 최저보장수준의 결정 등(제6조)

보건복지부장관 또는 소관 중앙행정기관의 장은 급여의 종류별 수급자 선정기준 및 최저보장수준을 결정하여야 한다. 보건복지부장관 또는 소관 중앙행정기관의 장은 매년 8월 1일까지 중앙생활보장위원회의 심의·의결을 거쳐 다음 연도의 급여의 종류별 수급자 선정기준 및 최저보장수준을 공표하여야 한다.

4. 기준 중위소득의 산정(제6조의2)

기준 중위소득은 통계청이 공표하는 통계자료의 가구 경상소득(근로소득, 사업소득, 재산소득, 이전소득을 합산한 소득을 말한다)의 중간값에 최근 가구소득 평균 증가율, 가구규모에 따른 소득수준의 차이 등을 반영하여 가구규모별로 산정한다.

5. 소득인정액의 산정(제6조의3)

개별가구의 소득평가액은 개별가구의 실제소득에도 불구하고 보장기관이 급여의 결정 및 실시 등에 사용하기 위하여 산출한 금액으로 '근로소득, 사업소득, 재산소득, 이전소득'을 합한 개별가구의 실제소득에서 장애·질병·양육 등 가구 특성에 따른 지출요인, 근로를 유인하기 위한 요인, 그 밖에 추가적인 지출요인에 해당하는 금액을 감하여 산정한다.

소득의 범위에서 제외되는 사항

- 퇴직금, 현상금, 보상금, 근로장려금 및 자녀장려금 등 정기적으로 지급되는 것으로 볼 수 없는 금품
- 보육·교육 또는 그 밖에 이와 유사한 성질의 서비스 이용을 전제로 받는 보육료, 학자금, 그 밖에 이와 유사한 금품
- 지방자치단체가 지급하는 금품으로서 보건복지부장관이 정하는 금품

2 수급권자

기출회차

		3	4	5
6	7	8	9	10
11	12	13	14	15
16	17	18	19	20
21	22			

강의로 복습하는 기출회독 시리즈

Keyword 231

1. 수급권자

(1) 수급권자

'수급권자'는 이 법에 따른 급여를 받을 수 있는 자격을 가진 사람을 말하고, '수급자'는 이 법에 따른 급여를 받는 사람을 말한다.

(2) 외국인에 대한 특례(제5조의2)

- 국내에 체류하고 있는 외국인 중 대한민국 국민과 혼인하여 본인 또는 배우자가 임신 중이거나 대한민국 국적의 미성년 자녀를 양육하고 있거나 배우자의 대한민국 국적인 직계존속과 생계나 주거를 같이하고 있는 사람으로서 대통령령으로 정하는 사람이 이 법에 따른 급여를 받을 수 있는 자격을 가진 경우에는 수급권자가 된다.
- 수급권자가 될 수 있는 외국인은 출입국관리법에 따라 외국인 등록을 한 사람으로서 다음의 어느 하나에 해당하는 사람으로 한다.
  - 대한민국 국민과 혼인 중인 사람으로서 '본인 또는 대한민국 국적의 배우자가 임신 중인 사람, 대한민국 국적의 미성년 자녀(계부자·계모자 관계와 양친자 관계를 포함)를 양육하고 있는 사람, 배우자의 대한민국 국적인 직계존속과 생계나 주거를 같이 하는 사람' 중 어느 하나에 해당하는 사람
  - 대한민국 국민인 배우자와 이혼하거나 그 배우자가 사망한 사람으로서 대한민국 국적의 미성년 자녀를 양육하고 있는 사람 또는 사망한 배우자의 태아를 임신하고 있는 사람

2. 수급자 선정기준

(1) 소득인정액 기준

- 가구의 소득인정액을 가구규모별·급여종류별 선정기준과 비교하여 급여

종류별로 수급자를 선정하고 급여액을 결정한다.
- 선정기준 다층화: 수급자 선정을 위한 기준은 기준 중위소득을 적용한다. 급여별 선정기준을 중위소득(모든 가구를 소득 순으로 순위를 매겼을 때, 가운데를 차지한 가구의 소득)과 연동한다.
  - 현재 제도상 생계급여 수급권자 선정기준: 기준 중위소득의 32% 이하
  - 현재 제도상 의료급여 수급권자 선정기준: 기준 중위소득의 40% 이하
  - 현재 제도상 주거급여 수급권자 선정기준: 기준 중위소득의 48% 이하
  - 현재 제도상 교육급여 수급권자 선정기준: 기준 중위소득의 50% 이하

(2) 부양의무자 기준(제8조의2)

① 부양의무자가 있어도 부양능력이 없는 경우
- 기준 중위소득 수준을 고려하여 대통령령으로 정하는 소득 · 재산 기준 미만인 경우
- 직계존속 또는 장애인연금법의 중증장애인인 직계비속을 자신의 주거에서 부양하는 경우로서 보건복지부장관이 정하여 고시하는 경우
- 그 밖에 질병, 교육, 가구 특성 등으로 부양능력이 없다고 보건복지부장관이 정하는 경우

② 부양의무자가 있어도 부양을 받을 수 없는 경우
- 부양의무자가 병역법에 따라 징집되거나 소집된 경우
- 부양의무자가 해외이주법의 해외이주자에 해당하는 경우
- 부양의무자가 형의 집행 및 수용자의 처우에 관한 법률 및 치료감호법등에 따른 교도소, 구치소, 치료감호시설 등에 수용 중인 경우
- 부양의무자에 대하여 실종선고 절차가 진행 중인 경우
- 부양의무자가 보장시설에서 급여를 받고 있는 경우
- 부양의무자의 가출 또는 행방불명으로 경찰서 등 행정관청에 신고된 후 1개월이 지났거나 가출 또는 행방불명 사실을 특별자치시장 · 특별자치도지사 · 시장 · 군수 · 구청장이 확인한 경우
- 부양의무자가 부양을 기피하거나 거부하는 경우
- 그 밖에 부양을 받을 수 없는 것으로 보건복지부장관이 정하는 경우

합격자의 한마디

현재 국민기초생활보장제도상에서 생계급여, 주거급여, 교육급여는 부양의무자 기준이 폐지되었고, 의료급여만 적용되고 있으나, 의료급여의 부양의무자 기준도 점점 완화되고 있어요.

3. 조건부수급자 (시행령 제8조)

자활사업에 참가할 것을 조건으로 부과하여 생계급여를 지급받는 사람(조건부수급자)은 근로능력이 있는 수급자로 한다. 시장·군수·구청장은 근로능력이 있는 수급자 중 다음의 어느 하나에 해당하는 사람에게는 조건 부과를 유예할 수 있다. 조건 부과를 유예 받은 사람은 그 유예기간 동안 조건부수급자로 보지 아니한다.

- 개별가구 또는 개인의 여건 등으로 자활사업에 참가하기가 곤란한 다음의 어느 하나에 해당하는 사람
  - 미취학 자녀, 질병·부상 또는 장애 등으로 거동이 곤란한 가구원이나 치매 등으로 특히 보호가 필요한 가구원을 양육·간병 또는 보호하는 수급자(가구별로 1명으로 한정하되, 양육·간병 또는 보호를 할 수 있는 다른 가구원이 있거나 사회복지시설 등에서 보육·간병 또는 보호서비스를 제공받는 경우는 제외)
  - 대학, 산업대학, 교육대학, 전문대학, 기술대학, 각종학교(원격대학은 제외)에 재학 중인 사람
  - 장애인 직업재활 실시 기관 및 한국장애인고용공단이 실시하는 고용촉진 및 직업재활 사업에 참가하고 있는 장애인
  - 임신 중이거나 분만 후 6개월 미만인 여자
  - 사회복무요원 등 법률상 의무를 이행 중인 사람
- 근로 또는 사업에 종사하는 대가로 보건복지부장관이 정하여 고시하는 기준을 초과하는 소득을 얻고 있는 사람으로서 다음의 어느 하나에 해당하는 사람
  - 주당 평균 3일(1일 6시간 이상 근로에 종사하는 경우만 해당) 이상 근로에 종사하거나 주당 평균 4일 이상의 기간 동안 22시간 이상 근로에 종사하는 사람
  - 사업자등록을 하고 그 사업에 종사하고 있는 사람
- 환경 변화로 적응기간이 필요하다고 인정되는 다음의 어느 하나에 해당하는 사람. 단, 이 경우에는 그 유예기간을 3개월로 한정한다.
  - 입영예정자 또는 전역자
  - 교도소, 구치소, 치료감호시설 등에서 출소한 사람
  - 보장시설에서 퇴소한 사람
  - 고등학교·고등기술학교, 특수학교, 각종학교 또는 대학, 산업대학, 교육대학, 전문대학, 기술대학(원격대학은 제외)의 졸업자
  - 질병·부상 등으로 2개월 이상 치료를 받고 회복 중인 사람

• 그 밖에 자활사업에 참가할 것을 조건으로 하여 생계급여를 지급하는 것이 곤란하다고 보건복지부장관이 정하는 사람

근로능력이 있는 수급자

근로능력이 있는 수급자는 18세 이상 64세 이하의 수급자로 한다. 다만, 다음의 어느 하나에 해당하는 사람은 제외한다.

1. 장애인고용촉진 및 직업재활법에 따른 중증장애인
2. 질병, 부상 또는 그 후유증으로 치료나 요양이 필요한 사람 중에서 근로능력평가를 통하여 시장·군수·구청장이 근로능력이 없다고 판정한 사람
3. 그 밖에 근로가 곤란하다고 보건복지부장관이 정하는 사람

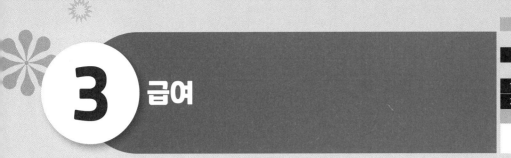

기출회차				
		3	4	5
6	7	8	9	10
11	12	13	14	15
16	17	18	19	20
21	22			

강의로 복습하는 기출회독 시리즈

Keyword 231

3 급여

1. 급여의 기본원칙

- 이 법에 따른 급여는 수급자가 자신의 생활의 유지·향상을 위하여 그의 소득, 재산, 근로능력 등을 활용하여 최대한 노력하는 것을 전제로 이를 보충·발전시키는 것을 기본원칙으로 한다.
- 부양의무자의 부양과 다른 법령에 따른 보호는 이 법에 따른 급여에 우선하여 행하여지는 것으로 한다. 다만, 다른 법령에 따른 보호의 수준이 이 법에서 정하는 수준에 이르지 아니하는 경우에는 나머지 부분에 관하여 이 법에 따른 급여를 받을 권리를 잃지 아니한다.

2. 급여의 기준

- 급여는 건강하고 문화적인 최저생활을 유지할 수 있는 것이어야 한다.
- 급여의 기준은 수급자의 연령, 가구 규모, 거주지역, 그 밖의 생활여건 등을 고려하여 급여의 종류별로 보건복지부장관이 정하거나 급여를 지급하는 중앙행정기관의 장이 보건복지부장관과 협의하여 정한다.
- 보장기관은 이 법에 따른 급여를 개별가구 단위로 실시하되, 장애인복지법에 따라 등록한 장애인 중 장애의 정도가 심한 장애인으로서 보건복지부장관이 정하는 사람에 대한 급여 등 특히 필요하다고 인정하는 경우에는 개인 단위로 실시할 수 있다.
- 지방자치단체인 보장기관은 해당 지방자치단체의 조례로 정하는 바에 따라 이 법에 따른 급여의 범위 및 수준을 초과하여 급여를 실시할 수 있다. 이 경우 해당 보장기관은 보건복지부장관 및 소관 중앙행정기관의 장에게 알려야 한다.
- 다른 법률과의 관계: 주거급여 및 의료급여와 관련하여 다른 법률에 특별한 규정이 있는 경우를 제외하고는 이 법이 정하는 바에 따른다.

급여의 기준은 국민기초생활보장법상의 급여에 관한 전반적인 사항을 묻는 문제에서 선택지로 자주 출제되는 만큼 반드시 정리해두어야 한다.

중요도 ★ ★ ★

개정된 국민기초생활보장제도의 경우 급여의 종류별로 수급자 선정기준에 차이가 있기 때문에 이와 관련한 내용을 꼼꼼하게 숙지해두는 것이 필요하다. 22회 시험에서는 국민기초생활보장법상 급여의 종류와 방법에 관한 문제가 출제되었다.

3. 급여의 종류 ^{22회기출} 🏆

- 이 법에 따른 급여의 종류에는 생계급여, 주거급여, 의료급여, 교육급여, 해산급여, 장제급여, 자활급여가 있다.
- 수급권자에 대한 급여는 수급자의 필요에 따라 생계급여부터 자활급여까지의 급여의 전부 또는 일부를 실시하는 것으로 한다.
- 차상위자에 대한 급여는 보장기관이 차상위자의 가구별 생활여건을 고려하여 예산의 범위에서 주거급여, 의료급여, 교육급여, 장제급여, 자활급여에 따른 급여의 전부 또는 일부를 실시할 수 있다.

(1) 생계급여 ⭐^{꼭!}

- 생계급여는 수급자에게 의복, 음식물 및 연료비와 그 밖에 일상생활에 기본적으로 필요한 금품을 지급하여 그 생계를 유지하게 하는 것으로 한다.
- 생계급여 수급권자는 그 소득인정액이 생계급여 선정기준(중앙생활보장위원회의 심의·의결을 거쳐 결정하는 금액) 이하인 사람으로 한다. 이 경우 생계급여 선정기준은 기준 중위소득의 100분의 30 이상으로 한다. (현재 제도상 생계급여 수급권자 선정기준: 기준 중위소득의 32% 이하)
- 생계급여 최저보장수준은 생계급여와 소득인정액을 포함하여 생계급여 선정기준 이상이 되도록 하여야 한다.
- 보장시설에 위탁하여 생계급여를 실시하는 경우에는 보건복지부장관이 정하는 고시에 따라 그 선정기준 등을 달리 정할 수 있다.

주거급여, 교육급여
주거급여는 국토교통부, 교육급여는 교육부가 주관한다.

(2) 주거급여 ⭐^{꼭!}

- 주거급여는 수급자에게 주거 안정에 필요한 임차료, 수선유지비, 그 밖의 수급품을 지급하는 것으로 한다.
- 주거급여 수급권자는 그 소득인정액이 선정기준(중앙생활보장위원회의 심의·의결을 거쳐 결정하는 금액) 이하인 사람으로 한다. 이 경우 주거급여 선정기준은 기준 중위소득의 100분의 43 이상으로 한다. (현재 제도상 주거급여 수급권자 선정기준: 기준 중위소득의 48% 이하)
- 주거급여에 관하여 필요한 사항은 따로 법률(주거급여법)에서 정한다.

(3) 의료급여 ⭐^{꼭!}

- 의료급여는 수급자에게 건강한 생활을 유지하는 데 필요한 각종 검사 및 치료 등을 지급하는 것으로 한다.
- 의료급여 수급권자는 부양의무자가 없거나, 부양의무자가 있어도 부양능

력이 없거나 부양을 받을 수 없는 사람으로서 그 소득인정액이 의료급여 선정기준(중앙생활보장위원회의 심의·의결을 거쳐 결정하는 금액) 이하인 사람으로 한다. 이 경우 의료급여 선정기준은 기준 중위소득의 100분의 40 이상으로 한다. (현재 제도상 의료급여 수급권자 선정기준: 기준 중위소득의 40% 이하)

- 의료급여에 필요한 사항은 따로 법률(의료급여법)에서 정한다.

(4) 교육급여 ⭐

- 교육급여는 수급자에게 입학금, 수업료, 학용품비, 그 밖의 수급품을 지급하는 것으로 하되, 학교의 종류·범위 등에 관하여 필요한 사항은 대통령령으로 정한다.
- 교육급여는 교육부장관의 소관으로 한다.
- 교육급여 수급권자는 그 소득인정액이 교육급여 선정기준(중앙생활보장위원회의 심의·의결을 거쳐 결정하는 금액) 이하인 사람으로 한다. 이 경우 교육급여 선정기준은 기준 중위소득의 100분의 50 이상으로 한다. (현재 제도상 교육급여 수급권자 선정기준: 기준 중위소득의 50% 이하)
- 교육급여의 신청 및 지급 등에 대하여는 초·중등교육법에 따른 교육비 지원절차를 준용한다.

(5) 해산급여

- 해산급여는 생계급여, 주거급여, 의료급여 중 하나 이상의 급여를 받는 수급자에게 조산(助産)이나 분만 전과 분만 후에 필요한 조치와 보호를 실시하는 것으로 한다.
- 해산급여는 보건복지부령으로 정하는 바에 따라 보장기관이 지정하는 의료기관에 위탁하여 실시할 수 있다.
- 해산급여에 필요한 수급품은 보건복지부령으로 정하는 바에 따라 수급자나 그 세대주 또는 세대주에 준하는 사람에게 지급한다. 다만, 그 급여를 의료기관에 위탁하는 경우에는 수급품을 그 의료기관에 지급할 수 있다.

(6) 장제급여

- 장제급여는 생계급여, 주거급여, 의료급여 중 하나 이상의 급여를 받는 수급자가 사망한 경우 사체의 검안(檢案)·운반·화장 또는 매장, 그 밖의 장제조치를 하는 것으로 한다.
- 장제급여는 보건복지부령으로 정하는 바에 따라 실제로 장제를 실시하는 사람에게 장제에 필요한 비용을 지급하는 것으로 한다. 다만, 그 비용을 지

급할 수 없거나 비용을 지급하는 것이 적당하지 아니하다고 인정하는 경우에는 물품을 지급할 수 있다.

(7) 자활급여

- 자활급여는 수급자의 자활을 돕기 위하여 실시하는 급여를 말한다.
- 자활급여의 내용: 자활에 필요한 금품의 지급 또는 대여, 자활에 필요한 근로능력의 향상 및 기능습득의 지원, 취업알선 등 정보의 제공, 자활을 위한 근로기회의 제공, 자활에 필요한 시설 및 장비의 대여, 창업교육, 기능훈련 및 기술·경영 지도 등 창업지원, 자활에 필요한 자산형성 지원, 그 밖에 대통령령으로 정하는 자활을 위한 각종 지원
- 자활급여는 관련 공공기관·비영리법인·시설과 그 밖에 대통령령으로 정하는 기관에 위탁하여 실시할 수 있다. 이 경우 그에 드는 비용은 보장기관이 부담한다.

4. 급여의 실시

중요도 ★ ★ ★

국민기초생활보장법의 전반적인 내용을 묻는 문제에서 선택지로 자주 출제된다. 급여의 신청부터 조사, 확인, 실시, 지급까지의 관련 내용을 정리할 필요가 있다.

잠깐!

신청주의와 직권주의
- 신청주의: 사회보장에 대한 권리를 바탕으로 급여를 신청하는 것
- 직권주의: 행정조직의 판단과 직권에 따라 급여를 지급하는 것

(1) 급여의 신청(제21조) ⭐꼭!

- 수급권자와 그 친족, 그 밖의 관계인은 관할 시장·군수·구청장에게 수급권자에 대한 급여를 신청할 수 있다. 차상위자가 급여를 신청하려는 경우에도 같다.
- 사회복지전담공무원은 이 법에 따른 급여를 필요로 하는 사람이 누락되지 아니하도록 하기 위하여 관할지역에 거주하는 수급권자에 대한 급여를 직권으로 신청할 수 있다. 이 경우 수급권자의 동의를 구하여야 하며 수급권자의 동의는 수급권자의 신청으로 볼 수 있다.
- 급여신청을 할 때 수급권자와 부양의무자는 금융정보, 신용정보, 보험정보의 제공에 대하여 동의한다는 서면을 제출하여야 한다.
- 수급권자 등이 급여를 신청할 경우 사회복지전담공무원은 신청한 사람이 급여에 관한 정보의 부족 등으로 불리한 입장에 놓이지 아니하도록 수급권자의 선정기준, 급여의 내용 및 신청방법 등을 알기 쉽게 설명하여야 한다.
- 시장·군수·구청장은 신청자에게 급여 신청의 철회나 포기를 유도하는 행위를 하여서는 아니 된다.

(2) 신청에 의한 조사(제22조)

- 시장·군수·구청장은 급여신청이 있는 경우에는 사회복지전담공무원으로

하여금 급여의 결정 및 실시 등에 필요한 사항(부양의무자의 유무 및 부양능력 등 부양의무자와 관련된 사항, 수급권자 및 부양의무자의 소득·재산에 관한 사항, 수급권자의 근로능력, 취업상태, 자활욕구 등 자활지원계획 수립에 필요한 사항, 그 밖에 수급권자의 건강상태, 가구 특성 등 생활실태에 관한 사항)을 조사하게 하거나 수급권자에게 보장기관이 지정하는 의료기관에서 검진을 받게 할 수 있다.

- 시장·군수·구청장은 신청한 수급권자 또는 그 부양의무자의 소득, 재산 및 건강상태 등을 확인하기 위하여 필요한 자료를 확보하기 곤란한 경우 보건복지부령으로 정하는 바에 따라 수급권자 또는 부양의무자에게 필요한 자료의 제출을 요구할 수 있다.
- 시장·군수·구청장은 급여의 결정 또는 실시 등을 위하여 필요한 경우에는 조사를 관계 기관에 위촉하거나 수급권자 또는 그 부양의무자의 고용주, 그 밖의 관계인에게 이에 관한 자료의 제출을 요청할 수 있다.
- 보장기관이 조사를 하기 위하여 금융·국세·지방세·토지·건물·자동차·건강보험·국민연금·고용보험·출입국·병무·교정 등 관련 전산망 또는 자료를 이용하려는 경우에는 관계 기관의 장에게 협조를 요청할 수 있다. 이 경우 관계 기관의 장은 정당한 사유가 없으면 협조하여야 한다.
- 보장기관의 공무원 또는 공무원이었던 사람은 얻은 정보와 자료를 이 법에서 정한 보장목적 외에 다른 용도로 사용하거나 다른 사람 또는 기관에 제공하여서는 아니 된다.
- 보장기관은 수급권자 또는 부양의무자가 조사 또는 자료제출 요구를 2회 이상 거부·방해 또는 기피하거나 검진 지시에 따르지 아니하면 급여신청을 각하(却下)할 수 있다. 이 경우 서면으로 그 이유를 구체적으로 밝혀 수급자에게 통지하여야 한다.

(3) 확인조사(제23조)
- 시장·군수·구청장은 수급자 및 수급자에 대한 급여의 적정성을 확인하기 위하여 매년 연간조사계획을 수립하고 관할구역의 수급자를 대상으로 매년 1회 이상 정기적으로 조사하여야 하며, 특히 필요하다고 인정하는 경우에는 보장기관이 지정하는 의료기관에서 검진을 받게 할 수 있다. 다만, 보건복지부장관이 정하는 사항은 분기마다 조사하여야 한다.
- 보장기관은 수급자 또는 부양의무자가 조사나 자료제출 요구를 2회 이상 거부·방해 또는 기피하거나 검진 지시에 따르지 아니하면 수급자에 대한 급여 결정을 취소하거나 급여를 정지 또는 중지할 수 있다. 이 경우 서면으로 그 이유를 구체적으로 밝혀 수급자에게 통지하여야 한다.

(4) 금융정보등의 제공(제23조의2)

- 보건복지부장관은 수급권자와 그 부양의무자가 제출한 동의 서면을 전자적 형태로 바꾼 문서에 의하여 금융기관등의 장에게 금융정보 · 신용정보 또는 보험정보의 제공을 요청할 수 있다.
- 보건복지부장관은 확인조사를 위하여 필요하다고 인정하는 경우 대통령령으로 정하는 기준에 따라 인적사항을 적은 문서 또는 정보통신망으로 금융기관등의 장에게 수급자와 부양의무자의 금융정보등을 제공하도록 요청할 수 있다.
- 금융정보등의 제공을 요청받은 금융기관등의 장은 명의인의 금융정보등을 제공하여야 한다. 금융정보등을 제공한 금융기관등의 장은 금융정보등의 제공 사실을 명의인에게 통보하여야 한다. 다만, 명의인이 동의한 경우에는 통보하지 아니할 수 있다.
- 업무를 수행하면서 취득한 금융정보등을 이 법에서 정한 목적 외의 다른 용도로 사용하거나 다른 사람 또는 기관에 제공하거나 누설하여서는 아니 된다.

(5) 차상위계층에 대한 조사 및 결과 보고(제24조, 제25조)

- 시장 · 군수 · 구청장은 급여의 종류별 수급자 선정기준의 변경 등에 의하여 수급권자의 범위가 변동함에 따라 다음 연도에 이 법에 따른 급여가 필요할 것으로 예측되는 수급권자의 규모를 조사하기 위하여 보건복지부령으로 정하는 바에 따라 차상위계층에 대하여 조사할 수 있다. 시장 · 군수 · 구청장은 조사를 하려는 경우 조사대상자의 동의를 받아야 한다. 이 경우 조사대상자의 동의는 다음 연도의 급여신청으로 본다.
- 시장 · 군수 · 구청장이 수급권자, 수급자, 부양의무자 및 차상위계층을 조사하였을 때에는 보건복지부령으로 정하는 바에 따라 관할 시 · 도지사에게 보고하여야 하며 보고를 받은 시 · 도지사는 이를 보건복지부장관 및 소관 중앙행정기관의 장에게 보고하여야 한다. 시 · 도지사가 조사하였을 때에도 또한 같다.

(6) 급여의 결정 및 실시(제26조, 제27조)

- 시장 · 군수 · 구청장은 조사를 하였을 때에는 지체 없이 급여 실시 여부와 급여의 내용을 결정하여야 한다. 차상위계층을 조사한 시장 · 군수 · 구청장은 급여개시일이 속하는 달에 급여 실시 여부와 급여 내용을 결정하여야 한다.
- 시장 · 군수 · 구청장은 급여 실시 여부와 급여 내용을 결정하였을 때에는

그 결정의 요지, 급여의 종류 · 방법 및 급여의 개시 시기 등을 서면으로 수급권자 또는 신청인에게 통지하여야 한다. 신청인에 대한 통지는 급여의 신청일부터 30일 이내에 하여야 한다. 다만, 부양의무자의 소득 · 재산 등의 조사에 시일이 걸리는 특별한 사유가 있는 경우, 수급권자 또는 부양의무자가 조사나 자료제출 요구를 거부 · 방해 또는 기피하는 경우에는 신청일부터 60일 이내에 통지할 수 있다. 이 경우 통지서에 그 사유를 구체적으로 밝혀야 한다.

- 급여 실시 및 급여 내용이 결정된 수급자에 대한 급여는 급여의 신청일부터 시작한다. 다만, 보건복지부장관 또는 소관중앙행정기관의 장이 매년 결정 · 공표하는 급여의 종류별 수급자 선정기준의 변경으로 인하여 매년 1월에 새로 수급자로 결정되는 사람에 대한 급여는 해당 연도의 1월 1일을 그 급여개시일로 한다.

- 시장 · 군수 · 구청장은 급여 실시 여부의 결정을 하기 전이라도 수급권자에게 급여를 실시하여야 할 긴급한 필요가 있다고 인정할 때에는 급여의 일부를 실시할 수 있다.

(7) 급여의 지급방법(제27조의2)

보장기관이 급여를 금전으로 지급할 때에는 수급자의 신청에 따라 수급자 명의의 지정된 계좌(급여수급계좌)로 입금하여야 한다. 다만, 정보통신장애나 그 밖에 대통령령으로 정하는 불가피한 사유로 급여수급계좌로 이체할 수 없을 때에는 대통령령으로 정하는 바에 따라 급여를 지급할 수 있다.

(8) 급여의 대리수령 등(제27조의3)

- 보장기관은 수급자가 '피성년후견인인 경우, 채무불이행으로 금전채권이 압류된 경우, 그 밖에 대통령령으로 정하는 사유로 본인 명의의 계좌를 개설하기 어려운 경우'의 어느 하나에 해당하는 경우에는 수급자 또는 후견인의 동의를 받아 급여를 수급자의 배우자, 직계혈족 또는 3촌 이내의 방계혈족 명의의 계좌에 입금할 수 있다.

- 배우자등 명의의 계좌로 급여를 지급하려는 보장기관은 미리 그 사유, 입금할 급여의 사용 목적 및 다른 용도 사용금지 등에 관한 사항을 배우자등에게 안내하여야 한다.

- 급여를 지급받은 배우자등은 해당 급여를 목적 외의 용도로 사용하여서는 아니 된다.

5. 자활지원 ^{22회 기출}

(1) 한국자활복지개발원(제15조의2~제15조의8)

- 수급자 및 차상위자의 자활촉진에 필요한 사업을 수행하기 위하여 한국자활복지개발원을 설립한다. 자활복지개발원은 법인으로 한다.
- 자활복지개발원은 그 주된 사무소의 소재지에서 설립등기를 함으로써 성립한다.
- 자활복지개발원은 다음의 사업을 수행한다.
  - 자활 지원을 위한 사업의 개발 및 평가
  - 자활 지원을 위한 조사 · 연구 및 홍보
  - 광역자활센터, 지역자활센터 및 자활기업의 기술 · 경영 지도 및 평가
  - 자활 관련 기관 간의 협력체계 구축 · 운영
  - 자활 관련 기관 간의 정보네트워크 구축 · 운영
  - 취업 · 창업을 위한 자활촉진 프로그램 개발 및 지원
  - 고용지원서비스의 연계 및 사회복지서비스의 지원 대상자 관리
  - 수급자 및 차상위자의 자활촉진을 위한 교육 · 훈련, 광역자활센터 등 자활 관련 기관의 종사자 및 참여자에 대한 교육 · 훈련 및 지원
  - 국가 또는 지방자치단체로부터 위탁받은 자활 관련 사업
  - 그 밖에 자활촉진에 필요한 사업으로서 보건복지부장관이 정하는 사업
- 구축 · 운영되는 정보시스템은 사회복지사업법에 따른 정보시스템 및 사회보장기본법에 따른 사회보장정보시스템과 연계할 수 있다.
- 자활복지개발원장은 교육 · 훈련을 위하여 자활복지개발원에 한국자활연수원을 둔다.
- 자활복지개발원에 원장 1명을 포함한 11명 이내의 이사와 감사 1명을 두며, 원장을 제외한 이사와 감사는 비상임으로 한다. 원장과 감사는 정관으로 정하는 바에 따라 구성된 임원추천위원회가 복수로 추천한 사람 중에서 보건복지부장관이 임명한다. 원장의 임기는 3년으로 하되, 1년을 단위로 연임할 수 있다. 이사는 '자활지원사업 · 사회복지 분야에 학식과 경험이 풍부한 사람, 정보통신 · 교육훈련 · 경영 · 경제 · 금융 분야 중 어느 하나 이상의 분야에 학식과 경험이 풍부한 사람, 보건복지부의 자활지원사업을 담당하는 공무원 또는 지방자치단체의 공무원'에 해당하는 사람 중에서 보건복지부장관이 임명하되, '자활지원사업 · 사회복지 분야에 학식과 경험이 풍부한 사람, 정보통신 · 교육훈련 · 경영 · 경제 · 금융 분야 중 어느 하나 이상의 분야에 학식과 경험이 풍부한 사람'의 경우에는 임원추천위원회의 추천을 받아 임명한다. 원장 및 이사를 제외한 임원의 임기는 2년으로 하

되, 1년을 단위로 연임할 수 있다.

- 국가는 자활복지개발원의 설립 · 운영에 필요한 경비의 전부 또는 일부를 보조하거나 출연할 수 있다. 자활복지개발원의 설립 · 운영을 위하여 필요하다고 인정하는 경우 국유재산을 자활복지개발원에 무상으로 대부 · 양여하거나 사용 · 수익하게 할 수 있다.

- 자활복지개발원의 임직원 또는 임직원이었던 자는 직무상 알게 된 비밀을 누설하거나 다른 용도로 사용해서는 아니 된다.

(2) 광역자활센터(제15조의10)

- 보장기관은 수급자 및 차상위자의 자활촉진에 필요한 '시 · 도 단위의 자활기업 창업지원, 시 · 도 단위의 수급자 및 차상위자에 대한 취업 · 창업 지원 및 알선, 지역자활센터 종사자 및 참여자에 대한 교육훈련 및 지원, 지역특화형 자활프로그램 개발 · 보급 및 사업개발 지원, 지역자활센터 및 자활기업에 대한 기술 · 경영 지도, 그 밖에 자활촉진에 필요한 사업으로서 보건복지부장관이 정하는 사업'을 수행하게 하기 위하여 사회복지법인, 사회적협동조합 등 비영리법인과 단체를 법인등의 신청을 받아 특별시 · 광역시 · 특별자치시 · 도 · 특별자치도 단위의 광역자활센터로 지정한다. 이 경우 보장기관은 법인등의 지역사회복지사업 및 자활지원사업의 수행 능력 · 경험 등을 고려하여야 한다.

- 보장기관은 광역자활센터의 설치 및 운영에 필요한 경비의 전부 또는 일부를 보조할 수 있다.

- 보장기관은 광역자활센터에 대하여 정기적으로 사업실적 및 운영실태를 평가하고 수급자의 자활촉진을 달성하지 못하는 광역자활센터에 대해서는 그 지정을 취소할 수 있다.

(3) 지역자활센터(제16조)

- 보장기관은 수급자 및 차상위자의 자활 촉진에 필요한 '자활의욕 고취를 위한 교육, 자활을 위한 정보제공 · 상담 · 직업교육 및 취업알선, 생업을 위한 자금융자 알선, 자영창업 지원 및 기술 · 경영 지도, 자활기업의 설립 · 운영 지원, 그 밖에 자활을 위한 각종 사업'을 수행하게 하기 위하여 사회복지법인, 사회적협동조합 등 비영리법인과 단체를 법인등의 신청을 받아 지역자활센터로 지정할 수 있다. 이 경우 보장기관은 법인등의 지역사회복지사업 및 자활지원사업 수행능력 · 경험 등을 고려하여야 한다.

- 보장기관은 지정을 받은 지역자활센터에 대하여 '지역자활센터의 설립 · 운영 비용 또는 사업수행 비용의 전부 또는 일부, 국유 · 공유 재산의 무상임

대, 보장기관이 실시하는 사업의 우선 위탁'의 지원을 할 수 있다.

- 보장기관은 지역자활센터에 대하여 정기적으로 사업실적 및 운영실태를 평가하고 수급자의 자활촉진을 달성하지 못하는 지역자활센터에 대하여는 그 지정을 취소할 수 있다.

- 지역자활센터는 수급자 및 차상위자에 대한 효과적인 자활 지원과 지역자활센터의 발전을 공동으로 도모하기 위하여 지역자활센터협회를 설립할 수 있다.

(4) 자활기관협의체(제17조)

시장·군수·구청장은 자활지원사업의 효율적인 추진을 위하여 지역자활센터, 직업안정기관, 사회복지시설의 장 등과 상시적인 협의체계를 구축하여야 한다.

(5) 자활기업(제18조)

- 수급자 및 차상위자는 상호 협력하여 자활기업을 설립·운영할 수 있다.

- 자활기업을 설립·운영하려는 자는 다음의 요건을 모두 갖추어 보장기관의 인정을 받아야 한다.
  - 조합 또는 부가가치세법상 사업자의 형태를 갖출 것
  - 설립 및 운영 주체는 수급자 또는 차상위자를 2인 이상 포함하여 구성할 것(다만, 설립 당시에는 수급자 또는 차상위자였으나, 설립 이후 수급자 또는 차상위자를 면하게 된 사람이 계속하여 그 구성원으로 있는 경우에는 수급자 또는 차상위자로 산정)
  - 그 밖에 운영기준에 관하여 보건복지부장관이 정하는 사항을 갖출 것

- 보장기관은 자활기업에게 직접 또는 자활복지개발원, 광역자활센터 및 지역자활센터를 통하여 다음의 지원을 할 수 있다.
  - 자활을 위한 사업자금 융자
  - 국유지·공유지 우선 임대
  - 국가나 지방자치단체가 실시하는 사업의 우선 위탁
  - 자활기업 운영에 필요한 경영·세무 등의 교육 및 컨설팅 지원
  - 그 밖에 수급자의 자활촉진을 위한 각종 사업

(6) 공공기관의 우선구매(제18조의2)

- 중소기업제품 구매촉진 및 판로지원에 관한 법률에 따른 공공기관의 장은 자활기업이 직접 생산하는 물품, 제공하는 용역 및 수행하는 공사(자활기업생산품)의 우선구매를 촉진하여야 한다.

- 공공기관의 장은 소속 기관 등에 대한 평가를 시행하는 경우에는 자활기업 생산품의 구매실적을 포함하여야 한다.

(7) 자활기업의 인정취소(제18조의4)

- 보장기관은 자활기업이 다음의 어느 하나에 해당하게 되면 인정을 취소할 수 있다. 다만, '거짓이나 그 밖의 부정한 방법으로 인정을 받은 경우'에 해당하면 인정을 반드시 취소하여야 한다.
  - 거짓이나 그 밖의 부정한 방법으로 인정을 받은 경우
  - 자활기업의 인정요건을 갖추지 못하게 된 경우
  - 거짓이나 그 밖의 부정한 방법으로 이 법 또는 다른 법령에 따른 재정 지원을 받았거나 받으려고 한 경우
  - 경영 악화 등으로 자진하여 인정취소를 요청하는 경우
  - 시정명령을 2회 이상 받고도 시정하지 아니한 경우
- 보장기관은 '거짓이나 그 밖의 부정한 방법으로 인정을 받은 경우, 거짓이나 그 밖의 부정한 방법으로 이 법 또는 다른 법령에 따른 재정 지원을 받았거나 받으려고 한 경우, 시정명령을 2회 이상 받고도 시정하지 아니한 경우'의 이유로 인정이 취소된 기업 또는 해당 기업과 실질적 동일성이 인정되는 기업에 대하여는 그 취소된 날부터 3년이 지나지 아니한 경우에는 인정하여서는 아니 된다.

(8) 유사명칭의 사용금지(제18조의5)

자활기업이 아닌 자는 자활기업 또는 이와 유사한 명칭을 사용하여서는 아니 된다.

(9) 고용촉진(제18조의6)

- 보장기관은 수급자 및 차상위자의 고용을 촉진하기 위하여 상시근로자의 일정비율 이상을 수급자 및 차상위자로 채용하는 기업에 대하여는 대통령령으로 정하는 바에 따라 '자활을 위한 사업자금 융자, 국유지·공유지 우선 임대, 국가나 지방자치단체가 실시하는 사업의 우선 위탁, 자활기업 운영에 필요한 경영·세무 등의 교육 및 컨설팅 지원, 그 밖에 수급자의 자활촉진을 위한 각종 사업'의 지원을 할 수 있다.
- 시장·군수·구청장은 수급자 및 차상위자에게 가구별 특성을 감안하여 관련 기관의 고용지원서비스를 연계할 수 있다.
- 시장·군수·구청장은 수급자 및 차상위자의 취업활동으로 인하여 지원이 필요하게 된 해당 가구의 아동·노인 등에게 사회복지서비스를 지원할 수

있다.

(10) 자활기금의 적립(제18조의7)

- 보장기관은 이 법에 따른 자활지원사업의 원활한 추진을 위하여 자활기금을 적립한다.
- 보장기관은 자활지원사업의 효율적 추진을 위하여 필요하다고 인정하는 경우에는 자활기금의 관리·운영을 자활복지개발원 또는 자활지원사업을 수행하는 비영리법인에 위탁할 수 있다. 이 경우 그에 드는 비용은 보장기관이 부담한다.

(11) 자산형성지원(제18조의8)

- 보장기관은 수급자 및 차상위자가 자활에 필요한 자산을 형성할 수 있도록 재정적인 지원을 할 수 있다.
- 보장기관은 수급자 및 차상위자가 자활에 필요한 자산을 형성하는 데 필요한 교육을 실시할 수 있다.
- 보장기관의 지원으로 형성된 자산은 대통령령으로 정하는 바에 따라 수급자의 재산의 소득환산액 산정 시 이를 포함하지 아니한다.
- 보장기관은 자산형성지원과 그 교육에 관한 업무의 전부 또는 일부를 자활복지개발원 등의 법인 또는 단체 등에 위탁할 수 있다.

(12) 자활의 교육 등(제18조의9)

- 보건복지부장관, 특별시장·광역시장·특별자치시장·도지사·특별자치도지사, 시장·군수·구청장은 수급자 및 차상위자의 자활촉진을 위하여 교육을 실시할 수 있다.
- 보건복지부장관은 교육의 전부 또는 일부를 법인·단체 등에 위탁할 수 있다.
- 보건복지부장관은 교육을 위탁받은 법인·단체 등에 대하여 그 운영에 필요한 비용을 지원할 수 있다.

(13) 자활지원계획의 수립(제28조)

- 시장·군수·구청장은 수급자의 자활을 체계적으로 지원하기 위하여 보건복지부장관이 정하는 바에 따라 조사 결과를 고려하여 수급자 가구별로 자활지원계획을 수립하고 그에 따라 이 법에 따른 급여를 실시하여야 한다.
- 보장기관은 수급자의 자활을 위하여 필요한 경우에는 보장기관이 제공할 수 있는 급여가 있거나 민간기관 등이 후원을 제공하는 경우 자활지원계획

에 따라 급여를 지급하거나 후원을 연계할 수 있다.
- 시장 · 군수 · 구청장은 수급자의 자활여건 변화와 급여 실시 결과를 정기적으로 평가하고 필요한 경우 자활지원계획을 변경할 수 있다.

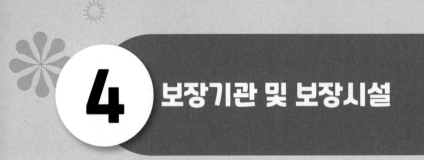

기출회차

		3	4	5
6	**7**	8	9	10
11	12	13	14	15
16	17	18	19	**20**
21	22			

강의로 복습하는 기출회독 시리즈

Keyword 231

1. 보장기관(제19조)

중요도 ★

최근 시험에서 보장기관에 관한 내용이 지속적으로 출제되고 있다. 보장기관이란 이 법에 따른 급여를 실시하는 국가 또는 지방자치단체임을 기억해야 한다. 보장기관과 함께 보장시설은 무엇인지도 반드시 정리하자.

- 보장기관이란 이 법에 따른 급여를 실시하는 국가 또는 지방자치단체를 말한다.
- 급여는 수급권자 또는 수급자의 거주지를 관할하는 시·도지사와 시장·군수·구청장(교육급여인 경우에는 특별시·광역시·특별자치시·도·특별자치도의 교육감을 말한다)이 실시한다. 다만, 주거가 일정하지 아니한 경우에는 수급권자 또는 수급자가 실제 거주하는 지역을 관할하는 시장·군수·구청장이 실시한다.
- 보건복지부장관, 소관 중앙행정기관의 장과 시·도지사는 수급자를 각각 국가나 해당 지방자치단체가 경영하는 보장시설에 입소하게 하거나 다른 보장시설에 위탁하여 급여를 실시할 수 있다.
- 보장기관은 수급권자·수급자·차상위계층에 대한 조사와 수급자 결정 및 급여의 실시 등 이 법에 따른 보장업무를 수행하게 하기 위하여 사회복지전담공무원을 배치하여야 한다. 이 경우 자활급여 업무를 수행하는 사회복지전담공무원은 따로 배치하여야 한다.

2. 생활보장위원회(제20조)

생활보장사업의 기획·조사·실시 등에 관한 사항을 심의·의결하기 위하여 보건복지부와 시·도 및 시·군·구에 각각 생활보장위원회를 둔다.

(1) 중앙생활보장위원회

- 보건복지부에 두는 중앙생활보장위원회는 다음 사항을 심의·의결한다.
  - 기초생활보장 종합계획의 수립
  - 소득인정액 산정방식과 기준 중위소득의 결정
  - 급여의 종류별 수급자 선정기준과 최저보장수준의 결정

- 급여기준의 적정성 등 평가 및 실태조사에 관한 사항
- 급여의 종류별 누락·중복, 차상위계층의 지원사업 등에 대한 조정
- 자활기금의 적립·관리 및 사용에 관한 지침의 수립
- 중앙생활보장위원회는 위원장을 포함하여 16명 이내의 위원으로 구성하고 위원은 보건복지부장관이 다음의 어느 하나에 해당하는 사람 중에서 위촉·지명하며 위원장은 보건복지부장관으로 한다.
  - 공공부조 또는 사회복지와 관련된 학문을 전공한 전문가로서 대학의 조교수 이상인 사람 또는 연구기관의 연구원으로 재직 중인 사람 5명 이내
  - 공익을 대표하는 사람 5명 이내
  - 관계 행정기관 소속 3급 이상 공무원 또는 고위공무원단에 속하는 일반직공무원 5명 이내

(2) 지방생활보장위원회

- 시·도에 두는 지방생활보장위원회는 다음의 사항을 심의·의결한다.
  - 시·도의 생활보장사업 기본방향 및 시행계획의 수립에 관한 사항
  - 해당 시·도가 실시하는 급여에 관한 사항
  - 자활기금의 설치·운용에 관한 사항
  - 시·도 자활지원계획에 관한 사항
  - 그 밖에 시·도지사가 회의에 부치는 사항
- 시·군·구에 두는 지방생활보장위원회는 다음의 사항을 심의·의결한다.
  - 시·군·구의 생활보장사업 기본방향 및 시행계획의 수립에 관한 사항
  - 수급권자에 해당하지 아니하여도 생활이 어려운 사람의 보호를 위하여 보건복지부장관 또는 소관 중앙행정기관의 장이 정하는 급여의 결정에 관한 사항
  - 연간조사계획에 관한 사항
  - 해당 시·군·구가 실시하는 급여에 관한 사항
  - 자활기금의 설치·운용에 관한 사항
  - 자활지원계획에 관한 사항
  - 보장비용 징수 제외 및 결정, 금품의 반환·징수·감면 관련 사항 및 결손처분 관련 사항
  - 그 밖에 시장·군수·구청장이 회의에 부치는 사항
- 시·도 및 시·군·구 생활보장위원회의 위원은 시·도지사 또는 시장·군수·구청장이 다음 중 어느 하나에 해당하는 사람 중에서 위촉·지명하며 위원장은 해당 시·도지사 또는 시장·군수·구청장으로 한다. 다만, 다른 위원회가 생활보장위원회의 기능을 대신하는 경우 위원장은 조례로

정한다.
- 사회보장에 관한 학식과 경험이 있는 사람
- 공익을 대표하는 사람
- 관계 행정기관 소속 공무원
• 다만, 시·도 및 시·군·구에 두는 생활보장위원회는 그 기능을 담당하기에 적합한 다른 위원회가 있고 그 위원회의 위원이 규정된 자격을 갖춘 경우에는 시·도 또는 시·군·구의 조례로 정하는 바에 따라 그 위원회가 생활보장위원회의 기능을 대신할 수 있다.

3. 기초생활보장 계획의 수립 및 평가(제20조의2)

• 소관 중앙행정기관의 장은 수급자의 최저생활을 보장하기 위하여 3년마다 소관별로 기초생활보장 기본계획을 수립하여 보건복지부장관에게 제출하여야 한다.
• 보건복지부장관은 수급권자, 수급자 및 차상위계층 등의 규모·생활실태 파악, 최저생계비 계측 등을 위하여 3년마다 실태조사를 실시·공표하여야 한다.
• 보건복지부장관 및 소관 중앙행정기관의 장은 실태조사 결과를 고려하여 급여기준의 적정성 등에 대한 평가를 실시할 수 있으며, 이와 관련하여 전문적인 조사·연구 등을 공공기관 또는 민간 법인·단체 등에 위탁할 수 있다.
• 보건복지부장관은 기초생활보장 기본계획 및 평가결과를 종합하여 기초생활보장 종합계획을 수립하여 중앙생활보장위원회의 심의를 받아야 한다.

4. 보장시설

(1) 보장시설(제32조)
보장시설이란 규정된 급여를 실시하는 사회복지시설로서 다음 시설 중 보건복지부령으로 정하는 시설을 말한다.
• 장애인 거주시설
• 노인주거복지시설 및 노인의료복지시설
• 아동복지시설 및 통합 시설
• 정신요양시설 및 정신재활시설
• 노숙인재활시설 및 노숙인요양시설

- 가정폭력피해자 보호시설
- 성매매피해자등을 위한 지원시설
- 성폭력피해자보호시설
- 한부모가족복지시설
- 결핵 및 한센병요양시설
- 그 밖에 보건복지부령으로 정하는 시설

(2) 보장시설의 장의 의무(제33조)
- 보장시설의 장은 보장기관으로부터 수급자에 대한 급여를 위탁받은 경우에는 정당한 사유 없이 이를 거부하여서는 아니 된다.
- 보장시설의 장은 위탁받은 수급자에게 보건복지부장관 및 소관 중앙행정기관의 장이 정하는 최저기준 이상의 급여를 실시하여야 한다.
- 보장시설의 장은 위탁받은 수급자에게 급여를 실시할 때 성별·신앙 또는 사회적 신분 등을 이유로 차별대우를 하여서는 아니 된다.
- 보장시설의 장은 위탁받은 수급자에게 급여를 실시할 때 수급자의 자유로운 생활을 보장하여야 한다.
- 보장시설의 장은 위탁받은 수급자에게 종교상의 행위를 강제하여서는 아니 된다.

5. 보장비용

(1) 보장비용(제42조)
보장비용이란 '이 법에 따른 보장업무에 드는 인건비와 사무비, 생활보장위원회의 운영에 드는 비용, 이 법의 규정에 따른 급여 실시 비용, 그 밖에 이 법에 따른 보장업무에 드는 비용'을 말한다.

(2) 보장비용의 부담 구분(제43조)
- 국가 또는 시·도가 직접 수행하는 보장업무에 드는 비용은 국가 또는 해당 시·도가 부담한다.
- 급여의 실시 비용은 국가 또는 해당 시·도가 부담한다.
- 시·군·구가 수행하는 보장업무에 드는 비용 중 보장업무에 드는 인건비와 사무비, 생활보장위원회의 운영에 드는 비용은 해당 시·군·구가 부담한다.
- 시·군·구가 수행하는 보장업무에 드는 비용 중 급여 실시 비용 및 그 밖

에 이 법에 따른 보장업무에 드는 비용은 시 · 군 · 구의 재정여건, 사회보장비 지출 등을 고려하여 국가, 시 · 도 및 시 · 군 · 구가 다음에 따라 차등하여 분담한다.

- 국가는 시 · 군 · 구 보장비용의 총액 중 100분의 40 이상 100분의 90 이하를 부담한다.
- 시 · 도는 시 · 군 · 구 보장비용의 총액에서 국가부담분을 뺀 금액 중 100분의 30 이상 100분의 70 이하를 부담하고, 시 · 군 · 구는 시 · 군 · 구 보장비용의 총액 중에서 국가와 시 · 도가 부담하는 금액을 뺀 금액을 부담한다. 다만, 특별자치시 · 특별자치도는 시 · 군 · 구 보장비용의 총액 중에서 국가가 부담하는 금액을 뺀 금액을 부담한다.

- 국가는 매년 이 법에 따른 보장비용 중 국가부담 예정 합계액을 각각 보조금으로 지급하고, 그 과부족(過不足) 금액은 정산하여 추가로 지급하거나 반납하게 한다.
- 시 · 도는 매년 시 · 군 · 구에 대하여 국가의 보조금에, 시 · 도의 부담예정액을 합하여 보조금으로 지급하고 그 과부족 금액은 정산하여 추가로 지급하거나 반납하게 한다.
- 지방자치단체의 조례에 따라 이 법에 따른 급여 범위 및 수준을 초과하여 급여를 실시하는 경우 그 초과 보장비용은 해당 지방자치단체가 부담한다.

(3) 비용의 징수(제46조)

- 수급자에게 부양능력을 가진 부양의무자가 있음이 확인된 경우에는 보장비용을 지급한 보장기관은 생활보장위원회의 심의 · 의결을 거쳐 그 비용의 전부 또는 일부를 그 부양의무자로부터 부양의무의 범위에서 징수할 수 있다.
- 속임수나 그 밖의 부정한 방법으로 급여를 받거나 타인으로 하여금 급여를 받게 한 경우에는 보장비용을 지급한 보장기관은 그 비용의 전부 또는 일부를 그 급여를 받은 사람 또는 급여를 받게 한 자(부정수급자)로부터 징수할 수 있다.

(4) 반환명령(제47조)

- 보장기관은 급여의 변경 또는 급여의 정지 · 중지에 따라 수급자에게 이미 지급한 수급품 중 과잉지급분이 발생한 경우에는 즉시 수급자에 대하여 그 전부 또는 일부의 반환을 명하여야 한다. 다만, 이미 이를 소비하였거나 그 밖에 수급자에게 부득이한 사유가 있을 때에는 그 반환을 면제할 수 있다.
- 시장 · 군수 · 구청장이 긴급급여를 실시하였으나 조사 결과에 따라 급여를 실시하지 아니하기로 결정한 경우 급여비용의 반환을 명할 수 있다.

잠깐!

긴급급여

여기서 말하는 긴급급여란 보통 긴급생계급여라고 표현하며, 급여 실시 여부의 결정을 하기 전이라도 수급권자에게 급여를 실시하여야 할 긴급할 필요가 있다고 인정할 때에는 시장 · 군수 · 구청장의 직권에 의해 생계급여를 실시할 수 있다. 이는 긴급복지지원법에 따른 급여와는 차이가 있다.

기출회차				
		3	4	5
6	7	**8**	9	**10**
11	12	13	14	15
16	**17**	18	**19**	20
21	22			

강의로 복습하는 기출회독 시리즈

Keyword 231

5 수급자의 권리보호

1. 수급자의 권리와 의무

(1) 급여 변경의 금지 ☆
수급자에 대한 급여는 정당한 사유없이 수급자에게 불리하게 변경할 수 없다.

(2) 압류금지 ☆
수급자에게 지급된 수급품과 이를 받을 권리는 압류할 수 없다. 지정된 급여수급계좌의 예금에 관한 채권은 압류할 수 없다.

(3) 양도금지 ☆
수급자는 급여를 받을 권리를 타인에게 양도할 수 없다.

(4) 신고의 의무
수급자는 거주지역, 세대의 구성 또는 임대차 계약내용이 변동되거나 부양의무자의 유무 및 부양능력 등 부양의무자와 관련된 사항, 수급권자 및 부양의무자의 소득·재산에 관한 사항, 수급권자의 근로능력, 취업상태, 자활욕구 등 자활지원계획 수립에 필요한 사항, 그 밖에 수급권자의 건강상태, 가구 특성 등 생활실태에 관한 사항이 현저하게 변동되었을 때에는 지체 없이 관할보장기관에 신고하여야 한다.

(5) 이의신청
• 시·도지사에 대한 이의신청: 수급자나 급여 또는 급여 변경을 신청한 사람은 시장·군수·구청장(교육급여인 경우에는 시·도교육감을 말한다)의 처분에 대하여 이의가 있는 경우에는 그 결정의 통지를 받은 날부터 90일 이내에 해당 보장기관을 거쳐 시·도지사(특별자치시장·특별자치도지사 및 시·도교육감의 처분에 이의가 있는 경우에는 해당 특별자치시장·특별자치도지사 및 시·도교육감을 말한다)에게 서면 또는 구두로 이의를 신청할 수 있다. 이 경우 구두로 이의신청을 접수한 보장기관의 공무원은 이

의신청서를 작성할 수 있도록 협조하여야 한다. 이의신청을 받은 시장·군수·구청장은 10일 이내에 의견서와 관계 서류를 첨부하여 시·도지사에게 보내야 한다.

- 시·도지사의 처분: 시·도지사가 시장·군수·구청장으로부터 이의신청서를 받았을 때(특별자치시장·특별자치도지사 및 시·도교육감의 경우에는 직접 이의신청을 받았을 때를 말한다)에는 30일 이내에 필요한 심사를 하고 이의신청을 각하 또는 기각하거나 해당 처분을 변경 또는 취소하거나 그 밖에 필요한 급여를 명하여야 한다. 시·도지사는 처분 등을 하였을 때에는 지체 없이 신청인과 해당 시장·군수·구청장에게 각각 서면으로 통지하여야 한다.
- 보건복지부장관 등에 대한 이의신청: 처분 등에 대하여 이의가 있는 사람은 그 처분 등의 통지를 받은 날부터 90일 이내에 시·도지사를 거쳐 보건복지부장관(주거급여 또는 교육급여인 경우에는 소관 중앙행정기관의 장을 말하며, 보건복지부장관에게 한 이의신청은 소관 중앙행정기관의 장에게 한 것으로 본다)에게 서면 또는 구두로 이의를 신청할 수 있다. 이 경우 구두로 이의신청을 접수한 보장기관의 공무원은 이의신청서를 작성할 수 있도록 협조하여야 한다. 시·도지사는 이의신청을 받으면 10일 이내에 의견서와 관계 서류를 첨부하여 보건복지부장관 또는 소관 중앙행정기관의 장(주거급여 또는 교육급여인 경우에 한정한다)에게 보내야 한다.
- 이의신청의 결정 및 통지: 보건복지부장관 또는 소관 중앙행정기관의 장은 이의신청서를 받았을 때에는 30일 이내에 필요한 심사를 하고 이의신청을 각하 또는 기각하거나 해당 처분의 변경 또는 취소의 결정을 하여야 한다. 보건복지부장관 또는 소관 중앙행정기관의 장은 결정을 하였을 때에는 지체 없이 시·도지사 및 신청인에게 각각 서면으로 결정 내용을 통지하여야 한다. 이 경우 소관 중앙행정기관의 장이 결정 내용을 통지하는 때에는 그 사실을 보건복지부장관에게 알려야 한다.

2. 벌칙 등

(1) 벌칙

- 금융정보등을 사용·제공 또는 누설한 사람은 5년 이하의 징역 또는 5천만 원 이하의 벌금에 처한다(제48조 제1항).
- 보장기관의 공무원 또는 공무원이었던 사람이 업무를 수행하면서 얻은 정보 또는 자료를 다른 목적으로 사용하거나 제공한 경우에는 3년 이하의 징

합격자의 한마디

한동안 출제되지 않다가 최근 시험에서 각각의 법률별 벌칙과 과태료에 관한 문제가 다시 출제되고 있어요. 어떠한 경우에 몇 년의 징역과 얼마의 벌금, 얼마의 과태료를 부과하는지 꼼꼼히 살펴보세요.

역 또는 3천만원 이하의 벌금에 처한다(제48조 제2항).

- 거짓이나 그 밖의 부정한 방법으로 급여를 받거나 다른 사람으로 하여금 급여를 받게 한 자, 대리수령으로 지급받은 급여를 목적 외의 용도로 사용한 자는 1년 이하의 징역, 1천만원 이하의 벌금, 구류 또는 과료에 처한다(제49조).

- 자활복지개발원의 임직원 또는 임직원이었던 자가 직무상 알게 된 비밀을 누설하거나 다른 용도로 사용한 경우에는 1년 이하의 징역 또는 1천만원 이하의 벌금에 처한다.

- 수급자의 급여위탁을 정당한 사유없이 거부한 자나 종교상의 행위를 강제한 자는 300만원 이하의 벌금, 구류 또는 과료에 처한다.

- 자활기업의 사업보고서를 제출하지 아니하거나 거짓 또는 그 밖의 부정한 방법으로 작성하여 제출한 자, 자활기업의 보고 또는 관계 서류의 제출을 하지 아니하거나 거짓으로 보고 또는 관계 서류의 제출을 한 자, 자활기업의 보고에 따른 시정명령을 이행하지 아니한 자, 자활기업 또는 이와 유사한 명칭을 사용한 자에게는 300만원 이하의 과태료를 부과한다.

(2) 양벌규정

법인의 대표자나 법인 또는 개인의 대리인 · 사용인, 기타 종업원이 그 법인 또는 개인의 업무에 관하여 제48조 또는 제49조의 위반행위를 하면 그 행위자를 벌하는 외에 그 법인 또는 개인에게도 각 해당 조문의 벌금 또는 과료의 형을 과한다. 다만, 법인 또는 개인이 그 위반행위를 방지하기 위하여 해당 업무에 관하여 상당한 주의와 감독을 게을리하지 아니한 경우에는 그러하지 아니하다.

2절 의료급여법

[시행 2024.5.17 / 법률 제20309호 / 개정 2024.2.13]

한눈에 쏙!

중요도

❶ 개요
- 1. 목적과 의의
- 2. 특징
- 3. 용어의 정의

❷ 수급권자
- 1. 수급권자 ★★★
- 2. 1종 및 2종 수급권자의 구분 ★★★
- 3. 수급권자의 인정 절차

❸ 의료급여
- 1. 의료급여의 내용 ★★
- 2. 의료급여증 · 22회 기출
- 3. 급여의 개시 및 절차
- 4. 급여의 제한 및 중지 · 22회 기출
- 5. 의료급여기관 ★
- 6. 급여비용의 본인부담
- 7. 기타

❹ 보장기관 등
- 1. 보장기관
- 2. 사례관리
- 3. 의료급여심의위원회 · 22회 기출
- 4. 의료급여기금 · 22회 기출
- 5. 업무의 위탁

❺ 수급자의 권리보호
- 1. 수급권자의 권리보호
- 2. 벌칙 등

1 개요

1. 목적과 의의

(1) 목적(제1조)
생활이 어려운 사람에게 의료급여를 함으로써 국민보건의 향상과 사회복지의 증진에 이바지함을 목적으로 한다.

(2) 의의
의료급여제도는 의료부조제도로서 공공부조제도의 일환으로 실시된다. 이는 건강보험과 더불어 국민의 건강한 생활을 보장하기 위한 건강보장제도로서 저소득층의 의료복지를 위한 중요한 수단이 되고 있다.

2. 특징

의료보호법
1977년 12월 31일 제정, 시행된 이후 2001년 의료급여법으로 개정되었다.

- 국가의 재원으로 행해지는 공적 의료부조제도(public medical assistance)이다.
- 의료급여제도는 모든 국민을 대상으로 차별 없이 제공되는 보편적인 프로그램이 아니라, 절대빈곤층이 주대상이 되는 선별적인 프로그램이다.
- 의료급여는 건강보험과는 달리 필요한 재원을 일반조세수입으로 충당한다. 따라서 소득재분배 기능을 수행함으로써 사회적 형평을 기하는 데 기여한다.
- 의료급여제도는 헌법상 보장된 인간다운 생활을 할 권리와 국민의 건강권을 저소득층과 사회적 기여자들에게 구체화하는 공공부조 프로그램이다.

3. 용어의 정의

(1) 수급권자
이 법에 따라 의료급여를 받을 수 있는 자격을 가진 사람을 말한다.

(2) 의료급여기관
수급권자에 대한 진료 · 조제 또는 투약 등을 담당하는 의료기관 및 약국 등을 말한다.

(3) 부양의무자
수급권자를 부양할 책임이 있는 사람으로서 수급권자의 1촌의 직계혈족 및 그 배우자를 말한다.

2 수급권자

1. 수급권자 (제3조)

- 국민기초생활보장법에 따른 의료급여 수급자
- 재해구호법에 따른 이재민으로서 보건복지부장관이 의료급여가 필요하다고 인정한 사람
- 의사상자 등 예우 및 지원에 관한 법률에 따라 의료급여를 받는 사람
- 입양특례법에 따라 국내에 입양된 18세 미만의 아동
- 독립유공자예우에 관한 법률, 국가유공자 등 예우 및 지원에 관한 법률 및 보훈보상대상자 지원에 관한 법률의 적용을 받고 있는 사람과 그 가족으로서 국가보훈부장관이 의료급여가 필요하다고 추천한 사람 중에서 보건복지부장관이 의료급여가 필요하다고 인정한 사람
- 무형유산의 보전 및 진흥에 관한 법률에 따라 지정된 국가무형유산의 보유자(명예보유자를 포함)와 그 가족으로서 국가유산청장이 의료급여가 필요하다고 추천한 사람 중에서 보건복지부장관이 의료급여가 필요하다고 인정한 사람
- 북한이탈주민의 보호 및 정착지원에 관한 법률의 적용을 받고 있는 사람과 그 가족으로서 보건복지부장관이 의료급여가 필요하다고 인정한 사람
- 5·18 민주화운동 관련자 보상 등에 관한 법률에 따라 보상금등을 받은 사람과 그 가족으로서 보건복지부장관이 의료급여가 필요하다고 인정한 사람
- 노숙인 등의 복지 및 자립지원에 관한 법률에 따른 노숙인 등으로서 보건복지부장관이 의료급여가 필요하다고 인정한 사람
- 그 밖에 생활유지 능력이 없거나 생활이 어려운 사람으로서 대통령령으로 정하는 사람

중요도 ★ ★ ★

의료급여법의 수급권자에 대한 내용은 시험에 자주 출제되고 있다. 단독으로 출제되기보다는 의료급여법의 전반적인 사항을 묻는 문제의 선택지로 자주 출제된다.

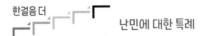

한걸음 더 — 난민에 대한 특례

난민법에 따른 난민인정자로서 국민기초생활보장법에 따른 의료급여 수급권자의 범위에 해당하는 사람은 수급권자로 본다.

중요도

1종 수급권자와 2종 수급권자는 의료기관 이용 시 본인부담금에 차이가 있어 2종 수급권자가 좀 더 많은 부담을 갖게 된다. 수급권자의 구분에 관한 문제가 출제된 바 있으므로 1종 수급권자와 2종 수급권자의 차이를 명확하게 구분할 수 있어야 한다.

2. 1종 및 2종 수급권자의 구분(시행령 제3조)

(1) 1종 수급권자 ★꼭!

- '국민기초생활보장법에 따른 의료급여 수급자, 의사상자 등 예우 및 지원에 관한 법률에 따라 의료급여를 받는 사람, 입양특례법에 따라 국내에 입양된 18세 미만의 아동, 독립유공자예우에 관한 법률·국가유공자 등 예우 및 지원에 관한 법률 및 보훈보상대상자 지원에 관한 법률의 적용을 받고 있는 사람과 그 가족으로서 국가보훈부장관이 의료급여가 필요하다고 추천한 사람 중에서 보건복지부장관이 의료급여가 필요하다고 인정한 사람, 무형유산의 보전 및 진흥에 관한 법률에 따라 지정된 국가무형유산의 보유자(명예보유자 포함)와 그 가족으로서 문화재청장이 의료급여가 필요하다고 추천한 사람 중에서 보건복지부장관이 의료급여가 필요하다고 인정한 사람, 북한이탈주민의 보호 및 정착지원에 관한 법률의 적용을 받고 있는 사람과 그 가족으로서 보건복지부장관이 의료급여가 필요하다고 인정한 사람, 5·18민주화운동 관련자 보상 등에 관한 법률에 따라 보상금등을 받은 사람과 그 가족으로서 보건복지부장관이 의료급여가 필요하다고 인정한 사람' 중 다음의 어느 하나에 해당하는 사람
  - 18세 미만인 사람만으로 구성된 세대의 구성원
  - 65세 이상인 사람만으로 구성된 세대의 구성원
  - 장애인고용촉진 및 직업재활법에 따른 중증장애인만으로 구성된 세대의 구성원
  - 질병, 부상 또는 그 후유증으로 치료나 요양이 필요한 사람 중에서 근로능력평가를 통하여 특별자치시장·특별자치도지사·시장(특별자치도의 행정시장은 제외)·군수·구청장이 근로능력이 없다고 판정한 사람만으로 구성된 세대의 구성원
  - 세대의 구성원을 양육·간병하는 사람 등 근로가 곤란하다고 보건복지부장관이 정하는 사람만으로 구성된 세대의 구성원
  - 임신 중에 있거나 분만 후 6개월 미만의 여자만으로 구성된 세대의 구성원

– 병역법에 의한 병역의무를 이행중인 사람만으로 구성된 세대의 구성원

– 국민기초생활보장법에 따른 보장시설에서 급여를 받고 있는 사람

– 보건복지부장관이 정하여 고시하는 결핵질환, 희귀난치성질환 또는 중 증질환을 가진 사람

보충자료

1종 수급권자와 2종 수급권자의 차이

- 재해구호법에 따른 이재민으로서 보건복지부장관이 의료급여가 필요하다 고 인정한 사람
- 노숙인 등의 복지 및 자립지원에 관한 법률에 따른 노숙인 등으로서 보건복 지부장관이 의료급여가 필요하다고 인정한 사람
- 일정한 거소가 없는 사람으로서 경찰관서에서 무연고자로 확인된 사람이며 보건복지부장관이 의료급여가 필요하다고 인정하는 사람
- 그 밖에 보건복지부령으로 정하는 사람으로서 보건복지부장관이 1종 의료 급여가 필요하다고 인정하는 사람

(2) 2종 수급권자 ★ꞌ

- '국민기초생활 보장법에 따른 의료급여 수급자, 의사상자 등 예우 및 지원 에 관한 법률에 따라 의료급여를 받는 사람, 입양특례법에 따라 국내에 입 양된 18세 미만의 아동, 독립유공자예우에 관한 법률·국가유공자 등 예우 및 지원에 관한 법률 및 보훈보상대상자 지원에 관한 법률의 적용을 받고 있는 사람과 그 가족으로서 국가보훈부장관이 의료급여가 필요하다고 추천 한 사람 중에서 보건복지부장관이 의료급여가 필요하다고 인정한 사람, 무 형유산의 보전 및 진흥에 관한 법률에 따라 지정된 국가무형유산의 보유자 (명예보유자 포함)와 그 가족으로서 문화재청장이 의료급여가 필요하다고 추천한 사람 중에서 보건복지부장관이 의료급여가 필요하다고 인정한 사 람, 북한이탈주민의 보호 및 정착지원에 관한 법률의 적용을 받고 있는 사 람과 그 가족으로서 보건복지부장관이 의료급여가 필요하다고 인정한 사 람, 5·18민주화운동 관련자 보상 등에 관한 법률에 따라 보상금등을 받은 사람과 그 가족으로서 보건복지부장관이 의료급여가 필요하다고 인정한 사 람' 중 1종 수급권자에 해당하지 않는 사람
- 그 밖에 보건복지부령으로 정하는 사람으로서 보건복지부장관이 2종 의료 급여가 필요하다고 인정하는 사람

3. 수급권자의 인정 절차(제3조의3)

- 수급권자가 되려는 사람은 보건복지부령으로 정하는 바에 따라 특별자치시

장·특별자치도지사·시장(특별자치도의 행정시장은 제외)·군수·구청장(구청장은 자치구의 구청장을 말한다)에게 수급권자 인정 신청을 하여야 한다.

• 시장·군수·구청장은 신청인을 수급권자로 인정하는 것이 타당한지를 확인하기 위하여 필요한 경우 그 신청인에게 자료 또는 정보의 제공에 동의한다는 서면을 제출하게 할 수 있다.

• 신청에 따른 조사, 확인조사, 금융정보 등의 제공 등에 관하여는 국민기초생활보장법의 관련 조항(제22조, 제23조 및 제23조의2)을 준용한다.

3 의료급여

			기출회차		
		3	4	5
6	7	8	9	10
11	12	13	14	15
16	17	18	19	20
21	22			

강의로 복습하는 기출회독 시리즈

Keyword 233

1. 의료급여의 내용(제7조)

중요도 ★ ★

의료급여에 관한 문제는 대부분 전반적인 내용을 묻는 형태로 출제되기 때문에 빠짐없이 내용을 정리하는 것이 필요하다. 의료급여의 내용에는 어떠한 것이 있는지 반드시 기억해두자.

• 수급권자의 질병·부상·출산 등에 대한 의료급여의 내용은 진찰·검사, 약제·치료재료의 지급, 처치·수술과 그 밖의 치료, 예방·재활, 입원, 간호, 이송과 그 밖의 의료목적의 달성을 위한 조치이다.
• 의료급여의 방법·절차·범위·한도 등 의료급여의 기준에 관하여는 보건복지부령으로 정하고, 의료수가기준과 그 계산방법 등에 관하여는 보건복지부장관이 정한다.
• 의료급여의 기준을 정할 때에는 업무 또는 일상생활에 지장이 없는 질환 등 보건복지부령으로 정하는 사항은 의료급여 대상에서 제외할 수 있다.

2. 의료급여증(제8조) 22회 기출

• 시장·군수·구청장은 수급권자가 신청하는 경우 의료급여증을 발급하여야 한다. 다만, 부득이한 사유가 있는 경우에는 의료급여증을 갈음하여 의료급여증명서를 발급하거나 보건복지부령으로 정하는 바에 따라 의료급여증을 발급하지 아니할 수 있다.
• 수급권자가 의료급여를 받을 때에는 의료급여증 또는 의료급여증명서를 의료급여기관에 제출하여야 한다. 다만, 천재지변이나 그 밖의 부득이한 사유가 있으면 그러하지 아니하다.
• 수급권자는 주민등록증(모바일 주민등록증 포함), 운전면허증, 여권, 그 밖에 본인 여부를 확인할 수 있는 보건복지부령으로 정하는 신분증명서로 의료급여기관이 그 자격을 확인할 수 있으면 의료급여증 또는 의료급여증명서를 제출하지 아니할 수 있다.
• 누구든지 의료급여증, 의료급여증명서 또는 신분증명서를 다른 사람에게 양도하거나 대여하여 의료급여를 받게 하여서는 아니 된다.
• 누구든지 의료급여증, 의료급여증명서 또는 신분증명서를 양도 또는 대여

받거나 그 밖에 이를 부정하게 사용하여 의료급여를 받아서는 아니 된다.

3. 급여의 개시 및 절차

(1) 의료급여의 개시일(시행령 제6조)

수급권자에 대한 의료급여는 국민기초생활보장법에 따른 수급자가 되거나 수급권자로 인정된 날부터 개시한다. 다만, 무연고자는 행정기관이 응급진료를 받게 한 날부터, 의상자 또는 의사자의 유족은 의상자 또는 의사자가 다른 사람의 생명·신체 또는 재산을 구하다가 신체의 부상을 입거나 사망한 날부터 개시한다.

(2) 의료급여의 절차(시행규칙 제3조)

- 수급권자가 의료급여를 받으려는 경우에는 제1차 의료급여기관에 의료급여를 신청해야 한다. 다만, '응급환자인 경우, 분만의 경우, 보건복지부장관이 정하여 고시하는 결핵질환·희귀난치성질환 또는 중증질환을 가진 사람이 의료급여를 받으려는 경우, 제2차 의료급여기관 또는 제3차 의료급여기관에서 근무하는 수급권자가 그 근무하는 의료급여기관에서 의료급여를 받으려는 경우, 장애인이 보조기기를 지급받으려는 경우, 장애인이 장애인구강진료센터에서 의료급여를 받으려는 경우, 감염병의 확산 등 긴급한 사유가 있어 보건복지부장관이 정하여 고시하는 기준에 따라 의료급여를 받으려는 경우, 국가건강검진을 받은 사람이 보건복지부장관이 정하여 고시하는 결핵질환의 확진검사에 대하여 의료급여를 받으려는 경우'의 어느 하나에 해당하는 경우에는 제2차 의료급여기관 또는 제3차 의료급여기관에 의료급여를 신청할 수 있고, '단순물리치료가 아닌 작업치료·운동치료 등의 재활치료가 필요하다고 인정되는 사람이 재활의학과에서 의료급여를 받으려는 경우, 한센병환자가 의료급여를 받으려는 경우, 장애인이 의료급여를 받으려는 경우, 섬·벽지 지역의 의료급여수급권자가 의료급여를 받으려는 경우, 상이등급을 받은 사람이 의료급여를 받으려는 경우, 15세 이하의 아동이 의료급여를 받으려는 경우'에는 제2차 의료급여기관에 의료급여를 신청할 수 있다.
- 노숙인 등(국민기초생활보장법에 따른 수급자는 제외)인 수급권자는 노숙인진료시설인 제1차 의료급여기관 또는 제2차 의료급여기관에 의료급여를 신청하여야 한다. 다만, '노숙인 등이 응급환자인 경우, 노숙인 등이 분만하는 경우' 중 어느 하나에 해당하는 경우에는 노숙인진료시설이 아닌 제

1차 의료급여기관, 제2차 의료급여기관 및 제3차 의료급여기관에 의료급여를 신청할 수 있다.

- 의료급여 신청을 받은 의료급여기관은 진찰 결과 또는 진료 중에 다른 의료급여기관의 진료가 필요하다고 판단하는 경우에는 진료담당의사의 진료의견을 기재한 의료급여의뢰서를 수급권자 또는 그 보호자에게 발급하여야 한다. 이 경우 진료를 의뢰할 수 있는 다른 의료급여기관의 범위는 다음 구분에 따른다.
  - 제1차 의료급여기관이 의료급여 신청을 받은 경우: 제2차 의료급여기관에 의뢰. 다만, 노숙인 등인 수급권자의 의료급여 신청을 받은 제1차 의료급여기관은 노숙인진료시설인 제2차 의료급여기관에 의뢰하여야 한다.
  - 제2차 의료급여기관이 의료급여 신청을 받은 경우: 다른 제2차 의료급여기관 또는 제3차 의료급여기관에 의뢰. 다만, 노숙인 등인 수급권자의 의료급여 신청을 받은 제2차 의료급여기관은 제3차 의료급여기관 또는 다른 노숙인진료시설인 제2차 의료급여기관에 의뢰하여야 한다.
  - 제3차 의료급여기관이 의료급여 신청을 받은 경우: 다른 제3차 의료급여기관에 의뢰
- 의료급여의뢰서를 발급받은 수급권자는 발급받은 날부터 7일(공휴일을 제외) 이내에 제2차 의료급여기관 또는 제3차 의료급여기관에 이를 제출하여야 한다. 이 경우 의료급여의뢰서를 발급받은 날부터 7일 이내에 진료를 예약하고 진료를 받는 때에 의료급여의뢰서를 제출하는 경우에는 예약접수일을 의료급여의뢰서 제출일로 본다.

4. 급여의 제한 및 중지

(1) 적용배제(제4조)

- 수급권자가 업무 또는 공무로 생긴 질병·부상·재해로 다른 법령에 따른 급여나 보상(報償) 또는 보상(補償)을 받게 되는 경우에는 이 법에 따른 의료급여를 하지 아니한다.
- 수급권자가 다른 법령에 따라 국가나 지방자치단체 등으로부터 의료급여에 상당하는 급여 또는 비용을 받게 되는 경우에는 그 한도에서 이 법에 따른 의료급여를 하지 아니한다.

타급여 우선의 원칙
급여 신청자가 다른 법령에 의해 보호를 받을 수 있는 경우에는 의료급여에 우선하여 다른 법령에 의한 보호가 먼저 행해져야 한다는 원칙이다.

(2) 의료급여 상한일수 설정(시행규칙 제8조의3, 제8조의4)

- 수급권자가 의료급여기금의 부담으로 의료급여를 받을 수 있는 일수(상한일수)는 다음에 정하는 바에 따른다. 다만, 인체면역결핍증바이러스 질환자에 대해서는 상한일수를 제한하지 않는다.
  - 보건복지부장관이 정하여 고시하는 결핵질환, 희귀난치성질환 및 중증질환: 각 질환별로 연간 365일(윤년의 경우 366일)
  - 정신 및 행동장애 등 보건복지부장관이 정하여 고시하는 질환: 각 질환별로 연간 380일
  - 그 밖의 질환: 모든 질환의 의료급여 일수를 합하여 연간 400일
- 수급권자가 장기간 입원 또는 복합적인 투약 등으로 불가피하게 의료급여를 받아야 할 사유가 발생한 경우에는 보건복지부장관이 정하는 기준에 따라 시장·군수·구청장의 승인을 얻어 상한일수를 초과하여 의료급여를 받을 수 있다. 이 경우 시장·군수·구청장은 시·군·구 의료급여심의위원회의 심의를 거쳐야 한다.
- 의료급여일수의 산정방법 등: 의료급여일수(급여일수)는 매년 1월 1일부터 12월 31일까지의 입원일수, 투약일수, 투약없이 외래로 의료급여를 받는 경우의 급여일수 및 경구약제만을 투여받는 경우의 급여일수를 합하여 산정한다. 다만 다음의 일수를 제외한다.
  - 입원 중 입원한 의료급여기관에서 투약받는 경우 그 입원기간 중의 투약일수
  - 동일 처방에 의하여 원내투약과 원외투약이 동시에 이루어지는 경우 중복되는 투약일수
  - 혈액투석 또는 복막투석을 받고 있는 만성신부전증환자와 장기이식을 받은 환자가 보건복지부장관이 정하여 고시하는 필수적인 경구약제를 투여받는 경우 그 투약일수

(3) 급여일수의 통보(시행규칙 제8조의5)

공단은 급여일수가 180일 이상이 되는 수급권자가 있는 경우에는 다음의 사항을 그 수급권자 및 해당 시장·군수·구청장에게 해당 연도 6월 30일까지 통보해야 한다. 다만, 급여일수가 300일 이상이 되는 수급권자의 경우에는 매월 1회 이상 통보해야 한다.

- 해당 연도 1월 1일부터 통보일까지의 급여일수
- 상한일수를 초과하여 의료급여를 받으면서 승인을 얻지 않은 경우에 수급권자가 부담해야 하는 의료급여비용

(4) 급여의 제한(제15조)

- 시장 · 군수 · 구청장은 수급권자가 자신의 고의 또는 중대한 과실로 인한 범죄행위에 그 원인이 있거나 고의로 사고를 일으켜 의료급여가 필요하게 된 경우와 정당한 이유없이 이 법의 규정이나 의료급여기관의 진료에 관한 지시에 따르지 아니한 경우에는 의료급여를 하지 아니한다.
- 의료급여기관은 수급권자가 의료급여 제한사유 어느 하나에 해당하는 경우 대통령령으로 정하는 바에 따라 수급권자의 거주지를 관할하는 시장 · 군수 · 구청장에게 알려야 한다.

(5) 급여의 변경(제16조)

- 시장 · 군수 · 구청장은 수급권자의 소득 · 재산상황 · 근로능력 등이 변동되었을 때에는 직권 또는 수급권자나 그 친족 그 밖의 관계인의 신청을 받아 급여의 내용 등을 변경할 수 있다.
- 시장 · 군수 · 구청장은 의료급여의 내용 등을 변경하였을 때에는 서면으로 그 이유를 밝혀 수급권자에게 알려야 한다.

(6) 급여의 중지(제17조)

- 시장 · 군수 · 구청장은 수급권자가 수급권자에 대한 의료급여가 필요 없게 된 경우, 수급권자가 의료급여를 거부한 경우에는 의료급여를 중지하여야 한다.
- 시장 · 군수 · 구청장은 의료급여를 거부한 경우에는 수급권자가 속한 가구원 전부에 대하여 의료급여를 중지하여야 한다.
- 시장 · 군수 · 구청장은 위의 규정에 따라 의료급여를 중지하였을 때에는 서면으로 그 이유를 밝혀 수급권자에게 알려야 한다.

5. 의료급여기관

(1) 실시기관(제9조) 꼭! ⭐

- 의료급여는 다음의 기관에서 실시한다.
  - 의료법에 따라 개설된 의료기관
  - 지역보건법에 따라 설치된 보건소, 보건의료원 및 보건지소
  - 농어촌 등 보건의료를 위한 특별조치법에 따라 설치된 보건진료소
  - 약사법에 따라 개설 등록된 약국 및 한국희귀 · 필수의약품 센터
- 보건복지부장관은 공익 또는 국가시책상 의료급여기관으로 적합하지 않다

중요도 ★

의료급여법상의 의료급여기관에 관한 내용은 자주 출제되는 부분이므로 반드시 꼼꼼하게 정리해 둘 필요가 있다. 의료급여기관에 해당하는 것을 묻는 문제가 출제된 바 있으며, 의료급여법의 전반적인 내용을 묻는 문제에서도 선택지로 자주 등장한다.

고 인정할 때에는 대통령령으로 정하는 바에 따라 의료급여기관에서 제외할 수 있다.

- 의료급여기관은 정당한 이유 없이 이 법에 따른 의료급여를 거부하지 못한다.

한걸음 더 의료급여기관에서 제외할 수 있는 의료기관

보건복지부장관이 의료급여기관에서 제외할 수 있는 의료기관은 다음과 같다.

1. 부속의료기관
2. 면허자격정지처분을 5년 동안에 2회 이상 받은 의료인 또는 약사가 개설·운영하는 의료기관 또는 약국
3. 업무정지 또는 과징금 처분을 5년 동안에 2회 이상 받은 의료기관 또는 약국
4. 업무정지처분의 절차가 진행 중이거나 업무정지처분을 받은 의료급여기관의 개설자가 개설한 의료기관 또는 약국

(2) 구분(제9조)

① 제1차 의료급여기관

- 의료법에 따라 시장·군수·구청장에게 개설 신고를 한 의료기관
- 지역보건법에 따라 설치된 보건소·보건의료원 및 보건지소
- 농어촌 등 보건의료를 위한 특별조치법에 따라 설치된 보건진료소
- 약사법에 따라 등록된 약국 및 한국희귀·필수의약품 센터

② 제2차 의료급여기관

의료법에 따라 시·도지사가 개설 허가를 한 의료기관

③ 제3차 의료급여기관

제2차 의료급여기관 중에서 보건복지부장관이 지정하는 의료기관

(3) 급여비용의 청구와 지급(제11조)

- 의료급여기관은 의료급여기금에서 부담하는 급여비용의 지급을 시장·군수·구청장에게 청구할 수 있다.
- 급여비용을 청구하려는 의료급여기관은 급여비용심사기관에 급여비용의 심사청구를 하여야 하며, 심사청구를 받은 급여비용심사기관은 이를 심사한 후 지체없이 그 내용을 시장·군수·구청장 및 의료급여기관에 알려야 한다.
- 심사의 내용을 통보받은 시장·군수·구청장은 지체없이 그 내용에 따라

급여비용을 의료급여기관에 지급하여야 한다. 이 경우 수급권자가 이미 납부한 본인부담금이 과다한 경우에는 의료급여기관에 지급할 금액에서 그 과다하게 납부된 금액을 공제하여 이를 수급권자에게 반환하여야 한다.

- 시장·군수·구청장은 의료급여의 적정성 여부를 평가할 수 있고, 그 평가 결과에 따라 급여비용을 가산 또는 감액 조정하여 지급한다. 이 경우 평가 결과에 따른 급여비용의 가감지급의 기준은 보건복지부령으로 정한다.
- 시장·군수·구청장은 적정성 평가결과를 공개할 수 있다.

(4) 서류의 보존(제11조의2)

- 의료급여기관은 의료급여가 끝난 날부터 5년간 보건복지부령으로 정하는 바에 따라 급여비용의 청구에 관한 서류를 보존하여야 한다.
- 약국 등 보건복지부령으로 정하는 의료급여기관은 처방전을 급여비용을 청구한 날부터 3년간 보존하여야 한다.

(5) 의료급여기관의 비용 청구에 관한 금지행위(제11조의4)

의료급여기관은 의료급여를 하기 전에 수급권자에게 본인부담금을 청구하거나 수급권자가 이 법에 따라 부담하여야 하는 비용과 비급여비용 외에 입원보증금 등 다른 명목의 비용을 청구하여서는 안 된다.

(6) 의료급여기관의 업무정지 등(제28조)

- 보건복지부장관은 의료급여기관이 다음 중 어느 하나에 해당하면 1년의 범위에서 기간을 정하여 의료급여기관의 업무정지를 명할 수 있다.
  - 속임수나 그 밖의 부당한 방법으로 수급권자, 부양의무자 또는 시장·군수·구청장에게 급여비용을 부담하게 한 경우
  - 본인부담금을 미리 청구하거나 입원보증금 등 다른 명목의 비용을 청구한 경우
  - 진료·약제의 지급 등 의료급여에 관한 보고 또는 관계 서류의 제출을 하지 아니하거나 거짓 보고를 하거나 거짓 서류를 제출하거나 소속 공무원의 질문 및 검사를 거부·방해 또는 기피한 경우
- 보건복지부장관은 제3차 의료급여기관이 위의 어느 하나에 해당하면 그 지정을 취소할 수 있다. 지정취소처분을 받은 제3차 의료급여기관을 그 지정을 취소한 날부터 1년 이내에는 제3차 의료급여기관으로 다시 지정할 수 없다.
- 업무정지처분을 받은 자는 해당 업무정지기간 중에는 의료급여를 하지 못한다.

(7) 과징금(제29조)

- 보건복지부장관은 의료급여기관에 업무정지처분을 하여야 하는 경우로서 그 업무정지처분이 수급권자에게 심한 불편을 주거나 그 밖의 특별한 사유가 있다고 인정되면 그 업무정지처분을 갈음하여 속임수나 그 밖의 부당한 방법으로 부담하게 한 급여비용의 5배 이하의 금액을 과징금으로 부과·징수할 수 있다. 이 경우 보건복지부장관은 12개월의 범위에서 분할 납부를 하게 할 수 있다.
- 보건복지부장관은 과징금을 납부하여야 할 자가 납부기한까지 내지 아니하면 대통령령으로 정하는 바에 따라 과징금 부과 처분을 취소하고 업무정지처분을 하거나 국세 체납처분의 예에 따라 징수할 수 있고, 과징금 징수에 관한 권한이 시·도지사에게 위임된 경우에는 시·도지사가 지방세 체납처분의 예에 따라 징수할 수 있다. 이 경우 의료급여기관의 폐업 등으로 업무정지 처분을 할 수 없으면 국세 체납처분 또는 지방세 체납처분의 예에 따라 징수한다.
- 과징금을 부과하는 위반행위의 종류, 위반 정도 등에 따른 과징금의 금액과 그 밖에 필요한 사항은 대통령령으로 정한다.

6. 급여비용의 본인부담(제10조, 시행령 제13조)

- 급여비용은 대통령령으로 정하는 바에 따라 그 전부 또는 일부를 의료급여기금에서 부담하되, 의료급여기금에서 일부를 부담하는 경우 그 나머지 비용은 본인이 부담한다.
- 의료급여가 제한되는 경우, 기금에 상당한 부담을 초래한다고 인정되는 경우 등 보건복지부령이 정하는 경우 또는 항목에 대하여는 보건복지부령이 정하는 금액을 수급권자가 부담한다.
- 기금에서 부담하는 급여비용 외에 수급권자가 부담하는 본인부담금(급여대상 본인부담금)과 위의 규정에 따라 수급권자가 부담하는 본인부담금은 의료급여기관의 청구에 의하여 수급권자가 의료급여기관에 지급한다.
- 본인부담금 보상제: 위의 규정에 따라 의료급여기관에 지급한 급여대상 본인부담금이 매 30일간 1종의 경우 2만원, 2종의 경우 20만원의 금액을 초과한 경우에는 그 초과한 금액의 100분의 50에 해당하는 금액을 보건복지부령이 정하는 바에 따라 시장·군수·구청장이 수급권자에게 지급한다. 다만, 지급하여야 할 금액이 2천원 미만인 경우에는 이를 지급하지 아니한다.
- 본인부담금 상한제: 급여대상 본인부담금에서 위 규정에 따라 지급받은 금

액을 차감한 금액이 1종의 경우 매 30일간 5만원, 2종의 경우 연간 80만원
의 금액을 초과한 경우에는 그 초과금액을 기금에서 부담한다. 다만, 초과
금액이 2천원 미만인 경우에는 이를 수급권자가 부담한다.
• 시장·군수·구청장은 수급권자가 위의 규정에 따라 기금에서 부담하여야
하는 초과금액을 의료급여기관에 지급한 경우에는 보건복지부령이 정하는
바에 따라 그 초과금액을 수급권자에게 지급하여야 한다.

7. 기타

(1) 요양비(제12조)
시장·군수·구청장은 수급권자가 긴급하거나 그 밖의 부득이한 사유로 의
료급여기관과 같은 기능을 수행하는 기관에서 질병·부상·출산 등에 대하
여 의료급여를 받거나 의료급여기관이 아닌 장소에서 출산을 하였을 때에는
그 의료급여에 상당하는 금액을 수급권자에게 요양비로 지급한다.

(2) 장애인 및 임산부에 대한 특례(제13조)
• 시장·군수·구청장은 장애인복지법에 따라 등록한 장애인인 수급권자에
게 보조기기에 대하여 급여를 실시할 수 있다.
• 시장·군수·구청장은 임신한 수급권자가 임신기간 중 의료급여기관에서
받는 진료에 드는 비용(출산비용을 포함)에 대하여 추가급여를 실시할 수
있다.

(3) 건강검진(제14조)
시장·군수·구청장은 이 법에 따른 수급권자에 대하여 질병의 조기발견과
그에 따른 의료급여를 하기 위하여 건강검진을 할 수 있다.

기출회차

		3	4	5
6	7	**8**	9	10
11	12	13	14	15
16	17	18	19	20
21	**22**			

강의로 복습하는 기출회독 시리즈

Keyword 233

4 보장기관 등

1. 보장기관(제5조)

의료급여에 관한 업무는 수급권자의 거주지를 관할하는 특별시장·광역시장·도지사와 시장·군수·구청장이 한다. 주거가 일정하지 아니한 수급권자에 대하여는 그가 실제 거주하는 지역을 관할하는 시장·군수·구청장이 한다. 특별시장·광역시장·시·도지사 및 시·군·구청장은 수급권자의 건강 유지·증진을 위하여 필요한 사업을 실시하여야 한다.

2. 사례관리(제5조의2)

• 보건복지부장관, 특별시장·광역시장·도지사 및 시·군·구청장은 수급권자의 건강관리 능력 향상 및 합리적 의료이용 유도 등을 위하여 사례관리를 실시할 수 있다. 사례관리를 실시하기 위하여 특별시·광역시·특별자치시·도·특별자치도(이하 시·도) 및 시·군·구에 의료급여 관리사를 둔다.
• 보건복지부장관은 사례관리 사업의 전문적인 지원을 위하여 해당 업무를 공공 또는 민간 기관·단체 등에 위탁하여 실시할 수 있다.

3. 의료급여심의위원회(제6조) 22회 기출

• 의료급여사업의 실시에 관한 사항을 심의하기 위하여 보건복지부와 시·도와 시·군·구에 각각 의료급여심의위원회를 둔다. 다만, 시·도 및 시·군·구에 두는 의료급여심의위원회의 경우에는 그 기능을 담당하기에 적합한 다른 위원회가 있고 그 위원회의 위원이 규정된 자격을 갖춘 경우 시·도 또는 시·군·구의 조례로 각각 정하는 바에 따라 그 위원회로 하여금 의료급여심의위원회의 기능을 수행하게 할 수 있다.

- 보건복지부에 두는 의료급여심의위원회(중앙의료급여심의위원회)는 '의료급여사업의 기본방향 및 대책 수립에 관한 사항, 의료급여기준 및 수가에 관한 사항, 그 밖에 보건복지부장관 또는 위원장이 부의하는 사항' 등을 심의한다.
- 중앙의료급여심의위원회는 위원장을 포함하여 15명 이내의 위원으로 구성하고 위원은 보건복지부장관이 '공익을 대표하는 사람(의료보장에 관한 전문가로서 대학의 조교수 이상인 사람 또는 연구기관의 연구원으로 재직 중인 사람), 의약계를 대표하는 사람 및 사회복지계를 대표하는 사람, 관계 행정기관 소속의 3급 이상 공무원' 중에서 위촉·지명하며 위원장은 보건복지부차관으로 한다.
- 시·도에 두는 의료급여심의위원회는 위원장 및 부위원장 각 1명을 포함한 7명 이하의 위원으로 성별을 고려하여 구성하고, 시·군·구에 두는 의료급여심의위원회는 위원장 및 부위원장 각 1명을 포함한 5명 이하의 위원으로 성별을 고려하여 구성한다.
- 보건복지부, 시·도 및 시·군·구에 두는 의료급여심의위원회 위원의 임기는 3년으로 하되, 연임할 수 있다. 각 위원회의 위원장은 해당 위원회를 대표하며, 그 위원회의 사무를 통할한다. 각 위원회의 부위원장은 위원장을 보좌하며, 위원장이 부득이한 사유로 직무를 수행할 수 없는 때에는 그 직무를 대행한다.
- 시·도에 두는 의료급여심의위원회는 '의료급여기금의 관리·운영에 관한 주요사항, 시·군·구의 의료급여사업의 조정에 관한 사항, 그 밖에 의료급여사업과 관련하여 시·도지사가 필요하다고 인정하여 회의에 부치는 사항'을 심의한다.
- 시·군·구에 두는 의료급여심의위원회는 '대지급금 및 부당이득금 등의 결손처분에 관한 사항, 의료급여일수의 연장승인에 관한 사항, 그 밖에 의료급여사업과 관련하여 시장·군수·구청장이 필요하다고 인정하여 회의에 부치는 사항'을 심의한다.

4. 의료급여기금 22회기출 🏆

(1) 의료급여기금의 설치 및 조성(제25조)

급여비용의 재원에 충당하기 위하여 시·도에 의료급여기금을 설치한다. 기금은 '국고보조금, 지방자치단체의 출연금, 상환받은 대지급금, 징수한 부당이득금, 징수한 과징금, 해당 기금의 결산상 잉여금 및 그 밖의 수입금'으로 조성한다. 국가와 지방자치단체는 기금운영에 필요한 충분한 예산을 확보하여야 한다.

(2) 기금의 관리 및 운용(제26조)

기금은 일반회계와 구분하여 별도의 계정을 설정하여 관리하여야 한다. 기금은 급여비용, 대지급에 드는 비용, 업무위탁에 드는 비용, 그 밖의 의료급여 업무에 직접 드는 비용으로서 보건복지부령이 정하는 비용에만 사용하여야 한다. 시·도지사는 기금에 여유자금이 있을 때에는 금융기관 또는 체신관서에의 예치, 국·공채 매입의 방법으로 이를 운용할 수 있다. 법에서 정한 사항 외에 기금의 관리·운용에 관하여 필요한 사항은 보건복지부령으로 정하는 바에 따라 해당 지방자치단체의 조례로 정한다.

5. 업무의 위탁(시행령 제20조)

(1) 건강보험심사평가원에 위탁

시장·군수·구청장은 '급여비용(건강검진비용을 포함)의 심사·조정, 의료급여(건강검진을 포함)의 적정성 평가, 급여비용과 의료급여와 관련된 심사 및 평가기준의 설정' 등의 업무를 심사평가원에 위탁한다.

(2) 국민건강보험공단에 위탁

시장·군수·구청장은 '수급권자의 건강 유지 및 증진을 위한 사업 중 보건복지부장관이 정하여 고시하는 사업, 급여비용의 지급 및 급여비용의 지급 보류, 건강검진의 실시 및 그 결과의 관리, 의료급여의 제한에 필요한 실태조사 및 자료수집, 의료급여의 한도 관리에 필요한 정보시스템의 구축 또는 운영, 의료급여기금에서 부담하는 급여비용을 적용받는 수급권자의 관리에 필요한 정보시스템의 구축 또는 운영, 수급권자의 자격 및 개인별 진료내역의 관리에 필요한 정보시스템의 구축 또는 운영' 등의 업무를 보험공단에 위탁한다.

기출회차

		3	4	5
6	7	8	9	10
11	12	13	14	15
16	17	18	19	20
21	22			

강의로 복습하는 기출회독 시리즈

Keyword 233

5 수급자의 권리보호

1. 수급권자의 권리보호

(1) 수급권의 보호

• 의료급여를 받을 권리는 양도하거나 압류할 수 없다.
• 요양비등수급계좌에 입금된 요양비등은 압류할 수 없다.

(2) 이의신청

• 수급권의 자격, 의료급여 및 급여비용에 대한 시장·군수·구청장의 처분에 이의가 있는 자는 시장·군수·구청장에게 이의신청을 할 수 있다.
• 급여비용의 심사·조정, 의료급여의 적정성 평가 및 급여 대상 여부의 확인에 관한 급여비용심사기관의 처분에 이의가 있는 보장기관, 의료급여기관 또는 수급권자는 급여비용심사기관에 이의신청을 할 수 있다.

(3) 소멸시효

의료급여를 받을 권리, 급여비용을 받을 권리, 대지급금을 상환 받을 권리는 3년간 행사하지 아니하면 소멸시효가 완성된다.

2. 벌칙 등

(1) 벌칙

• 업무를 수행하면서 취득한 금융정보·신용정보 또는 보험정보를 사용·제공 또는 누설한 사람은 5년 이하의 징역 또는 5천만원 이하의 벌금에 처한다.
• 업무를 수행하면서 얻은 정보와 자료를 이 법에서 정한 보장목적 외에 다른 용도로 사용하거나 다른 사람 또는 기관에 제공하는 경우, 대행청구단체의 종사자로서 거짓이나 그 밖의 부정한 방법으로 급여비용을 청구한 자는 3년 이하의 징역 또는 3천만원 이하의 벌금에 처한다.

- 정당한 이유 없이 이 법에 따른 의료급여를 거부한 자, 대행청구단체가 아닌 자로 하여금 급여비용의 심사청구를 대행하게 한 자, 속임수나 그 밖의 부정한 방법으로 의료급여를 받은 자 또는 제3자로 하여금 의료급여를 받게 한 자, 업무정지기간 중에 의료급여를 한 의료급여기관의 개설자는 1년 이하의 징역 또는 1천만원 이하의 벌금에 처한다.
- 정당한 이유 없이 보고 또는 서류제출을 하지 아니하거나 거짓으로 보고하거나 거짓 자료를 제출하거나 검사를 거부·방해 또는 기피한 사람은 1천만원 이하의 벌금에 처한다.

(2) 과태료

- 행정처분을 받은 사실 또는 행정처분 절차가 진행 중인 사실을 양수인 또는 합병 후 존속하는 법인이나 합병으로 설립된 법인에 알리지 아니한 자에게는 500만원 이하의 과태료를 부과한다.
- '서류보존의무를 위반한 자, 정당한 사유 없이 서류제출을 하지 아니하거나 거짓 서류를 제출하거나 질문에 대하여 진술을 거부하거나 거짓으로 진술하거나 검사 등 조사를 거부·방해·기피한 자'의 어느 하나에 해당하는 자에게는 100만원 이하의 과태료를 부과한다.

(3) 양벌규정

법인의 대표자나 법인 또는 개인의 대리인, 사용인, 그 밖의 종업원이 그 법인 또는 개인의 업무에 관하여 벌칙 조항에 해당하는 위반행위를 하면 그 행위자를 벌하는 외에 그 법인 또는 개인에게도 해당 조문의 벌금형을 과(科)한다. 다만, 법인 또는 개인이 그 위반행위를 방지하기 위하여 해당 업무에 관하여 상당한 주의와 감독을 게을리하지 아니한 경우에는 그러하지 아니하다.

3절 긴급복지지원법

[시행 2023.12.14 / 법률 제19448호 / 개정 2023.6.13]

한눈에 쏙! 중요도

❶ 개요

1. 목적과 의의	
2. 기본원칙 및 정의	★★★
3. 긴급지원 대상자 및 긴급지원기관	★★★
4. 국가 및 지방자치단체의 책무	

❷ 급여

1. 긴급지원의 종류 및 내용	★★★
2. 긴급지원의 기간 등	
3. 지원요청 및 신고	
4. 위기상황의 발굴	
5. 현장 확인 및 지원	
6. 긴급지원수급계좌	
7. 담당기구 설치 등	
8. 긴급지원심의위원회	

❸ 사후조사 및 적정성 심사

1. 압류 등의 금지	
2. 사후조사	
3. 긴급지원의 적정성 심사	
4. 지원중단 또는 비용환수	
5. 이의신청	
6. 벌칙	

1 개요

기출회차

		3	4	5
6	7	8	9	10
11	12	13	14	15
16	17	18	19	20
21	22			

강의로 복습하는 기출회독 시리즈

Keyword 234

1. 목적과 의의

(1) 목적(제1조)

긴급복지지원법은 생계곤란 등의 위기상황에 처하여 도움이 필요한 사람을 신속하게 지원함으로써 이들이 위기상황에서 벗어나 건강하고 인간다운 생활을 하게 함을 목적으로 한다.

(2) 의의

경제 양극화 및 이혼 증가 등 사회변화 속에서 소득상실, 질병과 같이 갑작스러운 위기상황이 발생한 경우 누구든지 손쉽게 도움을 청하고 필요한 지원을 받을 수 있는 제도를 마련하기 위하여 지역사회의 각종 복지자원을 활용하여 위기상황에 처한 자를 조기에 찾을 수 있는 체계를 갖추고 이들에게 필요한 지원을 신속하게 실시하며 기존의 공공부조제도나 사회복지서비스와 연계되도록 하려는 것이다.

2. 기본원칙 및 정의

(1) 기본원칙(제3조) 꼭!

- 이 법에 따른 지원은 위기상황에 처한 사람에게 일시적으로 신속하게 지원하는 것을 기본원칙으로 한다.
- 재해구호법, 국민기초생활보장법, 의료급여법, 사회복지사업법, 가정폭력방지 및 피해자보호 등에 관한 법률, 성폭력방지 및 피해자보호 등에 관한 법률 등 다른 법률에 따라 이 법에 따른 지원 내용과 동일한 내용의 구호·보호 또는 지원을 받고 있는 경우에는 이 법에 의한 지원을 하지 아니한다 (타급여 우선의 원칙).

중요도

긴급복지지원법의 전반적인 특징을 묻는 문제에서 위기상황에 대한 정의, 기본원칙 등의 내용이 다루어진 바 있으므로 반드시 정리해두어야 한다.

보충자료

긴급복지지원제도의 원칙

(2) 위기상황의 정의 ⭐

이 법에서 '위기상황'이란 본인 또는 본인과 생계 및 주거를 같이 하고 있는 가구구성원이 다음 중 어느 하나에 해당하는 사유로 인하여 생계유지 등이 어렵게 된 것을 말한다.

- 주소득자가 사망, 가출, 행방불명, 구금시설에 수용되는 등의 사유로 소득을 상실한 경우
- 중한 질병 또는 부상을 당한 경우
- 가구구성원으로부터 방임 · 유기되거나 학대 등을 당한 경우
- 가정폭력을 당하여 가구구성원과 함께 원만한 가정생활을 하기 곤란하거나 가구구성원으로부터 성폭력을 당한 경우
- 화재 또는 자연재해 등으로 인하여 거주하는 주택 또는 건물에서 생활하기 곤란하게 된 경우
- 주소득자 또는 부소득자의 휴업, 폐업 또는 사업장의 화재 등으로 인하여 실질적인 영업이 곤란하게 된 경우
- 주소득자 또는 부소득자의 실직으로 소득을 상실한 경우
- 보건복지부령으로 정하는 기준에 따라 지방자치단체의 조례로 정한 사유가 발생한 경우
- 그 밖에 보건복지부장관이 정하여 고시하는 사유가 발생한 경우

3. 긴급지원 대상자 및 긴급지원기관

중요도

긴급복지지원법의 전반적인 내용을 묻는 문제에서 긴급지원 대상자와 긴급지원기관에 관한 내용이 선택지로 출제된 바 있으므로 반드시 정리해두어야 한다.

(1) 긴급지원 대상자(제5조, 제5조의2) ⭐

- 이 법에 따른 지원대상자는 위기상황에 처한 사람으로서 이 법에 따른 지원이 긴급하게 필요한 사람으로 한다.
- 국내에 체류하고 있는 외국인 중 다음의 경우에 해당하는 사람이 위기상황에 처한 경우에는 긴급지원 대상자가 된다.
  - 대한민국 국민과 혼인 중인 사람
  - 대한민국 국민인 배우자와 이혼하거나 그 배우자가 사망한 사람으로서 대한민국 국적을 가진 직계존비속을 돌보고 있는 사람
  - 난민법에 따른 난민으로 인정된 사람
  - 본인의 귀책사유 없이 화재, 범죄, 천재지변으로 피해를 입은 사람
  - 그 밖에 보건복지부장관이 긴급한 지원이 필요하다고 인정하는 사람

(2) 긴급지원기관(제6조)

- 이 법에 따른 지원은 긴급지원 대상자의 거주지를 관할하는 시장 · 군수 · 구청장이 한다. 다만, 긴급지원 대상자의 거주지가 분명하지 아니한 경우에는 지원요청 또는 신고를 받은 시장 · 군수 · 구청장이 한다.
- 위 규정의 단서조항에도 불구하고 거주지가 분명하지 아니한 사람에게 지원요청 또는 신고가 특정지역에 집중되는 경우에는 긴급지원기관을 달리 정할 수 있다.
- 시장 · 군수 · 구청장은 이 법에 따른 긴급지원사업을 수행할 담당공무원(긴급지원담당공무원)을 지정하여야 한다. 이 경우 긴급지원담당공무원은 긴급지원사업을 포함한 복지 관련 교육훈련을 받은 사람으로 한다.

4. 국가 및 지방자치단체의 책무

(1) 국가 및 지방자치단체의 책무(제4조)

- 국가 및 지방자치단체는 위기상황에 처한 사람을 찾아 내어 최대한 신속하게 필요한 지원을 하도록 노력하여야 하며, 긴급지원의 지원대상 및 소득 또는 재산 기준, 지원 종류 · 내용 · 절차와 그 밖에 필요한 사항 등 긴급지원사업에 관하여 적극적으로 안내하여야 한다.
- 국가 및 지방자치단체는 이 법에 따른 지원 후에도 위기상황이 해소되지 아니하여 계속 지원이 필요한 것으로 판단되는 사람에게는 다른 법률에 따른 구호 · 보호 또는 지원을 받을 수 있도록 노력하여야 한다.
- 국가 및 지방자치단체는 위의 구호 · 보호 또는 지원이 어렵다고 판단되는 경우에는 민간기관 · 단체와의 연계를 통하여 구호 · 보호 또는 지원을 받을 수 있도록 노력하여야 한다.

(2) 예산분담(제17조)

국가 및 지방자치단체는 긴급지원 업무를 수행하기 위하여 필요한 비용을 분담하여야 한다.

2 급여

기출회차

		3	4	5
6	7	8	9	10
11	12	13	14	15
16	17	18	19	20
21	22			

강의로 복습하는 기출회독 시리즈

Keyword 234

1. 긴급지원의 종류 및 내용(제9조)

(1) 금전 또는 현물 등의 직접지원 ★꼭!

① 생계지원

- 식료품비 · 의복비 등 생계유지에 필요한 비용 또는 현물 지원
- 대상: 긴급지원 대상자로서 위기상황에 처해 생계유지가 곤란한 사람
- 시장 · 군수 · 구청장은 가구구성원의 수 등을 고려하여 보건복지부장관이 정하여 고시하는 기준에 따른 금액을 긴급지원 대상자에게 지급하여야 한다. 다만, 긴급지원 대상자가 거동이 불편하여 물품구매가 곤란한 경우 등 현금을 지급하는 것이 적절하지 아니하다고 판단되는 경우에는 이에 상당하는 현물을 지급할 수 있다.
- 시장 · 군수 · 구청장은 현금을 지급하는 경우에는 해당금액을 금융기관 또는 체신관서의 긴급지원 대상자 계좌에 입금하여야 한다. 다만, 긴급지원 대상자가 금융기관 또는 체신관서가 없는 지역에 거주하는 등 부득이한 사유가 있는 경우에는 해당 금액을 현금으로 긴급지원대상자에게 직접 지급할 수 있다.

② 의료지원

- 각종 검사 및 치료 등 의료서비스 지원
- 대상: 긴급지원 대상자로서 의료비를 감당하기 곤란한 사람
- 시장 · 군수 · 구청장은 다음 중 어느 하나에 해당하는 의료기관 또는 약국으로 하여금 긴급지원 대상자에게 검사 및 치료 등의 의료서비스를 제공하게 하여야 한다.
  - 의료법에 따라 개설된 의료기관
  - 지방의료원의 설립 및 운영에 관한 법률에 따라 설치된 지방의료원
  - 지역보건법에 따라 설립된 보건소 · 보건의료원 및 보건지소
  - 농어촌 등 보건의료를 위한 특별조치법에 따라 설치된 보건진료소

중요도 ★ ★ ★

긴급지원의 종류는 생계지원, 의료지원, 주거지원, 사회복지시설 이용 지원, 그 밖의 지원 등 금전 또는 현물 등의 직접지원과 민간기관 · 단체와의 연계 등의 지원이 있다. 긴급지원의 종류에 대하여 묻는 문제가 출제된 바 있으므로 각각의 특징들을 꼼꼼하게 살펴보도록 하자.

– 약사법에 따라 등록된 약국

- 시장·군수·구청장은 국민건강보험법 및 의료급여법에 따른 본인부담금 등을 고려하여 보건복지부장관이 정하여 고시하는 금액의 범위에서 의료서비스 제공에 필요한 금액을 해당 의료서비스를 제공한 의료기관 등에게 지급하여야 한다.

③ 주거지원

- 임시거소 제공 또는 이에 해당하는 비용 지원
- 대상: 긴급지원 대상자로서 임시거소의 제공 또는 주거비 지원이 필요하다고 인정되는 사람
- 시장·군수·구청장은 긴급지원 대상자에게 임시거소를 제공하여야 한다. 다만, 임시거소를 제공하는 것이 곤란한 경우에는 거소 확보에 소요되는 비용을 긴급지원 대상자에게 지급할 수 있다.
- 시장·군수·구청장은 임시거소 중 국가 또는 지방자치단체 소유가 아닌 임시거소를 제공하는 경우에는 지역 등을 고려하여 보건복지부장관이 정하여 고시하는 기준에 따라 임시거소의 제공에 필요한 비용을 해당 임시거소의 소유자 또는 관리자에게 지급하여야 한다.

④ 사회복지시설 이용 지원

- 사회복지사업법에 따른 사회복지시설 입소 또는 이용 서비스의 제공이나 이에 필요한 비용 지원
- 대상: 긴급지원 대상자로서 사회복지시설에서 제공하는 서비스가 필요하다고 인정되는 사람
- 시장·군수·구청장은 긴급지원 대상자가 사회복지시설에 입소하거나 사회복지시설을 이용하게 하고, 시설 입소자 수 또는 이용자 수 등을 고려하여 보건복지부장관이 정하여 고시하는 금액의 범위에서 사회복지시설의 입소 또는 이용에 필요한 비용을 해당 사회복지시설을 운영하는 자에게 지급하여야 한다. 다만, 사회복지시설을 운영하는 자에게 지급하는 것이 적절하지 아니하다고 판단되는 경우에는 사회복지시설의 이용에 소요되는 금액을 긴급지원 대상자에게 지급할 수 있다.
- 시장·군수·구청장은 사회복지시설 이용 지원을 하는 경우 관할 사회복지시설의 장에게 지원을 요청할 수 있다. 이 경우 지원요청을 받은 사회복지시설의 장은 정당한 사유가 없으면 해당 시설의 입소기준에 불구하고 긴급지원 대상자가 긴급지원의 기간 동안 시설을 이용할 수 있도록 조치하여야 한다.

⑤ **교육지원**

- 초ㆍ중ㆍ고등학생의 수업료, 입학금, 학교운영지원비 및 학용품비 등 필요한 비용 지원
- 대상: 긴급지원 대상자로서 학교 또는 시설에 입학하거나 재학 중인 사람 중 교육비 지원이 필요하다고 인정되는 사람
- 시장ㆍ군수ㆍ구청장은 긴급지원 대상자에게 학교 또는 시설의 종류 등을 고려하여 보건복지부장관이 정하여 고시하는 기준에 따라 학비(수업료, 입학금, 학교운영지원비 및 학용품비 등)를 금전이나 물품으로 지급하여야 한다.
- 시장ㆍ군수ㆍ구청장은 금전을 지급하는 경우에는 해당 금액을 금융기관이나 체신관서에 개설된 긴급지원 대상자의 계좌에 입금하여야 한다. 다만, 긴급지원 대상자가 금융기관이나 체신관서가 없는 지역에 거주하는 등 부득이한 사유가 있는 경우에는 해당 금액을 현금으로 긴급지원 대상자에게 직접 지급할 수 있다.
- 교육지원의 목적을 달성하기 위하여 부득이한 경우에는 시장ㆍ군수ㆍ구청장이 직접 수업료 등을 납부하거나 학용품 등을 현물로 지급할 수 있다.
- 학비를 지원하는 경우에는 보건복지부령으로 정하는 분기에 따라 신청일이 속하는 해당 분기분을 지급하여야 한다.

⑥ **그 밖의 지원**

- 연료비 및 해산비 그 밖에 보건복지부장관이 정하는 지원
- 시장ㆍ군수ㆍ구청장은 보건복지부장관이 정하여 고시하는 금액의 범위에서 지원금을 긴급지원 대상자에게 지급하여야 한다. 다만, 지원의 성격상 현금을 지급하는 것이 적절하지 아니하다고 판단되는 경우에는 현물을 제공할 수 있다.

(2) 민간기관ㆍ단체와의 연계 등의 지원 ★꼭!

- 대한적십자사, 사회복지공동모금회 등의 사회복지기관ㆍ단체와의 연계 지원
- 상담ㆍ정보제공 등 그 밖의 지원

합격자의 한마디

긴급복지지원법에서는 금전 또는 현물 등의 직접지원과 민간기관ㆍ단체와의 연계 등의 지원을 구분하는 문제, 금전 또는 현물 등의 직접지원에는 어떠한 지원들이 있는지를 묻는 문제가 자주 출제되고 있어요.

2. 긴급지원의 기간 등

(1) 긴급지원의 기간(제10조) ★

- 생계지원에 따른 긴급지원은 3개월간, 주거지원·사회복지시설 이용 지원·그 밖의 지원(연료비나 그 밖에 위기상황의 극복에 필요한 비용 또는 현물 지원)에 따른 긴급지원은 1개월간의 생계유지 등에 필요한 지원으로 한다. 다만, 주거지원, 사회복지시설 이용 지원, 그 밖의 지원에 따른 긴급지원은 시장·군수·구청장이 긴급지원대상자의 위기상황이 계속된다고 판단하는 경우에는 1개월씩 두 번의 범위에서 기간을 연장할 수 있다.
- 의료지원은 위기상황의 원인이 되는 질병 또는 부상을 검사·치료하기 위한 범위에서 한 번 실시하고, 교육지원도 한 번 실시한다.
- 시장·군수·구청장은 위 규정에 의한 지원에도 불구하고 위기상황이 계속되는 경우에는 긴급지원심의위원회의 심의를 거쳐 지원을 연장할 수 있다. 이 경우 생계지원, 사회복지시설 이용 지원, 그 밖의 지원은 규정된 지원기간을 합하여 총 6개월을 초과해서는 안 되고, 주거지원은 규정된 지원기간을 합하여 총 12개월을 초과해서는 안 되며, 의료지원은 규정된 지원횟수를 합하여 총 2번, 교육지원은 규정된 지원횟수를 합하여 총 4번을 초과하여서는 아니된다.
- 지원연장에 관한 긴급지원심의위원회의 심의 시기 및 절차는 보건복지부령으로 정한다.

(2) 지원연장

① 지원연장결정(시행규칙 제3조)

시장·군수·구청장은 긴급지원 대상자에 대한 지원기간을 연장하려는 때에는 지원기간이 끝나기 3일 전까지 연장 여부를 결정하여야 하고, 지원연장을 결정한 때에는 지원연장기간 및 지원내용과 그 밖에 지원에 필요한 사항을 긴급지원 대상자에게 지체 없이 알려야 한다.

② 긴급지원의 추가연장(시행규칙 제4조)

- 시장·군수·구청장은 위기상황이 계속되는 긴급지원 대상자에 대하여 지원연장이 필요한 사유, 지원연장 기간 및 지원내용 등을 기재하여 긴급지원심의위원회의 심의에 부쳐야 한다.
- 위원회는 심의를 요청한 긴급지원 대상자의 지원연장 여부에 대하여 지원기간이 끝나기 3일 전까지 심의를 마쳐야 한다.

- 시장 · 군수 · 구청장은 지원연장을 하기로 결정한 긴급지원 대상자에게 지원연장 기간 및 지원내용과 그 밖에 지원에 필요한 사항을 지체 없이 알려야 한다.

3. 지원요청 및 신고(제7조)

- 긴급지원 대상자와 친족, 그 밖의 관계인은 구술 또는 서면 등으로 관할 시장 · 군수 · 구청장에게 이 법에 따른 지원을 요청할 수 있다.
- 누구든지 긴급지원 대상자를 발견한 경우에는 관할 시장 · 군수 · 구청장에게 신고하여야 한다.
- 다음 중 어느 하나에 해당하는 사람은 진료 · 상담 등 직무수행 과정에서 긴급지원 대상자가 있음을 알게 된 경우에는 관할 시장 · 군수 · 구청장에게 이를 신고하고, 긴급지원 대상자가 신속하게 지원을 받을 수 있도록 노력하여야 한다.
  - 의료법에 따른 의료기관의 종사자
  - 유아교육법, 초 · 중등교육법 및 고등교육법에 따른 교원, 직원, 산학겸임교사, 강사
  - 사회복지사업법에 따른 사회복지시설의 종사자
  - 국가공무원법 및 지방공무원법에 따른 공무원
  - 장애인활동 지원에 관한 법률에 따른 활동지원기관의 장 및 그 종사자와 활동지원인력
  - 학원의 설립 · 운영 및 과외교습에 관한 법률에 따른 학원의 운영자 · 강사 · 직원 및 교습소의 교습자 · 직원
  - 건강가정기본법에 따른 건강가정지원센터의 장과 그 종사자
  - 청소년 기본법에 따른 청소년시설 및 청소년단체의 장과 그 종사자
  - 청소년 보호법에 따른 청소년 보호 · 재활센터의 장과 그 종사자
  - 평생교육법에 따른 평생교육기관의 장과 그 종사자
  - 그 밖에 긴급지원대상자를 발견할 수 있는 자로서 보건복지부령으로 정하는 자

4. 위기상황의 발굴(제7조의2)

- 국가 및 지방자치단체는 위기상황에 처한 사람에 대한 발굴조사를 연 1회

이상 정기적으로 실시하여야 한다.

- 국가 및 지방자치단체는 정기 발굴조사 또는 수시 발굴조사를 위하여 필요한 경우 관계 기관·법인·단체 등의 장에게 자료의 제출, 위기상황에 처한 사람의 거주지 등 현장조사 시 소속 직원의 동행 등 협조를 요청할 수 있다. 이 경우 관계 기관·법인·단체 등의 장은 정당한 사유가 없으면 이에 따라야 한다.
- 국가 및 지방자치단체는 위기상황에 처한 사람에 대한 발굴체계의 운영 실태를 정기적으로 점검하고 개선방안을 수립하여야 한다.

5. 현장 확인 및 지원(제8조)

- 시장·군수·구청장은 지원요청 또는 신고를 받거나 위기상황에 처한 사람을 찾아낸 경우에는 지체 없이 긴급지원담당공무원으로 하여금 긴급지원대상자의 거주지 등을 방문하여 위기상황을 확인하여야 한다.
- 시장·군수·구청장은 위기상황을 확인하기 위하여 필요한 경우에는 관할 경찰관서, 소방관서 등 관계 행정기관의 장에게 협조를 요청할 수 있다. 이 경우 관계 행정기관의 장은 정당한 사유가 없으면 그 요청에 따라야 한다.
- 시장·군수·구청장은 현장 확인 결과 위기상황의 발생이 확인된 사람에 대하여는 지체 없이 지원의 종류 및 내용을 결정하여 지원을 하여야 한다. 이 경우 긴급지원대상자에게 신속히 지원할 필요가 있다고 판단되는 경우 긴급지원담당공무원으로 하여금 우선 필요한 지원을 하도록 할 수 있다.
- 현장을 확인하는 긴급지원담당공무원은 권한을 표시하는 증표 및 조사기간, 조사범위, 조사담당자, 관계 법령 등 보건복지부령으로 정하는 사항이 기재된 서류를 지니고 이를 관계인에게 내보여야 한다.

6. 긴급지원수급계좌(제9조의2)

- 시장·군수·구청장은 긴급지원대상자의 신청이 있는 경우에는 긴급지원대상자에게 지급하는 금전(긴급지원금)을 긴급지원대상자 명의의 지정된 계좌(긴급지원수급계좌)로 입금하여야 한다. 다만, 정보통신장애나 그 밖에 대통령령으로 정하는 불가피한 사유로 긴급지원수급계좌로 이체할 수 없을 때에는 현금 지급 등 대통령령으로 정하는 바에 따라 지급할 수 있다.
- 긴급지원수급계좌가 개설된 금융기관은 긴급지원금만이 긴급지원수급계좌

에 입금되도록 하고, 이를 관리하여야 한다.

7. 담당기구 설치 등(제11조)

- 보건복지부장관은 위기상황에 처한 사람에게 상담 · 정보제공 및 관련 기관 · 단체 등과의 연계서비스를 제공하기 위하여 담당기구를 설치 · 운영할 수 있다.
- 시장 · 군수 · 구청장은 긴급지원사업을 원활하게 수행하기 위하여 지역사회보장협의체를 통하여 사회복지 · 보건의료 관련 기관 · 단체 간의 연계 및 협력을 강화하여야 한다.

8. 긴급지원심의위원회(제12조)

- 다음의 사항을 심의 · 의결하기 위하여 시 · 군 · 구에 긴급지원심의위원회를 둔다.
  - 긴급지원연장 결정
  - 긴급지원의 적정성 심사
  - 긴급지원의 중단 또는 지원비용의 환수 결정
  - 그 밖에 긴급지원심의위원회의 위원장이 회의에 부치는 사항
- 긴급지원심의위원회는 위원장 1명을 포함한 15명 이내의 위원으로 구성한다.
- 위원장은 시장 · 군수 · 구청장이 되고, 위원은 다음 중 어느 하나에 해당하는 사람 중에서 시장 · 군수 · 구청장이 임명하거나 위촉한다. 이 중 사회보장에 관한 학식과 경험이 있는 사람, 비영리민간단체에서 추천한 사람이 2분의 1 이상이 되도록 구성하여야 한다.
  - 사회보장에 관한 학식과 경험이 있는 사람
  - 비영리민간단체에서 추천한 사람
  - 해당 시 · 군 · 구 또는 관계 행정기관 소속의 공무원
  - 해당 시 · 군 · 구 지방의회가 추천하는 사람
- 시 · 군 · 구에 생활보장위원회가 있는 경우 그 위원회는 조례가 정하는 바에 따라 긴급지원심의위원회의 기능을 대신할 수 있다.

3

사후조사 및 적정성 심사

기출회차				
		3	4	5
6	7	8	9	10
11	12	13	14	15
16	17	18	19	20
21	22			

강의로 복습하는 기출회독 시리즈

Keyword 234

1. 압류 등의 금지(제18조)

- 긴급지원 대상자에게 지급되는 금전 또는 현물은 압류할 수 없다.
- 긴급지원수급계좌의 긴급지원금과 이에 관한 채권은 압류할 수 없다.
- 긴급지원 대상자는 지급되는 금전 또는 현물을 생계유지 등의 목적 외의 다른 용도로 사용하기 위하여 양도하거나 담보로 제공할 수 없다.

2. 사후조사(제13조)

- 시장 · 군수 · 구청장은 이 법에 따른 지원을 받았거나 받고 있는 긴급지원 대상자에 대하여 소득 또는 재산 등 대통령령이 정하는 기준에 따라 긴급지원이 적정한지를 조사하여야 한다.
- 시장 · 군수 · 구청장은 위의 규정에 따른 조사를 위하여 금융 · 국세 · 지방세 · 건강보험 · 국민연금 및 고용보험 등 관련 전산망을 이용하려는 경우에는 해당 법률에서 정하는 바에 따라 관계 기관의 장에게 협조를 요청할수 있다. 이 경우 관계 기관의 장은 정당한 사유가 없으면 그 요청에 따라야 한다.
- 보건복지부장관은 긴급지원 조사를 위하여 금융실명거래 및 비밀보장에 관한 법률과 신용정보의 이용 및 보호에 관한 법률 등에도 불구하고 긴급지원 대상자 및 가구구성원이 제출한 동의 서면을 전자적 형태로 바꾼 문서에 따라 금융기관 등의 장에게 금융정보 · 신용정보 또는 보험정보의 제공을 요청할 수 있다. 이때 금융정보 등의 제공을 요청받은 금융기관 등의 장은 명의인의 금융정보 등을 제공하여야 한다. 금융정보 또는 보험정보를 제공한 금융회사 등의 장은 그 정보의 제공사실을 명의인에게 통보하여야 하나, 명의인의 동의가 있는 경우에는 통보하지 아니할 수 있다. 금융정보 등의 제공요청 및 제공은 관련 법률에 따른 정보통신망을 이용하여야 한다. 다만, 정보통신망의 손상 등 불가피한 경우에는 그러하지 아니하다.

- 긴급지원사업을 담당하는 공무원 또는 공무원이었던 사람은 위의 규정에 따라 얻은 정보와 자료를 이 법에서 정한 지원 목적 외에 다른 용도로 사용하거나 다른 사람 또는 기관에 제공하여서는 아니 된다.
- 금융정보 등의 제공요청 등에 관하여 필요한 사항은 대통령령으로 정한다.

3. 긴급지원의 적정성 심사(제14조)

- 긴급지원심의위원회는 시장·군수·구청장이 한 사후조사 결과를 참고하여 긴급지원의 적정성을 심사한다.
- 긴급지원심의위원회는 긴급지원대상자가 국민기초생활보장법 또는 의료급여법에 따른 수급권자로 결정된 경우에는 위의 규정에 의한 심사를 하지 아니할 수 있다.
- 시장·군수·구청장은 심사결과 긴급지원 대상자에 대한 지원이 적정하지 아니한 것으로 결정된 경우에도 긴급지원담당공무원의 고의 또는 중대한 과실이 없으면 이를 이유로 긴급지원담당공무원에 대하여 불리한 처분이나 대우를 하여서는 아니 된다.

4. 지원중단 또는 비용환수(제15조)

- 시장·군수·구청장은 긴급지원심의위원회를 통한 긴급지원의 적정성 심사결과, 거짓이나 그 밖의 부정한 방법으로 지원을 받은 것으로 결정된 사람에게는 긴급지원심의위원회의 결정에 따라 지체 없이 지원을 중단하고 지원한 비용의 전부 또는 일부를 반환하게 하여야 한다.
- 시장·군수·구청장은 심사결과 긴급지원이 적정하지 아니한 것으로 결정된 사람에게는 지원을 중단하고 지원한 비용의 전부 또는 일부를 반환하게 할 수 있다.
- 시장·군수·구청장은 지원기준을 초과하여 지원받은 사람에게는 그 초과 지원 상당분을 반환하게 할 수 있다. 반환명령에 따르지 아니하는 사람에게는 지방세 체납처분의 예에 따라 징수한다.

5. 이의신청(제16조)

- 반환명령에 이의가 있는 사람은 그 처분을 고지받은 날부터 30일 이내에 해당 시장·군수·구청장을 거쳐 특별시장·광역시장·특별자치도지사에게 서면으로 이의신청할 수 있다.
- 이 경우, 시·군·구청장은 이의신청을 받은 날부터 10일 이내에 의견서와 관련 서류를 첨부하여 시·도지사에게 송부하여야 한다. 시·도지사는 송부를 받은 날부터 15일 이내에 이를 검토하고 처분이 위법·부당하다고 인정되는 때는 시정 및 그 밖에 기타 필요한 조치를 하여야 한다.

6. 벌칙

긴급지원사업을 담당하는 공무원 또는 공무원이었던 사람이 긴급지원 대상자에 대한 소득 또는 재산 조사를 통해 얻은 정보와 자료를 이 법이 정한 지원목적 외의 다른 용도로 사용하거나 다른 사람 또는 기관에 제공한 경우 3년 이하의 징역 또는 3천만원 이하의 벌금에 처한다.

4절 기초연금법

[시행 2022.1.1 / 법률 제18213호 / 개정 2021.6.8]

한눈에 쏙!   중요도

❶ 개요	1. 목적	
2. 용어의 정의	
3. 국가 및 지방자치단체의 책무	

❷ 연금	1. 지급대상	★★★
2. 기초연금의 신청 및 지급 결정 등	
3. 기초연금액의 산정 및 기초연금 급여액 결정	★★★ 22회 기출
4. 비용의 분담	

❸ 기타	1. 수급자 사후관리	★★ 22회 기출
2. 기타	★ 22회 기출
3. 벌칙 및 양벌규정	

기출회차

		3	4	5
6	7	8	9	10
11	12	13	14	15
16	17	18	19	20
21	22			

강의로 복습하는 기출회독 시리즈

Keyword 232

1 개요

합격자의 한마디

우리나라의 기초연금은 '생활이 어려운' 노인을 대상을 선별하여 '조세를 기반으로' 급여를 지급하기 때문에 공공부조의 성격을 갖고 있어요. 기초연금법에서의 '소득인정액', '계층간 소득역전현상 방지' 등의 표현에서도 공공부조적 특성을 발견할 수 있습니다.

1. 목적(제1조)

노인에게 기초연금을 지급하여 안정적인 소득기반을 제공함으로써 노인의 생활안정을 지원하고 복지를 증진함을 목적으로 한다.

2. 용어의 정의

(1) 기초연금 수급권

이 법에 따른 기초연금을 받을 권리를 말한다.

(2) 기초연금 수급권자

기초연금 수급권을 가진 사람을 말한다.

(3) 기초연금 수급자

이 법에 따라 기초연금을 지급받고 있는 사람을 말한다.

(4) 소득인정액

본인 및 배우자의 소득평가액과 재산의 소득환산액을 합산한 금액을 말한다. 이 경우 소득평가액과 재산의 소득환산액을 산정하는 소득 및 재산의 범위는 대통령령으로 정하고, 소득평가액과 재산의 소득환산액의 구체적인 산정방법은 보건복지부령으로 정한다.

한걸음 더 기초연금 급여 관련 용어 정리

- 기준연금액: 기초연금액 산정의 기준이 되는 금액이며 기준연금액에서 국민연금 A급여액 등을 반영(차감)하여 기초연금액을 산정하므로, 기초연금수급권자에게 지급되는 최대 금액을 의미한다. 기준연금액은 보건복지부장관이 그 전년도의 기준연금액에 대통령령으로 정하는 바에 따라 전국소비자물가변동률을 반영하여 매년 고시한다.
- 부가연금액: 기준연금액의 50%에 해당하는 금액을 말한다.
- 국민연금 급여액등: 국민연금 수급권자 및 연계노령연금 수급권자가 매월 지급 받을 수 있는 급여액 중 부양가족연금액을 제외한 금액을 말한다.
- 소득재분배급여금액(국민연금 A급여액): '국민연금 급여액등'에서 기초연금적 성격을 가진 부분으로, 개인별 기초연금액을 결정하는 기준이 되는 급여를 말한다.
- 기초연금액: 기준연금액, 국민연금 급여액등, 국민연금 A급여액, 부가연금액에 의하여 개인별로 산정된 금액을 말한다. 기초연금액이 기준연금액을 초과하는 경우 기준연금액을 기초연금액으로 본다. 기초연금액은 부가연금액보다 크거나 같고 기준연금액보다 작거나 같다.
- 기초연금 급여액: 개인별로 산정된 기초연금액에 부부감액 및 소득역전방지 감액을 적용한 금액으로 기초연금 수급권자의 월 급여액을 의미(감액 적용 대상이 아닌 수급권자의 경우 기초연금액 = 기초연금 급여액)한다.
- 기초연금 실 지급액: 기초연금 급여액에 전월 소급지급분 가산, 환수금액 감액 등을 적용하여 해당 월에 실제로 지급되는 금액을 의미한다.

3. 국가 및 지방자치단체의 책무(제4조)

- 국가와 지방자치단체는 기초연금이 노인의 생활안정을 지원하고 복지를 증진하는 데 필요한 수준이 되도록 최대한 노력하여야 한다.
- 국가와 지방자치단체는 필요한 비용을 부담할 수 있도록 재원(財源)을 조성하여야 한다. 이 경우 국민연금기금은 기초연금 지급을 위한 재원으로 사용할 수 없다.
- 국가와 지방자치단체는 기초연금의 지급에 따라 계층 간 소득역전 현상이 발생하지 아니하고 근로의욕 및 저축유인이 저하되지 아니하도록 최대한 노력하여야 한다.

기출회차

		3	4	5
6	7	8	9	10
11	12	13	14	15
16	17	18	19	20
21	22			

강의로 복습하는 기출회독 시리즈

Keyword 232

중요도 ★ ★ ★

기초연금법상의 연금 지급대상과 지급대상의 선정기준에 대한 내용은 기초연금법의 전반적인 내용을 묻는 문제에서 선택지로 자주 출제되므로 꼼꼼하게 정리해두어야 한다.

1. 지급대상 (제3조)

65세 이상인 사람으로서 소득인정액이 선정기준액(보건복지부장관이 정하여 고시하는 금액) 이하인 사람에게 지급한다.

(1) 소득인정액 요건 ★꼭!

- 소득인정액(본인 및 배우자의 소득평가액과 재산의 소득환산액을 합산한 금액)이 선정기준액 이하여야 한다.
- 보건복지부장관은 선정기준액을 정하는 경우 65세 이상인 사람 중 기초연금 수급자가 100분의 70 수준이 되도록 한다.

(2) 기초연금 지급 제외대상

- 공무원연금법·공무원 재해보상법 또는 사립학교교직원 연금법에 따른 퇴직연금, 퇴직연금일시금, 퇴직연금공제일시금, 장해연금, 비공무상 장해연금, 비직무상 장해연금, 장해일시금, 비공무상 장해일시금, 비직무상 장해일시금, 퇴직유족연금, 장해유족연금, 순직유족연금, 직무상유족연금, 위험직무순직유족연금, 퇴직유족연금일시금 또는 퇴직유족일시금[퇴직유족일시금의 경우에는 공무원 재해보상법에 따라 순직유족연금의 수급권자가 순직유족연금을 갈음하여 선택한 경우(사립학교교직원 연금법에 따른 직무상유족연금의 수급권자가 직무상유족연금을 갈음하여 선택한 경우를 포함) 및 위험직무순직유족연금의 수급권자가 위험직무순직유족연금을 갈음하여 선택한 경우로 한정]을 받은 수급권자와 그 배우자
- 군인연금법에 따른 퇴역연금, 퇴역연금일시금, 퇴역연금공제일시금, 퇴역유족연금, 퇴역유족연금일시금 또는 군인 재해보상법에 따른 상이연금, 상이유족연금, 순직유족연금, 순직유족연금일시금
- 별정우체국법에 따른 퇴직연금, 퇴직연금일시금, 퇴직연금공제일시금, 유족연금 또는 유족연금일시금을 받은 수급권자와 그 배우자
- 국민연금과 직역연금의 연계에 관한 법률에 따른 연계퇴직연금 또는 연계

퇴직유족연금 중 직역재직기간이 10년 이상인 경우의 연계퇴직연금 또는 연계퇴직유족연금을 받은 수급권자와 그 배우자

(3) 직역연금 요건

- 직역(공무원, 사립학교교직원, 군인, 별정우체국직원)재직 기간이 10년 미만인 국민연금과 연계한 연계연금 수급권자 및 그 배우자는 기초연금 수급 가능
- 장해일시금, 비공무상 장해일시금, 비직무상 장해일시금, 퇴직유족연금일시금, 퇴직유족일시금[순직유족연금의 수급권자가 순직유족연금을 갈음하여 선택한 경우(직무상유족연금의 수급권자가 직무상유족연금을 갈음하여 선택한 경우 포함) 및 위험직무순직유족연금의 수급권자가 위험직무순직유족연금을 갈음하여 선택한 경우로 한정]을 받은 이후 5년이 경과된 직역연금 수급권자 및 그 배우자는 기초연금 수급대상에 포함

2. 기초연금의 신청 및 지급 결정 등

(1) 기초연금 지급의 신청(제10조) ★꼭!

- 기초연금을 지급받으려는 사람(기초연금 수급희망자) 또는 대리인(배우자, 자녀, 형제자매, 친족 등), 관계공무원은 특별자치시장·특별자치도지사·시장·군수·구청장에게 기초연금의 지급을 신청할 수 있다.
- 특별자치시장·특별자치도지사·시장·군수·구청장이 지정한 법인·단체·시설·기관 등은 기초연금 수급희망자의 요청에 따라 기초연금 지급 신청을 지원할 수 있다.

(2) 기초연금 관련 정보의 제공(제10조의2)

보건복지부장관 또는 특별자치시장·특별자치도지사·시장·군수·구청장은 65세 이상인 사람에게 기초연금의 지급대상, 금액 및 신청방법 등 기초연금 관련 정보를 제공하여야 한다.

(3) 기초연금 지급의 결정(제13조)

- 특별자치시장·특별자치도지사·시장·군수·구청장은 조사를 한 후 기초연금 수급권의 발생·변경·상실 등을 결정한다.
- 특별자치시장·특별자치도지사·시장·군수·구청장은 기초연금 수급권의 발생 여부를 결정할 때 기초연금의 신청을 위하여 제공받은 자료·정보

의 전부 또는 일부를 통해 평가한 기초연금 수급희망자와 그 배우자의 소득·재산 수준이 보건복지부장관이 정하는 기준 이하인 경우에는 관련 조사의 일부를 생략하고 기초연금 수급권의 발생을 결정할 수 있다.

- 특별자치시장·특별자치도지사·시장·군수·구청장은 지급 결정을 한 경우에는 그 결정 내용을 서면으로 그 이유를 구체적으로 밝혀 기초연금 수급권자에게 지체 없이 통지하여야 한다.

(4) 기초연금의 지급 및 지급 시기(제14조)

- 특별자치시장·특별자치도지사·시장·군수·구청장은 기초연금 수급권자로 결정한 사람에 대하여 기초연금의 지급을 신청한 날이 속하는 달부터 기초연금 수급권을 상실한 날이 속하는 달까지 매월 정기적으로 기초연금을 지급한다.
- 기초연금의 지급이 정지된 기간에는 기초연금을 지급하지 아니한다.

3. 기초연금액의 산정 및 기초연금 급여액 결정 ^{22회기출} 🏆

중요도 ★ ★ ★

기초연금액의 감액에 관한 내용은 기초연금법에서 거의 매년 출제되는 내용이다. 수치 빈칸 넣기 형태의 단독 문제로도 출제된 바 있으니 반드시 기억해야 한다. 22회 시험에서는 기초연금법의 전반적인 내용을 묻는 문제에서 기초연금액의 감액에 관한 내용이 선택지로 출제되었다.

(1) 기초연금액의 산정(제5조)

- 기초연금 수급권자에 대한 기초연금의 금액(기초연금액)은 기준연금액과 국민연금 급여액 등을 고려하여 산정한다.
- 기준연금액은 보건복지부장관이 그 전년도의 기준연금액에 대통령령으로 정하는 바에 따라 전국소비자물가변동률을 반영하여 매년 고시한다. 이 경우 그 고시한 기준연금액의 적용기간은 해당 조정연도 1월부터 12월까지로 한다.
- 기초연금 수급권자 중 국민연금법에 따른 노령연금 수급권자 또는 분할연금 수급권자, 북한이탈주민의 보호 및 정착지원에 관한 법률에 따른 국민연금 수급권자에게 지급하는 기초연금액은 다음의 방법에 따라 산정한 금액으로 한다.
  - 산정방법: (기준연금액 − 2/3 × 소득재분배급여금액) + 부가연금액
    ※ ( )안의 금액이 음의 값일 경우 '0'으로 처리하여 계산함
- 기초연금 수급권자 중 다음의 어느 하나에 해당하는 사람에게 지급하는 기초연금액은 기준연금액으로 한다.
  - 국민연금급여액 등이 기준연금액의 150% 이하인 노령연금·분할연금 수급권자 및 연계노령연금·연계퇴직연금 수급권자
  - 국민연금법에 따라 중복급여의 조정으로 국민연금 지급이 정지된 노령

연금 수급권자 및 분할연금 수급권자

- 장애인연금법에 따른 수급권자
- 국민기초생활보장법에 따른 수급권자
- 국민연금법에 따라 임의계속가입 중인 사람
- 국민연금법에 따른 분할연금 수급권을 취득한 후 해당 급여를 청구하지 아니한 사람
- 국민연금과 직역연금의 연계에 관한 법률에 따라 유족연금 수급권을 선택한 연계노령연금 수급권자

(2) 기초연금액의 감액(제8조) ⭐

- 본인과 그 배우자가 모두 기초연금 수급권자인 경우에는 각각의 기초연금액에서 기초연금액의 100분의 20에 해당하는 금액을 감액한다.
- 소득인정액과 기초연금액(부부감액이 적용되는 경우에는 그 감액분이 반영된 금액을 말함)을 합산한 금액이 선정기준액 이상인 경우에는 선정기준액을 초과하는 금액의 범위에서 기초연금액의 일부를 감액할 수 있다.
- 저소득 기초연금 수급권자에 대한 기초연금액 산정의 특례의 적용을 받는 기초연금 수급권자의 소득인정액과 해당 기초연금액을 합산한 금액이 저소득자 선정기준액과 기준연금액(저소득 기초연금 수급권자에 해당하지 않는 기초연금 수급권자의 기준연금액을 말함)을 합산한 금액 이상인 경우에는 저소득 기초연금 수급권자에 대한 기초연금액 산정의 특례의 적용을 받는 기초연금 수급권자의 기초연금액의 일부를 감액할 수 있다.

(3) 기초연금액의 적정성 평가(제9조)

- 보건복지부장관은 5년마다 기초연금 수급권자의 생활수준, 국민연금수급 전 3년간의 평균소득월액의 평균액의 변동률, 전국소비자물가변동률 등을 종합적으로 고려하여 기초연금액의 적정성을 평가하고 그 결과를 반영하여 기준연금액을 조정하여야 한다.
- 적정성 평가를 할 때에는 노인 빈곤에 대한 실태 조사와 기초연금의 장기적인 재정 소요에 대한 전망을 함께 실시하여야 한다.

4. 비용의 분담(제25조)

- 국가는 지방자치단체의 노인인구 비율 및 재정 여건 등을 고려하여 기초연금의 지급에 드는 비용 중 100분의 40 이상 100분의 90 이하의 범위에서

합격자의 한마디

기초연금법에서 거의 매년 출제되는 내용이 있어요. 선정기준액을 65세 이상인 사람 중 기초연금 수급자의 100분의 70 수준이 되도록 한다는 내용과 부부가 모두 기초연금 수급자일 경우 각각의 기초연금액에서 100분의 20을 감액한다는 내용입니다. 이 내용은 수치를 반드시 기억하세요. 빈칸 넣기 단독 문제로도 출제된 바 있습니다.

타 제도와의 관계

장애인연금 수급권자 중 기초연금 지급대상자에게는 장애인연금 기초급여를 지급하지 않는다.

대통령령으로 정하는 비율에 해당하는 비용을 부담한다.

- 국가가 부담하는 비용을 뺀 비용은 특별시 · 광역시 · 특별자치시 · 도 · 특별자치도와 시 · 군 · 구가 상호 분담한다. 이 경우, 그 부담비율은 노인인구 비율 및 재정여건 등을 고려하여 보건복지부장관과 협의하여 시 · 도의 조례 및 시 · 군 · 구의 조례로 정한다.

기출회차

			3	4	5
6	7	8	9	10
11	12	13	14	15
16	17	18	19	20
21	22			

강의로 복습하는 기출회독 시리즈

Keyword 232

1. 수급자 사후관리 ^{22회 기출} 🏆

중요도 ★ ★

기초연금 지급의 정지 사유와 기초연금 수급권의 상실 사유를 구분할 수 있어야 한다. 단독 문제로 출제된 바 있다. 22회 시험에서는 기초연금법의 전반적인 내용을 묻는 문제에서 기초연금 지급의 정지 및 기초연금 수급권의 상실에 관한 내용이 선택지로 출제되었다.

(1) 미지급 기초연금(제15조)

기초연금 수급자가 사망한 경우로서 그 기초연금 수급자에게 지급되지 아니한 기초연금액이 있는 경우에는 그 기초연금 수급자의 사망 당시 생계를 같이한 부양의무자(배우자와 직계혈족 및 그 배우자를 말한다)는 미지급 기초연금을 청구할 수 있다. 이 경우 특별자치시장·특별자치도지사·시장·군수·구청장은 지체 없이 그 지급 여부를 결정하여 그 부양의무자에게 통지하여야 한다.

(2) 기초연금 지급의 정지(제16조) ⭐ ^{꼭!}

특별자치시장·특별자치도지사·시장·군수·구청장은 '기초연금 수급자가 금고 이상의 형을 선고받고 교정시설 또는 치료감호시설에 수용되어 있는 경우, 기초연금 수급자가 행방불명되거나 실종되는 등 대통령령으로 정하는 바에 따라 사망한 것으로 추정되는 경우, 기초연금 수급자의 국외 체류기간이 60일 이상 지속되는 경우' 중 어느 하나의 경우에 해당하면 그 사유가 발생한 날이 속하는 달의 다음 달부터 그 사유가 소멸한 날이 속하는 달까지는 기초연금의 지급을 정지한다.

(3) 기초연금 수급권의 상실(제17조) ⭐ ^{꼭!}

기초연금 수급권자는 '사망한 때, 국적을 상실하거나 국외로 이주한 때, 기초연금 수급권자에 해당하지 아니하게 된 때' 중에서 어느 하나에 해당하게 된 때에 기초연금 수급권을 상실한다.

(4) 신고(제18조)

기초연금 수급자는 '지급 정지의 사유가 소멸한 경우, 기초연금 수급권 상실의 사유가 있는 경우, 대통령령으로 정하는 기준에 해당하는 기초연금 수급자 또는 그 배우자의 소득·재산의 변동이 발생한 경우, 기초연금 수급자가 결혼 또는 이혼을 하거나 그 배우자가 사망한 경우, 그 밖에 보건복지부령으로 정하는 사유가 발생한 경우 중 어느 하나에 해당하는 경우' 대통령령으로 정하는 바에 따라 30일 이내에 그 사실을 특별자치시장·특별자치도지사·시장·군수·구청장에게 신고하여야 한다. 다만, 기초연금 수급자가 사망한 경우에는 가족관계의 등록 등에 관한 법률에 따른 신고의무자가 특별자치시장·특별자치도지사·시장·군수·구청장에게 신고하여야 한다.

(5) 기초연금액의 환수(제19조)

특별자치시장·특별자치도지사·시장·군수·구청장은 기초연금을 받은 사람이 '거짓이나 그 밖의 부정한 방법으로 기초연금을 받은 경우, 기초연금의 지급이 정지된 기간에 대하여 기초연금이 지급된 경우, 그 밖의 사유로 기초연금이 잘못 지급된 경우' 중 어느 하나에 해당하는 경우에는 지급한 기초연금액을 대통령령으로 정하는 바에 따라 환수하여야 한다. 이 경우 거짓이나 그 밖의 부정한 방법으로 기초연금을 받은 경우에는 지급한 기초연금액에 대통령령으로 정하는 이자를 붙여 환수한다.

2. 기타 ^{22회 기출}

중요도

기초연금법에서는 수급권자의 권리에 관한 문제가 자주 출제되었다. 수급권의 보호, 이의신청, 소멸시효 등 최근 시험에서 지속적으로 출제되는 내용이므로 반드시 정리해둘 필요가 있다. 22회 시험에서는 기초연금법의 전반적인 내용을 묻는 문제에서 시효에 관한 내용이 선택지로 출제되었다.

(1) 수급권의 보호(제21조) 꼭!

- 기초연금 수급권은 양도하거나 담보로 제공할 수 없으며, 압류 대상으로 할 수 없다.
- 기초연금으로 지급받은 금품은 압류할 수 없다.

(2) 이의신청(제22조)

- 지급 결정이나 그 밖에 이 법에 따른 처분에 이의가 있는 사람은 특별자치시장·특별자치도지사·시장·군수·구청장에게 이의신청을 할 수 있다.
- 이의신청은 그 처분이 있음을 안 날부터 90일 이내에 서면으로 하여야 한다. 다만, 정당한 사유로 인하여 그 기간 이내에 이의신청을 할 수 없었음을 증명한 때에는 그 사유가 소멸한 때부터 60일 이내에 이의신청을 할 수 있다.

(3) 시효(제23조) 꼭!

기초연금 수급권자의 권리는 5년간 행사하지 아니하면 시효의 완성으로 소멸한다.

3. 벌칙 등

(1) 벌칙

- 금융정보등을 다른 사람에게 제공하거나 누설한 자는 5년 이하의 징역 또는 5천만원 이하의 벌금에 처한다.
- 거짓이나 그 밖의 부정한 방법으로 연금을 지급받은 자는 1년 이하의 징역 또는 1천만원 이하의 벌금에 처한다.

(2) 양벌규정

법인의 대표자, 법인 또는 개인의 대리인, 사용인, 그 밖의 종업원이 그 법인 또는 개인의 업무에 관하여 금융정보등을 다른 자에게 제공하거나 누설하면 그 행위자를 벌하는 외에 그 법인 또는 개인에게도 해당 조항의 벌금형을 과(科)한다. 다만, 법인 또는 개인이 그 위반행위를 방지하기 위하여 해당 업무에 관하여 상당한 주의와 감독을 게을리하지 아니한 경우에는 그러하지 아니하다.

(3) 과태료

- 정당한 사유 없이 서류나 그 밖에 소득 · 재산 등에 관한 자료를 제출하지 아니하거나 거짓의 서류 또는 자료를 제출한 자 또는 조사 · 질문을 거부 · 방해 또는 기피하거나 거짓 답변을 한 자에게는 20만원 이하의 과태료를 부과한다.
- 정당한 사유 없이 지급정지, 수급권 상실, 결혼 또는 이혼 및 배우자 사망 등의 신고를 하지 아니한 사람에게는 10만원 이하의 과태료를 부과한다.
- 과태료는 대통령령으로 정하는 바에 따라 보건복지부장관 및 특별자치시장 · 특별자치도지사 · 시장 · 군수 · 구청장이 부과 · 징수한다.

5절 장애인연금법

[시행 2022.1.1 / 법률 제18221호 / 개정 2021.6.8]

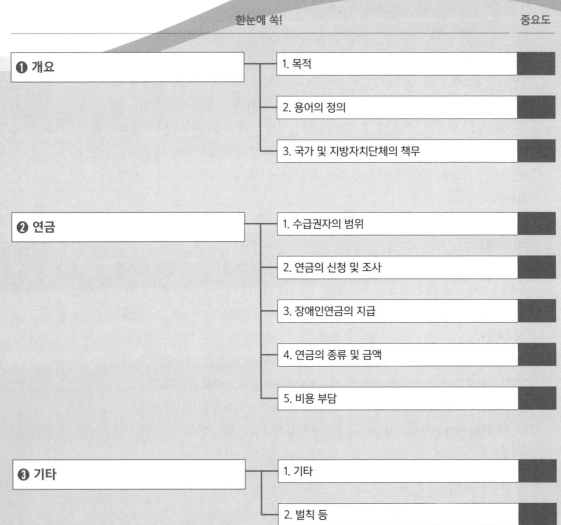

한눈에 쏙!

중요도

❶ 개요
- 1. 목적
- 2. 용어의 정의
- 3. 국가 및 지방자치단체의 책무

❷ 연금
- 1. 수급권자의 범위
- 2. 연금의 신청 및 조사
- 3. 장애인연금의 지급
- 4. 연금의 종류 및 금액
- 5. 비용 부담

❸ 기타
- 1. 기타
- 2. 벌칙 등

		기출회차		
		3	4	5
6	7	8	9	10
11	12	13	14	15
16	17	18	19	20
21	22			

강의로 복습하는 기출회독 시리즈

1 개요

1. 목적(제1조)

이 법은 장애로 인하여 생활이 어려운 중증장애인에게 장애인연금을 지급함으로써 중증장애인의 생활안정 지원과 복지증진 및 사회통합을 도모하는 데 이바지함을 목적으로 한다.

연혁
- 2010. 4. 12 제정
- 2010. 7. 1 시행

2. 용어의 정의

(1) 중증장애인
장애인복지법에 따라 등록한 장애인 중 근로능력이 상실되거나 현저하게 감소되는 등 장애 정도가 중증인 사람으로서 대통령령으로 정하는 사람을 말한다.

(2) 수급권자
수급권을 가진 사람을 말한다.

(3) 수급자
장애인연금을 받는 사람을 말한다.

(4) 소득인정액
수급권자와 그 배우자의 소득평가액과 재산의 소득환산액을 합산한 금액을 말한다.

(5) 수급권자와 그 배우자의 소득평가액
수급권자와 그 배우자의 실제 소득에도 불구하고 장애인연금의 지급 결정 및 실시 등에 사용하기 위하여 산출한 금액을 말한다. 이 경우 소득평가액 산출의 기초가 되는 소득의 범위는 대통령령으로 정하고, 구체적인 산정방식은 보건복지부령으로 정한다.

(6) 재산의 소득환산액

수급권자와 그 배우자의 재산가액에 재산의 소득환산율을 곱하여 산출한 금액을 말한다. 이 경우 수급권자와 그 배우자의 재산 범위, 재산가액의 산정기준, 재산의 소득환산율, 그 밖에 재산의 소득환산액 산정방식에 필요한 사항은 보건복지부령으로 정한다.

3. 국가 및 지방자치단체의 책무(제3조)

- 국가 및 지방자치단체는 장애인연금이 중증장애인의 생활안정을 지원하고 복지를 증진하는 데 필요한 수준이 되도록 최대한 노력하여야 하며, 매년 필요한 재원을 조달하여야 한다.
- 국가 및 지방자치단체는 장애인연금의 지급에 따라 계층 간 소득 역전(逆轉) 현상이 발생하지 아니하고 근로 의욕 및 저축 유인이 저하되지 아니하도록 최대한 노력하여야 한다.

		기출회차		
		3	4	5
6	7	8	9	10
11	12	13	14	15
16	17	18	19	20
21	22			

강의로 복습하는 기출회독 시리즈

2 연금

1. 수급권자의 범위(제4조)

• 수급권자는 18세 이상의 중증장애인으로서 소득인정액이 그 중증장애인의 소득·재산·생활수준과 물가상승률 등을 고려하여 보건복지부장관이 정하여 고시하는 금액(선정기준액) 이하인 사람으로 한다.

• 보건복지부장관은 선정기준액을 정하는 경우에 18세 이상의 중증장애인 중 수급자가 100분의 70 수준이 되도록 한다.

장애인연금 수급권자
18세 이상의 장애인 중 소득인정액이 선정기준액 이하인 사람

2. 연금의 신청 및 조사

(1) 연금의 신청(제8조)

• 장애인연금을 지급받으려는 사람(수급희망자)은 특별자치시장·특별자치도지사·시장·군수·구청장에게 장애인연금의 지급을 신청할 수 있다.

• 특별자치시·특별자치도·시·군·구 소속 공무원은 이 법에 따른 장애인연금을 필요로 하는 사람이 누락되지 아니하도록 하기 위하여 관할 지역에 거주하는 수급희망자 또는 수급권자에 대한 장애인연금의 지급을 신청할 수 있다. 이 경우 그 수급희망자 또는 수급권자의 동의를 받아야 하며, 그 동의는 수급희망자 또는 수급권자의 신청으로 본다.

• 장애인연금을 신청할 때나 특별자치시·특별자치도·시·군·구 소속 공무원이 장애인연금을 신청하는 것에 수급희망자 또는 수급권자가 동의하였을 때에는 그 수급희망자 또는 수급권자와 그 배우자는 관련 자료 또는 정보를 보건복지부장관 및 특별자치시장·특별자치도지사·시장·군수·구청장에게 제공한다는 것에 대하여 동의한다는 뜻을 서면(전자문서를 포함)으로 제출하여야 한다.

(2) 장애인연금 관련 정보의 제공(제8조의2)

• 보건복지부장관 또는 특별자치시장·특별자치도지사·시장·군수·구청

장은 중증장애인에게 수급권자의 범위, 장애인연금의 종류 · 내용 · 신청방법 등 장애인연금 관련 정보를 제공하여야 한다.
• 정보의 내용 · 방법 및 절차 등에 필요한 사항은 대통령령으로 정한다.

(3) 신청에 따른 조사(제9조)

• 보건복지부장관 또는 특별자치시장 · 특별자치도지사 · 시장 · 군수 · 구청장은 장애인연금의 신청을 받으면 소속 공무원으로 하여금 장애인연금의 지급 결정 및 실시 등에 필요한 다음의 사항을 조사하게 할 수 있다.
  – 수급희망자 또는 수급권자와 그 배우자의 소득 및 재산에 관한 사항
  – 수급희망자 또는 수급권자의 가구 특성 및 장애 정도에 관한 사항
  – 수급희망자 또는 수급권자의 지급계좌 등 장애인연금의 지급에 필요한 사항
• 보건복지부장관 또는 특별자치시장 · 특별자치도지사 · 시장 · 군수 · 구청장은 신청을 받은 경우에는 해당 수급희망자 또는 수급권자의 장애 상태와 장애 정도를 확인하기 위하여 장애 정도를 재심사할 수 있다.

(4) 지급의 결정 등(제10조)

• 특별자치시장 · 특별자치도지사 · 시장 · 군수 · 구청장은 조사를 하였을 때에는 지체 없이 장애인연금 지급의 여부와 내용을 결정하여야 한다.
• 특별자치시장 · 특별자치도지사 · 시장 · 군수 · 구청장은 장애인연금 지급의 여부와 내용을 결정하였을 때에는 그 결정의 요지, 장애인연금의 종류 및 지급 개시시기 등을 서면으로 해당 수급희망자 또는 수급권자에게 통지하여야 한다.
• 수급희망자 또는 수급권자에 대한 통지는 장애인연금 지급의 신청일부터 30일 이내에 하여야 한다.

(5) 수급자에 대한 사후관리(제11조)

• 보건복지부장관은 수급자에 대한 장애인연금 지급의 적정성을 확인하기 위하여 매년 연간조사계획을 수립하고, 전국의 수급자를 대상으로 '신청에 따른 조사'에 규정된 사항을 조사하여야 한다.
• 특별자치시장 · 특별자치도지사 · 시장 · 군수 · 구청장은 수급자, 그 배우자 또는 그 밖의 관계인이 조사 및 자료제출 요구를 두 번 이상 거부 · 방해 또는 기피한 경우에는 수급자에 대한 장애인연금 지급 결정을 취소하거나 장애인연금 지급을 정지할 수 있다. 이 경우 서면으로 그 이유를 분명하게 밝혀 수급자에게 통지하여야 한다.

3. 장애인연금의 지급

(1) 지급기간 및 시기(제13조)

- 특별자치시장·특별자치도지사·시장·군수·구청장은 장애인연금의 지급이 결정되면 해당 수급권자에게 장애인연금을 신청한 날이 속하는 달부터 수급권이 소멸한 날이 속하는 달까지 매월 정기적으로 지급한다.
- 장애인연금은 그 지급을 정지하여야 할 사유가 발생한 경우에는 그 사유가 발생한 날이 속하는 달의 다음 달부터 그 사유가 소멸한 날이 속하는 달까지는 지급하지 아니한다. 다만, 정지 사유가 발생한 날과 그 사유가 소멸한 날이 같은 달에 속하는 경우에는 그 지급을 정지하지 아니한다.

(2) 장애인연금수급계좌(제13조의2)

- 특별자치시장·특별자치도지사·시장·군수·구청장은 수급자의 신청이 있는 경우에는 장애인연금을 수급자 명의의 지정된 계좌(장애인연금수급계좌)로 입금하여야 한다. 다만, 정보통신장애나 그 밖에 대통령령으로 정하는 불가피한 사유로 장애인연금수급계좌로 이체할 수 없을 때에는 현금 지급 등 대통령령으로 정하는 바에 따라 장애인연금을 지급할 수 있다.
- 장애인연금수급계좌가 개설된 금융기관은 이 법에 따른 장애인연금만이 장애인연금수급계좌에 입금되도록 관리하여야 한다.

4. 연금의 종류 및 금액

(1) 연금의 종류(제5조)

급여는 기초급여와 부가급여로 구분하되, 합산하여 지급한다.
- 기초급여: 근로능력의 상실 또는 현저한 감소로 인하여 줄어드는 소득을 보전하여 주기 위하여 지급하는 급여
- 부가급여: 장애로 인하여 추가로 드는 비용의 전부 또는 일부를 보전하여 주기 위하여 지급하는 급여

(2) 급여액

① 기초급여액(제6조)

- 기초급여액은 보건복지부장관이 그 전년도 기초급여액에 대통령령으로 정하는 바에 따라 전국소비자물가변동률을 반영하여 매년 고시한다.

- 위 조항에도 불구하고 기초연금법에 따라 기준연금액을 고시한 경우 그 기준연금액을 기초급여액으로 한다.
- 수급권자와 그 배우자가 모두 기초급여를 받는 경우에는 각각의 기초급여액에서 기초급여액의 100분의 20에 해당하는 금액을 감액한다.
- 소득인정액과 기초급여액을 합한 금액이 선정기준액 이상인 경우에는 대통령령으로 정하는 바에 따라 기초급여액의 일부를 감액하여 지급할 수 있다.
- 수급권자 중 기초연금 수급권자에게는 기초급여를 지급하지 아니한다.
- 기초급여액의 적용기간은 해당 조정연도 1월부터 12월까지로 한다.

② 부가급여액(제7조)

부가급여액은 월정액으로 하며, 수급권자와 그 배우자의 소득 수준 및 장애로 인한 추가비용 등을 고려하여 대통령령으로 정한다.

5. 비용 부담(제21조)

- 장애인연금은 지방자치단체의 재정 여건 등을 고려하여 국가, 특별시·광역시·도 또는 특별자치시·특별자치도·시·군·구가 부담한다.
- 국가가 특별시·광역시·도·특별자치시·특별자치도별로 부담하는 장애인연금 비용의 비율은 특별시가 100분의 50, 광역시·도·특별자치시·특별자치도가 100분의 70이다. 국가가 부담한 금액을 뺀 금액에 대해서는 특별시·광역시·도·특별자치시·특별자치도 및 시·군·구가 상호 분담하되, 그 부담비율은 특별시·광역시·도의 조례로 정한다(시행령 제14조).

기출회차			
	3	4	5
6	7	8	9	10
11	12	13	14	15
16	17	18	19	20
21	22		
강의로 복습하는 기출회독 시리즈			

3 기타

1. 기타

(1) 수급권의 소멸(제15조)

수급권자가 다음 중 어느 하나에 해당하게 되면 그 수급권은 소멸한다. 다만, '수급권자의 범위에 해당하지 아니하게 된 경우'에는 소득·재산 상태 등의 변동수준, 수급기간 등을 고려하여 보건복지부장관이 정하는 기준에 해당하게 되면 그러하지 아니하다.

- 사망한 경우
- 국적을 상실하거나 외국으로 이주하기 위하여 출국하는 경우
- 수급권자의 범위에 해당하지 아니하게 된 경우
- 장애 정도의 변경 등으로 중증장애인에 해당하지 아니하게 된 경우

(2) 수급권의 지급정지(제15조)

특별자치시장·특별자치도지사·시장·군수·구청장은 수급자가 다음 중 어느 하나에 해당하게 되면 장애인연금의 지급을 정지한다.

- 수급자가 금고 이상의 실형을 선고받고 교정시설 또는 치료감호시설에 수용 중인 경우
- 수급자가 행방불명 또는 실종 등의 사유로 사망한 것으로 추정되는 경우
- 수급자의 국외 체류기간이 60일 이상 지속되는 경우. 이 경우 국외 체류 60일이 되는 날을 지급 정지의 사유가 발생한 날로 본다.

(3) 장애인연금의 환수(제17조)

- 특별자치시장·특별자치도지사·시장·군수·구청장은 이 법에 따라 장애인연금을 받은 자가 다음 중 어느 하나에 해당되면 그가 받은 장애인연금의 전부 또는 일부를 환수하여야 한다. 다만, '거짓이나 그 밖의 부정한 방법으로 장애인연금을 받은 경우'에는 대통령령으로 정하는 이자를 가산하여 환수하여야 한다.
  - 거짓이나 그 밖의 부정한 방법으로 장애인연금을 받은 경우

- 장애인연금을 받은 후 그 장애인연금을 받게 된 사유가 소급하여 소멸한 경우
- 잘못 지급된 경우
- 환수하여야 할 장애인연금을 받은 사람(그 사람이 사망한 경우에는 유족을 말한다)에게 지급할 장애인연금이 있는 경우 그 지급할 장애인연금을 환수할 장애인연금과 상계할 수 있다.
- 특별자치시장·특별자치도지사·시장·군수·구청장은 장애인연금을 반환하여야 할 사람이 기간 내에 이를 반환하지 아니하면 국세 또는 지방세 체납처분의 예에 따라 징수할 수 있다.
- 특별자치시장·특별자치도지사·시장·군수·구청장은 장애인연금을 징수할 때 반환하여야 할 자가 행방불명되거나 재산이 없거나 그 밖의 불가피한 사유가 있어 환수가 불가능하다고 인정할 때에는 결손처분 할 수 있다.

(4) 이의신청(제18조)

- 장애인연금의 지급 결정이나 그 밖에 이 법에 따른 처분에 이의가 있는 사람은 특별자치시장·특별자치도지사·시장·군수·구청장에게 이의신청을 할 수 있다.
- 이의신청은 그 처분이 있음을 안 날부터 90일 이내에 서면으로 할 수 있다. 다만, 정당한 사유로 그 기간 내에 이의신청을 할 수 없음을 증명한 경우에는 그 사유가 소멸한 날부터 60일 이내에 이의신청을 할 수 있다.

(5) 압류금지 등(제19조)

- 수급자에게 장애인연금으로 지급된 금품이나 이를 받을 권리는 압류할 수 없다.
- 장애인연금수급계좌의 예금에 관한 채권은 압류할 수 없다.
- 수급자는 장애인연금을 받을 권리를 다른 사람에게 양도하거나 담보로 제공할 수 없다.

(6) 시효(제20조)

수급자의 장애인연금을 받을 권리와 장애인연금을 환수할 지방자치단체의 권리는 5년간 행사하지 아니하면 시효의 완성으로 소멸된다.

2. 벌칙 등

(1) 벌칙

- 금융정보등을 사용·제공 또는 누설한 자는 5년 이하의 징역 또는 5천만원 이하의 벌금에 처한다.
- 정보 또는 자료를 사용·제공 또는 누설한 사람은 3년 이하의 징역 또는 3천만원 이하의 벌금에 처한다.
- 거짓이나 그 밖의 부정한 방법으로 장애인연금을 받거나 다른 사람으로 하여금 장애인연금을 받게 한 자는 1년 이하의 징역 또는 1천만원 이하의 벌금에 처한다.

(2) 과태료

- 신청에 따른 조사의 서류나 그 밖에 소득·재산 및 장애 정도 등에 대한 자료를 제출하지 아니하거나 거짓 자료를 제출한 자 또는 조사·질문을 거부·방해 또는 기피하거나 거짓 답변을 한 자에게는 20만원 이하의 과태료를 부과한다.
- 정당한 사유 없이 수급권의 소멸, 소득 또는 재산의 변동, 수급자의 결혼 또는 이혼의 신고를 하지 아니한 사람에게는 10만원 이하의 과태료를 부과한다.
- 과태료는 대통령령으로 정하는 기준에 따라 특별자치시장·특별자치도지사·시장·군수·구청장이 부과·징수한다.

(3) 양벌규정

법인의 대표자나 법인 또는 개인의 대리인, 사용인, 그 밖의 종업원이 그 법인 또는 개인의 업무에 관하여 상기한 벌칙(제25조) 규정의 위반행위를 하면 그 행위자를 벌하는 외에 그 법인 또는 개인에게도 해당 조문의 벌금을 과한다. 다만, 법인 또는 개인이 그 위반행위를 방지하기 위하여 해당 업무에 관하여 상당한 주의와 감독을 게을리하지 아니한 경우에는 그러하지 아니하다.

9장 사회보험법

한눈에 쏙!		중요도

❶ 국민연금법
- 1. 개요 — 22회 기출
- 2. 가입자 ★★ 22회 기출
- 3. 급여 ★★★
- 4. 비용 부담 및 가입기간 — 22회 기출
- 5. 관리·운영기구
- 6. 기타 사항

❷ 국민건강보험법
- 1. 개요 — 22회 기출
- 2. 적용대상자 ★★★ 22회 기출
- 3. 보험급여 ★★★
- 4. 보험료 ★★
- 5. 국민건강보험공단 등 관련 기관 — 22회 기출
- 6. 수급자의 권리보호 및 벌칙

❸ 고용보험법
- 1. 개요 — 22회 기출
- 2. 가입대상 ★★
- 3. 보험급여 ★★★ 22회 기출
- 4. 보험료 및 운영 — 22회 기출
- 5. 권리구제 및 수급자의 권리보호 — 22회 기출

❹ 산업재해보상보험법
- 1. 개요
- 2. 수급권자와 보험가입자 ★★
- 3. 보험급여 ★★★
- 4. 기타 사항

❺ 노인장기요양보험법
- 1. 개요 — 22회 기출
- 2. 수급자 ★★★ 22회 기출
- 3. 급여 ★★★ 22회 기출
- 4. 장기요양기관
- 5. 권리보호

기출경향 살펴보기

이 장의 기출 포인트

매회 평균적으로 국민연금법, 국민건강보험법, 고용보험법, 산업재해보상보험법, 노인장기요양보험법 각각의 법률이 1문제씩 출제되는 경향을 보이고 있다. 사회보험법에 해당하는 각 법률에서 공통적으로 출제되는 가입대상, 급여의 종류별 세부 내용, 보험료, 관련 기관 등은 반드시 꼼꼼하게 정리해야 하며, 자주 출제되는 기출 조항을 중심으로 정리하여야 한다.

최근 5개년 출제 분포도

연도별 그래프

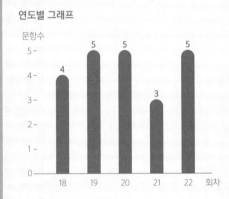

평균출제문항수

4.4 문항

2단계 학습전략

데이터의 힘을 믿으세요!
강의로 복습하는 **기출회독 시리즈**

3회독 복습과정을 통해
최신 기출경향 파악

최근 10개년 핵심 키워드

기출회독 235	국민연금법	9문항
기출회독 236	국민건강보험법	10문항
기출회독 237	고용보험법	10문항
기출회독 238	산업재해보상보험법	9문항
기출회독 239	노인장기요양보험법	9문항

기본개념 완성을 위한 **학습자료 제공**

기본개념 강의, 기본쌓기 문제, ○X 퀴즈, 기출문제, 정오표, 묻고답하기, 지식창고, 보충자료 등을 **아임패스**를 통해 만나실 수 있습니다.

1절 국민연금법

[시행 2024.1.18 / 법률 제19839호 / 개정 2023.12.26]

한눈에 쏙!		중요도
❶ 개요	1. 목적	22회 기출 🏆
	2. 특징	
	3. 용어의 정의	★★ 22회 기출 🏆
	4. 국가의 책무	
❷ 가입자	1. 가입대상	22회 기출 🏆
	2. 가입자의 종류	★★★
	3. 가입자 자격의 취득 및 상실 등	
	4. 신고 및 통지 등	
❸ 급여	1. 연금액의 산정	
	2. 급여의 종류	★★★
	3. 기타 급여 사항	
	4. 중복급여의 조정	
	5. 급여의 제한 등	
❹ 비용 부담 및 가입기간	1. 연금보험료의 부과 · 징수	
	2. 연금보험료 징수의 우선순위	
	3. 국민연금 재정 계산 및 장기재정균형 유지	
	4. 가입기간의 계산 및 합산	22회 기출 🏆
❺ 관리 · 운영기구	1. 국민연금공단	
	2. 국민연금심의위원회	
	3. 국민연금기금	
❻ 기타 사항	1. 외국인에 대한 적용 및 사회보장협정	
	2. 수급자의 권리보호	
	3. 벌칙	

기출회차				
	3	4	5	
6	7	8	9	10
11	12	13	14	15
16	17	18	19	20
21	22			

강의로 복습하는 기출회독 시리즈

Keyword 235

1 개요

1. 목적(제1조) 22회기출

- 이 법은 국민의 노령, 장애 또는 사망에 대하여 연금급여를 실시함으로써 국민의 생활 안정과 복지증진에 이바지하는 것을 목적으로 한다.
- 국민연금법에 따른 국민연금사업은 보건복지부장관이 맡아 주관한다. 보건복지부장관은 공법인인 국민연금공단을 설립하여 위탁 운영하고 있다. 국민연금공단은 비영리−특수−공법인에 속한다.

2. 특징

국민연금은 사회보험의 일반적 특성에 따라 국가 관장 원리, 강제 가입 및 위험 분산, 소득재분배, 부분적립(수정적립) 방식을 채택하고 있다.

(1) 국가 관장 원리
연금제도의 관리 · 운영은 국가가 관장함으로써 제도의 영속성과 안정성을 도모한다.

(2) 강제 가입 및 위험 분산
사회적 위험의 분산을 목적으로 역의 선택과 같은 현상을 방지하기 위해 민간보험과 달리 가입이 강제되고, 탈퇴나 보험료 징수 및 급여 등에 관한 사항은 법에 따라 엄격히 규제한다.

(3) 소득재분배
소득재분배는 국민연금 제도의 중요한 역할 중 하나이며, 국민연금은 이를 통해 사회통합에 기여하는 것을 목표로 한다. 저소득층에게 상대적으로 높은 소득대체율을, 고소득층에게는 비교적 낮은 소득대체율을 보장하고 있다. 또한 '미래세대'가 현재 '노인세대'를 지원하는 방식으로 이뤄진다.

(4) 수정적립방식

국민연금의 재정방식은 수정적립방식이다. 이 방식은 제도의 도입 초기에 불충분한 재정구조에 따른 '저 부담-고 급여' 방식으로 재정을 운영한 뒤, 제도가 점차 정착되어 감에 따라 보험료를 상향조정하는 방식이다.

3. 용어의 정의 ^{22회 기출} 🏆

(1) 근로자 ⭐^{꼭!}

직업의 종류가 무엇이든 사업장에서 노무를 제공하고 그 대가로 임금을 받아 생활하는 자(법인의 이사와 그 밖의 임원을 포함)를 말한다. 다만, 다음의 경우 근로자에서 제외된다(시행령 제2조).

- 일용근로자나 1개월 미만의 기한을 정하여 근로를 제공하는 사람. 다만, 1개월 이상 계속하여 근로를 제공하는 사람으로서 다음의 어느 하나에 해당하는 사람은 근로자에 포함된다.
  - 건설산업기본법에 따른 건설공사의 사업장 등 보건복지부장관이 정하여 고시하는 사업장에서 근로를 제공하는 경우: 1개월 동안의 근로일수가 8일 이상이거나 1개월 동안의 소득이 보건복지부장관이 정하여 고시하는 금액 이상인 사람
  - 위에서 명시한 사항 외의 사업장에서 근로를 제공하는 경우: 1개월 동안의 근로일수가 8일 이상 또는 1개월 동안의 근로시간이 60시간 이상이거나 1개월 동안의 소득이 보건복지부장관이 정하여 고시하는 금액 이상인 사람
- 소재지가 일정하지 아니한 사업장에 종사하는 근로자
- 법인의 이사 중 소득이 없는 사람
- 1개월 동안의 소정근로시간이 60시간 미만인 단시간근로자. 다만, 해당 단시간근로자 중 다음의 어느 하나에 해당하는 사람은 근로자에 포함된다.
  - 3개월 이상 계속하여 근로를 제공하는 사람으로서 고등교육법에 따른 강사
  - 3개월 이상 계속하여 근로를 제공하는 사람으로서 사용자의 동의를 받아 근로자로 적용되기를 희망하는 사람
  - 둘 이상 사업장에 근로를 제공하면서 각 사업장의 1개월 소정근로시간의 합이 60시간 이상인 사람으로서 1개월 소정근로시간이 60시간 미만인 사업장에서 근로자로 적용되기를 희망하는 사람
  - 1개월 이상 계속하여 근로를 제공하는 사람으로서 1개월 동안의 소득이 보건복지부장관이 정하여 고시하는 금액 이상인 사람

중요도 ⭐ ⭐

국민연금법과 관련해서는 용어의 정의를 묻는 문제가 자주 출제되었다. 전반적인 내용을 묻는 문제의 선택지로 출제되었으며, 단독 문제로도 출제된 바 있다. 법률이 개정되면서 추가된 용어들의 정의도 꼼꼼하게 살펴보기 바란다. 22회 시험에서는 국민연금법의 전반적인 내용을 묻는 문제에서 수급권자의 정의, 배우자의 적용 범위에 관한 정의를 묻는 내용이 선택지로 출제되었다.

(2) 사용자 ⭐

근로자가 소속되어 있는 사업장의 사업주를 말한다.

(3) 소득

일정한 기간 근로를 제공하여 얻은 수입에서 비과세소득을 제외한 금액 또는 사업 및 자산을 운영하여 얻는 수입에서 필요경비를 제외한 금액을 말한다.

(4) 평균소득월액 ⭐

매년 사업장가입자 및 지역가입자 전원의 기준소득월액을 평균한 금액을 말한다.

(5) 기준소득월액 ⭐

연금보험료와 급여를 산정하기 위하여 가입자의 소득월액을 기준으로 하여 정하는 금액을 말한다.

(6) 연금보험료

국민연금사업에 필요한 비용으로서 사업장가입자의 경우에는 부담금 및 기여금의 합계액을, 지역가입자 · 임의가입자 및 임의계속가입자의 경우에는 본인이 내는 금액을 말한다.

(7) 부담금 ⭐

사업장가입자의 사용자가 부담하는 금액을 말한다.

(8) 기여금 ⭐

사업장가입자가 부담하는 금액을 말한다.

(9) 사업장 ⭐

근로자를 사용하는 사업소 및 사무소를 말한다.

(10) 수급권

이 법에 따른 급여를 받을 권리를 말한다.

(11) 수급권자 ⭐

수급권을 가진 자를 말한다.

(12) 수급자 ★^{꼭!}

이 법에 따른 급여를 받고 있는 자를 말한다.

(13) 초진일

장애의 주된 원인이 되는 질병이나 부상에 대하여 처음으로 의사의 진찰을 받은 날을 말한다.

(14) 완치일

장애의 주된 원인이 되는 질병이나 부상이 '해당 질병이나 부상이 의학적으로 치유된 날, 더 이상 치료효과를 기대할 수 없는 경우로서 그 증상이 고정되었다고 인정되는 날, 증상의 고정성은 인정되지 아니하나 증상의 정도를 고려할 때 완치된 것으로 볼 수 있는 날' 중 어느 하나에 해당하는 날을 말한다.

(15) 가입대상기간

18세부터 초진일 혹은 사망일까지의 기간으로서, '국민연금 가입 대상에서 제외되는 기간, 18세 이상 27세 미만인 기간 중 학생이거나 군 복무 등의 이유로 소득이 없어 지역가입자에서 제외되는 기간, 18세 이상 27세 미만인 기간 중 연금보험료 납부 예외 법률에 따라 연금보험료를 내지 아니한 기간'에 해당하는 기간을 제외한 기간을 말한다.

(16) 배우자, 남편 또는 아내의 적용 범위

이 법을 적용할 때 배우자, 남편 또는 아내에는 사실상의 혼인관계에 있는 자를 포함한다.

(17) 태아의 출생에 따른 적용 범위

수급권을 취득할 당시 가입자 또는 가입자였던 자의 태아가 출생하면 그 자녀는 가입자 또는 가입자였던 자에 의하여 생계를 유지하고 있던 자녀로 본다.

4. 국가의 책무(제3조의2)

국가는 이 법에 따른 연금급여가 안정적 · 지속적으로 지급되도록 필요한 시책을 수립 · 시행하여야 한다.

2 가입자

기출회차

			3	4	5
6		7	8	9	10
11		12	13	14	15
16	17	18	19	20
21	22				

강의로 복습하는 기출회독 시리즈
Keyword 235

1. 가입대상(제6조) 22회 기출

국내에 거주하는 국민으로서 18세 이상 60세 미만인 자는 국민연금 가입 대상이 된다. 다만, 공무원연금법, 군인연금법, 사립학교교직원 연금법 및 별정우체국법을 적용받는 공무원, 군인, 교직원 및 별정우체국 직원, 그 밖에 대통령령으로 정하는 자는 제외한다.

2. 가입자의 종류

국민연금 가입자는 사업장가입자·지역가입자·임의가입자 및 임의계속가입자로 구분한다.

(1) 사업장가입자 꼭!

* 사업의 종류, 근로자의 수 등을 고려하여 대통령령으로 정하는 사업장, 즉 당연적용 사업장의 18세 이상 60세 미만인 근로자와 사용자는 당연히 사업장가입자가 된다.
* 적용제외자: 공무원연금법·공무원 재해보상법·사립학교교직원연금법 또는 별정우체국법에 따른 퇴직연금, 장해연금 또는 퇴직연금일시금이나 군인연금법에 따른 퇴역연금·퇴역연금일시금, 군인 재해보상법에 따른 상이연금을 받을 권리를 얻은 자(퇴직연금등수급권자). 다만, 퇴직연금등 수급권자가 국민연금과 직역연금의 연계에 관한 법률에 따라 연계 신청을 한 경우에는 그러하지 아니하다.
* 국민연금에 가입된 사업장에 종사하는 18세 미만 근로자는 사업장가입자가 되는 것으로 본다. 다만, 본인이 원하지 아니하면 사업장가입자가 되지 아니할 수 있다.
* 국민기초생활보장법에 따른 생계급여 또는 의료급여 수급자는 본인의 희망에 따라 사업장가입자가 되지 않을 수 있다.

중요도 ★ ★ ★

국민연금의 가입대상자, 가입대상 제외자, 가입자의 종류 등의 내용은 전반적인 내용을 묻는 문제의 선택지로 자주 출제된다. 가입자의 종류별 특성을 명확하게 학습하여야 하며, 가입대상자와 제외자를 구분할 수 있어야 한다.

합격자의 한마디

예전에는 18세 미만 근로자가 국민연금에 가입하고 싶어도 사용자가 동의하지 않으면 가입하기가 어려웠지만, 현재는 사업장가입을 확대함에 따라 18세 미만 근로자가 국민연금 가입을 원하는 경우, 사용자의 동의가 없어도 사업장가입자로 당연 가입할 수 있게 되었어요.

보충자료
국민연금과 직역연금의
연계에 관한 법률

(2) 지역가입자 ★^{꼭!}

- 사업장가입자가 아닌 자로서 18세 이상 60세 미만인 자는 당연히 지역가입자가 된다.
- 적용제외자: 국민연금 가입 대상에서 제외되는 자의 배우자로서 별도의 소득이 없는 자, 사업장가입자·지역가입자 및 임의계속가입자의 배우자로서 별도의 소득이 없는 자, 노령연금 수급권자 및 퇴직연금등수급권자의 배우자로서 별도의 소득이 없는 자, 퇴직연금등수급권자(퇴직연금등수급권자가 연계 신청을 한 경우에는 그러하지 아니함), 18세 이상 27세 미만인 자로서 학생이거나 군 복무 등의 이유로 소득이 없는 자(연금보험료를 납부한 사실이 있는 자는 제외), 생계급여 수급자 또는 의료급여 수급자, 1년 이상 행방불명된 자

(3) 임의가입자

- 사업장가입자도 아니고 지역가입자도 아닌 자로서 18세 이상 60세 미만인 자가 국민연금공단에 가입을 신청하면 임의가입자가 될 수 있다. 임의가입자는 국민연금공단에 신청하여 탈퇴할 수 있다.
- 임의가입자 제도는 국민연금 당연가입 대상에 해당하지 아니하나 가입기간 및 가입자격을 유지함으로써 보다 많은 사람이 국민연금급여 혜택을 받을 수 있도록 노후생활보장에 대한 권리를 최대한 보장하려는 것이다.

> **예** 직장에 다니는 A씨의 부인 B씨는 전업주부이지만 국민연금공단에 가입 신청을 하여 보험료를 매월 납부하고 노령연금의 보장을 받는 경우

(4) 임의계속가입자

가입기간이 부족하여 연금을 받지 못하거나 가입기간을 연장하여 더 많은 연금을 받고자 하는 경우에 신청하는 경우가 많다. 국민연금 가입자 또는 가입자였던 자로서 60세가 된 자(연금보험료를 납부한 사실이 없거나 노령연금 수급권자로서 급여를 지급받고 있는 자, 반환일시금을 지급받은 자는 제외)이거나, 특수직종근로자로서 특례노령연금 수급권을 취득한 자의 경우 65세가 될 때까지 보건복지부령으로 정하는 바에 따라 국민연금공단에 가입을 신청하면 임의계속가입자가 될 수 있다. 이 경우 가입 신청이 수리된 날에 그 자격을 취득한다.

3. 가입자 자격의 취득 및 상실 등

(1) 가입자 자격의 취득 시기(제11조)

- 사업장가입자는 사업장에 고용되거나 그 사업장의 사용자가 된 때 또는 당연적용사업장으로 된 때 그 자격을 취득한다.
- 지역가입자는 사업장가입자의 자격을 상실한 때나 국민연금 가입 대상 제외자에 해당하지 아니하게 된 때, 배우자가 별도의 소득이 있게 된 때, 18세 이상 27세 미만인 자가 소득이 있게 된 때 그 자격을 취득한다.
- 임의가입자는 가입 신청이 수리된 날에 자격을 취득한다.

(2) 가입자 자격의 상실 시기(제12조) 꼭! ★

- 사업장가입자는 '사망한 때, 국적을 상실하거나 국외로 이주한 때, 사용관계가 끝난 때, 60세가 된 때'의 다음 날에 자격을 상실하고, '공무원·군인·교직원·별정우체국 직원 등 제6조(가입대상)의 단서에 따른 국민연금 가입 대상 제외자에 해당하게 된 때'는 그 날에 자격을 상실한다.
- 지역가입자는 '사망한 때, 국적을 상실하거나 국외로 이주한 때, 배우자로서 별도의 소득이 없게 된 때, 60세가 된 때'는 다음 날에 자격을 상실하고, '공무원·군인·교직원·별정우체국 직원 등 제6조(가입대상)의 단서에 따른 국민연금 가입 대상 제외자에 해당하게 된 때, 사업장가입자의 자격을 취득한 때'는 그 날에 자격을 상실한다.
- 임의가입자는 '사망한 때, 국적을 상실하거나 국외로 이주한 때, 탈퇴 신청이 수리된 때, 60세가 된 때, 일정 기간 이상 계속하여 연금보험료를 체납한 때'는 그 다음 날에 자격을 상실하고, '사업장가입자 또는 지역가입자의 자격을 취득한 때, 공무원·군인·교직원·별정우체국 직원 등 제6조(가입대상)의 단서에 따른 국민연금 가입 대상 제외자에 해당하게 된 때'는 그 날에 자격을 상실한다.
- 임의계속가입자는 '사망한 때, 국적을 상실하거나 국외로 이주한 때, 탈퇴 신청이 수리된 때, 대통령령으로 정하는 기간 이상 계속하여 연금보험료를 체납한 때'의 어느 하나에 해당하게 된 날의 다음 날에 그 자격을 상실한다. 다만, 보건복지부령으로 정하는 바에 따라 국민연금공단에 신청하여 탈퇴 신청이 수리된 때의 경우 임의계속가입자가 납부한 마지막 연금보험료에 해당하는 달의 말일이 탈퇴 신청이 수리된 날보다 같거나 빠르고 임의계속가입자가 희망하는 경우에는 임의계속가입자가 납부한 마지막 연금보험료에 해당하는 달의 말일에 그 자격을 상실한다.

4. 신고 및 통지 등

(1) 가입자 자격 및 소득 등에 관한 신고(제21조)

- 사업장가입자의 사용자는 보건복지부령으로 정하는 바에 따라 당연적용사업장에 해당된 사실, 사업장의 내용 변경 및 휴업·폐업 등에 관한 사항과 가입자 자격의 취득·상실, 가입자의 소득월액 등에 관한 사항을 국민연금공단에 신고하여야 한다.
- 지역가입자, 임의가입자 및 임의계속가입자는 보건복지부령으로 정하는 바에 따라 자격의 취득·상실, 이름 또는 주소의 변경 및 소득에 관한 사항 등을 국민연금공단에 신고하여야 한다.
- 지역가입자, 임의가입자 또는 임의계속가입자가 부득이한 사유로 위에 따른 신고를 할 수 없는 경우에는 배우자나 그 밖의 가족이 신고를 대리할 수 있다.

(2) 가입자 등에 대한 통지 등(제23조)

- 국민연금공단은 사업장가입자의 자격 취득·상실에 관한 확인을 한 때와 기준소득월액이 결정되거나 변경된 때에는 이를 그 사업장의 사용자에게 통지하여야 하며, 지역가입자, 임의가입자 또는 임의계속가입자의 자격 취득·상실에 관한 확인을 한 때와 기준소득월액이 결정되거나 변경된 때에는 이를 그 지역가입자, 임의가입자 또는 임의계속가입자에게 통지하여야 한다.
- 통지를 받은 사용자는 이를 해당 사업장가입자 또는 그 자격을 상실한 자에게 통지하되, 그 통지를 받을 자의 소재를 알 수 없어 통지할 수 없는 경우에는 그 뜻을 국민연금공단에 통지하여야 한다.
- 사용자는 사업장가입자 또는 그 자격을 상실한 사람에게 통지를 한 경우에는 그 사실을 확인할 수 있는 서류를 작성하고, 보건복지부령으로 정하는 기간 동안 이를 보관하여야 한다.

3 급여

기출회차

		3	4	5
6	7	8	9	10
11	12	13	14	15
16	17	18	19	20
21	22			

강의로 복습하는 기출회독 시리즈

Keyword 235

1. 연금액의 산정

연금액은 지급사유에 따라 기본연금액과 부양가족연금액을 기초로 하여 산정한다.

(1) 기본연금액(제51조)

기본연금액 산정식

$$= 1.2 \times (A + B) \times (1 + 0.05n/12)$$

※ 1년치 연금액이며, 실제 지급할 때는 12로 나눈 금액을 매월 지급함

가입기간이 여러 구간에 걸쳐있는 경우 기본연금액 산정식

$$[2.4(A + 0.75B) \times P1/P + 1.8(A + B) \times P2/P + 1.5(A + B) \times P3/P + \cdots$$
$$+ 1.2(A + B) \times P23/P] \times (1 + 0.05n/12)$$

㈜ • A: 연금수급 전 전체 가입자의 3년간 평균소득월액의 평균액
   • B: 가입자 개인의 가입기간 중 기준소득월액의 평균액
   • P: 가입자의 전체 가입월수
   • P1 ~ P3: 연도별 가입월수
    (P1: '88년 ~ '98년, P2: '99년 ~ '07년, P3: '08년, … , P23: '28년 이후)
   • n: 20년 초과 가입월수

※ A, B, n값이 클수록 연금액이 많아짐

가입구간별 소득대체율 및 적용 비례상수

가입기간	'88~'98 (P1)	'99~'07 (P2)	'08 (P3)	'09 (P4)	'10 (P5)	'11 (P6)	(…)	'28 이후 (P23)
소득대체율	70%	60%	50%	49.5%	49%	48.5%	(…)	40%
소득대체율에 해당하는 비례상수	2.4	1.8	1.5	1.485	1.47	1.455	(…)	1.2

※ 소득대체율은 0.5%씩, 비례상수는 0.015씩 감소

- 산정식에 따른 금액을 수급권자에게 적용할 때에는 연금 수급 2년 전 연도와 대비한 전년도의 전국소비자물가변동률을 기준으로 그 변동률에 해당하는 금액을 더하거나 빼되, 미리 국민연금심의위원회의 심의를 거쳐야 한다.
- 조정된 금액을 수급권자에게 적용할 때 그 적용 기간은 해당 조정연도 1월부터 12월까지로 한다.

(2) 부양가족연금액(제52조)

부양가족연금액 지급 대상의 '장애상태' 기준

1. 장애 정도에 관한 장애등급 1급 또는 2급에 해당하는 상태
2. 장애인 중 장애의 정도가 심한 장애인으로서 대통령령으로 정하는 장애 정도에 해당하는 상태

수급권자(유족연금의 경우 가입자 또는 가입자였던 자)의 배우자, 자녀, 부모로서 수급권자에 의하여 생계를 유지하고 있는 자에 대하여 지급하는 일종의 가족수당 성격의 부가급여이다.

- 배우자: 연 293,580원(2024년)
- 19세 미만이거나 장애상태에 있는 자녀(배우자가 혼인 전에 얻은 자녀를 포함): 연 195,660원(2024년)
- 60세 이상이거나 장애상태에 있는 부모(부 또는 모의 배우자, 배우자의 부모를 포함): 연 195,660원(2024년)
- 부양가족연금액을 수급권자에게 적용하는 경우에는 기본연금액에 관한 규정을 준용한다.
- 부양가족연금액의 수급대상자가 '연금 수급권자(국민연금과 직역연금의 연계에 관한 법률에 따른 연계급여 수급권자를 포함), 퇴직연금등수급권자, 공무원연금법·공무원 재해보상법·사립학교교직원 연금법·별정우체국법, 군인연금법 또는 군인 재해보상법에 따른 퇴직유족연금·퇴역유족연금·장해유족연금·상이유족연금·순직유족연금·직무상유족연금·위험직무순직유족연금 또는 유족연금 수급권자'의 어느 하나에 해당하면 부양가족연금액 계산에서 제외한다.
- 부양가족연금액의 수급 대상자는 부양가족연금액을 계산할 때 2명 이상의 연금 수급권자의 부양가족연금 계산 대상이 될 수 없다.
- 부양가족연금액의 수급 대상자가 '사망한 때, 수급권자에 의한 생계유지의 상태가 끝난 때, 배우자가 이혼한 때, 자녀가 다른 사람의 양자가 되거나 파양(罷養)된 때, 자녀가 19세가 된 때(장애상태에 있는 자녀는 제외), 장애상태에 있던 자녀 또는 부모가 그 장애상태에 해당하지 아니하게 된 때, 배우자가 혼인 전에 얻은 자녀와의 관계가 이혼으로 인하여 종료된 때, 재혼한 부 또는 모의 배우자와 수급자의 관계가 부모와 그 배우자의 이혼으로 인하여 종료된 경우'의 어느 하나에 해당하게 되면 부양가족연금액의 계산에서 제외한다.

2. 급여의 종류

중요도 ★ ★ ★

국민연금 급여의 종류와 관련된 내용은 출제될 가능성이 높으므로 구체적인 내용까지 꼼꼼하게 정리해두도록 하자. 유족연금 급여, 분할연금 수급요건, 급여의 종류, 연금액의 산정에 관한 문제가 출제된 바 있다.

이 법에 따른 급여의 종류에는 노령연금, 장애연금, 유족연금, 반환일시금이 있다.

1) 노령연금

(1) 노령연금의 종류 및 연금액 ☆꼭!

① 노령연금(제61조, 제63조, 제63조의2)

- 가입기간이 10년 이상인 가입자 또는 가입자였던 자에 대하여는 60세(특수직종근로자 55세)가 된 때부터 그가 생존하는 동안 노령연금을 지급한다.
- 노령연금액은 기본연금액에 부양가족연금액을 더한 금액으로 한다.
  - 가입기간이 20년 이상인 경우: 기본연금액
  - 가입기간이 10년 이상 20년 미만인 경우: 기본연금액의 1천분의 500에 해당하는 금액에 가입기간 10년을 초과하는 1년(1년 미만이면 매 1개월을 12분의 1년으로 계산한다) 마다 기본연금액의 1천분의 50에 해당하는 금액을 더한 금액
- 소득활동에 따른 노령연금액: 노령연금 수급권자가 대통령령으로 정하는 소득이 있는 업무에 종사하면 60세 이상 65세 미만(특수직종근로자는 55세 이상 60세 미만)인 기간에는 노령연금액(부양가족연금액은 제외)에서 다음 각 호의 구분에 따른 금액을 뺀 금액을 지급한다. 이 경우 빼는 금액은 노령연금액의 2분의 1을 초과할 수 없다(최고감액률은 50%).

A값 초과소득월액	감액 산식	감액금액
0~100만원	초과소득월액의 5%	0~5만원
100~200만원	5만원 + 100만원 초과한 소득월액의 10%	5~15만원
200~300만원	15만원 + 200만원 초과한 소득월액의 15%	15~30만원
300~400만원	30만원 +3 00만원 초과한 소득월액의 20%	30~50만원
400만원~	50만원 + 400만원 초과한 소득월액의 25%	50만원~

② 조기노령연금(제61조, 제63조, 제66조)

- 가입기간이 10년 이상인 가입자 또는 가입자였던 자로서 55세 이상으로 대통령령으로 정하는 소득이 있는 업무에 종사하지 아니하는 경우 본인이 희망하면 60세가 되기 전이라도 본인이 청구한 때부터 생존하는 동안 일정한

금액의 연금을 받을 수 있다.

- 가입기간에 따라 노령연금액 중 부양가족연금액을 제외한 금액에 수급연령별로 다음의 구분에 따른 비율(청구일이 연령도달일이 속한 달의 다음 달 이후인 경우에는 1개월마다 1천분의 5를 더한다)을 곱한 금액에 부양가족연금액을 더한 금액으로 한다.
  - 55세부터 지급받는 경우에는 1천분의 700
  - 56세부터 지급받는 경우에는 1천분의 760
  - 57세부터 지급받는 경우에는 1천분의 820
  - 58세부터 지급받는 경우에는 1천분의 880
  - 59세부터 지급받는 경우에는 1천분의 940
- 조기노령연금을 받고 있는 60세 미만인 자가 '소득이 있는 업무에 종사하는 경우, 조기노령연금을 받고 있는 본인이 조기노령연금 지급 정지를 신청하는 경우'의 어느 하나에 해당되는 경우에는 그 기간에 해당하는 조기노령연금은 지급을 정지한다.

한걸음 더

국민연금 수급연령 상향 조정(국민연금법 제8541호 부칙 제8조)

출생연도	수급개시연령		
	노령연금	조기노령연금	분할연금
1952년생 이전	60세	55세	60세
1953~1956년생	61세	56세	61세
1957~1960년생	62세	57세	62세
1961~1964년생	63세	58세	63세
1965~1968년생	64세	59세	64세
1969년생 이후	65세	60세	65세

(2) 분할연금 수급권자 및 노령연금과의 관계 ☆ 꼭!

① 분할연금 수급권자(제64조)

- 혼인기간(배우자의 가입기간 중의 혼인기간으로서 별거, 가출 등의 사유로 인하여 실질적인 혼인관계가 존재하지 아니하였던 기간을 제외한 기간)이 5년 이상인 자가 다음의 요건을 모두 갖추면 그때부터 그가 생존하는 동안 배우자였던 자의 노령연금을 분할한 분할연금을 받을 수 있다. 다음의 요건을 모두 갖추게 된 때부터 5년 이내에 청구하여야 한다.

- 배우자와 이혼하였을 것
- 배우자였던 사람이 노령연금 수급권자일 것
- 60세가 되었을 것

• 위 규정에 따른 분할연금액은 배우자였던 자의 노령연금액(부양가족연금액은 제외) 중 혼인 기간에 해당하는 연금액을 균등하게 나눈 금액으로 한다.

② 분할연금 청구의 특례(제64조의3)

• 분할연금 수급권자의 요건에도 불구하고 60세의 연령에 도달하기 이전에 이혼하는 경우에는 이혼의 효력이 발생하는 때부터 분할연금을 미리 청구할 수 있다. 이 경우 청구를 한 것으로 본다(선청구를 하고 선청구의 취소를 하지 아니한 경우에 한정).

• 분할연금 선청구는 이혼의 효력이 발생하는 때부터 3년 이내에 하여야 하며, 60세에 도달하기 이전에 분할연금 선청구를 취소할 수 있다. 이 경우 분할연금 선청구 및 선청구의 취소는 1회에 한한다.

• 분할연금을 선청구한 경우라고 하더라도 분할연금 수급권자의 요건을 모두 갖추게 된 때에 분할연금을 지급한다.

③ 분할연금 수급권의 포기(제64조의4)

• 분할연금 수급권자 요건에 따른 분할연금 수급권자는 배우자였던 사람과 재혼한 경우 보건복지부령으로 정하는 바에 따라 분할연금 수급권의 포기를 신청할 수 있다.

• 분할연금 수급권자가 분할연금 수급권의 포기를 신청한 경우에는 그 분할연금 수급권은 신청한 날부터 소멸된다.

• 분할연금 수급권이 소멸된 경우에는 분할연금 수급권을 포기한 사람의 배우자에게 분할연금이 발생하기 전의 노령연금을 지급한다.

④ 분할연금과 노령연금과의 관계(제65조)

분할연금 수급권은 노령연금을 전제로 발생한다. 그러나 그 수급권을 취득한 후에 배우자였던 자에게 생긴 사유로 노령연금 수급권이 소멸·정지되어도 그 영향을 받지 아니한다. 따라서 전 배우자인 노령연금 수급권자가 사망하거나 그에게 다른 급여의 수급권이 발생하여 이를 선택한 경우에도 분할연금은 계속 지급될 수 있다. 분할연금 수급권자는 유족연금을 지급함에 있어서 노령연금수급권자로 보지 아니한다.

('분할연금 수급권자는 유족연금을 지급함에 있어서 노령연금수급권자로 보지 아니한다'는 표현은 중복급여 조정과 관련된 내용이라고 볼 수 있다. 분할

연금은 노령연금에서 파생된 급여의 성격을 갖고 있고 따라서 분할연금과 노령연금은 합산하여 받을 수 있다. 하지만, 유족연금을 지급할 때는 노령연금 수급권자로 보지 않기 때문에 중복급여 조정에 해당한다. 즉, 하나의 급여만 선택해야 한다.)

⑤ 병급조정

분할연금은 2번 이상의 이혼으로 그 수급권자에게 2개 이상의 분할연금 수급권이 발생한 경우에는 2개 이상의 분할연금액을 합산하여 지급하되, 2개 이상의 분할연금 수급권과 다른 급여의 수급권이 발생한 경우에는 그 2개 이상의 분할연금 수급권을 하나의 분할연금 수급권으로 보고, 본인의 선택에 의하여 그 분할연금 또는 다른 급여 중 하나만을 지급하고 선택하지 아니한 분할연금 또는 다른 급여의 지급은 정지된다. 분할연금 수급권자에게 노령연금 수급권이 발생한 경우에는 분할연금액과 노령연금액을 합산하여 지급한다.

2) 장애연금

(1) 장애연금의 수급권자(제67조)

① 장애연금 수급요건

가입자 또는 가입자였던 자가 질병이나 부상으로 신체상 또는 정신상의 장애가 있고 '해당 질병 또는 부상의 초진일 당시 연령이 18세(18세 전에 가입한 경우에는 가입자가 된 날) 이상이고 노령연금의 지급 연령 미만일 것, 해당 질병 또는 부상의 초진일 당시 연금보험료를 낸 기간이 가입대상 기간의 3분의 1 이상일 것, 해당 질병 또는 부상의 초진일 5년 전부터 초진일까지의 기간 중 연금보험료를 낸 기간이 3년 이상일 것(가입대상 기간 중 체납기간이 3년 이상인 경우는 제외), 해당 질병 또는 부상의 초진일 당시 가입기간이 10년 이상일 것'의 요건을 모두 충족하는 경우에는 장애 정도를 결정하는 기준이 되는 날부터 그 장애가 계속되는 기간 동안 장애 정도에 따라 장애연금을 지급한다.

한걸음 더

장애결정 기준일

- 초진일부터 1년 6개월이 지나기 전에 완치일이 있는 경우: 완치일
- 초진일부터 1년 6개월이 지날 때까지 완치일이 없는 경우: 초진일부터 1년 6개월이 되는 날의 다음 날
- 초진일부터 1년 6개월이 되는 날의 다음 날에 장애연금의 지급 대상이 되지 아니하였으나, 그 후 그 질병이나 부상이 악화된 경우: 장애연금의 지급을 청구한 날과 완치일 중 빠른 날
- 장애연금의 수급권이 소멸된 사람이 장애연금 수급권을 취득할 당시의 질병이나 부상이 악화된 경우: 청구일과 완치일 중 빠른 날

② 장애연금 지급 제외

장애연금의 지급 대상이 되는 경우에도 불구하고 '초진일이 제6조 단서에 따라 가입 대상에서 제외된 기간 중에 있는 경우, 초진일이 국외이주·국적상실 기간 중에 있는 경우, 반환일시금을 지급받은 경우'의 어느 하나에 해당되는 경우에는 장애연금을 지급하지 아니한다.

(2) 장애연금액(제68조)

장애연금액은 장애등급에 따라 다음과 같이 금액을 산정한다.
- 장애등급 1급: 기본연금액에 부양가족연금액을 더한 금액
- 장애등급 2급: 기본연금액의 1천분의 800에 해당하는 금액에 부양가족연금액을 더한 금액
- 장애등급 3급: 기본연금액의 1천분의 600에 해당하는 금액에 부양가족연금액을 더한 금액
- 장애등급 4급: 기본연금액의 1천분의 2,250에 해당하는 금액을 일시보상금으로 지급

(3) 중복 조정, 변경, 일시보상금 평가

① 중복 조정(제69조)

장애연금의 수급권자에게 다시 장애연금을 지급하여야 할 장애가 발생한 때에는 전후의 장애를 병합한 장애정도에 따라 장애연금을 지급한다. 다만, 전후의 장애를 병합한 장애정도에 따른 장애연금이 전의 장애연금보다 적을 때에는 전의 장애연금을 지급한다.

② 장애연금액의 변경(제70조)

- 공단은 장애연금의 수급권자의 장애정도를 심사하여 장애등급이 다르게 되

면 그 등급에 따라 장애연금액을 변경하고, 장애등급에 해당되지 아니하면 장애연금 수급권을 소멸시킨다. 장애연금의 수급권자는 그 장애가 악화된 경우에는 공단에 장애연금액의 변경을 청구할 수 있다. 이는 60세 이상인 장애연금 수급권자에 대하여는 적용하지 아니한다.

- 장애정도를 결정할 때에는 완치일을 기준으로 하며, 다음의 구분에 따른 날까지 완치되지 않은 경우에는 그 해당하는 날을 기준으로 장애정도를 결정한다.
  - 장애정도를 심사하여 장애등급이 다르게 된 경우: 장애정도의 변화개연성에 따라 공단이 지정한 주기가 도래한 날이 속하는 달의 말일 등 대통령령으로 정하는 날
  - 장애가 악화된 경우: 수급권자가 장애연금액의 변경을 청구한 날

③ 일시보상금에 대한 평가(제71조)

일시보상금 수급권자에게 중복급여의 조정, 장애의 중복 조정, 장애연금액의 변경 및 소멸시효를 적용할 때에는 일시보상금 지급 사유 발생일이 속하는 달의 다음 달부터 기본연금액의 1,000분의 400을 12로 나눈 액이 67개월 동안 지급된 것으로 본다. 이 기간을 장애일시보상금의 환산기간이라 한다.

3) 유족연금

(1) 유족연금의 수급권자(제72조) ⭐꼭!

'노령연금 수급권자, 가입기간이 10년 이상인 가입자 또는 가입자였던 자, 연금보험료를 낸 기간이 가입대상기간의 3분의 1 이상인 가입자 또는 가입자였던 자, 사망일 5년 전부터 사망일까지의 기간 중 연금보험료를 낸 기간이 3년 이상인 가입자 또는 가입자였던 자(가입대상기간 중 체납기간이 3년 이상인 사람은 제외), 장애등급이 2급 이상인 장애연금 수급권자' 중 어느 하나에 해당하는 사람이 사망하면 그 유족에게 유족연금을 지급한다.

(2) 유족의 범위(제73조) ⭐꼭!

- 유족연금을 지급받을 수 있는 유족은 가입자 또는 가입자였던 사람이 사망할 당시 그에 의하여 생계를 유지하고 있던 다음의 자로 한다.
  - 배우자
  - 자녀. 다만, 25세 미만이거나 장애상태에 있는 사람만 해당함
  - 부모(배우자의 부모를 포함). 다만, 60세 이상이거나 장애상태에 있는 사람만 해당함

- 손자녀. 다만, 19세 미만이거나 장애상태에 있는 사람만 해당함
- 조부모(배우자의 조부모를 포함). 다만, 60세 이상이거나 장애상태에 있는 사람만 해당함
- 유족연금은 위의 순위에 따라 최우선 순위자에게만 지급한다. 같은 순위의 유족이 2명 이상이면 그 유족연금액을 똑같이 나누어 지급하되, 지급 방법은 대통령령으로 정한다.

유족연금 지급 대상의 '장애상태' 기준
1. 장애 정도에 관한 장애등급 1급 또는 2급에 해당하는 상태
2. 장애인 중 장애의 정도가 심한 장애인으로서 대통령령으로 정하는 장애 정도에 해당하는 상태

(3) 유족연금액(제74조)
유족연금액은 가입기간에 따라 다음의 금액에 부양가족연금액을 더한 금액으로 한다. 다만, 노령연금 수급권자가 사망한 경우의 유족연금액은 사망한 자가 받던 노령연금액을 초과할 수 없다.
- 가입기간이 10년 미만이면, 기본연금액의 40%
- 가입기간이 10년 이상 20년 미만이면, 기본연금액의 50%
- 가입기간이 20년 이상이면, 기본연금액의 60%

(4) 유족연금 수급권의 소멸(제75조) 꼭!⭐
- 유족연금의 수급권자가 다음에 해당하게 된 때 그 수급권은 소멸한다.
  - 수급권자가 사망한 때
  - 배우자인 수급권자가 재혼한 때
  - 자녀나 손자녀인 수급권자가 파양된 때
  - 장애상태에 해당하지 아니한 자녀인 수급권자가 25세가 된 때 또는 장애상태에 해당하지 아니한 손자녀인 수급권자가 19세가 된 때
- 부모, 손자녀 또는 조부모인 유족의 유족연금 수급권은 가입자 또는 가입자였던 사람이 사망할 당시에 그 가입자 또는 가입자였던 사람의 태아가 출생하여 수급권을 갖게 되면 소멸한다.

(5) 유족연금의 지급 정지(제76조)
- 유족연금의 수급권자인 배우자에 대하여는 수급권이 발생한 때부터 3년 동안 유족연금을 지급한 후 55세가 될 때까지 지급을 정지한다. 다만, 그 수급권자가 다음의 어느 하나에 해당하면 지급을 정지하지 아니한다.
  - 장애상태인 경우
  - 가입자 또는 가입자였던 자의 25세 미만인 자녀 또는 장애상태인 자녀의 생계를 유지한 경우
  - 대통령령으로 정하는 소득이 있는 업무에 종사하지 아니하는 경우
- 유족연금의 수급권자인 배우자의 소재를 1년 이상 알 수 없는 때에는 유족

인 자녀의 신청에 의하여 그 소재 불명(不明)의 기간동안 그에게 지급하여야 할 유족연금은 지급을 정지한다.

- 배우자 외의 자에 대한 유족연금의 수급권자가 2명 이상인 경우 그 수급권자 중에서 1년 이상 소재를 알 수 없는 자가 있으면 다른 수급권자의 신청에 따라 그 소재 불명의 기간에 해당하는 그에 대한 유족연금의 지급을 정지한다.
- 자녀나 손자녀인 수급권자가 다른 사람에게 입양된 때에는 그에 해당하게 된 때부터 유족연금의 지급을 정지한다.
- 장애로 수급권을 취득한 자가 장애상태에 해당하지 아니하게 된 때에는 그에 해당하게 된 때부터 유족연금의 지급을 정지한다.

4) 반환일시금 · 사망일시금

(1) 반환일시금

① 반환일시금 수급권자(제77조)
- 가입자 또는 가입자였던 자가 다음에 해당하게 되면 본인이나 그 유족의 청구에 의하여 반환일시금을 지급받을 수 있다.
  - 가입기간이 10년 미만인 자가 60세가 된 때
  - 가입자 또는 가입자였던 자가 사망한 때(다만, 유족연금이 지급되는 경우에는 제외)
  - 국적을 상실하거나 국외로 이주한 때
- 반환일시금의 액수는 가입자 또는 가입자였던 자가 납부한 연금보험료(사업장가입자 또는 사업장가입자였던 자의 경우에는 사용자의 부담금을 포함)에 대통령령으로 정하는 이자를 더한 금액으로 한다.

② 반납금 납부와 가입기간(제78조)
- 반환일시금을 받은 자로서 다시 가입자의 자격을 취득한 자는 반환일시금에 이자를 더한 금액인 반납금을 공단에 낼 수 있다.
- 반납금은 분할하여 납부하게 할 수 있고, 반납금을 낸 경우에는 그에 상응하는 기간은 가입기간에 넣어 계산한다.

③ 반환일시금 수급권의 소멸(제79조)
반환일시금의 수급권은 '수급권자가 다시 가입자로 된 때, 수급권자가 노령연금의 수급권을 취득한 때, 수급권자가 장애연금의 수급권을 취득한 때, 수급권자의 유족이 유족연금의 수급권을 취득한 때'에는 소멸한다.

(2) 사망일시금(제80조)

① 사망일시금 수급권자
- '가입자 또는 가입자였던 사람, 노령연금 수급권자, 장애등급이 3급 이상인 장애연금 수급권자'의 어느 하나에 해당하는 사람이 사망한 때에 유족의 범위(제73조)에 해당하는 유족이 없으면 그 배우자 · 자녀 · 부모 · 손자녀 · 조부모 · 형제자매 또는 4촌 이내 방계혈족에게 사망일시금을 지급한다.
- 가출 · 실종 등 대통령령으로 정하는 경우에 해당하는 사람에게는 지급하지 아니하며, 4촌 이내 방계혈족의 경우에는 대통령령으로 정하는 바에 따라 '가입자 또는 가입자였던 사람, 노령연금 수급권자, 장애등급이 3급 이상인 장애연금 수급권자'의 어느 하나에 해당하는 사람의 사망 당시 그 사람에 의하여 생계를 유지하고 있던 사람에게만 지급한다.
- 사망일시금을 받을 자의 순위는 배우자 · 자녀 · 부모 · 손자녀 · 조부모 · 형제자매 및 4촌 이내의 방계혈족 순으로 한다. 이 경우 순위가 같은 사람이 2명 이상이면 똑같이 나누어 지급하되, 그 지급 방법은 대통령령으로 정한다.

② 사망일시금 액수
- 가입자 또는 가입자였던 사람의 경우: 가입자 또는 가입자였던 사람의 반환일시금에 상당하는 금액. 다만, 사망한 가입자 또는 가입자였던 사람의 최종 기준소득월액을 연도별 재평가율에 따라 사망일이 속하는 해의 전년도의 현재가치로 환산한 금액과 산정한 가입기간 중 기준소득월액의 평균액 중에서 많은 금액의 4배를 초과하지 못함
- 노령연금 수급권자 또는 장애등급이 3급 이상인 장애연금 수급권자에 해당하는 경우: 수급권자가 사망할 때까지 지급받은 연금액이 위의 내용을 준용하여 산정한 금액(이 경우 "가입자 또는 가입자였던 사람"은 "노령연금 수급권자 또는 장애등급이 3급 이상인 장애연금 수급권자"로 본다)보다 적은 경우에 그 차액에 해당하는 금액

(3) 유족연금과 사망일시금의 관계(제81조)
자녀 또는 손자녀인 유족연금수급권자에 대하여는 유족연금수급권이 소멸할 때까지 지급받은 유족연금액이 사망일시금액보다 적을 때에는 그 차액을 일

시금으로 지급한다.

3. 기타 급여 사항

(1) 연금액의 최고 한도(제53조)
연금의 월별 지급액은 연금수급 전년도를 기준으로 하여 가입자였던 최종 5년 동안의 기준소득월액의 평균액과 가입기간 동안의 기준소득월액의 평균액을 물가에 연동하여 조정한 각각의 금액 중에서 많은 금액을 넘지 못한다.

(2) 연금의 지급기간 및 지급시기(제54조)
연금은 지급하여야 할 사유가 생긴 날이 속하는 달의 다음 달부터 수급권이 소멸한 날이 속하는 달까지 지급한다. 연금은 매월 25일에 그 달의 금액을 지급하되, 지급일이 토요일이나 공휴일이면 그 전날에 지급한다.

(3) 미지급 급여(제55조)
수급권자가 사망한 경우 그 수급권자에게 지급해야 할 급여 중 아직 지급되지 않은 것이 있으면 그 배우자 · 자녀 · 부모 · 손자녀 · 조부모 또는 형제자매의 청구에 따라 그 미지급 급여를 지급한다. 다만, 가출 · 실종 등 대통령령으로 정하는 경우에 해당하는 사람에게는 지급하지 않으며, 형제자매의 경우에는 대통령령으로 정하는 바에 따라 수급권자의 사망 당시 수급권자에 의하여 생계를 유지하고 있던 사람에게만 지급한다. 급여를 받을 순위는 배우자, 자녀, 부모, 손자녀, 조부모, 형제자매의 순으로 한다. 이 경우 순위가 같은 사람이 2명 이상이면 똑같이 나누어 지급한다.

(4) 급여의 환수(제57조)
공단은 급여를 받은 사람이 '거짓이나 그 밖의 부정한 방법으로 급여를 받은 경우, 신고 의무자가 신고 사항을 공단에 신고하지 아니하거나 늦게 신고하여 급여를 잘못 지급 받은 경우, 가입자 또는 가입자였던 자가 사망한 것으로 추정되어 유족연금 등의 급여가 지급된 후 해당 가입자 또는 가입자였던 자의 생존이 확인된 경우, 그 밖의 사유로 급여가 잘못 지급된 경우' 중 어느 하나에 해당하는 경우에는 대통령령으로 정하는 바에 따라 그 금액을 환수하여야 한다.

4. 중복급여의 조정

(1) 중복급여의 조정(제56조)

수급권자에게 2개 이상의 급여 수급권이 생기면 수급권자의 선택에 따라 그 중 하나만 지급하고 다른 급여의 지급은 정지된다. 이에 따라 선택하지 아니한 급여는 다음에 따라 추가 지급한다.

- 선택하지 아니한 급여가 유족연금일 때(선택한 급여가 반환일시금일 때는 제외): 유족연금의 30%
- 선택하지 아니한 급여가 반환일시금일 때(선택한 급여가 장애연금이고, 선택하지 아니한 급여가 본인의 연금보험료 납부로 인한 반환일시금일 때는 제외): 사망일시금에 준용하여 그에 상당하는 금액

(2) 연금의 중복급여의 조정(제113조)

장애연금 또는 유족연금의 수급권자가 이 법에 따른 장애연금 또는 유족연금의 지급 사유와 같은 사유로 다음 중 어느 하나에 해당하는 급여를 받을 수 있는 경우에는 장애연금액 또는 유족연금액은 그 2분의 1에 해당하는 금액을 지급한다.

- 근로기준법 규정에 따른 장해보상, 유족보상 또는 일시보상
- 산업재해보상보험법의 규정에 따른 장해급여나 유족급여, 진폐보상연금 또는 진폐유족연금
- 선원법의 규정에 따른 장해보상, 일시보상 또는 유족보상
- 어선원 및 어선 재해보상보험법에 따른 장해급여, 일시보상급여 또는 유족급여

5. 급여의 제한 등

(1) 급여의 제한(제82조)

- 가입자 또는 가입자였던 자가 고의로 질병·부상 또는 그 원인이 되는 사고를 일으켜 그로 인하여 장애를 입은 경우에는 그 장애를 지급 사유로 하는 장애연금을 지급하지 아니할 수 있다.
- 가입자 또는 가입자였던 자가 고의나 중대한 과실로 요양 지시에 따르지 아니하거나 정당한 사유 없이 요양 지시에 따르지 아니하여 '장애를 입거나 사망한 경우, 장애나 사망의 원인이 되는 사고를 일으킨 경우, 장애를 악화시키거나 회복을 방해한 경우' 중 어느 하나에 해당하게 되면 대통령령으로

정하는 바에 따라 이를 원인으로 하는 급여의 전부 또는 일부를 지급하지 아니할 수 있다.

- '가입자 또는 가입자였던 자를 고의로 사망하게 한 유족, 유족연금등의 수급권자가 될 수 있는 자를 고의로 사망하게 한 유족, 다른 유족연금등의 수급권자를 고의로 사망하게 한 유족연금등의 수급권자' 중 어느 하나에 해당하는 사람에게는 사망에 따라 발생되는 유족연금, 미지급급여, 반환일시금 및 사망일시금을 지급하지 아니한다.

(2) 장애연금액의 변경 제한(제83조)

장애연금의 수급권자가 고의나 중대한 과실로 요양 지시에 따르지 아니하거나 정당한 사유 없이 요양 지시에 따르지 아니하여 장애를 악화시키거나 회복을 방해한 경우에는 장애연금액을 변경하지 아니할 수 있다.

(3) 지급의 정지 등(제86조)

수급권자가 다음 중 어느 하나에 해당하면 급여의 전부 또는 일부의 지급을 정지할 수 있다. 급여의 지급을 정지하려는 경우에는 지급을 정지하기 전에 대통령령으로 정하는 바에 따라 급여의 지급을 일시 중지할 수 있다.

- 수급권자가 정당한 사유 없이 공단의 서류, 그 밖의 자료 제출 요구에 응하지 아니한 때
- 장애연금 또는 유족연금의 수급권자가 정당한 사유 없이 공단의 진단 요구 또는 확인에 응하지 아니한 때
- 장애연금 수급권자가 고의나 중대한 과실로 요양 지시에 따르지 아니하거나 정당한 사유 없이 요양 지시에 따르지 아니하여 회복을 방해한 때
- 수급권자가 정당한 사유 없이 신고를 하지 아니한 때

기출회차

			3	4	5
6	7	8	9	**10**	
11	12	13	14	15
16	17	18	19	20
21	**22**			

강의로 복습하는 기출회독 시리즈

Keyword 235

4 비용 부담 및 가입기간

1. 연금보험료의 부과 · 징수 (제88조)

국고 부담 (제87조)
국가는 매년 공단 및 건강보험공단이 국민연금사업을 관리 · 운영하는 데에 필요한 비용의 전부 또는 일부를 부담한다.

- 보건복지부장관은 국민연금사업 중 연금보험료의 징수에 관하여 이 법에서 정하는 사항을 건강보험공단에 위탁한다.
- 공단은 국민연금사업에 드는 비용에 충당하기 위하여 가입자와 사용자에게 가입기간 동안 매월 연금보험료를 부과하고, 건강보험공단이 이를 징수한다.
- 사업장가입자의 연금보험료 중 기여금은 사업장가입자 본인이, 부담금은 사용자가 각각 부담하되, 그 금액은 각각 기준소득월액의 1천분의 45에 해당하는 금액으로 한다. 지역가입자, 임의가입자 및 임의계속가입자의 연금보험료는 지역가입자, 임의가입자 또는 임의계속가입자 본인이 부담하되, 그 금액은 기준소득월액의 1천분의 90으로 한다.
- 공단은 기준소득월액 정정 등의 사유로 당초 징수 결정한 금액을 다시 산정함으로써 연금보험료를 추가로 징수하여야 하는 경우 가입자 또는 사용자에게 그 추가되는 연금보험료를 나누어 내도록 할 수 있다.

2. 연금보험료 징수의 우선순위

국민연금보험료 징수의 우선순위

① 국세 및 지방세 〉 ② 연금보험료 〉 ③ 채권(민사채권, 상사채권, 공과금채권)

- 연금보험료나 그 밖의 이 법에 따른 징수금을 징수하는 순위는 국민건강보험법에 따른 보험료와 같은 순위로 한다.
- 국민건강보험법에 따르면 보험료 등은 국세 및 지방세를 제외한 기타의 채권에 우선하여 징수한다고 규정하고 있다. 다만, 보험료 등의 납부기한 전에 전세권 · 질권 또는 저당권의 설정을 등기 또는 등록한 사실이 증명되는

재산의 매각에 있어서 그 매각대금 중에서 보험료 등을 징수하는 경우의 그 전세권·질권 또는 저당권에 의하여 담보된 채권에 대하여는 그러하지 아니한다고 규정하고 있다(국민건강보험법 제85조).

3. 국민연금 재정 계산 및 장기재정균형 유지(제4조)

- 급여 수준과 연금보험료는 국민연금 재정이 장기적으로 균형을 유지할 수 있도록 조정(調整)되어야 한다.
- 보건복지부장관은 대통령령으로 정하는 바에 따라 5년마다 국민연금 재정 수지를 계산하고, 국민연금의 재정 전망과 연금보험료의 조정 및 국민연금 기금의 운용 계획 등이 포함된 국민연금 운영 전반에 관한 계획을 수립하여 국무회의의 심의를 거쳐 대통령의 승인을 받아야 하며, 승인받은 계획을 해당 연도 10월 말까지 국회에 제출하여 소관 상임위원회에 보고하고, 대통령령으로 정하는 바에 따라 공시하여야 한다. 다만, 급격한 경기변동 등으로 인하여 필요한 경우에는 5년이 지나지 아니하더라도 새로 국민연금 재정 수지를 계산하고 국민연금 운영 전반에 관한 계획을 수립할 수 있다.
- 연금보험료, 급여액, 급여의 수급 요건 등은 국민연금의 장기재정 균형 유지, 인구구조의 변화, 국민의 생활수준, 임금, 물가, 그 밖에 경제사정에 뚜렷한 변동이 생기면 그 사정에 맞게 조정되어야 한다.

4. 가입기간의 계산 및 합산 🏆 22회기출

(1) 가입기간 계산(제17조, 제17조의2)
- 국민연금 가입기간은 월 단위로 계산하되, 가입자의 자격을 취득한 날이 속하는 달의 다음 달부터 자격을 상실한 날의 전날이 속하는 달까지로 한다. 다만, 가입자가 그 자격을 상실한 날의 전날이 속하는 달에 그 자격을 다시 취득하면 다시 취득한 달을 중복하여 가입기간에 산입하지 아니한다.
- 가입기간을 계산할 때 연금보험료의 일부가 납부된 경우에는 그 일부 납부된 보험료를 다른 일부 납부된 월의 미납 연금보험료와 연체금 등에 충당하고, 충당 후 완납된 월은 가입기간에 산입한다.

(2) 가입기간의 합산(제20조)
가입자의 자격을 상실한 후 다시 그 자격을 취득한 자에 대하여는 전후의 가입기간을 합산한다. 가입자의 가입 종류가 변동되면 그 가입자의 가입기간은 각 종류별 가입기간을 합산한 기간으로 한다.

(3) 군 복무기간에 대한 가입기간 추가 산입(제18조)

'병역법에 따른 현역병, 전환복무를 한 사람, 상근예비역, 사회복무요원' 중 어느 하나에 해당하는 자가 노령연금 수급권을 취득한 때에는 6개월을 가입기간에 추가로 산입한다. 다만, 병역의무를 수행한 기간이 6개월 미만인 경우에는 그러하지 아니한다. 가입기간을 추가로 산입하는데 필요한 재원은 국가가 전부를 부담한다.

(4) 출산에 대한 가입기간 추가 산입(제19조)

2명 이상의 자녀가 있는 가입자 또는 가입자였던 자가 노령연금수급권을 취득한 때에는 다음의 기간을 추가로 산입한다. 추가 산입기간은 50개월을 초과할 수 없다. 부모 중 1명의 가입기간에만 산입하거나, 균등배분하여 산입할 수 있다. 가입기간을 추가로 산입하는 데 필요한 재원은 국가가 전부 또는 일부를 부담한다.

• 자녀 2명인 경우: 12개월
• 자녀 3명 이상인 경우: 2자녀 초과하는 자녀 1명마다 18개월을 더한 개월 수

출산크레딧 인정기간

둘째 자녀	둘째+셋째	둘째+셋째+넷째	다섯째 이상
12개월	30개월	48개월	50개월

(5) 실업에 대한 가입기간 추가 산입(제19조의2)

• 다음 요건을 모두 갖춘 사람이 고용보험법에 따른 구직급여를 받는 경우로서 구직급여를 받는 기간을 가입기간으로 산입하기 위하여 국민연금공단에 신청하는 때에는 그 기간을 가입기간에 추가로 산입한다. 다만, 추가로 산입하는 기간은 1년을 초과할 수 없다.
  − 18세 이상 60세 미만인 사람 중 가입자 또는 가입자였을 것
  − 대통령령으로 정하는 재산 또는 소득이 보건복지부장관이 정하여 고시하는 기준 이하일 것
• 산입되는 가입기간에 대하여는 고용보험법에 따른 구직급여의 산정 기초가 되는 임금일액을 월액으로 환산한 금액의 절반에 해당하는 소득(인정소득)으로 가입한 것으로 본다. 다만, 인정소득의 상한선 및 하한선은 보건복지부장관이 정하여 고시하는 금액으로 한다.

실업에 대한 가입기간 추가 산입

국민연금 가입자 또는 가입자였던 자가 고용보험법에 따른 구직급여를 받는 기간을 가입기간으로 산입하기 위해 국민연금공단에 신청하는 경우에는 그 기간을 가입기간에 추가로 산입하도록 하며, 이에 따라 납부하는 연금보험료의 전부 또는 일부를 일반회계, 국민연금기금 및 고용보험기금에서 지원할 수 있도록 함

- 가입자 또는 가입자였던 사람은 구직급여를 받는 기간을 가입기간으로 추가 산입하려는 경우 인정소득을 기준으로 연금보험료를 납부하여야 한다. 이 경우 국가는 연금보험료의 전부 또는 일부를 일반회계, 국민연금기금 및 고용보험법에 따른 고용보험기금에서 지원할 수 있다.
- 추가로 산입된 가입기간을 급여에 적용할 때에는 다음을 따른다.
  - 노령연금: 추가산입기간을 기본연금액에 반영한다.
  - 장애연금: 추가산입기간을 기본연금액에 반영하지 아니한다.
  - 유족연금: 추가산입기간을 기본연금액에 반영하지 아니하되, 각 호에 해당하는 가입기간에는 반영한다.

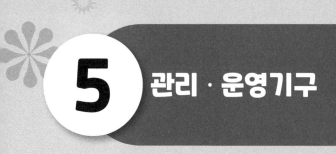

기출회차				
		3	4	5
6	7	8	9	10
11	12	13	14	15
16	17	18	19	20
21	22			

강의로 복습하는 기출회독 시리즈

Keyword 235

5 관리 · 운영기구

1. 국민연금공단

우리나라의 국민연금은 보건복지부장관이 관장하므로 원칙적으로 국영방식이지만, 실제로는 국민연금공단이라는 특수 공법인을 설립하여 위탁 관리운영하고 있으므로 혼합방식에 속한다. 정부는 국민연금제도의 발전 및 정책판단 기능만을 담당하고, 공단으로 하여금 국민연금 업무 전반을 수행하도록 하고 있다.

(1) 설립(제24조)
보건복지부장관의 위탁을 받아 국민연금공단을 설립한다.

(2) 법인격(제26조)
공단은 법인으로 한다. 국민연금공단은 공법인으로, 특별법인 국민연금법에 의해 설립되고 규율을 받는 특수법인이며, 영리를 목적으로 하지 않는 비영리법인이다. 공단에 관하여 국민연금법에 정한 것을 제외하고는 민법 중 재단법인에 관한 규정을 준용한다.

(3) 공단업무(제25조)
- 가입자에 대한 기록의 관리 및 유지
- 연금보험료의 부과
- 급여의 결정 및 지급
- 가입자, 가입자였던 자, 수급권자 및 수급자를 위한 자금의 대여와 복지시설의 설치 · 운영 등 복지사업
- 가입자 및 가입자였던 자에 대한 기금증식을 위한 자금 대여사업
- 가입대상과 수급권자 등을 위한 노후준비서비스 사업
- 국민연금제도 · 재정계산 · 기금운용에 관한 조사연구
- 국민연금기금 운용 전문인력 양성
- 국민연금에 관한 국제협력

위탁(委託)
법률행위나 사실행위의 수행을 다른 사람에게 의뢰하는 일이다.

- 그 밖에 이 법 또는 다른 법령에 따라 위탁받은 사항
- 그 밖에 국민연금사업에 관하여 보건복지부장관이 위탁하는 사항

(4) 공단업무 중 복지사업과 대여사업 등(제46조)

- 가입자, 가입자였던 자 및 수급권자의 복지를 증진하기 위하여 대통령령으로 정하는 바에 따라 '자금의 대여, 노인복지시설의 설치 · 공급 · 임대와 운영, 노인복지시설의 부대시설로서 체육시설의 설치 및 운영' 등의 복지사업을 할 수 있다. 해당 사업을 위한 복지시설 설치를 위하여 국가, 지방자치단체, 한국토지주택공사, 그 밖에 대통령령으로 정하는 공공기관이 조성한 토지를 취득한 경우 공단을 국가 또는 지방자치단체로 본다.
- '노인복지시설 설치 · 공급 · 임대와 운영, 노인복지시설의 부대시설로서 체육시설의 설치 및 운영' 사업을 실시하기 위해 국민연금기금으로부터 보건복지부령으로 정하는 법인에 출자할 수 있고 출자에 대한 방법은 보건복지부령으로 정한다.
- 공단은 가입자와 가입자였던 자에 대하여 국민연금기금의 증식을 위한 대여사업을 할 수 있다.

(5) 공단업무 중 노후준비서비스(제46조의3)

공단은 가입대상 및 수급권자를 포함한 국민의 안정된 노후생활 보장을 위하여 노후준비서비스와 관련된 '노후준비서비스의 제공, 노후준비서비스에 관한 조사 · 연구, 노후준비서비스에 필요한 프로그램의 개발 · 보급, 노후준비서비스 제공자의 양성 · 관리, 노후준비서비스를 위한 정보시스템의 구축 · 운영, 그 밖에 노후준비서비스 제공에 관하여 보건복지부장관이 위탁하는 사항'의 사업을 실시할 수 있다.

(6) 임원(제30조, 제32조, 제33조)

- 공단에 임원으로 이사장 1명, 상임이사 4명 이내, 이사 9명, 감사 1명을 두되, 이사에는 사용자 대표, 근로자 대표, 지역가입자 대표, 수급자 대표 각 1명 이상과 당연직 이사로서 보건복지부에서 국민연금 업무를 담당하는 3급 국가공무원 또는 고위공무원단에 속하는 일반직 공무원 1명이 포함되어야 한다.
- 이사장은 보건복지부장관의 제청으로 대통령이 임면하고, 상임이사 · 이사(당연직 이사는 제외) 및 감사는 이사장의 제청으로 보건복지부장관이 임면한다.
- 이사에게는 보수를 지급하지 아니한다. 다만, 실비(實費)는 지급할 수 있다.

- 임원의 임기는 3년으로 하되, 당연직 이사의 임기는 재임기간, 기금이사의 임기는 계약기간으로 한다.
- 이사장은 공단을 대표하고, 공단의 업무를 통할한다. 상임이사는 정관으로 정하는 바에 따라 공단의 업무를 분장하고, 이사장에게 사고가 있을 때에는 정관으로 정하는 순위에 따라 그 직무를 대행한다. 감사는 공단의 회계, 업무 집행 상황 및 재산 상황을 감사한다.

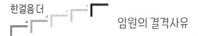

한걸음 더 ── 임원의 결격사유

다음 어느 하나에 해당하는 자는 공단의 임원이 될 수 없다.

- 피성년후견인 또는 피한정후견인
- 파산선고를 받고 복권되지 아니한 자
- 금고 이상의 실형을 선고받고 그 집행이 끝나거나 집행을 받지 아니하기로 확정된 날부터 3년 이 지나지 아니한 자
- 법률이나 법원의 판결에 따라 자격이 상실되거나 정지된 자

(7) 이사회(제38조)

공단의 중요 사항을 심의 · 의결하기 위하여 공단에 이사회를 두며, 이사회는 이사장 · 상임이사 및 이사로 구성한다.

(8) 공단의 정관(제28조)

- 기재사항: 목적, 명칭, 주된 사무소와 분사무소에 관한 사항, 임직원에 관한 사항, 이사회에 관한 사항, 사업에 관한 사항, 예산 및 결산에 관한 사항, 자산 및 회계에 관한 사항, 정관의 변경에 관한 사항, 규약 · 규정의 제정 및 개정 · 폐지에 관한 사항, 공고에 관한 사항
- 공단은 정관을 변경하려면 보건복지부장관의 인가를 받아야 한다.

2. 국민연금심의위원회(제5조)

국민연금사업의 운영에 관해 연금가입자가 실질적으로 참여할 수 있도록 함으로써 국민연금의 투명성, 민주성 및 공공성을 확보하고 필요한 사항을 심의하기 위하여 보건복지부에 국민연금심의위원회를 둔다.

(1) 심의사항
- 국민연금제도 및 재정 계산에 관한 사항
- 급여에 관한 사항
- 연금보험료에 관한 사항
- 국민연금기금에 관한 사항
- 기타 국민연금제도의 운영과 관련하여 보건복지부장관이 회의에 부치는 사항

(2) 구성
국민연금심의위원회는 위원장·부위원장 및 위원으로 구성하되, 위원장은 보건복지부차관이 되고, 부위원장은 공익을 대표하는 위원 중에서 호선하며, 위원은 보건복지부장관이 다음의 구분에 따라 지명하거나 위촉한다.
- 사용자를 대표하는 위원으로서 사용자 단체가 추천하는 자 4명
- 근로자를 대표하는 위원으로서 근로자 단체가 추천하는 자 4명
- 지역가입자를 대표하는 위원으로서 다음의 자
    - 농어업인 단체가 추천하는 자 2명
    - 농어업인 단체 외의 자영자 관련 단체가 추천하는 자 2명
    - 소비자단체와 시민단체가 추천하는 자 2명
- 수급자를 대표하는 위원 4명
- 공익을 대표하는 위원으로서 국민연금에 관한 전문가 5명

(3) 국민연금심의위원회의 회의
- 정기회: 매년 2월
- 임시회
    - 보건복지부장관의 요구가 있는 때
    - 국민연금심의위원회의 재적위원 3분의 1 이상의 요구가 있는 때
    - 기타 위원장이 필요하다고 인정하는 때에 소집

3. 국민연금기금

보건복지부장관은 국민연금 사업에 필요한 재원을 원활하게 확보하고, 연금급여에 충당하기 위한 책임준비금으로서 국민연금기금을 설치한다. 기금은 연금보험료, 기금운용 수익금, 적립금 및 공단의 수입지출 결산상 잉여금으로 조성한다.

국민연금기금 = 연금보험료 + 기금운용수익금 + 적립금 + 수입지출 결산상의 잉여금

(1) 연금기금 운용의 기본 원칙

수익성, 안정성, 공공성을 들고 있다. 그 밖에 유동성의 원칙이 있다. 연금은 필요한 때에 수급권자에게 현금으로 지급해야 하기 때문에 투자된 연금은 현금화가 용이하여야 한다. 유동성의 원칙은 공공성의 원칙과 상충되는 경우가 많다.

(2) 관리 · 운용(제102조)

기금은 보건복지부장관이 관리 · 운용한다. 국민연금 재정의 장기적인 안정을 유지하기 위하여 그 수익을 최대로 증대시킬 수 있도록 국민연금기금운용위원회에서 의결한 바에 따라 다음의 방법으로 기금을 관리 · 운용한다. 가입자, 가입자였던 자 및 수급권자의 복지증진을 위한 사업에 대한 투자는 국민연금 재정의 안정을 해치지 않는 범위에서 하여야 한다.

- 대통령령으로 정하는 금융기관에 대한 예입 또는 신탁
- 공공사업을 위한 공공부문에 대한 투자(기획재정부장관과 협의하여 국채 매입)
- 증권의 매매 및 대여
- 금융상품지수에 대한 파생상품시장에서의 거래
- 복지사업 및 대여사업
- 기금의 본래의 사업 목적 수행을 위한 재산의 취득 및 처분
- 그 밖에 기금증식을 위하여 대통령령으로 정하는 사업

(3) 국민연금기금운용위원회의 업무(제103조)

위원장은 보건복지부장관으로 하며, 기금 운용에 관한 다음의 사항을 심의 · 결의하기 위해 보건복지부에 둔다.

- 기금운용지침에 관한 사항
- 기금을 관리기금에 위탁할 경우 예탁 이자율의 협의에 관한 사항
- 기금 운용 계획에 관한 사항
- 기금의 운용 내용과 사용 내용에 관한 사항
- 기타 기금운용에 관하여 중요한 사항으로서 운용위원회 위원장이 회의에 부치는 사항 등을 심의 · 의결

(4) 국민건강보험공단에 출연(제102조의2)

보건복지부장관은 연금보험료 등의 징수에 소요되는 비용을 국민연금기금 운용위원회의 의결을 거쳐 기금에서 국민건강보험공단에 출연할 수 있다.

(5) 국민연금기금 운용지침(제105조)

운용위원회는 가입자의 권익이 극대화되도록 매년 다음 사항에 관한 국민연금기금운용지침을 마련하여야 한다.

- 공공사업에 사용할 기금 자산의 비율
- 공공사업에 대한 기금 배분의 우선순위
- 가입자, 가입자였던 자 및 수급권자의 복지 증진을 위한 사업비
- 기금의 증식을 위한 가입자 및 가입자였던 자에 대한 대여사업비
- 기금의 관리 · 운용 현황에 관한 공시 대상 및 방법

기출회차

3 4 5
6 7 8 9 10
11 12 13 14 15
16 17 18 19 20
21 22

강의로 복습하는 기출회독 시리즈

Keyword 235

6 기타 사항

1. 외국인에 대한 적용 및 사회보장협정

(1) 외국인에 대한 적용

• 외국인에 대한 국민연금의 적용은 상호주의에 입각하고 있다. 이 법의 적용을 받는 사업장에 사용되고 있는 외국인과 국내에 거주하는 외국인은 제6조의 규정(국내 거주 조건)에도 불구하고 당연히 사업장가입자 또는 지역가입자가 된다. 다만, 이 법에 따른 국민연금에 상응하는 연금에 관하여 그 외국인의 본국법(本國法)이 대한민국 국민에게 적용되지 아니하면 그러하지 아니한다.

• 다음의 경우에는 제외된다(시행령 제111조).
  – 출입국관리법 규정에 의하여 체류기간 연장허가를 받지 않고 체류하는 자
  – 외국인 등록을 하지 아니하거나 강제퇴거명령서가 발급된 자
  – 외국인 체류자격이 있는 자로서 보건복지부령으로 정하는 자

(2) 외국과의 사회보장협정

국민연금법은 세계화 추세에 부응하여 내외국인 동등대우에 입각한 상호주의 원칙에 따라 사회보장협정을 규정하고 있다. 대한민국이 외국과 사회보장협정을 맺은 경우에는 국민연금의 가입, 연금보험료의 납부, 급여의 수급요건, 급여액의 산정, 급여의 지급 등에 관하여 그 사회보장협정에서 정하는 바에 따른다.

2. 수급자의 권리보호

(1) 수급권보호

• 국민연금의 수급권은 양도·압류하거나 담보로 제공할 수 없다.
• 수급권자에게 지급된 급여로서 대통령령으로 정하는 금액 이하의 급여는

압류할 수 없다.

- 급여수급전용계좌에 입금된 급여와 이에 관한 채권은 압류할 수 없다.

(2) 근로자의 권익 보호

사용자는 근로자가 가입자로 되는 것을 방해하거나 부담금의 증가를 기피할 목적으로 정당한 사유 없이 근로자의 승급 또는 임금 인상을 하지 아니하거나 해고나 그 밖의 불리한 대우를 하여서는 아니 된다.

(3) 심사청구 및 재심사청구

- 가입자의 자격, 기준소득월액, 연금보험료 및 기타 이 법에 따른 징수금과 급여에 관한 공단 또는 건강보험공단의 처분에 이의가 있는 자는 그 처분을 한 공단 또는 건강보험공단에 심사청구를 할 수 있다. 심사청구 사항을 심사하기 위하여 공단에 국민연금심사위원회를 둔다.
- 심사청구는 그 처분이 있음을 안 날부터 90일 이내에 문서(전자문서 포함)로 하여야 하며, 처분이 있은 날부터 180일을 경과하면 이를 제기하지 못한다. 다만, 정당한 사유로 그 기간에 심사청구를 할 수 없었음을 증명하면 그 기간이 지난 후에도 심사청구를 할 수 있다.
- 심사청구에 대한 결정에 불복하는 자는 그 결정통지를 받은 날부터 90일 이내에 국민연금재심사위원회에 재심사청구를 할 수 있다. 재심사청구 사항을 재심사하기 위하여 보건복지부에 국민연금재심사위원회를 둔다.

(4) 시효

- 연금보험료, 환수금, 기타 이 법에 의한 징수금 등을 징수하거나 환수할 권리는 3년간, 급여(반환일시금은 제외)를 받거나 과오납금을 반환받을 수급권자 또는 가입자 등의 권리는 5년간, 반환일시금을 지급받을 권리는 10년간 행사하지 아니하면 소멸시효가 완성된다.
- 급여를 지급받을 권리는 그 급여 전액에 대하여 지급이 정지되어 있는 동안은 시효가 진행되지 아니한다.
- 연금보험료나 그 밖의 이 법에 따른 징수금 등의 납입 고지, 독촉과 급여의 지급 또는 과오납금 등의 반환청구는 소멸시효 중단의 효력을 가진다.

(5) 급여수급전용계좌

- 수급자는 대통령령으로 정하는 금액 이하의 급여를 본인 명의의 지정된 계좌(급여수급전용계좌)로 입금하도록 공단에 신청할 수 있으며, 이 경우 공단은 급여를 급여수급전용계좌로 입금하여야 한다.

- 공단은 정보통신장애나 그 밖에 대통령령으로 정하는 불가피한 사유로 급여를 급여수급전용계좌로 이체할 수 없을 때에는 현금으로 지급하는 등 대통령령으로 정하는 바에 따라 급여를 지급할 수 있다.
- 급여수급전용계좌가 개설된 금융기관은 급여만이 급여수급전용계좌에 입금되도록 하고, 이를 관리하여야 한다.

3. 벌칙

(1) 3년 이하의 징역이나 3천만원 이하의 벌금
거짓이나 기타 부정한 방법으로 급여를 받은 자

(2) 3년 이하의 징역이나 1천만원 이하의 벌금
전산정보자료를 목적 외의 용도로 이용하거나 활용한 자

(3) 1년 이하의 징역이나 1천만원 이하의 벌금
- 부담금의 전부 또는 일부를 사업장가입자에게 부담하게 하거나 임금에서 기여금을 공제할 때 기여금을 초과하는 금액을 사업장가입자의 임금에서 공제한 사용자
- 납부 기한까지 정당한 사유 없이 연금보험료를 내지 아니한 사용자
- 근로자가 가입자로 되는 것을 방해하거나 부담금의 증가를 기피할 목적으로 정당한 사유 없이 근로자의 승급 또는 임금 인상을 하지 아니하거나 해고나 그 밖의 불리한 대우를 한 사용자
- 업무를 수행하면서 알게 된 비밀을 누설한 자

(4) 50만원 이하의 과태료
- 가입과 관련하여 신고를 하지 아니하거나 거짓으로 신고한 사용자
- 공단 또는 공단의 직원이 서류나 그 밖의 자료 제출을 요구하거나 조사 · 질문을 할 때 이를 거부 · 기피 · 방해하거나 거짓으로 답변한 사용자

(5) 10만원 이하의 과태료
- 가입자격의 취득 · 상실, 이름 또는 주소의 변경 및 소득에 관한 사항을 신고하지 아니하였거나 가입자자격 · 연금보험료 · 수급권의 발생과 변경 등에 관련된 사항을 신고 또는 통보하지 아니한 가입자 또는 가입자(였던 자) 및 수급권자의 사망을 1개월 이내에 신고하지 않은 신고의무자

- 공단으로부터 가입자 등에 대한 통지를 받은 사용자가 해당 사업장가입자 또는 그 자격을 상실한 자에게 통지하지 아니하거나, 통지할 수 없는 경우 그 뜻을 공단에 통지하지 아니한 경우
- 공단 또는 공단의 직원이 서류나 그 밖의 소득·재산 등에 관한 자료의 제출을 요구하거나 조사·질문할 때 이를 거부·기피·방해하거나 거짓으로 답변한 가입자, 가입자였던 자 또는 수급권자

2절 국민건강보험법

[시행 2024.8.21 / 법률 제20324호 / 개정 2024.2.20]

한눈에 쏙! 　　　　　　　　　　　　　　　　　중요도

❶ 개요	1. 목적 및 기본원칙	
	2. 특징	
	3. 용어의 정의	
	4. 국민건강보험종합계획의 수립 등	22회 기출

❷ 적용대상자	1. 적용대상	★★ 22회 기출
	2. 가입자의 종류	22회 기출
	3. 자격의 취득 · 변동 및 상실	★★★ 22회 기출
	4. 자격취득의 확인	
	5. 건강보험증	

❸ 보험급여	1. 요양급여	★★
	2. 요양비	
	3. 부가급여	
	4. 장애인에 대한 특례	
	5. 건강검진	
	6. 급여의 제한 및 정지	★★

❹ 보험료	1. 보험료 징수	
	2. 직장가입자의 보험료	
	3. 지역가입자의 보험료	
	4. 보험료의 면제 및 경감	

❺ 국민건강보험공단 등 관련 기관	1. 국민건강보험공단	★★
	2. 건강보험정책심의위원회	22회 기출
	3. 건강보험심사평가원	

❻ 수급자의 권리보호 및 벌칙	1. 권리보호	
	2. 시효	
	3. 업무정지	
	4. 과징금	
	5. 벌칙	

기출회차

		3	4	5
6	7	8	9	10
11	12	13	14	15
16	17	18	19	20
21	22			

강의로 복습하는 기출회독 시리즈

Keyword 236

1 개요

1. 목적 및 기본원칙

(1) 목적(제1조)

국민의 질병·부상에 대한 예방·진단·치료·재활과 출산·사망 및 건강증진에 대하여 보험급여를 실시함으로써 국민보건의 향상과 사회보장 증진에 이바지함을 목적으로 한다.

(2) 관장(제2조)

건강보험 사업은 보건복지부장관이 관장하고, 건강보험의 보험자는 국민건강보험공단으로 한다.

(3) 기본원칙

- 보험급여의 포괄성을 보장한다. 질병의 치료뿐만 아니라 예방·재활 및 건강증진에 대하여 적극적이고 포괄적인 급여를 제공함으로써 국민건강수준의 향상을 도모한다.
- 보험료 부담의 형평성을 보장한다. 모든 국민에게 단일 부과기준을 적용함으로써 계층간·지역간 보험료 부담의 형평성을 제고한다.
- 제도운영의 효율성과 투명성을 확보한다.
- 의료자원의 효율적 활용과 의료서비스의 질적 향상을 기한다.
- 보험재정의 건전성을 확보한다. 재정운영시스템을 현행 '저부담 저급여' 구조에서 '적정부담, 적정급여' 구조로 전환하도록 한다.

2. 특징

- 국민건강보험은 정부가 공적인 기금운영으로 관리하는 사회보험제도이다. 이는 영국의 국민보건서비스(NHS) 방식이나 미국의 민간보험방식에 의한 의료보장제도와 구분된다.

- 국민건강보험은 임의보험이 아니라 법률에 의해 강제가입하는 보험이다.
- 국민건강보험은 국민연금과 같이 장기보험이 아니라 회계연도가 1년인 단기보험에 속한다.
- 국민건강보험은 적용범위가 전국민인 보편적 사회보험이다.
- 국민건강보험은 의료기관 이용실적에 비례하여 보험료를 부과하는 체계가 아니라 소득에 따라 보험료를 차등 부과하므로 소득 재분배적 기능을 가지는 사회보험이다.
- 국민건강보험법은 법적으로 보험료 납부의무를 부과하므로 보험료 징수는 강제성을 띤다.

3. 용어의 정의

(1) 근로자
직업의 종류와 관계없이 근로의 대가로 보수를 받아 생활하는 사람(법인의 이사, 기타 임원을 포함)으로서 공무원과 교직원을 제외한 사람을 말한다.

(2) 사용자
근로자가 소속되어 있는 사업장의 사업주, 공무원이 소속되어 있는 기관의 장으로서 대통령령으로 정하는 사람, 교직원이 소속되어 있는 사립학교를 설립·운영하는 자를 말한다.

4. 국민건강보험종합계획의 수립 등(제3조의2) 22회 기출

- 보건복지부장관은 이 법에 따른 건강보험의 건전한 운영을 위하여 건강보험정책심의위원회의 심의를 거쳐 5년마다 국민건강보험종합계획을 수립하여야 한다. 수립된 종합계획을 변경할 때도 또한 같다.
- 종합계획에는 '건강보험정책의 기본목표 및 추진방향, 건강보험 보장성 강화의 추진계획 및 추진방법, 건강보험의 중장기 재정 전망 및 운영, 보험료 부과체계에 관한 사항, 요양급여비용에 관한 사항, 건강증진 사업에 관한 사항, 취약계층 지원에 관한 사항, 건강보험에 관한 통계 및 정보의 관리에 관한 사항, 그 밖에 건강보험의 개선을 위하여 필요한 사항으로 대통령령으로 정하는 사항'이 포함되어야 한다.
- 보건복지부장관은 종합계획에 따라 매년 연도별 시행계획을 건강보험정책

심의위원회의 심의를 거쳐 수립 · 시행하여야 하며, 매년 시행계획에 따른 추진실적을 평가하여야 한다.

기출회차

		3	4	5
6	7	8	9	10
11	12	13	14	15
16	17	18	19	20
21	22			

강의로 복습하는 기출회독 시리즈

Keyword 236

1. 적용대상 (제5조) 22회 기출

- 국내에 거주하는 국민(의료급여 수급권자, 유공자 등 의료보호대상자는 제외)은 건강보험의 가입자 또는 피부양자가 된다.
- 피부양자는 '직장가입자의 배우자, 직장가입자의 직계존속(배우자의 직계존속을 포함), 직장가입자의 직계비속(배우자의 직계비속을 포함) 및 그 배우자, 직장가입자의 형제·자매' 중 직장가입자에게 주로 생계를 의존하는 사람으로서 소득 및 재산이 보건복지부령으로 정하는 기준 이하에 해당하는 사람을 말한다.

중요도 ★ ★

국민건강보험법의 적용대상은 누구이며, 가입대상자는 어떻게 구분되는지 살펴볼 필요가 있다. 가입자격의 특성, 피부양자가 될 수 없는 자 등에 관한 내용이 출제된 바 있으므로 꼼꼼하게 정리해야 한다. 22회 시험에서는 국민건강보험법의 전반적인 내용을 묻는 문제에서 적용대상에 관한 내용이 선택지로 출제되었다.

2. 가입자의 종류 22회 기출

(1) 직장가입자 ★꼭!

모든 사업장의 근로자 및 사용자와 공무원 및 교직원은 직장가입자가 된다. 다만, 다음의 경우에는 제외한다.

- 고용기간이 1개월 미만인 일용근로자
- 현역병(지원에 의하지 아니하고 임용된 하사를 포함), 전환복무된 사람 및 군간부후보생
- 선거에 당선되어 취임하는 공무원으로서 매월 보수 또는 이에 준하는 급료를 받지 아니하는 사람
- 기타 사업장의 특성, 고용형태 및 사업의 종류를 고려하여 다음과 같이 대통령령으로 정하는 사업장의 근로자 및 사용자와 공무원 및 교직원
  - 비상근 근로자 또는 1개월간 소정근로시간이 60시간 미만인 단시간 근로자
  - 비상근 교직원 또는 1개월간의 소정근로시간이 60시간 미만인 시간제공무원 및 교직원
  - 소재지가 일정하지 아니한 사업장의 근로자 및 사용자

– 근로자가 없거나 '비상근 근로자 또는 1개월간 소정근로시간이 60시간 미만인 단시간 근로자'를 고용하고 있는 사업장의 사업주

(2) 지역가입자 ⭐꼭!

지역가입자는 가입자 중 직장가입자와 그 피부양자를 제외한 가입자를 말한다.

(3) 외국인 등에 대한 특례(제109조)

• 정부는 외국 정부가 사용자인 사업장의 근로자의 건강보험에 관하여는 외국 정부와 한 합의에 따라 이를 따로 정할 수 있다.

• 국내에 체류하는 재외국민 또는 외국인이 적용대상사업장의 근로자, 공무원 또는 교직원이고, 직장가입자의 제외대상에 해당하지 아니하면서 '주민등록법에 따라 등록한 사람, 국내거소신고를 한 사람, 외국인등록을 한 사람'에 해당하는 경우에는 제5조의 '국내에 거주하는 국민'이라는 적용 대상의 규정에도 불구하고 직장가입자가 된다.

• 위의 조건 어느 하나에 해당하는 국내체류 외국인등이 직장가입자와의 관계가 제5조 제2항의 '피부양자 조건'의 어느 하나에 해당하고, 보건복지부령으로 정한 피부양자 자격의 인정 기준에 해당하고, 국내 거주기간 또는 거주사유가 '보건복지부령으로 정하는 기간 동안 국내에 거주하였거나 해당 기간 동안 국내에 지속적으로 거주할 것으로 예상할 수 있는 사유로서 보건복지부령으로 정하는 사유'에 해당하는 경우에는 제5조의 '국내에 거주하는 국민'이라는 적용 대상의 규정에도 불구하고 공단에 신청하면 피부양자가 될 수 있다. 이러한 규정에도 불구하고 '국내체류가 법률에 위반되는 경우로서 대통령령으로 정하는 사유가 있는 경우, 국내체류 외국인등이 외국의 법령 · 외국의 보험 또는 사용자와의 계약 등에 따라 요양급여에 상당하는 의료보장을 받을 수 있어 사용자 또는 가입자가 보건복지부령으로 정하는 바에 따라 가입 제외를 신청한 경우'에는 가입자 및 피부양자가 될 수 없다.

• 직장가입자에 해당하지 아니하는 국내체류 외국인등이 '보건복지부령으로 정하는 기간 동안 국내에 거주하였거나 해당 기간 동안 국내에 지속적으로 거주할 것으로 예상할 수 있는 사유로서 보건복지부령으로 정하는 사유에 해당될 것, 주민등록법에 따라 등록한 사람 또는 국내거소신고를 한 사람, 외국인등록을 한 사람으로서 보건복지부령으로 정하는 체류자격이 있는 사람'의 요건을 모두 갖춘 경우에는 제5조의 '국내에 거주하는 국민'이라는 적용 대상의 규정에도 불구하고 지역가입자가 된다.

• 가입자인 국내체류 외국인등이 매월 2일 이후 지역가입자의 자격을 취득하고 그 자격을 취득한 날이 속하는 달에 보건복지부장관이 고시하는 사유로 해당 자격을 상실한 경우에는 그 자격을 취득한 날이 속하는 달의 보험료를 부과하여 징수한다.

3. 자격의 취득 · 변동 및 상실 🏆^{22회기출}

(1) 자격취득의 시기(제8조)

가입자는 국내에 거주하게 된 날에 직장가입자 또는 지역가입자의 자격을 얻는다. 다만, '수급권자이었던 사람은 그 대상자에서 제외된 날, 직장가입자의 피부양자이었던 사람은 그 자격을 잃은 날, 유공자등 의료보호대상자이었던 사람은 그 대상자에서 제외된 날'의 어느 하나에 해당하는 사람은 그 해당되는 날에 각각 자격을 얻는다. 자격을 얻은 경우 당해 직장가입자의 사용자 및 지역가입자의 세대주는 그 내역을 자격취득일부터 14일 이내에 보험자에게 신고하여야 한다.

(2) 자격변동의 시기(제9조)

'지역가입자가 적용대상사업장의 사용자로 되거나 근로자 · 공무원 또는 교직원으로 사용된 날, 직장가입자가 다른 적용대상사업장의 사용자로 되거나 근로자 등으로 사용된 날(이상 사용자가 신고), 직장가입자인 근로자등이 그 사용관계가 끝난 날의 다음 날, 직장가입자인 사용자의 사업장에 휴업 · 폐업 등의 사유가 발생한 날의 다음 날, 지역가입자가 다른 세대로 전입한 날(이상 지역가입자의 세대주가 신고)'에 해당하게 된 날에는 자격이 변동되며, 자격이 변동된 날부터 14일 이내에 보험자에게 신고해야 한다.

(3) 자격 취득 · 변동 사항의 고지(제9조의2)

공단은 제공받은 자료를 통하여 가입자 자격의 취득 또는 변동 여부를 확인하는 경우에는 자격 취득 또는 변동 후 최초로 납부의무자에게 보험료 납입 고지를 할 때 보건복지부령으로 정하는 바에 따라 자격 취득 또는 변동에 관한 사항을 알려야 한다.

(4) 자격상실의 시기(제10조) ⭐^{꼭!}

가입자는 '사망한 날의 다음 날, 국적을 잃은 날의 다음 날, 국내에 거주하지 아니하게 된 날의 다음 날, 직장가입자의 피부양자가 된 날, 수급권자가 된

중요도 ★ ★ ★

자격상실의 시기는 단독 문제로도 여러 번 출제된 바 있으므로 반드시 기억해야 한다. 특히, 자격상실의 시기가 '그날'인 경우와 '다음 날'인 경우를 구분하여 정리해야 한다. 22회 시험에서는 국민건강보험법의 전반적인 내용을 묻는 문제에서 자격상실의 시기에 관한 내용이 선택지로 출제되었다.

날, 건강보험을 적용받고 있던 사람이 유공자등 의료보호대상자가 되어 건강보험의 적용배제 신청을 한 날' 등에 해당하게 된 날에 자격을 상실하며, 자격을 잃은 날부터 14일 이내에 보험자에게 신고하여야 한다.

4. 자격취득의 확인(제11조)

- 가입자 자격의 취득 · 변동 및 상실은 자격의 취득 · 변동 및 상실의 시기로 소급하여 효력을 발생한다. 이 경우 보험자는 그 사실을 확인할 수 있다.
- 가입자나 가입자이었던 사람 또는 피부양자나 피부양자이었던 사람은 자격 취득의 확인을 청구할 수 있다.

5. 건강보험증(제12조)

- 국민건강보험공단은 가입자 또는 피부양자가 신청하는 경우 건강보험증을 발급하여야 한다. 가입자 또는 피부양자가 요양급여를 받을 때에는 건강보험증을 요양기관에 제출하여야 한다. 다만, 천재지변이나 그 밖의 부득이한 사유가 있으면 그러하지 아니하다.
- 가입자 · 피부양자는 자격을 잃은 후 자격을 증명하던 서류를 사용하여 보험급여를 받아서는 아니 된다. 누구든지 건강보험증이나 신분증명서를 다른 사람에게 양도하거나 대여하여 보험급여를 받게 하여서는 안 되며, 건강보험증이나 신분증명서를 양도 또는 대여를 받거나 그 밖에 이를 부정하게 사용하여 보험급여를 받아서는 아니 된다.

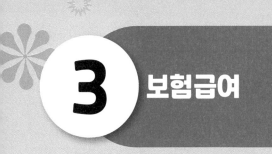

3 보험급여

기출회차

			3	4	5
6	7		9	10
11	12	13	14	15
16	17	18	19	20
21	22			

강의로 복습하는 기출회독 시리즈

Keyword 236

법정급여

종 류	종 별	지급대상	비 고
요양급여	현물급여	가입자, 피부양자	법정급여
건강검진	현물급여	가입자, 피부양자	법정급여
요양비	현금급여	가입자, 피부양자	법정급여
장애인보장구급여비	현금급여	장애등록된 가입자, 피부양자	법정급여

1. 요양급여

중요도

요양급여의 내용과 요양기관에는 어떠한 기관들이 있는지를 묻는 문제가 자주 출제되고 있다. 요양급여뿐만 아니라 국민건강보험법상 법정급여들의 지급대상, 종별 등을 반드시 구분하여 정리하자.

(1) 요양급여(제41조) 꼭!

• 가입자 및 피부양자의 질병·부상·출산 등에 대하여 '진찰·검사, 약제·치료재료의 지급, 처치·수술 기타의 치료, 예방·재활, 입원, 간호, 이송'의 요양급여를 실시한다.

• 보건복지부장관은 요양급여의 기준을 정할 때 업무나 일상생활에 지장이 없는 질환에 대한 치료 등 보건복지부령으로 정하는 사항은 비급여대상으로 정할 수 있다.

(2) 선별급여(제41조의4)

• 요양급여를 결정함에 있어 경제성 또는 치료효과성 등이 불확실하여 그 검증을 위하여 추가적인 근거가 필요하거나, 경제성이 낮아도 가입자와 피부양자의 건강회복에 잠재적 이득이 있는 등 대통령령으로 정하는 경우에는 예비적인 요양급여인 선별급여로 지정하여 실시할 수 있다.

• 보건복지부장관은 대통령령으로 정하는 절차와 방법에 따라 선별급여에 대하여 주기적으로 요양급여의 적합성을 평가하여 요양급여 여부를 다시 결정하고, 요양급여의 기준을 조정하여야 한다.

(3) 방문요양급여(제41조의5)

가입자 또는 피부양자가 질병이나 부상으로 거동이 불편한 경우 등 보건복지부령으로 정하는 사유에 해당하는 경우에는 가입자 또는 피부양자를 직접 방문하여 요양급여를 실시할 수 있다.

(4) 요양기관(제42조) ★꼭!

- 요양급여(간호 및 이송은 제외)는 '의료법에 따라 개설된 의료기관, 약사법에 따라 등록된 약국과 한국희귀·필수의약품센터, 지역보건법에 따른 보건소·보건의료원 및 보건지소, 농어촌 등 보건의료를 위한 특별조치법에 따라 설치된 보건진료소' 등의 요양기관에서 행한다. 요양기관은 정당한 이유없이 요양급여를 거부하지 못한다.
- 보건복지부장관은 효율적인 요양급여를 위하여 필요하면 보건복지부령으로 정하는 바에 따라 시설·장비·인력 및 진료과목 등 보건복지부령으로 정하는 기준에 해당하는 요양기관을 전문요양기관으로 인정할 수 있다. 이 경우 해당 전문요양기관에 인정서를 발급하여야 한다.

한걸음 더 | **요양기관에서 제외되는 의료기관**

보건복지부장관은 공익이나 국가정책에 비추어 요양기관으로 적합하지 아니한 의료기관 등은 요양기관에서 제외할 수 있다.

1. 의료법에 따라 개설된 부속 의료기관
2. 사회복지시설에 수용된 사람의 진료를 주된 목적으로 개설된 의료기관
3. 본인일부부담금을 받지 아니하거나 경감하여 받는 등의 방법으로 가입자나 피부양자를 유인(誘引)하는 행위 또는 이와 관련하여 과잉 진료행위를 하거나 부당하게 많은 진료비를 요구하는 행위를 하여 업무정지 처분 등을 받은 의료기관
4. 업무정지 처분 절차가 진행 중이거나 업무정지 처분을 받은 요양기관의 개설자가 개설한 의료기관 또는 약국

(5) 비용의 일부부담(제44조)

요양급여를 받는 자는 대통령령으로 정하는 바에 따라 비용의 일부를 본인이 부담한다. 이 경우 선별급여에 대해서는 다른 요양급여에 비하여 본인일부부담금을 상향 조정할 수 있다.

(6) 요양급여비용의 산정(제45조)

요양급여비용은 공단의 이사장과 의약계를 대표하는 사람들의 계약으로 정한다. 이 경우 계약기간은 1년으로 한다.

(7) 요양급여비용의 청구와 지급(제47조)

요양기관은 공단에 요양급여비용의 지급을 청구할 수 있다. 이 경우 요양급여비용에 대한 심사청구는 공단에 대한 요양급여비용의 청구로 본다.

2. 요양비(제49조)

- 공단은 가입자나 피부양자가 보건복지부령으로 정하는 긴급하거나 그 밖의 부득이한 사유로 요양기관과 비슷한 기능을 하는 기관으로서 보건복지부령으로 정하는 기관(준요양기관)에서 질병·부상·출산 등에 대하여 요양을 받거나 요양기관이 아닌 장소에서 출산한 경우에는 그 요양급여에 상당하는 금액을 보건복지부령으로 정하는 바에 따라 가입자나 피부양자에게 요양비로 지급한다.
- 준요양기관은 보건복지부장관이 정하는 요양비 명세서나 요양 명세를 적은 영수증을 요양을 받은 사람에게 내주어야 하며, 요양을 받은 사람은 그 명세서나 영수증을 공단에 제출하여야 한다.
- 준요양기관은 요양을 받은 가입자나 피부양자의 위임이 있는 경우 공단에 요양비의 지급을 직접 청구할 수 있다. 이 경우 공단은 지급이 청구된 내용의 적정성을 심사하여 준요양기관에 요양비를 지급할 수 있다.

3. 부가급여(제50조, 시행령 제23조)

- 공단은 이 법에서 정한 요양급여 외에 대통령령으로 정하는 바에 따라 임신·출산 진료비, 장제비, 상병수당, 그 밖의 급여를 실시할 수 있다.
- 부가급여는 임신·출산(유산 및 사산을 포함) 진료비로 한다.
- 임신·출산 진료비 지원 대상은 다음과 같다.
  - 임신·출산한 가입자 또는 피부양자
  - 2세 미만인 가입자 또는 피부양자(2세 미만 영유아)의 법정대리인(출산한 가입자 또는 피부양자가 사망한 경우에 한정)
- 공단은 임신·출산 진료비 지원대상에게 다음의 구분에 따른 비용을 결제할 수 있는 임신·출산 진료비 이용권을 발급할 수 있다.
  - 임신·출산한 가입자 또는 피부양자의 진료에 드는 비용
  - 임신·출산한 가입자 또는 피부양자의 약제·치료재료의 구입에 드는 비용

합격자의 한마디

현재 우리나라는 국민건강보험법상에서 임신·출산 진료비와 함께 장제비, 상병수당도 부가급여로 명시하고 있지만, 실제 시행되고 있는 제도상에서는 장제비는 폐지되었으며, 상병수당은 2022년 7월부터 시범사업을 실시하고 있어요.

– 2세 미만 영유아의 진료에 드는 비용
– 2세 미만 영유아에게 처방된 약제 · 치료재료의 구입에 드는 비용
- 이용권을 발급받으려는 사람은 보건복지부령으로 정하는 발급 신청서에 임신 · 출산 진료비 지원 대상에 해당한다는 사실을 확인할 수 있는 증명서를 첨부해 공단에 제출해야 한다.
- 이용권을 사용할 수 있는 기간은 이용권을 발급받은 날부터 다음의 구분에 따른 날까지로 한다.
– 임신 · 출산한 가입자 또는 피부양자: 출산일(유산 및 사산의 경우 그 해당일)부터 2년이 되는 날
– 2세 미만 영유아의 법정대리인: 2세 미만 영유아의 출생일부터 2년이 되는 날

4. 장애인에 대한 특례(제51조)

- 공단은 장애인복지법에 따라 등록한 장애인인 가입자 및 피부양자에게는 장애인 · 노인 등을 위한 보조기기 지원 및 활용촉진에 관한 법률에 따른 보조기기에 대하여 보험급여를 할 수 있다.
- 장애인인 가입자 또는 피부양자에게 보조기기를 판매한 자는 가입자나 피부양자의 위임이 있는 경우 공단에 보험급여를 직접 청구할 수 있다. 이 경우 공단은 지급이 청구된 내용의 적정성을 심사하여 보조기기를 판매한 자에게 보조기기에 대한 보험급여를 지급할 수 있다.

5. 건강검진(제52조, 시행령 제25조)

- 공단은 가입자와 피부양자에 대하여 질병의 조기 발견과 그에 따른 요양급여를 하기 위하여 건강검진을 실시한다.
- 건강검진의 종류 및 대상은 다음과 같다.
– 일반건강검진: 직장가입자, 세대주인 지역가입자, 20세 이상인 지역가입자 및 20세 이상인 피부양자
– 암검진: 암관리법에 따른 암의 종류별 검진주기와 연령 기준 등에 해당하는 사람
– 영유아건강검진: 6세 미만의 가입자 및 피부양자
- 건강검진의 검진항목은 성별, 연령 등의 특성 및 생애 주기에 맞게 설계되

어야 한다.

- 건강검진은 2년마다 1회 이상 실시하되, 사무직에 종사하지 않는 직장가입 자에 대해서는 1년에 1회 실시한다. 다만, 암검진은 암관리법 시행령에서 정한 바에 따르며, 영유아건강검진은 영유아의 나이 등을 고려하여 보건복 지부장관이 정하여 고시하는 바에 따라 검진주기와 검진횟수를 다르게 할 수 있다.
- 건강검진은 건강검진기본법에 따라 지정된 건강검진기관에서 실시해야 한다.
- 건강검진을 실시한 검진기관은 공단에 건강검진의 결과를 통보해야 하며, 공단은 이를 건강검진을 받은 사람에게 통보해야 한다.

6. 급여의 제한 및 정지

중요도

국민건강보험법에서 급여의 제 한사유, 급여의 정지 등은 자주 출제되는 내용이다. 앞서 학습한 자격취득의 시기, 자격상실의 시 기 등의 내용과 헷갈리지 않도록 유의하도록 하자.

(1) 급여의 제한(제53조)

- 공단은 보험급여를 받을 수 있는 사람이 다음에 해당하면 보험급여를 하지 아니한다.
  - 고의 또는 중대한 과실로 인한 범죄행위에 그 원인이 있거나 고의로 사 고를 일으킨 경우
  - 고의 또는 중대한 과실로 공단이나 요양기관의 요양에 관한 지시에 따르 지 아니한 때
  - 고의 또는 중대한 과실로 문서 및 기타 물건의 제출을 거부하거나 질문 또는 진단을 기피한 때
  - 업무상 또는 공무상 질병·부상·재해로 인하여 다른 법령에 따른 보험 급여나 보상 또는 보상을 받게 된 때
- 공단은 보험급여를 받을 수 있는 사람이 다른 법령에 따라 국가 또는 지방 자치단체로부터 보험급여에 상당하는 급여를 받거나 보험급여에 상당하는 비용을 지급받게 되는 때에는 그 한도 내에서 보험급여를 하지 아니한다.

(2) 급여의 정지(제54조)

보험급여를 받을 수 있는 사람이 '국외에 체류하는 경우, 병역법의 규정에 의 한 현역병(지원에 의하지 아니하고 임용된 하사 포함) 또는 전환복무된 사람 및 군간부후보생이 된 경우, 교도소 및 기타 이에 준하는 시설에 수용되어 있 는 경우'에는 그 기간에는 보험급여를 하지 아니한다.

(3) 급여의 확인(제55조)

공단은 보험급여를 할 때 필요하다고 인정되면 보험급여를 받는 사람에게 문서와 그 밖의 물건을 제출하도록 요구하거나 관계인을 시켜 질문 또는 진단하게 할 수 있다.

기출회차

		3	4	5
6	7	8	9	10
11	12	13	14	15
16	17	18	19	20
21	22			

강의로 복습하는 기출회독 시리즈

Keyword 236

4 보험료

1. 보험료 징수(제69조)

공단은 건강보험 사업에 드는 비용에 충당하기 위하여 보험료의 납부의무자로부터 보험료를 징수한다. 보험료는 가입자의 자격을 취득한 날이 속하는 달의 다음 달부터 가입자의 자격을 잃은 날의 전날이 속하는 달까지 징수한다. 다만, 가입자의 자격을 매월 1일에 취득한 경우 또는 건강보험 적용 신청으로 가입자의 자격을 취득하는 경우에는 그 달부터 징수한다. 보험료를 징수할 때 가입자의 자격이 변동된 경우에는 변동된 날이 속하는 달의 보험료는 변동되기 전의 자격을 기준으로 징수한다. 다만, 가입자의 자격이 매월 1일에 변동된 경우에는 변동된 자격을 기준으로 징수한다.

2. 직장가입자의 보험료

(1) 직장가입자 보험료 산정
- 직장가입자의 월별 보험료액은 다음에 따라 산정한 금액으로 한다.
  - 보수월액보험료: 보수월액에 보험료율을 곱하여 얻은 금액
  - 보수 외 소득월액보험료: 보수 외 소득월액에 보험료율을 곱하여 얻은 금액
- 월별 보험료액은 가입자의 보험료 평균액의 일정비율에 해당하는 금액을 고려하여 대통령령으로 정하는 기준에 따라 상한 및 하한을 정한다.

① 보수월액보험료(제70조)
- 직장가입자의 보수월액은 직장가입자가 지급받는 보수를 기준으로 하여 산정한다.
- 휴직이나 그 밖의 사유로 보수의 전부 또는 일부가 지급되지 아니하는 가입자의 보수월액보험료는 해당 사유가 생기기 전 달의 보수월액을 기준으로 산정한다.

- 보수는 근로자등이 근로를 제공하고 사용자 · 국가 또는 지방자치단체로부터 지급받는 금품(실비변상적인 성격을 갖는 금품은 제외)으로서 대통령령으로 정하는 것을 말한다. 이 경우 보수 관련 자료가 없거나 불명확한 경우 등 대통령령으로 정하는 사유에 해당하면 보건복지부장관이 정하여 고시하는 금액을 보수로 본다.
- 보수월액의 산정 및 보수가 지급되지 아니하는 사용자의 보수월액의 산정 등에 필요한 사항은 대통령령으로 정한다.

② 소득월액보험료(제71조)

- 직장가입자의 보수 외 소득월액은 보수월액의 산정에 포함된 보수를 제외한 직장가입자의 소득(보수 외 소득)이 대통령령으로 정하는 금액(연간 2,000만원)을 초과하는 경우 다음의 계산식에 따라 산정한다.
- 소득월액 계산식: (연간 보수 외 소득 − 대통령령으로 정하는 금액) × 1/12

(2) 직장가입자의 보험료 부담

① 보수월액보험료(제76조)

- 직장가입자가 근로자인 경우에는 근로자와 사업주가 각각 보험료액의 100분의 50씩 부담한다.
- 직장가입자가 공무원인 경우에는 공무원과 그 공무원이 소속되어 있는 국가 또는 지방자치단체가 각각 보험료액의 100분의 50씩 부담한다.
- 직장가입자가 교직원(사립학교에 근무하는 교원은 제외)인 경우에는 교직원과 사용자가 각각 보험료액의 100분의 50씩 부담한다.
- 직장가입자가 교직원으로서 사립학교에 근무하는 교원이면 보험료액은 그 직장가입자가 100분의 50을, 교직원이 소속되어 있는 사립학교를 설립 · 운영하는 자가 100분의 30을, 국가가 100분의 20을 각각 부담한다.
- 직장가입자가 교직원인 경우 교직원이 소속되어 있는 사립학교를 설립 · 운영하는 자가 부담액 전부를 부담할 수 없으면 그 부족액을 학교에 속하는 회계에서 부담하게 할 수 있다.

② 소득월액보험료(제76조)

직장가입자의 보수 외 소득월액보험료는 직장가입자가 부담한다.

(3) 보험료의 납부의무(제77조)

- 직장가입자의 보수월액보험료는 사용자가 납부한다. 사용자는 보수월액보

험료 중 직장가입자가 부담해야 하는 그 달의 보험료액을 그 보수에서 공제하여 납부해야 한다. 이 경우 직장가입자에게 공제액을 알려야 한다.
- 직장가입자의 보수 외 소득월액보험료는 직장가입자가 납부한다.

3. 지역가입자의 보험료

(1) 지역가입자 보험료 산정
- 지역가입자의 월별 보험료액은 다음의 구분에 따라 산정한 금액을 합산한 금액으로 한다. 이 경우 보험료액은 세대 단위로 산정한다.
  - 소득: 지역가입자의 소득월액에 보험료율을 곱하여 얻은 금액
  - 재산: 재산보험료부과점수에 재산보험료부과점수당 금액을 곱하여 얻은 금액
- 지역가입자의 소득월액은 지역가입자의 연간 소득을 12개월로 나눈 값을 보건복지부령으로 정하는 바에 따라 평가하여 산정한다.
- 지역가입자의 재산보험료부과점수는 지역가입자의 재산을 기준으로 산정한다.

(2) 지역가입자의 보험료 부담(제76조)
지역가입자의 보험료는 그 가입자가 속한 세대의 지역가입자 전원이 연대하여 부담한다.

(3) 보험료의 납부의무(제77조)
지역가입자의 보험료는 그 가입자가 속한 세대의 지역가입자 전원이 연대하여 납부한다. 다만, 소득 및 재산이 없는 미성년자와 소득 및 재산 등을 고려하여 대통령령으로 정하는 기준에 해당하는 미성년자는 납부의무를 부담하지 아니한다.

4. 보험료의 면제 및 경감

(1) 직장가입자의 보험료 면제(제74조)
직장가입자가 '국외에 체류하는 경우(3개월 이상으로 한정), 병역법의 규정에 의한 현역병(자원에 의하지 아니하고 임용된 하사를 포함) 또는 전환복무된 사람 및 군간부후보생인 경우, 교도소·그 밖에 이에 준하는 시설에 수용되

어 있는 경우'에는 그 가입자의 보험료를 면제한다. 다만, 국외에 체류하는 경우의 직장가입자는 국내에 거주하는 피부양자가 없을 때에만 보험료를 면제한다.

(2) 지역가입자의 보험료 면제(제74조)

지역가입자가 '국외에 체류하는 경우(3개월 이상으로 한정), 병역법의 규정에 의한 현역병(자원에 의하지 아니하고 임용된 하사를 포함) 또는 전환복무된 사람 및 군간부후보생인 경우, 교도소 · 그 밖에 이에 준하는 시설에 수용되어 있는 경우'에는 그 가입자가 속한 세대의 보험료를 산정할 때 그 가입자의 소득월액 및 재산보험료부과점수를 제외한다.

(3) 보험료의 경감(제75조)

다음 중 어느 하나에 해당하는 가입자로서 보건복지부령으로 정하는 가입자에 대하여는 그 가입자 또는 그 가입자가 속한 세대의 보험료의 일부를 경감할 수 있다.

- 섬 · 벽지 · 농어촌 등 대통령령으로 정하는 지역에 거주하는 사람
- 65세 이상인 사람
- 등록한 장애인
- 국가유공자
- 휴직자
- 그 밖에 생활이 어렵거나 천재지변 등의 사유로 보험료를 경감할 필요가 있다고 보건복지부장관이 정하여 고시하는 사람

5 국민건강보험공단 등 관련 기관

기출회차		
		3	4	5
6	7	8	9	10
11	12	13	14	15
16	17	18	19	20
21	22			

강의로 복습하는 기출회독 시리즈

Keyword 236

1. 국민건강보험공단

중요도 ★ ★

최근 시험에서 국민건강보험법에 명시된 관련 기관들에 관한 내용이 자주 다뤄지고 있다. 특히, 국민건강보험공단의 업무와 건강보험심사평가원의 업무를 반드시 구분하여 정리하자.

(1) 국민건강보험공단의 업무(제14조) ★꼭!

• 가입자 및 피부양자의 자격관리
• 보험료 및 이 법에 따른 징수금의 부과 · 징수
• 보험급여의 관리
• 가입자 및 피부양자의 질병의 조기발견 · 예방 및 건강관리를 위하여 요양급여 실시 현황과 건강검진 결과 등을 활용하여 실시하는 예방사업으로서 대통령령으로 정하는 사업
• 보험급여비용의 지급
• 자산의 관리 · 운영 및 증식사업
• 의료시설의 운영
• 건강보험에 관한 교육훈련 및 홍보
• 건강보험에 관한 조사연구 및 국제협력
• 이 법에서 공단의 업무로 정하고 있는 사항
• 국민연금법, 고용보험 및 산업재해보상보험의 보험료징수 등에 관한 법률, 임금채권보장법 및 석면피해구제법(징수위탁근거법)에 따라 위탁받은 업무
• 이 법 또는 다른 법령에 의하여 위탁받은 업무
• 기타 건강보험과 관련하여 보건복지부장관이 필요하다고 인정한 업무

(2) 구성

① 임원(제20조)

• 공단은 임원으로서 이사장 1명, 이사 14명 및 감사 1명을 둔다. 이 경우 이사장, 이사 중 5명 및 감사는 상임으로 한다.
• 이사장은 공공기관의 운영에 관한 법률에 따른 임원추천위원회가 복수로 추천한 사람 중에서 보건복지부장관의 제청으로 대통령이 임명한다.
• 상임이사는 보건복지부령으로 정하는 추천 절차를 거쳐 이사장이 임명한다.

- 비상임이사는 다음의 사람을 보건복지부장관이 임명한다.
  - 노동조합 · 사용자단체 · 시민단체 · 소비자단체 · 농어업인단체 및 노인단체가 추천하는 각 1명
  - 대통령령으로 정하는 바에 따라 추천하는 관계 공무원 3명
- 감사는 임원추천위원회가 복수로 추천한 사람 중에서 기획재정부장관의 제청으로 대통령이 임명한다.
- 이사장의 임기는 3년, 이사(공무원인 이사는 제외한다)와 감사의 임기는 각각 2년으로 한다.

② 재정운영위원회(제33조)
- 요양급여 비용의 계약 및 보험료의 결손처분 등 보험재정과 관련된 사항을 심의 · 의결하기 위하여 공단에 재정운영위원회를 둔다.
- 재정운영위원회는 직장가입자를 대표하는 위원 10명, 지역가입자를 대표하는 위원 10명, 공익을 대표하는 위원 10명 등의 위원으로 구성한다. 위원장은 위원 중에서 위원회가 호선한다.

(3) 회계, 예 · 결산 등(제35조, 제36조, 제39조)
- 회계: 공단의 회계연도는 정부의 회계연도에 따른다. 공단은 직장가입자와 지역가입자의 재정을 통합하여 운영한다. 공단은 건강보험사업 및 징수위탁근거법의 위탁에 따른 국민연금사업 · 고용보험사업 · 산업재해보상보험사업 · 임금채권보장사업에 관한 회계를 공단의 다른 회계와 구분하여 각각 회계처리하여야 한다.
- 예산: 공단은 회계연도마다 예산안을 편성하여 이사회의 의결을 거친 후 보건복지부장관의 승인을 받아야 한다. 예산을 변경할 때에도 또한 같다.
- 결산: 공단은 회계연도마다 결산보고서 및 사업보고서를 작성하여 다음해 2월말까지 보건복지부장관에게 보고하여야 한다.

2. 건강보험정책심의위원회(제4조) 22회 기출

- '종합계획 및 시행계획에 관한 사항(의결은 제외), 요양급여의 기준, 요양급여비용에 관한 사항, 직장가입자의 보험료율, 지역가입자의 보험료율과 재산보험료부과점수당 금액, 보험료 부과 관련 제도 개선에 관한 사항(건강보험 가입자의 소득 파악 실태에 관한 조사 및 연구에 관한 사항, 가입자의 소득 파악 및 소득에 대한 보험료 부과 강화를 위한 개선 방안에 관한 사

항, 그 밖에 보험료 부과와 관련된 제도 개선 사항으로서 심의위원회 위원장이 회의에 부치는 사항), 그 밖에 건강보험에 관한 주요 사항으로서 대통령령으로 정하는 사항'을 심의 · 의결하기 위하여 보건복지부장관 소속으로 건강보험정책심의위원회를 둔다.

- 심의위원회는 위원장 1명과 부위원장 1명을 포함한 25명의 위원으로 구성하며, 위원장은 보건복지부차관이 된다. 위원의 임기는 3년이다.

3. 건강보험심사평가원

요양급여 비용을 심사하고 요양급여의 적정성을 평가하기 위하여 건강보험심사평가원을 설립한다.

(1) 업무(제63조) ⭐꼭!
- 요양급여 비용의 심사
- 요양급여의 적정성 평가
- 심사 및 평가 기준의 개발
- 위의 업무와 관련된 조사연구 및 국제협력
- 다른 법률의 규정에 따라 지급되는 급여비용의 심사 또는 의료의 적정성 평가에 관하여 위탁받은 업무
- 그 밖에 이 법 또는 다른 법령에 따라 위탁받은 업무
- 건강보험과 관련하여 보건복지부장관이 필요하다고 인정한 업무
- 그 밖에 보험급여 비용의 심사와 보험급여의 적정성 평가와 관련하여 대통령령으로 정하는 업무

(2) 임원(제65조)
심사평가원에 임원으로서 원장, 이사 15명 및 감사 1인을 두며, 원장은 임원추천위원회가 복수로 추천한 사람 중에서 보건복지부장관의 제청으로 대통령이 임명한다. 원장의 임기는 3년, 이사(공무원인 이사는 제외)와 감사의 임기는 각각 2년으로 한다.

(3) 진료심사평가위원회(제66조)
심사평가원의 업무를 효율적으로 수행하기 위하여 심사평가원에 진료심사평가위원회를 둔다. 이 위원회는 위원장을 포함 90명 이내의 상근 심사위원과 1천명 이내의 비상근 심사위원으로 구성하며, 진료과목별 분과위원회를 둘

수 있다.

(4) 요양급여의 적정성 평가(제47조의4)

심사평가원은 요양급여에 대한 의료의 질을 향상시키기 위하여 요양급여의 적정성 평가를 실시할 수 있다. 심사평가원은 요양기관의 인력·시설·장비, 환자안전 등 요양급여와 관련된 사항을 포함하여 평가할 수 있다.

기출회차			
	3	4	5
6	7	8	9	10
11	12	13	14	15
16	17	18	19	20
21	22		

강의로 복습하는 기출회독 시리즈

Keyword 236

6 수급자의 권리보호 및 벌칙

1. 권리보호

(1) 수급권의 보호
• 보험급여를 받을 권리는 양도하거나 압류할 수 없다.
• 요양비등수급계좌에 입금된 요양비등은 압류할 수 없다.

(2) 이의신청
• 가입자 및 피부양자의 자격, 보험료 등, 보험급여, 보험급여 비용에 관한 공단의 처분에 이의가 있는 자는 공단에 이의신청을 할 수 있다.
• 요양급여 비용 및 요양급여의 적정성 평가 등에 관한 심사평가원의 처분에 이의가 있는 공단, 요양기관, 그 밖의 자는 심사평가원에 이의신청을 할 수 있다.
• 이의신청은 처분이 있음을 안 날부터 90일 이내에 문서로 하여야 하며, 처분이 있은 날부터 180일을 지나면 제기하지 못한다. 다만, 정당한 사유로 그 기간에 이의신청을 할 수 없었음을 소명한 때에는 그러하지 아니한다.
• 요양기관이 심사평가원의 확인에 대하여 이의신청을 하려면 통보받은 날부터 30일 이내에 하여야 한다.

(3) 심판청구
• 이의신청에 대한 결정에 불복하는 자는 건강보험분쟁조정위원회에 심판청구를 할 수 있다.
• 심판청구를 심리·의결하기 위해 보건복지부에 건강보험분쟁조정위원회를 둔다.
• 심판청구를 하려는 자는 심판청구서를 처분을 한 공단 또는 심사평가원에 제출하거나 건강보험분쟁조정위원회에 제출하여야 한다.

(4) 행정소송
공단 또는 심사평가원의 처분에 이의가 있는 자와 이의신청 또는 심판청구에 대한 결정에 불복하는 자는 행정소송을 제기할 수 있다.

2. 시효

- 보험료 · 연체금 및 가산금을 징수할 권리, 보험료 · 연체금 및 가산금으로 과오납부한 금액을 환급받을 권리, 보험급여를 받을 권리, 보험급여 비용을 받을 권리, 과다납부된 본인일부부담금을 돌려받을 권리, 근로복지공단의 권리는 3년동안 행사하지 아니하면 소멸시효가 완성된다.
- 휴직자 등의 보수월액보험료를 징수할 권리의 소멸시효는 고지가 유예된 경우 휴직 등의 사유가 종료될 때까지 진행하지 아니한다.
- 소멸시효기간, 시효중단, 시효정지에 관하여 이 법에 정한 사항 외에는 민법의 규정을 따른다.

3. 업무정지

- 보건복지부장관은 요양기관이 다음 어느 하나에 해당하면 그 요양기관에 대하여 1년의 범위에서 기간을 정하여 업무정지를 명할 수 있다.
  - 속임수나 그 밖의 부당한 방법으로 보험자 · 가입자 및 피부양자에게 요양급여비용을 부담하게 한 경우
  - 요양 · 약제의 지급 등 보험급여에 관한 보고 또는 서류 제출 명령을 위반하거나 거짓 보고를 하거나 거짓 서류를 제출하거나, 소속 공무원의 검사 또는 질문을 거부 · 방해 또는 기피한 경우
  - 정당한 사유 없이 요양기관이 행위 · 치료재료 및 약제에 대한 요양급여 대상 여부에 따른 결정을 신청하지 아니하고 속임수나 그 밖의 부당한 방법으로 행위 · 치료재료를 가입자 또는 피부양자에게 실시 또는 사용하고 비용을 부담시킨 경우
- 업무정지 처분을 받은 자는 해당 업무정지기간 중에는 요양급여를 하지 못한다.

4. 과징금

- 보건복지부장관은 업무정지 처분을 하여야 하는 경우로서 그 업무정지 처

분이 해당 요양기관을 이용하는 사람에게 심한 불편을 주거나 보건복지부장관이 정하는 특별한 사유가 있다고 인정되면 업무정지 처분을 갈음하여 속임수나 그 밖의 부당한 방법으로 부담하게 한 금액의 5배 이하의 금액을 과징금으로 부과·징수할 수 있다. 이 경우 보건복지부장관은 12개월의 범위에서 분할납부를 하게 할 수 있다.

• 보건복지부장관은 약제를 요양급여에서 적용 정지 또는 제외하는 경우 국민 건강에 심각한 위험을 초래할 것이 예상되는 등 특별한 사유가 있다고 인정되는 때에는 요양급여의 적용 정지 또는 제외에 갈음하여 대통령령으로 정하는 바에 따라 해당 약제에 대한 요양급여비용 총액의 100분의 40을 넘지 아니하는 범위에서 과징금을 부과·징수할 수 있다. 이 경우 보건복지부장관은 12개월의 범위에서 분할납부를 하게 할 수 있다.

• 징수한 과징금은 공단이 요양급여비용으로 지급하는 자금, 응급의료기금의 지원, 재난적의료비 지원사업에 대한 지원 외의 용도로는 사용할 수 없다.

5. 벌칙

(1) 벌칙

① 5년 이하의 징역 또는 5천만원 이하의 벌금

가입자 및 피부양자의 개인정보를 누설하거나 직무상 목적 외의 용도로 이용 또는 정당한 사유 없이 제3자에게 제공한 자

② 3년 이하의 징역 또는 3천만원 이하의 벌금

• 대행청구단체의 종사자로서 거짓이나 그 밖의 부정한 방법으로 요양급여비용을 청구한 자
• 업무를 수행하면서 알게 된 정보를 누설하거나 직무상 목적 외의 용도로 이용 또는 제3자에게 제공한 자

③ 3년 이하의 징역 또는 1천만원 이하의 벌금

금융정보를 제공한 금융회사등의 장은 금융정보의 제공 사실을 명의인에게 통보하여야 하나 이를 위반하여 공동이용하는 전산정보자료를 목적 외의 용도로 이용하거나 활용한 자

④ 2년 이하의 징역 또는 2천만원 이하의 벌금

거짓이나 그 밖의 부정한 방법으로 보험급여를 받거나 타인으로 하여금 보험급여를 받게 한 자

⑤ 1년 이하의 징역 또는 1천만원 이하의 벌금

- 요양기관의 선별급여 실시에 관한 사항을 위반하여 선별급여를 제공한 요양기관의 개설자
- 심사청구의 대행에 관한 사항을 위반하여 대행청구단체가 아닌 자로 하여금 대행하게 한 자
- 근로자가 직장가입자로 되는 것을 방해하거나 자신이 부담하는 부담금이 증가되는 것을 피할 목적으로 정당한 사유 없이 근로자의 승급 또는 임금 인상을 하지 아니하거나 해고나 그 밖의 불리한 조치를 한 사용자
- 업무정지 처분을 받은 자는 해당 업무정지기간 중에는 요양급여를 행하지 못한다는 규정을 위반한 요양기관의 개설자

⑥ 1천만원 이하의 벌금

- 요양기관이 요양·약제의 지급 등 보험급여에 관한 보고 또는 서류제출, 질문, 관계서류 검사 등을 위반하여 보고 또는 서류제출을 하지 아니한 자
- 거짓으로 보고하거나 거짓 서류를 제출한 자
- 검사 또는 질문을 거부·방해 또는 기피한 자

⑦ 500만원 이하의 벌금

요양기관이 정당한 이유 없이 요양급여를 거부하거나 요양을 실시한 기관이 요양을 받은 자에게 요양비 명세서나 요양 명세를 적은 영수증을 내주지 아니한 자

(2) 과태료

① 500만원 이하의 과태료

- 사업장 신고에 관한 규정을 위반하여 신고를 하지 아니하거나 거짓으로 신고한 사용자
- 정당한 사유 없이 신고에 관한 규정을 위반하여 신고·서류제출을 하지 아니하거나 거짓으로 신고·서류제출을 한 자
- 정당한 사유 없이 보고와 검사에 관한 규정을 위반하여 보고·서류제출을 하지 아니하거나 거짓으로 보고·서류제출을 한 자

- 업무정지 처분을 받았거나 업무정지 처분의 절차가 진행 중임에도 행정처분을 받은 사실 또는 행정처분 절차가 진행 중인 사실을 지체 없이 알리지 아니한 자
- 정당한 사유 없이 제조업자 등의 금지행위 등에 관한 조사규정을 위반하여 서류를 제출하지 아니하거나 거짓으로 제출한 자

② 100만원 이하의 과태료

- 정당한 사유 없이 건강보험증이나 신분증명서로 가입자 또는 피부양자의 본인 여부 및 그 자격을 확인하지 아니하고 요양급여를 실시한 자
- 요양기관은 요양급여가 끝난 날부터 5년간 요양급여비용의 청구에 관한 서류를 보존하여야 함에도 이를 위반하여 서류를 보존하지 아니한 자
- 공단 등에 대한 감독에 따른 명령을 위반한 자
- 공단이나 심사평가원이 아닌 자는 국민건강보험공단, 건강보험심사평가원 또는 이와 유사한 명칭을 사용하지 못함에도 이를 사용한 자

(3) 양벌규정

법인의 대표자, 법인이나 개인의 대리인 · 사용인, 기타 종사자가 그 법인 또는 개인의 업무에 관하여 위의 벌칙에 해당하는 위반행위를 한 때에는 그 행위자를 벌하는 외에 그 법인 또는 개인에 대하여도 각 해당하는 규정에 따른 벌금형을 과한다.

3절 고용보험법

[시행 2024.5.17 / 법률 제19591호 / 개정 2023.8.8]

한눈에 쏙!	중요도

❶ 개요
- 1. 목적
- 2. 특징
- 3. 용어의 정의 — 22회 기출 🏆

❷ 가입대상
- 1. 가입자 등
- 2. 피보험자

❸ 보험급여
- 1. 고용안정 · 직업능력개발사업
- 2. 실업급여 ★★★ — 22회 기출 🏆
- 3. 육아휴직급여 ★★★
- 4. 출산전후휴가급여
- 5. 자영업자인 피보험자에 대한 실업급여 적용의 특례

❹ 보험료 및 운영
- 1. 보험료 및 국고의 부담 — 22회 기출 🏆
- 2. 고용보험기금 — 22회 기출 🏆
- 3. 고용보험위원회

❺ 권리구제 및 수급자의 권리보호
- 1. 권리구제
- 2. 수급자의 권리보호 — 22회 기출 🏆
- 3. 벌칙

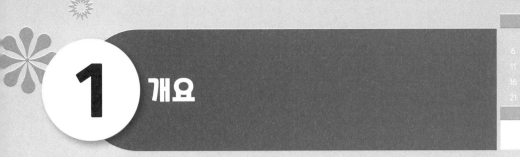

1 개요

		기출회차		
		3	4	5
6	7	8	9	10
11	12	13	14	15
16	**17**	18	19	**20**
21	**22**			

강의로 복습하는 기출회독 시리즈

Keyword 237

1. 목적(제1조)

고용보험의 관장
고용보험은 고용노동부장관이 관장한다.

- 고용보험법은 고용보험의 시행을 통하여 실업의 예방, 고용의 촉진 및 근로자 등의 직업능력의 개발과 향상을 꾀하고, 국가의 직업지도와 직업소개 기능을 강화하며, 근로자 등이 실업한 경우에 생활에 필요한 급여를 실시하여 근로자 등의 생활안정과 구직 활동을 촉진함으로써 경제·사회 발전에 이바지하는 것을 목적으로 한다.
- 고용보험법 및 산업재해보상보험법에 따른 보험사업에 관한 사항은 고용노동부장관으로부터 위탁을 받아 근로복지공단이 수행한다. 다만 보험료 등의 고지 및 수납, 보험료 등의 체납관리와 같은 징수업무는 국민건강보험공단이 고용노동부장관으로부터 위탁을 받아 수행한다(고용보험 및 산업재해보상보험의 보험료징수 등에 관한 법률 제4조).

2. 특징

- 고용보험은 실직근로자에게 실업급여를 지급하는 전통적 의미의 실업보험사업 외에 산업 구조조정의 촉진 및 실업예방, 고용촉진 등을 위한 고용안정사업, 근로자의 생애 직업능력개발을 위한 직업능력개발사업을 상호 연계하여 실시하는 사회보장제도이자, 노동시장정책이다.
- 실업보험(Unemployment Insurance)이 실직자의 생계를 지원하는 사후적·소극적인 사회보장제도인 반면, 고용보험은 실직자에 대한 생계지원은 물론 재취업을 촉진하고 더 나아가 실업의 예방, 노동시장의 구조개편, 직업훈련 등의 강화를 위한 사전적·적극적 차원의 종합적인 인력정책 수단이라 할 수 있다.
- 우리나라의 고용보험법은 실업보험과 고용보험을 동시에 실시하는 것이며, 이를 통해 국가의 직업안정기능을 체계화시키고 구조적인 인력수급 불균형에 대응하고자 한다.

- 고용보험법은 단계적인 노동시장적 접근방법을 취하고 있다. 1단계로 올바른 직장선택과 채용을 유도하고, 2단계로 적극적 노동시장정책을 실시하고, 3단계로 소극적 노동시장정책을 실시한다.

3. 용어의 정의 22회기출 🏆

(1) 피보험자

보험에 가입되거나 가입된 것으로 보는 근로자, 예술인 또는 노무제공자, 자영업자를 말한다.

(2) 이직(離職)

피보험자와 사업주 사이의 고용관계가 끝나게 되는 것을 말한다.

(3) 실업

근로의 의사와 능력이 있음에도 불구하고 취업하지 못한 상태에 있는 것을 말한다.

(4) 실업의 인정 ⭐꼭!

직업안정기관의 장이 수급자격자가 실업한 상태에서 적극적으로 직업을 구하기 위하여 노력하고 있다고 인정하는 것을 말한다.

(5) 보수

소득세법에 따른 근로소득에서 대통령령으로 정하는 금품을 뺀 금액을 말한다.

(6) 일용근로자 ⭐꼭!

1개월 미만 동안 고용되는 사람을 말한다.

		기출회차		
		3	4	5
6	7	8	9	10
11	12	13	14	15
16	**17**	**18**	**19**	20
21	22			

강의로 복습하는 기출회독 시리즈

Keyword 237

2 가입대상

1. 가입자 등

(1) 적용 범위(제8조) ★꼭!

고용보험법은 근로자를 사용하는 모든 사업 또는 사업장에 적용한다. 다만, 산업별 특성 및 규모 등을 고려하여 '대통령령으로 정하는 사업'에 대하여는 적용하지 아니한다.

(2) 적용제외 사업장(제8조, 시행령 제2조)

사업의 규모 및 산업별 특성을 고려하여 사업장 및 피보험자 관리가 매우 어렵다고 판단되는 다음의 일부 사업에 대하여는 적용을 제외한다.

- 농업 · 임업 및 어업 중 법인이 아닌 자가 상시 4명 이하의 근로자를 사용하는 사업
- 총공사금액이 2천만원 미만인 공사
- 연면적이 100제곱미터 이하인 건축물의 건축 또는 연면적이 200제곱미터 이하인 건축물의 대수선에 관한 공사
- 가구 내 고용활동 및 달리 분류되지 아니한 자가소비 생산활동

(3) 적용제외 근로자 및 외국인근로자 · 예술인 · 노무제공자에 대한 적용(제10조, 제10조의2, 시행령 제3조)

- 다음의 어느 하나에 해당하는 사람에게는 이 법을 적용하지 아니한다.
  - 해당 사업에서 1개월간 소정근로시간이 60시간 미만이거나 1주간의 소정근로시간이 15시간 미만인 근로자. 다만, 해당 사업에서 3개월 이상 계속하여 근로를 제공하는 근로자, 일용근로자는 법 적용 대상으로 함
  - 국가공무원법과 지방공무원법에 따른 공무원. 다만, 별정직공무원, 임기제공무원의 경우는 본인의 의사에 따라 고용보험(실업급여에 한함)에 가입 가능
  - 사립학교교직원 연금법의 적용을 받는 사람
  - 별정우체국법에 의한 별정우체국 직원

- 65세 이후에 고용(65세 전부터 피보험 자격을 유지하던 사람이 65세 이후에 계속하여 고용된 경우는 제외)되거나 자영업을 개시한 사람에게는 실업급여(제4장) 및 육아휴직 급여 등(제5장)을 적용하지 아니한다.
- 외국인근로자의 고용 등에 관한 법률의 적용을 받는 외국인근로자에게는 이 법을 적용한다. 다만, 실업급여(제4장) 및 육아휴직 급여 등(제5장)은 신청이 있는 경우에만 적용한다.
- '외국인근로자의 고용 등에 관한 법률의 적용을 받아 고용보험법을 적용하는 외국인근로자를 제외한 외국인의 근로계약, 예술인인 피보험자의 문화예술용역 관련 계약, 노무제공자인 피보험자의 노무제공계약'을 체결한 경우에는 출입국관리법에 따른 체류자격의 활동범위 및 체류기간 등을 고려하여 대통령령으로 정하는 바에 따라 이 법의 전부 또는 일부를 적용한다.

2. 피보험자

(1) 피보험자격의 취득일(제13조)

근로자인 피보험자는 이 법이 적용되는 사업에 고용된 날에 피보험자격을 취득한다. 다만, '적용 제외 근로자였던 사람이 이 법의 적용을 받게 된 경우에는 그 적용을 받게 된 날, 고용산재보험료징수법에 따른 보험관계 성립일 전에 고용된 근로자의 경우에는 그 보험관계가 성립한 날' 피보험자격을 취득한 것으로 본다. 자영업자인 피보험자는 보험관계가 성립한 날에 피보험자격을 취득한다.

(2) 피보험자격의 상실일(제14조)

'근로자인 피보험자가 적용 제외 근로자에 해당하게 된 경우에는 그 적용 제외 대상자가 된 날, 고용산재보험료징수법에 따라 보험관계가 소멸한 경우에는 그 보험관계가 소멸한 날, 근로자인 피보험자가 이직한 경우에는 이직한 날의 다음 날, 근로자인 피보험자가 사망한 경우에는 사망한 날의 다음 날' 중 어느 하나에 해당하는 날에 각각 그 피보험자격을 상실한다. 자영업자인 피보험자는 보험관계가 소멸한 날에 피보험자격을 상실한다.

(3) 피보험자격에 관한 신고 등(제15조)

사업주는 그 사업에 고용된 근로자의 피보험자격의 취득 및 상실 등에 관한 사항을 대통령령으로 정하는 바에 따라 고용노동부장관에게 신고하여야 한다.

(4) 피보험자격의 확인(제17조)

피보험자 또는 피보험자였던 사람은 언제든지 고용노동부장관에게 피보험자격의 취득 또는 상실에 관한 확인을 청구할 수 있다.

(5) 피보험자격의 취득기준(제18조)

- 근로자가 보험관계가 성립되어 있는 둘 이상의 사업에 동시에 고용되어 있는 경우에는 대통령령으로 정하는 바에 따라 그 중 한 사업의 피보험자격을 취득한다.
- 예술인 또는 노무제공자가 보험관계가 성립되어 있는 둘 이상의 사업에서 동시에 노무를 제공하거나 근로를 제공하는 경우에는 대통령령으로 정하는 바에 따라 피보험자격을 취득한다.

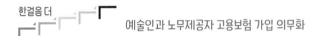

한걸음 더 — 예술인과 노무제공자 고용보험 가입 의무화

- 2020년 12월 10일부터 법 개정으로 예술인복지법에 따른 문화예술용역 관련 계약을 체결하고, 자신이 직접 노무를 제공하는 사람은 고용보험 가입이 의무화되었다.
- 2021년 7월 1일부터 법 개정으로 근로자가 아니면서 자신이 아닌 다른 사람의 사업을 위하여 자신이 직접 노무를 제공하고 해당 사업주 또는 노무수령자로부터 일정한 대가를 지급받기로 하는 계약(노무제공계약)을 체결한 사람은 고용보험 가입이 의무화되었다.

		기출회차		
	3	4	5
6	7	8	9	10
11	12	13	14	15
16	17	18	19	20
21	22			

강의로 복습하는 기출회독 시리즈

Keyword 237

1. 고용안정 · 직업능력개발사업

고용노동부장관은 피보험자 및 피보험자였던 사람, 그 밖에 취업할 의사를 가진 사람에 대한 실업의 예방, 취업의 촉진, 고용기회의 확대, 직업능력개발 · 향상의 기회 제공 및 지원, 그 밖에 고용안정과 사업주에 대한 인력 확보를 지원하기 위하여 고용안정 · 직업능력개발사업을 실시한다.

(1) 고용창출의 지원(제20조)

고용노동부장관은 고용환경 개선, 근무형태 변경 등으로 고용의 기회를 확대한 사업주에게 대통령령으로 정하는 바에 따라 필요한 지원을 할 수 있다.

(2) 고용조정의 지원(제21조)

• 고용노동부장관은 경기의 변동, 산업구조의 변화 등에 따른 사업 규모의 축소, 사업의 폐업 또는 전환으로 고용조정이 불가피하게 된 사업주가 근로자에 대한 휴업, 직업전환에 필요한 직업능력개발 훈련, 인력의 재배치 등을 실시하거나 그 밖에 근로자의 고용안정을 위한 조치를 하면 대통령령으로 정하는 바에 따라 그 사업주에게 필요한 지원을 할 수 있다. 이 경우 휴업이나 휴직 등 고용안정을 위한 조치로 근로자의 임금이 대통령령으로 정하는 수준으로 감소할 때에는 대통령령으로 정하는 바에 따라 그 근로자에게도 필요한 지원을 할 수 있다.

• 고용조정으로 이직된 근로자를 고용하는 등 고용이 불안정하게 된 근로자의 고용안정을 위한 조치를 하는 사업주에게 대통령령으로 정하는 바에 따라 필요한 지원을 할 수 있다. 고용노동부장관은 국내외 경제사정의 변화 등으로 고용사정이 급격히 악화된 업종에 해당하거나 지역에 있는 사업주 또는 근로자에게 우선적으로 지원할 수 있다.

(3) 지역 고용의 촉진(제22조)

고용노동부장관은 고용기회가 뚜렷이 부족하거나 산업구조의 변화 등으로 고용사정이 급속하게 악화되고 있는 지역으로 사업을 이전하거나 그러한 지역에서 사업을 신설 또는 증설하여 그 지역의 실업 예방과 재취업 촉진에 기여한 사업주, 그 밖에 그 지역의 고용기회 확대에 필요한 조치를 한 사업주에게 대통령령으로 정하는 바에 따라 필요한 지원을 할 수 있다.

(4) 고령자 등 고용촉진의 지원(제23조)

고용노동부장관은 고령자 등 노동시장의 통상적인 조건에서는 취업이 특히 곤란한 사람의 고용을 촉진하기 위하여 고령자 등을 새로 고용하거나 이들의 고용안정에 필요한 조치를 하는 사업주 또는 사업주가 실시하는 고용안정 조치에 해당된 근로자에게 대통령령으로 정하는 바에 따라 필요한 지원을 할 수 있다.

(5) 건설근로자 등의 고용안정 지원(제24조)

고용노동부장관은 건설근로자 등 고용상태가 불안정한 근로자를 위하여 '고용상태의 개선을 위한 사업, 계속적인 고용기회의 부여 등 고용안정을 위한 사업, 그 밖에 대통령령으로 정하는 고용안정 사업'을 실시하는 사업주 또는 사업주 단체에게 대통령령으로 정하는 바에 따라 필요한 지원을 할 수 있다.

(6) 고용안정 및 취업 촉진(제25조)

고용노동부장관은 피보험자 등의 고용안정 및 취업을 촉진하기 위하여 '고용관리 진단 등 고용개선 지원 사업, 피보험자등의 창업을 촉진하기 위한 지원 사업, 그 밖에 피보험자 등의 고용안정 및 취업을 촉진하기 위한 사업으로서 대통령령으로 정하는 사업'을 직접 실시하거나 이를 실시하는 자에게 필요한 비용을 지원 또는 대부할 수 있다.

(7) 고용촉진 시설에 대한 지원(제26조)

고용노동부장관은 피보험자 등의 고용안정·고용촉진 및 사업주의 인력 확보를 지원하기 위하여 대통령령으로 정하는 바에 따라 상담 시설, 어린이집, 그 밖에 대통령령으로 정하는 고용촉진 시설을 설치·운영하는 자에게 필요한 지원을 할 수 있다.

(8) 사업주에 대한 직업능력개발 훈련의 지원(제27조)

• 고용노동부장관은 피보험자등의 직업능력을 개발·향상시키기 위하여 대통령령으로 정하는 직업능력개발 훈련을 실시하는 사업주에게 대통령령으로 정하는 바에 따라 그 훈련에 필요한 비용을 지원할 수 있다.

• 고용노동부장관은 사업주가 '기간제근로자, 단시간근로자, 파견근로자, 일용근로자, 고령자 또는 준고령자, 그 밖에 대통령령으로 정하는 사람' 중어느 하나에 해당하는 사람에게 직업능력개발 훈련을 실시하는 경우에는 대통령령으로 정하는 바에 따라 우대 지원할 수 있다.

(9) 피보험자 등에 대한 직업능력개발 지원(제29조)

고용노동부장관은 피보험자 등이 직업능력개발 훈련을 받거나 그 밖에 직업능력 개발 · 향상을 위하여 노력하는 경우에는 대통령령으로 정하는 바에 따라 필요한 비용을 지원할 수 있다. 고용노동부장관은 필요하다고 인정하면 대통령령으로 정하는 바에 따라 피보험자등의 취업을 촉진하기 위한 직업능력개발 훈련을 실시할 수 있다. 고용노동부장관은 대통령령으로 정하는 저소득 피보험자등이 직업능력개발 훈련을 받는 경우 대통령령으로 정하는 바에 따라 생계비를 대부할 수 있다.

(10) 직업능력개발 훈련 시설에 대한 지원 등(제30조)

고용노동부장관은 피보험자 등의 직업능력 개발 · 향상을 위하여 필요하다고 인정하면 대통령령으로 정하는 바에 따라 직업능력개발 훈련 시설의 설치 및 장비 구입에 필요한 비용의 대부, 그 밖에 고용노동부장관이 정하는 직업능력개발 훈련 시설의 설치 및 장비 구입 · 운영에 필요한 비용을 지원할 수 있다.

(11) 직업능력개발의 촉진(제31조)

고용노동부장관은 피보험자 등의 직업능력 개발 · 향상을 촉진하기 위하여 '직업능력개발 사업에 대한 기술지원 및 평가 사업, 자격검정 사업 및 숙련기술 장려 사업, 그 밖에 대통령령으로 정하는 사업'을 실시하거나 이를 실시하는 자에게 그 사업의 실시에 필요한 비용을 지원할 수 있다.

(12) 건설근로자 등의 직업능력개발 지원(제32조)

고용노동부장관은 건설근로자 등 고용상태가 불안정한 근로자를 위하여 직업능력 개발 · 향상을 위한 사업으로 대통령령으로 정하는 사업을 실시하는 사업주 또는 사업주 단체에게 그 사업의 실시에 필요한 비용을 지원할 수 있다.

(13) 고용정보의 제공 및 고용 지원 기반의 구축 등(제33조)

고용노동부장관은 사업주 및 피보험자 등에 대한 구인 · 구직 · 훈련 등 고용정보의 제공, 직업 · 훈련 상담 등 직업지도, 직업소개, 고용안정 · 직업능력개발에 관한 기반의 구축 및 그에 필요한 전문 인력의 배치 등의 사업을 할 수 있다.

(14) 지방자치단체 등에 대한 지원(제34조)

고용노동부장관은 지방자치단체 또는 대통령령으로 정하는 비영리법인·단체가 그 지역에서 피보험자등의 고용안정·고용촉진 및 직업능력개발을 위한 사업을 실시하는 경우에는 대통령령으로 정하는 바에 따라 필요한 지원을 할 수 있다.

2. 실업급여 ^{22회 기출} 🏆

(1) 실업급여의 종류(제37조) ⭐^{꼭!}

• 실업급여는 구직급여와 취업촉진 수당으로 구분한다.
• 취업촉진 수당의 종류는 조기재취업 수당, 직업능력개발 수당, 광역구직활동비, 이주비가 있다.

(2) 구직급여 ⭐^{꼭!}

① 구직급여의 수급 요건(제40조)
• 구직급여는 이직한 근로자인 피보험자가 다음의 요건을 모두 갖춘 경우에 지급한다.
  – 기준기간 동안의 피보험 단위기간이 합산하여 180일 이상일 것
  – 근로의 의사와 능력이 있음에도 불구하고 취업(영리를 목적으로 사업을 영위하는 경우를 포함)하지 못한 상태에 있을 것
  – 이직 사유가 피보험자가 자기의 중대한 귀책 사유로 해고되거나 정당한 사유없는 자기 사정으로 이직한 경우와 같이 수급자격의 제한 사유에 해당하지 아니할 것
  – 재취업을 위한 노력을 적극적으로 할 것
  – 수급자격 인정신청일이 속한 달의 직전 달 초일부터 수급자격 인정신청일까지의 근로일 수의 합이 같은 기간 동안의 총 일수의 3분의 1 미만일 것
  – 건설일용근로자(일용근로자로서 이직 당시에 통계청장이 고시하는 한국 표준산업분류의 대분류상 건설업에 종사한 사람을 말함)로서 수급자격 인정신청일 이전 14일간 연속하여 근로내역이 없을 것
  – 최종 이직 당시의 기준기간 동안의 피보험 단위기간 중 다른 사업에서 수급자격의 제한 사유에 해당하는 사유로 이직한 사실이 있는 경우에는

중요도 🔘⭐⭐⭐

고용보험법의 보험급여에서 실업급여의 내용과 수급자격에 관한 내용은 출제빈도가 매우 높다. 구직급여에 관한 내용, 자영업자인 피보험자의 실업급여 종류, 취업촉진 수당의 종류 등에 관한 문제가 출제된 바 있다. 22회 시험에서는 취업촉진 수당의 종류를 묻는 문제가 출제되었다.

그 피보험 단위기간 중 90일 이상을 일용근로자로 근로하였을 것(최종 이직 당시 일용근로자이었던 사람에 한함)

• 기준기간은 이직일 이전 18개월로 하되, 근로자인 피보험자가 다음의 어느 하나에 해당하는 경우에는 다음의 구분에 따른 기간을 기준기간으로 한다.
  – 이직일 이전 18개월 동안에 질병·부상, 그 밖에 대통령령으로 정하는 사유로 계속하여 30일 이상 보수의 지급을 받을 수 없었던 경우: 18개월에 그 사유로 보수를 지급 받을 수 없었던 일수를 가산한 기간(3년을 초과할 때에는 3년으로 함)
  – 이직 당시 1주 소정근로시간이 15시간 미만이고, 1주 소정근로일수가 2일 이하인 근로자로 근로하였으며, 이직일 이전 24개월 동안의 피보험 단위기간 중 90일 이상을 요건(이직 당시 1주 소정근로시간이 15시간 미만이고, 1주 소정근로일수가 2일 이하인 근로자)에 해당하는 근로자로 근로한 경우: 이직일 이전 24개월

② 피보험 단위기간(제41조)

근로자의 피보험 단위기간은 피보험기간 중 보수 지급의 기초가 된 날을 합하여 계산한다. 다만, 자영업자인 피보험자의 피보험 단위기간은 그 수급자격과 관련된 폐업 당시의 적용 사업에의 보험가입기간 중에서 실제로 납부한 고용보험료에 해당하는 기간으로 한다. 피보험 단위기간을 계산할 때에는 최후로 피보험자격을 취득한 날 이전에 구직급여를 받은 사실이 있는 경우에는 그 구직급여와 관련된 피보험자격 상실일 이전의 피보험 단위기간은 넣지 아니한다.

③ 실업의 신고(제42조)

구직급여를 지급받으려는 사람은 이직 후 지체없이 직업안정기관에 출석하여 실업을 신고하여야 한다. 실업의 신고에는 구직신청과 직업안정기관의 장에 대한 수급자격의 인정 신청을 포함하여야 한다.

④ 수급자격의 인정(제43조)

구직급여를 지급받으려는 사람은 직업안정기관의 장에게 구직급여의 수급요건을 갖추었다는 사실(수급자격)을 인정하여 줄 것을 신청하여야 한다.

⑤ 실업의 인정(제44조)

구직급여는 수급자격자가 실업한 상태에 있는 날 중에서 직업안정기관의 장으로부터 실업의 인정을 받은 날에 대하여 지급한다. 실업의 인정을 받고자

하는 수급자격자는 실업의 신고를 한 날부터 계산하기 시작하여 1주부터 4주의 범위에서 직업안정기관의 장이 지정한 날(실업인정일)에 출석하여 재취업을 위해 노력하였음을 신고해야 한다. 직업안정기관의 장은 직전 실업인정일의 다음날부터 그 실업인정일까지 각각의 날에 대하여 실업의 인정을 한다.

⑥ 급여의 기초가 되는 임금일액(제45조)

• 구직급여의 산정 기초가 되는 임금일액(기초일액)은 수급자격의 인정과 관련된 마지막 이직 당시 평균임금으로 한다. 다만, 마지막 이직일 이전 3개월 이내에 피보험자격을 취득한 사실이 2회 이상인 경우에는 마지막 이직일 이전 3개월간(일용근로자의 경우에는 마지막 이직일 이전 4개월 중 최종 1개월을 제외한 기간)에 그 근로자에게 지급된 임금 총액을 그 산정의 기준이 되는 3개월의 총 일수로 나눈 금액을 기초일액으로 한다.

• 산정된 금액이 근로자의 통상임금보다 적을 경우에는 그 통상임금액을 기초일액으로 한다. 다만, 마지막 사업에서 이직 당시 일용근로자였던 사람의 경우에는 그러하지 아니하다.

• 기초일액을 산정하는 것이 곤란한 경우와 보험료를 기준보수를 기준으로 낸 경우에는 기준보수를 기초일액으로 한다. 다만, 보험료를 기준보수로 낸 경우에도 산정한 기초일액이 기준보수보다 많은 경우에는 그러하지 아니하다.

• 규정에 따라 산정된 기초일액이 그 수급자격자의 이직 전 1일 소정근로시간에 이직일 당시 적용되던 최저임금법에 따른 시간 단위에 해당하는 최저임금액을 곱한 금액(최저기초일액)보다 낮은 경우에는 최저기초일액을 기초일액으로 한다. 이 경우 이직 전 1일 소정근로시간은 고용노동부령으로 정하는 방법에 따라 산정한다.

• 규정에 따라 산정된 기초일액이 보험의 취지 및 일반 근로자의 임금 수준 등을 고려하여 대통령령으로 정하는 금액을 초과하는 경우에는 대통령령으로 정하는 금액을 기초일액으로 한다.

⑦ 구직급여일액(제46조)

구직급여를 지급받을 수 있는 자격을 가진 근로자에게 그 근로자의 이직일을 기준으로 산정한 급여기초임금일액의 60%에 해당하는 금액으로 지급한다.

⑧ 실업인정대상기간 중의 취업 등의 신고(제47조)

수급자격자는 실업의 인정을 받으려 하는 기간 중에 고용노동부령으로 정하는 기준에 해당하는 취업을 한 경우에는 그 사실을 직업안정기관의 장에게 신고하여야 한다. 직업안정기관의 장은 필요하다고 인정하면 수급자격자의 실업인정대상기간 중의 취업 사실에 대하여 조사할 수 있다.

⑨ 수급기간 및 일수와 대기기간(제48조, 제49조)

- 구직급여는 별도의 규정이 있는 경우를 제외하고는 그 구직급여의 수급자격과 관련된 이직일의 다음날부터 계산하여 12개월 내에 소정 급여일수를 한도로 하여 지급한다.
- 실업의 인정에도 불구하고 실업의 신고일부터 계산하기 시작하여 7일간은 대기기간으로 보아 구직급여를 지급하지 아니한다. 다만, 최종 이직 당시 건설일용근로자였던 사람에 대해서는 실업의 신고일부터 계산하여 구직급여를 지급한다.

⑩ 소정급여일수 및 피보험기간(제50조)

- 하나의 수급자격에 따라 구직급여를 지급받을 수 있는 날(소정급여일수)은 대기기간이 끝난 다음날부터 계산하기 시작하여 피보험기간과 연령에 따라 법에서 별도로 정한 일수가 되는 날까지로 한다. 수급자격자가 소정급여일수 내에 임신 · 출산 · 육아, 그 밖에 대통령령으로 정하는 사유로 수급기간을 연장한 경우에는 그 기간만큼 구직급여를 유예하여 지급한다.
- 피보험기간은 그 수급자격과 관련된 이직 당시의 적용 사업에서 고용된 기간으로 한다. 다만, 자영업자인 피보험자의 경우에는 그 수급자격과 관련된 폐업 당시의 적용 사업에의 보험가입기간 중에서 실제로 납부한 고용보험료에 해당하는 기간으로 한다.
- 피보험자격 취득에 관하여 신고가 되어 있지 아니하였던 피보험자의 경우에는 하나의 피보험기간에 피보험자가 된 날이 '피보험자격 취득신고를 한 날, 피보험자격 취득이 확인된 날' 중 어느 하나에 해당하는 날부터 소급하여 3년이 되는 해의 1월 1일 전이면 그 해당하는 날부터 소급하여 3년이 되는 날이 속하는 보험연도의 첫 날에 그 피보험자격을 취득한 것으로 보아 피보험기간을 계산한다. 다만, 사업주가 '피보험자격 취득신고를 한 날, 피보험자격 취득이 확인된 날' 중 어느 하나에 해당하는 날부터 소급하여 3년이 되는 해의 1월 1일 전부터 해당 피보험자에 대한 고용보험료를 계속 납부한 사실이 증명된 경우에는 고용보험료를 납부한 기간으로 피보험기간을 계산한다.

⑪ 지급일 및 지급방법(제56조)

구직급여는 실업의 인정을 받은 일수분을 지급한다. 직업안정기관의 장은 각

실업급여수급계좌

- 직업안정기관의 장은 수급자격자의 신청이 있는 경우에는 실업급여를 수급자격자 명의의 지정된 계좌(실업급여수급계좌)로 입금하여야 한다. 다만, 정보통신장애나 그 밖에 대통령령으로 정하는 불가피한 사유로 실업급여를 실업급여수급계좌로 이체할 수 없을 때에는 현금 지급 등 대통령령으로 정하는 바에 따라 실업급여를 지급할 수 있다.
- 실업급여수급계좌의 해당 금융기관은 이 법에 따른 실업급여만이 실업급여수급계좌에 입금되도록 관리하여야 한다.

수급자격자에 대한 구직급여를 지급할 날짜를 정하여 당사자에게 알려야 한다.

⑫ 미지급된 구직급여(제57조)

수급자격자가 사망한 경우 그 수급자격자에게 지급되어야 할 구직급여로서 아직 지급되지 아니한 것이 있는 경우에는 그 수급자격자의 배우자(사실상의 혼인관계에 있는 사람을 포함)·자녀·부모·손자녀·조부모 또는 형제자매로서 수급자격자와 생계를 같이하고 있던 사람의 청구에 따라 그 미지급분을 지급한다. 미지급된 구직급여를 지급받을 수 있는 사람의 순위는 열거된 순서로 한다.

⑬ 수급자격의 제한(제58조)

피보험자가 다음 중 어느 하나에 해당한다고 직업안정기관의 장이 인정하는 경우에는 수급자격이 없는 것으로 본다.
- 중대한 귀책사유로 해고된 피보험자로서 다음 중 어느 하나에 해당하는 경우
  - 형법 또는 직무와 관련된 법률을 위반하여 금고 이상의 형을 선고받은 경우
  - 사업에 막대한 지장을 초래하거나 재산상 손해를 끼친 경우로서 고용노동부령으로 정하는 기준에 해당하는 경우
  - 정당한 사유 없이 근로계약 또는 취업규칙 등을 위반하여 장기간 무단결근한 경우
- 자기 사정으로 이직한 피보험자로서 다음 중 어느 하나에 해당하는 경우
  - 전직 또는 자영업을 하기 위하여 이직한 경우
  - 중대한 귀책사유가 있는 사람이 해고되지 아니하고 사업주의 권고로 이직한 경우
  - 그 밖에 고용노동부령으로 정하는 정당한 사유에 해당하지 아니하는 사유로 이직한 경우

⑭ 급여의 지급 및 제한(제60조, 제61조)

- 수급자격자가 직업안정기관의 장이 소개하는 직업에 취직하는 것을 거부하거나 직업안정기관의 장이 지시한 직업능력개발 훈련 등을 거부하면 대통령령으로 정하는 바에 따라 구직급여의 지급을 정지한다.
- 거짓이나 그 밖의 부정한 방법으로 실업급여를 받았거나 받으려 한 사람에게는 그 급여를 받은 날 또는 받으려 한 날부터의 구직급여를 지급하지 아니한다.

(3) 연장급여(제51조~제53조)

구직급여를 지급받을 수 있는 자격을 가진 근로자가 직업안정기관의 장이 지시한 직업훈련을 받거나 실직근로자의 기능, 전문지식, 경험, 기타 노동시장의 상황 등으로 특별히 취직이 곤란하다고 인정하는 경우에 소정 급여일수에 추가로 구직급여를 지급하는 제도이다.

① 훈련연장급여(구직급여액의 100%, 2년 범위 내)

- 직업안정기관의 장은 수급자격자의 연령·경력 등을 고려할 때 재취업을 위하여 직업능력개발 훈련 등이 필요하면 그 수급자격자에게 직업능력개발 훈련 등을 받도록 지시할 수 있다.
- 직업안정기관의 장은 직업능력개발 훈련 등을 받도록 지시한 경우에는 수급자격자가 그 직업능력개발 훈련 등을 받는 기간 중 실업의 인정을 받은 날에 대하여는 소정급여일수를 초과하여 구직급여를 연장하여 지급할 수 있다. 이 경우 연장하여 지급하는 구직급여의 지급 기간은 대통령령으로 정하는 기간(2년)을 한도로 한다.

② 개별연장급여(구직급여액의 70%, 60일 범위 내)

- 직업안정기관의 장은 취업이 특히 곤란하고 생활이 어려운 수급자격자로서 대통령령으로 정하는 사람에게는 그가 실업의 인정을 받은 날에 대하여 소정급여일수를 초과하여 구직급여를 연장하여 지급할 수 있다.
- 개별연장급여는 60일의 범위에서 대통령령으로 정하는 기간 동안 지급한다. 개별연장급여 지급일수는 최대한 60일로 하되, 일정 기간 동안 실업급여를 반복하여 수급한 정도를 고려하여 고용노동부장관이 정하는 기준에 따라 그 지급기간을 60일 미만으로 정할 수 있다.

③ 특별연장급여(구직급여액의 70%, 60일 범위 내)

- 고용노동부장관은 실업의 급증 등 대통령령으로 정하는 사유가 발생한 경우에는 60일의 범위에서 수급자격자가 실업의 인정을 받은 날에 대하여 소정급여일수를 초과하여 구직급여를 연장하여 지급할 수 있다. 다만, 이직 후의 생활안정을 위한 일정 기준 이상의 소득이 있는 수급자격자 등 고용노동부령으로 정하는 수급자격자에 대하여는 그러하지 아니하다.
- 고용노동부장관은 특별연장급여를 지급하려면 기간을 정하여 실시하여야 한다.

(4) 취업촉진 수당(제64조~제67조, 시행령 제84조)

이는 재취업을 장려하기 위해, 재취업활동을 위해서 노력하는 비용을 지원하는 것이다. 조기재취업 수당, 직업능력개발 수당, 광역 구직활동비, 이주비 등의 취업촉진 수당을 지원한다.

합격자의 한마디

고용보험법에서는 실업급여인 구직급여와 취업촉진 수당에 관한 문제가 주로 출제되고 있어요. 특히, 취업촉진 수당의 종류를 묻는 문제가 자주 출제되고 있고, 단독 문제로도 출제된 바 있어요.

① 조기재취업 수당

- 조기재취업 수당은 수급자격자(외국인근로자의 고용 등에 관한 법률에 따른 외국인 근로자는 제외)가 안정된 직업에 재취직하거나 스스로 영리를 목적으로 하는 사업을 영위하는 경우로서 대통령령으로 정하는 기준에 해당하면 지급한다. 여기서 대통령령으로 정하는 기준이란 실업의 신고일부터 14일이 지난 후 재취업한 수급자격자가 재취업한 날의 전날을 기준으로 소정급여일수를 2분의 1 이상 남기고 재취업한 경우로서 다음의 어느 하나에 해당하는 경우를 말한다.
  - 12개월 이상 계속하여 고용된 경우이거나 이직일 당시 65세 이상인 사람(65세 전부터 65세가 될 때까지 피보험자격을 유지한 사람만 해당)으로서 6개월 이상 계속하여 고용될 것으로 고용노동부장관이 정하는 바에 따라 직업안정기관의 장이 인정하는 경우
  - 12개월 이상 계속하여 사업을 영위한 경우이거나 이직일 당시 65세 이상인 사람으로서 6개월 이상 계속하여 사업을 영위할 것으로 고용노동부장관이 정하는 바에 따라 직업안정기관의 장이 인정하는 경우. 이 경우 수급자격자가 해당 수급기간에 해당 사업을 영위하기 위한 준비활동을 재취업활동으로 신고하여 실업의 인정을 받았을 때로 한정함
- 조기재취업 수당의 금액은 구직급여의 소정급여일수 중 미지급일수의 비율에 따라 대통령령으로 정하는 기준에 따라 산정한 금액(구직급여일액에 미지급일수의 2분의 1을 곱한 금액)으로 한다.

② 직업능력개발 수당

- 직업능력개발 수당은 수급자격자가 직업안정기관의 장이 지시한 직업능력개발 훈련 등을 받는 경우에 그 직업능력개발 훈련 등을 받는 기간에 대하여 지급한다.
- 직업능력개발 수당의 지급 요건 및 금액에 필요한 사항은 대통령령으로 정한다. 직업능력개발 수당은 수급자격자가 직업안정기관의 장이 지시한 직업훈련 등을 받은 날로서 구직급여의 지급대상이 되는 날에 대하여 지급한다. 직업능력개발 수당의 금액은 교통비, 식대 등 직업훈련 등의 수강에 필요한 비용을 고려하여 고용노동부장관이 결정하여 고시하는 금액으로 한

다. 직업능력개발 수당은 해당 수급자격자에 대한 구직급여의 지급일에 지급한다.

③ 광역 구직활동비

광역 구직활동비는 수급자격자가 직업안정기관의 소개에 따라 광범위한 지역에 걸쳐 구직 활동을 하는 경우로서 대통령령으로 정하는 기준에 따라 직업안정기관의 장이 필요하다고 인정하면 지급할 수 있다.

④ 이주비

이주비는 수급자격자가 취업하거나 직업안정기관의 장이 지시한 직업능력개발 훈련 등을 받기 위하여 그 주거를 이전하는 경우로서 대통령령으로 정하는 기준에 따라 직업안정기관의 장이 필요하다고 인정하면 지급할 수 있다.

(5) 상병급여(제63조)

수급자격자가 실업의 신고를 한 이후에 질병·부상 또는 출산으로 취업이 불가능하여 실업 인정을 받지 못한 날에 대하여 구직급여 대신 지급할 수 있다. 다만, 구직급여의 지급이 정지된 기간에 대하여는 지급하지 아니한다. 상병급여를 지급할 수 있는 일수는 구직급여 소정급여일수에서 구직급여가 지급된 일수를 뺀 일수를 한도로 한다.

3. 육아휴직 급여

중요도 ★ ★ ★

최근 일가족 양립이 강조되면서 출산휴가, 육아휴직이 이슈가 되는 만큼 출제될 가능성이 높다. 육아휴직 급여와 관련하여 급여 요건, 급여 수준, 급여의 지급 제한 등의 내용을 꼼꼼하게 정리해야 한다.

(1) 육아휴직 급여(제70조, 시행령95조) ★꼭!

- 고용노동부장관은 육아휴직을 30일(근로기준법에 따른 출산전후휴가기간과 중복되는 기간은 제외) 이상 부여받은 피보험자 중 육아휴직을 시작한 날 이전에 피보험 단위기간이 합산하여 180일 이상인 피보험자에게 육아휴직 급여를 지급한다.
- 육아휴직 급여를 지급받으려는 사람은 육아휴직을 시작한 날 이후 1개월부터 육아휴직이 끝난 날 이후 12개월 이내에 신청하여야 한다. 다만, 해당 기간에 '천재지변, 본인이나 배우자의 질병 및 부상, 본인이나 배우자의 직계존속 및 직계비속의 질병 및 부상, 의무복무, 범죄혐의로 인한 구속이나 형의 집행'에 따른 사유로 육아휴직 급여를 신청할 수 없었던 사람은 그 사유가 끝난 후 30일 이내에 신청하여야 한다.
- 육아휴직 급여는 육아휴직 시작일을 기준으로 한 월 통상임금의 100분의

80에 해당하는 금액을 월별 지급액으로 한다. 다만, 해당 금액이 150만원을 넘는 경우에는 150만원으로 하고, 해당 금액이 70만원보다 적은 경우에는 70만원으로 한다(제1항).

- 육아휴직을 분할하여 사용하는 경우에는 각각의 육아휴직 사용기간을 합산한 기간을 육아휴직 급여의 지급대상 기간으로 본다.
- 육아휴직 급여의 지급대상 기간이 1개월을 채우지 못하는 경우에는 월별 지급액을 해당 월에 휴직한 일수에 비례하여 계산한 금액을 지급액으로 한다(제3항).
- 제1항 및 제3항에 따른 육아휴직 급여의 100분의 75에 해당하는 금액(아래의 어느 하나에 해당하는 경우에는 아래의 구분에 따른 금액을 말함)은 매월 지급하고, 그 나머지 금액은 육아휴직 종료 후 해당 사업장에 복직하여 6개월 이상 계속 근무한 경우에 합산하여 일시불로 지급한다. 다만, 고용노동부령으로 정하는 정당한 사유로 6개월 이상 계속 근무하지 못한 경우에도 그 나머지 금액을 지급한다.
  - 제1항에 따라 육아휴직 급여를 지급하는 경우로서 육아휴직 급여의 100분의 75에 해당하는 금액이 제1항 단서에 따른 최소 지급액보다 적은 경우: 제1항 단서에 따른 최소 지급액
  - 제3항에 따라 육아휴직 급여를 지급하는 경우로서 육아휴직 급여의 100분의 75에 해당하는 금액이 제1항 단서에 따른 최소 지급액을 일수에 비례하여 계산한 금액보다 적은 경우: 제1항 단서에 따른 최소 지급액을 일수에 비례하여 계산한 금액

(2) 육아휴직 급여의 지급 제한 등(제73조)

- 피보험자가 육아휴직 기간 중에 그 사업에서 이직한 경우에는 그 이직하였을 때부터 육아휴직 급여를 지급하지 아니한다.
- 피보험자가 육아휴직 기간 중에 취업을 한 경우에는 그 취업한 기간에 대해서는 육아휴직 급여를 지급하지 아니한다.
- 피보험자가 사업주로부터 육아휴직을 이유로 금품을 지급받은 경우 대통령령으로 정하는 바에 따라 급여를 감액하여 지급할 수 있다.
- 거짓이나 그 밖의 부정한 방법으로 육아휴직 급여를 받았거나 받으려 한 사람에게는 그 급여를 받은 날 또는 받으려 한 날부터의 육아휴직 급여를 지급하지 아니한다. 다만, 그 급여와 관련된 육아휴직 이후에 새로 육아휴직 급여 요건을 갖춘 경우 그 새로운 요건에 따른 육아휴직 급여는 그러하지 아니하다.
- 육아휴직 기간 중 취업한 사실을 기재하지 아니하거나 거짓으로 기재하여

육아휴직 급여를 받았거나 받으려 한 사람에 대해서는 위반횟수 등을 고려하여 고용노동부령으로 정하는 바에 따라 지급이 제한되는 육아휴직 급여의 범위를 달리 정할 수 있다.

(3) 육아기 근로시간 단축 급여(제73조의2)

• 고용노동부장관은 육아기 근로시간 단축을 30일(근로기준법에 따른 출산전후휴가기간과 중복되는 기간은 제외) 이상 실시한 피보험자 중 육아기 근로시간 단축을 시작한 날 이전에 피보험 단위기간이 합산하여 180일 이상인 피보험자에게 육아기 근로시간 단축 급여를 지급한다.

• 근로자는 육아기 근로시간 단축을 신청하는 경우에 1년(육아휴직 미사용 기간을 가산하는 경우 최대 2년까지 사용) 이내의 기간으로 이를 사용할 수 있다. 사업주가 해당 근로자에게 육아기 근로시간 단축을 허용하는 경우 단축 후 근로시간은 주당 15시간 이상이어야 하고 35시간을 넘어서는 안된다.

4. 출산전후휴가 급여(제75조, 제76조)

• 고용노동부장관은 피보험자가 출산전후휴가 또는 유산·사산휴가를 받은 경우와 배우자 출산휴가를 받은 경우로서 다음의 요건을 모두 갖춘 경우에 출산전후휴가 급여 등을 지급한다.
  – 휴가가 끝난 날 이전에 피보험 단위기간이 합산하여 180일 이상일 것
  – 휴가를 시작한 날[출산전후휴가 또는 유산·사산휴가를 받은 피보험자가 속한 사업장이 우선지원 대상기업이 아닌 경우에는 휴가 시작 후 60일(한 번에 둘 이상의 자녀를 임신한 경우에는 75일)이 지난 날로 봄] 이후 1개월부터 휴가가 끝난 날 이후 12개월 이내에 신청할 것. 다만, 그 기간에 대통령령으로 정하는 사유로 출산전후휴가 급여등을 신청할 수 없었던 사람은 그 사유가 끝난 후 30일 이내에 신청하여야 한다.
• 출산전후휴가 급여등은 다음의 휴가 기간에 대하여 근로기준법의 통상임금(휴가를 시작한 날을 기준으로 산정)에 해당하는 금액을 지급한다.
  – 출산전후휴가 또는 유산·사산휴가 기간. 다만, 우선지원 대상기업이 아닌 경우에는 휴가 기간 중 60일(한 번에 둘 이상의 자녀를 임신한 경우에는 75일)을 초과한 일수(30일을 한도로 하되, 한 번에 둘 이상의 자녀를 임신한 경우에는 45일을 한도로 함)로 한정한다.
  – 배우자 출산휴가 기간 중 최초 5일. 다만, 피보험자가 속한 사업장이 우

선지원 대상기업인 경우에 한정한다.
- 출산전후휴가 급여등의 지급 금액은 대통령령으로 정하는 바에 따라 그 상한액과 하한액을 정할 수 있다.

5. 자영업자인 피보험자에 대한 실업급여 적용의 특례

자영업자인 피보험자의 실업급여의 종류는 구직급여와 취업촉진 수당이 있다. 다만 연장급여와 조기재취업 수당은 제외한다.

(1) 구직급여의 수급요건(제69조의3)
구직급여는 폐업한 자영업자인 피보험자가 다음의 각 요건을 모두 갖춘 경우에 지급한다.
- 폐업일 이전 24개월간 피보험 단위기간이 합산하여 1년 이상일 것
- 근로의 의사와 능력이 있음에도 불구하고 취업을 하지 못한 상태에 있을 것
- 법령을 위반하여 허가 취소를 받거나 영업 정지를 받아 폐업한 경우, 방화 등 피보험자 본인의 중대한 귀책사유로서 고용노동부령으로 정하는 사유로 폐업한 경우, 전직 또는 자영업을 다시하기 위하여 폐업한 경우 등의 수급 자격의 제한 사유에 해당하지 아니할 것
- 재취업을 위한 노력을 적극적으로 할 것

(2) 기초일액(제69조의4)
수급자격에 대한 기초일액은 '피보험기간이 3년 이상인 경우 마지막 폐업일 이전 3년의 피보험기간 동안, 3년 미만인 경우 수급자격과 관련된 그 피보험기간 동안' 본인이 납부한 보험료의 산정기초가 되는 고용산재보험료징수법에 따라 고시된 보수액을 전부 합산한 후 그 기간의 총일수로 나눈 금액으로 한다. 다만 그 기초일액이 최저기초일액에 미치지 못하는 경우에는 최저기초일액에 따른 금액으로 하며, 기초일액이 대통령령으로 정하는 금액을 초과한 경우에는 대통령령으로 정하는 금액으로 한다.

(3) 구직급여일액(제69조의5)
수급자격자에 대한 구직급여일액은 그 수급자격자의 기초일액에 100분의 60을 곱한 금액으로 한다.

(4) 소정급여일수(제69조의6)

수급자격자에 대한 소정급여일수는 고용보험법에 따른 대기기간이 끝난 다음 날부터 계산하기 시작하여 피보험기간에 따라 고용보험법에서 정한 일수가 되는 날까지로 한다.

(5) 폐업사유에 따른 수급자격의 제한(제69조의7)

폐업한 자영업자인 피보험자가 다음의 어느 하나에 해당한다고 직업안정기관 의 장이 인정하는 경우에는 수급자격이 없는 것으로 본다.

- 법령을 위반하여 허가 취소를 받거나 영업 정지를 받음에 따라 폐업한 경우
- 방화 등 피보험자 본인의 중대한 귀책사유로서 고용노동부령으로 정하는 사유로 폐업한 경우
- 매출액 등이 급격하게 감소하는 등 고용노동부령으로 정하는 사유가 아닌 경우로서 전직 또는 자영업을 다시 하기 위하여 폐업한 경우
- 그 밖에 고용노동부령으로 정하는 정당한 사유에 해당하지 아니하는 사유 로 폐업한 경우

(6) 실업급여의 지급제한(제69조의8)

보험료를 체납한 사람에게는 고용노동부령으로 정하는 바에 따라 실업급여를 지급하지 아니할 수 있다.

		기출회차		
		3	4	5
6	7	8	**9**	10
11	12	13	14	15
16	17	18	19	20
21	**22**			

강의로 복습하는 기출회독 시리즈

Keyword 237

4 보험료 및 운영

1. 보험료 및 국고의 부담(제5조, 제6조) 22회 기출

• 이 법에 따른 보험사업에 드는 비용을 충당하기 위하여 징수하는 보험료와 그 밖의 징수금에 대하여는 보험료징수법으로 정하는 바에 따른다.

• 보험료징수법에 따라 징수된 고용안정·직업능력개발사업의 보험료 및 실업급여의 보험료는 각각 그 사업에 소요되는 비용에 충당한다. 다만, 실업급여의 보험료는 국민연금 보험료의 지원, 육아휴직 급여의 지급, 육아기 근로시간 단축 급여의 지급 및 출산전후휴가 급여등의 지급에 드는 비용에 충당할 수 있다. 자영업자인 피보험자로부터 보험료징수법에 따라 징수된 고용안정·직업능력개발 사업의 보험료 및 실업급여의 보험료는 각각 자영업자인 피보험자를 위한 그 사업에 드는 비용에 충당한다.

• 국가는 매년 보험사업에 드는 비용의 일부를 일반회계에서 부담하여야 한다. 국가는 매년 예산의 범위에서 보험사업의 관리·운영에 드는 비용을 부담할 수 있다.

2. 고용보험기금 22회 기출

(1) 기금의 설치 및 조성(제78조)
고용노동부장관은 보험 사업에 필요한 재원에 충당하기 위하여 고용보험기금을 설치한다. 기금은 보험료와 이 법에 따른 징수금·적립금·기금운용수익금, 기타의 수입으로 조성한다.

(2) 기금의 관리·운용(제79조)
기금은 고용노동부장관이 관리·운용한다. 기금의 관리·운용에 관한 세부사항은 기금운용의 공공성과 재정의 효율성 증진에 기여함을 목적으로 제정된 국가재정법의 규정에 따른다.

(3) 기금의 용도(제80조)

고용안정사업 및 직업능력개발사업에 필요한 경비, 실업급여의 지급, 국민연금 보험료의 지원, 육아휴직 급여 및 출산전후휴가 급여의 지급, 보험료의 반환, 일시차입금의 상환금과 이자, 기타 이 법과 고용산재보험료징수법에 따른 업무를 대행하거나 위탁받은 자에 대한 출연금, 그 밖에 이 법의 시행을 위하여 필요한 경비, 사업의 수행에 딸린 경비 등의 용도에 사용하여야 한다.

3. 고용보험위원회(제7조)

이 법 및 고용산재보험료징수법(보험에 관한 사항만 해당)의 시행에 관한 주요 사항을 심의하기 위하여 고용노동부에 고용보험위원회를 둔다.

(1) 고용보험위원회의 역할

위원회는 '보험제도 및 보험사업의 개선에 관한 사항, 고용산재보험료징수법에 따른 보험료율의 결정에 관한 사항, 보험사업의 평가에 관한 사항, 기금운용 계획의 수립 및 기금의 운용 결과에 관한 사항, 그 밖에 위원장이 보험제도 및 보험사업과 관련하여 위원회의 심의가 필요하다고 인정하는 사항'에 대해 심의한다.

(2) 고용보험위원회의 구성

• 위원회는 위원장 1명을 포함한 20명 이내의 위원으로 구성한다.
• 위원회의 위원장은 고용노동부차관이 되고, 위원은 '근로자를 대표하는 사람, 사용자를 대표하는 사람, 공익을 대표하는 사람, 정부를 대표하는 사람' 중에서 각각 같은 수로 고용노동부장관이 임명하거나 위촉하는 사람이 된다.
• 위원회는 심의 사항을 사전에 검토·조정하기 위하여 위원회에 전문위원회를 둘 수 있다.

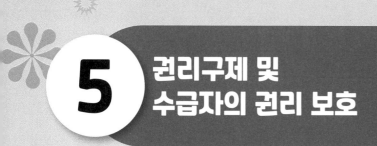

기출회차				
		3	4	5
6	7	8	9	10
11	12	13	14	15
16	17	18	**19**	20
21	**22**			

강의로 복습하는 기출회독 시리즈

Keyword 237

5 권리구제 및 수급자의 권리 보호

1. 권리구제

(1) 심사 및 재심사 청구

피보험 자격의 취득 · 상실에 대한 확인, 실업급여 및 육아휴직급여 · 출산전후휴가 급여 등에 관한 처분(원처분등)에 이의가 있는 자는 고용보험심사관에게 심사를 청구할 수 있고, 그 결정에 이의가 있는 자는 심사위원회에 재심사를 청구할 수 있다. 심사의 청구는 확인 또는 처분이 있음을 안 날부터 90일 이내에, 재심사의 청구는 심사청구에 대한 결정이 있음을 안 날부터 90일 이내에 각각 제기하여야 한다.

(2) 고용보험심사관

심사관은 심사청구를 받으면 30일 이내에 그 심사청구에 대한 결정을 하여야 한다. 다만, 부득이한 사정으로 인하여 그 기간에 결정할 수 없을 때에는 1차에 한하여 10일을 넘지 아니하는 범위 내에서 그 기간을 연장할 수 있다. 고용보험심사관은 고용노동부 소속 공무원이다.

(3) 고용보험심사위원회

피보험 자격의 취득 · 상실에 대한 확인, 실업급여 및 육아휴직급여 · 출산전후휴가 급여에 관한 처분에 대한 이의를 재심사하기 위하여 고용노동부에 고용보험심사위원회를 둔다. 심사위원회는 근로자를 대표하는 자 및 사용자를 대표하는 자 각 1명 이상을 포함한 15명 이내의 위원으로 구성한다. 위원 중 2명은 상임위원으로 하며, 상임위원은 정당에 가입하거나 정치에 관여하여서는 아니된다. 심사위원회의 위원의 임기는 3년으로 하되 연임할 수 있다. 심사위원회는 재심사의 청구를 받으면 50일 이내에 재결을 하여야 한다.

2. 수급자의 권리보호 ^{22회기출}

(1) 수급권의 보호
실업급여를 받을 권리는 양도 또는 압류하거나 담보로 제공할 수 없다. 지정된 실업급여수급계좌의 예금 중 대통령령으로 정하는 액수 이하의 금액에 관한 채권은 압류할 수 없다.

(2) 불이익 처우 금지
사업주는 근로자가 피보험 자격의 취득 또는 상실에 관한 확인의 청구를 한 것을 이유로 그 근로자에게 해고나 그 밖의 불이익한 처우를 하여서는 아니된다.

(3) 소멸시효
지원금 · 실업급여 · 육아휴직급여 또는 출산전후휴가 급여를 지급받거나 그 반환을 받을 권리는 3년간 행사하지 아니하면 시효로 소멸한다.

3. 벌칙

(1) 5년 이하의 징역 또는 5천만원 이하의 벌금
사업주와 공모하여 거짓이나 그 밖의 부정한 방법으로 '고용안정 · 직업능력개발 사업의 지원금, 실업급여, 육아휴직 급여 · 육아기 근로시간 단축 급여 및 출산전후휴가 급여등'에 따른 지원금 또는 급여를 받은 자와 공모한 사업주

(2) 3년 이하의 징역 또는 3천만원 이하의 벌금
• 근로자가 피보험자격 확인의 청구를 한 것을 이유로 근로자를 해고하거나 그 밖에 근로자에게 불이익한 처우를 한 사업주
• 거짓이나 그 밖의 부정한 방법으로 고용안정 · 직업능력개발 사업의 지원금, 실업급여, 육아휴직 급여 · 육아기 근로시간 단축 급여 및 출산전후휴가 급여등에 따른 지원금 또는 급여를 받은 자

4절 산업재해보상보험법

[시행 2024.2.9 / 법률 제19612호 / 개정 2023.8.8]

한눈에 쏙!   중요도

❶ 개요

1. 목적 및 의의	
2. 특징	
3. 다른 법률과의 관계	
4. 용어의 정의	
5. 업무상 재해	★★★

❷ 수급권자와 보험가입자

1. 적용사업	
2. 보험가입자	
3. 특례가입자	
4. 보험료, 국고의 부담 및 지원	
5. 보험관계	

❸ 보험급여

1. 보험급여 일반	
2. 급여의 종류	★★★
3. 다른 보상 또는 배상과의 관계	
4. 보험급여의 지급 및 제한	
5. 진폐에 따른 보험급여의 특례	
6. 건강손상자녀에 대한 보험급여의 특례	

❹ 기타 사항

1. 근로복지사업 등	
2. 수급자의 권리보호	
3. 벌칙 등	

1 개요

	기출회차			
		3	4	5
6	7	8	9	10
11	12	13	14	15
16	17	18	19	20
21	22			

강의로 복습하는 기출회독 시리즈

Keyword 238

1. 목적 및 의의

(1) 목적(제1조)

산업재해보상보험 사업을 시행하여 근로자의 업무상의 재해를 신속하고 공정하게 보상하며, 재해근로자의 재활 및 사회 복귀를 촉진하기 위하여 이에 필요한 보험시설을 설치·운영하고, 재해 예방과 그 밖에 근로자의 복지 증진을 위한 사업을 시행하여 근로자 보호에 이바지하는 것을 목적으로 한다.

(2) 의의

• 불의의 재해로 인한 사업주의 경제적 부담을 위험분산(risk pooling)에 의해 산재보험 가입자들에게 분산시켜 부담을 경감시켜주는 데 의의가 있다. 산재보험은 보험료를 전액 사업주에게 부담하도록 하고 있다는 측면에서 다른 사회보험과 차이가 있다.
• 산재보험법에 의한 보험 사업은 고용노동부장관이 관장한다.

2. 특징

• 무과실 책임주의를 택하고 있다. 사용자의 과실의 유무를 불문한다.
• 보험급여는 재해발생에 따른 손해 전체를 보상하는 것이 아니라 평균임금을 기초로 법령에 의한 정률보상방식에 따라 산정되므로 정형화되어 있다.
• 보험 사업에 소요되는 비용인 보험료는 사업주가 전액을 부담한다.
• 민영보험이 아닌 사회보험으로서 임의가입 방식이 아닌 강제가입 방식을 택하고 있다.
• 다른 사회보험이 가입자 개인단위로 관리가 되는 것과는 달리 산업재해보상보험은 사업장 중심으로 관리가 이루어지고 있다.
• 자진신고 및 자진납부를 원칙으로 하고 있다.
• 산업안전보건법이 산업재해에 관해 사전예방적인 데 반하여 산업재해보상

보험법은 대체로 사후대응적이다.

3. 다른 법률과의 관계

(1) 근로기준법상 재해보상과의 관계
- 근로기준법에서는 재해보상의 책임자는 사용자이나 산업재해보상보험법상의 재해보상의 책임자는 보험자인 고용노동부장관이다.
- 근로기준법상 인정되지 않는 보험시설을 설치 · 운영하며 재해 예방사업 · 근로복지사업을 규정하고 있다.
- 보험급여는 양자가 유사하나 급여수준은 근로기준법상의 보상 수준보다 높은 편이다.
- 근로기준법상의 재해보상은 일시금이 원칙이나 산업재해보상보험법상 보험급여는 일시금 이외에 연금이 있다.
- 재해보상을 받게 될 자가 동일한 사유에 대해 산업재해보상법에 의한 보상을 받은 때에는 사용자는 그 한도 내에서 근로기준법상의 보상책임이 면제된다.

(2) 국민건강보험법상의 보험급여와의 관계
- 산업재해보상보험법상의 보험사고는 '업무상'의 것에 국한되는 데 반해, 국민건강보험법에 의한 보험사고는 '업무 외'의 것을 대상으로 한다.
- 산업재해보상보험은 책임보험의 성격상 원칙적으로 소요비용 전액을 사업주 부담으로 하는 데 반해, 국민건강보험에 있어서는 일부 또는 전액을 피보험자의 자기 부담으로 하고 있다.

(3) 국민연금법과의 관계
국민연금법상의 장애연금 또는 유족연금의 수급권자가 동일한 사유로 산업재해보상보험법에 따른 장해급여, 유족급여, 진폐보상연금 또는 진폐유족연금을 받을 수 있는 경우에는 장애연금액이나 유족연금액은 그 2분의 1에 해당하는 금액을 지급한다.

4. 용어의 정의

(1) 업무상의 재해 ★

업무상의 사유에 따른 근로자의 부상·질병·장해 또는 사망을 말한다.

(2) 근로자·임금·평균임금·통상임금

각각 근로기준법에 따른 근로자·임금·평균임금·통상임금을 말한다(다만, 근로기준법에 따라 임금 또는 평균임금을 결정하기 어렵다고 인정되면 고용노동부장관이 정하여 고시하는 금액을 해당 임금 또는 평균임금으로 함).

(3) 유족 ★

사망한 사람의 배우자(사실상 혼인 관계에 있는 사람을 포함)·자녀·부모·손자녀·조부모 또는 형제자매를 말한다.

(4) 치유

부상 또는 질병이 완치되거나 치료의 효과를 더 이상 기대할 수 없고 그 증상이 고정된 상태에 이르게 된 것을 말한다.

(5) 장해 ★

부상 또는 질병이 치유되었으나 정신적 또는 육체적 훼손으로 인하여 노동능력이 상실되거나 감소된 상태를 말한다.

(6) 중증요양상태 ★

업무상의 부상 또는 질병에 따른 정신적 또는 육체적 훼손으로 노동능력이 상실되거나 감소된 상태로서 그 부상 또는 질병이 치유되지 아니한 상태를 말한다.

(7) 진폐(塵肺) ★

분진을 흡입하여 폐에 생기는 섬유증식성(纖維增殖性) 변화를 주된 증상으로 하는 질병을 말한다.

(8) 출퇴근

취업과 관련하여 주거와 취업장소 사이의 이동 또는 한 취업장소에서 다른 취업장소로의 이동을 말한다.

5. 업무상 재해

근로자가 다음의 어느 하나에 해당하는 사유로 부상·질병 또는 장해가 발생하거나 사망하면 업무상의 재해로 본다. 다만, 업무와 재해 사이에 상당인과관계(相當因果關係)가 없는 경우에는 그러하지 아니하다. 근로자의 고의·자해행위나 범죄행위 또는 그것이 원인이 되어 발생한 부상·질병·장해 또는 사망은 업무상의 재해로 보지 아니한다. 다만, 그 부상·질병·장해 또는 사망이 정상적인 인식능력 등이 뚜렷하게 낮아진 상태에서 한 행위로 발생한 경우로서 대통령령으로 정하는 사유가 있으면 업무상의 재해로 본다.

(1) 업무상 사고 ⭐

① 근로자가 근로계약에 따른 업무나 그에 따르는 행위를 하던 중 발생한 사고

- '근로계약에 따른 업무수행 행위, 업무수행 과정에서 하는 용변 등 생리적 필요 행위, 업무를 준비하거나 마무리하는 행위, 그 밖에 업무에 따르는 필요적 부수행위, 천재지변·화재 등 사업장 내에 발생한 돌발적인 사고에 따른 긴급피난·구조행위 등 사회통념상 예견되는 행위'를 하던 중에 발생한 사고
- 근로자가 사업주의 지시를 받아 사업장 밖에서 업무를 수행하던 중에 발생한 사고(다만, 사업주의 구체적인 지시를 위반한 행위, 근로자의 사적 행위 또는 정상적인 출장 경로를 벗어났을 때 발생한 사고는 업무상 사고로 보지 않음)
- 업무의 성질상 업무수행 장소가 정해져 있지 않은 근로자가 최초로 업무수행 장소에 도착하여 업무를 시작한 때부터 최후로 업무를 완수한 후 퇴근하기 전까지 업무와 관련하여 발생한 사고

② 사업주가 제공한 시설물 등을 이용하던 중 그 시설물 등의 결함이나 관리소홀로 발생한 사고

사업주가 제공한 시설물, 장비 또는 차량 등(시설물등)의 결함이나 사업주의 관리 소홀로 발생한 사고(다만, 사업주가 제공한 시설물등을 사업주의 구체적인 지시를 위반하여 이용한 행위로 발생한 사고와 그 시설물등의 관리 또는 이용권이 근로자의 전속적 권한에 속하는 경우에 그 관리 또는 이용 중에 발생한 사고는 업무상 사고로 보지 않음)

중요도 ★ ★ ★

산업재해보상보험법상의 업무상 재해 기준에 관한 내용은 법률의 전반적인 내용을 묻는 문제의 선택지로 자주 출제되고 있으며, 단독 문제로도 출제된 바 있는 만큼 꼼꼼하게 정리해둘 필요가 있다.

합격자의 한마디

최근 시험에서 업무상 사고에 해당하는 것을 고르는 문제가 연속으로 출제되었어요. 업무상 사고, 업무상 질병, 출퇴근 재해 등 업무상 재해에 속하는 경우를 반드시 꼼꼼하게 정리해두세요.

③ 사업주가 주관하거나 사업주의 지시에 따라 참여한 행사나 행사준비 중에 발생한 사고

운동경기 · 야유회 · 등산대회 등 각종 행사에 근로자가 참가하는 것이 사회통념상 노무관리 또는 사업운영상 필요하다고 인정되는 경우로서 '사업주가 행사에 참가한 근로자에 대하여 행사에 참가한 시간을 근무한 시간으로 인정하는 경우, 사업주가 그 근로자에게 행사에 참가하도록 지시한 경우, 사전에 사업주의 승인을 받아 행사에 참가한 경우, 그 밖에 앞서 규정에 준하는 경우로서 사업주가 그 근로자의 행사 참가를 통상적 · 관례적으로 인정한 경우'에 해당하는 경우에 근로자가 그 행사에 참가(행사 참가를 위한 준비 · 연습을 포함)하여 발생한 사고

④ 휴게시간 중 사업주의 지배관리하에 있다고 볼 수 있는 행위로 발생한 사고

⑤ 그 밖에 업무와 관련하여 발생한 사고

- 사회통념상 근로자가 사업장 내에서 할 수 있다고 인정되는 행위를 하던 중 태풍홍수 · 지진 · 눈사태 등의 천재지변이나 돌발적인 사태로 발생한 사고는 근로자의 사적 행위, 업무 이탈 등 업무와 관계없는 행위를 하던 중에 사고가 발생한 것이 명백한 경우를 제외하고는 업무상 사고로 봄
- 업무상 부상 또는 질병으로 요양을 하고 있는 근로자에게 '요양급여와 관련하여 발생한 의료사고, 요양 중인 산재보험 의료기관(산재보험 의료기관이 아닌 의료기관에서 응급진료 등을 받는 경우에는 그 의료기관을 말함) 내에서 업무상 부상 또는 질병의 요양과 관련하여 발생한 사고, 업무상 부상 또는 질병의 치료를 위하여 거주지 또는 근무지에서 요양 중인 산재보험 의료기관으로 통원하는 과정에서 발생한 사고'는 업무상 사고로 봄
- 제3자의 행위로 근로자에게 사고가 발생한 경우에 그 근로자가 담당한 업무가 사회통념상 제3자의 가해행위를 유발할 수 있는 성질의 업무라고 인정되면 그 사고는 업무상 사고로 봄

(2) 업무상 질병 ★꼭!

① 업무수행 과정에서 물리적 인자(因子), 화학물질, 분진, 병원체, 신체에 부담을 주는 업무 등 근로자의 건강에 장해를 일으킬 수 있는 요인을 취급하거나 그에 노출되어 발생한 질병

근로자가 업무상 질병의 범위에 속하는 질병에 걸린 경우(임신 중인 근로자가 유산 · 사산 또는 조산한 경우를 포함) '근로자가 업무수행 과정에서 유해 · 위험요인을 취급하거나 유해 · 위험요인에 노출된 경력이 있을 것, 유해 · 위험

요인을 취급하거나 유해·위험요인에 노출되는 업무시간, 그 업무에 종사한 기간 및 업무 환경 등에 비추어 볼 때 근로자의 질병을 유발할 수 있다고 인정될 것, 근로자가 유해·위험요인에 노출되거나 유해·위험요인을 취급한 것이 원인이 되어 그 질병이 발생하였다고 의학적으로 인정될 것'이라는 요건 모두에 해당하면 업무상 질병으로 봄

② 업무상 부상이 원인이 되어 발생한 질병

업무상 부상을 입은 근로자에게 발생한 질병이 '업무상 부상과 질병 사이의 인과관계가 의학적으로 인정될 것, 기초질환 또는 기존 질병이 자연발생적으로 나타난 증상이 아닐 것'이라는 요건 모두에 해당하면 업무상 질병으로 봄

③ 근로기준법에 따른 직장 내 괴롭힘, 고객의 폭언 등으로 인한 업무상 정신적 스트레스가 원인이 되어 발생한 질병

④ 그 밖에 업무와 관련하여 발생한 질병

(3) 출퇴근 재해 ★꼭!

① 사업주가 제공한 교통수단이나 그에 준하는 교통수단을 이용하는 등 사업주의 지배 관리하에서 출퇴근하는 중 발생한 사고

근로자가 출퇴근하던 중에 발생한 사고가 '사업주가 출퇴근용으로 제공한 교통수단이나 사업주가 제공한 것으로 볼 수 있는 교통수단을 이용하던 중에 사고가 발생하였을 것, 출퇴근용으로 이용한 교통수단의 관리 또는 이용권이 근로자측의 전속적 권한에 속하지 아니하였을 것'의 요건에 모두 해당하면 출퇴근 재해로 봄

② 그 밖에 통상적인 경로와 방법으로 출퇴근하는 중 발생한 사고

출퇴근 경로 일탈 또는 중단이 있는 경우에는 해당 일탈 또는 중단 중의 사고 및 그 후의 이동 중의 사고에 대하여는 출퇴근 재해로 보지 않음(다만, 일탈 또는 중단이 일상생활에 필요한 행위로서 대통령령으로 정하는 사유가 있는 경우에는 출퇴근 재해로 봄)

2 수급권자와 보험가입자

기출회차			
	3	4	5
6	7	8	9	**10**
11	12	13	14	15
16	17	18	19	20
21	22		

강의로 복습하는 기출회독 시리즈

Keyword 238

1. 적용사업

(1) 당연적용 사업(원칙)

산업재해보상보험법은 근로자를 사용하는 모든 사업 또는 사업장에 적용한다. 즉, 당연적용을 원칙으로 한다.

(2) 적용제외 사업

위험률·규모 및 장소 등을 고려하여 대통령령으로 정하는 사업은 제외한다.

 한걸음 더   대통령령으로 정하는 적용제외 사업

- 공무원 재해보상법 또는 군인 재해보상법에 따라 재해보상이 되는 사업(공무원 재해보상법에 따라 순직유족급여 또는 위험직무순직유족급여에 관한 규정을 적용받는 경우는 제외)
- 선원법, 어선원 및 어선 재해보상보험법 또는 사립학교교직원 연금법에 따라 재해보상이 되는 사업
- 가구 내 고용활동
- 농업, 임업(벌목업 제외), 어업 및 수렵업 중 법인이 아닌 자의 사업으로서 상시근로자 수가 5명 미만인 사업

2. 보험가입자

(1) 당연가입자

근로자를 사용하는 모든 사업 또는 사업장의 사업주는 당연히 산업재해보상보험의 보험가입자가 된다(고용산재보험료징수법 제5조 제3항).

(2) 임의가입자

산업재해보상보험의 보험가입자가 되지 아니하는 '대통령령으로 정하는 사업'이라도 공단의 승인을 얻어 산재보험에 가입할 수 있다(고용산재보험료징수

법 제5조 제4항).

3. 특례가입자

(1) 국외사업
국외근무기간 중 발생한 근로자의 재해를 보상하기 위하여 우리나라가 당사
국이 된 사회보장에 관한 조약이나 협정으로 정하는 국가나 지역에서의 사업
에 대하여는 고용노동부장관이 금융감독위원회와 협의하여 지정하는 자에게
이 법에 따른 보험 사업을 자기의 계산으로 영위하게 할 수 있다.

(2) 해외파견자
보험가입자가 대한민국 밖의 지역(고용노동부령으로 정하는 지역은 제외)에
서 하는 사업에 근로시키기 위하여 파견하는 자에 대하여 공단에 보험가입 신
청을 하여 승인을 받으면 해외파견자를 그 가입자의 대한민국 영역 안의 사업
에 사용하는 근로자로 본다.

(3) 현장실습생
이 법이 적용되는 사업에서 현장실습을 하고 있는 학생 및 직업훈련생(현장실
습생) 중 고용노동부장관이 정하는 현장실습생은 이 법을 적용할 때는 그 사
업에 사용되는 근로자로 본다.

(4) 학생연구자에 대한 특례
연구실 안전환경 조성에 관한 법률에 따른 대학 · 연구기관등은 이 법의 적용
을 받는 사업으로 본다. 이 법의 적용을 받는 학생연구자에 대한 보험 관계의
성립 · 소멸 및 변경, 보험료의 산정 · 신고 · 납부, 보험료나 그 밖에 징수금
의 징수에 필요한 사항은 보험료징수법에서 정하는 바에 따른다.

(5) 중 · 소기업사업주에 대한 특례
대통령령으로 정하는 중 · 소기업사업주(근로자를 사용하지 아니하는 자를 포
함)는 공단의 승인을 받아 자기 또는 유족을 보험급여를 받을 수 있는 자로 하
여 보험에 가입할 수 있다.

(6) 국민기초생활보장법 수급자에 대한 특례
국민기초생활보장법에 따른 자활급여 수급자 중 고용노동부장관이 정하여 고

시하는 사업에 종사하는 자는 이 법의 적용을 받는 근로자로 본다.

4. 보험료, 국고의 부담 및 지원(제3조, 제4조)

- 보험 사업에 드는 비용을 충당하기 위해 징수하는 보험료나 그 밖의 징수금에 관하여는 고용보험 및 산업재해보상보험의 보험료징수 등에 관한 법률(보험료징수법)에서 정하는 바에 따른다.
- 국가는 회계연도마다 예산의 범위에서 보험 사업의 사무집행에 드는 비용을 일반회계에서 부담하여야 하며, 회계연도마다 예산의 범위에서 보험 사업에 드는 비용의 일부를 지원할 수 있다.

5. 보험관계

- 산업재해보상보험에서 보험관계란 보험에 가입한 사업주가 보험료를 납부하고 업무상 재해가 발생하면 보험을 관장하는 자가 재해를 입은 근로자에게 보험급여를 행하는 관계를 말한다.
- 보험의 당연가입자인 사업주가 운영하는 각각의 사업이 사업주가 동일인이며, 각각의 사업은 기간이 정해져 있는 사업이고, 사업의 종류 · 공사 실적액 등이 대통령령으로 정하는 요건에 해당하는 경우에는 이 법의 적용에 있어서 그 사업의 전부를 하나의 사업으로 본다(고용산재보험료징수법 제8조).

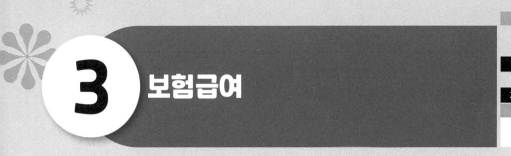

3 보험급여

기출회차

		3	4	5
6	7	8	9	10
11	12	13	14	15
16	17	18	19	20
21	22			

강의로 복습하는 기출회독 시리즈

Keyword 238

1. 보험급여 일반(제36조)

(1) 보험급여의 종류 ★꼭!

- 보험급여의 종류는 '요양급여, 휴업급여, 장해급여, 간병급여, 유족급여, 상병보상연금, 장례비, 직업재활급여'가 있다.
- 진폐에 따른 보험급여의 종류는 요양급여 · 간병급여 · 장례비 · 직업재활급여 · 진폐보상연금 및 진폐유족연금으로 하고, 건강손상자녀에 대한 보험급여의 종류는 요양급여 · 장해급여 · 간병급여 · 장례비 · 직업재활급여로 한다.

(2) 보험급여 산정 기준

보험급여를 산정하는 경우 해당 근로자의 평균임금을 산정하여야 할 사유가 발생한 날부터 1년이 지난 이후에는 매년 전체 근로자의 임금 평균액의 증감률에 따라 평균임금을 증감하되, 그 근로자의 연령이 60세에 도달한 이후에는 소비자물가변동률에 따라 평균임금을 증감한다. 보험급여(진폐보상연금 및 진폐유족연금은 제외)를 산정할 때 해당 근로자의 근로 형태가 특이하여 평균임금을 적용하는 것이 적당하지 아니하다고 인정되는 경우에는 대통령령으로 정하는 산정 방법에 따라 산정한 금액을 평균임금으로 한다.

2. 급여의 종류

중요도

산업재해보상보험법의 급여종류를 묻는 문제, 요양급여의 구체적인 내용을 묻는 문제가 단독으로 출제된 바 있으며, 법률의 전반적인 내용을 묻는 문제에서 간병급여에 관한 내용, 진폐에 따른 보험급여의 특례에 관한 내용이 선택지로 다루어진 바 있다. 따라서 급여종류의 구체적인 내용까지 반드시 꼼꼼하게 정리해 둘 필요가 있다.

(1) 요양급여 ★꼭!

- 요양급여는 근로자가 업무상의 사유로 부상을 당하거나 질병에 걸린 경우 그 근로자에게 지급한다.
- 요양급여는 산재보험 의료기관에서 요양을 하게 한다. 다만, 부득이한 경우에는 요양에 갈음하여 요양비를 지급할 수 있다. 부상 또는 질병이 3일 이내의 요양으로 치유될 수 있으면 요양급여를 지급하지 아니한다.

건강보험의 우선 적용

요양급여를 신청한 사람은 공단이 이 법에 따른 요양급여에 관한 결정을 하기 전에는 국민건강보험법에 따른 요양급여 또는 의료급여법에 따른 의료급여를 받을 수 있다. 이 경우 국민건강보험법이나 의료급여법에 따른 본인 일부 부담금을 산재보험 의료기관에 납부한 후에 이 법에 따른 요양급여 수급권자로 결정된 경우 납부한 본인 일부 부담금 중 요양급여에 해당하는 금액을 공단에 청구할 수 있다.

- 요양급여의 범위는 '진찰 및 검사, 약제 또는 진료재료와 의지(義肢), 그 밖의 보조기의 지급, 처치, 수술, 그 밖의 치료, 재활치료, 입원, 간호 및 간병, 이송, 그 밖에 고용노동부령으로 정하는 사항' 등이다.
- 업무상의 재해를 입은 근로자가 요양할 산재보험 의료기관이 상급종합병원인 경우에는 응급환자이거나 그 밖에 부득이한 사유가 있는 경우를 제외하고는 그 근로자가 상급종합병원에서 요양할 필요가 있다는 의학적 소견이 있어야 한다.
- 요양급여(진폐에 따른 요양급여는 제외)를 받으려는 자는 소속 사업장, 재해발생 경위, 그 재해에 대한 의학적 소견, 그 밖에 고용노동부령으로 정하는 사항을 적은 서류를 첨부하여 공단에 요양급여의 신청을 하여야 한다.
- 요양급여를 받은 자가 치유 후 요양의 대상이 되었던 업무상의 부상 또는 질병이 재발하거나 치유 당시보다 상태가 악화되어 이를 치유하기 위한 적극적인 치료가 필요하다는 의학적 소견이 있으면 재요양을 받을 수 있다.

(2) 휴업급여

- 휴업급여: 휴업급여는 업무상 사유로 부상을 당하거나 질병에 걸린 근로자에게 요양으로 취업하지 못한 기간에 대하여 지급하되, 1일당 지급액은 평균임금의 100분의 70에 상당하는 금액으로 한다. 다만, 취업하지 못한 기간이 3일 이내이면 지급하지 아니한다.
- 부분휴업급여: 요양 또는 재요양을 받고 있는 근로자가 그 요양기간 중 일정기간 또는 단시간 취업을 하는 경우에는 그 취업한 날에 해당하는 그 근로자의 평균임금에서 그 취업한 날에 대한 임금을 뺀 금액의 100분의 80에 상당하는 금액을 지급할 수 있다.
- 저소득 근로자의 휴업급여: 제52조(휴업급여)에 따라 산정한 1일당 휴업급여 지급액이 최저 보상기준 금액의 100분의 80보다 적거나 같으면 그 근로자에 대하여는 평균임금의 100분의 90에 상당하는 금액을 1일당 휴업급여 지급액으로 한다.
- 고령자의 휴업급여: 휴업급여를 받는 근로자가 61세가 되면 그 이후의 휴업급여는 법에서 별도로 정하는 바에 따라 산정한 금액을 지급한다.
- 재요양 기간 중의 휴업급여: 재요양을 받는 사람에 대하여는 재요양 당시의 임금을 기준으로 산정한 평균임금의 100분의 70에 상당하는 금액을 1일당 휴업급여 지급액으로 한다.

(3) 장해급여

- 장해급여는 근로자가 업무상의 사유로 부상을 당하거나 질병에 걸려 치유

후 신체 등에 장해가 있는 경우에 그 근로자에게 지급하는 것이다.

- 장해보상연금 또는 장해보상일시금은 수급권자의 선택에 따라 지급한다. 다만, 대통령령으로 정하는 노동력을 완전히 상실한 장해등급의 근로자에게는 장해보상연금을 지급하고, 장해급여 청구사유 발생 당시 대한민국 국민이 아닌 사람으로서 외국에서 거주하고 있는 근로자에게는 장해보상일시금을 지급한다.
- 장해보상연금의 수급권자가 재요양을 받는 경우에도 그 연금의 지급을 정지하지 아니한다. 재요양을 받고 치유된 후 장해상태가 종전에 비하여 호전되거나 악화된 경우에는 그 호전 또는 악화된 장해상태에 해당하는 장해등급에 따라 장해급여를 지급한다.

(4) 간병급여

간병급여는 요양급여를 받은 사람 중 치유 후 의학적으로 상시 또는 수시로 간병이 필요하여 실제로 간병을 받는 사람에게 지급한다.

(5) 유족급여 ★꼭!

① 유족급여의 의의 및 종류

유족급여는 근로자가 업무상의 사유로 사망한 경우에 유족에게 지급한다. 유족급여는 유족보상연금이나 유족보상일시금으로 하되, 유족보상일시금은 근로자가 사망할 당시 유족보상연금을 받을 수 있는 자격이 있는 사람이 없는 경우에 지급한다.

② 유족보상연금 수급자격자의 범위

- 근로자가 사망할 당시 그 근로자와 생계를 같이 하고 있던 유족(근로자가 사망할 당시 대한민국 국민이 아닌 사람으로서 외국에서 거주하고 있던 유족은 제외) 중 배우자와 다음의 사람으로 한다.
  - 부모 또는 조부모로서 각각 60세 이상인 사람
  - 자녀로서 25세 미만인 사람
  - 손자녀로서 25세 미만인 사람
  - 형제자매로서 19세 미만이거나 60세 이상인 사람
  - 위에 해당하지 아니하는 자녀 · 부모 · 손자녀 · 조부모 또는 형제자매로서 장애인 중 고용노동부령으로 정한 장애 정도에 해당하는 사람
- 근로자가 사망할 당시 태아였던 자녀가 출생한 경우에는 출생한 때부터 장래에 향하여 근로자가 사망할 당시 그 근로자와 생계를 같이 하고 있던 유

족으로 본다.

- 유족보상연금 수급자격자 중 유족보상연금을 받을 권리의 순위는 '배우자＞자녀＞부모＞손자녀＞조부모 및 형제자매'의 순서로 한다.

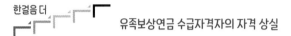
유족보상연금 수급자격자의 자격 상실

유족보상연금 수급자격자인 유족이 다음 중 어느 하나에 해당하면 그 자격을 잃는다.

1. 사망한 경우
2. 재혼한 때(사망한 근로자의 배우자만 해당하며, 재혼에는 사실상 혼인 관계에 있는 경우를 포함한다)
3. 사망한 근로자와의 친족 관계가 끝난 경우
4. 자녀가 25세가 된 때
5. 손자녀가 25세가 된 때
6. 형제자매가 19세가 된 때
7. 장애인이었던 사람으로서 그 장애 상태가 해소된 경우
8. 근로자가 사망할 당시 대한민국 국민이었던 유족보상연금 수급자격자가 국적을 상실하고 외국에서 거주하고 있거나 외국에서 거주하기 위하여 출국하는 경우
9. 대한민국 국민이 아닌 유족보상연금 수급자격자가 외국에서 거주하기 위하여 출국하는 경우

수급권자인 유족의 순위

유족간의 수급권의 순위는 다음 순서로 하되, 각 호의 자 사이에서는 각각 그 적힌 순서에 따른다. 이 경우 같은 순위의 수급권자가 2명 이상이면 그 유족에게 똑같이 나누어 지급한다. 부모는 양부모(養父母)를 선순위로, 실부모(實父母)를 후순위로 하고, 조부모는 양부모의 부모를 선순위로, 실부모의 부모를 후순위로, 부모의 양부모를 선순위로, 부모의 실부모를 후순위로 한다. 수급권자인 유족이 사망한 경우 그 보험급여는 같은 순위자가 있으면 같은 순위자에게, 같은 순위자가 없으면 다음 순위자에게 지급한다.

1. 근로자가 사망할 당시 그 근로자와 생계를 같이 하고 있던 배우자 · 자녀 · 부모 · 손자녀 및 조부모
2. 근로자가 사망할 당시 그 근로자와 생계를 같이 하고 있지 아니하던 배우자 · 자녀 · 부모 · 손자녀 및 조부모 또는 근로자가 사망할 당시 근로자와 생계를 같이 하고 있던 형제자매
3. 형제자매

(6) 상병보상연금

요양급여를 받는 근로자가 요양을 시작하고 2년이 지난 날 이후에 '그 부상이나 질병이 치유되지 아니한 상태인 경우, 그 부상이나 질병에 따른 중증요양상태의 정도가 대통령령이 정하는 중증요양상태등급 기준에 해당하는 경우, 요양으로 인하여 취업하지 못하였을 경우' 휴업급여 대신 상병보상연금을 그 근로자에게 지급한다. 상병보상연금은 중증요양상태등급에 따라 지급한다.

(7) 장례비

장례비는 근로자가 업무상의 사유로 사망한 경우에 지급하되, 평균임금의 120일분에 상당하는 금액을 그 장례를 지낸 유족에게 지급한다. 다만, 장례를 지낼 유족이 없거나 그 밖에 부득이한 사유로 유족이 아닌 사람이 장례를 지낸 경우에는 평균임금의 120일분에 상당하는 금액의 범위에서 실제 드는 비용을 그 장례를 지낸 사람에게 지급한다.

(8) 직업재활급여

직업재활급여의 종류는 '장해급여 또는 진폐보상연금을 받은 사람이나 장해급여를 받을 것이 명백한 사람으로서 대통령령으로 정하는 사람 중 취업을 위하여 직업훈련이 필요한 사람에 대하여 실시하는 직업훈련에 드는 비용 및 직업훈련수당, 업무상의 재해가 발생할 당시의 사업에 복귀한 장해급여자에 대하여 사업주가 고용을 유지하거나 직장적응훈련 또는 재활운동을 실시하는 경우(직장적응훈련의 경우에는 직장 복귀 전에 실시한 경우도 포함)에 각각 지급하는 직장복귀지원금 · 직장적응훈련비 및 재활운동비'가 있다.

(9) 특별급여

① 장해특별급여

보험가입자의 고의 또는 과실로 발생한 업무상의 재해로 근로자가 대통령령으로 정하는 장해등급 또는 진폐장해등급에 해당하는 장해를 입은 경우에 수급권자가 민법에 따른 손해배상청구를 갈음하여 장해특별급여를 청구하면 장해급여 또는 진폐보상연금 외에 장해특별급여를 지급할 수 있다. 다만, 근로자와 보험가입자 사이에 장해특별급여에 관하여 합의가 이루어진 경우에 한정한다.

② 유족특별급여

보험가입자의 고의 또는 과실로 발생한 업무상의 재해로 근로자가 사망한 경우에 수급권자가 민법에 따른 손해배상청구를 갈음하여 유족특별급여를 청구하면 유족급여 또는 진폐유족연금 외에 유족특별급여를 지급할 수 있다.

3. 다른 보상 또는 배상과의 관계(제80조)

• 수급권자가 이 법에 따라 보험급여를 받았거나 받을 수 있으면 보험가입자

는 동일한 사유에 대하여 근로기준법에 의한 재해보상 책임이 면제된다.
- 수급권자가 동일한 사유에 대하여 이 법에 따른 보험급여를 받으면 보험가입자는 그 금액의 한도 안에서 민법이나 기타 법령에 따른 손해배상의 책임이 면제된다. 이 경우 장해보상연금 또는 유족보상연금을 받고 있는 사람은 장해보상일시금 또는 유족보상일시금을 받은 것으로 본다.

4. 보험급여의 지급 및 제한(제82조, 제83조)

- 보험급여는 지급 결정일로부터 14일 이내에 지급해야 한다.
- 공단은 근로자가 다음 중 어느 하나에 해당되면 보험급여의 전부 또는 일부를 지급하지 아니할 수 있다.
  - 요양 중인 근로자가 정당한 사유 없이 요양에 관한 지시를 위반하여 부상·질병 또는 장해 상태를 악화시키거나 치유를 방해한 경우
  - 장해보상연금 또는 진폐보상연금 수급권자가 장해등급 또는 진폐장해등급 재판정 전에 자해(自害) 등 고의로 장해 상태를 악화시킨 경우

5. 진폐에 따른 보험급여의 특례(제91조의2~제91조의11)

- 근로자가 진폐에 걸릴 우려가 있는 작업으로서 암석, 금속이나 유리섬유 등을 취급하는 작업 등 고용노동부령으로 정하는 분진작업에 종사하여 진폐에 걸리면 업무상 질병으로 본다.
- 진폐보상연금은 업무상 질병인 진폐에 걸린 근로자에게 지급한다. 진폐유족연금은 진폐근로자가 진폐로 사망한 경우에 유족에게 지급한다.
- 분진작업에 종사하고 있거나 종사하였던 근로자가 업무상 질병인 진폐로 요양급여 또는 진폐보상연금을 받으려면 고용노동부령으로 정하는 서류를 첨부하여 공단에 청구하여야 한다.
- 공단은 근로자가 요양급여 등을 청구하면 진폐근로자보호법에 따른 건강진단기관에 진폐판정에 필요한 진단을 의뢰하여야 한다.
- 진폐병형 및 합병증 등을 심사하기 위하여 공단에 관계 전문가 등으로 구성된 진폐심사회의를 둔다.
- 공단은 진단결과를 받으면 진폐심사회의의 심사를 거쳐 해당 근로자의 진폐병형, 합병증의 유무 및 종류, 심폐기능의 정도 등을 판정하여야 하며, 진폐판정 결과에 따라 요양급여의 지급 여부, 진폐장해등급과 그에 따른

진폐보상연금의 지급 여부 등을 결정하여야 한다.
- 분진작업에 종사하고 있거나 종사하였던 근로자가 진폐, 합병증이나 그 밖에 진폐와 관련된 사유로 사망하였다고 인정되면 업무상의 재해로 본다.

6. 건강손상자녀에 대한 보험급여의 특례(제91조의12~제91조의14)

- 임신 중인 근로자가 업무수행 과정에서 유해인자의 취급이나 노출로 인하여 출산한 자녀에게 부상, 질병 또는 장해가 발생하거나 그 자녀가 사망한 경우 업무상의 재해로 본다. 이 경우 그 출산한 자녀(건강손상자녀)는 이 법을 적용할 때 해당 업무상 재해의 사유가 발생한 당시 임신한 근로자가 속한 사업의 근로자로 본다.
- 건강손상자녀에 대한 장해등급 판정은 18세 이후에 한다.

기출회차

		3	4	5
6	7	8	9	10
11	12	13	14	15
16	17	18	19	20
21	22			

강의로 복습하는 기출회독 시리즈

Keyword 238

4 기타 사항

1. 근로복지사업 등

(1) 근로복지사업(제92조)

업무상의 재해를 입은 근로자의 원활한 사회복귀를 촉진하기 위한 요양이나 외과 후 처치에 관한 시설과 의료재활이나 직업재활에 관한 시설의 설치·운영, 장학사업 등 재해근로자와 그 유족의 복지증진을 위한 사업, 기타 근로자의 복지증진을 위한 시설의 설치·운영사업을 한다.

(2) 장해급여자의 고용촉진(제94조)

고용노동부장관은 보험가입자에 대하여 장해급여 또는 진폐보상연금을 받은 자를 그 적성에 맞는 업무에 고용하도록 권고할 수 있다.

(3) 근로복지공단(제10조)

고용노동부장관의 위탁을 받아 근로자의 업무상의 재해를 신속하고 공정하게 보상하고, 재해근로자의 재활 및 사회복귀를 촉진하기 위하여 이에 필요한 보험시설을 설치·운영하며 재해예방, 기타 근로자의 복지증진을 위한 사업을 효율적으로 수행하기 위하여 근로복지공단을 설립한다.

한걸음더

근로복지공단의 사업

- 보험가입자와 수급권자에 관한 기록의 관리·유지
- 보험료징수법에 따른 보험료와 그 밖의 징수금의 징수
- 보험급여의 결정과 지급
- 보험급여 결정 등에 관한 심사 청구의 심리·결정
- 산업재해보상보험 시설의 설치·운영
- 업무상 재해를 입은 근로자 등의 진료·요양 및 재활
- 재활보조기구의 연구개발·검정 및 보급
- 보험급여 결정 및 지급을 위한 업무상 질병 관련 연구
- 근로자 등의 건강을 유지·증진하기 위하여 필요한 건강진단 등 예방 사업
- 근로자의 복지 증진을 위한 사업
- 그 밖에 정부로부터 위탁받은 사업

(4) 산업재해보상보험 및 예방심의위원회(제8조)

산업재해보상보험 및 예방에 관한 중요사항을 심의하게 하기 위하여 고용노동부에 산업재해보상보험 및 예방심의위원회를 둔다. 심의위원회는 '요양급여의 범위·비용 등 요양급여의 산정 기준과 요양관리에 관한 사항, 보험료율의 결정에 관한 사항, 산업재해보상보험 및 예방기금의 운용계획 수립에 관한 사항, 산업안전보건법에 따른 산업안전·보건 업무와 관련된 주요 정책 및 산업재해 예방에 관한 중·장기 기본계획, 기타 고용노동부장관이 산업재해보상보험 사업에 관하여 부의하는 사항'을 심의한다.

(5) 산업재해보상보험 및 예방기금(제95조, 제96조)

• 고용노동부장관은 보험사업, 산업재해 예방 사업에 필요한 재원을 확보하고, 보험급여에 충당하기 위하여 산업재해보상보험 및 예방기금을 설치한다.

• 기금은 보험료, 기금운용 수익금, 적립금, 기금의 결산상 잉여금, 정부 또는 정부 아닌 자의 출연금 및 기부금, 차입금, 그 밖의 수입금을 재원으로 하여 조성한다.

• 정부는 산업재해 예방 사업을 수행하기 위하여 회계연도마다 기금지출예산 총액의 100분의 3의 범위에서 정부의 출연금으로 세출예산에 계상하여야 한다.

• 기금은 '보험급여의 지급 및 반환금의 반환, 차입금 및 이자의 상환, 공단에의 출연, 산업안전보건법에 따른 용도, 재해근로자의 복지 증진, 한국산업안전보건공단에 대한 출연, 그 밖에 보험사업 및 기금의 관리와 운용'에 사용한다.

2. 수급자의 권리보호

(1) 수급권

근로자의 보험급여를 받을 권리(수급권)는 퇴직하여도 소멸되지 아니한다.

(2) 불이익 처우의 금지

사업주는 근로자가 보험급여를 신청한 것을 이유로 근로자를 해고하거나 그 밖에 근로자에게 불이익한 처우를 하여서는 아니 된다.

(3) 압류금지

보험급여를 받을 권리는 양도 또는 압류하거나 담보로 제공할 수 없다.

(4) 심사청구

- 보험급여에 관한 결정, 진료비에 관한 결정, 약제비에 관한 결정, 진료계획 변경 조치, 보험급여의 일시지급에 관한 결정, 합병증 등 예방관리에 관한 조치, 부당이득의 징수에 관한 결정, 수급권의 대위에 관한 결정 등에 불복하는 자는 공단에 심사청구를 할 수 있다.
- 심사청구는 그 보험급여 결정 등을 한 공단의 소속 기관을 거쳐 공단에 제기하여야 하고, 보험급여 결정 등이 있음을 안 날부터 90일 이내에 하여야 한다.

(5) 재심사청구

- 심사청구에 대한 결정에 불복하는 자는 산업재해보상보험재심사위원회에 재심사청구를 할 수 있다. 이는 심사청구에 대한 결정이 있음을 안 날부터 90일 이내에 제기하여야 한다.
- 판정위원회의 심의를 거친 보험급여 결정에 불복하는 자는 심사청구 없이 재심사청구를 할 수 있으며, 이 경우에는 보험급여에 관한 결정이 있음을 안 날부터 90일 이내에 제기해야 한다.

(6) 시효

보험급여를 받을 권리, 산재보험 의료기관의 권리, 약국의 권리, 보험가입자의 권리, 국민건강보험공단 등의 권리는 3년간 행사하지 아니하면 시효로 말미암아 소멸한다. 다만, 보험급여를 받을 권리의 보험급여 중 장해급여, 유족급여, 장례비, 진폐보상연금 및 진폐유족연금을 받을 권리는 5년간 행사하지 아니하면 시효의 완성으로 소멸한다.

3. 벌칙 등

(1) 3년 이하의 징역 또는 3천만원 이하의 벌금

- 공동이용하는 가족관계등록 전산정보자료를 목적 외의 용도로 이용하거나 활용한 자
- 산재보험 의료기관이나 약국의 종사자로서 거짓이나 그 밖의 부정한 방법으로 진료비나 약제비를 지급받은 자

산업재해보상보험재심사위원회

- 재심사 청구를 심리·재결하기 위하여 고용노동부에 산업재해보상보험재심사위원회(재심사위원회)를 둔다.
- 재심사위원회는 위원장 1명을 포함한 90명 이내의 위원으로 구성하되, 위원 중 2명은 상임위원으로, 1명은 당연직위원으로 한다.

(2) 2년 이하의 징역 또는 2천만원 이하의 벌금

- 거짓이나 그 밖의 부정한 방법으로 보험급여를 받은 자
- 거짓이나 그 밖의 부정한 방법으로 보험급여를 받도록 시키거나 도와준 자
- 근로자가 보험급여를 신청한 깃을 이유로 근로자를 해고하거나 그 밖에 근로자에게 불이익한 처우를 한 사업주

(3) 2년 이하의 징역 또는 1천만원 이하의 벌금

직무 상 알게 된 비밀을 누설한 자

(4) 300만원 이하의 과태료

플랫폼 운영자에 대한 자료제공 등의 요청에 관한 사항을 위반하여 자료 또는 정보의 제공 요청에 따르지 아니한 자

(5) 200만원 이하의 과태료

근로복지공단 또는 이와 비슷한 명칭을 사용한 자, 공단이 아닌 자에게 진료비를 청구한 자

(6) 100만원 이하의 과태료

진료계획을 정당한 사유 없이 제출하지 아니하는 자, 심사 청구의 심리를 위한 질문에 답변하지 아니하거나 거짓된 답변을 하거나 검사를 거부·방해 또는 기피한 자, 공단에 필요한 보고를 하지 아니하거나 거짓된 보고를 한 자 또는 서류나 물건의 제출 명령에 따르지 아니한 자, 공단의 소속 직원의 질문에 답변을 거부하거나 조사를 거부·방해 또는 기피한 자

5절 노인장기요양보험법

[시행 2024.7.3 / 법률 제19888호 / 개정 2024.1.2]

한눈에 쏙! 　　　　　　　　　　　　　　　　　　　중요도

❶ 개요	1. 개요		22회 기출
❶ 개요	2. 국가 · 지방자치단체 · 보건복지부장관의 책무		
❶ 개요	3. 용어의 정의		22회 기출
❶ 개요	4. 보험료의 징수 및 산정	★ ★	
❶ 개요	5. 관리운영기관		
❷ 수급자	1. 장기요양인정의 신청 및 조사		
❷ 수급자	2. 장기요양인정의 유효기간, 갱신, 변경 등		22회 기출
❷ 수급자	3. 장기요양등급판정위원회		
❸ 급여	1. 장기요양급여 제공의 기본원칙		22회 기출
❸ 급여	2. 장기요양급여의 종류	★ ★ ★	22회 기출
❸ 급여	3. 장기요양급여의 제공		
❸ 급여	4. 장기요양급여의 제한		
❸ 급여	5. 재가급여 및 시설급여 비용		
❸ 급여	6. 장기요양위원회		
❹ 장기요양기관	1. 장기요양기관의 종류		
❹ 장기요양기관	2. 기관의 설치 및 지정		
❹ 장기요양기관	3. 장기요양기관 지정의 취소 등		
❹ 장기요양기관	4. 장기요양기관의 의무		
❹ 장기요양기관	5. 장기요양기관의 폐업 등 신고		
❺ 권리보호	1. 수급자의 권리보호		
❺ 권리보호	2. 벌칙 등		

1 개요

기출회차

			3	4	5
6	7	8	9	10
11	12	13	14	15
16	17	18	19	20
21	22			

강의로 복습하는 기출회독 시리즈

Keyword 239

1. 개요

(1) 목적(제1조)

노인장기요양보험법은 고령이나 노인성 질병 등의 사유로 일상생활을 혼자서 수행하기 어려운 노인등에게 제공하는 신체활동 또는 가사활동 지원 등의 장기요양급여에 관한 사항을 규정하여 노후의 건강증진 및 생활안정을 도모하고 그 가족의 부담을 덜어줌으로써 국민의 삶의 질 향상을 목적으로 한다.

(2) 관장(제7조)

장기요양보험사업은 보건복지부장관이 관장하며, 보험자는 공단으로 한다.

잠깐!

제정 및 시행
• 2007. 4. 27 제정
• 2008. 7. 1 시행

2. 국가 · 지방자치단체 · 보건복지부장관의 책무

(1) 국가 및 지방자치단체(제4조)

• 국가 및 지방자치단체는 노인이 일상생활을 혼자서 수행할 수 있는 온전한 심신상태를 유지하는데 필요한 사업(노인성질환예방사업)을 실시하여야 한다.
• 국가는 노인성질환예방사업을 수행하는 지방자치단체 또는 국민건강보험공단에 대하여 이에 소요되는 비용을 지원할 수 있다.
• 국가 및 지방자치단체는 노인인구 및 지역특성 등을 고려하여 장기요양급여가 원활하게 제공될 수 있도록 적정한 수의 장기요양기관을 확충하고 장기요양기관의 설립을 지원하여야 한다.
• 국가 및 지방자치단체는 장기요양급여가 원활히 제공될 수 있도록 공단에 필요한 행정적 또는 재정적 지원을 할 수 있다.
• 국가 및 지방자치단체는 장기요양요원의 처우를 개선하고 복지를 증진하며 지위를 향상시키기 위하여 적극적으로 노력하여야 한다.
• 국가 및 지방자치단체는 지역의 특성에 맞는 장기요양사업의 표준을 개

발 · 보급할 수 있다.

(2) 장기요양기본계획(제5조, 제6조)

- 보건복지부장관은 노인등에 대한 장기요양급여를 원활하게 제공하기 위하여 5년 단위로 다음의 사항이 포함된 장기요양기본계획을 수립 · 시행해야하며, 지방자치단체의 장은 이에 따라 세부시행계획을 수립 · 시행하여야한다.
    - 연도별 장기요양급여 대상인원 및 재원조달 계획
    - 연도별 장기요양기관 및 장기요양전문인력 관리 방안
    - 장기요양요원의 처우에 관한 사항
    - 그 밖에 노인등의 장기요양에 관한 사항으로서 대통령령으로 정하는 사항
- 국가는 장기요양기본계획을 수립 · 시행함에 있어서 노인뿐만 아니라 장애인 등 일상생활을 혼자서 수행하기 어려운 모든 국민이 장기요양급여, 신체활동지원서비스 등을 제공받을 수 있도록 노력하고 나아가 이들의 생활안정과 자립을 지원할 수 있는 시책을 강구하여야 한다.

(3) 실태조사(제6조의2)

보건복지부장관은 장기요양사업의 실태를 파악하기 위하여 3년마다 '장기요양인정에 관한 사항, 등급판정위원회의 판정에 따라 장기요양급여를 받을 사람의 규모, 그 급여의 수준 및 만족도에 관한 사항, 장기요양기관에 관한 사항, 장기요양요원의 근로조건, 처우 및 규모에 관한 사항, 그 밖에 장기요양사업에 관한 사항으로서 보건복지부령으로 정하는 사항'에 관한 조사를 정기적으로 실시하고 그 결과를 공표하여야 한다.

3. 용어의 정의 22회기출

(1) 노인등 꼭!

65세 이상의 노인 또는 65세 미만의 자로서 치매 · 뇌혈관성질환 등 대통령령으로 정하는 노인성 질병을 가진 자를 말한다.

(2) 장기요양급여

6개월 이상 혼자서 일상생활을 수행하기 어렵다고 인정되는 자에게 신체활동 · 가사활동의 지원 또는 간병 등의 서비스나 이에 갈음하여 지급하는 현금 등을 말한다.

(3) 장기요양사업

장기요양보험료, 국가 및 지방자치단체의 부담금 등을 재원으로 하여 노인등에게 장기요양급여를 제공하는 사업을 말한다.

(4) 장기요양기관

이 법에 따라 지정을 받은 기관으로서 장기요양급여를 제공하는 기관을 말한다.

(5) 장기요양요원

장기요양기관에 소속되어 노인등의 신체활동 또는 가사활동 지원 등의 업무를 수행하는 자를 말한다.

4. 보험료의 징수 및 산정

(1) 보험료 징수(제7조, 제8조) 꼭!

- 장기요양보험사업은 보건복지부장관이 관장하며, 보험자는 국민건강보험공단이다. 가입자는 국민건강보험가입자이다.
- 공단은 건강보험료와 통합하여 장기요양보험료를 징수하되, 각각 구분하여 고지해야 하고, 통합 징수한 보험료를 각각의 독립회계로 관리하여야 한다.

중요도

보험료 징수에 관한 내용은 최근 시험에서 자주 출제되고 있다. 노인장기요양보험료는 국민건강보험료와 통합하여 징수하지만, 고지는 구분해서 고지하고 관리도 각각의 독립회계로 관리한다는 것을 반드시 기억하자.

(2) 보험료의 산정(제9조)

장기요양보험료는 국민건강보험법의 단서에 따라 산정한 월별 보험료액에서 경감 또는 면제되는 비용을 공제한 금액에 건강보험료율 대비 장기요양보험료율의 비율을 곱하여 산정한 금액으로 한다. 장기요양보험료율은 장기요양위원회의 심의를 거쳐 대통령령으로 정한다.

(3) 장애인 등에 대한 장기요양보험료의 감면(제10조)

공단은 장애인복지법에 따른 장애인 또는 이와 유사한 자로서 대통령령으로 정하는 자가 장기요양보험가입자 또는 그 피부양자인 경우 수급자로 결정되지 못한 때 대통령령으로 정하는 바에 따라 장기요양보험료의 전부 또는 일부를 감면할 수 있다.

5. 관리운영기관(제48조)

- 장기요양사업의 관리운영기관은 국민건강보험공단으로 한다. 공단은 다음의 업무를 관장한다.
  - 장기요양보험가입자 및 그 피부양자와 의료급여수급권자의 자격관리
  - 장기요양보험료의 부과 · 징수
  - 신청인에 대한 조사
  - 등급판정위원회의 운영 및 장기요양등급 판정
  - 장기요양인정서의 작성 및 개인별장기요양이용계획서의 제공
  - 장기요양급여의 관리 및 평가
  - 수급자 및 그 가족에 대한 정보제공 · 안내 · 상담 등 장기요양급여 관련 이용지원에 관한 사항
  - 재가 및 시설 급여비용의 심사 및 지급과 특별현금급여의 지급
  - 장기요양급여 제공내용 확인
  - 장기요양사업에 관한 조사 · 연구, 국제협력 및 홍보
  - 노인성질환예방사업
  - 이 법에 따른 부당이득금의 부과 · 징수 등
  - 장기요양급여의 제공기준을 개발하고 장기요양급여비용의 적정성을 검토하기 위한 장기요양기관의 설치 및 운영
  - 그 밖에 장기요양사업과 관련하여 보건복지부장관이 위탁한 업무
- 공단은 장기요양기관을 설치할 때 노인인구 및 지역특성 등을 고려한 지역 간 불균형 해소를 고려하여야 하고, 설치 목적에 필요한 최소한의 범위에서 이를 설치 · 운영하여야 한다.

한걸음 더 · 장기요양요원지원센터

국가와 지방자치단체는 장기요양요원의 권리를 보호하기 위하여 장기요양요원지원센터를 설치 · 운영할 수 있다. 장기요양요원지원센터는 다음의 업무를 수행한다.
- 장기요양요원의 권리 침해에 관한 상담 및 지원
- 장기요양요원의 역량강화를 위한 교육지원
- 장기요양요원에 대한 건강검진 등 건강관리를 위한 사업
- 그 밖에 장기요양요원의 업무 등에 필요하여 대통령령으로 정하는 사항

2 수급자

기출회차

		3	4	5
6	7	8	9	10
11	12	13	14	15
16	17	18	19	20
21	22			

강의로 복습하는 기출회독 시리즈

Keyword 239

1. 장기요양인정의 신청 및 조사(제12조~제14조)

• 장기요양인정을 신청할 수 있는 자는 노인등으로서 장기요양보험가입자 또는 그 피부양자이거나 의료급여 수급권자이어야 한다.

• 장기요양인정을 신청하는 자는 국민건강보험공단에 보건복지부령으로 정하는 바에 따라 장기요양인정신청서에 의사 또는 한의사가 발급하는 소견서를 첨부하여 제출해야 한다. 단, 거동이 현저하게 불편하거나 도서·벽지 지역에 거주하여 의료기관을 방문하기 어려운 자 등은 의사소견서를 제출하지 않을 수 있다.

• 공단의 직원은 신청서를 접수한 때, '신청인의 심신상태, 신청인에게 필요한 장기요양급여의 종류 및 내용, 그 밖에 장기요양에 관하여 필요한 사항' 등을 조사해야 한다. 단, 지리적 사정 등으로 직접 조사하기 어려운 경우 또는 조사에 필요하다고 인정하는 경우 특별자치시·특별자치도·시·군·구에 대하여 조사를 의뢰하거나 공동으로 조사할 것을 요청할 수 있다.

• 공단은 위의 사항을 조사하는 경우 2명 이상의 소속 직원이 조사할 수 있도록 노력하여야 한다. 조사를 하는 자는 조사일시, 장소 및 조사를 담당하는 자의 인적사항 등을 미리 신청인에게 통보하여야 한다. 공단 또는 조사를 의뢰받은 특별자치시·특별자치도·시·군·구는 조사를 완료한 때 조사결과서를 작성해야 하며, 조사를 의뢰받은 특별자치시·특별자치도·시·군·구는 지체없이 공단에 조사결과서를 송부해야 한다.

2. 장기요양인정의 유효기간, 갱신, 변경 등 ^{22회 기출}

(1) 장기요양인정의 유효기간(제19조, 시행령 제8조) ⭐^{꼭!}

등급판정에 따른 장기요양인정의 유효기간은 최소 1년 이상으로서 대통령령으로 정하는데, 대통령령에 따르면 장기요양인정 유효기간은 2년으로 한다. 다만, 장기요양인정의 갱신 결과 직전 등급과 같은 등급으로 판정된 경우에는 그 갱신된 장기요양인정의 유효기간은 장기요양 1등급의 경우 4년, 장기요양 2등급부터 4등급까지의 경우 3년, 장기요양 5등급 및 인지지원등급의 경우 2년으로 한다.

(2) 장기요양인정의 갱신(제20조)
장기요양인정의 유효기간이 만료된 후 장기요양급여를 계속하여 받고자 하는 경우 공단에 장기요양인정의 갱신을 신청하여야 한다. 장기요양인정의 갱신신청은 유효기간이 만료되기 전 30일까지 이를 완료하여야 한다.

(3) 장기요양등급 등의 변경(제21조)
장기요양급여를 받고 있는 수급자는 장기요양등급, 장기요양급여의 종류 또는 내용을 변경하여 장기요양급여를 받고자 하는 경우 공단에 변경신청을 하여야 한다.

(4) 장기요양인정 신청 등에 대한 대리(제22조)
- 장기요양급여를 받고자 하는 자 또는 수급자가 신체적·정신적인 사유로 이 법에 따른 장기요양인정의 신청, 장기요양인정의 갱신신청 또는 장기요양등급의 변경신청 등을 직접 수행할 수 없을 때 본인의 가족이나 친족, 그 밖의 이해관계인은 이를 대리할 수 있다.
- 사회복지전담공무원, 치매안심센터의 장(장기요양급여를 받고자 하는 사람 또는 수급자가 치매환자인 경우로 한정)은 관할 지역 안에 거주하는 사람 중 장기요양급여를 받고자 하는 사람 또는 수급자가 장기요양인정신청 등을 직접 수행할 수 없을 때 본인 또는 가족의 동의를 받아 그 신청을 대리할 수 있다.
- 장기요양급여를 받고자 하는 자 또는 수급자가 장기요양인정 신청 등을 할 수 없는 경우 특별자치시장·특별자치도지사·시장·군수·구청장이 지정하는 자는 이를 대리할 수 있다.

3. 장기요양등급판정위원회

(1) 등급판정위원회의 설치(제52조)
- 장기요양인정 및 장기요양등급판정 등을 심의하기 위하여 공단에 장기요양등급판정위원회를 둔다.
- 등급판정위원회는 특별자치시·특별자치도·시·군·구 단위로 설치한

다. 다만, 인구 수 등을 고려하여 하나의 특별자치시·특별자치도·시·군·구에 2 이상의 등급판정위원회를 설치하거나 2 이상의 특별자치시·특별자치도·시·군·구를 통합하여 하나의 등급판정위원회를 설치할 수 있다.

- 등급판정위원회는 위원장 1인을 포함하여 15인의 위원으로 구성한다. 등급판정위원회 위원의 임기는 3년으로 하되, 한 차례만 연임할 수 있다. 다만, 공무원인 위원의 임기는 재임기간으로 한다.
- 등급판정위원회 위원은 '의료인, 사회복지사, 특별자치시·특별자치도·시·군·구 소속 공무원, 그 밖에 법학 또는 장기요양에 관한 학식과 경험이 풍부한 자' 중에서 공단 이사장이 위촉한다. 이 경우 특별자치시장·특별자치도지사·시장·군수·구청장이 추천한 위원은 7인, 의사 또는 한의사가 1인 이상 각각 포함되어야 한다.

(2) 등급판정위원회의 운영(제53조)

- 등급판정위원회 위원장은 위원 중에서 특별자치시장·특별자치도지사·시장·군수·구청장이 위촉한다. 이 경우 2 이상의 특별자치시·특별자치도·시·군·구를 통합하여 하나의 등급판정위원회를 설치하는 때 해당 특별자치시장·특별자치도지사·시장·군수·구청장이 공동으로 위촉한다.
- 등급판정위원회 회의는 구성원 과반수의 출석으로 개의하고 출석위원 과반수의 찬성으로 의결한다.

(3) 등급판정(제15조)

- 공단은 장기요양인정 신청인에 대한 조사가 완료된 때 조사결과서, 신청서, 의사소견서, 그 밖에 심의에 필요한 자료를 등급판정위원회에 제출하여야 한다.
- 등급판정위원회는 신청인이 신청자격요건을 충족하고 6개월 이상 동안 혼자서 일상생활을 수행하기 어렵다고 인정하는 경우 심신상태 및 장기요양이 필요한 정도 등 대통령령으로 정하는 등급판정기준에 따라 수급자로 판정한다.
- 등급판정위원회는 심의·판정을 하는 때 신청인과 그 가족, 의사소견서를 발급한 의사 등 관계인의 의견을 들을 수 있다.
- 공단은 장기요양급여를 받고 있거나 받을 수 있는 자가 '거짓이나 그 밖의 부정한 방법으로 장기요양인정을 받은 경우, 고의로 사고를 발생하도록 하거나 본인의 위법행위에 기인하여 장기요양인정을 받은 경우'의 어느 하나에 해당하는 것으로 의심되는 경우에는 장기요양인정 신청과 관련된 사항

을 조사하여 그 결과를 등급판정위원회에 제출하여야 한다.
- 등급판정위원회는 제출된 조사 결과를 토대로 다시 수급자 등급을 조정하고 수급자 여부를 판정할 수 있다.

장기요양등급판정기준

등급	인정점수 구간	등급별 기능상태
1등급	95점 이상	심신의 기능상태 장애로 일상생활에서 전적으로 다른 사람의 도움이 필요한 자
2등급	75점-95점 미만	심신의 기능상태 장애로 일상생활에서 상당 부분 다른 사람의 도움이 필요한 자
3등급	60점-75점 미만	심신의 기능상태 장애로 일상생활에서 부분적으로 다른 사람의 도움이 필요한 자
4등급	51점-60점 미만	심신의 기능상태 장애로 일상생활에서 일정 부분 다른 사람의 도움이 필요한 자
5등급	45점-51점 미만	치매 환자(노인장기요양보험법 제2조에 따른 노인성질병)
인지지원등급	45점 미만	치매 환자(노인장기요양보험법 제2조에 따른 노인성질병)

3 급여

기출회차

					5
6	7	8	9		10
11	12	13	14		15
16	17	18	19		20
21	22				

강의로 복습하는 기출회독 시리즈

Keyword 239

1. 장기요양급여 제공의 기본원칙(제3조) 22회기출 🏆

• 장기요양급여는 노인등이 자신의 의사와 능력에 따라 최대한 자립적으로 일상생활을 수행할 수 있도록 제공하여야 한다.
• 노인등의 심신상태 · 생활환경과 노인등 및 그 가족의 욕구 · 선택을 종합적으로 고려하여 필요한 범위 안에서 적정하게 제공해야 한다.
• 노인등이 가족과 함께 생활하면서 가정에서 장기요양을 받는 재가급여를 우선적으로 제공해야 한다.
• 노인등의 심신상태나 건강 등이 악화되지 않도록 의료서비스와 연계하여 제공해야 한다.

2. 장기요양급여의 종류 22회기출 🏆

(1) 재가급여 꼭! ★

① 방문요양

장기요양요원이 수급자의 가정 등을 방문하여 신체활동 및 가사활동 등을 지원하는 장기요양급여

② 방문목욕

장기요양요원이 목욕설비를 갖춘 장비를 이용하여 수급자의 가정 등을 방문하여 목욕을 제공하는 장기요양급여

③ 방문간호

장기요양요원인 간호사 등이 의사, 한의사 또는 치과의사의 지시서에 따라 수급자의 가정 등을 방문하여 간호, 진료의 보조, 요양에 관한 상담 또는 구강위생 등을 제공하는 장기요양급여

중요도 ★ ★ ★

장기요양급여의 재가급여, 시설급여, 특별현금급여 안에 속한 구체적인 급여 종류들에 대한 문제가 주로 출제되었다. 또한 급여에 관한 전반적인 사항을 묻는 문제에서 급여 제공의 원칙, 급여의 제한 등의 내용과 함께 선택지로 자주 출제되고 있다. 재가급여, 시설급여, 특별현금급여의 내용을 분명하게 구분할 수 있어야 한다. 22회 시험에서는 노인장기요양보험법의 전반적인 내용을 묻는 문제에서 재가급여의 종류에 관한 내용이 선택지로 출제되었다.

통합재가서비스

장기요양기관은 방문요양, 방문목욕, 방문간호, 주·야간보호, 단기보호의 재가급여 전부 또는 일부를 통합하여 제공하는 서비스(통합재가서비스)를 제공할 수 있다. 통합재가서비스를 제공하는 장기요양기관은 보건복지부령으로 정하는 인력, 시설, 운영 등의 기준을 준수하여야 한다.

④ 주·야간보호

수급자를 하루 중 일정한 시간 동안 장기요양기관에 보호하여 신체활동 지원 및 심신기능의 유지·향상을 위한 교육·훈련 등을 제공하는 장기요양급여

⑤ 단기보호

수급자를 보건복지부령으로 정하는 범위 안에서 일정 기간 동안 장기요양기관에 보호하여 신체활동 지원 및 심신기능의 유지·향상을 위한 교육·훈련 등을 제공하는 장기요양급여

⑥ 기타 재가급여

수급자의 일상생활·신체활동 지원 및 인지기능의 유지·향상에 필요한 용구를 제공하거나 가정을 방문하여 재활에 관한 지원 등을 제공하는 장기요양급여로서 대통령령으로 정하는 것

(2) 시설급여

장기요양기관에 장기간 입소한 수급자에게 신체활동 지원 및 심신기능의 유지·향상을 위한 교육·훈련 등을 제공하는 장기요양급여

(3) 특별현금급여

특별현금급여

가족요양비, 특례요양비, 요양병원간병비 등의 특별현금급여 중에서 현재 실제 시행되고 있는 것은 가족요양비이다.

① 가족요양비

국민건강보험공단은 다음 중 어느 하나에 해당하는 수급자가 가족 등으로부터 방문요양에 상당한 장기요양급여를 받은 때 대통령령으로 정하는 기준에 따라 해당 수급자에게 가족요양비를 지급할 수 있다.

- 도서·벽지 등 장기요양기관이 현저히 부족한 지역으로서 보건복지부장관이 정하여 고시하는 지역에 거주하는 자
- 천재지변이나 그 밖에 이와 유사한 사유로 인하여 장기요양기관이 제공하는 장기요양급여를 이용하기가 어렵다고 보건복지부장관이 인정하는 자
- 신체·정신 또는 성격 등 대통령령으로 정하는 사유로 인하여 가족 등으로부터 장기요양을 받아야 하는 자

② 특례요양비

국민건강보험공단은 수급자가 장기요양기관이 아닌 노인요양시설 등의 기관 또는 시설에서 재가급여 또는 시설급여에 상당한 장기요양급여를 받은 경우 대통령령으로 정하는 기준에 따라 해당 장기요양급여비용의 일부를 해당 수

급자에게 특례요양비로 지급할 수 있다.

③ 요양병원간병비

공단은 수급자가 요양병원에 입원한 때 대통령령으로 정하는 기준에 따라 장기요양에 사용되는 비용의 일부를 요양병원간병비로 지급할 수 있다.

3. 장기요양급여의 제공(제27조, 제27조의2)

• 수급자는 장기요양인정서와 개인별장기요양이용계획서가 도달한 날부터 장기요양급여를 받을 수 있다.
• 수급자는 돌볼 가족이 없는 경우 등 대통령령으로 정하는 사유가 있는 경우 신청서를 제출한 날부터 장기요양인정서가 도달되는 날까지의 기간 중에도 장기요양급여를 받을 수 있다.
• 수급자는 장기요양급여를 받으려면 장기요양기관에 장기요양인정서와 개인별장기요양이용계획서를 제시하여야 한다. 다만, 수급자가 장기요양인정서 및 개인별장기요양이용계획서를 제시하지 못하는 경우 장기요양기관은 공단에 전화나 인터넷 등을 통하여 그 자격 등을 확인할 수 있다.
• 공단은 특별현금급여를 받는 수급자의 신청이 있는 경우에는 특별현금급여 수급계좌로 입금하여야 한다. 다만, 정보통신장애나 그 밖에 대통령령으로 정하는 불가피한 사유로 특별현금급여수급계좌로 이체할 수 없을 때에는 현금 지급 등 대통령령으로 정하는 바에 따라 특별현금급여를 지급할 수 있다.

4. 장기요양급여의 제한(제28조~제29조)

• 장기요양급여는 월 한도액 범위 안에서 제공한다. 월 한도액은 장기요양등급 및 장기요양급여의 종류 등을 고려하여 산정한다.
• 수급자 또는 장기요양기관은 장기요양급여를 제공받거나 제공할 경우 '수급자의 가족만을 위한 행위, 수급자 또는 그 가족의 생업을 지원하는 행위, 그 밖에 수급자의 일상생활에 지장이 없는 행위'를 요구하거나 제공하여서는 아니 된다.
• 공단은 장기요양급여를 받고 있는 자가 정당한 사유 없이 장기요양인정에 관한 사항에 따른 조사나 자료의 제출에 따른 요구에 응하지 아니하거나 답

변을 거절한 경우 장기요양급여의 전부 또는 일부를 제공하지 아니하게 할 수 있다.
- 공단은 장기요양급여를 받고 있거나 받을 수 있는 자가 장기요양기관이 거짓이나 그 밖의 부정한 방법으로 장기요양급여비용을 받는 데에 가담한 경우 장기요양급여를 중단하거나 1년의 범위에서 장기요양급여의 횟수 또는 제공 기간을 제한할 수 있다.

5. 재가급여 및 시설급여 비용(제38조~제40조)

- 장기요양기관은 수급자에게 재가급여 또는 시설급여를 제공한 경우 국민건강보험공단에 장기요양급여비용을 청구하여야 한다. 공단은 장기요양기관으로부터 재가 또는 시설 급여비용의 청구를 받은 경우 이를 심사하여 그 내용을 장기요양기관에 통보하여야 하며, 장기요양에 사용된 비용 중 공단부담금(재가 및 시설 급여비용 중 본인부담금을 공제한 금액을 말함)을 해당 장기요양기관에 지급하여야 한다.
- 장기요양기관은 지급받은 장기요양급여비용 중 보건복지부장관이 정하여 고시하는 비율에 따라 그 일부를 장기요양요원에 대한 인건비로 지출하여야 한다.
- 보건복지부장관은 매년 급여종류 및 장기요양등급 등에 따라 장기요양위원회의 심의를 거쳐 다음 연도의 재가 및 시설 급여비용과 특별현금급여의 지급금액을 정하여 고시하여야 한다.
- 장기요양급여(특별현금급여는 제외)를 받는 자는 대통령령으로 정하는 바에 따라 비용의 일부를 본인이 부담한다. 이 경우 장기요양급여를 받는 수급자의 장기요양등급, 이용하는 장기요양급여의 종류 및 수준 등에 따라 본인부담의 수준을 달리 정할 수 있다.
- 국민기초생활보장법에 따른 의료급여 수급자는 본인부담금을 부담하지 아니한다.
- 다음의 장기요양급여에 대한 비용은 수급자 본인이 전부 부담한다.
  - 이 법의 규정에 따른 급여의 범위 및 대상에 포함되지 아니하는 장기요양급여
  - 수급자가 장기요양인정서에 기재된 장기요양급여의 종류 및 내용과 다르게 선택하여 장기요양급여를 받은 경우 그 차액
  - 장기요양급여의 월 한도액을 초과하는 장기요양급여
- 다음의 어느 하나에 해당하는 자에 대해서는 본인부담금의 100분의 60의

잠깐!

본인부담금
- 재가급여: 해당 장기요양급여 비용의 100분의 15
- 시설급여: 해당 장기요양급여 비용의 100분의 20

범위에서 보건복지부장관이 정하는 바에 따라 차등하여 감경할 수 있다.
- 의료급여법의 규정에 따른 수급권자(국민기초생활 보장법에 따른 의료 급여 수급자는 제외)
- 소득·재산 등이 보건복지부장관이 정하여 고시하는 일정 금액 이하인 자(도서·벽지·농어촌 등의 지역에 거주하는 자에 대하여 따로 금액을 정할 수 있음)
- 천재지변 등 보건복지부령으로 정하는 사유로 인하여 생계가 곤란한 자

6. 장기요양위원회

(1) 업무(제45조)

보건복지부장관 소속으로 장기요양보험료율, 가족요양비, 특례요양비 및 요양병원간병비의 지급기준, 재가 및 시설 급여비용, 그 밖에 대통령령으로 정하는 주요 사항 등을 심의한다.

(2) 구성(제46조)

위원장 1인, 부위원장 1인을 포함한 16인 이상 22인 이하의 위원으로 구성한다. 위원장이 아닌 위원은 다음에 해당하는 자 중에서 보건복지부장관이 임명 또는 위촉한 자로 하고, 다음에 해당하는 자를 각각 동수로 구성하여야 한다. 위원장은 보건복지부차관이 되고, 부위원장은 위원 중에서 위원장이 지명한다. 장기요양위원회 위원의 임기는 3년으로 한다. 다만, 공무원인 위원의 임기는 재임기간으로 한다.

• 근로자단체, 사용자단체, 시민단체(비영리민간단체), 노인단체, 농어업인단체 또는 자영자단체를 대표하는 자
• 장기요양기관 또는 의료계를 대표하는 자
• 대통령령으로 정하는 관계 중앙행정기관의 고위공무원단 소속 공무원, 장기요양에 관한 학계 또는 연구계를 대표하는 자, 공단 이사장이 추천하는 자

기출회차

			3	4	5
6	7	8	**9**	10
11	12	13	14	15
16	17	18	19	20
21	22			

강의로 복습하는 기출회독 시리즈

Keyword 239

4 장기요양기관

1. 장기요양기관의 종류

(1) 재가급여를 제공할 수 있는 장기요양기관(시행령 제10조)

노인복지법에 따른 재가노인복지시설로서 이 법에 따라 지정받은 장기요양기관

(2) 시설급여를 제공할 수 있는 장기요양기관(시행령 제10조)

노인복지법에 따른 노인요양시설로서 이 법에 따라 지정받은 장기요양기관, 노인복지법에 따른 노인요양공동생활가정으로서 이 법에 따라 지정받은 장기요양기관

2. 기관의 설치 및 지정

(1) 장기요양기관의 지정(제31조) ⭐꼭!

• 재가급여 또는 같은 시설급여를 제공하는 장기요양기관을 운영하려는 자는 보건복지부령으로 정하는 장기요양에 필요한 시설 및 인력을 갖추어 소재지를 관할 구역으로 하는 특별자치시장 · 특별자치도지사 · 시장 · 군수 · 구청장으로부터 지정을 받아야 한다.

• 장기요양기관으로 지정을 받을 수 있는 시설은 노인복지법에 따른 노인복지시설 중 대통령령으로 정하는 시설(노인의료복지시설 및 재가노인복지시설)로 한다.

• 특별자치시장 · 특별자치도지사 · 시장 · 군수 · 구청장은 장기요양기관을 지정한 때 지체 없이 지정 명세를 공단에 통보하여야 한다.

(2) 결격사유(제32조의2)

다음의 어느 하나에 해당하는 자는 장기요양기관으로 지정받을 수 없다.

• 미성년자, 피성년후견인 또는 피한정후견인

- 정신질환자(다만, 전문의가 장기요양기관 설립 · 운영 업무에 종사하는 것이 적합하다고 인정하는 사람은 그러하지 아니함)
- 마약류에 중독된 사람
- 파산선고를 받고 복권되지 아니한 사람
- 금고 이상의 실형을 선고받고 그 집행이 종료(집행이 종료된 것으로 보는 경우를 포함)되거나 집행이 면제된 날부터 5년이 경과되지 아니한 사람
- 금고 이상의 형의 집행유예를 선고받고 그 유예기간 중에 있는 사람
- 대표자가 위의 규정 중 어느 하나에 해당하는 법인

(3) 장기요양기관 지정의 유효기간 및 갱신(제32조의3, 제32조의4)

- 장기요양기관 지정의 유효기간은 지정을 받은 날부터 6년으로 한다.
- 장기요양기관의 장은 지정의 유효기간이 끝난 후에도 계속하여 그 지정을 유지하려는 경우에는 소재지를 관할구역으로 하는 특별자치시장 · 특별자치도지사 · 시장 · 군수 · 구청장에게 지정 유효기간이 끝나기 90일 전까지 지정 갱신을 신청하여야 한다.

(4) 장기요양기관 정보의 안내(제34조)

장기요양기관은 수급자가 장기요양급여를 쉽게 선택하도록 하고 장기요양기관이 제공하는 급여의 질을 보장하기 위하여 장기요양기관별 급여의 내용, 시설 · 인력 등 현황자료 등을 공단이 운영하는 인터넷 홈페이지에 게시하여야 한다.

3. 장기요양기관 지정의 취소 등(제37조)

- 특별자치시장 · 특별자치도지사 · 시장 · 군수 · 구청장은 장기요양기관이 다음의 어느 하나에 해당하는 경우 그 지정을 취소하거나 6개월의 범위에서 업무정지를 명할 수 있다.
  - 거짓이나 그 밖의 부정한 방법으로 지정을 받은 경우(반드시 취소하여야 함)
  - 급여외행위를 제공한 경우. 다만, 장기요양기관의 장이 그 위반행위를 방지하기 위하여 해당 업무에 관하여 상당한 주의와 감독을 게을리하지 아니한 경우는 제외함
  - 장기요양에 필요한 시설 및 인력 지정기준에 적합하지 아니한 경우
  - 장기요양기관 지정의 결격사유 중 어느 하나에 해당하게 된 경우(반드시

취소하여야 함). 다만 대표자가 결격사유에 해당하게 된 법인의 경우 3개월 이내에 그 대표자를 변경하는 때에는 그러하지 아니함

- 수급자로부터 장기요양급여신청을 받은 때 장기요양급여를 거부한 경우
- 본인부담금을 면제하거나 감경하는 행위를 한 경우
- 수급자를 소개, 알선 또는 유인하는 행위 및 이를 조장하는 행위를 한 경우
- 장기요양요원에게 급여외행위의 제공을 요구하는 행위나 수급자가 부담하여야 할 본인부담금의 전부 또는 일부를 부담하도록 요구하는 행위를 한 경우
- 폐업 또는 휴업 신고를 하지 아니하고 1년 이상 장기요양급여를 제공하지 아니한 경우(반드시 취소하여야 함)
- 시정명령을 이행하지 아니하거나 회계부정 행위가 있는 경우
- 정당한 사유 없이 장기요양급여의 관리 · 평가에 따른 평가를 거부 · 방해 또는 기피하는 경우
- 거짓이나 그 밖의 부정한 방법으로 재가 및 시설 급여비용을 청구한 경우
- 장기요양급여에 관련된 자료제출 명령에 따르지 아니하거나 거짓으로 자료제출을 한 경우나 질문 또는 검사를 거부 · 방해 또는 기피하거나 거짓으로 답변한 경우
- 장기요양기관의 종사자 등이 '수급자의 신체에 폭행을 가하거나 상해를 입히는 행위, 수급자에게 성적 수치심을 주는 성폭행 · 성희롱 등의 행위, 자신의 보호 · 감독을 받는 수급자를 유기하거나 의식주를 포함한 기본적 보호 및 치료를 소홀히 하는 방임행위, 수급자를 위하여 증여 또는 급여된 금품을 그 목적 외의 용도에 사용하는 행위, 폭언 · 협박 · 위협 등으로 수급자의 정신건강에 해를 끼치는 정서적 학대행위'를 한 경우. 다만, 장기요양기관의 장이 그 행위를 방지하기 위하여 해당 업무에 관하여 상당한 주의와 감독을 게을리하지 아니한 경우는 제외함
- 업무정지기간 중에 장기요양급여를 제공한 경우(반드시 취소하여야 함)
- 사업자등록 또는 사업자등록이나 고유번호가 말소된 경우(반드시 취소하여야 함)
• 특별자치시장 · 특별자치도지사 · 시장 · 군수 · 구청장은 지정을 취소하거나 업무정지명령을 한 경우에는 지체 없이 그 내용을 공단에 통보하고, 보건복지부령으로 정하는 바에 따라 보건복지부장관에게 통보한다. 이 경우 시장 · 군수 · 구청장은 관할 특별시장 · 광역시장 또는 도지사를 거쳐 보건복지부장관에게 통보하여야 한다.
• 특별자치시장 · 특별자치도지사 · 시장 · 군수 · 구청장은 장기요양기관이

지정취소 또는 업무정지되는 경우에는 해당 장기요양기관을 이용하는 수급자의 권익을 보호하기 위하여 적극적으로 노력하여야 한다.

- 특별자치시장 · 특별자치도지사 · 시장 · 군수 · 구청장은 수급자의 권익을 보호하기 위하여 보건복지부령으로 정하는 비에 따라 다음의 조치를 하여야 한다.
  - 행정처분의 내용을 우편 또는 정보통신망 이용 등의 방법으로 수급자 또는 그 보호자에게 통보하는 조치
  - 해당 장기요양기관을 이용하는 수급자가 다른 장기요양기관을 선택하여 이용할 수 있도록 하는 조치
- 다음의 어느 하나에 해당하는 자는 장기요양기관으로 지정받을 수 없다.
  - 지정취소를 받은 후 3년이 지나지 아니한 자(법인인 경우 그 대표자를 포함)
  - 업무정지명령을 받고 업무정지기간이 지나지 아니한 자(법인인 경우 그 대표자를 포함)

4. 장기요양기관의 의무 등(제35조, 제35조의2)

- 장기요양기관은 수급자로부터 장기요양급여신청을 받은 때 장기요양급여의 제공을 거부하여서는 아니 된다. 다만, 입소정원에 여유가 없는 경우 등 정당한 사유가 있는 경우는 그러하지 아니하다.
- 장기요양기관은 장기요양급여의 제공 기준 · 절차 및 방법 등에 따라 장기요양급여를 제공하여야 한다.
- 장기요양기관의 장은 장기요양급여를 제공한 수급자에게 장기요양급여비용에 대한 명세서를 교부하여야 한다.
- 장기요양기관의 장은 장기요양급여 제공에 관한 자료를 기록 · 관리하여야 하며, 장기요양기관의 장 및 그 종사자는 장기요양급여 제공에 관한 자료를 거짓으로 작성하여서는 아니 된다.
- 장기요양기관은 면제받거나 감경받는 금액 외에 영리를 목적으로 수급자가 부담하는 재가 및 시설 급여비용(본인부담금)을 면제하거나 감경하는 행위를 하여서는 아니 된다.
- 누구든지 영리를 목적으로 금전, 물품, 노무, 향응, 그 밖의 이익을 제공하거나 제공할 것을 약속하는 방법으로 수급자를 장기요양기관에 소개, 알선 또는 유인하는 행위 및 이를 조장하는 행위를 하여서는 아니 된다.
- 장기요양기관의 장은 보건복지부령으로 정하는 재무 · 회계에 관한 기준에

따라 장기요양기관을 투명하게 운영하여야 한다.

5. 장기요양기관의 폐업 등 신고(제36조, 제36조의2)

- 장기요양기관의 장은 폐업하거나 휴업하고자 하는 경우 폐업이나 휴업 예정일 전 30일까지 특별자치시장·특별자치도지사·시장·군수·구청장에게 신고하여야 한다. 신고를 받은 특별자치시장·특별자치도지사·시장·군수·구청장은 지체 없이 신고 명세를 공단에 통보하여야 한다.
- 특별자치시장·특별자치도지사·시장·군수·구청장은 장기요양기관의 장이 유효기간이 끝나기 30일 전까지 지정 갱신 신청을 하지 아니하는 경우 그 사실을 공단에 통보하여야 한다.
- 장기요양기관의 장은 장기요양기관을 폐업하거나 휴업하려는 경우 또는 장기요양기관의 지정 갱신을 하지 아니하려는 경우 수급자의 권익을 보호하기 위하여 다음의 조치를 취하여야 한다.
  - 해당 장기요양기관을 이용하는 수급자가 다른 장기요양기관을 선택하여 이용할 수 있도록 계획을 수립하고 이행하는 조치
  - 해당 장기요양기관에서 수급자가 부담한 비용 중 정산하여야 할 비용이 있는 경우 이를 정산하는 조치
  - 그 밖에 수급자의 권익 보호를 위하여 필요하다고 인정되는 조치로서 보건복지부령으로 정하는 조치
- 특별자치시장·특별자치도지사·시장·군수·구청장은 폐업·휴업 신고를 접수한 경우 또는 장기요양기관의 장이 유효기간이 끝나기 30일 전까지 지정 갱신 신청을 하지 아니한 경우 장기요양기관의 장이 수급자의 권익을 보호하기 위한 조치를 취하였는지의 여부를 확인하고, 인근지역에 대체 장기요양기관이 없는 경우 등 장기요양급여에 중대한 차질이 우려되는 때에는 장기요양기관의 폐업·휴업 철회 또는 지정 갱신 신청을 권고하거나 그 밖의 다른 조치를 강구하여야 한다.
- 특별자치시장·특별자치도지사·시장·군수·구청장은 노인의료복지시설 등(장기요양기관이 운영하는 시설인 경우에 한함)에 대하여 사업정지 또는 폐지 명령을 하는 경우 지체 없이 공단에 그 내용을 통보하여야 한다.
- 특별자치시장·특별자치도지사·시장·군수·구청장은 '폐쇄회로 텔레비전의 설치·관리 및 영상정보의 보관기준을 위반한 경우, 장기요양기관 재무·회계기준을 위반한 경우'의 어느 하나에 해당하는 장기요양기관에 대하여 6개월 이내의 범위에서 일정한 기간을 정하여 시정을 명할 수 있다.

기출회차

3 4 5
6 7 8 9 10
11 12 **13** 14 15
16 17 18 19 20
21 22

강의로 복습하는 기출회독 시리즈

Keyword 239

5 권리보호

1. 수급자의 권리보호

(1) 심사청구

장기요양인정 · 장기요양등급 · 장기요양급여 · 부당이득 · 장기요양급여비용 또는 장기요양보험료 등에 관한 공단의 처분에 이의가 있는 자는 공단에 심사청구를 할 수 있다. 심사청구는 그 처분이 있음을 안 날부터 90일 이내에 문서로 하여야 하며, 처분이 있은 날부터 180일을 경과하면 이를 제기하지 못한다. 다만, 정당한 사유로 그 기간에 심사청구를 할 수 없었음을 증명하면 그 기간이 지난 후에도 심사청구를 할 수 있다. 심사청구 사항을 심사하기 위하여 공단에 장기요양심사위원회를 둔다.

(2) 재심사청구

심사청구에 대한 결정에 불복하는 사람은 그 결정통지를 받은 날부터 90일 이내에 장기요양재심사위원회에 재심사를 청구할 수 있다. 재심사위원회는 보건복지부장관 소속으로 두고, 위원장 1인을 포함한 20인 이내의 위원으로 구성한다. 재심사위원회의 위원은 관계 공무원, 법학, 그 밖에 장기요양사업 분야의 학식과 경험이 풍부한 자 중에서 보건복지부장관이 임명 또는 위촉한다. 이 경우 공무원이 아닌 위원이 전체 위원의 과반수가 되도록 하여야 한다. 재심사위원회의 재심사에 관한 절차에 관하여는 행정심판법을 준용하며, 재심사청구 사항에 대한 재심사위원회의 재심사를 거친 경우에는 행정심판을 청구할 수 없다.

(3) 행정소송

공단의 처분에 이의가 있는 자와 심사청구 또는 재심사청구에 대한 결정에 불복하는 자는 행정소송법으로 정하는 바에 따라 행정소송을 제기할 수 있다.

(4) 비밀누설금지

특별자치시 · 특별자치도 · 시 · 군 · 구에 종사하고 있거나 종사한 자, 공단 · 등급판정위원회 · 장기요양위원회 · 공표심의위원회 · 심사위원회 · 재심 사위원회 및 장기요양기관에 종사하고 있거나 종사한 자, 가족요양비 · 특례 요양비 및 요양병원간병비와 관련된 급여를 제공한 자는 업무수행 중 알게 된 비밀을 누설하여서는 아니 된다.

(5) 수급권의 보호

장기요양급여를 받을 권리는 양도 또는 압류하거나 담보로 제공할 수 없다. 특별현금급여 수급계좌의 예금에 관한 채권은 압류할 수 없다.

2. 벌칙 등

(1) 3년 이하의 징역 또는 3천만원 이하의 벌금

- 거짓이나 그 밖의 부정한 방법으로 장기요양급여비용을 청구한 자
- 폐쇄회로 텔레비전의 설치 목적과 다른 목적으로 폐쇄회로 텔레비전을 임 의로 조작하거나 다른 곳을 비추는 행위를 한 자
- 폐쇄회로 텔레비전의 녹음기능을 사용하거나 보건복지부령으로 정하는 저 장장치 이외의 장치 또는 기기에 영상정보를 저장한 자

(2) 2년 이하의 징역 또는 2천만원 이하의 벌금

- 지정받지 아니하고 장기요양기관을 운영하거나 거짓이나 그 밖의 부정한 방법으로 지정받은 자
- 영상정보의 안전성 확보에 필요한 조치를 하지 아니하여 영상정보를 분 실 · 도난 · 유출 · 변조 또는 훼손당한 자
- 본인부담금을 면제 또는 감경하는 행위를 한 자
- 수급자를 소개, 알선 또는 유인하는 행위를 하거나 이를 조장한 자
- 업무수행 중 알게 된 비밀을 누설한 자

(3) 1년 이하의 징역 또는 1천만원 이하의 벌금

- 정당한 사유 없이 장기요양급여의 제공을 거부한 자
- 거짓이나 그 밖의 부정한 방법으로 장기요양급여를 받거나 다른 사람으로 하여금 장기요양급여를 받게 한 자
- 정당한 사유 없이 권익보호조치를 하지 아니한 사람
- 지정취소 또는 업무정지되는 장기요양기관에서 수급자가 부담한 비용을 정 산하지 아니한 자

(4) 1천만원 이하의 벌금

자료제출 명령에 따르지 아니하거나 거짓으로 자료제출을 한 장기요양기관 또는 의료기관이나 질문 또는 검사를 거부·방해 또는 기피하거나 거짓으로 답변한 장기요양기관 또는 의료기관은 1천만원 이하의 벌금에 처한다.

(5) 500만원 이하의 과태료

- 장기요양기관의 시설·인력에 관한 변경을 위반하여 변경지정을 받지 아니하거나 변경신고를 하지 아니한 자 또는 거짓이나 그 밖의 부정한 방법으로 변경지정을 받거나 변경신고를 한 자
- 장기요양기관에 관한 정보를 게시하지 아니하거나 거짓으로 게시한 자
- 수급자에게 장기요양급여비용에 대한 명세서를 교부하지 아니하거나 거짓으로 교부한 자
- 장기요양급여 제공 자료를 기록·관리하지 아니하거나 거짓으로 작성한 자
- 장기요양요원에게 급여외행위의 제공을 요구하는 행위나 수급자가 부담하여야 할 본인부담금의 전부 또는 일부를 부담하도록 요구하는 행위를 한 자
- 특별자치시장·특별자치도지사·시장·군수·구청장은 장기요양요원의 고충에 대한 사실확인을 위한 조사를 실시한 후 필요하다고 인정되는 경우에는 장기요양기관의 장에게 적절한 조치를 하도록 통보하는데, 이와 관련된 적절한 조치를 하지 아니한 자
- 폐업·휴업 신고 또는 자료이관을 하지 아니하거나 거짓이나 그 밖의 부정한 방법으로 신고한 자
- 행정제재처분을 받았거나 그 절차가 진행 중인 사실을 양수인 등에게 지체없이 알리지 아니한 자
- 거짓이나 그 밖의 부정한 방법으로 수급자에게 장기요양급여비용을 부담하게 한 자
- 보고 또는 자료제출 요구·명령에 따르지 아니하거나 거짓으로 보고 또는 자료제출을 한 자나 질문 또는 검사를 거부·방해 또는 기피하거나 거짓으로 답변한 자
- 거짓이나 그 밖의 부정한 방법으로 장기요양급여비용 청구에 가담한 자
- 유사명칭의 사용금지를 위반하여 노인장기요양보험 또는 이와 유사한 용어를 사용한 자

(6) 300만원 이하의 과태료

- 폐쇄회로 텔레비전을 설치하지 아니하거나 설치·관리의무를 위반한 자
- 폐쇄회로 텔레비전 영상정보의 열람 요청에 응하지 아니한 자

10장 사회서비스법

한눈에 쏙!		중요도	
❶ 노인복지법	1. 개요		
	2. 보건·복지조치와 노인복지시설	★★	22회 기출 🏆
	3. 노인학대 예방 조치	★★★	
	4. 심사청구 및 벌칙		
❷ 아동복지법	1. 개요		22회 기출 🏆
	2. 아동에 대한 지원서비스 및 시설	★★	22회 기출 🏆
	3. 아동학대 예방 조치	★★★	
	4. 아동 관련 행정기관 등		22회 기출 🏆
	5. 수급자의 권리보호		
❸ 장애인복지법	1. 개요	★★★	
	2. 장애인의 종류·등록 등	★★	
	3. 장애인 복지조치 및 시설 등	★★★	
	4. 수급자의 권리보호		
❹ 한부모가족지원법	1. 개요	★★★	22회 기출 🏆
	2. 한부모가족복지서비스 및 시설	★	22회 기출 🏆
	3. 수급자의 권리보호		
❺ 기타 사회서비스법	1. 영유아보육법		
	2. 정신건강증진 및 정신질환자 복지서비스 지원에 관한 법률		
	3. 다문화가족지원법	★★	
	4. 자원봉사활동기본법	★	
	5. 가정폭력방지 및 피해자보호 등에 관한 법률	★★	
	6. 성폭력방지 및 피해자보호 등에 관한 법률	★	
	7. 사회복지공동모금회법	★★	22회 기출 🏆

기출경향 살펴보기

이 장의 기출 포인트

평균 5문제 이상 출제되고 있다. 노인복지법, 아동복지법, 장애인복지법, 한부모가족지원법의 출제비중이 높으며, 기타 사회서비스법 중 사회복지공동모금회법, 다문화가족지원법, 가정폭력방지 및 피해자보호 등에 관한 법률, 자원봉사활동기본법 등이 자주 출제되고 있다. 최근 시험에서는 기타 사회서비스법에서 2~3문제가 출제되는 등 기타 사회서비스법의 출제비중이 높아지는 경향을 보이고 있다.

최근 5개년 출제 분포도

연도별 그래프

문항수

회차	문항수
18	7
19	6
20	5
21	5
22	4

평균출제문항수

5.4 문항

2단계 학습전략

데이터의 힘을 믿으세요!
강의로 복습하는 **기출회독 시리즈**

3회독 복습과정을 통해
최신 기출경향 파악

최근 10개년 핵심 키워드

기출회독 240	노인복지법	8문항
기출회독 241	아동복지법	9문항
기출회독 242	장애인복지법	8문항
기출회독 243	한부모가족지원법	7문항
기출회독 244	영유아보육법	1문항

기출회독 245	사회복지공동모금회법	5문항
기출회독 246	다문화가족지원법	3문항
기출회독 247	자원봉사활동기본법	3문항
기출회독 248	가정폭력방지 및 피해자보호 등에 관한 법률	5문항
기출회독 249	성폭력방지 및 피해자보호 등에 관한 법률	4문항

기본개념 완성을 위한 **학습자료 제공**

기본개념 강의, 기본쌓기 문제, OX 퀴즈, 기출문제, 정오표, 묻고답하기, 지식창고, 보충자료 등을 **아임패스**를 통해 만나실 수 있습니다.

1절 노인복지법

[시행 2024.8.7 / 법률 제20212호 / 개정 2024.2.6]

한눈에 쏙!   중요도

❶ 개요
- 1. 목적 및 기본이념
- 2. 용어의 정의
- 3. 기타 사항
- 4. 노인의 날 등

❷ 보건 · 복지조치와 노인복지시설
- 1. 보건 · 복지조치 ★★ 22회 기출
- 2. 노인복지시설의 설치 · 운영 ★★★ 22회 기출
- 3. 요양보호사 및 요양보호사 교육기관
- 4. 비용
- 5. 변경 · 폐지 등

❸ 노인학대 예방 조치
- 1. 노인에 대한 금지행위
- 2. 긴급전화의 설치
- 3. 노인학대 신고의무와 절차 ★★★
- 4. 실종노인에 관한 신고의무
- 5. 노인관련기관의 취업제한 등

❹ 이의신청 및 벌칙
- 1. 이의신청 등
- 2. 벌칙 등
- 3. 청문

1 개요

기출회차

		3	4	5
6	7	8	9	10
11	12	13	14	15
16	17	18	19	20
21	22			

강의로 복습하는 기출회독 시리즈

Keyword 240

1. 목적 및 기본이념

(1) 목적(제1조)

노인복지법은 노인의 질환을 사전예방 또는 조기발견하고 질환상태에 따른 적절한 치료 · 요양으로 심신의 건강을 유지하고, 노후의 생활안정을 위하여 필요한 조치를 강구함으로써 노인의 보건복지 증진에 기여함을 목적으로 한다.

(2) 기본이념(제2조~제4조)

① 노후생활보장

노인은 후손의 양육과 국가 및 사회의 발전에 기여하여 온 자로서 존경받으며 건전하고 안정된 생활을 보장받는다.

② 사회참여의 기회보장

노인은 그 능력에 따라 적당한 일에 종사하고 사회적 활동에 참여할 기회를 보장받는다.

③ 사회발전에 기여

노인은 노령에 따르는 심신의 변화를 자각하여 항상 심신의 건강을 유지하고 그 지식과 경험을 활용하여 사회의 발전에 기여하도록 노력하여야 한다.

④ 가족제도의 유지 · 발전

국가와 국민은 경로효친의 미풍양속에 따른 건전한 가족제도가 유지 · 발전되도록 노력하여야 한다.

⑤ 보건복지 증진의 책임

• 국가와 지방자치단체는 노인의 보건 및 복지증진의 책임이 있으며, 이를

위한 시책을 강구하여 추진하여야 한다.

- 국가와 지방자치단체는 위의 규정에 의한 시책을 강구함에 있어 노인복지법에 규정된 기본이념이 구현되도록 노력하여야 한다.
- 노인의 일상생활에 관련되는 사업을 경영하는 자는 그 사업을 경영함에 있어 노인의 보건복지가 증진되도록 노력하여야 한다.

2. 용어의 정의

(1) 부양의무자
배우자와 직계비속 및 그 배우자(사실상의 혼인관계에 있는 자를 포함)를 말한다.

(2) 보호자
부양의무자 또는 업무·고용 등의 관계로 사실상 노인을 보호하는 자를 말한다.

(3) 치매
퇴행성 뇌질환 또는 뇌혈관계 질환 등으로 인하여 기억력, 언어능력, 지남력, 판단력 및 수행능력 등의 기능이 저하됨으로써 일상생활에서 지장을 초래하는 후천적인 다발성 장애를 말한다.

(4) 노인학대 ★꼭!
노인에 대하여 신체적·정신적·정서적·성적 폭력 및 경제적 착취 또는 가혹행위를 하거나 유기 또는 방임하는 것을 말한다.

(5) 노인학대관련범죄
보호자에 의한 65세 이상 노인에 대한 노인학대를 말한다.

3. 기타 사항

(1) 노인실태조사(제5조) ★꼭!
- 보건복지부장관은 노인의 보건 및 복지에 관한 실태조사를 3년마다 실시하고 그 결과를 공표하여야 한다.

- 보건복지부장관은 실태조사를 위하여 관계 기관·법인·단체·시설의 장에게 필요한 자료의 제출 또는 의견의 진술을 요청할 수 있다. 이 경우 관계 기관·법인·단체·시설의 장은 정당한 사유가 없으면 그 요청에 따라야 한다.

(2) 인권교육(제6조의3)

- 노인복지시설 중 대통령령으로 정하는 시설을 설치·운영하는 자와 그 종사자는 인권에 관한 교육을 받아야 한다.
- 노인복지시설 중 대통령령으로 정하는 시설을 설치·운영하는 자는 해당 시설을 이용하고 있는 노인들에게 인권교육을 실시할 수 있다.
- 보건복지부장관은 인권교육을 효율적으로 실시하기 위하여 인권교육기관을 지정할 수 있다. 이 경우 예산의 범위에서 인권교육에 소요되는 비용을 지원할 수 있으며, 지정을 받은 인권교육기관은 보건복지부장관의 승인을 받아 인권교육에 필요한 비용을 교육대상자로부터 징수할 수 있다.
- 보건복지부장관은 지정을 받은 인권교육기관이 다음의 어느 하나에 해당하면 그 지정을 취소하거나 6개월 이내의 기간을 정하여 업무를 정지할 수 있다. 다만, 거짓이나 그 밖의 부정한 방법으로 지정을 받은 경우에 해당하면 그 지정을 취소하여야 한다.
  - 거짓이나 그 밖의 부정한 방법으로 지정을 받은 경우
  - 보건복지부령으로 정하는 지정요건을 갖추지 못하게 된 경우
  - 인권교육의 수행능력이 현저히 부족하다고 인정되는 경우

(3) 노인복지상담원(제7조)

노인의 복지를 담당하게 하기 위하여 특별자치도와 시·군·구에 노인복지상담원을 둔다.

(4) 노인전용주거시설(제8조)

국가 또는 지방자치단체는 노인의 주거에 적합한 기능 및 설비를 갖춘 주거용 시설의 공급을 조장하여야 하며, 그 주거용 시설의 공급자에 대하여 적절한 지원을 할 수 있다.

(5) 노인복지명예지도원(제51조)

복지실시기관은 양로시설, 노인공동생활가정, 노인복지주택, 노인요양시설 및 노인요양공동생활가정의 입소노인의 보호를 위하여 노인복지명예지도원을 둘 수 있다.

4. 노인의 날 등

- 노인에 대한 사회적 관심과 공경의식을 높이기 위하여 매년 10월 2일을 노인의 날로, 매년 10월을 경로의 달로 한다.
- 부모에 대한 효사상을 앙양하기 위하여 매년 5월 8일을 어버이날로 한다.
- 범국민적으로 노인학대에 대한 인식을 높이고 관심을 유도하기 위하여 매년 6월 15일을 노인학대예방의 날로 지정하고, 국가와 지방자치단체는 노인학대예방의 날의 취지에 맞는 행사와 홍보를 실시하도록 노력하여야 한다.

2 보건·복지조치와 노인복지시설

기출회차

		3	4	5
6	7	8	9	10
11	12	13	14	15
16	17	18	19	20
21	22			

강의로 복습하는 기출회독 시리즈

Keyword 240

1. 보건·복지조치 22회 기출 🏆

(1) 노인의 사회참여 지원(제23조)

국가 또는 지방자치단체는 노인의 사회참여 확대를 위하여 노인의 지역봉사 활동기회를 넓히고 노인에게 적합한 직종의 개발과 그 보급을 위한 시책을 강구하며 근로능력 있는 노인에게 일할 기회를 우선적으로 제공하도록 노력하여야 한다. 국가 또는 지방자치단체는 노인의 지역봉사 활동 및 취업의 활성화를 기하기 위하여 노인 지역봉사기관, 노인 취업알선기관 등 노인복지 관계기관에 대하여 필요한 지원을 할 수 있다.

중요도 ★ ★

노인복지법상의 보건·복지조치에 해당하는 내용을 묻는 유형으로 주로 출제되었다. 단독 문제로 출제되지는 않더라도 노인복지법의 전반적인 내용을 묻는 문제에서 선택지로 자주 등장하는 영역이므로 반드시 꼼꼼하게 정리해두도록 하자. 22회 시험에서는 노인복지법의 전반적인 내용을 묻는 문제에서 노인일자리전담기관에 관한 내용이 선택지로 출제되었다.

한걸음 더 ── 노인일자리전담기관

2023.10.31.에 「노인 일자리 및 사회활동 지원에 관한 법률」이 신규제정되면서 노인일자리전담기관에 관한 내용이 노인복지법에서는 삭제되었다. 해당 내용은 「노인 일자리 및 사회활동 지원에 관한 법률」 제9조에서 명시되고 있다.

- 노인의 능력과 적성에 맞는 노인 일자리 및 사회활동 지원사업을 전문적·체계적으로 수행하기 위한 전담기관은 다음의 기관으로 한다.
  - 노인인력개발기관: 노인일자리개발·보급사업, 현장의견청취·조사사업, 교육·홍보 및 협력사업, 프로그램인증·평가사업 등을 지원하는 기관
  - 노인일자리지원기관: 지역사회 등에서 노인일자리의 개발·지원, 창업·육성, 안전관리 및 노인에 의한 재화의 생산·판매 등을 직접 담당하는 기관
  - 노인취업알선기관: 노인에게 취업 상담 및 정보를 제공하거나 노인일자리를 알선하는 기관
- 국가 및 지방자치단체는 노인일자리전담기관을 설치·운영하거나 그 운영의 전부 또는 일부를 법인·단체 등에 위탁할 수 있다. 노인일자리지원기관의 경우 시니어클럽 등에 위탁할 수 있다.

(2) 지역봉사지도원 위촉 및 업무(제24조)

국가 또는 지방자치단체는 사회적 신망과 경험이 있는 노인으로서 지역봉사를 희망하는 경우에는 이를 지역봉사지도원으로 위촉할 수 있다. 지역봉사지도원의 업무에는 '국가 또는 지방자치단체가 행하는 업무 중 민원인에 대한 상담 및 조언, 도로의 교통정리, 주·정차단속의 보조, 자연보호 및 환경침

해 행위단속의 보조와 청소년 선도, 충효사상 · 전통의례 등 전통문화의 전수교육, 국가유산의 보호 및 안내, 노인에 대한 교통안전 및 교통사고예방 교육, 기타 대통령령이 정하는 업무' 등이 있다.

(3) 생업지원(제25조)

국가, 지방자치단체, 그 밖의 공공단체 중 대통령령으로 정하는 기관은 소관 공공시설에 식료품 · 사무용품 · 신문 등 일상생활용품의 판매를 위한 매점이나 자동판매기의 설치를 허가 또는 위탁할 때에는 65세 이상 노인의 신청이 있는 경우 이를 우선적으로 반영하여야 한다.

(4) 경로우대(제26조)

국가 또는 지방자치단체는 65세 이상의 자에 대하여 대통령령이 정하는 바에 의하여 국가 또는 지방자치단체의 수송시설 및 고궁 · 능원 · 박물관 · 공원 등의 공공시설을 무료로 또는 그 이용요금을 할인하여 이용하게 할 수 있다. 그리고 노인의 일상생활에 관련된 사업을 경영하는 자에게 65세 이상의 자에 대하여 그 이용요금을 할인하여 주도록 권유할 수 있다.

(5) 건강진단(제27조)

국가 또는 지방자치단체는 대통령령이 정하는 바에 의하여 65세 이상의 자에 대하여 건강진단과 보건교육을 실시할 수 있다. 이 경우 보건복지부령으로 정하는 바에 따라 성별 다빈도질환 등을 반영하여야 한다. 국가 또는 지방자치단체는 건강진단 결과 필요하다고 인정한 때에는 그 건강진단을 받은 자에 대하여 필요한 지도를 하여야 한다.

(6) 독거노인 지원(제27조의2)

국가 또는 지방자치단체는 홀로 사는 노인에 대하여 방문요양과 돌봄 등의 서비스와 안전확인 등의 보호조치를 취하여야 한다. 국가 또는 지방자치단체는 사업을 노인 관련 기관 · 단체에 위탁할 수 있으며, 예산의 범위에서 그 사업 및 운영에 필요한 비용을 지원할 수 있다.

(7) 독거노인종합지원센터(제27조의3)

• 보건복지부장관은 홀로 사는 노인에 대한 돌봄과 관련된 다음의 사업을 수행하기 위하여 독거노인종합지원센터를 설치 · 운영할 수 있다.
  – 홀로 사는 노인에 대한 정책 연구 및 프로그램의 개발
  – 홀로 사는 노인에 대한 현황조사 및 관리

- 홀로 사는 노인 돌봄사업 종사자에 대한 교육
- 홀로 사는 노인에 대한 돌봄사업의 홍보, 교육교재 개발 및 보급
- 홀로 사는 노인에 대한 돌봄사업의 수행기관 지원 및 평가
- 관련 기관 협력체계의 구축 및 교류
- 홀로 사는 노인에 대한 기부문화 조성을 위한 기부금품의 모집, 접수 및 배부
- 그 밖에 홀로 사는 노인의 돌봄을 위하여 보건복지부장관이 위탁하는 업무

• 보건복지부장관은 독거노인종합지원센터의 운영을 전문 인력과 시설을 갖춘 법인 또는 단체에 위탁할 수 있다.

(8) 노인성 질환에 대한 의료지원(제27조의4)

국가 또는 지방자치단체는 노인성 질환자의 경제적 부담능력 등을 고려하여 노인성 질환의 예방교육, 조기발견 및 치료 등에 필요한 비용의 전부 또는 일부를 지원할 수 있다.

(9) 상담 · 입소 조치(제28조)

보건복지부장관, 특별시장 · 광역시장 · 특별자치시장 · 도지사 · 특별자치도지사(시 · 도지사), 시장 · 군수 · 구청장은 노인에 대한 복지를 도모하기 위하여 필요하다고 인정한 때에는 '65세 이상의 자 또는 그를 보호하고 있는 자를 관계 공무원 또는 노인복지상담원으로 하여금 상담 · 지도하게 하고, 65세 이상의 자로서 신체적 · 정신적 · 경제적 이유 또는 환경상의 이유로 거택에서 보호받기가 곤란한 자를 노인주거복지시설 또는 재가노인복지시설에 입소시키거나 입소를 위탁하며, 65세 이상의 자로서 신체 또는 정신상의 현저한 결함으로 인하여 항상 보호를 필요로 하고 경제적 이유로 거택에서 보호받기가 곤란한 자를 노인의료복지시설에 입소시키거나 입소를 위탁하는 조치'를 하여야 한다.

(10) 노인재활요양사업(제30조)

국가 또는 지방자치단체는 신체적 · 정신적으로 재활요양을 필요로 하는 노인을 위한 재활요양사업을 실시할 수 있다.

2. 노인복지시설의 설치 · 운영 22회 기출 🏆

노인복지시설의 종류

노인주거 복지시설	양로시설	노인을 입소시켜 급식과 그 밖에 일상생활에 필요한 편의를 제공함을 목적으로 하는 시설
	노인공동 생활가정	노인들에게 가정과 같은 주거여건과 급식, 그 밖에 일상생활에 필요한 편의를 제공함을 목적으로 하는 시설
	노인복지주택	노인에게 주거시설을 임대하여 주거의 편의 · 생활지도 · 상담 및 안전관리 등 일상생활에 필요한 편의를 제공함을 목적으로 하는 시설
노인의료 복지시설	노인요양시설	치매 · 중풍 등 노인성질환 등으로 심신에 상당한 장애가 발생하여 도움을 필요로 하는 노인을 입소시켜 급식 · 요양과 그 밖에 일상생활에 필요한 편의를 제공함을 목적으로 하는 시설
	노인요양공동 생활가정	치매 · 중풍 등 노인성질환 등으로 심신에 상당한 장애가 발생하여 도움을 필요로 하는 노인에게 가정과 같은 주거여건과 급식 · 요양, 그 밖에 일상생활에 필요한 편의를 제공함을 목적으로 하는 시설
노인여가 복지시설	노인복지관	노인의 교양 · 취미생활 및 사회참여활동 등에 대한 각종 정보와 서비스를 제공하고, 건강증진 및 질병예방과 소득보장 · 재가복지, 그 밖에 노인의 복지증진에 필요한 서비스를 제공함을 목적으로 하는 시설
	경로당	지역노인들이 자율적으로 친목도모 · 취미활동 · 공동작업장 운영 및 각종 정보교환과 기타 여가활동을 할 수 있도록 하는 장소를 제공함을 목적으로 하는 시설
	노인교실	노인들에 대하여 사회활동 참여욕구를 충족시키기 위하여 건전한 취미생활 · 노인건강유지 · 소득보장 기타 일상생활과 관련한 학습프로그램을 제공함을 목적으로 하는 시설
재가노인 복지시설	방문요양서비스	가정에서 일상생활을 영위하고 있는 노인으로서 신체적 · 정신적 장애로 어려움을 겪고 있는 노인에게 필요한 각종 편의를 제공하여 지역사회 안에서 건전하고 안정된 노후를 영위하도록 하는 서비스
	주 · 야간보호 서비스	부득이한 사유로 가족의 보호를 받을 수 없는 심신이 허약한 노인과 장애노인을 주간 또는 야간 동안 보호시설에 입소시켜 필요한 각종 편의를 제공하여 이들의 생활안정과 심신기능의 유지 · 향상을 도모하고, 그 가족의 신체적 · 정신적 부담을 덜어주기 위한 서비스
	단기보호서비스	부득이한 사유로 가족의 보호를 받을 수 없어 일시적으로 보호가 필요한 심신이 허약한 노인과 장애노인을 보호시설에 단기간 입소시켜 보호함으로써 노인 및 노인가정의 복지증진을 도모하기 위한 서비스
	방문 목욕서비스	목욕장비를 갖추고 재가노인을 방문하여 목욕을 제공하는 서비스
	그 밖의 서비스	재가노인지원서비스, 방문간호서비스, 복지용구지원서비스
노인보호전문기관		노인학대 예방
노인일자리지원기관		지역사회 등에서 노인일자리의 개발 · 지원, 창업 · 육성 및 노인에 의한 재화의 생산 · 판매 등을 직접 담당하는 기관
학대피해노인 전용쉼터		학대피해노인을 일정기간 보호하고 심신 치유 프로그램을 제공

※ 노인주거복지시설, 노인의료복지시설, 노인여가복지시설 및 재가노인복지시설의 경우 이 법에 따라 설치신고를 한 경우 사회복지사업법상 사회복지시설 설치신고를 한 것으로 본다.

(1) 노인주거복지시설 ★꼭!

- 시설의 설치: 국가 또는 지방자치단체는 노인주거복지시설을 설치할 수 있다. 국가 또는 지방자치단체 외의 자가 노인주거복지시설을 설치하고자 하는 경우에는 특별자치시장·특별자치도지사·시장·군수·구청장에게 신고하여야 한다.
- 노인복지주택 입소자격 등: 60세 이상의 노인으로 한다. 다만, 입소자격자의 배우자, 입소자격자가 부양을 책임지고 있는 24세 미만의 자녀·손자녀, 보건복지부령으로 정하는 장애로 인하여 입소자격자가 부양을 책임지고 있는 24세 이상의 자녀·손자녀는 입소자격자와 함께 입소할 수 있다. 노인복지주택을 설치하거나 설치하려는 자는 노인복지주택을 입소자격자에게 임대하여야 한다. 노인복지주택을 임차한 자는 해당 노인주거시설을 입소자격자가 아닌 자에게 다시 임대할 수 없다. 입소자격자가 사망하거나 노인복지주택에 거주하지 아니하는 경우 노인복지주택에 입소한 입소자격자의 배우자 및 자녀·손자녀는 보건복지부령으로 정하는 기간 내에 퇴소하여야 한다. 다만, 입소자격자의 해외 체류 등 보건복지부령으로 정하는 부득이한 사유가 있는 경우에는 그러하지 아니하다. 시장·군수·구청장은 필요한 경우 입소자격 여부 및 입소자격자의 사망 또는 실제 거주 여부를 조사할 수 있으며, 조사 결과 입소부자격자가 발견되면 퇴소하도록 하는 등 적절한 조치를 취하여야 한다.

(2) 노인의료복지시설 ★꼭!

국가 또는 지방자치단체는 노인의료복지시설을 설치할 수 있다. 국가 또는 지방자치단체 외의 자가 노인의료복지시설을 설치하고자 하는 경우에는 시장·군수·구청장에게 신고하여야 한다.

(3) 노인여가복지시설 ★꼭!

국가 또는 지방자치단체는 노인여가복지시설을 설치할 수 있다. 국가 또는 지방자치단체 외의 자가 노인여가복지시설을 설치하고자 하는 경우에는 시장·군수·구청장에게 신고하여야 한다. 국가 또는 지방자치단체는 예산의 범위 내에서 경로당에 대하여 정부관리양곡 구입비 및 냉난방 비용의 전부 또는 일부를 보조할 수 있다. 또한 전기판매사업자, 전기통신사업자, 도시가스사업자 및 수도사업자는 경로당에 대하여 각각의 요금을 감면할 수 있다.

(4) 재가노인복지시설 ★꼭!

국가 또는 지방자치단체는 재가노인복지시설을 설치할 수 있다. 국가 또는 지방자치단체 외의 자가 재가노인복지시설을 설치하고자 하는 경우에는 시장 · 군수 · 구청장에게 신고하여야 한다.

(5) 노인보호전문기관 ⭐

- 국가는 지역 간의 연계체계를 구축하고 노인학대를 예방하기 위하여 다음의 업무를 담당하는 중앙노인보호전문기관을 설치 · 운영하여야 한다.
  - 노인인권보호 관련 정책제안
  - 노인인권보호를 위한 연구 및 프로그램의 개발
  - 노인학대 예방의 홍보, 교육자료의 제작 및 보급
  - 노인보호전문사업 관련 실적 취합, 관리 및 대외자료 제공
  - 지역노인보호전문기관의 관리 및 업무지원
  - 지역노인보호전문기관 상담원의 심화교육
  - 관련 기관 협력체계의 구축 및 교류
  - 노인학대 분쟁사례 조정을 위한 중앙노인학대사례판정위원회 운영
  - 그 밖에 노인의 보호를 위하여 대통령령으로 정하는 사항
- 학대받는 노인의 발견 · 보호 · 치료 등을 신속히 처리하고 노인학대를 예방하기 위하여 다음의 업무를 담당하는 지역노인보호전문기관을 시 · 도에 둔다.
  - 노인학대 신고전화의 운영 및 사례접수
  - 노인학대 의심사례에 대한 현장조사
  - 피해노인 및 노인학대자에 대한 상담
  - 피해노인에 대한 법률 지원의 요청
  - 피해노인가족 관련자와 관련 기관에 대한 상담
  - 상담 및 서비스제공에 따른 기록과 보관
  - 일반인을 대상으로 한 노인학대 예방교육
  - 노인학대행위자를 대상으로 한 재발방지 교육
  - 노인학대사례 판정을 위한 지역노인학대사례판정위원회 운영 및 자체사례회의 운영
  - 그 밖에 노인의 보호를 위하여 보건복지부령으로 정하는 사항
- 보건복지부장관 및 시 · 도지사는 노인학대예방사업을 목적으로 하는 비영리법인을 지정하여 중앙노인보호전문기관과 지역노인보호전문기관의 운영을 위탁할 수 있다.

(6) 노인일자리지원기관

지역사회 등에서 노인일자리의 개발 · 지원, 창업 · 육성, 안전관리 및 노인에 의한 재화의 생산 · 판매 등을 직접 담당하는 기관이다.

잠깐!

2023.10.31.에 「노인 일자리 및 사회활동 지원에 관한 법률」이 신규제정되면서 노인복지시설의 종류 중 노인일자리지원기관은 「노인 일자리 및 사회활동 지원에 관한 법률」에 따른 시설이 되었다.

(7) 학대피해노인 전용쉼터

- 국가와 지방자치단체는 노인학대로 인하여 피해를 입은 노인을 일정기간 보호하고 심신 치유 프로그램을 제공하기 위하여 학대피해노인 전용쉼터를 설치 · 운영할 수 있으며, 쉼터의 업무는 다음과 같다.
  - 학대피해노인의 보호와 숙식제공 등의 쉼터생활 지원
  - 학대피해노인의 심리적 안정을 위한 전문심리상담 등 치유프로그램 제공
  - 노인학대행위자에 대한 고소 · 고발 등 법률적 사항의 자문을 위한 대한변호사협회, 지방변호사회 또는 법률구조법인 등에 대한 협조 및 지원 요청
  - 학대피해노인에게 학대로 인한 신체적, 정신적 치료를 위한 기본적인 의료비 지원
  - 학대 재발 방지와 원가정 회복을 위하여 노인학대행위자 등에게 전문상담서비스 제공
  - 그 밖에 쉼터에 입소하거나 쉼터를 이용하는 학대피해노인을 위하여 보건복지부령으로 정하는 사항
- 국가와 지방자치단체는 쉼터의 운영업무를 노인보호전문기관에 위탁할 수 있다. 이 경우 국가와 지방자치단체는 위탁에 소요되는 비용을 지원할 수 있다.

3. 요양보호사 및 요양보호사 교육기관

(1) 요양보호사 ★꼭!

- 노인복지시설의 설치 · 운영자는 보건복지부령으로 정하는 바에 따라 노인 등의 신체활동 또는 가사활동 지원 등의 업무를 전문적으로 수행하는 요양보호사를 두어야 한다.
- 요양보호사가 되려는 사람은 요양보호사 교육기관에서 교육과정을 마치고 시 · 도지사가 실시하는 요양보호사 자격시험에 합격하여야 한다. 시 · 도지사는 요양보호사 자격시험에 합격한 사람에게 요양보호사 자격증을 교부하여야 한다.
- 자격시험은 필기시험과 실기시험으로 구분하며, 자격시험 합격자는 필기시험과 실기시험에서 각각 만점의 60퍼센트 이상을 득점한 자로 한다.
- 자격증을 교부받은 사람은 다른 사람에게 그 자격증을 빌려주어서는 아니되고, 누구든지 그 자격증을 빌려서는 아니 된다. 누구든지 자격증을 빌려주거나 빌리는 금지된 행위를 알선하여서는 아니 된다.

(2) 요양보호사 결격사유(제39조의13)

'정신질환자(다만, 전문의가 요양보호사로서 적합하다고 인정하는 사람은 그러하지 아니하다), 마약·대마 또는 향정신성의약품 중독자, 피성년후견인, 금고 이상의 형을 선고받고 그 형의 집행이 종료되지 아니하였거나 그 집행을 받지 아니하기로 확정되지 아니한 사람, 법원의 판결에 따라 자격이 정지 또는 상실된 사람, 요양보호사의 자격이 취소된 날부터 1년이 경과되지 아니한 사람'은 요양보호사가 될 수 없다.

(3) 요양보호사 자격의 취소(제39조의14) ★꼭!

시·도지사는 결격사유에 해당하게 된 경우, 노인에 대한 금지행위로 처벌을 받은 경우, 거짓이나 그 밖의 부정한 방법으로 자격증을 취득한 경우에는 자격을 취소하여야 한다. 그리고 영리를 목적으로 노인 등에게 불필요한 요양 서비스를 알선·유인하거나 이를 조장한 경우, 자격증을 대여·양도 또는 위조·변조한 경우에는 자격을 취소할 수 있다.

(4) 요양보호사 교육기관의 지정(제39조의3)

• 시·도지사는 요양보호사의 양성을 위하여 보건복지부령으로 정하는 지정기준에 적합한 시설을 요양보호사 교육기관으로 지정·운영하여야 한다.

• 시·도지사는 거짓이나 그 밖의 부정한 방법으로 요양보호사 교육기관으로 지정을 받은 경우 지정을 취소하여야 한다. 그리고 지정기준에 적합하지 아니하게 된 경우, 교육과정을 1년 이상 운영하지 아니하는 경우, 정당한 사유 없이 보고 또는 자료제출을 하지 아니하거나 거짓으로 한 경우, 조사·검사를 거부·방해하거나 기피한 경우, 요양보호사교육기관을 설치·운영하는 자가 교육 이수 관련 서류를 거짓으로 작성한 경우에는 사업의 정지를 명하거나 그 지정을 취소할 수 있다.

4. 비용(제45조~제48조)

• 국가 또는 지방자치단체는 '노인일자리 전담기관의 설치·운영 또는 위탁에 소요되는 비용, 건강진단 등과 상담·입소 등의 조치에 소요되는 비용, 노인복지시설의 설치·운영에 소요되는 비용' 등을 부담한다.

• 복지조치에 필요한 비용을 부담한 복지실시기관은 당해 노인 또는 그 부양의무자로부터 대통령령이 정하는 바에 의하여 그 부담한 비용의 전부 또는 일부를 수납하거나 청구할 수 있다. 부양의무가 없는 자가 복지조치에 준

하는 보호를 행하는 경우 즉시 그 사실을 부양의무자 및 복지실시기관에 알려야 한다.

• 양로시설, 노인공동생활가정 및 노인복지주택, 노인요양시설 및 노인요양공동생활가정을 설치한 자는 그 시설에 입소하거나 그 시설을 이용하는 생계급여 수급자 또는 의료급여 수급자외의 자로부터 그에 소요되는 비용을 수납하고자 할 때에는 시장·군수·구청장에게 신고하여야 한다. 노인여가복지시설 또는 재가노인복지시설을 설치한 자 또는 편의를 제공하는 자가 그 시설을 이용하는 자로부터 그에 소요되는 비용을 수납하고자 할 때에는 미리 시장·군수·구청장에게 신고하여야 한다.

• 국가 또는 지방자치단체는 대통령령이 정하는 바에 의하여 노인복지시설의 설치·운영에 필요한 비용을 보조할 수 있다.

• 노인복지시설에서 노인을 위하여 사용하는 건물·토지 등에 대하여는 조세감면규제법 등 관계법령이 정하는 바에 의하여 조세, 기타 공과금을 감면할 수 있다.

5. 변경 · 폐지 등(제40조)

• 노인주거복지시설을 설치한 자 또는 노인의료복지시설을 설치한 자가 그 설치신고사항 중 보건복지부령이 정하는 사항을 변경하거나 그 시설을 폐지 또는 휴지하고자 할 때에는 대통령령이 정하는 바에 의하여 시장·군수·구청장에게 미리 신고하여야 한다.

• 노인여가복지시설을 설치한 자 또는 재가노인복지시설을 설치한 자가 그 설치신고사항 중 보건복지부령이 정하는 사항을 변경하거나 그 시설을 폐지 또는 휴지하고자 할 때에는 대통령령이 정하는 바에 의하여 시장·군수·구청장에게 미리 신고하여야 한다.

• 노인주거복지시설의 장, 노인의료복지시설의 장, 노인여가복지시설의 장 또는 재가노인복지시설의 장은 해당 시설을 폐지 또는 휴지하는 경우에는 보건복지부령으로 정하는 바에 따라 해당 시설을 이용하는 사람이 다른 시설을 이용할 수 있도록 조치계획을 수립하고 이행하는 등 시설 이용자의 권익을 보호하기 위한 조치를 취하여야 한다.

• 시장·군수·구청장은 노인복지시설의 폐지 또는 휴지의 신고를 받은 경우 해당 시설의 장이 시설 이용자의 권익을 보호하기 위한 조치를 취하였는지 여부를 확인하는 등 보건복지부령으로 정하는 조치를 하여야 한다.

		기출회차		
	3	4	**5**	
6	**7**	8	**9**	10
11	12	13	14	**15**
16	17	**18**	19	**20**
21	22			

강의로 복습하는 기출회독 시리즈

Keyword 240

3 노인학대 예방 조치

1. 노인에 대한 금지행위 (제39조의9)

누구든지 65세 이상의 사람에 대하여 다음에 해당하는 행위를 하여서는 아니 된다.

- 노인의 신체에 폭행을 가하거나 상해를 입히는 행위
- 노인에게 성적 수치심을 주는 성폭행 · 성희롱 등의 행위
- 자신의 보호 · 감독을 받는 노인을 유기하거나 의식주를 포함한 기본적 보호 및 치료를 소홀히 하는 방임행위
- 노인에게 구걸을 하게 하거나 노인을 이용하여 구걸하는 행위
- 노인을 위하여 증여 또는 급여된 금품을 그 목적 외의 용도에 사용하는 행위
- 폭언, 협박, 위협 등으로 노인의 정신건강에 해를 끼치는 정서적 학대 행위

2. 긴급전화의 설치 (제39조의4)

국가와 지방자치단체는 노인학대를 예방하고 수시로 신고를 받을 수 있도록 번호(1577-1389)로 긴급전화를 설치하여야 한다.

3. 노인학대 신고의무와 절차

중요도 ★ ★ ★

학대와 관련된 내용은 노인복지법의 전반적인 내용을 묻는 문제에서 자주 출제되며, 단독 문제로도 출제된 바 있다. 학대와 관련된 내용은 노인복지법뿐만 아니라 아동복지법의 아동학대와 장애인복지법의 장애인학대와도 연계되어 출제되기도 한다.

관계 중앙행정기관의 장은 노인학대 신고의무자의 자격취득 교육과정이나 보수교육 과정에 노인학대 예방 및 신고의무와 관련된 교육 내용을 포함하도록 해야 한다.

(1) 노인학대 신고의무자 (제39조의6) ★꼭!

- 누구든지 노인학대를 알게 된 때에는 노인보호전문기관 또는 수사기관에 신고할 수 있다. 직무상 65세 이상의 사람에 대한 노인학대를 알게 된 다음에

해당하는 사람은 즉시 노인보호전문기관 또는 수사기관에 신고해야 한다.
- 의료기관에서 의료업을 행하는 의료인 및 의료기관의 장
- 노인복지시설의 장 및 그 종사자, 노인복지상담원, 방문요양과 돌봄이나 안전확인 등의 서비스 종사자
- 장애인복지시설에서 장애노인에 대한 상담 · 치료 · 훈련 또는 요양업무를 수행하는 자
- 가정폭력 관련 상담소의 상담원 및 가정폭력피해자 보호시설의 장과 그 종사자
- 사회복지전담공무원 및 사회복지시설의 장과 그 종사자
- 장기요양기관의 장과 그 종사자
- 119구급대의 구급대원
- 건강가정지원센터의 장과 그 종사자
- 다문화가족지원센터의 장과 그 종사자
- 성폭력피해상담소 및 성폭력피해자보호시설의 장과 그 종사자
- 응급구조사
- 의료기사
- 국민건강보험공단 소속 요양직 직원
- 지역보건의료기관의 장과 종사자
- 노인복지시설 설치 및 관리 업무 담당 공무원
- 사회복지시설에서 복무하는 사회복무요원(노인을 직접 대면하는 업무에 복무하는 사람으로 한정)

• 노인학대 신고의무자가 소속된 노인복지시설, 요양병원 및 종합병원, 장기요양기관의 장은 소속 노인학대 신고의무자에게 노인학대예방 및 신고의무에 관한 교육을 실시하고 그 결과를 보건복지부장관에게 제출하여야 한다.

(2) 응급조치 의무 등(제39조의7) ⭐

• 노인학대신고를 접수한 노인보호전문기관의 직원이나 사법경찰관리는 지체없이 노인학대의 현장에 출동하여야 한다. 이 경우 노인보호전문기관의 장이나 수사기관의 장은 서로 동행하여 줄 것을 요청할 수 있고, 그 요청을 받은 때에는 정당한 사유가 없으면 소속 직원이나 사법경찰관리를 현장에 동행하도록 하여야 한다. 출동한 노인보호전문기관의 직원이나 사법경찰관리는 피해자를 보호하기 위하여 신고된 현장에 출입하여 관계인에 대하여 조사를 하거나 질문을 할 수 있다. 이 경우 노인보호전문기관의 직원은 피해노인의 보호를 위한 범위에서만 조사 또는 질문을 할 수 있다.

• 조사 또는 질문을 하는 노인보호전문기관의 직원이나 사법경찰관리는 피해

자 · 신고자 · 목격자 등이 자유롭게 진술할 수 있도록 노인학대행위자로부터 분리된 곳에서 조사하는 등 필요한 조치를 하여야 한다. 현장에 출동한 자는 학대받은 노인을 노인학대행위자로부터 분리하거나 치료가 필요하다고 인정할 때에는 노인보호전문기관 또는 의료기관에 인도하여야 한다. 누구든지 정당한 사유 없이 노인학대 현장에 출동한 자에 대하여 현장조사를 거부하거나 업무를 방해하여서는 아니 된다.

- 국가 및 지방자치단체는 노인보호전문기관의 장이 학대받은 노인의 보호, 치료 등의 업무를 수행함에 있어서 피해노인, 그 보호자 또는 노인학대행위자에 대한 신분조회 등 필요한 조치의 협조를 요청할 경우 정당한 사유가 없으면 이에 적극 협조하여야 한다.

(3) 비밀누설의 금지(제39조의12) ★꼭!
학대노인의 보호와 관련된 업무에 종사하였거나 종사하는 자는 그 직무상 알게 된 비밀을 누설하지 못한다.

4. 실종노인에 관한 신고의무(제39조의10)

- 누구든지 정당한 사유없이 사고 등의 사유로 인하여 보호자로부터 이탈된 노인(실종노인)을 경찰관서 또는 지방자치단체의 장에게 신고하지 아니하고 보호해서는 안 된다.
- 노인복지시설의 장 또는 종사자는 직무를 수행하면서 실종노인임을 알게 된 때에는 지체없이 신상카드를 작성하여 지방자치단체의 장과 보건복지부장관이 실종노인에 관한 사업을 위탁한 법인이나 단체의 장에게 제출하여야 한다.
- 보건복지부장관은 실종노인의 발생 예방, 조속한 발견과 복귀를 위하여 '실종노인과 관련된 조사 및 연구, 실종노인의 데이터베이스 구축 · 운영, 그 밖에 실종노인의 보호 및 지원에 필요한 사항' 등의 업무를 수행해야 하며, 이를 노인복지 관련 법인이나 단체에 전부 또는 일부를 위탁할 수 있다.
- 경찰청장은 실종노인의 조속한 발견과 복귀를 위하여 '실종노인에 대한 신고체계의 구축 및 운영, 그 밖에 실종노인의 발견과 복귀를 위하여 필요한 사항' 등을 시행해야 한다.

5. 노인관련기관의 취업제한 등(제39조의17)

법원은 노인학대관련범죄로 형 또는 치료감호를 선고하는 경우에는 판결(약식명령을 포함)로 그 형 또는 치료감호의 전부 또는 일부의 집행을 종료하거나 집행이 유예·면제된 날(벌금형을 선고받은 경우에는 그 형이 확정된 날을 말함)부터 일정기간(취업제한기간) 동안 다음에 따른 시설 또는 기관(노인관련기관)을 운영하거나 노인관련기관에 취업 또는 사실상 노무를 제공할 수 없도록 하는 명령을 판결과 동시에 선고(약식명령의 경우에는 고지를 말함)하여야 한다. 다만, 재범의 위험성이 현저히 낮은 경우, 그 밖에 취업을 제한하여서는 아니 되는 특별한 사정이 있다고 판단하는 경우에는 그러하지 아니하다. 취업제한기간은 10년을 초과하지 못한다.

- 노인복지시설
- 장기요양기관
- 긴급전화센터, 가정폭력피해자 보호시설
- 건강가정지원센터
- 다문화가족지원센터
- 성폭력피해상담소, 성폭력피해자보호시설, 성폭력피해자통합지원센터
- 의료기관
- 장애인복지시설
- 정신건강복지센터 및 정신건강증진시설
- 홀로 사는 노인에 대한 지원을 하는 기관·단체
- 독거노인종합지원센터
- 장애인 활동지원기관
- 치매안심센터
- 보건복지부장관의 설립 허가를 받아 노인인권, 노인복지 등 노인을 위한 사업을 수행하는 비영리법인(대표자 및 노인을 직접 대면하는 업무에 종사하는 사람에 한정)

기출회차			
3	4	5
6	7	8	9	10
11	12	13	14	15
16	17	18	19	20
21	22		

강의로 복습하는 기출회독 시리즈

Keyword 240

4 이의신청 및 벌칙

1. 이의신청 등

- 노인 또는 그 부양의무자는 이 법에 따른 복지조치에 대하여 이의가 있을 때에는 해당 복지실시기관에 이의를 신청할 수 있다.
- 이의신청은 해당 복지조치가 있음을 안 날부터 90일 이내에 문서로 하여야 한다. 다만, 정당한 사유로 인하여 그 기간 이내에 이의신청을 할 수 없었음을 증명한 때에는 그 사유가 소멸한 날부터 60일 이내에 이의신청을 할 수 있다.
- 이의신청을 받은 복지실시기관은 그 신청을 받은 날부터 30일 이내에 이를 심사·결정하여 청구인에게 통보하여야 한다. 심사·결정에 이의가 있는 자는 그 통보를 받은 날부터 90일 이내에 행정심판을 제기할 수 있다.
- 부양의무자가 부담하여야 할 보호비용에 대하여 보호를 행한 자와 부양의무자 사이에 합의가 이루어지지 아니하는 경우로서 시장·군수·구청장은 당사자로부터 조정요청을 받은 경우에는 이를 조정할 수 있다. 시장·군수·구청장은 조정을 위하여 필요하다고 인정하는 경우 부양의무자에게 소득·재산 등에 관한 자료의 제출을 요구할 수 있다.

2. 벌칙 등

(1) 벌칙

① 7년 이하의 징역 또는 7천만원 이하의 벌금
노인의 신체에 상해를 입히는 행위를 한 자

② 5년 이하의 징역 또는 5천만원 이하의 벌금
- 피해자를 보호하기 위해 신고된 현장에 출입하여 관계인에 대하여 조사 또는 질문을 하거나, 학대받은 노인이 노인학대행위자로부터 분리 또는 치료

가 필요하여 노인보호전문기관 또는 의료기관에 인도하는 업무를 수행 중인 노인보호전문기관의 직원에 대하여 폭행 또는 협박하거나 위계 또는 위력으로써 그 업무를 방해한 자

- 노인의 신체에 폭행을 가하는 행위
- 노인에게 성적 수치심을 주는 성폭행·성희롱 등의 행위
- 자신의 보호·감독을 받는 노인을 유기하거나 의식주를 포함한 기본적 보호 및 치료를 소홀히 하는 방임행위
- 노인에게 구걸을 하게 하거나 노인을 이용하여 구걸하는 행위
- 폭언, 협박, 위협 등으로 노인의 정신건강에 해를 끼치는 정서적 학대행위

③ 3년 이상의 유기징역, 무기 또는 5년 이상의 징역

단체 또는 다중의 위력을 보이거나 위험한 물건을 휴대하고 노인보호전문기관의 직원을 상해에 이르게 한 때에는 3년 이상의 유기징역에 처한다. 사망에 이르게 한 때에는 무기 또는 5년 이상의 징역에 처한다.

④ 3년 이하의 징역 또는 3천만원 이하의 벌금

- 노인을 위하여 증여 또는 급여된 금품을 그 목적 외의 용도에 사용하는 행위를 한 자
- 정당한 사유 없이 신고하지 않고 실종노인을 보호한 자
- 경찰청장, 시·도지사 또는 시장·군수·구청장은 실종노인의 발견을 위하여 필요한 때에는 보호시설의 장 또는 그 종사자에게 필요한 보고 또는 자료제출을 명하거나 소속 공무원으로 하여금 보호시설에 출입하여 관계인 또는 노인에 대하여 필요한 조사 또는 질문을 하게 할 수 있는데, 위계 또는 위력을 행사하여 관계 공무원의 출입 또는 조사를 거부, 방해한 자
- 학대노인의 보호와 관련된 업무에 종사하면서 그 직무상 알게 된 비밀을 누설한 자

⑤ 2년 이하의 징역에 처하거나 위법하게 임대한 세대의 수에 1천만원을 곱한 금액 이하의 벌금

입소자격자가 아닌 자에게 노인복지주택을 임대한 자

⑥ 1년 이하의 징역 또는 1천만원 이하의 벌금

- 신고를 하지 아니하고 양로시설·노인공동생활가정·노인복지주택·노인요양시설·노인요양공동생활가정·노인여가복지시설 또는 재가노인복지시설을 설치하거나 운영한 자

- 노인복지주택을 임차한 자는 해당 노인주거시설을 입소자격자가 아닌 자에게 다시 임대할 수 없음에도 이를 위반하여 임대한 자
- 요양보호사 자격증을 다른 사람에게 빌려주거나 빌린 자
- 요양보호사 자격증을 빌려주거나 빌리는 것을 알선한 자
- 시·도지사의 지정을 받지 아니하고 요양보호사교육기관을 설치하거나 운영한 자
- 노인학대 신고인의 신분 보호 및 신원 노출 금지 의무를 위반한 자
- 정당한 사유 없이 권익보호조치를 하지 아니한 자

⑦ 50만원 이하의 벌금
수탁의무를 위반하여 수탁을 거부한 자

⑧ 가중처벌
상습적으로 또는 노인복지시설 종사자가 노인의 신체에 폭행을 가하거나 상해를 입히는 행위, 노인에게 성적 수치심을 주는 성폭행·성희롱 등의 행위, 자신의 보호·감독을 받는 노인을 유기하거나 의식주를 포함한 기본적 보호 및 치료를 소홀히 하는 방임행위, 노인에게 구걸을 하게 하거나 노인을 이용하여 구걸하는 행위, 폭언·협박·위협 등으로 노인의 정신건강에 해를 끼치는 정서적 학대행위, 노인을 위하여 증여 또는 급여된 금품을 그 목적 외의 용도에 사용하는 행위의 죄를 범한 경우 각 그 죄에서 정한 형의 2분의 1까지 가중한다.

(2) 과태료

① 1천만원 이하의 과태료
- 노인학대 현장에 출동한 자에 대하여 현장조사를 거부하거나 업무를 방해한 자
- 취업제한명령을 위반하여 노인관련기관에 취업하거나 사실상 노무를 제공하고 있는 사람이 있어서 요구한 해임요구를 정당한 사유 없이 거부하거나 1개월 이내에 이행하지 아니하는 노인관련기관의 장

② 500만원 이하의 과태료
- 보고 또는 자료제출을 하지 아니하거나 거짓으로 보고하거나 거짓 자료를 제출한 자
- 노인학대 신고의무자에 해당하는 사람이 알게 된 노인학대를 신고하지 아

니한 자(사회복무요원은 제외)
• 취업자등에 대하여 노인학대관련범죄 경력을 확인하지 아니한 노인관련기
관의 장

③ **300만원 이하의 과태료**
• 정당한 사유 없이 상담 · 교육 및 심리적 치료 등을 받지 아니한 노인학대행
위자
• 정당한 사유 없이 노인보호전문기관의 업무 수행을 거부하거나 방해한 피
해노인의 보호자 · 가족

④ **200만원 이하의 과태료**
• 노인복지시설의 장 또는 종사자로서 업무 중 실종노인임을 알게 된 때 신상
카드를 제출하지 아니한 자
• 신고하지 아니하고 노인복지시설을 폐지 또는 휴지한 자

3. 청문

시장 · 군수 · 구청장은 사업의 폐지를 명하고자 하는 경우에는 청문을 실시
하여야 한다.

2절 아동복지법

[시행 2024.8.7 / 법률 제20218호 / 개정 2024.2.6]

한눈에 쏙! 　　　　　　　　　　　　　　　　　　　　 중요도

❶ 개요
- 1. 목적 및 기본이념
- 2. 책임 주체
- 3. 용어의 정의 　★
- 4. 아동복지정책의 수립 및 시행 등 　22회 기출 🏆
- 5. 어린이날 등

❷ 아동에 대한 지원서비스 및 시설
- 1. 아동 안전 및 건강지원
- 2. 취약계층 아동 통합서비스지원 및 자립지원 등
- 3. 아동보호서비스 　22회 기출 🏆
- 4. 아동복지시설 　★★★ 22회 기출 🏆

❸ 아동학대 예방 조치
- 1. 아동에 대한 금지행위
- 2. 아동학대의 예방 및 방지 　★★★

❹ 아동 관련 행정기관 등
- 1. 아동정책조정위원회 　22회 기출 🏆
- 2. 아동권리보장원
- 3. 아동복지심의위원회
- 4. 아동복지전담공무원
- 5. 아동위원 　22회 기출 🏆
- 6. 가정위탁지원센터의 설치
- 7. 비용의 보조 및 징수

❺ 수급자의 권리보호
- 1. 압류금지 및 비밀유지의 의무
- 2. 벌칙 등
- 3. 청문

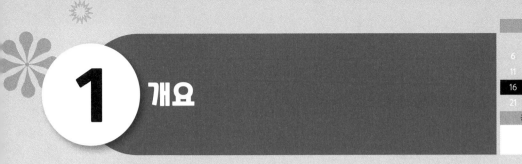

1 개요

기출회차

		3	4	5
6	7	8	9	10
11	12	13	14	15
16	17	18	19	20
21	22			

강의로 복습하는 기출회독 시리즈

Keyword 241

1. 목적 및 기본이념

(1) 목적(제1조)

아동이 건강하게 출생하여 행복하고 안전하게 자랄 수 있도록 아동의 복지를 보장하는 것을 목적으로 한다.

(2) 기본이념(제2조)

• 아동은 자신 또는 부모의 성별, 연령, 종교, 사회적 신분, 재산, 장애유무, 출생지역 등에 따른 어떠한 종류의 차별도 받지 않고 자라나야 한다.
• 아동은 완전하고 조화로운 인격발달을 위하여 안정된 가정환경에서 행복하게 자라나야 한다.
• 아동에 관한 모든 활동에 있어서 아동의 이익이 최우선적으로 고려되어야 한다.
• 아동은 아동의 권리보장과 복지증진을 위하여 이 법에 따른 보호와 지원을 받을 권리를 가진다.

2. 책임 주체

(1) 국가와 지방자치단체(제4조)

• 국가와 지방자치단체는 아동의 안전·건강 및 복지 증진을 위하여 아동과 그 보호자 및 가정을 지원하기 위한 정책을 수립·시행하여야 한다.
• 국가와 지방자치단체는 보호대상아동 및 지원대상아동의 권익을 증진하기 위한 정책을 수립·시행하여야 한다.
• 국가와 지방자치단체는 아동이 태어난 가정에서 성장할 수 있도록 지원하고, 아동이 태어난 가정에서 성장할 수 없을 때에는 가정과 유사한 환경에서 성장할 수 있도록 조치하며, 아동을 가정에서 분리하여 보호할 경우에는 신속히 가정으로 복귀할 수 있도록 지원하여야 한다.

- 국가와 지방자치단체는 장애아동의 권익을 보호하기 위하여 필요한 시책을 강구하여야 한다.
- 국가와 지방자치단체는 아동이 자신 또는 부모의 성별, 연령, 종교, 사회적 신분, 재산, 장애유무, 출생지역 또는 인종 등에 따른 어떠한 종류의 차별도 받지 아니하도록 필요한 시책을 강구하여야 한다.
- 국가와 지방자치단체는 아동의 권리에 관한 협약에서 규정한 아동의 권리 및 복지 증진 등을 위하여 필요한 시책을 수립·시행하고, 이에 필요한 교육과 홍보를 하여야 한다.
- 국가와 지방자치단체는 아동의 보호자가 아동을 행복하고 안전하게 양육하기 위하여 필요한 교육을 지원하여야 한다.

(2) 아동의 보호자(제5조)
- 아동을 가정 안에서 그의 성장시기에 맞추어 건강하고 안전하게 양육하여야 한다.
- 아동의 보호자는 아동에게 신체적 고통이나 폭언 등의 정신적 고통을 가하여서는 아니 된다.

(3) 모든 국민(제5조)
아동의 권익과 안전을 존중하여야 하며, 아동을 건강하게 양육하여야 한다.

3. 용어의 정의

(1) 아동 ⭐꼭!
18세 미만인 사람을 말한다.

(2) 아동복지
아동이 행복한 삶을 누릴 수 있는 기본적인 여건을 조성하고 조화롭게 성장·발달할 수 있도록 하기 위한 경제적·사회적·정서적 지원을 말한다.

(3) 보호자
친권자, 후견인, 아동을 보호·양육·교육하거나 그 의무가 있는 자 또는 업무·고용 등의 관계로 사실상 아동을 보호·감독하는 자를 말한다.

중요도 ⬤
아동복지법에서 규정하고 있는 용어들에 관한 문제는 법률의 전반적인 사항을 묻는 문제의 선택지로 출제될 확률이 높다. 아동이 18세 미만이라는 것, 어린이날이 아동복지법에 규정되어 있다는 것, 아동학대 및 가정위탁의 정의 등을 반드시 기억해두자.

(4) 보호대상아동

보호자가 없거나 보호자로부터 이탈된 아동 또는 보호자가 아동을 학대하는 경우 등 그 보호자가 아동을 양육하기에 적당하지 아니하거나 양육할 능력이 없는 경우의 아동을 말한다.

(5) 지원대상아동

아동이 조화롭고 건강하게 성장하는 데에 필요한 기초적인 조건이 갖추어지지 아니하여 사회적 · 경제적 · 정서적 지원이 필요한 아동을 말한다.

(6) 가정위탁

보호대상아동의 보호를 위하여 성범죄, 가정폭력, 아동학대, 정신질환 등의 전력이 없는 보건복지부령으로 정하는 기준에 적합한 가정에 보호대상아동을 일정 기간 위탁하는 것을 말한다.

(7) 아동학대 ★^{꼭!}

보호자를 포함한 성인이 아동의 건강 · 복지를 해치거나 정상적 발달을 저해할 수 있는 신체적 · 정신적 · 성적 폭력이나 가혹행위를 하는 것과 아동의 보호자가 아동을 유기하거나 방임하는 것을 말한다.

(8) 아동학대관련범죄

아동학대범죄의 처벌 등에 관한 특례법에 따른 아동학대범죄, 아동에 대한 형법 살인의 죄 중 제250조부터 제255조까지의 죄를 말한다.

(9) 피해아동

아동학대로 인하여 피해를 입은 아동을 말한다.

(10) 아동복지시설 종사자

아동복지시설에서 아동의 상담 · 지도 · 치료 · 양육, 그 밖에 아동의 복지에 관한 업무를 담당하는 사람을 말한다.

4. 아동복지정책의 수립 및 시행 등 🏆 ^{22회 기출}

(1) 아동정책 기본계획(제7조) ★^{꼭!}

• 보건복지부장관은 아동정책의 효율적인 추진을 위하여 다음 사항을 포함한

아동정책기본계획을 5년마다 수립하여야 한다.
- 이전의 기본계획에 관한 분석·평가
- 아동정책에 관한 기본방향 및 추진목표
- 주요 추진과제 및 추진방법
- 재원조달방안
- 그 밖에 아동정책을 시행하기 위하여 특히 필요하다고 인정되는 사항
- 보건복지부장관은 기본계획을 수립할 때에는 미리 관계 중앙행정기관의 장과 협의하여야 한다.
- 기본계획은 아동정책조정위원회의 심의를 거쳐 확정한다. 이 경우 보건복지부장관은 확정된 기본계획을 관계 중앙행정기관의 장 및 특별시장·광역시장·도지사·특별자치도지사(시·도지사)에게 알려야 한다.

(2) 아동종합 실태조사(제11조) ★꼭!

- 보건복지부장관은 3년마다 아동의 양육 및 생활환경, 언어 및 인지 발달, 정서적·신체적 건강, 아동안전, 아동학대 등 아동의 종합실태를 조사하여 그 결과를 공표하고, 이를 기본계획과 시행계획에 반영하여야 한다. 다만, 보건복지부장관은 필요한 경우 보건복지부령으로 정하는 바에 따라 분야별 실태조사를 할 수 있다.
- 보건복지부장관은 실태조사를 위하여 관계 기관·법인·단체·시설의 장에게 필요한 자료의 제출 또는 의견의 진술을 요청할 수 있다. 이 경우 요청을 받은 자는 정당한 사유가 없으면 이에 협조하여야 한다.

(3) 아동정책영향평가(제11조의2)

국가와 지방자치단체는 대통령령으로 정하는 바에 따라 아동 관련 정책이 아동복지에 미치는 영향을 분석·평가하고, 그 결과를 아동 관련 정책의 수립·시행에 반영하여야 한다.

5. 어린이날 등

어린이에 대한 사랑과 보호의 정신을 높임으로써 이들을 옳고 아름답고 슬기로우며 씩씩하게 자라나도록 하기 위하여 매년 5월 5일을 어린이날로 하며, 5월 1일부터 5월 7일까지를 어린이주간으로 한다.

기출회차		
	3	4	5
6	7	8	9	10
11	12	13	14	15
16	17	18	19	20
21	22		

강의로 복습하는 기출회독 시리즈

Keyword 241

2 아동에 대한 지원서비스 및 시설

1. 아동 안전 및 건강지원

(1) 안전기준의 설정(제30조)

국가는 대통령령으로 정하는 바에 따라 아동복지시설과 아동용품에 대한 안전기준을 정하고 아동용품을 제작 · 설치 · 관리하는 자에게 이를 준수하도록 하여야 한다.

(2) 아동의 안전에 대한 교육(제31조)

• 아동복지시설의 장, 어린이집의 원장, 유치원의 원장 및 학교의 장은 교육 대상 아동의 연령을 고려하여 대통령령으로 정하는 바에 따라 매년 '성폭력 및 예방, 아동학대 예방, 실종 · 유괴의 예방과 방지, 감염병 및 약물의 오남용 예방 등 보건위생관리, 재난대비 안전, 교통안전'의 사항에 관한 교육계획을 수립하여 교육을 실시하여야 한다. 이 경우 그 대상이 영유아인 경우 아동복지시설의 장, 같은 법에 따른 어린이집의 원장 및 유치원의 원장은 보건복지부령으로 정하는 자격을 갖춘 외부전문가로 하여금 아동학대 예방교육을 하게 할 수 있다.

• 아동복지시설의 장, 어린이집 원장은 위 규정에 따른 교육계획 및 교육실시 결과를 관할 시장 · 군수 · 구청장에게 매년 1회 보고하여야 한다. 유치원의 원장 및 학교의 장은 위 규정에 따른 교육계획 및 교육실시 결과를 대통령령으로 정하는 바에 따라 관할 교육감에게 매년 1회 보고하여야 한다.

(3) 아동보호구역에서의 고정형 영상정보처리기기 설치 등(제32조)

국가와 지방자치단체는 유괴 등 범죄의 위험으로부터 아동을 보호하기 위하여 필요하다고 인정하는 경우에는 '도시공원, 어린이집, 초등학교 및 특수학교, 유치원' 등의 시설 주변구역을 아동보호구역으로 지정하여 범죄의 예방을 위한 순찰 및 아동지도 업무 등 필요한 조치를 할 수 있으며, 지정된 아동보호구역에 고정형 영상정보처리기기를 설치하여야 한다.

(4) 아동안전 보호인력의 배치 등(제33조)

- 국가와 지방자치단체는 실종 및 유괴 등 아동에 대한 범죄의 예방을 위하여 순찰활동 및 아동지도 업무 등을 수행하는 아동안전 보호인력을 배치 · 활용할 수 있다. 순찰활동 및 아동지도 업무 등을 수행하는 아동안전 보호인력은 그 권한을 표시하는 증표를 지니고 이를 관계인에게 내보여야 한다.
- 국가와 지방자치단체는 아동안전 보호인력으로 배치하고자 하는 사람에 대하여 본인의 동의를 받아 범죄경력을 확인하여야 한다.

(5) 아동긴급보호소 지정 및 운영(제34조)

경찰청장은 유괴 등의 위험에 처한 아동을 보호하기 위하여 아동긴급보호소를 지정 · 운영할 수 있다. 경찰청장은 아동긴급보호소의 지정을 원하는 자에 대하여 본인의 동의를 받아 범죄경력을 확인하여야 한다.

(6) 건강한 심신의 보존(제35조)

- 아동의 보호자는 아동의 건강 유지와 향상을 위하여 최선의 주의와 노력을 하여야 한다.
- 국가와 지방자치단체는 아동의 건강 증진과 체력 향상을 위하여 '신체적 건강 증진에 관한 사항, 자살 및 각종 중독의 예방 등 정신적 건강 증진에 관한 사항, 급식지원 등을 통한 결식예방 및 영양개선에 관한 사항, 비만 방지 등 체력 및 여가 증진에 관한 사항'을 지원하여야 한다.
- 국가와 지방자치단체는 아동의 신체적 · 정신적 문제를 미리 발견하여 아동이 제때에 상담과 치료를 받을 수 있는 기반을 마련하여야 한다.

(7) 보건소(제36조)

보건소는 '아동의 전염병 예방조치, 아동의 건강상담 · 신체검사와 보건위생에 관한 지도, 아동의 영양개선' 등의 업무를 행한다.

2. 취약계층 아동 통합서비스지원 및 자립지원 등

(1) 취약계층 아동에 대한 통합서비스지원(제37조)

국가와 지방자치단체는 아동의 건강한 성장과 발달을 도모하기 위하여 대통령령으로 정하는 바에 따라 아동의 성장 및 복지 여건이 취약한 가정을 선정하여 그 가정의 지원대상아동과 가족을 대상으로 보건, 복지, 보호, 교육, 치료 등을 종합적으로 지원하는 통합서비스를 실시한다. 보건복지부장관은 통합서비스지원사업의 운영지원에 관한 업무를 법인, 단체 등에 위탁할 수 있다.

(2) 자립지원(제38조~제41조)

• 자립지원: 국가와 지방자치단체는 보호대상아동의 위탁보호 종료 또는 아동복지시설 퇴소 이후의 자립을 지원하기 위하여 '자립에 필요한 주거 · 생활 · 교육 · 취업 등의 지원, 자립에 필요한 자립정착금 및 자립수당 지급, 자립에 필요한 자산의 형성 및 관리 지원, 자립에 관한 실태조사 및 연구, 사후관리체계 구축 및 운영, 그 밖에 자립지원에 필요하다고 대통령령으로 정하는 사항'에 해당하는 조치를 시행하여야 한다.

• 자립지원 실태조사: 보건복지부장관은 보호대상아동의 위탁보호 종료 또는 아동복지시설 퇴소 이후의 자립지원, 생활 및 정서적 · 신체적 건강 등에 대한 실태조사를 3년마다 실시하여야 한다.

• 자립지원계획의 수립 등: 보장원의 장, 가정위탁지원센터의 장 및 아동복지시설의 장은 보호하고 있는 15세 이상의 아동을 대상으로 매년 개별 아동에 대한 자립지원계획을 수립하고, 그 계획을 수행하는 종사자를 대상으로 자립지원에 관한 교육을 실시하여야 한다.

• 자립지원전담기관의 설치 · 운영: 국가와 지방자치단체는 보호대상아동의 위탁보호 종료 또는 아동복지시설 퇴소 이후의 자립을 지원하기 위하여 자립지원전담기관을 설치 · 운영할 수 있다.

• 자립지원 관련 업무의 위탁: 국가 또는 지방자치단체는 '자립지원전담기관 설치 · 운영, 자립지원 관련 데이터베이스 구축 및 운영, 자립지원 프로그램의 개발 및 보급, 자립지원 대상자에 대한 사례관리, 그 밖에 보건복지부장관이 자립지원 업무를 수행하기 위하여 필요하다고 인정하는 업무'를 법인에 위탁할 수 있다.

• 아동자립지원추진협의회: 보건복지부장관은 지원대상아동의 자립지원 정책을 효율적으로 수행하기 위하여 관계 행정기관의 공무원으로 구성되는 아동자립지원추진협의회를 둘 수 있다.

(3) 자산형성지원사업(제42조, 제43조)

• 국가와 지방자치단체는 아동이 건전한 사회인으로 성장 · 발전할 수 있도록 자산형성지원사업을 실시할 수 있다.

• 보건복지부장관은 자산형성지원사업을 효율적으로 추진하기 위하여 자산형성지원사업 운영업무 및 금융자산관리업무를 하여야 한다.

• 자산형성지원사업의 운영업무
 – 자산형성지원사업 대상 아동의 관리

- 자산형성지원사업의 후원자 발굴 및 관리
- 자산형성지원사업에 관한 교육 및 홍보
- 자산형성지원사업에 관한 조사 · 연구 및 평가
- 그 밖에 자산형성지원사업과 관련하여 보건복지부령으로 정하는 사항
- 금융자산관리업무
  - 자산형성지원사업을 위한 금융상품의 개발 및 관리
  - 자산형성지원사업을 위한 금융상품의 운영에 관한 사항

(4) 자산형성지원사업 관련 업무의 위탁(제44조)
- 보건복지부장관은 자산형성지원사업의 운영업무를 법인에 위탁할 수 있다.
- 금융자산관리업무를 은행, 체신관서, 농업협동조합중앙회, 수산업협동조합중앙회 또는 중소기업은행에 위탁할 수 있다.

(5) 다함께돌봄센터(제44조의2)
- 시 · 도지사 및 시장 · 군수 · 구청장은 초등학교의 정규교육 이외의 시간 동안 다음의 돌봄서비스(방과 후 돌봄서비스)를 실시하기 위하여 다함께돌봄센터를 설치 · 운영할 수 있다.
  - 아동의 안전한 보호
  - 안전하고 균형 있는 급식 및 간식의 제공
  - 등 · 하교 전후, 야간 또는 긴급상황 발생 시 돌봄서비스 제공
  - 체험활동 등 교육 · 문화 · 예술 · 체육 프로그램의 연계 · 제공
  - 돌봄 상담, 관련 정보의 제공 및 서비스의 연계
  - 그 밖에 보건복지부령으로 정하는 방과 후 돌봄서비스의 제공
- 시 · 도지사 및 시장 · 군수 · 구청장은 다함께돌봄센터의 설치 · 운영을 보건복지부장관이 정하는 법인 또는 단체에 위탁할 수 있다.
- 국가는 다함께돌봄센터의 설치 · 운영에 필요한 비용의 일부를 지방자치단체에 지원할 수 있다.
- 다함께돌봄센터의 장은 시 · 도지사 및 시장 · 군수 · 구청장이 정하는 바에 따라 아동의 보호자에게 방과 후 돌봄서비스 제공에 필요한 비용의 일부를 부담하게 할 수 있다.

3. 아동보호서비스 ^{22회 기출}

(1) 보호조치(제15조) ★

- 시 · 도지사 또는 시장 · 군수 · 구청장은 그 관할구역에서 보호대상아동을 발견하거나 보호자의 의뢰를 받은 때에는 아동의 최상의 이익을 위하여 대통령령으로 정하는 바에 따라 다음에 해당하는 보호조치를 하여야 한다.
  - 전담공무원, 민간전문인력 또는 아동위원에게 보호대상아동 또는 그 보호자에 대한 상담 · 지도를 수행하게 하는 것
  - 민법에 따른 친족에 해당하는 사람의 가정에서 보호 · 양육할 수 있도록 조치하는 것
  - 보호대상아동을 적합한 유형의 가정에 위탁하여 보호 · 양육할 수 있도록 조치하는 것
  - 보호대상아동을 적합한 아동복지시설에 입소시키는 것
  - 약물 및 알코올중독 · 정서장애 · 행동장애 · 발달장애, 성폭력 · 아동학대 피해 등으로 특수한 치료나 요양 등의 보호를 필요로 하는 아동에 대하여 전문치료기관 또는 요양소에 입원 또는 입소시키는 것
  - 입양특례법에 따른 입양과 관련된 필요한 조치를 하는 것
- 시 · 도지사 또는 시장 · 군수 · 구청장 이외의 자가 보호대상아동을 발견하거나 보호자의 의뢰를 받은 때에는 지체 없이 시 · 도지사 또는 시장 · 군수 · 구청장에게 보호조치를 의뢰하여야 한다.
- 시 · 도지사 또는 시장 · 군수 · 구청장은 그 관할 구역에서 약물 및 알콜 중독, 정서 · 행동 · 발달 장애 등의 문제를 일으킬 가능성이 있는 아동의 가정에 대하여 예방차원의 적절한 조치를 강구하여야 한다.
- 누구든지 보호조치 및 일시보호조치와 관련하여 그 대상이 되는 아동복지시설의 종사자를 신체적 · 정신적으로 위협하는 행위를 하여서는 아니 된다.
- 시 · 도지사 또는 시장 · 군수 · 구청장은 아동의 가정위탁보호를 희망하는 사람에 대하여 범죄경력을 확인하여야 한다. 이 경우 본인의 동의를 받아 관계 기관의 장에게 범죄의 경력 조회를 요청하여야 한다.
- 보장원의 장 또는 가정위탁지원센터의 장은 위탁아동, 가정위탁보호를 희망하는 사람, 위탁아동의 부모 등의 신원확인 등의 조치를 시 · 도지사 또는 시장 · 군수 · 구청장에게 협조 요청할 수 있으며, 요청을 받은 시 · 도지사 또는 시장 · 군수 · 구청장은 정당한 사유가 없는 한 이에 응하여야 한다.

(2) 아동통합정보시스템의 구축 · 운영(제15조의2)
보건복지부장관은 아동복지 관련 자료 또는 정보의 효율적 처리 및 통합관리

를 위하여 사회보장정보시스템 및 사회서비스정보시스템을 연계 · 활용하여 아동통합정보시스템을 구축 · 운영하여야 한다.

(3) 보호대상아동의 양육상황 점검(제15조의3)

- 시 · 도지사 또는 시장 · 군수 · 구청장은 보호조치 중인 보호대상아동의 양육상황을 보건복지부령으로 정하는 바에 따라 매년 점검하여야 한다.
- 시 · 도지사 또는 시장 · 군수 · 구청장은 양육상황을 점검한 결과에 따라 보호대상아동의 복리를 보호할 필요가 있거나 해당 보호조치가 적절하지 아니하다고 판단되는 경우에는 지체 없이 보호조치를 변경하여야 한다.

(4) 아동보호 사각지대 발굴 및 실태조사(제15조의4)

- 보건복지부장관은 보호가 필요한 아동을 발견하고 양육환경을 개선할 수 있도록 지원하기 위하여 사회보장정보시스템을 통하여 다음의 자료 또는 정보를 처리할 수 있으며, 해당 자료를 토대로 아동보호를 위한 실태조사 대상 아동을 선정할 수 있다.
  - 국민건강보험법에 따른 요양급여 실시 기록
  - 국민건강보험법에 따른 영유아건강검진 실시 기록 및 의료급여법에 따른 건강검진 실시 기록 중 6세 미만에 대한 기록
  - 초 · 중등교육법에 따른 학교생활기록 정보
  - 사회보장급여의 이용 · 제공 및 수급권자 발굴에 관한 법률에 따른 정보
  - 감염병의 예방 및 관리에 관한 법률에 따른 필수예방접종 실시 기록
- 보건복지부장관은 아동보호의 사각지대 해소를 위하여 자료 또는 정보 및 실태조사 대상 아동의 명단을 시 · 도지사 또는 시장 · 군수 · 구청장에게 제공할 수 있다.
- 시 · 도지사 및 시장 · 군수 · 구청장은 보건복지부장관이 제공한 자료 또는 정보 및 실태조사 대상 아동의 명단을 토대로 아동의 주소지 등을 방문하여 양육환경 조사를 실시하여야 한다.
- 보건복지부장관, 시 · 도지사 및 시장 · 군수 · 구청장은 조사 결과 필요하다고 인정하는 경우에는 복지서비스의 제공, 보호조치, 수사기관 또는 아동보호전문기관과의 연계 등 적절한 조치를 하여야 한다.
- 보건복지부장관은 아동보호 사각지대 발굴 및 아동 보호 체계를 갖추기 위하여 필요한 정보시스템을 구축 · 운영할 수 있으며, 이 경우 사회보장정보시스템을 연계하여 이용할 수 있다.

(5) 보호대상아동의 퇴소조치 등(제16조)

- 보호조치 중인 보호대상아동의 연령이 18세에 달하였거나, 보호 목적이 달성되었다고 인정되면 해당 시·도지사, 시장·군수·구청장은 대통령령으로 정하는 절차와 방법에 따라 그 보호 중인 아동의 보호조치를 종료하거나 해당 시설에서 퇴소시켜야 한다.
- 보호조치 중인 보호대상아동의 친권자, 후견인 등 보건복지부령으로 정하는 자는 관할 시·도지사 또는 시장·군수·구청장에게 해당 보호대상아동의 가정 복귀를 신청할 수 있다.
- 시·도지사 또는 시장·군수·구청장은 가정 복귀 신청을 받은 경우에는 보장원 또는 아동보호전문기관 등 아동복지시설의 장, 아동을 상담·치료한 의사의 의견을 들은 후 보호조치의 종료 또는 퇴소조치가 보호대상아동의 복리에 반하지 아니한다고 인정되면 해당 보호대상아동을 가정으로 복귀시킬 수 있다. 다만, 보호대상아동이 복귀하는 가정에 거주하는 아동학대행위자가 대통령령으로 정하는 상담·교육·심리적 치료 등에 참여하지 아니한 경우에는 그러하지 아니한다.
- 시·도지사 또는 시장·군수·구청장은 사후관리에 따른 확인 결과 아동학대의 재발이 의심되는 경우에는 사례결정위원회의 심의를 거쳐 보호대상아동의 가정 복귀 결정을 취소할 수 있다. 다만, 아동학대 재발의 위험이 현저하여 긴급히 취소하여야 하는 경우에는 사례결정위원회의 심의를 거치지 아니하고 취소하고 사후에 보고할 수 있다.

(6) 보호대상아동의 사후관리(제16조의2)

시·도지사 또는 시장·군수·구청장은 전담공무원 등 관계 공무원 및 민간 전문인력으로 하여금 보호조치의 종료로 가정으로 복귀한 보호대상아동의 가정을 방문하여 해당 아동의 복지 증진을 위하여 필요한 지도·관리를 제공하게 하여야 한다.

(7) 보호기간의 연장(제16조의3)

- 시·도지사 또는 시장·군수·구청장은 연령이 18세에 달한 보호대상아동이 보호조치를 연장할 의사가 있는 경우에는 그 보호기간을 해당 아동이 25세에 달할 때까지로 연장하여야 한다.
- 시·도지사 또는 시장·군수·구청장은 보호기간이 연장된 사람이 보호조치의 종료를 요청하는 경우 그 보호조치를 종료하여야 한다. 다만, 자립 능력이 부족하여 보호기간의 연장이 필요한 경우로서 대통령령으로 정하는 경우에는 심의위원회의 심의를 거쳐 종료하지 아니할 수 있다.

(8) 친권상실의 선고와 후견인 선임 청구(제18조~제21조)

- 시·도지사, 시장·군수·구청장 또는 검사는 아동의 친권자가 그 친권을 남용하거나 현저한 비행이나 아동학대, 그 밖에 친권을 행사할 수 없는 중대한 사유가 있는 것을 발견한 경우 아동의 복지를 위하여 필요하다고 인정할 때에는 법원에 친권행사의 제한 또는 친권상실의 선고를 청구하여야 한다.
- 아동복지시설의 장 및 초·중등교육법에 따른 학교의 장은 아동의 친권자가 그 친권을 남용하거나 현저한 비행이나 아동학대, 그 밖에 친권을 행사할 수 없는 중대한 사유가 있는 것을 발견한 경우 시·도지사, 시장·군수·구청장 또는 검사에게 법원에 친권행사의 제한 또는 친권상실의 선고를 청구하도록 요청할 수 있다.
- 시·도지사, 시장·군수·구청장 또는 검사는 친권행사의 제한 또는 친권상실의 선고 청구를 할 경우 보장원 또는 아동보호전문기관 등 아동복지시설의 장, 아동을 상담·치료한 의사 및 해당 아동의 의견을 존중하여야 한다.
- 시·도지사, 시장·군수·구청장 또는 검사는 친권행사의 제한 또는 친권상실의 선고 청구를 요청받은 경우에는 요청받은 날부터 30일 내에 청구 여부를 결정한 후 해당 요청기관에 청구 또는 미청구 요지 및 이유를 서면으로 알려야 한다. 처리결과를 통보받은 아동복지시설의 장 및 학교의 장은 그 처리결과에 대하여 이의가 있을 경우 통보받은 날부터 30일 내에 직접 법원에 친권행사의 제한 또는 친권상실의 선고를 청구할 수 있다.
- 시·도지사, 시장·군수·구청장, 아동복지시설의 장 및 학교의 장은 친권자 또는 후견인이 없는 아동을 발견한 경우 그 복지를 위하여 필요하다고 인정할 때에는 법원에 후견인의 선임을 청구하여야 한다.
- 시·도지사, 시장·군수·구청장, 아동복지시설의 장, 학교의 장 또는 검사는 후견인이 해당 아동을 학대하는 등 현저한 비행을 저지른 경우에는 후견인 변경을 법원에 청구하여야 한다. 이 경우 해당 아동의 의견을 존중하여야 한다.
- 아동복지시설에 입소 중인 보호대상아동에 대하여는 보호시설에 있는 미성년자의 후견직무에 관한 법률을 적용한다.
- 법원은 후견인의 선임청구를 받은 경우 후견인이 없는 아동에 대하여 후견인을 선임하기 전까지 시·도지사, 시장·군수·구청장, 아동보호전문기관의 장 및 가정위탁지원센터의 장 및 보장원의 장으로 하여금 임시로 그 아동의 후견인 역할을 하게 할 수 있다. 이 경우 해당 아동의 의견을 존중하여야 한다.
- 법원의 심리과정에서 변호사, 법정대리인, 직계 친족, 형제자매, 보장원 또는 아동보호전문기관의 상담원은 학대아동사건의 심리에 있어서 보조인

이 될 수 있다. 다만, 변호사가 아닌 경우에는 법원의 허가를 받아야 한다. 법원은 피해아동을 증인으로 신문하는 경우 검사, 피해아동과 그 보호자 또는 보장원, 아동보호전문기관의 신청이 있는 경우에는 피해아동과 신뢰관계에 있는 사람의 동석을 허가할 수 있다. 수사기관이 피해아동을 조사하는 경우에도 동일하다.

4. 아동복지시설 🏆 ^{22회기출}

중요도 ★ ★ ★

아동복지시설에 관한 문제는 단독 문제로 출제된 바 있으며, 법률의 전반적인 사항을 묻는 문제의 선택지로도 자주 출제되었다. 아동복지시설의 종류, 아동복지시설의 설치 등에 관하여 정리해 두도록 하자. 22회 시험에서는 아동복지법의 전반적인 내용을 묻는 문제에서 아동전용시설의 설치에 관한 내용이 선택지로 출제되었다.

국가 또는 지방자치단체는 아동복지시설을 설치할 수 있다. 국가 또는 지방자치단체 외의 자는 자치 관할 시장·군수·구청장에게 신고하고 아동복지시설을 설치할 수 있다.

(1) 아동복지시설의 종류(제52조) ⭐꼭!

아동복지시설의 종류는 다음과 같으며, 아동복지시설은 통합하여 설치할 수 있다.

① **아동양육시설:** 보호대상아동을 입소시켜 보호, 양육 및 취업훈련, 자립지원 서비스 등을 제공하는 것을 목적으로 하는 시설

② **아동일시보호시설:** 보호대상아동을 일시보호하고 아동에 대한 향후의 양육대책수립 및 보호조치를 행하는 것을 목적으로 하는 시설

③ **아동보호치료시설:** 불량행위를 하거나 불량행위를 할 우려가 있는 아동으로서 보호자가 없거나 친권자나 후견인이 입소를 신청한 아동 또는 가정법원·지방법원소년부지원에서 보호위탁된 19세 미만인 사람을 입소시켜 치료와 선도를 통하여 건전한 사회인으로 육성하는 것을 목적으로 하는 시설, 정서적·행동적 장애로 인하여 어려움을 겪고 있는 아동 또는 학대로 인하여 부모로부터 일시 격리되어 치료받을 필요가 있는 아동을 보호·치료하는 시설

④ **공동생활가정:** 보호대상아동에게 가정과 같은 주거여건과 보호, 양육, 자립지원서비스를 제공하는 것을 목적으로 하는 시설

⑤ **자립지원시설:** 아동복지시설에서 퇴소한 사람에게 취업준비기간 또는 취업

후 일정기간 보호함으로써 자립을 지원하는 것을 목적으로 하는 시설

⑥ **아동상담소**: 아동과 그 가족의 문제에 관한 상담, 치료, 예방 및 연구 등을 목적으로 하는 시설

⑦ **아동전용시설**: 어린이공원, 어린이놀이터, 아동회관, 체육, 연극, 영화, 과학실험전시시설, 아동휴게숙박시설, 야영장 등 아동에게 건전한 놀이 · 오락 기타 각종 편의를 제공하여 심신의 건강유지와 복지증진에 필요한 서비스를 제공하는 것을 목적으로 하는 시설

⑧ **지역아동센터**: 지역사회 아동의 보호 · 교육, 건전한 놀이와 오락의 제공, 보호자와 지역사회의 연계 등 아동의 건전육성을 위하여 종합적인 아동복지서비스를 제공하는 시설

⑨ **아동보호전문기관**: 학대받은 아동의 발견, 보호, 치료에 대한 신속처리 및 아동학대예방을 담당하는 시설

⑩ **가정위탁지원센터**: 보호대상아동에 대한 가정위탁사업을 활성화하기 위한 시설

⑪ **아동권리보장원**: 아동정책에 대한 종합적인 수행과 아동복지 관련 사업의 효과적인 추진을 위하여 필요한 정책의 수립을 지원하고 사업평가 등의 업무를 수행하는 시설

⑫ **자립지원전담기관**: 보호대상아동의 위탁보호 종료 또는 아동복지시설 퇴소 이후의 자립을 지원하는 시설

⑬ **학대피해아동쉼터**: 피해아동에 대한 보호, 치료, 양육 서비스 등을 제공하는 시설

(2) 아동복지시설의 사업(제52조)

아동복지시설은 각 시설 고유의 목적 사업을 해치지 아니하고 각 시설별 설치기준 및 운영기준을 충족하는 경우 다음 사업을 추가로 실시할 수 있다.

① **아동가정지원사업**: 지역사회아동의 건전한 발달을 위하여 아동, 가정, 지역주민에게 상담, 조언 및 정보를 제공해 주는 사업

② **아동주간보호사업**: 부득이한 사유로 가정에서 낮 동안 보호를 받을 수 없는 아동을 대상으로 개별적인 보호와 교육을 통하여 아동의 건전한 성장을 도모하는 사업

③ **아동전문상담사업**: 학교부적응아동 등을 대상으로 올바른 인격형성을 위한 상담, 치료 및 학교폭력예방을 실시하는 사업

④ **학대아동보호사업**: 학대아동의 발견, 보호, 치료 및 아동학대의 예방 등을 전문적으로 실시하는 사업

⑤ **공동생활가정사업**: 보호를 필요로 하는 아동에게 가정과 같은 주거여건과 보호를 제공하는 것을 목적으로 하는 사업

⑥ **방과후 아동지도사업**: 저소득층 아동을 대상으로 방과후 개별적인 보호와 교육을 통하여 건전한 인격 형성을 목적으로 하는 사업

(3) 아동전용시설의 설치(제53조)

- 국가와 지방자치단체는 아동이 항상 이용할 수 있는 아동전용시설을 설치하도록 노력하여야 한다.
- 아동이 이용할 수 있는 문화 · 오락시설 · 교통, 기타 서비스시설 등을 설치 · 운영하는 자는 대통령령이 정하는 바에 따라 아동의 이용편의를 고려한 편익설비를 갖추고 아동에 대한 입장료와 이용료 등을 감면할 수 있다.

(4) 아동복지시설의 종사자 등(제54조, 제54조의2)

- 아동복지시설에는 필요한 전문인력을 배치하여야 한다. 아동복지시설 종사자의 직종과 수, 그 자격 및 배치기준은 대통령령으로 정한다.
- '사회복지사업법에 따른 시설의 장 결격사유(사회복지사업법 제35조 제2항)에 해당하는 자, 정신질환자(정신건강의학과전문의가 아동복지시설의 장으로서 직무를 수행할 수 있다고 인정하는 사람은 제외), 마약류에 중독된 자'는 아동복지시설의 장으로 채용될 수 없다.
- '사회복지사업법에 따른 시설의 종사자 결격사유(사회복지사업법 제35조의2 제2항)에 해당하는 자, 정신질환자(정신건강의학과전문의가 아동복지시설의 종사자로서 직무를 수행할 수 있다고 인정하는 사람은 제외), 마약류에 중독된 자'는 아동복지시설의 종사자로 채용될 수 없다.

기출회차				
	3	4		5
6	7	8	9	10
11	12	13	14	15
16	17	18	19	20
21	22			

강의로 복습하는 기출회독 시리즈

Keyword 241

3 아동학대 예방 조치

합격자의 한마디

최근 아동학대에 관한 문제가 사회적으로 이슈가 되었죠. 사회서비스법은 사회적으로 이슈가 된 내용이 출제될 가능성이 높기 때문에 아동학대와 관련된 내용을 꼼꼼하게 정리해두세요. 노인학대와 장애인학대 관련 내용도 함께 정리해두시면 더욱 좋습니다.

1. 아동에 대한 금지행위(제17조)

• 아동을 매매하는 행위
• 아동에게 음란한 행위를 시키거나 이를 매개하는 행위 또는 아동을 대상으로 하는 성희롱 등의 성적 학대행위
• 아동의 신체에 손상을 주거나 신체의 건강 및 발달을 해치는 신체적 학대행위
• 아동의 정신건강 및 발달에 해를 끼치는 정서적 학대행위(가정폭력에 아동을 노출시키는 행위로 인한 경우를 포함)
• 자신의 보호·감독을 받는 아동을 유기하거나 의식주를 포함한 기본적 보호·양육·치료 및 교육을 소홀히 하는 방임행위
• 장애를 가진 아동을 공중에 관람시키는 행위
• 아동에게 구걸을 시키거나 아동을 이용하여 구걸하는 행위
• 공중의 오락 또는 흥행을 목적으로 아동의 건강 또는 안전에 유해한 곡예를 시키는 행위 또는 이를 위하여 아동을 제3자에게 인도하는 행위
• 정당한 권한을 가진 알선기관 외의 자가 아동의 양육을 알선하고 금품을 취득하거나 금품을 요구 또는 약속하는 행위
• 아동을 위하여 증여 또는 급여된 금품을 그 목적 외의 용도에 사용하는 행위

중요도 ★ ★ ★

아동학대에 대해 누구나 신고할 수 있지만, 신고의무자는 법률상 따로 정해져 있으니 반드시 정리해두어야 한다. 노인학대 신고의무자와 헷갈리지 않도록 유의해서 학습하도록 하자.

2. 아동학대의 예방 및 방지

(1) 아동학대의 예방과 방지 의무(제22조) ⭐ 꼭!

• 국가와 지방자치단체는 아동학대의 예방과 방지를 위하여 다음의 조치를 취해야 한다.
  – 아동학대의 예방과 방지를 위한 각종 정책의 수립 및 시행
  – 아동학대의 예방과 방지를 위한 연구·교육·홍보 및 아동학대 실태조사
  – 아동학대에 관한 신고체제의 구축·운영

- 피해아동의 보호와 치료 및 피해아동의 가정에 대한 지원
- 그 밖에 대통령령으로 정하는 아동학대의 예방과 방지를 위한 사항
- 지방자치단체는 아동학대를 예방하고 수시로 신고를 받을 수 있도록 긴급 전화를 설치하여야 한다.
- 시·도지사 또는 시장·군수·구청장은 피해아동의 발견 및 보호 등을 위하여 다음의 업무를 수행하여야 한다.
  - 아동학대 신고접수, 현장조사 및 응급보호
  - 피해아동, 피해아동의 가족 및 아동학대행위자에 대한 상담·조사
  - 그 밖에 대통령령으로 정하는 아동학대 관련 업무
- 시·도지사 또는 시장·군수·구청장은 위의 업무를 수행하기 위하여 아동학대전담공무원을 두어야 한다.
- 아동학대전담공무원은 사회복지사의 자격을 가진 사람으로 하고 그 임용 등에 필요한 사항은 해당 시·도 또는 시·군·구의 조례로 정한다.
- 보장원은 아동학대예방사업의 활성화 등을 위하여 다음의 업무를 수행한다.
  - 아동보호전문기관에 대한 지원
  - 아동학대예방사업과 관련된 연구 및 자료 발간
  - 효율적인 아동학대예방사업을 위한 연계체계 구축
  - 아동학대예방사업을 위한 프로그램 개발 및 평가
  - 아동보호전문기관·학대피해아동쉼터 직원 및 아동학대전담공무원 직무교육, 아동학대예방 관련 교육 및 홍보
  - 아동보호전문기관 전산시스템 구축 및 운영
  - 그 밖에 대통령령으로 정하는 아동학대예방사업과 관련된 업무

(2) 학생등에 대한 학대 예방 및 지원 등(제22조의2)

- 국가와 지방자치단체는 유치원의 유아 및 학교의 학생에 대한 아동학대의 조기 발견 체계 및 아동보호전문기관 등 관련 기관과의 연계 체계를 구축하고, 학대피해 학생등이 유치원 또는 학교에 안정적으로 적응할 수 있도록 지원하여야 한다.
- 교육부장관 또는 교육감은 아동학대의 조기 발견과 신속한 보호조치를 위하여 대통령령으로 정하는 바에 따라 장기결석 학생등의 정보 등을 보건복지부장관과 공유하여야 한다.
- 학교 적응 지원 등 대통령령으로 정하는 업무는 교육부장관 또는 교육감이 지정하는 기관에 위탁할 수 있다.

(3) 피해아동보호계획의 수립 등(제22조의4)

- 시 · 도지사 또는 시장 · 군수 · 구청장은 피해아동에 대한 조사를 한 후 다음의 사항이 포함된 피해아동보호계획을 수립하고 그 계획을 아동보호전문기관의 장에게 통보하여야 한다.
  - 피해아동에 대한 보호조치 여부
  - 아동학대행위에 대한 고발 여부 등 아동학대행위에 대한 개입 방향 및 절차
  - 피해아동 및 그 가족에 대한 지원 여부
  - 그 밖에 대통령령으로 정하는 사항
- 시 · 도지사 또는 시장 · 군수 · 구청장은 보호계획의 수립과 관련하여 의학적 · 법률적 판단 등 보건복지부령으로 정하는 전문적인 판단이 필요한 경우에는 아동학대사례 전문가자문단의 의견을 들어 보호계획을 수립할 수 있다.
- 시 · 도지사 또는 시장 · 군수 · 구청장은 해당 지역에서 발생한 아동학대 사건에 대하여 보장원의 장, 아동보호전문기관의 장 및 관할 경찰서장에게 관련 자료를 요청할 수 있다.
- 보호계획을 통보받은 아동보호전문기관의 장은 아동학대 재발 가능성 등 위험도를 고려하여 피해아동 및 그 가족, 아동학대행위자를 대상으로 치료 · 교육 · 상담 프로그램 등이 포함된 피해아동사례관리계획을 수립하여 시행하여야 한다.

(4) 아동학대사례 전문가자문단(제22조의5) ★ ^{꼭!}

- 보건복지부장관은 피해아동보호계획에 따른 자문에 응하게 하기 위하여 보건복지부에 아동학대사례 전문가자문단을 둔다.
- 전문가자문단에 참석한 사람은 업무상 알게 된 비밀을 누설하거나 이를 이용하여 부당한 이익을 취하여서는 아니 된다.

(5) 아동보호전문기관의 설치 ★ ^{꼭!}

① 아동보호전문기관의 설치(제45조)

- 지방자치단체는 학대받은 아동의 치료, 아동학대의 재발 방지 등 사례관리 및 아동학대예방을 담당하는 아동보호전문기관을 시 · 도 및 시 · 군 · 구에 1개소 이상 두어야 한다. 다만, 시 · 도지사는 관할 구역의 아동 수 및 지리적 요건을 고려하여 조례로 정하는 바에 따라 둘 이상의 시 · 군 · 구를 통합하여 하나의 아동보호전문기관을 설치 · 운영할 수 있다. 아동보호전문

기관을 통합하여 설치·운영하는 경우 시·도지사는 아동보호전문기관의 설치·운영에 필요한 비용을 관할 구역의 아동의 수 등을 고려하여 시장·군수·구청장에게 공동으로 부담하게 할 수 있다.

- 시·도지사 및 시·군·구청장은 아동학대예방 사업을 목적으로 하는 비영리법인을 지정하여 아동보호전문기관의 운영을 위탁할 수 있다.

② 아동보호전문기관의 업무(제46조)

아동보호전문기관은 '피해아동·피해아동의 가족 및 아동학대행위자를 위한 상담·치료 및 교육, 아동학대예방 교육 및 홍보, 피해아동 가정의 사후관리, 그 밖에 대통령령으로 정하는 아동학대예방사업과 관련된 업무'를 수행한다.

③ 성과평가(제47조)

보건복지부장관은 아동보호전문기관의 업무실적에 대하여 3년마다 성과평가를 실시해야 한다.

(6) 아동학대 신고의무자(아동학대범죄의 처벌 등에 관한 특례법 제10조)

누구든지 아동학대범죄를 알게 된 경우나 그 의심이 있는 경우에는 특별시·광역시·특별자치시·도·특별자치도, 시·군·구 또는 수사기관에 신고할 수 있다. 다음의 어느 하나에 해당하는 사람이 직무를 수행하면서 아동학대범죄를 알게 된 경우나 그 의심이 있는 경우에는 시·도, 시·군·구 또는 수사기관에 즉시 신고하여야 한다.

- 아동복지법에 따른 아동권리보장원 및 가정위탁지원센터의 장과 그 종사자
- 아동복지시설의 장과 그 종사자(아동보호전문기관의 장과 그 종사자는 제외)
- 아동복지법에 따른 아동복지전담공무원
- 가정폭력방지 및 피해자보호 등에 관한 법률에 따른 가정폭력 관련 상담소 및 가정폭력피해자 보호시설의 장과 그 종사자
- 건강가정기본법에 따른 건강가정지원센터의 장과 그 종사자
- 다문화가족지원법에 따른 다문화가족지원센터의 장과 그 종사자
- 사회보장급여의 이용·제공 및 수급권자 발굴에 관한 법률에 따른 사회복지전담공무원 및 사회복지사업법에 따른 사회복지시설의 장과 그 종사자
- 성매매방지 및 피해자보호 등에 관한 법률에 따른 지원시설 및 성매매피해상담소의 장과 그 종사자
- 성폭력방지 및 피해자보호 등에 관한 법률에 따른 성폭력피해상담소, 성폭력피해자보호시설의 장과 그 종사자 및 성폭력피해자통합지원센터의 장과

그 종사자

- 119구조 · 구급에 관한 법률에 따른 119구급대의 대원
- 응급의료에 관한 법률에 따른 응급의료기관등에 종사하는 응급구조사
- 영유아보육법에 따른 육아종합지원센터의 장과 그 종사자 및 어린이집의 원장 등 보육교직원
- 유아교육법에 따른 유치원의 장과 그 종사자
- 아동보호전문기관의 장과 그 종사자
- 의료법에 따른 의료기관의 장과 그 의료기관에 종사하는 의료인 및 의료기사
- 장애인복지법에 따른 장애인복지시설의 장과 그 종사자로서 시설에서 장애아동에 대한 상담 · 치료 · 훈련 또는 요양 업무를 수행하는 사람
- 정신건강증진 및 정신질환자 복지서비스 지원에 관한 법률에 따른 정신건강복지센터, 정신의료기관, 정신요양시설 및 정신재활시설의 장과 그 종사자
- 청소년기본법에 따른 청소년시설 및 청소년단체의 장과 그 종사자
- 청소년 보호법에 따른 청소년 보호 · 재활센터의 장과 그 종사자
- 초 · 중등교육법에 따른 학교의 장과 그 종사자
- 한부모가족지원법에 따른 한부모가족복지시설의 장과 그 종사자
- 학원의 설립 · 운영 및 과외교습에 관한 법률에 따른 학원의 운영자 · 강사 · 직원 및 교습소의 교습자 · 직원
- 아이돌봄 지원법에 따른 아이돌보미
- 아동복지법에 따른 취약계층 아동에 대한 통합서비스지원 수행인력
- 입양특례법에 따른 입양기관의 장과 그 종사자
- 영유아보육법에 따른 한국보육진흥원의 장과 그 종사자로서 어린이집 평가 업무를 수행하는 사람

(7) 아동학대 신고의무자에 대한 교육(제26조)

- 관계 중앙행정기관의 장은 아동학대 신고의무자의 자격 취득 과정이나 보수교육 과정에 아동학대 예방 및 신고의무와 관련된 교육 내용을 포함하도록 하여야 하며, 그 결과를 보건복지부장관에게 제출하여야 한다.
- 관계 중앙행정기관의 장 및 시 · 도지사는 아동학대 신고의무자에게 본인이 아동학대 신고의무자라는 사실을 고지할 수 있고, 아동학대 예방 및 신고의무와 관련한 교육을 실시할 수 있다.
- 아동학대 신고의무자가 소속된 기관 · 시설 등의 장은 소속 아동학대 신고의무자에게 신고의무 교육을 실시하고, 그 결과를 관계 중앙행정기관의 장

에게 제출하여야 한다.

(8) 아동학대 예방교육의 실시(제26조의2)

- 국가기관과 지방자치단체의 장, 공공기관과 대통령령으로 정하는 공공단체의 장은 아동학대의 예방과 방지를 위하여 필요한 교육을 연 1회 이상 실시하고, 그 결과를 보건복지부장관에게 제출하여야 한다.
- 아동의 보호자 등 교육 대상이 아닌 사람은 아동보호전문기관 또는 대통령령으로 정하는 교육기관에서 아동학대의 예방과 방지에 필요한 교육을 받을 수 있다.
- 보건복지부장관은 교육을 위하여 전문인력을 양성하고, 교육 프로그램을 개발 · 보급하여야 한다.

(9) 아동학대 등의 통보(제27조의2)

- 사법경찰관리는 아동 사망 및 상해사건, 가정폭력 사건 등에 관한 직무를 행하는 경우 아동학대가 있었다고 의심할 만한 사유가 있는 때에는 시 · 도지사, 시장 · 군수 · 구청장 또는 보장원의 장에게 그 사실을 통보하여야 한다.
- 사법경찰관 또는 보호관찰관은 아동학대범죄의 처벌 등에 관한 특례법에 따라 임시조치의 청구를 신청하였을 때에는 시 · 도지사, 시장 · 군수 · 구청장 또는 보장원의 장에게 그 사실을 통보하여야 한다.

(10) 피해아동 응급조치에 대한 거부금지(제27조의3)

사법경찰관리, 아동학대전담공무원이 피해아동을 인도하는 경우에는 아동학대 관련 보호시설이나 의료기관은 정당한 사유 없이 이를 거부하여서는 아니 된다.

(11) 사후관리(제28조)

- 보장원의 장 또는 아동보호전문기관의 장은 아동학대가 종료된 이후에도 가정방문, 전화상담 등을 통하여 아동학대의 재발 여부를 확인하여야 한다.
- 보장원의 장 또는 아동보호전문기관의 장은 아동학대가 종료된 이후에도 아동학대의 재발 방지 등을 위하여 필요하다고 인정하는 경우 피해아동 및 보호자를 포함한 피해아동의 가족에게 필요한 지원을 제공할 수 있다.
- 보장원 또는 아동보호전문기관이 위의 업무를 수행하는 경우 보호자는 정당한 사유 없이 이를 거부하거나 방해하여서는 아니 된다.

(12) 아동학대정보의 관리 및 제공(제28조의2)

- 보건복지부장관은 아동학대 관련 정보를 공유하고 아동학대를 예방하기 위하여 피해아동, 그 가족 및 아동학대행위자에 관한 정보와 아동학대예방사업에 관한 정보를 아동정보시스템에 입력·관리하여야 한다.
- '시·도지사 및 시장·군수·구청장, 판사·검사 및 경찰관서의 장, 초·중등교육법에 따른 학교의 장, 아동학대 전담의료기관의 장, 아동복지시설의 장, 입양특례법에 따른 입양기관의 장, 그 밖에 대통령령으로 정하는 피해아동의 보호 및 지원 관련 기관 또는 단체의 장'은 아동의 보호 및 아동학대 발생 방지를 위하여 필요한 경우 아동정보시스템상의 피해아동, 그 가족 및 아동학대행위자에 관한 정보를 보건복지부장관에게 요청할 수 있다. 이 경우 대통령령으로 정하는 바에 따라 목적과 필요한 정보의 범위를 구체적으로 기재하여야 한다.
- 보건복지부장관은 정보제공 요청이 있는 경우 아동정보시스템상의 해당 정보를 제공할 수 있다. 다만, 피해아동의 보호를 위하여 필요한 경우로서 대통령령으로 정하는 경우에는 정보의 제공을 제한할 수 있다.
- 피해아동관련 정보를 취득한 사람은 요청 목적 외로 해당 정보를 사용하거나 다른 사람에게 제공 또는 누설하여서는 아니 된다.

(13) 피해아동 및 그 가족 등에 대한 지원(제29조)

- 보장원의 장 또는 아동보호전문기관의 장은 아동의 안전 확보와 재학대 방지, 건전한 가정기능의 유지 등을 위하여 피해아동 및 보호자를 포함한 피해아동의 가족에게 상담, 교육 및 의료적·심리적 치료 등의 필요한 지원을 제공하여야 한다. 이와 관련하여 관계 기관에 협조를 요청할 수 있다.
- 보호자를 포함한 피해아동의 가족은 보장원 또는 아동보호전문기관이 제공하는 지원에 성실하게 참여하여야 한다.
- 보장원의 장 또는 아동보호전문기관의 장은 지원 여부의 결정 및 지원의 제공 등 모든 과정에서 피해아동의 이익을 최우선으로 고려하여야 한다.
- 국가와 지방자치단체는 보건복지부령으로 정하는 일정 소득 이하의 피해아동 및 보호자를 포함한 피해아동의 가족이 상담 및 교육 또는 의료적·심리적 치료 등을 받은 경우에는 예산의 범위에서 여비 등 실비(實費)를 지급할 수 있다.
- 국가와 지방자치단체는 초·중등교육법에 따른 학교에 재학 중인 피해아동 및 피해아동의 가족이 주소지 외의 지역에서 취학(입학·재입학·전학·편입학을 포함)할 필요가 있을 때에는 그 취학이 원활하게 이루어 질 수 있도록 지원하여야 한다.

(14) 아동학대행위자에 대한 상담·교육 등의 제공(제29조의2)

- 시·도지사, 시장·군수·구청장, 보장원의 장 또는 아동보호전문기관의 장은 아동학대행위자에 대하여 상담·교육 및 심리적 치료 등 필요한 지원을 제공하여야 하며, 이 경우 아동학대행위자는 상담·교육 및 심리적 치료 등에 성실히 참여하여야 한다.
- 상담·교육 및 심리적 치료 등에 참여할 수 없는 정당한 사유가 있는 아동학대행위자는 그 사유가 해소되는 즉시 이에 참여하여야 한다.

(15) 아동관련기관의 취업제한 등(제29조의3)

- 법원은 아동학대관련범죄로 형 또는 치료감호를 선고하는 경우에는 판결(약식명령을 포함)로 그 형 또는 치료감호의 전부 또는 일부의 집행을 종료하거나 집행이 유예·면제된 날(벌금형을 선고받은 경우에는 그 형이 확정된 날을 말함)부터 일정기간(취업제한기간) 동안 다음에 따른 시설 또는 기관(아동관련기관)을 운영하거나 아동관련기관에 취업 또는 사실상 노무를 제공할 수 없도록 하는 명령을 아동학대관련범죄 사건의 판결과 동시에 선고(약식명령의 경우에는 고지를 말함)하여야 한다. 다만, 재범의 위험성이 현저히 낮은 경우나 그 밖에 취업을 제한하여서는 아니 되는 특별한 사정이 있다고 판단하는 경우에는 그러하지 아니하다. 취업제한기간은 10년을 초과하지 못한다.
  - 보장원, 지방자치단체(전담공무원, 민간전문인력, 아동학대전담공무원으로 한정), 취약계층 아동 통합서비스 수행기관, 아동보호전문기관, 다함께돌봄센터, 가정위탁지원센터 및 아동복지시설, 긴급전화센터, 가정폭력 관련 상담소 및 가정폭력피해자 보호시설, 건강가정지원센터, 다문화가족지원센터, 성매매피해자등을 위한 지원시설 및 성매매피해상담소, 성폭력피해상담소 및 성폭력피해자보호시설 및 성폭력피해자통합지원센터, 어린이집, 육아종합지원센터 및 시간제보육서비스지정기관, 유치원, 의료기관(의료인에 한정), 장애인복지시설, 정신건강복지센터, 정신건강증진시설, 정신요양시설 및 정신재활시설, 공동주택의 관리사무소(경비업무 종사자에 한정), 청소년시설, 청소년단체, 청소년활동시설, 청소년상담복지센터, 이주배경청소년지원센터 및 청소년쉼터, 청소년자립지원관, 청소년치료재활센터, 청소년 보호·재활센터, 체육시설 중 아동의 이용이 제한되지 아니하는 체육시설로서 문화체육관광부장관이 지정하는 체육시설, 초·중등교육법에 따른 학교 및 학습부진아 등에 대한 교육을 실시하는 기관, 학원 및 교습소 중 아동의 이용이 제한되지 아니하는 학원과 교습소로서 교육부장관이 지정하는 학원·교습소,

한부모가족복지시설, 아동보호전문기관 또는 학대피해아동쉼터를 운영하는 법인, 소년원 및 소년분류심사원, 보건복지부장관의 설립 허가를 받아 아동인권·아동복지 등 아동을 위한 사업을 수행하는 비영리법인(대표자 및 아동을 직접 대면하는 업무에 종사하는 사람에 한정), 아이돌봄 서비스제공기관, 입양기관, 산후조리도우미 서비스를 제공하는 사람을 모집하거나 채용하는 기관(직접 산후조리도우미 서비스를 제공하는 사람에 한정), 산후조리원

- 법원은 취업제한명령을 선고하려는 경우에는 정신건강의학과 의사, 심리학자, 사회복지학자, 아동학대 관련 전문가, 그 밖의 관련 전문가로부터 취업제한명령 대상자의 재범 위험성 등에 관한 의견을 들을 수 있다.

- 아동관련기관의 설치 또는 설립인가·허가·신고를 관할하는 중앙행정기관의 장, 지방자치단체의 장, 교육감 또는 교육장은 아동관련기관을 운영하려는 자에 대하여 본인의 동의를 받아 관계 기관의 장에게 아동학대관련범죄 전력 조회를 요청하여야 한다. 다만, 아동관련기관을 운영하려는 자가 아동학대관련범죄 전력 조회 회신서를 중앙행정기관의 장, 지방자치단체의 장, 교육감 또는 교육장에게 직접 제출한 경우에는 아동학대관련범죄 전력 조회를 한 것으로 본다.

- 아동관련기관의 장은 그 기관에 취업 중이거나 사실상 노무를 제공 중인 사람 또는 취업하려 하거나 사실상 노무를 제공하려는 사람에 대하여 아동학대관련범죄 전력을 확인하여야 하며, 이 경우 본인의 동의를 받아 관계 기관의 장에게 아동학대관련범죄 전력 조회를 요청하여야 한다. 다만, 취업자등이 아동학대관련범죄 전력 조회 회신서를 아동관련기관의 장에게 직접 제출한 경우에는 아동학대관련범죄 전력 조회를 한 것으로 본다.

(16) 아동학대에 대한 법률상담 등(제29조의6)

- 국가는 피해아동을 위한 법률상담과 소송대리(訴訟代理) 등의 지원을 할 수 있다.

- 보건복지부장관, 시·도지사, 시장·군수·구청장, 보장원의 장 및 아동보호전문기관의 장은 대한법률구조공단 또는 대통령령으로 정하는 그 밖의 기관에 법률상담등을 요청할 수 있다.

- 법률상담등에 소요되는 비용은 대통령령으로 정하는 바에 따라 국가가 부담할 수 있다. 다만, 법률상담등을 받는 자가 다른 법령에 의하여 법률상담등에 소요되는 비용을 지원받는 경우는 제외한다.

(17) 아동학대 전담의료기관의 지정(제29조의7)

- 보건복지부장관, 시ㆍ도지사 및 시장ㆍ군수ㆍ구청장은 국ㆍ공립병원, 보건소 또는 민간의료기관을 피해아동의 치료를 위한 전담의료기관으로 지정할 수 있다.
- 전담의료기관은 시ㆍ도지사 또는 시장ㆍ군수ㆍ구청장, 피해아동ㆍ가족ㆍ친족, 보장원의 장, 아동보호전문기관 또는 아동복지시설의 장, 경찰관서의 장, 판사 또는 가정법원 등의 요청이 있는 경우 피해아동에 대하여 '아동학대 피해에 대한 상담, 신체적ㆍ정신적 치료, 그 밖에 대통령령으로 정하는 의료에 관한 사항'의 조치를 하여야 한다.
- 보건복지부장관, 시ㆍ도지사 및 시장ㆍ군수ㆍ구청장은 지정한 전담의료기관이 '거짓이나 그 밖의 부정한 방법으로 지정을 받은 경우, 정당한 사유 없이 의료 지원을 거부한 경우, 그 밖에 전담의료기관으로서 적합하지 아니하다고 대통령령으로 정하는 경우'에 해당하는 경우에는 그 지정을 취소할 수 있다. 다만, 거짓이나 그 밖의 부정한 방법으로 지정을 받은 경우에는 그 지정을 취소하여야 한다.

기출회차

		3	4	5
6	7	8	9	10
11	12	13	14	15
16	17	18	19	20
21	22			

강의로 복습하는 기출회독 시리즈

Keyword 241

4 아동 관련 행정기관 등

합격자의 한마디

최근 시험에서 아동 관련 행정기관들의 주요 내용을 비교하는 문제가 지속적으로 출제되고 있어요. 각각의 기관들을 학습할 때 누가 주체이고, 어디에 소속되어 있으며, 업무 또는 심의사항은 무엇인지를 구분하여 정리할 필요가 있어요.

1. 아동정책조정위원회 (제10조, 시행령 제5조, 시행령 제11조) 22회 기출

- 아동의 권리증진과 건강한 출생 및 성장을 위하여 종합적인 아동정책을 수립하고 관계 부처의 의견을 조정하며 그 정책의 이행을 감독하고 평가하기 위하여 국무총리 소속으로 아동정책조정위원회를 둔다.
- 위원회는 '기본계획의 수립에 관한 사항, 아동의 권익 및 복지 증진을 위한 기본방향에 관한 사항, 아동정책의 개선과 예산지원에 관한 사항, 아동 관련 국제조약의 이행 및 평가 · 조정에 관한 사항, 아동정책에 관한 관련 부처 간 협조에 관한 사항, 그 밖에 위원장이 부의하는 사항'을 심의 · 조정한다.
- 위원회는 위원장을 포함한 25명 이내의 위원으로 구성하되, 위원장은 국무총리가 되고 위원은 관련 부처(기획재정부, 교육부, 법무부, 행정안전부, 문화체육관광부, 산업통상자원부, 보건복지부, 고용노동부, 여성가족부)의 장관 및 아동 관련 단체의 장이나 아동에 대한 학식과 경험이 풍부한 사람 중 위원장이 위촉하는 15명 이내의 위원으로 구성한다.
- 위원 중 위촉위원의 임기는 2년으로 한다.
- 위원회에 상정할 심의 안건을 사전에 검토하고, 관계 부처의 의견을 조정하기 위하여 아동정책실무위원회를 둔다. 실무위원회의 위원장은 보건복지부차관이다. 실무위원회는 위원장 1명을 포함한 25명 이내의 위원으로 구성한다.
- 위원회는 아동정책과 관련한 특정 사안을 효율적으로 심의 · 의결하기 위하여 특별위원회를 둘 수 있다.

2. 아동권리보장원 (제10조의2)

- 보건복지부장관은 아동정책에 대한 종합적인 수행과 아동복지 관련 사업의 효과적인 추진을 위하여 필요한 정책의 수립을 지원하고 사업평가 등의 업

무를 수행할 수 있도록 아동권리보장원을 설립한다.

- 보장원은 다음의 업무를 수행한다.
  - 아동정책 수립을 위한 자료 개발 및 정책 분석
  - 아동정책기본계획의 수립 및 아동정책시행계획 평가 지원
  - 아동정책조정위원회 운영 지원
  - 아동정책영향평가 지원
  - 아동보호서비스에 대한 기술지원
  - 아동학대의 예방과 방지를 위한 업무
  - 가정위탁사업 활성화 등을 위한 업무
  - 지역 아동복지사업 및 아동복지시설의 원활한 운영을 위한 지원
  - 국내입양 활성화 및 입양 사후관리를 위한 업무(국내외 입양정책 및 서비스에 관한 조사·연구, 입양 관련 국제협력 업무, 그 밖에 입양특례법에 따라 보건복지부장관으로부터 위탁받은 업무)
  - 아동 관련 조사 및 통계 구축
  - 아동 관련 교육 및 홍보
  - 아동 관련 해외정책 조사 및 사례분석
  - 그 밖에 이 법 또는 다른 법령에 따라 보건복지부장관, 국가 또는 지방자치단체로부터 위탁받은 업무
- 보장원은 법인으로 하고, 주된 사무소의 소재지에 설립등기를 함으로써 성립한다. 보장원에는 보장원을 대표하고 그 업무를 총괄하기 위하여 원장을 두며, 원장은 보건복지부장관이 임면한다. 보건복지부장관은 보장원의 설립·운영에 필요한 비용을 지원할 수 있다.

3. 아동복지심의위원회(제12조)

- 시·도지사, 시장·군수·구청장은 다음의 사항을 심의하기 위하여 그 소속으로 아동복지심의위원회를 각각 둔다. 이 경우 아래의 사항(시행계획 수립 및 시행에 관한 사항은 제외)에 관한 심의 업무를 효율적으로 수행하기 위하여 대통령령으로 정하는 바에 따라 심의위원회 소속으로 사례결정위원회를 두고, 사례결정위원회의 심의를 거친 사항은 심의위원회의 심의를 거친 사항으로 본다.
  - 시행계획 수립 및 시행에 관한 사항
  - 보호조치에 관한 사항
  - 퇴소조치에 관한 사항

- 보호기간의 연장 및 보호조치의 종료에 관한 사항
- 재보호조치 및 보호조치의 종료에 관한 사항
- 친권행사의 제한이나 친권상실 선고 청구에 관한 사항
- 아동의 후견인의 선임이나 변경 청구에 관한 사항
- 지원대상아동의 선정과 그 지원에 관한 사항
- 그 밖에 아동의 보호 및 지원서비스를 위하여 시·도지사 또는 시장·군수·구청장이 필요하다고 인정하는 사항

• 심의위원회의 조직·구성 및 운영 등에 필요한 사항은 대통령령으로 정하는 기준에 따라 해당 지방자치단체의 조례로 정한다.

• 시·도지사, 시장·군수·구청장은 대통령령으로 정하는 바에 따라 심의위원회의 구성 및 운영 현황에 관한 사항을 연 1회 보건복지부장관에게 보고하여야 한다.

4. 아동복지전담공무원(제13조)

• 아동복지에 관한 업무를 담당하기 위하여 특별시·광역시·도·특별자치도 및 시·군·구에 각각 아동복지전담공무원을 둘 수 있다. 전담공무원은 사회복지사업법에 따른 사회복지사의 자격을 가진 사람으로 하고 그 임용 등에 필요한 사항은 해당 시·도 및 시·군·구의 조례로 정한다.

• 전담공무원은 아동에 대한 상담 및 보호조치, 가정환경에 대한 조사, 아동복지시설에 대한 지도·감독, 아동범죄 예방을 위한 현장확인 및 지도·감독 등 지역 단위에서 아동의 복지증진을 위한 업무를 수행한다.

• 시·도지사 또는 시장·군수·구청장은 전담공무원의 업무를 지원하기 위하여 보건복지부령으로 정하는 바에 따라 민간전문인력을 둘 수 있다.

• 관계 행정기관, 아동복지시설 및 아동복지단체(아동의 권리를 보장하고 복지증진을 목적으로 설립된 기관 및 단체)를 설치·운영하는 자는 전담공무원 또는 민간전문인력이 협조를 요청하는 경우 정당한 사유가 없는 한 이에 따라야 한다.

5. 아동위원(제14조) 22회 기출

• 시·군·구에 아동위원을 둔다. 아동위원은 그 관할 구역의 아동에 대하여 항상 그 생활상태 및 가정환경을 상세히 파악하고 아동복지에 필요한 원조

와 지도를 행하며 전담공무원, 민간전문인력 및 관계 행정기관과 협력하여야 한다.

- 아동위원은 그 업무의 원활한 수행을 위하여 적절한 교육을 받을 수 있다.
- 아동위원은 명예직으로 하되, 아동위원에 대하여는 수당을 지급할 수 있다.
- 그 밖에 아동위원에 관한 사항은 해당 시·군·구의 조례로 정한다.

6. 가정위탁지원센터의 설치(제48조, 제49조)

- 지방자치단체는 보호대상아동에 대한 가정위탁사업을 활성화하기 위하여 시·도 및 시·군·구에 가정위탁지원센터를 둔다. 다만, 시·도지사는 조례로 정하는 바에 따라 둘 이상의 시·군·구를 통합하여 하나의 가정위탁지원센터를 설치·운영할 수 있다.
- 가정위탁지원센터를 통합하여 설치·운영하는 경우 시·도지사는 가정위탁지원센터의 설치·운영에 필요한 비용을 관할 구역의 아동의 수 등을 고려하여 시장·군수·구청장에게 공동으로 부담하게 할 수 있다.
- 시·도지사 및 시장·군수·구청장은 가정위탁지원을 목적으로 하는 비영리법인을 지정하여 가정위탁지원센터의 운영을 위탁할 수 있다.
- 보장원은 가정위탁사업의 활성화 등을 위하여 '가정위탁지원센터에 대한 지원, 효과적인 가정위탁사업을 위한 지역 간 연계체계 구축, 가정위탁사업과 관련된 연구 및 자료발간, 가정위탁사업을 위한 프로그램의 개발 및 평가, 상담원에 대한 교육 등 가정위탁에 관한 교육 및 홍보, 가정위탁사업을 위한 정보기반 구축 및 정보 제공, 그 밖에 대통령령으로 정하는 가정위탁사업과 관련된 업무' 등의 업무를 수행한다.
- 가정위탁지원센터는 '가정위탁사업의 홍보 및 가정위탁을 하고자 하는 가정의 발굴, 가정위탁을 하고자 하는 가정에 대한 조사 및 가정위탁 대상 아동에 대한 상담, 가정위탁을 하고자 하는 사람과 위탁가정 부모에 대한 교육, 위탁가정의 사례관리, 친부모 가정으로의 복귀 지원, 가정위탁 아동의 자립계획 및 사례 관리, 관할 구역 내 가정위탁 관련 정보 제공, 그 밖에 대통령령으로 정하는 가정위탁과 관련된 업무' 등을 수행한다.

7. 비용의 보조 및 징수

(1) 비용보조(제59조)

국가 또는 지방자치단체는 '아동복지시설의 설치 및 운영과 프로그램의 운용에 필요한 비용 또는 수탁보호 중인 아동의 양육 및 보호관리에 필요한 비용, 보호대상아동의 가정위탁보호에 따른 비용, 아동복지사업의 지도·감독·계몽 및 홍보에 필요한 비용, 아동학대 신고의무 교육에 소요되는 비용, 전담의료기관의 조치에 소요되는 비용, 취약계층 아동에 대한 통합서비스지원에 필요한 비용, 보호대상아동의 자립지원에 필요한 비용, 자산형성지원사업에 필요한 비용, 아동복지단체의 지도·육성에 필요한 비용'의 전부 또는 일부를 보조할 수 있다.

(2) 비용의 징수(제60조)

시·도지사, 시장·군수·구청장 또는 아동복지시설의 장은 보호대상아동에 대한 보호조치에 필요한 비용의 전부 또는 일부를 각각 그 아동의 부양의무자로부터 징수할 수 있다.

(3) 보조금의 반환명령(제61조)

국가 또는 지방자치단체는 아동복지시설의 장 등 보호수탁자, 보장원의 장, 가정위탁지원센터의 장, 아동복지단체의 장이 '보조금의 교부조건을 위반한 경우, 거짓이나 기타 부정한 방법으로 보조금의 교부를 받은 경우, 아동복지시설의 경영에 관하여 개인의 영리를 도모하는 행위를 한 경우, 보조금의 사용 잔액이 있는 경우, 이 법 또는 이 법에 따른 명령을 위반한 경우'에는 이미 교부한 보조금의 전부 또는 일부의 반환을 명할 수 있다.

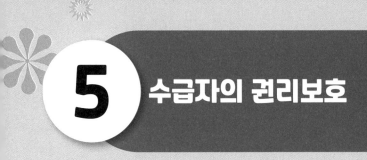

5 수급자의 권리보호

1. 압류금지 및 비밀유지의 의무

- 이 법에 따라 지급된 금품과 이를 받을 권리는 압류하지 못한다.
- 아동복지사업을 포함하여 아동복지업무에 종사하였거나 종사하는 자는 그 직무상 알게 된 비밀을 누설하거나 직무상 목적 외의 용도로 이용하여서는 아니 된다.

2. 벌칙 등

(1) 벌칙

다음의 각 행위를 위반한 자는 다음의 구분에 따라 처벌하고, 상습적으로 죄를 범한 자는 그 죄에 정한 형의 2분의 1까지 가중한다.

① 10년 이하의 징역

아동을 매매하는 행위(아동·청소년의 성을 사는 행위 또는 아동·청소년이용음란물을 제작하는 행위의 대상이 될 것을 알면서 아동·청소년을 매매 또는 국외에 이송하거나 국외에 거주하는 아동·청소년을 국내에 이송하는 행위는 제외)

② 10년 이하의 징역 또는 1억원 이하의 벌금

아동에게 음란한 행위를 시키거나 이를 매개하는 행위 또는 아동에게 성적 수치심을 주는 성희롱 등의 성적 학대행위

③ 5년 이하의 징역 또는 5천만원 이하의 벌금

- 아동의 신체에 손상을 주거나 신체의 건강 및 발달을 해치는 신체적 학대행위
- 아동의 정신건강 및 발달에 해를 끼치는 정서적 학대행위

- 자신의 보호 · 감독을 받는 아동을 유기하거나 의식주를 포함한 기본적 보호 · 양육 · 치료 및 교육을 소홀히 하는 방임행위
- 장애를 가진 아동을 공중에 관람시키는 행위
- 아동에게 구걸을 시키거나 아동을 이용하여 구걸하는 행위

④ 3년 이하의 징역 또는 3천만원 이하의 벌금

- 정당한 권한을 가진 알선기관 외의 자가 아동의 양육을 알선하고 금품을 취득하거나 금품을 요구 또는 약속하는 행위
- 아동을 위하여 증여 또는 급여된 금품을 그 목적 외의 용도로 사용하는 행위
- 국가아동학대정보시스템의 피해아동관련 정보를 요청 목적 외로 사용하거나 다른 사람에게 제공 또는 누설한 사람
- 아동복지사업을 포함하여 아동복지업무에 종사하였거나 종사한 자가 그 직무상 비밀을 누설하거나 직무상 목적 외의 용도로 이용한 경우

⑤ 1년 이하의 징역 또는 1천만원 이하의 벌금

- 공중의 오락 또는 흥행을 목적으로 아동의 건강 또는 안전에 유해한 곡예를 시키는 행위 또는 이를 위하여 아동을 제3자에게 인도하는 행위
- 아동복지시설이 폐업 또는 휴업하는 경우에도 정당한 사유 없이 다른 아동복지시설로 옮기는 권익보호조치를 하지 아니한 사람
- 사례전문위원회에 참석한 사람이 업무상 알게 된 비밀을 누설하거나 부당한 이익을 취한 경우
- 신고를 하지 아니하고 아동복지시설을 설치한 자
- 거짓으로 서류를 작성하여 아동복지시설 전문인력의 자격을 인정받은 자
- 사업의 정지, 위탁의 취소 또는 시설의 폐쇄명령을 받고도 그 시설을 운영하거나 사업을 한 자
- 조사를 거부 · 방해 또는 기피하거나 질문에 대하여 답변을 거부 · 기피 또는 거짓 답변을 하거나, 아동에게 답변을 거부 · 기피 또는 거짓 답변을 하게 하거나 그 답변을 방해한 자

(2) 과태료

① 1천만원 이하의 과태료

- 피해아동의 인수를 거부한 아동학대 관련 보호시설의 장
- 아동학대관련 범죄전력자 해임요구를 정당한 사유 없이 거부하거나 1개월 이내에 이행하지 아니한 아동관련기관의 장

② 500만원 이하의 과태료

아동관련기관의 장이 직원 채용시 아동학대관련범죄 전력을 확인하지 아니하는 경우

③ 300만원 이하의 과태료

- 아동학대 신고의무자에 대한 교육 규정을 위반하여 신고의무 교육을 실시하지 아니한 자
- 사후관리 업무를 수행하는 경우 정당한 사유 없이 아동학대 재발 방지 등을 위한 업무수행을 거부하거나 방해한 자
- 보장원의 장 또는 아동보호전문기관의 장이 제공하는 지원에 정당한 사유 없이 참여하지 아니한 피해아동의 가족(보호자를 포함)
- 정당한 사유 없이 상담·교육·심리적 치료 등에 참여하지 아니한 아동학대행위자
- 아동에 대한 교육 규정을 위반하여 교육을 실시하지 아니한 자
- 휴업·폐업 등에 관한 신고 규정을 위반하여 아동복지시설의 휴업·폐업 또는 운영재개 신고를 하지 아니한 자
- 유사명칭의 사용금지 규정을 위반하여 아동복지시설이라는 명칭을 사용한 자

3. 청문

보건복지부장관, 시·도지사 또는 시장·군수·구청장은 아동학대 전담의료기관 지정의 취소, 시설 위탁의 취소 또는 시설의 폐쇄명령을 하고자 하는 경우에는 청문을 하여야 한다.

3절 장애인복지법

[시행 2024.5.14 / 법률 제20290호 / 개정 2024.2.13]

한눈에 쏙!   중요도

❶ 개요	1. 목적 및 기본이념	
	2. 국가 · 지방자치단체 · 국민의 책임 등	★★★
	3. 장애인정책종합계획	
	4. 장애인정책조정위원회	

❷ 장애인의 종류 · 등록 등	1. 장애인의 정의와 종류	
	2. 장애인 등록 및 취소	★★

❸ 장애인 복지조치 및 시설 등	1. 기본정책의 강구	
	2. 상담서비스	
	3. 사회경제적 재활	
	4. 자립생활지원	
	5. 장애인복지시설	
	6. 다른 법률과의 관계	
	7. 비용의 부담	
	8. 장애인관련기관에의 취업제한	
	9. 장애인 학대	★★★
	10. 감독	
	11. 시설의 개선, 사업의 정지, 폐쇄 등	
	12. 단체의 보호 · 육성	
	13. 장애인보조기구 및 장애인복지 전문인력	

❹ 수급자의 권리보호	1. 권리보호	
	2. 벌칙 등	
	3. 청문	

1 개요

기출회차

		3	4	5
6	7	8	9	10
11	12	13	14	15
16	17	18	19	20
21	22			

강의로 복습하는 기출회독 시리즈

Keyword 242

1. 목적 및 기본이념

(1) 목적(제1조)

장애인의 인간다운 삶과 권리 보장을 위한 국가와 지방자치단체 등의 책임을 명백히 하고, 장애발생 예방과 장애인의 의료, 교육, 직업재활, 생활환경개선 등에 관한 사업을 정하여 장애인복지대책을 종합적으로 추진하며, 장애인의 자립생활·보호 및 수당 지급 등에 관하여 필요한 사항을 정하여 장애인의 생활안정에 기여하는 등 장애인의 복지와 사회활동 참여증진을 통하여 사회통합에 이바지함을 목적으로 한다.

(2) 기본이념

① 완전한 사회참여와 평등을 통한 사회통합

장애인복지의 기본이념은 장애인의 완전한 사회 참여와 평등을 통하여 사회통합을 이루는 데에 있다. 완전한 참여란, 비록 장애가 있으나 이를 극복하도록 각종 재활서비스를 강화하고 사회적, 물질적 환경을 개선함으로써 장애인들의 사회 참여를 보장하도록 한다는 것이다.

② 차별금지

누구든지 장애를 이유로 정치·경제·사회·문화 생활의 모든 영역에서 차별을 받지 아니하고, 누구든지 장애를 이유로 정치·경제·사회·문화 생활의 모든 영역에서 장애인을 차별하여서는 아니 된다. 누구든지 장애인을 비하·모욕하거나 장애인을 이용하여 부당한 영리행위를 하여서는 아니 되며, 장애인의 장애를 이해하기 위하여 노력하여야 한다.

③ 장애인의 권리

장애인은 인간으로서 존엄과 가치를 존중받으며, 그에 걸맞은 대우를 받는다. 장애인은 국가·사회의 구성원으로서 정치·경제·사회·문화, 그 밖의 모든 분야의 활동에 참여할 권리를 가진다. 장애인 관련 정책결정과정에 우선적으로 참여할 권리가 있다.

④ 여성장애인의 권익 보호

국가와 지방자치단체는 여성장애인의 권익을 보호하고 사회참여를 확대하기 위하여 기초학습과 직업교육 등 필요한 시책을 강구하여야 한다.

⑤ 중증장애인의 보호

국가와 지방자치단체는 장애 정도가 심하여 자립하기가 매우 곤란한 중증장애인이 필요한 보호 등을 평생 받을 수 있도록 알맞은 정책을 강구하여야 한다.

2. 국가 · 지방자치단체 · 국민의 책임 등

중요도 ★★★

국가와 지방자치단체의 책임, 실태조사, 장애인의 날에 관한 내용은 단독 문제로 출제되었을 뿐만 아니라 전반적인 내용을 묻는 문제에서 선택지로도 자주 등장하는 내용이므로 꼼꼼하게 정리해두어야 한다.

(1) 국가와 지방자치단체의 책임(제9조) ★꼭!

국가와 지방자치단체는 장애 발생을 예방하고, 장애의 조기발견에 대한 국민의 관심을 높이며, 자립을 지원하고, 보호가 필요한 장애인을 보호하여 장애인의 복지를 향상시킬 책임을 진다. 또한, 여성장애인의 권익을 보호하기 위하여 정책을 강구하여야 한다. 장애인복지정책을 장애인과 그 보호자에게 적극적으로 홍보하여야 하며, 국민이 장애인을 올바르게 이해하도록 하는 데 필요한 정책을 강구하여야 한다.

(2) 실태조사(제31조) ★꼭!

보건복지부장관은 장애인 복지정책의 수립에 필요한 기초자료로 활용하기 위하여 3년마다 장애실태조사를 실시하여야 한다.

(3) 국민의 책임(제10조)

모든 국민은 장애발생의 예방과 장애의 조기발견을 위하여 노력하여야 하며, 장애인의 인격을 존중하고 사회통합의 이념에 기초하여 장애인의 복지향상에 협력하여야 한다.

(4) 장애인의 날(제14조)

장애인에 대한 국민의 이해를 깊게 하고 장애인의 재활의욕을 높이기 위하여 매년 4월 20일을 장애인의 날로 하며, 장애인의 날부터 1주간을 장애인 주간으로 한다.

3. 장애인정책종합계획 (제10조의2)

- 보건복지부장관은 장애인의 권익과 복지증진을 위하여 관계 중앙행정기관의 장과 협의하여 5년마다 장애인정책종합계획을 수립·시행하여야 한다.
- 종합계획에는 다음의 사항이 포함되어야 한다.
  - 장애인의 복지에 관한 사항   – 장애인의 교육문화에 관한 사항
  - 장애인의 경제활동에 관한 사항   – 장애인의 사회참여에 관한 사항
  - 장애인의 안전관리에 관한 사항
  - 그 밖에 장애인의 권익과 복지증진을 위하여 필요한 사항
- 관계 중앙행정기관의 장은 장애인의 권익과 복지증진을 위하여 관련 업무에 대한 사업계획을 매년 수립·시행하여야 하고, 그 사업계획과 전년도의 사업계획 추진실적을 매년 보건복지부장관에게 제출하여야 한다. 보건복지부장관은 제출된 사업계획과 추진실적을 종합하여 종합계획을 수립하되, 장애인정책조정위원회의 심의를 미리 거쳐야 한다. 종합계획을 변경하는 경우에도 또한 같다.
- 보건복지부장관은 종합계획의 추진성과를 매년 평가하고, 그 결과를 종합계획에 반영할 필요가 있는 경우에는 종합계획을 변경하거나 다음 종합계획을 수립할 때에 반영하여야 한다.

4. 장애인정책조정위원회 (제11조)

- 장애인 종합정책을 수립하고 관계부처 간의 의견을 조정하며 그 정책의 이행을 감독·평가하기 위하여 국무총리 소속하에 장애인정책조정위원회를 둔다.
- 위원회는 '장애인복지정책의 기본방향에 관한 사항, 장애인복지 향상을 위한 제도개선과 예산지원에 관한 사항, 중요한 특수교육정책의 조정에 관한 사항, 장애인 고용촉진정책의 중요한 조정에 관한 사항, 장애인 이동보장 정책조정에 관한 사항, 장애인정책 추진과 관련한 재원조달에 관한 사항, 장애인복지에 관한 관련 부처의 협조에 관한 사항, 다른 법령에서 위원회의 심의를 거치도록 한 사항, 그 밖에 장애인복지와 관련하여 대통령령이 정하는 사항' 등을 심의·조정한다.
- 장애인정책조정위원회는 위원장 및 부위원장 각 1명을 포함한 30명 이내의 위원으로 구성한다. 위원장은 국무총리가 되고, 부위원장은 보건복지부장관이 되며, 위원은 당연직 위원과 위촉위원으로 한다.

2 장애인의 종류 · 등록 등

기출회차				
		3	4	5
6	7	8	9	10
11	12	13	14	15
16	17	18	19	20
21	22			

강의로 복습하는 기출회독 시리즈

Keyword 242

장애의 구분
- 신체적 장애: 주요 외부신체기능의 장애, 내부기관의 장애
- 정신적 장애: 발달장애 또는 정신 질환으로 발생하는 장애

1. 장애인의 정의와 종류

(1) 장애인의 정의

이 법에서 말하는 장애인은 신체적 · 정신적 장애로 인하여 오랫동안 일상생활이나 사회생활에서 상당한 제약을 받는 자를 말한다.

(2) 장애인의 종류(총 15종)

지체장애인(肢體障碍人), 뇌병변장애인(腦病變障碍人), 시각장애인(視覺障碍人), 청각장애인(聽覺障碍人), 언어장애인(言語障碍人), 지적장애인(知的障碍人), 자폐성장애인(自閉性障碍人), 정신장애인(精神障碍人), 신장장애인(腎臟障碍人), 심장장애인(心臟障碍人), 호흡기장애인(呼吸器障碍人), 간장애인(肝障碍人), 안면장애인(顔面障碍人), 장루 · 요루장애인(腸瘻 · 尿瘻障碍人), 뇌전증장애인(腦電症障碍人)

중요도 ★ ★

장애인 등록 및 취소에 관한 내용은 단독 문제로도 출제된 바 있다. 또한 재외동포 및 외국인의 장애인 등록에 관한 내용은 장애인복지법의 전반적인 내용을 종합적으로 묻는 문제에서 선택지로 자주 등장하므로 반드시 기억해야 한다.

2. 장애인 등록 및 취소 등

(1) 장애인 등록(제32조) 꼭!

- 장애인, 그 법정대리인 또는 대통령령으로 정하는 보호자는 장애 상태와 그 밖에 보건복지부령이 정하는 사항을 특별자치시장 · 특별자치도지사 · 시장 · 군수 또는 구청장(자치구의 구청장)에게 등록하여야 하며, 특별자치시장 · 특별자치도지사 · 시장 · 군수 · 구청장은 등록을 신청한 장애인이 기준에 맞으면 장애인등록증을 내주어야 한다.
- 특별자치시장 · 특별자치도지사 · 시장 · 군수 · 구청장은 등록증을 받은 장애인의 장애 상태의 변화에 따른 장애 정도 조정을 위하여 장애 진단을 받게 하는 등 장애인이나 법정대리인등에게 필요한 조치를 할 수 있다.
- 등록증은 양도하거나 대여하지 못하며, 등록증과 비슷한 명칭이나 표시를 사용하여서는 아니 된다.

- 특별자치시장 · 특별자치도지사 · 시장 · 군수 · 구청장은 장애인 등록 및 장애 상태의 변화에 따른 장애 정도를 조정함에 있어 장애인의 장애 인정과 장애 정도 사정이 적정한지를 확인하기 위하여 필요한 경우 대통령령으로 정하는 공공기관에 장애 정도에 관한 정밀심사를 의뢰할 수 있다.

(2) 재외동포 및 외국인의 장애인 등록(제32조의2) ☆꼭!

- 재외동포 및 외국인 중 '국내거소신고를 한 사람, 재외국민으로 주민등록을 한 사람, 외국인등록을 한 사람으로서 체류자격 중 대한민국에 영주할 수 있는 체류자격을 가진 사람, 결혼이민자, 난민인정자'에 해당하는 사람은 장애인 등록을 할 수 있다.
- 국가 및 지방자치단체는 위 규정에 따라 등록한 장애인에 대하여는 예산 등을 고려하여 장애인복지사업의 지원을 제한할 수 있다.

(3) 장애인 등록 취소 등(제32조의3) ☆꼭!

- 특별자치시장 · 특별자치도지사 · 시장 · 군수 · 구청장은 등록증을 받은 사람이 다음의 어느 하나에 해당하는 경우에는 장애인 등록을 취소하여야 한다.
  - 사망한 경우
  - 장애인의 정의(제2조)에 대한 기준에 맞지 아니하게 된 경우
  - 정당한 사유 없이 보건복지부령으로 정하는 기간 동안 장애 진단 명령 등 필요한 조치를 따르지 아니한 경우
  - 장애인 등록 취소를 신청하는 경우
- 특별자치시장 · 특별자치도지사 · 시장 · 군수 · 구청장은 '장애인 등록이 취소된 경우(사망한 경우는 제외), 중복발급 및 양도 · 대여 등 부정한 방법으로 등록증을 취득한 경우'에는 등록증을 받은 사람과 법정대리인등 및 부정한 방법으로 등록증을 취득한 사람 등에게 등록증의 반환을 명하여야 한다.

(4) 서비스 지원 종합조사(제32조의4)

보건복지부장관 또는 특별자치시장 · 특별자치도지사 · 시장 · 군수 · 구청장은 '활동지원급여 신청, 장애인 보조기기 교부 신청, 장애인 거주시설 이용 신청, 그 밖에 대통령령으로 정하는 서비스의 신청'에 대하여 서비스의 수급자격, 양 및 내용 등의 결정에 필요한 서비스 지원 종합조사를 실시할 수 있다.

(5) 복지서비스에 관한 장애인 지원 사업(제32조의6)

• 국가와 지방자치단체는 등록한 장애인에게 필요한 복지서비스가 적시에 제공될 수 있도록 다음의 장애인 지원 사업을 실시한다.
  - 복지서비스에 관한 상담 및 정보 제공
  - 장애인학대 등 안전문제 또는 생계곤란 등 위기상황에 놓여있을 가능성이 높은 장애인에 대한 방문 상담
  - 복지서비스 신청의 대행
  - 장애인 개인별로 필요한 욕구의 조사 및 복지서비스 제공 계획의 수립 지원
  - 장애인과 복지서비스 제공 기관 · 법인 · 단체 · 시설과의 연계
  - 복지서비스 등 복지자원의 발굴 및 데이터베이스 구축
  - 그 밖에 복지서비스의 제공에 필요한 사업
• 국가와 지방자치단체는 장애인 지원 사업을 수행하기 위하여 장애인복지시설, 발달장애인지원센터 등 관계 기관에 협력을 요청할 수 있다. 이 경우 국가와 지방자치단체는 예산의 범위에서 필요한 비용을 지원할 수 있다.
• 국가와 지방자치단체는 장애인 지원 사업을 공공기관에 위탁할 수 있다. 이 경우 국가와 지방자치단체는 예산의 범위에서 사업 수행에 필요한 비용의 전부 또는 일부를 지원할 수 있다.

(6) 민관협력을 통한 사례관리(제32조의7)

특별자치시장 · 특별자치도지사 · 시장 · 군수 · 구청장은 복지서비스가 필요한 장애인을 발굴하고 공공 및 민간의 복지서비스를 연계 · 제공하기 위하여 민관협력을 통한 사례관리를 실시할 수 있다.

(7) 장애 정도가 변동된 장애인 등에 대한 정보 제공(제32조의8)

특별자치시장 · 특별자치도지사 · 시장 · 군수 · 구청장은 장애인 등록 과정에서 장애 정도가 변동된 장애인, 장애의 기준에 맞지 아니하게 된 장애인과 장애인으로 등록되지 못한 신청인에게 장애 정도의 변동, 장애인 자격의 상실 등에 따른 지원의 변화에 대한 정보와 재활 및 자립에 필요한 각종 정보를 제공하여야 한다.

3 장애인 복지조치 및 시설 등

기출회차

		3	4	5
6	7	8	9	10
11	12	13	14	15
16	17	18	19	20
21	22			

강의로 복습하는 기출회독 시리즈

Keyword 242

1. 기본정책의 강구

(1) 장애발생 예방(제17조)

국가와 지방자치단체는 장애의 발생 원인과 예방에 관한 조사 연구를 촉진하여야 하며, 모자보건사업의 강화, 장애의 원인이 되는 질병의 조기 발견과 조기 치료, 그 밖에 필요한 정책을 강구하여야 한다. 교통사고 · 산업재해 · 약물중독 및 환경오염 등에 의한 장애발생을 예방하기 위하여 필요한 조치를 강구하여야 한다.

(2) 의료와 재활치료(제18조)

국가와 지방자치단체는 장애인이 생활기능을 익히거나 되찾을 수 있도록 필요한 기능치료와 심리치료 등 재활의료를 제공하고 장애인의 장애를 보완할 수 있는 장애인보조기구를 제공하는 등 필요한 정책을 강구하여야 한다.

(3) 사회적응 훈련(제19조)

국가와 지방자치단체는 장애인이 재활치료를 마치고 일상생활이나 사회생활을 원활히 할 수 있도록 사회적응 훈련을 실시하여야 한다.

(4) 교육(제20조)

국가와 지방자치단체는 사회통합의 이념에 따라 장애인이 연령 · 능력 · 장애의 종류 및 정도에 따라 충분히 교육받을 수 있도록 교육 내용과 방법을 개선하는 등 필요한 정책을 강구하여야 한다. 장애인의 교육에 관한 조사 · 연구를 촉진해야 하며, 장애인에게 전문 진로교육을 실시하는 제도를 강구하여야 한다. 각급 학교의 장은 교육을 필요로 하는 장애인이 그 학교에 입학하려는 경우 장애를 이유로 입학 지원을 거부하거나 입학시험 합격자의 입학을 거부하는 등의 불리한 조치를 하여서는 아니 된다. 모든 교육기관은 교육 대상인 장애인의 입학과 수학 등에 편리하도록 장애의 종류와 정도에 맞추어 시설을 정비하거나 그 밖에 필요한 조치를 강구하여야 한다.

(5) 직업(제21조)

국가와 지방자치단체는 장애인이 적성과 능력에 맞는 직업에 종사할 수 있도록 직업 지도, 직업능력 평가, 직업 적응훈련, 직업훈련, 취업 알선, 고용 및 취업 후 지도 등 필요한 정책을 강구하여야 한다.

(6) 정보에의 접근(제22조)

국가와 지방자치단체는 장애인이 정보에 원활하게 접근하고 자신의 의사를 표시할 수 있도록 전기통신·방송시설 등을 개선하기 위하여 노력하여야 한다. 방송국의 장 등 민간 사업자에게 뉴스와 국가적 주요 사항의 중계 등 대통령령으로 정하는 방송 프로그램에 청각장애인을 위한 한국수어 또는 폐쇄자막과 시각장애인을 위한 화면해설 또는 자막해설 등을 방영하도록 요청하여야 한다. 국가적인 행사, 그 밖의 교육·집회 등 대통령령으로 정하는 행사를 개최하는 경우에는 청각장애인을 위한 한국수어 통역 및 시각장애인을 위한 점자 및 인쇄물 접근성바코드가 삽입된 자료 등을 제공하여야 하며 민간이 주최하는 행사의 경우에는 한국수어 통역과 점자 및 인쇄물 접근성바코드가 삽입된 자료 등을 제공하도록 요청할 수 있다. 시각장애인과 시청각장애인이 정보에 쉽게 접근하고 의사소통을 원활하게 할 수 있도록 점자도서, 음성도서, 점자정보단말기 및 무지점자단말기 등 의사소통 보조기구를 개발·보급하고, 시청각장애인을 위한 의사소통 지원 전문인력을 양성·파견하기 위하여 노력하여야 한다.

(7) 편의시설(제23조)

국가와 지방자치단체는 장애인이 공공시설과 교통수단 등을 안전하고 편리하게 이용할 수 있도록 편의시설의 설치와 운영에 필요한 정책을 강구하여야 한다. 공공시설 등 이용편의를 위하여 한국수어 통역·안내보조 등 인적서비스 제공에 관하여 필요한 시책을 강구하여야 한다.

(8) 안전대책 강구(제24조)

국가와 지방자치단체는 추락사고 등 장애로 인하여 일어날 수 있는 안전사고와 비상재해 등에 대비하여 시각·청각 장애인과 이동이 불편한 장애인을 위하여 피난용 통로를 확보하고, 점자·음성·문자 안내판을 설치하며, 긴급통보체계를 마련하는 등 장애인의 특성을 배려한 안전대책 등 필요한 조치를 강구하여야 한다.

(9) 사회적 인식개선 등(제25조)

국가와 지방자치단체는 학생, 공무원, 근로자, 그 밖의 일반국민 등을 대상으로 장애인에 대한 인식개선을 위한 교육 및 공익광고 등 홍보사업을 실시하여야 한다. 국가기관 및 지방자치단체의 장, 어린이집, 각급 학교의 장, 그 밖에 대통령령으로 정하는 교육기관 및 공공단체의 장은 매년 소속 직원·학생을 대상으로 장애인에 대한 인식개선을 위한 교육을 실시하고, 그 결과를 보건복지부장관에게 제출하여야 한다. 보건복지부장관은 인식개선교육의 실시 결과에 대한 점검을 대통령령으로 정하는 바에 따라 매년 실시하여야 한다.

(10) 선거권 행사를 위한 편의 제공(제26조)

국가와 지방자치단체는 장애인이 선거권을 행사하는 데에 불편함이 없도록 편의시설·설비를 설치하고, 선거권 행사에 관하여 홍보하며, 선거용 보조기구를 개발·보급하는 등 필요한 조치를 강구하여야 한다.

(11) 주택 보급(제27조)

국가와 지방자치단체는 공공주택등 주택을 건설할 경우에는 장애인에게 장애정도를 고려하여 우선 분양 또는 임대할 수 있도록 노력하여야 한다. 주택의 구입자금·임차자금 또는 개·보수비용의 지원 등 장애인의 일상생활에 적합한 주택의 보급·개선에 필요한 시책을 강구하여야 한다.

(12) 문화환경 정비 등(제28조)

국가와 지방자치단체는 장애인의 문화생활, 체육활동 및 관광활동에 대한 장애인의 접근을 보장하기 위하여 관련 시설 및 설비, 그 밖의 환경을 정비하고 문화생활, 체육활동 및 관광활동 등을 지원하도록 노력하여야 한다.

(13) 복지 연구 등의 진흥 및 한국장애인개발원의 설립(제29조, 제29조의2)

국가와 지방자치단체는 장애인복지의 종합적이고 체계적인 조사·연구·평가 및 장애인 체육활동 등 장애인정책개발 등을 위하여 필요한 정책을 강구해야 한다. 장애인 관련 조사·연구 및 정책개발·복지진흥 등을 위하여 한국장애인개발원을 설립한다.

(14) 경제적 부담의 경감 노력(제30조)

국가와 지방자치단체는 공공기관, 지방공사 또는 지방공단은 장애인과 장애인을 부양하는 자의 경제적 부담을 줄이고 장애인의 자립을 촉진하기 위하여 세제상의 조치, 공공시설 이용료 감면, 그 밖에 필요한 정책을 강구하여야 한다.

(15) 장애인 가족 지원(제30조의2)

국가와 지방자치단체는 장애인 가족의 삶의 질 향상 및 안정적인 가정생활 영위를 위하여 '장애인 가족에 대한 인식개선 사업, 장애인 가족 돌봄 지원, 장애인 가족 휴식 지원, 장애인 가족 사례관리 지원, 장애인 가족 역량강화 지원, 장애인 가족 상담 지원, 그 밖에 보건복지부장관이 장애인 가족을 위하여 필요하다고 인정하는 지원'의 필요한 시책을 수립 · 시행하여야 한다.

2. 상담서비스

(1) 장애인복지상담원

① 장애인복지상담원의 임용(제33조, 시행령 제21조)

장애인 복지 향상을 위한 상담 및 지원 업무를 맡기기 위하여 시 · 군 · 구에 장애인복지상담원을 둔다. 장애인복지상담원은 '사회복지사 자격증의 소지자, 특수학교의 교사자격증 소지자, 장애인복지 관련 직무 분야에서 근무한 경력이 3년 이상인 사람으로서 해당 지방자치단체의 규칙으로 정하는 임용예정 계급에 상당하는 경력기준에 상응하는 사람, 임용예정 직급과 같은 직급에서 공무원으로 2년 이상 근무한 사람' 중에서 특별자치시장 · 특별자치도지사 · 시장 · 군수 · 구청장이 지방공무원으로 임용한다. 장애인복지상담원은 그 업무를 할 때 개인의 인격을 존중하여야 한다.

② 상담원의 직무(시행령 제22조)

- 장애인과 그 가족 또는 관계인에 대한 상담 및 지도
- 장애인에 대한 진단 · 진료 또는 보건 등에 관한 지도와 관계 전문기관에 대한 진단 · 진료 또는 보건지도 등의 의뢰
- 장애인복지시설에 대한 장애인의 입소 · 통원 또는 그 이용의 알선
- 장애인에 대한 장애인보조기구의 지급과 사용 · 수리 등에 관한 지도
- 장애인에 대한 직업훈련 · 취업알선과 관계 전문기관에 대한 직업훈련 · 취업알선의 의뢰
- 장애인을 위한 지역사회자원의 개발 · 조직 · 활용 및 알선
- 장애인복지시설이나 장애인에 관한 조사 및 지도
- 그 밖에 장애인의 복지증진에 관한 사항

(2) 재활상담 등의 조치(제34조)

장애인복지 실시기관은 장애인에 대한 검진 및 재활상담을 실시하고, 필요하다고 인정할 때에는 의료 · 보건지도 및 복지서비스 등을 받도록 하여야 한다.

3. 사회경제적 재활

(1) 산후조리도우미 지원(제37조)

국가 및 지방자치단체는 임산부인 여성장애인과 신생아의 건강관리를 위하여 경제적 부담능력 등을 고려하여 여성장애인의 가정을 방문하여 산전 · 산후 조리를 돕는 도우미(산후조리도우미)를 지원할 수 있다. 국가 및 지방자치단체는 산후조리도우미 지원사업에 대하여 정기적으로 모니터링(산후조리도우미 지원사업의 실효성 등을 확보하기 위한 정기적인 점검활동)을 실시하여야 한다.

(2) 자녀교육비 지급(제38조)

장애인복지실시기관은 경제적 부담능력 등을 고려하여 장애인이 부양하는 자녀 또는 장애인인 자녀의 교육비를 지급할 수 있다.

(3) 자금 대여(제41조)

- 생업자금 및 생업이나 출퇴근을 위한 자동차 구입비
- 취업에 필요한 지도 및 기술훈련비
- 기능회복 훈련에 필요한 장애인보조기구 구입비
- 사무보조기기 구입비
- 기타 보건복지부 장관이 장애인재활에 필요하다고 인정하는 비용

(4) 생업 지원(제42조)

- 국가와 지방자치단체, 그 밖의 공공단체는 소관 공공시설 안에 식료품 · 사무용품 · 신문 등 일상생활용품을 판매하는 매점이나 자동판매기의 설치를 허가하거나 위탁할 때에는 장애인이 신청하면 우선적으로 반영하도록 노력하여야 한다.
- 시장 · 군수 또는 구청장은 장애인이 담배소매인으로 지정받기 위하여 신청하면 그 장애인을 우선적으로 지정하도록 노력하여야 한다.
- 장애인이 우편법령에 따라 국내 우표류 판매업 계약 신청을 하면 우편관서는 그 장애인이 우선적으로 계약할 수 있도록 노력하여야 한다.

(5) 자립훈련비 지급(제43조)

장애인복지실시기관은 장애인복지시설에서 주거편의 · 상담 · 치료 · 훈련 등을 받도록 하거나 위탁한 장애인에 대하여 그 시설에서 훈련을 효과적으로 받는 데 필요하다고 인정되면 자립훈련비를 지급할 수 있으며, 특별한 사정이 있으면 훈련비 지급을 대신하여 물건을 지급할 수 있다.

(6) 생산품 구매(제44조)

국가, 지방자치단체 및 그 밖의 공공단체는 장애인복지시설과 장애인복지단체에서 생산한 물품의 우선 구매에 필요한 조치를 마련하여야 한다.

(7) 고용 촉진 및 장애인 응시자에 대한 편의제공(제46조, 제46조의2)

국가와 지방자치단체는 직접 경영하는 사업에 능력과 적성이 맞는 장애인을 고용하도록 노력하여야 하며, 장애인에게 적합한 사업을 경영하는 자에게 장애인의 능력과 적성에 따라 장애인을 고용하도록 권유할 수 있다. 기관 · 단체가 실시하는 자격시험 및 채용시험 등에 있어서 비장애인 응시자와 동등한 조건에서 시험을 치를 수 있도록 편의를 제공하여야 한다.

(8) 공공시설의 우선 이용(제47조)

국가와 지방자치단체, 그 밖의 공공단체는 장애인의 자립을 지원하는 데에 필요하다고 인정되면 그 공공시설의 일부를 장애인이 우선 이용하게 할 수 있다.

(9) 국유 · 공유 재산의 우선매각이나 유상 · 무상 대여(제48조)

국가와 지방자치단체는 이 법에 따른 장애인복지시설을 설치하거나 장애인복지단체가 장애인복지사업과 관련한 시설을 설치하는 데에 필요할 경우 국유재산 또는 공유재산을 우선 매각할 수 있고 유상 또는 무상으로 대부하거나 사용 · 수익하게 할 수 있다.

(10) 장애수당 지급(제49조)

- 국가와 지방자치단체는 장애인의 장애 정도와 경제적 수준을 고려하여 장애로 인한 추가적 비용을 보전하게 하기 위하여 장애수당을 지급할 수 있다. 다만, 국민기초생활보장법에 따른 생계급여 또는 의료급여를 받는 장애인에게는 장애수당을 반드시 지급하여야 한다.
- 장애인연금법상 중증장애인에게는 이 법에 따른 장애수당을 지급하지 않는다(중증장애인은 장애인연금법에 따라 장애인연금 수급권자가 된다).
- 국가와 지방자치단체는 장애수당을 지급하려는 경우에는 장애수당을 받으

려는 사람의 장애 정도에 대하여 심사할 수 있다.

• 국가와 지방자치단체는 장애수당을 지급받으려는 사람이 장애 정도의 심사를 거부 · 방해 또는 기피하는 경우에는 장애수당을 지급하지 아니할 수 있다.

(11) 장애아동수당과 보호수당의 지급

① 장애아동수당(제50조, 시행령 제30조)

• 국가와 지방자치단체는 장애아동에게 보호자의 경제적 생활수준 및 장애아동의 장애 정도를 고려하여 장애로 인한 추가적 비용을 보전하게 하기 위하여 장애아동수당을 지급할 수 있다.

• 장애아동수당을 지급받을 수 있는 사람은 다음의 요건을 모두 갖춘 사람으로 한다.
  − 18세 미만(해당 장애인이 초 · 중등교육법에 따른 학교에 재학 중인 사람으로서 장애인연금법에 따른 수급자가 아닌 경우에는 20세 이하의 경우를 포함)일 것
  − 장애인으로 등록하였을 것
  − 국민기초생활보장법에 따른 수급자 또는 차상위계층으로서 장애로 인한 추가적 비용 보전이 필요할 것

② 보호수당(제50조, 시행령 제30조)

• 국가와 지방자치단체는 장애인을 보호하는 자에게 그의 경제적 수준과 장애인의 장애정도를 고려하여 장애로 인한 추가적 비용을 보전하게 하기 위하여 보호수당을 지급할 수 있다.

• 보호수당을 지급받을 수 있는 사람은 다음의 요건을 모두 갖춘 사람으로 한다.
  − 국민기초생활보장법에 따른 수급자일 것
  − 중증 장애로 다른 사람의 도움이 없이는 일상생활을 영위하기 어려운 18세 이상(해당 장애인이 20세 이하로서 초 · 중등교육법에 따른 고등학교와 이에 준하는 특수학교 또는 각종학교에 재학 중인 경우는 제외)의 장애인을 보호하거나 부양할 것

③ 자녀교육비 및 장애수당 등의 지급신청(제50조의2)

자녀교육비, 장애수당, 장애아동수당 및 보호수당을 지급받으려는 사람은 보건복지부령으로 정하는 바에 따라 특별자치시장 · 특별자치도지사 · 시장 ·

군수 · 구청장에게 자녀교육비 및 장애수당 등의 지급을 신청할 수 있다.

④ 자녀교육비 및 장애수당 등의 환수(제51조)

특별자치시장 · 특별자치도지사 · 시장 · 군수 · 구청장은 자녀교육비 및 장애수당 등을 받은 사람이 '거짓이나 그 밖의 부정한 방법으로 그 급여를 받은 경우, 자녀교육비 및 장애수당 등을 받은 후 그 급여를 받게 된 사유가 소급하여 소멸된 경우, 잘못 지급된 경우' 그가 받은 자녀교육비 및 장애수당 등의 전부 또는 일부를 환수하여야 한다.

⑤ 장애인복지급여수급계좌(제50조의4)

특별자치시장 · 특별자치도지사 · 시장 · 군수 · 구청장은 수급자의 신청이 있는 경우에는 자녀교육비 및 장애수당 등을 수급자 명의의 지정된 계좌로 입금하여야 한다. 다만, 정보통신장애나 그 밖에 대통령령으로 정하는 불가피한 사유로 장애인복지급여수급계좌로 이체할 수 없을 때에는 현금 지급 등 대통령령으로 정하는 바에 따라 자녀교육비 및 장애수당 등을 지급할 수 있다.

4. 자립생활지원(제53조~제56조)

국가와 지방자치단체는 장애인의 자기결정에 의한 자립생활을 위하여 활동지원사의 파견 등 활동보조서비스 또는 장애인보조기구의 제공, 그 밖의 각종 편의 및 정보제공 등 필요한 시책을 강구하여야 한다.

(1) 장애인자립생활지원센터

국가와 지방자치단체는 장애인의 자립생활을 실현하기 위하여 장애인자립생활지원센터를 통하여 필요한 각종 지원서비스를 제공한다.

(2) 활동지원급여의 지원

• 국가와 지방자치단체는 장애인이 일상생활 또는 사회생활을 원활히 할 수 있도록 활동지원급여를 지원할 수 있다.
• 국가 및 지방자치단체는 임신 등으로 인하여 이동이 불편한 여성장애인에게 임신 및 출산과 관련한 진료 등을 위하여 경제적 부담능력 등을 고려하여 활동지원사의 파견 등 활동보조서비스를 지원할 수 있다.

(3) 장애동료 간 상담

국가와 지방자치단체는 장애인이 장애를 극복하는 데 도움이 되도록 장애동료 간 상호대화나 상담의 기회를 제공하도록 노력하여야 한다.

5. 장애인복지시설

(1) 장애인복지시설의 이용(제57조)

* 국가와 지방자치단체는 장애인이 장애인복지시설의 이용을 통하여 기능회복과 사회적 향상을 도모할 수 있도록 필요한 정책을 강구하여야 한다.
* 국가와 지방자치단체는 장애인복지시설을 이용하는 장애인의 인권을 보호하기 위하여 필요한 정책을 마련하고 관련 프로그램을 실시할 수 있는 기반을 조성하여야 한다.
* 장애인복지실시기관은 장애인복지시설에 대한 장애인의 선택권을 최대한 보장하여야 한다.
* 장애인복지실시기관은 장애인의 선택권을 보장하기 위하여 장애인복지시설을 이용하려는 장애인에게 시설의 선택에 필요한 정보를 충분히 제공하여야 한다.

(2) 장애인복지시설의 종류(제58조)

① 장애인 거주시설

거주공간을 활용하여 일반가정에서 생활하기 어려운 장애인에게 일정 기간 동안 거주 · 요양 · 지원 등의 서비스를 제공하는 동시에 지역사회생활을 지원하는 시설

② 장애인 지역사회재활시설

장애인을 전문적으로 상담 · 치료 · 훈련하거나 장애인의 일상생활, 여가활동 및 사회참여활동 등을 지원하는 시설

③ 장애인 자립생활지원시설

장애인의 자립생활 역량을 강화하기 위하여 동료상담, 지역사회의 물리적 · 사회적 환경개선 사업, 장애인의 권익 옹호 · 증진, 장애인 적합 서비스 등을 제공하는 시설

④ 장애인 직업재활시설

일반 작업환경에서는 일하기 어려운 장애인이 특별히 준비된 작업환경에서 직업훈련을 받거나 직업 생활을 할 수 있도록 하는 시설(직업훈련 및 직업 생활을 위하여 필요한 제조·가공 시설, 공장 및 영업장 등 부속용도의 시설로서 보건복지부령으로 정하는 시설을 포함)

⑤ 장애인 의료재활시설

장애인을 입원 또는 통원하게 하여 상담, 진단·판정, 치료 등 의료재활서비스를 제공하는 시설

⑥ 기타 대통령령이 정하는 시설(시행령 제36조)

장애인 쉼터, 피해장애아동 쉼터, 장애인 생산품판매시설

(3) 장애인복지시설의 설치(제59조, 제60조)

- 국가와 지방자치단체는 장애인복지시설을 설치할 수 있다. 그 외의 자가 장애인복지시설을 설치·운영하려면 해당 시설 소재지 관할 시장·군수·구청장에게 신고하여야 하며, 신고한 사항 중 보건복지부령으로 정하는 중요한 사항을 변경할 때에도 신고하여야 한다. 다만, 폐쇄명령을 받고 1년이 지나지 아니한 자는 시설의 설치·운영 신고를 할 수 없다. 의료재활시설의 설치는 의료법에 따른다.
- 장애인복지시설 설치를 신고한 자는 지체 없이 시설 운영을 시작하여야 한다. 시설 운영자가 시설 운영을 중단 또는 재개하거나 시설을 폐지하려는 때에는 보건복지부령이 정하는 바에 따라 미리 시장·군수·구청장에게 신고하여야 하며, 이때에는 이용자의 권익을 보호하기 위하여 다음의 조치를 하여야 한다.
  - 시장·군수·구청장의 협조를 받아 시설 이용자가 다른 시설을 선택할 수 있도록 하고 그 이행을 확인하는 조치
  - 시설 이용자가 이용료·사용료 등의 비용을 부담하는 경우 납부한 비용 중 사용하지 아니한 금액을 반환하게 하고 그 이행을 확인하는 조치
  - 보조금·후원금 등의 사용 실태 확인과 이를 재원으로 조성한 재산 중 남은 재산의 회수 조치
  - 그 밖에 시설 이용자의 권익 보호를 위하여 필요하다고 인정되는 조치
- 시설 운영자가 시설운영을 재개하려고 할 때에는 보건복지부령으로 정하는 바에 따라 시설 이용자의 권익을 보호하기 위하여 다음의 조치를 하여야 한다.

- 운영 중단 사유의 해소
- 향후 안정적 운영계획의 수립
- 그 밖에 시설 이용자의 권익 보호를 위하여 보건복지부장관이 필요하다고 인정하는 조치

6. 다른 법률과의 관계(제15조)

장애인복지법에 따른 장애인 중 국가유공자 등 예우 및 지원에 관한 법률 등 대통령령으로 정하는 다른 법률을 적용받는 장애인에 대하여는 대통령령으로 정하는 바에 따라 이 법의 적용을 제한할 수 있다.

7. 비용의 부담(제79조)

- 자녀교육비의 지급, 자립훈련비의 지급, 장애수당, 장애아동수당과 보호수당 및 활동지원급여의 지원에 따른 조치와 장애인복지시설의 설치·운영에 드는 비용은 예산의 범위 안에서 장애인복지 실시기관이 부담하게 할 수 있다.
- 국가와 지방자치단체는 장애인이 장애인복지시설을 이용하는 데 드는 비용의 전부 또는 일부를 부담할 수 있으며, 시설 이용자의 자산과 소득을 고려하여 본인부담금을 부과할 수 있다.

8. 장애인관련기관에의 취업제한(제59조의3)

- 법원은 장애인학대관련범죄나 성범죄(성폭력범죄 또는 아동·청소년대상 성범죄)로 형 또는 치료감호를 선고하는 경우에는 판결(약식명령을 포함)로 그 형 또는 치료감호의 전부 또는 일부의 집행을 종료하거나 집행이 유예·면제된 날(벌금형을 선고받은 경우에는 그 형이 확정된 날을 말함)부터 일정기간 동안 다음에 따른 시설 또는 기관을 운영하거나 장애인관련기관에 취업 또는 사실상 노무를 제공할 수 없도록 하는 명령을 장애인학대관련범죄나 성범죄 사건의 판결과 동시에 선고(약식명령의 경우에는 고지를 말함)하여야 한다. 다만, 재범의 위험성이 현저히 낮은 경우, 그 밖에 취업을 제한하여서는 아니 되는 특별한 사정이 있다고 판단하는 경우에는 그러

하지 아니한다.
- 장애인자립생활지원센터, 장애인복지시설 및 장애인권익옹호기관
- 노인복지시설
- 노인장기요양기관
- 발달장애인지원센터
- 취약계층 아동 통합서비스 수행기관 및 아동복지시설
- 의료기관(의료인, 간호조무사 및 의료기사로 한정)
- 발달재활서비스 제공기관 및 장애영유아를 위한 어린이집
- 장애인활동지원기관
- 정신건강복지센터 및 정신건강증진시설
- 장애인 특수교육기관 및 특수교육지원센터

• 취업제한기간은 10년을 초과하지 못한다.
• 법원은 취업제한명령을 선고하려는 경우에는 정신건강의학과 의사, 심리학자, 사회복지학자, 장애인학대 관련 전문가, 성범죄 관련 전문가, 장애인단체가 추천하는 장애인 전문가, 그 밖의 관련 전문가로부터 취업제한명령 대상자의 재범 위험성 등에 관한 의견을 들을 수 있다.
• 장애인관련기관 운영자는 그 시설에 취업 중이거나 사실상 노무를 제공 중인 사람 또는 취업하려 하거나 사실상 노무를 제공하려는 사람에 대하여 장애인학대관련범죄등의 경력을 확인하여야 하며, 이 경우 본인의 동의를 받아 관계 기관의 장에게 장애인학대관련범죄등의 경력 조회를 요청하여야 한다. 다만, 취업자등이 장애인학대관련범죄등 경력 조회 회신서를 장애인관련기관 운영자에게 직접 제출한 경우에는 장애인학대관련범죄등의 경력 조회를 한 것으로 본다.
• 관할행정기관장은 장애인학대관련범죄등으로 취업제한명령을 선고받은 사람이 장애인관련기관을 운영하거나 장애인관련기관에 취업 또는 사실상 노무를 제공하고 있는지를 직접 또는 관계 기관 조회 등의 방법으로 연 1회 이상 확인·점검하여야 한다.
• 관할행정기관장은 취업제한명령을 위반하여 장애인관련기관을 운영 중인 장애인관련기관 운영자에게 운영 중인 장애인관련기관의 폐쇄를 요구하여야 한다.
• 관할행정기관장은 취업제한명령을 위반하여 취업하거나 사실상 노무를 제공하는 사람이 있으면 해당 장애인관련기관 운영자에게 그의 해임을 요구하여야 한다.
• 관할행정기관장은 장애인관련기관 운영자가 정당한 사유 없이 폐쇄요구를 거부하거나 3개월 이내에 요구사항을 이행하지 아니하는 경우에는 대통령

령으로 정하는 바에 따라 해당 장애인관련기관을 폐쇄하거나 관계 행정기관의 장에게 이를 요구할 수 있다.

9. 장애인학대

(1) 정의(제2조) ★꼭!

장애인에 대하여 신체적 · 정신적 · 정서적 · 언어적 · 성적 폭력이나 가혹행위, 경제적 착취, 유기 또는 방임을 하는 것을 말한다.

(2) 장애인학대 신고의무와 절차(제59조의4) ★꼭!

- 누구든지 장애인학대 및 장애인 대상 성범죄를 알게 된 때에는 중앙장애인권익옹호기관 또는 지역장애인권익옹호기관이나 수사기관에 신고할 수 있다.
- 다음의 어느 하나에 해당하는 사람은 그 직무상 장애인학대 및 장애인 대상 성범죄를 알게 된 경우에는 지체 없이 장애인권익옹호기관 또는 수사기관에 신고하여야 한다.
  - 사회복지전담공무원 및 사회복지시설의 장과 그 종사자(사회복지시설에서 복무하는 사회복무요원을 포함)
  - 장애인 활동지원인력 및 활동지원기관의 장과 그 종사자
  - 의료인 및 의료기관의 장
  - 의료기사
  - 응급구조사
  - 119구급대의 대원
  - 정신건강복지센터, 정신의료기관, 정신요양시설 및 정신재활시설의 장과 그 종사자
  - 어린이집의 원장 등 보육교직원
  - 교직원 및 강사 등
  - 학교의 장과 그 종사자
  - 학원의 운영자 · 강사 · 직원 및 교습소의 교습자 · 직원
  - 성폭력피해상담소, 성폭력피해자보호시설 및 성폭력피해자통합지원센터의 장과 그 종사자
  - 성매매피해자등을 위한 지원시설의 장과 그 종사자 및 성매매피해상담소의 장과 그 종사자
  - 가정폭력 관련 상담소의 장과 그 종사자 및 가정폭력피해자 보호시설의

학대와 관련된 내용은 장애인복지법의 전반적인 내용을 묻는 문제에서 자주 출제된다. 노인복지법의 노인학대, 아동복지법의 아동학대와 함께 내용을 비교하여 정리해야 한다. 특히, 장애인학대의 정의를 반드시 기억하자.

장과 그 종사자
- 건강가정지원센터의 장과 그 종사자
- 다문화가족지원센터의 장과 그 종사자
- 아동권리보장원 및 가정위탁지원센터의 장과 그 종사자
- 한부모가족복지시설의 장과 그 종사자
- 청소년시설의 장과 그 종사자 및 청소년단체의 장과 그 종사자
- 청소년 보호 · 재활센터의 장과 그 종사자
- 노인장기요양요원 및 장기요양인정 신청의 조사를 하는 자
- 장애인평생교육시설의 장과 그 종사자
- 보건복지부장관은 신고의무자에게 장애인학대 및 장애인 대상 성범죄의 신고 절차와 방법 등을 안내하여야 한다.
- 국가와 지방자치단체는 장애인학대 및 장애인 대상 성범죄를 예방하고 수시로 신고를 받을 수 있도록 필요한 조치를 하여야 한다.
- 소관 중앙행정기관의 장은 신고의무자에 해당하는 사람의 자격 취득 과정이나 보수교육 과정에 장애인학대 및 장애인 대상 성범죄 예방 및 신고의무에 관한 교육 내용을 포함하도록 하여야 하며, 그 결과를 보건복지부장관에게 제출하여야 한다.

(3) 불이익조치 등의 금지(제59조의5)

- 누구든지 장애인학대 및 장애인 대상 성범죄 신고인에게 장애인학대범죄 신고 등을 이유로 다음의 불이익조치를 하여서는 아니 된다.
  - 파면, 해임, 해고, 그 밖에 이에 준하는 신분상실의 조치
  - 징계, 정직, 감봉, 강등, 승진 제한, 그 밖에 이에 준하는 부당한 인사조치
  - 전보, 전근, 직무 미부여, 직무 재배치, 그 밖에 이에 준하는 인사조치
  - 성과평가 또는 동료평가 등을 통한 임금, 상여금 등의 차별적 지급
  - 교육 · 훈련 등 자기계발 기회의 박탈 및 예산 · 인력 등에 대한 업무상 제한, 그 밖에 이에 준하는 근무 조건의 차별적 조치
  - 요주의 대상자 명단의 작성 · 공개, 집단 따돌림 및 폭행 · 폭언, 그 밖에 이에 준하는 정신적 · 신체적 위해 행위
  - 직무에 대한 부당한 감사, 조사 및 그 결과의 공표
- 누구든지 장애인학대 및 장애인 대상 성범죄 신고를 하지 못하도록 방해하거나 장애인학대 및 장애인 대상 성범죄 신고인에게 신고를 취소하도록 강요하여서는 아니 된다.

(4) 응급조치의무 등(제59조의7) ⭐꼭!

- 장애인학대 신고를 접수한 장애인권익옹호기관의 직원이나 사법경찰관리는 지체 없이 장애인학대현장에 출동하여야 한다. 이 경우 장애인권익옹호기관의 장이나 수사기관의 장은 서로 동행하여 줄 것을 요청할 수 있으며, 그 요청을 받은 장애인권익옹호기관의 장이나 수사기관의 장은 정당한 사유가 없으면 소속 직원이나 사법경찰관리가 현장에 동행하도록 하여야 한다.
- 장애인학대현장에 출동한 자는 학대받은 장애인을 학대행위자로부터 분리하거나 치료가 필요하다고 인정할 때에는 즉시 피해장애인을 '장애인권익옹호기관, 피해장애인 쉼터 및 피해장애아동 쉼터, 의료기관, 위기발달장애인쉼터, 가정폭력피해자 보호시설, 노숙인일시보호시설, 학대피해노인전용쉼터, 성매매피해자등을 위한 지원시설, 성폭력피해자보호시설, 학대피해아동쉼터, 그 밖에 학대받은 장애인을 보호할 수 있는 시설로서 대통령령으로 정하는 시설'에 인도하여야 한다. 이 경우 해당 기관 또는 시설의 장은 정당한 사유 없이 이를 거부하여서는 아니 된다.
- 장애인 학대 현장에 출동한 자는 학대받은 장애인을 보호하기 위하여 신고된 현장에 출입하여 관계인에 대하여 조사를 하거나 질문을 할 수 있다. 이 경우 장애인권익옹호기관의 직원은 학대받은 장애인의 보호를 위한 범위에서만 조사 또는 질문을 할 수 있다. 조사 또는 질문을 하는 자는 학대받은 장애인·신고자·목격자 등이 자유롭게 진술할 수 있도록 장애인학대행위자로부터 분리된 곳에서 조사하는 등 필요한 조치를 하여야 한다.
- 누구든지 장애인학대현장에 출동한 자에 대하여 현장조사를 거부하거나 업무를 방해하여서는 아니 된다.
- 국가와 지방자치단체는 장애인권익옹호기관의 장이 학대받은 장애인의 보호, 치료 등의 업무를 수행할 때에 피해장애인, 그 가족 등 보호자 또는 장애인학대행위자에 대한 신분조회 등 필요한 조치의 협조를 요청할 경우 정당한 사유가 없으면 이에 적극 협조하여야 한다.

(5) 보조인의 선임 등(제59조의8)

- 학대받은 장애인의 법정대리인, 직계친족, 형제자매, 장애인권익옹호기관의 상담원 또는 변호사는 장애인학대관련범죄의 심리에 있어서 보조인이 될 수 있다. 다만, 변호사가 아닌 경우에는 법원의 허가를 받아야 한다.
- 법원은 학대받은 장애인을 증인으로 신문하는 경우 본인 또는 검사의 신청이 있는 때에는 본인과 신뢰관계에 있는 사람의 동석을 허가할 수 있다.
- 수사기관이 학대받은 장애인을 조사하는 경우에도 위의 절차를 준용한다.

(6) 금지행위(제59조의9)

누구든지 다음의 어느 하나에 해당하는 행위를 하여서는 아니 된다.

- 장애인에게 성적 수치심을 주는 성희롱 · 성폭력 등의 행위
- 장애인의 신체에 폭행을 가하거나 상해를 입히는 행위
- 장애인을 폭행, 협박, 감금, 그 밖에 정신상 또는 신체상의 자유를 부당하게 구속하는 수단으로써 장애인의 자유의사에 어긋나는 노동을 강요하는 행위
- 자신의 보호 · 감독을 받는 장애인을 유기하거나 의식주를 포함한 기본적 보호 및 치료를 소홀히 하는 방임행위
- 장애인에게 구걸을 하게 하거나 장애인을 이용하여 구걸하는 행위
- 장애인을 체포 또는 감금하는 행위
- 장애인의 정신건강 및 발달에 해를 끼치는 정서적 학대행위
- 장애인을 위하여 증여 또는 급여된 금품을 그 목적 외의 용도에 사용하는 행위
- 공중의 오락 또는 흥행을 목적으로 장애인의 건강 또는 안전에 유해한 곡예를 시키는 행위

(7) 장애인학대의 예방과 방지 의무(제59조의10)

국가와 지방자치단체는 장애인학대의 예방과 방지를 위하여 다음의 조치를 취하여야 한다.

- 장애인학대의 예방과 방지를 위한 각종 정책의 수립 및 시행
- 장애인학대의 예방과 방지를 위한 연구 · 교육 · 홍보와 장애인학대 현황 조사
- 장애인학대에 관한 신고체계의 구축 · 운영
- 장애인학대로 인하여 피해를 입은 장애인의 보호 및 치료와 피해장애인의 가정에 대한 지원
- 장애인학대 예방 관계 기관 · 법인 · 단체 · 시설 등에 대한 지원
- 그 밖에 대통령령으로 정하는 장애인학대의 예방과 방지를 위한 사항

(8) 장애인권익옹호기관의 설치 및 사후관리(제59조의11, 제59조의12)

- 국가는 지역 간의 연계체계를 구축하고 장애인학대를 예방하기 위하여 '지역장애인권익옹호기관에 대한 지원, 장애인학대 예방 관련 연구 및 실태조사, 장애인학대 예방 관련 프로그램의 개발 · 보급, 장애인학대 예방 관련 교육 및 홍보, 장애인학대 예방 관련 전문인력의 양성 및 능력개발, 관계 기관 · 법인 · 단체 · 시설 간 협력체계의 구축 및 교류, 장애인학대 신고접

수와 그 밖에 보건복지부령으로 정하는 장애인학대 예방과 관련된 업무'를 담당하는 중앙장애인권익옹호기관을 설치 · 운영하여야 한다.

- 학대받은 장애인을 신속히 발견 · 보호 · 치료하고 장애인학대를 예방하기 위하여 '장애인학대의 신고접수 · 현장조사 및 응급보호, 피해장애인과 그 가족, 장애인학대행위자에 대한 상담 및 사후관리, 장애인학대 예방 관련 교육 및 홍보, 장애인학대사례판정위원회 설치 · 운영, 관계 기관 · 법인 · 단체 · 시설 간 협력체계의 구축 및 교류, 그 밖에 보건복지부령으로 정하는 장애인학대 예방과 관련된 업무'를 담당하는 지역장애인권익옹호기관을 특별시 · 광역시 · 특별자치시 · 도 · 특별자치도에 둔다.
- 장애인권익옹호기관의 장은 장애인학대가 종료된 후에도 가정방문, 시설방문, 전화상담 등을 통하여 장애인학대의 재발 여부를 확인하여야 한다.
- 장애인권익옹호기관의 장은 장애인학대가 종료된 후에도 피해장애인의 안전 확보, 장애인학대의 재발 방지, 건전한 가정기능의 유지 등을 위하여 피해장애인, 피해장애인의 보호자(친권자, 민법에 따른 후견인, 장애인을 보호 · 양육 · 교육하거나 그러한 의무가 있는 사람 또는 업무 · 고용 등의 관계로 사실상 장애인을 보호 · 감독하는 사람) · 가족 및 장애인학대행위자에게 상담, 교육 및 의료적 · 심리적 치료 등의 지원을 하여야 한다. 이를 지원하기 위하여 관계 기관 · 법인 · 단체 · 시설에 협조를 요청할 수 있으며, 지원을 할 때에는 피해장애인의 이익을 최우선으로 고려하여야 한다.

(9) 피해장애인 쉼터 등(제59조의13)

- 특별시장 · 광역시장 · 특별자치시장 · 도지사 · 특별자치도지사는 피해장애인의 임시 보호 및 사회복귀 지원을 위하여 장애인 쉼터를 설치 · 운영할 수 있다.
- 특별시장 · 광역시장 · 특별자치시장 · 도지사 · 특별자치도지사는 장애인학대로 인하여 피해를 입은 장애아동의 임시 보호를 위하여 피해장애아동 쉼터를 설치 · 운영할 수 있다.

(10) 장애인학대정보시스템(제59조의19)

- 보건복지부장관은 장애인학대를 예방하고 장애인학대 관련 정보를 수집 · 관리하기 위하여 대통령령으로 정하는 바에 따라 장애인학대정보시스템을 구축 · 운영하여야 한다.
- 장애인권익옹호기관의 장은 신분조회 등 조치, 장애인권익옹호에 관한 사실 확인이나 관련 자료의 제공을 학대정보시스템을 통하여 요청할 수 있다.
- 보건복지부장관은 중앙장애인권익옹호기관에 학대정보시스템의 운영을 위

탁할 수 있다.

10. 감독(제61조)

장애인복지실시기관은 장애인복지시설을 설치·운영하는 자의 소관업무 및 시설이용자의 인권실태 등을 지도·감독하며, 필요한 경우 그 시설에 관한 보고 또는 관련 서류 제출을 명하거나 소속 공무원에게 그 시설의 운영상황·장부, 그 밖의 서류를 조사·검사하거나 질문하게 할 수 있다.

11. 시설의 개선, 사업의 정지, 폐쇄 등(제62조)

• 장애인복지실시기관은 장애인복지시설이 다음 중 어느 하나에 해당하는 때에는 그 시설의 개선, 사업의 정지, 시설의 장의 교체를 명하거나 해당 시설의 폐쇄를 명할 수 있다.
  - 시설기준에 미치지 못한 때
  - 정당한 사유 없이 보고를 하지 아니하거나 거짓으로 보고한 때 또는 조사·검사 및 질문을 거부·방해하거나 기피한 때
  - 사회복지법인이나 비영리법인이 설치·운영하는 시설인 경우 그 사회복지법인이나 비영리법인의 설립 허가가 취소된 때
  - 시설의 회계 부정이나 시설이용자에 대한 인권침해 등 불법행위, 그 밖의 부당행위 등이 발견된 때
  - 설치 목적을 이루었거나 그 밖의 사유로 계속하여 운영할 필요가 없다고 인정되는 때
  - 장애인복지시설에서 성폭력범죄 또는 학대관련범죄가 발생한 때
  - 이 법 또는 이 법에 따른 명령이나 처분을 위반한 경우
• 장애인복지실시기관은 장애인 거주시설이 서비스 최저기준을 유지하지 못할 때에는 그 시설의 개선, 사업의 정지, 시설의 장의 교체를 명하거나 해당 시설의 폐쇄를 명할 수 있다.

12. 단체의 보호 · 육성(제63조)

• 국가와 지방자치단체는 장애인의 복지를 향상하고 자립을 돕기 위하여 장

애인복지단체를 보호·육성하도록 노력하여야 한다.

- 국가와 지방자치단체는 예산의 범위 안에서 단체의 사업·활동 또는 운영이나 그 시설에 필요한 경비의 전부 또는 일부를 보조할 수 있다.

13. 장애인보조기구 및 장애인복지 전문인력

(1) 장애인보조기구(제65조)

장애인이 장애의 예방·보완과 기능 향상을 위하여 사용하는 의지(義肢)·보조기 및 그 밖에 보건복지부장관이 정하는 보장구와 일상생활의 편의 증진을 위하여 사용하는 생활용품을 말한다.

(2) 장애인복지 전문인력(제71조) ⭐

국가와 지방자치단체 그 밖의 공공단체는 의지·보조기 기사, 언어재활사, 장애인재활상담사, 한국수어 통역사, 점역(點譯)·교정사 등 장애인복지 전문인력, 그 밖에 장애인복지에 관한 업무에 종사하는 자를 양성·훈련하는 데에 노력해야 한다.

기출회차

	3	4	5	
6	7	8	9	10
11	12	13	14	15
16	**17**	18	19	20
21	22			

강의로 복습하는 기출회독 시리즈

Keyword **242**

4 수급자의 권리보호

1. 권리보호

(1) 압류금지

이 법에 따라 장애인에게 지급되는 금품은 압류하지 못한다. 장애인복지급여 수급계좌의 예금에 관한 채권은 압류할 수 없다.

(2) 이의신청

장애인이나 법정대리인등은 이 법에 따른 복지조치에 이의가 있으면 해당 장애인복지실시기관에 이의신청을 할 수 있다. 이의신청은 복지조치가 있음을 안 날부터 90일 이내에 문서로 하여야 한다. 다만, 정당한 사유로 인하여 그 기간 이내에 이의신청을 할 수 없었음을 증명한 때에는 그 사유가 소멸한 날부터 60일 이내에 이의신청을 할 수 있다. 장애인복지실시기관은 이의신청을 받은 때에는 30일 이내에 심사ㆍ결정하여 신청인에게 통보하여야 하며, 심사ㆍ결정에 이의가 있는 자는 행정심판을 제기할 수 있다.

(3) 비밀 누설 등의 금지

보건복지부 및 특별자치시ㆍ특별자치도ㆍ시ㆍ군ㆍ구 소속 공무원과 소속 공무원이었던 사람, 정밀심사 의뢰기관의 종사자와 종사자였던 사람, 수탁기관의 종사자와 종사자였던 사람은 업무 수행 중 알게 된 정보 또는 비밀 등을 이 법에서 정한 목적 외에 다른 용도로 사용하거나 다른 사람 또는 기관에 제공ㆍ누설하여서는 아니 된다.

2. 벌칙 등

(1) 벌칙

① 10년 이하의 징역 또는 1억원 이하의 벌금
장애인에게 성적 수치심을 주는 성희롱 · 성폭력 등의 행위를 한 사람

② 7년 이하의 징역 또는 7천만원 이하의 벌금
• 장애인의 신체에 상해를 입히는 행위를 한 사람
• 장애인을 폭행, 협박, 감금, 그 밖에 정신상 또는 신체상의 자유를 부당하게 구속하는 수단으로써 장애인의 자유의사에 어긋나는 노동을 강요하는 행위를 한 사람

③ 5년 이하의 징역 또는 5천만원 이하의 벌금
• 금융정보등을 이 법에서 정한 목적 외의 용도로 사용하거나 다른 사람 또는 기관에 제공 또는 누설한 사람
• 업무를 수행 중인 장애인권익옹호기관의 직원에 대하여 폭행 또는 협박하거나 위계 또는 위력으로써 그 업무를 방해한 사람
• 장애인의 신체에 폭행을 가하는 행위를 한 사람
• 자신의 보호 · 감독을 받는 장애인을 유기하거나 의식주를 포함한 기본적 보호 및 치료를 소홀히 하는 방임행위를 한 사람
• 장애인에게 구걸을 하게 하거나 장애인을 이용하여 구걸하는 행위를 한 사람
• 장애인을 체포 또는 감금하는 행위를 한 사람
• 장애인의 정신건강 및 발달에 해를 끼치는 정서적 학대행위를 한 사람

④ 3년 이하의 징역 또는 3천만원 이하의 벌금
• 장애인학대범죄신고인에 대한 보호조치에 따라 준용되는 특정범죄신고자등 보호법을 위반하여 신고자의 인적사항 또는 신고자임을 미루어 알 수 있는 사실을 다른 사람에게 알려주거나 공개 또는 보도한 사람
• 장애인을 위하여 증여 또는 급여된 금품을 그 목적 외의 용도에 사용하는 행위
• 업무 수행 중 알게 된 정보 또는 비밀 등을 이 법에서 정한 목적 외에 다른 용도로 사용하거나 다른 사람 또는 기관에 제공 또는 누설한 사람

⑤ **2년 이하의 징역 또는 2천만원 이하의 벌금**

- 장애인학대 및 장애인 대상 성범죄 신고인에게 장애인학대범죄 신고 등을 이유로 파면, 해임, 해고, 그 밖에 이에 준하는 신분상실의 조치에 해당하는 불이익조치를 한 자
- 장애인학대 및 장애인 대상 성범죄 신고를 방해하거나 장애인학대 및 장애인 대상 성범죄 신고를 취소하도록 강요한 자

⑥ **1년 이하의 징역 또는 1천만원 이하의 벌금**

- 공중의 오락 또는 흥행을 목적으로 장애인의 건강 또는 안전에 유해한 곡예를 시키는 행위
- 장애인학대 및 장애인 대상 성범죄 신고인에게 징계, 정직, 감봉, 강등, 승진 제한, 그 밖에 이에 준하는 부당한 인사조치에 해당하는 불이익조치를 한 자
- 장애인학대 및 장애인 대상 성범죄 신고인에게 전보, 전근, 직무 미부여, 직무 재배치, 그 밖에 이에 준하는 인사조치에 해당하는 불이익조치를 한 자
- 장애인학대 및 장애인 대상 성범죄 신고인에게 성과평가 또는 동료평가 등을 통한 임금, 상여금 등의 차별적 지급에 해당하는 불이익조치를 한 자
- 장애인학대 및 장애인 대상 성범죄 신고인에게 교육·훈련 등 자기계발 기회의 박탈 및 예산·인력 등에 대한 업무상 제한, 그 밖에 이에 준하는 근무 조건의 차별적 조치에 해당하는 불이익조치를 한 자
- 장애인학대 및 장애인 대상 성범죄 신고인에게 요주의 대상자 명단의 작성·공개, 집단 따돌림 및 폭행·폭언, 그 밖에 이에 준하는 정신적·신체적 위해 행위에 해당하는 불이익조치를 한 자
- 장애인학대 및 장애인 대상 성범죄 신고인에게 직무에 대한 부당한 감사, 조사 및 그 결과의 공표에 해당하는 불이익조치를 한 자
- 장애인을 이용하여 부당한 영리행위를 한 자
- 장애인등록증을 양도 또는 대여하거나 양도 또는 대여를 받은 자 및 유사한 명칭 또는 표시를 사용한 자
- 다른 사람의 등록증을 사용하거나 장애인 등록이 취소된 이후에 등록증을 사용한 사람
- 신고 또는 변경신고를 하지 아니하고 장애인복지시설을 설치·운영한 자
- 장애인복지시설 이용자의 권익 보호조치를 위반한 시설 운영자
- 정당한 사유 없이 장애인시설의 감독에 따른 보고를 하지 아니하거나 거짓의 보고를 한 자, 자료를 제출하지 아니하거나 거짓 자료를 제출한 자, 조사·검사·질문을 거부·방해 또는 기피한 자

- 시설의 개선, 사업의 정지, 폐쇄 등에 따른 명령 등을 받고 이행하지 아니한 자
- 의지·보조기 기사를 두지 아니하고 의지·보조기제조업을 한 자
- 의지·보조기 제조업자가 폐쇄 명령을 받은 후 6개월이 지나지 아니하였음에도 불구하고 같은 장소에서 같은 제조업을 한 자
- 제조업소 폐쇄 명령을 받고도 영업을 한 자
- 의지·보조기 기사자격증을 빌려주거나 빌리는 행위 또는 이를 알선하는 행위를 한 사람
- 언어재활사 자격증을 빌려주거나 빌리는 행위 또는 이를 알선하는 행위를 한 사람
- 장애인재활상담사 자격증을 빌려주거나 빌리는 행위 또는 이를 알선하는 행위를 한 사람
- 자격이 취소된 후 의지·보조기 기사, 언어재활사, 장애인재활상담사의 업무를 한 사람

⑦ 500만원 이하의 벌금

장애인의 입학 지원을 거부하거나 입학시험 합격자의 입학을 거부하는 등 불리한 조치를 한 자

(2) 과태료

① 1천만원 이하의 과태료
- 취업제한명령을 위반하여 취업하거나 사실상 노무를 제공하는 사람이 있으면 해당 장애인관련기관 운영자에게 해임을 요구해야 하는데, 이 해임요구를 정당한 사유 없이 거부하거나 1개월 이내에 이행하지 아니한 자
- 장애인학대현장에 출동한 자는 학대받은 장애인을 학대행위자로부터 분리하거나 치료가 필요하다고 인정할 때에는 즉시 피해장애인을 기관 또는 시설에 인도하여야 하는데, 이를 위반하여 정당한 사유 없이 학대받은 장애인의 인수를 거부한 자

② 500만원 이하의 과태료
장애인관련기관의 운영자가 취업자등에 대하여 장애인학대관련범죄등 경력을 확인하지 아니한 경우

③ 300만원 이하의 과태료

- 정당한 사유없이 등록증 반환 명령을 따르지 아니한 사람
- 장애인사용 자동차 등 표지를 대여하거나 보건복지부령으로 정하는 자 외의 자에게 양도한 자 또는 부당하게 사용하거나 이와 비슷한 표지·명칭 등을 사용한 자
- 보조견 표지를 붙인 장애인 보조견을 동반한 장애인, 장애인 보조견 훈련자 또는 장애인 보조견 훈련 관련 자원봉사자의 출입을 정당한 사유 없이 거부한 자
- 직무상 장애인학대 및 장애인 대상 성범죄의 발생사실을 알고도 장애인권익옹호기관 또는 수사기관에 신고하지 아니한 사람(사회복무요원은 제외)
- 현장조사를 거부·기피하거나 업무를 방해한 자
- 장애인권익옹호기관의 업무 수행을 정당한 사유 없이 거부하거나 방해한 자
- 시설 운영 개시 의무를 위반한 자
- 시설의 운영 중단·재운영·시설폐지 등의 신고의무를 위반한 자
- 의지·보조기 제조업소의 개설 또는 변경 사실을 통보하지 아니한 자
- 의사의 처방에 의하지 아니하고 의지·보조기를 제조하거나 개조한 의지·보조기 제조업자

3. 청문

장애인복지실시기관은 수행기관의 지정 취소, 장애인 등록의 취소, 장애인복지시설의 폐쇄 명령, 의지·보조기 제조업소의 폐쇄 명령, 의지·보조기 기사등의 자격취소의 어느 하나에 해당하는 조치를 하려면 청문을 하여야 한다.

4절 **한부모가족지원법**

[시행 2023.10.12 / 법률 제19340호 / 개정 2023.4.11]

한눈에 쏙!

중요도

❶ 개요

1. 목적 및 책임

2. 용어의 정의 ★★　22회 기출

3. 수급권자

4. 기타　22회 기출

❷ 한부모가족복지서비스 및 시설

1. 한부모가족복지시설 ★★

2. 복지서비스의 내용과 실시 ★★　22회 기출

❸ 수급자의 권리보호

1. 권리보호

2. 벌칙 등

3. 청문

1 개요

기출회차				
		3	4	5
6	7	8	9	10
11	12	13	14	15
16	17	18	19	20
21	22			

강의로 복습하는 기출회독 시리즈

Keyword 243

한부모가족지원법의 연혁
- 1989. 4. 1 모자복지법 제정
- 2002. 12. 18 모 · 부자복지법으로 법명 변경
- 2007. 10. 17 한부모가족지원법으로 법명 변경

1. 목적 및 책임

(1) 목적(제1조)

이 법은 한부모가족이 안정적인 가족 기능을 유지하고 자립할 수 있도록 지원함으로써 한부모가족의 생활 안정과 복지 증진에 이바지함을 목적으로 한다.

(2) 국가 등의 책임(제2조)

- 국가와 지방자치단체는 한부모가족의 복지를 증진할 책임을 진다.
- 국가와 지방자치단체는 한부모가족의 권익과 자립을 지원하기 위한 여건을 조성하고 이를 위한 시책을 수립 · 시행하여야 한다.
- 국가와 지방자치단체는 한부모가족에 대한 사회적 편견과 차별을 예방하고, 사회구성원이 한부모가족을 이해하고 존중할 수 있도록 교육 및 홍보 등 필요한 조치를 하여야 한다.
- 교육부장관과 특별시 · 광역시 · 특별자치시 · 도 · 특별자치도의 교육감은 유치원, 학교에서 한부모가족에 대한 이해를 돕는 교육을 실시하기 위한 시책을 수립 · 시행하여야 한다.
- 국가와 지방자치단체는 청소년 한부모가족의 자립을 위하여 노력하여야 한다.
- 모든 국민은 한부모가족의 복지 증진에 협력하여야 한다.

(3) 한부모가족의 권리와 책임(제3조)

- 한부모가족의 모 또는 부는 임신과 출산 및 양육을 사유로 합리적인 이유 없이 교육 · 고용 등에서 차별을 받지 아니한다.
- 한부모가족의 모 또는 부와 아동은 한부모가족 관련 정책결정과정에 참여할 권리가 있다.
- 한부모가족의 모 또는 부와 아동은 그가 가지고 있는 자산과 노동능력 등을 최대한으로 활용하여 자립과 생활 향상을 위하여 노력하여야 한다.

2. 용어의 정의 ^{22회 기출} 🏆

중요도 ★ ★

(1) 모(母) 또는 부(父) 꼭! ⭐

다음 중 어느 하나에 해당하는 자로서 아동인 자녀를 양육하는 자를 말한다.

- 배우자와 사별 또는 이혼하거나 배우자로부터 유기된 자
- 정신이나 신체의 장애로 장기간 노동능력을 상실한 배우자를 가진 자
- 교정시설 · 치료감호시설에 입소한 배우자 또는 병역복무 중인 배우자를 가진 사람
- 미혼자(사실혼 관계에 있는 자는 제외)
- 위의 규정에 준하는 자로서 여성가족부령으로 정하는 자

(2) 청소년 한부모 꼭! ⭐

24세 이하의 모 또는 부를 말한다.

(3) 한부모가족 꼭! ⭐

모자가족 또는 부자가족을 말한다.

(4) 모자가족 꼭! ⭐

모가 세대주(세대주가 아니더라도 세대원을 사실상 부양하는 자를 포함)인 가족을 말한다.

(5) 부자가족 꼭! ⭐

부가 세대주(세대주가 아니더라도 세대원을 사실상 부양하는 자를 포함)인 가족을 말한다.

(6) 아동 꼭! ⭐

18세 미만(취학 중인 경우에는 22세 미만을 말하되, 병역법에 따른 병역의무를 이행하고 취학 중인 경우에는 병역의무를 이행한 기간을 가산한 연령 미만을 말함)의 자를 말한다.

(7) 지원기관

이 법에 따른 지원을 행하는 국가나 지방자치단체를 말한다.

(8) 한부모가족복지단체

한부모가족의 복지 증진을 목적으로 설립된 기관이나 단체를 말한다.

> 한부모가족지원법은 다른 법률에 비해 용어의 정의에 관한 문제가 자주 출제되었다. 법률상의 모(母) 또는 부(父)에 해당하는 자를 찾는 문제, 청소년 한부모와 아동의 정의에 해당하는 내용을 찾는 문제 등이 출제된 바 있다. 22회 시험에서는 한부모가족지원법의 전반적인 내용을 묻는 문제에서 모(母) 또는 부(父), 청소년 한부모의 정의에 관한 내용이 선택지로 출제되었다.

3. 수급권자

(1) 지원대상자(제5조) ⭐

수급권자는 이 법에 따른 지원대상자이며(이 법에서 정하는 모 또는 부, 한부모가족, 모자가족, 부자가족, 아동 등이 해당), 지원대상자의 범위는 지원대상자 중 아동의 연령을 초과하는 자녀가 있는 한부모가족의 경우 그 자녀를 제외한 나머지 가족구성원을 지원대상자로 한다.

(2) 지원대상자의 범위에 대한 특례(제5조의2) ⭐

① 미혼모에 대한 특례

혼인 관계에 있지 아니한 자로서 출산 전 임신부와 출산 후 해당 아동을 양육하지 아니하는 모는 출산지원시설을 이용할 때에는 이 법에 따른 지원대상자가 된다.

② 외국인에 대한 특례

국내에 체류하고 있는 외국인 중 대한민국 국적의 아동을 양육하고 있는 모 또는 부로서 대통령령으로 정하는 사람이 지원대상자에 해당하면 이 법에 따른 지원대상자가 된다.

③ 조손가정에 대한 특례

다음의 내용 중 어느 하나에 해당하는 아동과 그 아동을 양육하는 조부 또는 조모는 지원대상자가 된다.
- 부모가 사망하거나 생사가 분명하지 아니한 아동
- 부모가 정신 또는 신체의 장애·질병으로 장기간 노동능력을 상실한 아동
- 부모의 장기복역 등으로 부양을 받을 수 없는 아동
- 부모가 이혼하거나 유기하여 부양을 받을 수 없는 아동
- 이상에 해당되는 자에 준하는 자로서 여성가족부령으로 정하는 아동

4. 기타 22회 기출 🏆

(1) 실태조사(제6조) ⭐

여성가족부장관은 한부모가족 지원을 위한 정책수립에 활용하기 위하여 3년마다 한부모가족에 대한 실태조사를 실시하고 그 결과를 공표하여야 한다.

또한, 여성가족부장관은 필요한 경우 여성가족부령으로 정하는 바에 따라 청소년 한부모 등에 대한 실태를 조사·연구할 수 있다.

(2) 한부모가족 지원업무 관련 공무원의 교육(제6조의2)

국가와 지방자치단체는 한부모가족 지원 관련 업무에 종사하는 공무원의 한부모가족에 대한 이해 증진과 전문성 향상을 위하여 교육을 실시할 수 있다.

(3) 한부모가족의 날(제5조의4)

한부모가족에 대한 국민의 이해와 관심을 제고하기 위하여 매년 5월 10일을 한부모가족의 날로 한다. 국가와 지방자치단체는 한부모가족의 날의 취지에 맞는 행사 등 사업을 실시할 수 있다.

(4) 한부모가족 정책에 관한 기본계획의 수립(제5조의5)

- 여성가족부장관은 한부모가족 지원을 위하여 한부모가족 정책에 관한 기본계획을 5년마다 수립하여야 한다.
- 기본계획에는 다음의 사항이 포함되어야 한다.
  - 한부모가족 지원 정책의 기본방향
  - 한부모가족 지원을 위한 분야별 발전시책과 평가에 관한 사항
  - 한부모가족 지원을 위한 제도 개선에 관한 사항
  - 한부모가족 구성원의 경제·사회·문화 등 각 분야에서의 활동 증진에 관한 사항
  - 한부모가족 지원을 위한 재원 확보 및 배분에 관한 사항
  - 그 밖에 한부모가족 지원을 위하여 필요한 사항
- 여성가족부장관은 기본계획을 수립하려는 경우에는 특별시장·광역시장·특별자치시장·도지사·특별자치도지사의 의견을 들은 후 관계 중앙행정기관의 장과 협의하여야 한다.
- 여성가족부장관은 기본계획을 수립한 때에는 지체없이 국회 소관 상임위원회에 보고하고, 관계 중앙행정기관의 장과 시·도지사에게 알려야 한다.
- 여성가족부장관은 기본계획을 수립하기 위하여 필요하다고 인정하는 경우 관계 기관의 장에게 기본계획의 수립에 필요한 자료의 제출을 요구할 수 있다. 이 경우 자료의 제출을 요구받은 관계 기관의 장은 정당한 사유가 없으면 이에 따라야 한다.

(5) 연도별 시행계획의 수립·시행 등(제5조의6)

- 여성가족부장관, 관계 중앙행정기관의 장과 시·도지사는 매년 기본계획

에 따라 한부모가족정책에 관한 시행계획을 수립 · 시행하여야 한다.

• 관계 중앙행정기관의 장과 시 · 도지사는 전년도의 시행계획에 따른 추진실적 및 다음 연도의 시행계획을 대통령령으로 정하는 바에 따라 매년 여성가족부장관에게 제출하여야 한다.

2 한부모가족복지서비스 및 시설

기출회차

			3	4	5
6	7	8	9	10
11	12	13	14	15
16	17	18	19	20
21	22			

강의로 복습하는 기출회독 시리즈

Keyword 243

1. 한부모가족복지시설

(1) 시설의 종류(제19조) 🌟 꼭!

중요도 ★ ★

한부모가족에게 제공되는 복지 시설의 종류와 특징에 관한 문제는 법률의 전반적인 사항을 묻는 문제의 선택지로 출제될 가능성이 높다. 각각의 시설에 관한 내용을 잘 구분하여 정리해두도록 하자.

① 출산지원시설

'이 법의 정의에 따른 모, 혼인 관계에 있지 아니한 자로서 출산 전 임신부, 혼인 관계에 있지 아니한 자로서 출산 후 해당 아동을 양육하지 아니하는 모'에 해당하는 자의 임신 · 출산 및 그 출산 아동(3세 미만에 한정)의 양육을 위하여 주거 등을 지원하는 시설

② 양육지원시설

6세 미만 자녀를 동반한 한부모가족에게 자녀를 양육할 수 있도록 주거 등을 지원하는 시설

③ 생활지원시설

18세 미만(취학 중인 경우에는 22세 미만을 말하되, 병역법에 따른 병역의무를 이행하고 취학 중인 경우에는 병역의무를 이행한 기간을 가산한 연령 미만을 말함) 자녀를 동반한 한부모가족에게 자립을 준비할 수 있도록 주거 등을 지원하는 시설

④ 일시지원시설

배우자(사실혼 관계에 있는 사람을 포함)가 있으나 배우자의 물리적 · 정신적 학대로 아동의 건전한 양육이나 모 또는 부의 건강에 지장을 초래할 우려가 있을 경우 일시적 또는 일정 기간 동안 모와 아동, 부와 아동, 모 또는 부에게 주거 등을 지원하는 시설

⑤ 한부모가족복지상담소

한부모가족에 대한 위기 · 자립 상담 또는 문제해결 지원 등을 목적으로 하는 시설

(2) 시설의 설치(제20조)

국가 또는 지방자치단체는 한부모가족복지시설을 설치할 수 있다. 한부모가족복지시설의 장은 청소년 한부모가 입소를 요청하는 경우에는 우선 입소를 위한 조치를 취하여야 한다. 국가 또는 지방자치단체 외의 자가 한부모가족복지시설을 설치 · 운영하려면 특별자치시장 · 특별자치도지사 · 시장 · 군수 · 구청장에게 신고하여야 한다.

2. 복지서비스의 내용과 실시 🏆 ^{22회 기출}

중요도 ★ ★

가족지원서비스에 관한 내용, 복지자금의 대여 대상에 관한 내용 등이 출제된 바 있다. 한부모가족지원서비스에 관한 내용 역시 복지시설에 관한 내용과 함께 법률의 전반적인 사항을 묻는 문제의 선택지로 출제될 가능성이 높다. 22회 시험에서는 한부모가족지원법의 전반적인 내용을 묻는 문제에서 청소년 한부모에 대한 교육 지원에 관한 내용이 선택지로 출제되었다.

(1) 지원대상자의 조사 등(제10조)

특별자치시장 · 특별자치도지사 · 시장 · 군수 · 구청장은 매년 1회 이상 관할 구역 안의 지원대상자의 가족상황, 생활실태 등을 조사하여야 하며, 그 조사 결과를 대장으로 작성 · 비치하여야 한다.

(2) 복지급여의 신청과 내용(제11조, 제12조)

• 지원대상자 또는 그 친족이나 그 밖의 이해관계인은 복지 급여를 관할 특별자치시장 · 특별자치도지사 · 시장 · 군수 · 구청장에게 신청할 수 있다.

• 국가나 지방자치단체는 복지 급여의 신청이 있으면 '생계비, 아동교육지원비, 아동양육비, 그 밖에 대통령령으로 정하는 비용'의 복지 급여를 실시하여야 한다.

• 이 법에 따른 지원대상자가 국민기초생활 보장법 등 다른 법령에 따라 지원을 받고 있는 경우에는 그 범위에서 이 법에 따른 급여를 하지 아니한다. 다만, 아동양육비는 지급할 수 있다.

• 아동양육비를 지급할 때에 '미혼모나 미혼부가 5세 이하의 아동을 양육하는 경우, 34세 이하의 모 또는 부가 아동을 양육하는 경우'에는 예산의 범위에서 추가적인 복지 급여를 실시하여야 한다. 이 경우 모 또는 부의 직계존속이 5세 이하의 아동을 양육하는 경우에도 또한 같다.

• 국가나 지방자치단체는 이 법에 따른 지원대상자의 신청이 있는 경우에는 예산의 범위에서 직업훈련비와 훈련기간 중 생계비를 추가적으로 지급할 수 있다.

(3) 복지급여 사유의 확인 및 복지급여의 거절 · 변경(제12조의2, 제12조의4)

• 여성가족부장관 또는 특별자치시장 · 특별자치도지사 · 시장 · 군수 · 구청장은 복지급여를 신청한 지원대상자 또는 복지급여를 받고 있는 지원대상

자에 대하여 급여사유의 발생·변경 또는 상실을 확인하기 위하여 필요한 소득·재산 등에 관한 자료의 제출을 요구할 수 있으며, 소속 공무원으로 하여금 지원대상자의 주거 등에 출입하여 생활환경 및 소득자료 등을 조사하게 하거나 지원대상자의 고용주 등 관계인에게 필요한 질문을 하게 할 수 있다. 이 경우 자료의 제공을 요청받은 관계 기관의 장은 정당한 사유가 없으면 이에 응하여야 한다.

- 복지급여를 신청한 지원대상자가 복지급여 사유의 확인을 위한 자료의 제출을 거부하거나 조사·질문을 거부·방해 또는 기피하는 경우에는 복지급여의 지급을 거절할 수 있다.

(4) 복지자금의 대여(제13조)

'국가 또는 지방자치단체는 한부모가족의 생활안정과 자립을 촉진하기 위하여 사업에 필요한 자금, 아동교육비, 의료비, 주택자금, 그 밖의 대통령령이 정하는 한부모가족의 복지를 위하여 필요한 자금' 등을 대여할 수 있다.

(5) 고용 등

① 고용의 촉진(제14조)

국가 또는 지방자치단체는 한부모가족의 모 또는 부와 아동의 직업능력을 개발하기 위하여 능력 및 적성을 고려한 직업능력개발훈련을 실시하여야 한다. 국가 또는 지방자치단체는 한부모가족의 모 또는 부와 아동의 고용을 촉진하기 위하여 적합한 직업을 알선하고 각종 사업장에 모 또는 부와 아동이 우선 고용되도록 노력하여야 한다.

② 고용지원 연계(제14조의2)

국가 및 지방자치단체는 한부모가족의 모 또는 부와 아동의 취업기회를 확대하기 위하여 한부모가족 관련 시설 및 기관과 직업안정기관 간 효율적인 연계를 도모하여야 한다. 고용노동부장관은 한부모가족의 모 또는 부와 아동을 위한 취업지원사업 등이 효율적으로 추진될 수 있도록 여성가족부장관과 긴밀히 협조하여야 한다.

③ 공공시설에 매점 및 시설 설치(제15조)

국가나 지방자치단체가 운영하는 공공시설의 장은 그 공공시설에 각종 매점 및 시설의 설치를 허가하는 경우 이를 한부모가족 또는 한부모가족복지단체에 우선적으로 허가할 수 있다.

④ 시설 우선이용(제16조)

국가나 지방자치단체는 한부모가족의 아동이 공공의 아동 편의 시설과 그 밖의 공공시설을 우선적으로 이용할 수 있도록 노력해야 한다.

(6) 가족지원 ★^{꼭!}

① 가족지원 서비스(제17조)

국가나 지방자치단체는 한부모가족에게 다음에 해당하는 가족지원 서비스를 제공하도록 노력하여야 한다.

- 아동의 양육 및 교육 서비스
- 장애인, 노인, 만성질환자 등의 부양 서비스
- 취사, 청소, 세탁 등 가사 서비스
- 교육 · 상담 등 가족관계 증진 서비스
- 인지청구 및 자녀양육비 청구 등을 위한 법률상담, 소송대리 등 법률구조 서비스
- 그 밖에 대통령령으로 정하는 한부모가족에 대한 가족지원 서비스

② 청소년 한부모에 대한 교육 지원(제17조의2)

- 국가나 지방자치단체는 청소년 한부모가 학업을 할 수 있도록 청소년 한부모의 선택에 따라 다음의 어느 하나에 해당하는 지원을 할 수 있다.
  - 초 · 중등교육법에 따른 학교에서의 학적 유지를 위한 지원 및 교육비 지원 또는 검정고시 지원
  - 평생교육법에 따른 학력인정 평생교육시설에 대한 교육비 지원
  - 초 · 중등교육법에 따른 교육 지원
  - 그 밖에 청소년 한부모의 교육 지원을 위하여 여성가족부령으로 정하는 사항
- 교육 지원을 위하여 특별시 · 광역시 · 특별자치시 · 도 · 특별자치도의 교육감은 한부모가족복지시설에 순회교육 실시를 위한 지원을 할 수 있다.
- 국가와 지방자치단체는 청소년 한부모의 학업과 양육의 병행을 위하여 그 자녀가 청소년 한부모가 속한 학교에 설치된 직장어린이집을 이용할 수 있도록 지원할 수 있다.
- 여성가족부장관은 청소년 한부모가 학업을 계속할 수 있도록 교육부장관에게 협조를 요청하여야 한다.

③ 자녀양육비 이행지원(제17조의3)

여성가족부장관은 자녀양육비 산정을 위한 자녀양육비 가이드라인을 마련하여 법원이 이혼 판결 시 적극 활용할 수 있도록 노력하여야 한다.

④ 청소년 한부모의 자립지원(제17조의4)

국가나 지방자치단체는 청소년 한부모가 주거마련 등 자립에 필요한 자산을 형성할 수 있도록 재정적인 지원을 할 수 있다. 지원으로 형성된 자산은 청소년 한부모가 이 법에 따른 지원대상자에 해당하는지 여부를 조사·확인할 때 이를 포함하지 아니한다.

⑤ 청소년 한부모의 건강진단(제17조의5)

국가와 지방자치단체는 청소년 한부모의 건강증진을 위하여 건강진단을 실시할 수 있으며, 건강진단의 결과를 청소년 한부모 본인에게 알려주어야 한다. 국가와 지방자치단체는 건강진단의 실시와 그 결과 통보를 전문기관 또는 단체에 위탁할 수 있다.

⑥ 미혼모 등의 건강관리 등 지원(제17조의6)

국가와 지방자치단체는 미혼모 또는 미혼부와 그 자녀가 건강하게 생활할 수 있도록 산전·분만·산후관리, 질병의 예방·상담·치료, 영양·건강에 관한 교육 등 건강관리를 위한 지원을 할 수 있다.

⑦ 아동·청소년 보육·교육(제17조의7)

국가와 지방자치단체는 아동·청소년 보육·교육을 실시함에 있어서 한부모가족 구성원인 아동·청소년을 차별하여서는 아니 된다.

⑧ 국민주택의 분양 및 임대(제18조)

국가나 지방자치단체는 주택법에서 정하는 바에 따라 국민주택을 분양하거나 임대할 때에는 한부모가족에게 일정 비율이 우선 분양될 수 있도록 노력하여야 한다.

⑨ 한부모가족 상담전화의 설치(제18조의2)

여성가족부장관은 한부모가족 지원에 관한 종합정보의 제공과 지원기관 및 시설의 연계 등에 관한 전문적이고 체계적인 상담서비스를 제공하기 위하여 한부모가족 상담전화를 설치·운영할 수 있다.

기출회차				
		3	4	5
6	7	8	9	10
11	12	13	14	15
16	17	18	**19**	20
21	22			

강의로 복습하는 기출회독 시리즈

Keyword 243

3 수급자의 권리보호

1. 권리보호

(1) 양도 · 담보 및 압류금지

이 법에 의하여 지급된 복지급여와 이를 받을 권리는 다른 사람에게 양도하거나 담보로 제공할 수 없으며, 다른 사람은 이를 압류할 수 없다. 지정된 복지급여수급계좌의 예금에 관한 채권은 압류할 수 없다.

(2) 심사청구

지원대상자 또는 그 친족, 그 밖의 이해관계인은 이 법에 의한 복지급여 등에 대하여 이의가 있을 때에는 그 결정의 통지를 받은 날부터 90일 이내에 서면으로 당해 복지실시기관에 심사를 청구할 수 있다. 복지실시기관은 심사청구를 받으면 30일 이내에 이를 심사 · 결정하여 청구인에게 통보해야 한다.

2. 벌칙 등

(1) 5년 이하의 징역 또는 5천만원 이하의 벌금
복지급여를 신청한 자의 금융정보 등을 사용 또는 누설한 사람

(2) 3년 이하의 징역 또는 3천만원 이하의 벌금
복지급여를 신청한 자의 자료 등을 사용 또는 누설한 사람

(3) 1년 이하의 징역 또는 1천만원 이하의 벌금
- 신고를 하지 아니하고 한부모가족복지시설을 설치한 자
- 시설의 폐쇄, 사업의 정지 또는 폐지의 명령을 받고 사업을 계속한 자

(4) 1년 이하의 징역, 1천만원 이하의 벌금, 구류 또는 과료
거짓이나 그 밖의 부정한 방법으로 복지급여를 받거나 타인으로 하여금 복지

잠깐!

복지급여수급계좌(제12조의5)

국가나 지방자치단체는 복지 급여를 받는 지원대상자의 신청이 있는 경우에는 복지 급여를 지원대상자 명의의 지정된 계좌(복지급여수급계좌)로 입금하여야 한다. 다만, 정보통신장애나 그 밖에 대통령령으로 정하는 불가피한 사유로 복지급여수급계좌로 이체할 수 없을 때에는 현금 지급 등 대통령령으로 정하는 바에 따라 복지 급여를 지급할 수 있다. 복지급여수급계좌의 해당 금융기관은 이 법에 따른 복지 급여만이 복지급여수급계좌에 입금되도록 관리하여야 한다.

급여를 받게 한 자

(5) 300만원 이하의 과태료
- 제22조(수탁의무: 한부모가족복지시설을 설치 · 운영하는 자는 시 · 도지사
  또는 시장 · 군수 · 구청장으로부터 한부모가족복지시설의 이용을 위탁받은
  때에는 정당한 사유없이 이를 거부하지 못한다.)의 규정을 위반한 자
- 한부모가족복지시설을 설치 · 운영하는 자가 정당한 이유없이 시설의 운영
  상황을 보고하지 아니하거나 거짓으로 한 자 또는 조사 · 검사를 거부하거
  나 기피한 경우

3. 청문

특별자치시장 · 특별자치도지사 · 시장 · 군수 · 구청장은 한부모가족복지시
설의 사업 폐지를 명하거나 시설을 폐쇄하려면 청문을 하여야 한다.

5절 기타 사회서비스법

한눈에 쏙! | 중요도

❶ 영유아보육법
- 1. 용어의 정의
- 2. 실태조사
- 3. 어린이집의 종류
- 4. 어린이집의 설치 및 기준 ★
- 5. 어린이집의 운영

❷ 정신건강증진 및 정신질환자 복지서비스 지원에 관한 법률
- 1. 기본이념 ★
- 2. 용어의 정의
- 3. 정신건강증진 정책의 추진 등
- 4. 정신건강증진시설의 개설·설치 및 운영 등
- 5. 보호 및 치료

❸ 다문화가족지원법
- 1. 용어의 정의
- 2. 다문화가족 지원을 위한 기본계획 및 시행계획
- 3. 실태조사 등 ★★
- 4. 다문화가족에 대한 보호 및 지원
- 5. 다문화가족지원센터의 설치·운영 등

❹ 자원봉사활동기본법
- 1. 기본방향
- 2. 용어의 정의
- 3. 자원봉사활동
- 4. 자원봉사활동 단체 및 기관 ★★

❺ 가정폭력방지 및 피해자보호 등에 관한 법률
- 1. 용어의 정의
- 2. 가정폭력방지 및 피해자보호 지원 등
- 3. 가정폭력방지 및 피해자보호 관련 기관 및 시설 ★★

❻ 성폭력방지 및 피해자보호 등에 관한 법률
- 1. 국가 등의 책무
- 2. 성폭력방지 및 피해자보호 지원 등
- 3. 성폭력방지 및 피해자보호 관련 기관 및 시설 ★★

❼ 사회복지공동모금회법
- 1. 사회복지공동모금회의 설립·사업 등 22회 기출
- 2. 사회복지공동모금회의 임원 및 이사회
- 3. 재원과 배분 ★★ 22회 기출

1 영유아보육법

[시행 2024.2.13 / 법률 제20289호 / 개정 2024.2.13]

기출회차

		3	4	5
6	7	8	9	10
11	12	13	14	15
16	17	18	19	20
21	22			

강의로 복습하는 기출회독 시리즈

Keyword 244

1. 용어의 정의

(1) 영유아 ★꼭!

7세 이하의 취학 전 아동을 말한다.

보충자료

기타 사회서비스법

(2) 보육

영유아를 건강하고 안전하게 보호·양육하고 영유아의 발달특성에 적합한 교육을 제공하는 어린이집 및 가정양육 지원에 관한 사회복지서비스를 말한다.

(3) 어린이집

영유아의 보육을 위하여 이 법에 따라 설립·운영되는 기관을 말한다.

(4) 보호자

친권자, 후견인 또는 그 밖의 자로서 영유아를 사실상 보호하고 있는 자를 말한다.

(5) 보육교직원

어린이집에서 영유아의 보육, 건강관리 및 보호자와의 상담, 그 밖에 어린이집의 관리·운영 등의 업무를 담당하는 자로서 어린이집의 원장 및 보육교사와 그 밖의 직원을 말한다.

2. 실태조사(제9조)

교육부장관은 이 법의 적절한 시행을 위하여 보육 실태조사를 3년마다 실시하고 그 결과를 공표하여야 한다.

3. 어린이집의 종류(제10조)

(1) 국공립어린이집 ★^{꼭!}

국가나 지방자치단체가 설치 · 운영하는 어린이집

(2) 사회복지법인어린이집

사회복지사업법에 따른 사회복지법인이 설치 · 운영하는 어린이집

(3) 법인 · 단체등어린이집

각종 법인(사회복지법인을 제외한 비영리법인)이나 단체 등이 설치 · 운영하는 어린이집으로 서 대통령령으로 정하는 어린이집

(4) 직장어린이집 ★^{꼭!}

사업주가 사업장의 근로자를 위하여 설치 · 운영하는 어린이집(국가나 지방자치단체의 장이 소속 공무원 및 국가나 지방자치단체의 장과 근로계약을 체결한 자로서 공무원이 아닌 자를 위하여 설치 · 운영하는 어린이집을 포함)

(5) 가정어린이집

개인이 가정이나 그에 준하는 곳에 설치 · 운영하는 어린이집

(6) 협동어린이집

보호자 또는 보호자와 보육교직원이 조합을 결성하여 설치 · 운영하는 어린이집

(7) 민간어린이집

위의 규정에 해당하지 아니하는 어린이집

4. 어린이집의 설치 및 기준

(1) 어린이집의 설치 ★^{꼭!}

① 어린이집(제12조, 제13조)

• 국가나 지방자치단체는 국공립어린이집을 설치(국공립어린이집 외의 어린이집을 기부채납 받거나 무상임차 등 사용계약을 통하여 전환하는 경우를

중요도 ★

국공립어린이집 우선설치 지역, 설치 심의수체, 직장어린이집의 설치기준 등을 중심으로 정리해야 한다. 또한 국공립어린이집 외의 어린이집은 누구의 인가를 받아야 하는지도 반드시 기억해 두어야 한다.

포함)·운영하여야 한다. 이 경우 국공립어린이집은 보육계획에 따라 '도시 저소득주민 밀집 주거지역 및 농어촌지역 등 취약지역, 산업 입지 및 개발에 관한 법률에 따른 산업단지 지역'에 우선적으로 설치하여야 한다.

- 국가나 지방자치단체가 국공립어린이집을 설치할 경우 지방보육정책위원회의 심의를 거쳐야 한다.
- 국가나 지방자치단체는 주택법에 따른 공동주택에 설치되어야 하는 어린이집을 국공립어린이집으로 운영하여야 한다. 다만, 입주자등의 과반수가 국공립어린이집으로의 운영에 찬성하지 아니하는 경우 등 대통령령으로 정하는 경우에는 그러하지 아니하다.
- 국공립어린이집 외의 어린이집을 설치·운영하려는 자는 특별자치시장·특별자치도지사·시장·군수·구청장의 인가를 받아야 한다. 인가받은 사항 중 중요 사항을 변경하려는 경우에도 또한 같다.

② 직장어린이집(제14조)

- 상시 여성근로자 300명 이상 또는 상시근로자 500명 이상을 고용하고 있는 사업장의 사업주는 직장어린이집을 설치하여야 한다. 다만, 사업장의 사업주가 직장어린이집을 단독으로 설치할 수 없을 때에는 사업주 공동으로 직장어린이집을 설치·운영하거나, 지역의 어린이집과 위탁계약을 맺어 근로자 자녀의 보육을 지원(위탁보육)하여야 한다.
- 사업장의 사업주가 위탁보육을 하는 경우에는 사업장 내 보육대상이 되는 근로자 자녀 중에서 위탁보육을 받는 근로자 자녀가 100분의 30 이상이 되도록 하여야 한다.

(2) 결격사유(제16조)

다음 중 어느 하나에 해당하는 자는 어린이집을 설치·운영할 수 없다.
- 미성년자·피성년후견인 또는 피한정후견인
- 정신질환자
- 마약류에 중독된 자
- 파산선고를 받고 복권되지 아니한 자
- 금고 이상의 실형을 선고받고 그 집행이 종료(집행이 종료된 것으로 보는 경우를 포함)되거나 집행이 면제된 날부터 5년(아동복지법 제3조 제7호의2에 따른 아동학대관련범죄를 저지른 경우에는 20년)이 경과되지 아니한 자
- 금고 이상의 형의 집행유예를 선고받고 그 유예기간 중에 있는 사람. 다만, 아동복지법 제3조 제7호의2에 따른 아동학대관련범죄로 금고 이상의 형의 집행유예를 선고받은 경우에는 그 집행유예가 확정된 날부터 20년이 지나

지 아니한 사람

- 어린이집의 폐쇄명령을 받고 5년이 경과되지 아니한 자 또는 유치원의 폐쇄명령을 받고 5년이 경과되지 아니한 자
- 300만원 이상의 벌금형이 확정된 날부터 2년이 지나지 아니한 사람 또는 아동복지법 제3조 제7호의2에 따른 아동학대관련범죄로 벌금형이 확정된 날부터 10년이 지나지 아니한 사람
- 아동학대 방지를 위한 교육명령을 이행하지 아니한 자

(3) 보육교직원

① 보육교직원의 배치, 직무, 책임(제17조~제18조의2)
- 어린이집에는 보육교직원을 두어야 한다. 보육시간을 구분하여 운영하는 어린이집은 보육시간별로 보육교사를 배치할 수 있다. 어린이집에는 보육교사의 업무 부담을 경감할 수 있도록 보조교사 등을 둔다. 휴가 또는 보수교육 등으로 보육교사를 비롯한 보육교직원의 업무에 공백이 생기는 경우에는 이를 대체할 수 있는 대체교사 등 보육교직원 대체인력을 배치한다.
- 어린이집의 원장은 어린이집을 총괄하고 민원 처리를 책임지며, 보육교사와 그 밖의 직원을 지도·감독하고 영유아를 보육한다. 보육교사는 영유아를 보육하고 어린이집의 원장이 불가피한 사유로 직무를 수행할 수 없을 때에는 그 직무를 대행한다.
- 보육교직원은 영유아를 보육함에 있어 영유아에게 신체적 고통이나 고성·폭언 등의 정신적 고통을 가하여서는 아니 된다. 보육교직원은 업무를 수행함에 있어 영유아의 생명·안전보호 및 위험방지를 위하여 주의의무를 다하여야 한다.

② 보수교육(제23조, 제23조의2)
- 어린이집 원장의 보수교육: 교육부장관은 어린이집 원장의 자질 향상을 위한 보수교육을 실시하여야 한다. 이 경우 보수교육은 집합교육을 원칙으로 한다. 보수교육은 사전직무교육과 직무교육으로 구분한다.
- 보육교사의 보수교육: 교육부장관은 보육교사의 자질 향상을 위한 보수교육을 실시하여야 한다. 이 경우 보수교육은 집합교육을 원칙으로 한다. 보수교육은 직무교육과 승급교육으로 구분한다.

5. 어린이집의 운영

(1) 어린이집의 이용 대상(제27조)

어린이집의 이용대상은 보육이 필요한 영유아(6세 미만의 취학 전 아동)를 원칙으로 한다. 다만, 필요한 경우 어린이집의 원장은 만 12세까지 연장하여 보육할 수 있다.

(2) 보육의 우선 제공(제28조) ★꼭!

국가나 지방자치단체, 사회복지법인, 그 밖의 비영리법인이 설치한 어린이집과 대통령령으로 정하는 어린이집의 원장은 다음 중 어느 하나에 해당하는 자가 우선적으로 어린이집을 이용할 수 있도록 해야 한다. 다만, 고용촉진시설의 설치·운영을 위탁받은 공공단체 또는 비영리법인이 설치·운영하는 어린이집의 원장은 근로자의 자녀가 우선적으로 어린이집을 이용하게 할 수 있다. 사업주는 사업장 근로자의 자녀가 우선적으로 직장어린이집을 이용할 수 있도록 하여야 한다.

• 국민기초생활보장법에 따른 수급자
• 한부모가족지원법에 따른 지원대상자의 자녀
• 한부모가족지원법에 따른 지원대상자의 손자녀
• 국민기초생활보장법에 따른 차상위계층의 자녀
• 장애인복지법에 따른 장애인 중 교육부령으로 정하는 장애 정도에 해당하는 자의 자녀
• 장애인복지법에 따른 장애인 중 교육부령으로 정하는 장애 정도에 해당하는 자가 형제자매인 영유아
• 다문화가족지원법에 따른 다문화가족의 자녀
• 국가유공자 등 예우 및 지원에 관한 법률에 따른 국가유공자 중 전몰군경, 전상군경·공상군경·4·19혁명부상자·공상공무원·특별공로상이자의 상이자로서 교육부령으로 정하는 자, 순직군경·순직공무원·특별공로순직자의 순직자의 자녀
• 제1형 당뇨를 가진 경우로서 의학적 조치가 용이하고 일상생활이 가능하여 보육에 지장이 없는 영유아
• 그 밖에 소득수준 및 보육수요 등을 고려하여 교육부령으로 정하는 자의 자녀

기출회차

		3	4	5
6	7	8	9	10
11	12	13	14	15
16	17	18	19	20
21	22			

강의로 복습하는 기출회독 시리즈

2. 정신건강증진 및 정신질환자 복지서비스 지원에 관한 법률

[시행 2024.7.24 / 법률 제20113호 / 개정 2024.1.23]

중요도 ★

정신보건법이 정신건강증진 및 정신질환자 복지서비스 지원에 관한 법률로 개정되었다. 개정 이전에 정신보건법의 기본이념에 관한 내용이 단독 문제로 출제된 적이 있다.

1. 기본이념(제2조)

- 모든 국민은 정신질환으로부터 보호받을 권리를 가진다.
- 모든 정신질환자는 인간으로서의 존엄과 가치를 보장받고, 최적의 치료를 받을 권리를 가진다.
- 모든 정신질환자는 정신질환이 있다는 이유로 부당한 차별대우를 받지 아니한다.
- 미성년자인 정신질환자는 특별히 치료, 보호 및 교육을 받을 권리를 가진다.
- 정신질환자에 대해서는 입원 또는 입소가 최소화되도록 지역 사회 중심의 치료가 우선적으로 고려되어야 하며, 정신건강증진시설에 자신의 의지에 따른 입원 또는 입소가 권장되어야 한다.
- 정신건강증진시설에 입원등을 하고 있는 모든 사람은 가능한 한 자유로운 환경을 누릴 권리와 다른 사람들과 자유로이 의견교환을 할 수 있는 권리를 가진다.
- 정신질환자는 원칙적으로 자신의 신체와 재산에 관한 사항에 대하여 스스로 판단하고 결정할 권리를 가진다. 특히 주거지, 의료행위에 대한 동의나 거부, 타인과의 교류, 복지서비스의 이용 여부와 복지서비스 종류의 선택 등을 스스로 결정할 수 있도록 자기결정권을 존중받는다.
- 정신질환자는 자신에게 법률적·사실적 영향을 미치는 사안에 대하여 스스로 이해하여 자신의 자유로운 의사를 표현할 수 있도록 필요한 도움을 받을 권리를 가진다.
- 정신질환자는 자신과 관련된 정책의 결정과정에 참여할 권리를 가진다.

2. 용어의 정의

(1) 정신질환자

망상, 환각, 사고(思考)나 기분의 장애 등으로 인하여 독립적으로 일상생활을 영위하는 데 중대한 제약이 있는 사람을 말한다.

(2) 정신건강증진사업

정신건강 관련 교육 · 상담, 정신질환의 예방 · 치료, 정신질환자의 재활, 정신건강에 영향을 미치는 사회복지 · 교육 · 주거 · 근로 환경의 개선 등을 통하여 국민의 정신건강을 증진시키는 사업을 말한다.

(3) 정신건강복지센터

정신건강증진시설, 사회복지사업법에 따른 사회복지시설, 학교 및 사업장과 연계체계를 구축하여 지역사회에서의 정신건강증진사업 및 정신질환자 복지서비스 지원사업을 하는 기관 또는 단체를 말한다.

(4) 정신건강증진시설

정신의료기관, 정신요양시설 및 정신재활시설을 말한다.

(5) 정신의료기관

의료법에 따른 정신병원, 의료법에 따른 의료기관 중 기준에 적합하게 설치된 의원, 의료법에 따른 병원급 의료기관에 설치된 정신건강의학과로서 기준에 적합한 기관을 말한다.

(6) 정신요양시설

정신질환자를 입소시켜 요양 서비스를 제공하는 시설을 말한다.

(7) 정신재활시설

정신질환자 또는 정신건강상 문제가 있는 사람 중 대통령령으로 정하는 사람의 사회적응을 위한 각종 훈련과 생활지도를 하는 시설을 말한다.

(8) 동료지원인

정신질환자등에 대한 상담 및 교육 등의 역할을 수행할 수 있도록 정신질환자이거나 정신질환자이었던 사람 중 보건복지부령으로 정하는 동료지원인 양성과정을 수료한 사람을 말한다.

3. 정신건강증진 정책의 추진 등

(1) 국가계획의 수립(제7조)

- 보건복지부장관은 관계 행정기관의 장과 협의하여 5년마다 정신건강증진 및 정신질환자 복지서비스 지원에 관한 국가의 기본계획을 수립하여야 한다.
- 특별시장 · 광역시장 · 특별자치시장 · 도지사 · 특별자치도지사는 국가계획에 따라 각각 특별시 · 광역시 · 특별자치시 · 도 · 특별자치도 단위의 정신건강증진 및 정신질환자 복지서비스 지원에 관한 계획을 수립하여야 한다. 이 경우 해당 지역계획은 지역보건의료계획과 연계되도록 하여야 한다.

(2) 실태조사(제10조) ⭐

보건복지부장관은 5년마다 다음의 사항에 관한 실태조사를 하여야 한다. 다만, 정신건강증진 정책을 수립하는 데 필요한 경우 수시로 실태조사를 할 수 있다.

- 정신질환의 인구학적 분포, 유병률 및 유병요인
- 성별, 연령 등 인구학적 특성에 따른 정신질환의 치료 이력, 정신건강증진시설 이용 현황
- 정신질환으로 인한 사회적 · 경제적 손실
- 정신질환자의 취업 · 직업훈련 · 소득 · 주거 · 경제상태 및 정신질환자에 대한 복지서비스
- 정신질환자 가족의 사회 · 경제적 상황
- 정신질환자 및 그 가족에 대한 차별 실태
- 우울 · 불안 · 고독 등 정신건강 악화가 우려되는 문제
- 그 밖에 정신건강증진에 필요한 사항으로서 보건복지부령으로 정하는 사항

(3) 정신건강전문요원의 자격(제17조)

- 보건복지부장관은 정신건강 분야에 관한 전문지식과 기술을 갖추고 보건복지부령으로 정하는 수련기관에서 수련을 받은 사람에게 정신건강전문요원의 자격을 줄 수 있다.
- 정신건강전문요원은 그 전문분야에 따라 정신건강임상심리사, 정신건강간호사, 정신건강사회복지사 및 정신건강작업치료사로 구분한다.
- 보건복지부장관은 정신건강전문요원의 자질을 향상시키기 위하여 보수교육을 실시할 수 있다.
- 보건복지부장관은 보수교육을 국립정신병원, 고등교육법에 따른 학교 또

는 대통령령으로 정하는 전문기관에 위탁할 수 있다.

4. 정신건강증진시설의 개설 · 설치 및 운영 등

(1) 정신의료기관의 개설 · 운영(제19조)

정신의료기관의 개설은 의료법에 따른다. 이 경우 의료법에도 불구하고 정신의료기관의 시설 · 장비의 기준과 의료인 등 종사자의 수 · 자격에 관하여 필요한 사항은 정신의료기관의 규모 등을 고려하여 보건복지부령으로 따로 정한다.

(2) 국립 · 공립 정신병원의 설치 및 운영(제21조, 제21조의2)

• 국가와 지방자치단체는 국립 또는 공립의 정신의료기관으로서 정신병원을 설치 · 운영하여야 한다. 국가와 지방자치단체가 정신병원을 설치하는 경우 그 병원이 지역적으로 균형 있게 분포되도록 하여야 하며, 정신질환자가 지역사회 중심으로 관리되도록 하여야 한다.

• 보건복지부장관은 보건복지부령으로 정하는 바에 따라 공립 정신병원에 대한 운영평가를 실시하여야 한다. 다만, 보건복지부장관이 필요하다고 인정하는 경우에는 지방자치단체의 장으로 하여금 운영평가를 하게 할 수 있다. 지방자치단체의 장은 공립 정신병원 운영의 전문성과 효율성을 제고하기 위하여 필요한 경우에는 보건복지부령으로 정하는 법인 · 단체 또는 개인에게 그 운영을 위탁할 수 있다.

(3) 정신요양시설의 설치 · 운영 및 폐지 · 휴지 · 재개 신고(제22조, 제24조)

• 국가와 지방자치단체는 정신요양시설을 설치 · 운영할 수 있다. 사회복지사업법에 따른 사회복지법인과 그 밖의 비영리법인이 정신요양시설을 설치 · 운영하려는 경우에는 해당 정신요양시설 소재지 관할 특별자치시장 · 특별자치도지사 · 시장 · 군수 · 구청장의 허가를 받아야 한다.

• 정신요양시설을 설치 · 운영하는 자가 그 시설을 폐지 · 휴지하거나 재개하려는 경우에는 보건복지부령으로 정하는 바에 따라 미리 특별자치시장 · 특별자치도지사 · 시장 · 군수 · 구청장에게 신고하여야 한다.

(4) 정신재활시설의 설치 · 운영 및 종류(제26조, 제27조, 시행령 제16조)

• 국가 또는 지방자치단체는 정신재활시설을 설치 · 운영할 수 있다. 국가나 지방자치단체 외의 자가 정신재활시설을 설치 · 운영하려면 해당 정신재활

시설 소재지 관할 특별자치시장·특별자치도지사·시장·군수·구청장에게 신고하여야 한다. 신고한 사항 중 보건복지부령으로 정하는 중요한 사항을 변경할 때에도 신고하여야 한다.
- 정신재활시설의 종류는 다음과 같다.
  - 생활시설: 정신질환자등이 생활할 수 있도록 주로 의식주 서비스를 제공하는 시설
  - 재활훈련시설: 정신질환자등이 지역사회에서 직업활동과 사회생활을 할 수 있도록 주로 상담·교육·취업·여가·문화·사회참여 등 각종 재활활동을 지원하는 시설
  - 생산품판매시설: 정신질환자 또는 장애를 가진 사람이 생산한 생산품의 판매·유통 등을 지원하는 시설
  - 중독자재활시설: 알코올 중독, 약물 중독 또는 게임 중독 등으로 인한 정신질환자등을 치유하거나 재활을 돕는 시설
  - 종합시설: 2개 이상의 정신재활시설의 기능을 복합적·종합적으로 제공하는 시설

5. 보호 및 치료

(1) 보호의무자(제39조)
- 민법에 따른 후견인 또는 부양의무자는 정신질환자의 보호의무자가 된다. 다만, 다음의 어느 하나에 해당하는 사람은 보호의무자가 될 수 없다.
  - 피성년후견인 및 피한정후견인
  - 파산선고를 받고 복권되지 아니한 사람
  - 해당 정신질환자를 상대로 한 소송이 계속 중인 사람 또는 소송한 사실이 있었던 사람과 그 배우자
  - 미성년자
  - 행방불명자
  - 그 밖에 보건복지부령으로 정하는 부득이한 사유로 보호의무자로서의 의무를 이행할 수 없는 사람
- 보호의무자 사이의 보호의무의 순위는 후견인·부양의무자의 순위에 따르며, 부양의무자가 2명 이상인 경우에는 민법의 규정에 따른다.

(2) 자의입원(제41조)
정신질환자나 그 밖에 정신건강상 문제가 있는 사람은 보건복지부령으로 정

하는 입원등 신청서를 정신의료기관등의 장에게 제출함으로써 그 정신의료기관등에 자의입원등을 할 수 있다. 정신의료기관등의 장은 자의입원등을 한 사람에 대하여 입원등을 한 날부터 2개월마다 퇴원등을 할 의사가 있는지를 확인하여야 한다.

(3) 동의입원(제42조)

정신질환자는 보호의무자의 동의를 받아 보건복지부령으로 정하는 입원등 신청서를 정신의료기관등의 장에게 제출함으로써 그 정신의료기관등에 입원등을 할 수 있다. 정신의료기관등의 장은 입원등을 한 정신질환자에 대하여 입원등을 한 날부터 2개월마다 퇴원등을 할 의사가 있는지를 확인하여야 한다.

(4) 보호의무자에 의한 입원(제43조)

정신의료기관등의 장은 정신질환자의 보호의무자 2명 이상(보호의무자 간 입원등에 관하여 다툼이 있는 경우에는 보호의무자 선순위자 2명 이상을 말하며, 보호의무자가 1명만 있는 경우에는 1명으로 함)이 신청한 경우로서 정신건강의학과전문의가 입원등이 필요하다고 진단한 경우에만 해당 정신질환자를 입원등을 시킬 수 있다.

(5) 특별자치시장 · 특별자치도지사 · 시장 · 군수 · 구청장에 의한 입원(제44조)

정신건강의학과전문의 또는 정신건강전문요원은 정신질환으로 자신의 건강 또는 안전이나 다른 사람에게 해를 끼칠 위험이 있다고 의심되는 사람을 발견하였을 때에는 특별자치시장 · 특별자치도지사 · 시장 · 군수 · 구청장에게 대통령령으로 정하는 바에 따라 그 사람에 대한 진단과 보호를 신청할 수 있다.

(6) 응급입원(제50조)

정신질환자로 추정되는 사람으로서 자신의 건강 또는 안전이나 다른 사람에게 해를 끼칠 위험이 큰 사람을 발견한 사람은 그 상황이 매우 급박하여 위의 규정에 따른 입원등을 시킬 시간적 여유가 없을 때에는 의사와 경찰관의 동의를 받아 정신의료기관에 그 사람에 대한 응급입원을 의뢰할 수 있다.

기출회차

3 4 5
6 7 **8** 9 **10**
11 12 13 14 **15**
16 17 **18** **19** 20
21 22

강의로 복습하는 기출회독 시리즈
Keyword 246

3 다문화가족지원법

[시행 2020.5.19 / 법률 제17281호 / 개정 2020.5.19]

1. 용어의 정의

(1) 다문화가족 ★꼭!

재한외국인 처우 기본법의 결혼이민자와 국적법의 규정에 따라 대한민국 국적을 취득한 자로 이루어진 가족, 국적법에 따라 대한민국 국적을 취득한 자와 대한민국 국적을 취득한 자로 이루어진 가족을 말한다.

(2) 결혼이민자 등

다문화가족의 구성원으로서 재한외국인 처우 기본법의 결혼이민자, 국적법에 따라 귀화허가를 받은 자를 말한다.

(3) 아동 · 청소년 ★꼭!

24세 이하인 사람을 말한다.

2. 다문화가족 지원을 위한 기본계획 및 시행계획

(1) 다문화가족 지원을 위한 기본계획의 수립(제3조의2) ★꼭!

- 여성가족부장관은 다문화가족 지원을 위하여 5년마다 다문화가족정책에 관한 기본계획을 수립하여야 한다.
- 기본계획에는 다음의 사항을 포함하여야 한다.
  - 다문화가족 지원 정책의 기본 방향
  - 다문화가족 지원을 위한 분야별 발전시책과 평가에 관한 사항
  - 다문화가족 지원을 위한 제도 개선에 관한 사항
  - 다문화가족 구성원의 경제 · 사회 · 문화 등 각 분야에서 활동 증진에 관한 사항
  - 다문화가족 지원을 위한 재원 확보 및 배분에 관한 사항
  - 그 밖에 다문화가족 지원을 위하여 필요한 사항

- 여성가족부장관은 기본계획을 수립할 때에는 미리 관계 중앙행정기관의 장과 협의하여야 한다.
- 기본계획은 다문화가족정책위원회의 심의를 거쳐 확정한다. 이 경우 여성가족부장관은 확정된 기본계획을 지체 없이 국회 소관 상임위원회에 보고하고, 관계 중앙행정기관의 장과 특별시장·광역시장·특별자치시장·도지사·특별자치도지사에게 알려야 한다.

(2) 연도별 시행계획의 수립·시행(제3조의3)

- 여성가족부장관, 관계 중앙행정기관의 장과 시·도지사는 매년 기본계획에 따라 다문화가족정책에 관한 시행계획을 수립·시행하여야 한다.
- 관계 중앙행정기관의 장과 시·도지사는 전년도의 시행계획에 따른 추진실적 및 다음 연도의 시행계획을 대통령령으로 정하는 바에 따라 매년 여성가족부장관에게 제출하여야 한다.

(3) 다문화가족정책위원회의 설치(제3조의4)

- 다문화가족의 삶의 질 향상과 사회통합에 관한 중요 사항을 심의·조정하기 위하여 국무총리 소속으로 다문화가족정책위원회를 둔다.
- 정책위원회는 다음의 사항을 심의·조정한다.
  - 다문화가족정책에 관한 기본계획의 수립 및 추진에 관한 사항
  - 다문화가족정책의 시행계획의 수립, 추진실적 점검 및 평가에 관한 사항
  - 다문화가족과 관련된 각종 조사, 연구 및 정책의 분석·평가에 관한 사항
  - 각종 다문화가족 지원 관련 사업의 조정 및 협력에 관한 사항
  - 다문화가족정책과 관련된 국가 간 협력에 관한 사항
  - 그 밖에 다문화가족의 사회통합에 관한 중요 사항으로 위원장이 필요하다고 인정하는 사항
- 정책위원회는 위원장 1명을 포함한 20명 이내의 위원으로 구성하고, 위원장은 국무총리가 되며, 위원은 '대통령령으로 정하는 중앙행정기관의 장, 다문화가족정책에 관하여 학식과 경험이 풍부한 사람 중에서 위원장이 위촉하는 사람'이 된다.
- 정책위원회에서 심의·조정할 사항을 미리 검토하고 대통령령에 따라 위임된 사항을 다루기 위하여 정책위원회에 실무위원회를 둔다.

중요도 ★ ★

다문화가족지원법은 최근 시험에서 출제빈도가 높다. 특히, 실태조사와 관련된 내용이 자주 다뤄지는데, 실태조사의 주체가 누구이며, 몇 년을 주기로 실시하는지에 대하여 단독 문제로도 출제된 바 있다.

3. 실태조사 등(제4조)

• 여성가족부장관은 다문화가족의 현황 및 실태를 파악하고 다문화가족 지원을 위한 정책수립에 활용하기 위하여 3년마다 다문화가족에 대한 실태조사를 실시하고 그 결과를 공표하여야 한다.

• 여성가족부장관은 실태조사를 위하여 관계 공공기관 또는 관련 법인 · 단체에 대하여 필요한 자료의 제출 등 협조를 요청할 수 있다. 이 경우 자료의 제출 등 협조를 요청받은 관계 공공기관 또는 관련 법인 · 단체 등은 특별한 사유가 없는 한 이에 협조하여야 한다.

• 여성가족부장관은 실태조사를 실시함에 있어서 외국인정책 관련 사항에 대하여는 법무부장관과, 다문화가족 구성원인 아동 · 청소년의 교육현황 및 아동 · 청소년의 다문화가족에 대한 인식 등에 관한 사항에 대하여는 교육부장관과 협의를 거쳐 실시한다.

4. 다문화가족에 대한 보호 및 지원

(1) 다문화가족에 대한 이해증진(제5조)

• 국가와 지방자치단체는 다문화가족에 대한 사회적 차별 및 편견을 예방하고 사회구성원이 문화적 다양성을 인정하고 존중할 수 있도록 다문화 이해교육을 실시하고 홍보 등 필요한 조치를 하여야 한다.

• 교육부장관과 특별시 · 광역시 · 특별자치시 · 도 · 특별자치도의 교육감은 유아교육법, 초 · 중등교육법 또는 고등교육법에 따른 학교에서 다문화가족에 대한 이해를 돕는 교육을 실시하기 위한 시책을 수립 · 시행하여야 한다. 이 경우 실태조사의 결과 중 다문화가족 구성원인 아동 · 청소년의 교육현황 및 아동 · 청소년의 다문화가족에 대한 인식 등에 관한 사항을 반영하여야 한다.

(2) 생활정보 제공 및 교육 지원(제6조)

• 국가와 지방자치단체는 결혼이민자등이 대한민국에서 생활하는데 필요한 기본적 정보(아동 · 청소년에 대한 학습 및 생활지도 관련 정보를 포함)를 제공하고, 사회적응교육과 직업교육 · 훈련 및 언어소통 능력 향상을 위한 한국어교육 등을 받을 수 있도록 필요한 지원을 할 수 있다.

• 국가와 지방자치단체는 결혼이민자등의 배우자 및 가족구성원이 결혼이민자등의 출신 국가 및 문화 등을 이해하는 데 필요한 기본적 정보를 제공하

고 관련 교육을 지원할 수 있다.

- 국가와 지방자치단체는 교육을 실시함에 있어 거주지 및 가정환경 등으로 인하여 서비스에서 소외되는 결혼이민자등과 배우자 및 그 가족구성원이 없도록 방문교육이나 원격교육 등 다양한 방법으로 교육을 지원하고, 교재와 강사 등의 전문성을 강화하기 위한 시책을 수립·시행하여야 한다.

(3) 평등한 가족관계의 유지를 위한 조치(제7조)

국가와 지방자치단체는 다문화가족이 민주적이고 양성평등한 가족관계를 누릴 수 있도록 가족상담, 부부교육, 부모교육, 가족생활교육 등을 추진하여야 한다. 이 경우 문화의 차이 등을 고려한 전문적인 서비스가 제공될 수 있도록 노력하여야 한다.

(4) 가정폭력 피해자에 대한 보호·지원(제8조)

- 국가와 지방자치단체는 가정폭력방지 및 피해자보호 등에 관한 법률에 따라 다문화가족 내 가정폭력을 예방하기 위하여 노력하여야 한다.
- 국가와 지방자치단체는 가정폭력으로 피해를 입은 결혼이민자등을 보호·지원할 수 있다.
- 국가와 지방자치단체는 가정폭력의 피해를 입은 결혼이민자등에 대한 보호 및 지원을 위하여 외국어 통역 서비스를 갖춘 가정폭력 상담소 및 보호시설의 설치를 확대하도록 노력하여야 한다.
- 국가와 지방자치단체는 결혼이민자등이 가정폭력으로 혼인관계를 종료하는 경우 의사소통의 어려움과 법률체계 등에 관한 정보의 부족 등으로 불리한 입장에 놓이지 아니하도록 의견진술 및 사실확인 등에 있어서 언어통역, 법률상담 및 행정지원 등 필요한 서비스를 제공할 수 있다.

(5) 의료 및 건강관리를 위한 지원(제9조)

- 국가와 지방자치단체는 결혼이민자등이 건강하게 생활할 수 있도록 영양·건강에 대한 교육, 산전·산후 도우미 파견, 건강검진 등의 의료서비스를 지원할 수 있다.
- 국가와 지방자치단체는 결혼이민자등이 의료서비스를 제공받을 경우 외국어 통역 서비스를 제공할 수 있다.

(6) 아동·청소년 보육·교육(제10조)

- 국가와 지방자치단체는 아동·청소년 보육·교육을 실시함에 있어서 다문화가족 구성원인 아동·청소년을 차별하여서는 아니 된다.

- 국가와 지방자치단체는 다문화가족 구성원인 아동 · 청소년이 학교생활에 신속히 적응할 수 있도록 교육지원대책을 마련하여야 하고, 특별시 · 광역시 · 특별자치시 · 도 · 특별자치도의 교육감은 다문화가족 구성원인 아동 · 청소년에 대하여 학과 외 또는 방과 후 교육 프로그램 등을 지원할 수 있다.
- 국가와 지방자치단체는 다문화가족 구성원인 18세 미만인 사람의 초등학교 취학 전 보육 및 교육 지원을 위하여 노력하고, 그 구성원의 언어발달을 위하여 한국어 및 결혼이민자등인 부 또는 모의 모국어 교육을 위한 교재지원 및 학습지원 등 언어능력 제고를 위하여 필요한 지원을 할 수 있다.

(7) 다국어에 의한 서비스 제공 등(제11조, 제11조의2)

- 국가와 지방자치단체는 지원정책을 추진함에 있어서 결혼이민자등의 의사소통의 어려움을 해소하고 서비스 접근성을 제고하기 위하여 다국어에 의한 서비스 제공이 이루어지도록 노력하여야 한다.
- 여성가족부장관은 다국어에 의한 상담 · 통역 서비스 등을 결혼이민자등에게 제공하기 위하여 다문화가족 종합정보 전화센터를 설치 · 운영할 수 있다. 이 경우 가정폭력방지 및 피해자보호 등에 관한 법률에 따른 외국어 서비스를 제공하는 긴급전화센터와 통합하여 운영할 수 있다.

5. 다문화가족지원센터의 설치 · 운영 등(제12조)

- 국가와 지방자치단체는 다문화가족지원센터를 설치 · 운영할 수 있다. 국가 또는 지방자치단체는 지원센터의 설치 · 운영을 대통령령으로 정하는 법인이나 단체에 위탁할 수 있다.
- 국가 또는 지방자치단체 아닌 자가 지원센터를 설치 · 운영하고자 할 때에는 미리 시 · 도지사 또는 시장 · 군수 · 구청장(자치구의 구청장을 말함)의 지정을 받아야 한다.
- 지원센터는 다음의 업무를 수행한다.
  - 다문화가족을 위한 교육 · 상담 등 지원사업의 실시
  - 결혼이민자등에 대한 한국어교육
  - 다문화가족 지원서비스 정보제공 및 홍보
  - 다문화가족 지원 관련 기관 · 단체와의 서비스 연계
  - 일자리에 관한 정보제공 및 일자리의 알선
  - 다문화가족을 위한 통역 · 번역 지원사업

    – 다문화가족 내 가정폭력 방지 및 피해자 연계 지원

    – 그 밖에 다문화가족 지원을 위하여 필요한 사업

• 지원센터에는 다문화가족에 대한 교육·상담 등의 업무를 수행하기 위하여 관련 분야에 대한 학식과 경험을 가진 전문인력을 두어야 한다.

기출회차

		3	4	5
6	7	8	9	10
11	12	13	14	15
16	17	18	19	20
21	22			

강의로 복습하는 기출회독 시리즈

Keyword 247

4 자원봉사활동기본법

[시행 2024.2.17 / 법률 제19634호 / 개정 2023.8.16]

1. 기본방향(제2조)

- 자원봉사활동은 국민의 협동적인 참여 능력을 높일 수 있는 방향으로 추진하여야 한다.
- 자원봉사활동은 무보수성, 자발성, 공익성, 비영리성, 비정파성(非政派性), 비종파성(非宗派性)의 원칙 아래 수행될 수 있도록 하여야 한다.
- 모든 국민은 나이, 성별, 장애, 지역, 학력 등 사회적 배경에 관계없이 누구든지 자원봉사활동에 참여할 수 있도록 하여야 한다.
- 자원봉사활동의 진흥을 위한 정책은 민·관 협력의 기본 정신을 바탕으로 하여 추진하여야 한다.

2. 용어의 정의

(1) 자원봉사활동

개인 또는 단체가 지역사회·국가 및 인류사회를 위하여 대가 없이 자발적으로 시간과 노력을 제공하는 행위를 말한다.

(2) 자원봉사자

자원봉사활동을 하는 사람을 말한다.

(3) 자원봉사단체

자원봉사활동을 주된 사업으로 하거나 이를 지원하기 위하여 설립된 비영리 법인 또는 단체를 말한다.

(4) 자원봉사센터 ☆꼭!

자원봉사활동의 개발·장려·연계·협력 등의 사업을 수행하기 위하여 법령과 조례 등에 따라 설치된 기관·법인·단체 등을 말한다.

3. 자원봉사활동

(1) 자원봉사활동의 책무 등(제4조~제7조)

- 국가와 지방자치단체는 자원봉사활동의 진흥에 관한 시책을 마련하여 국민의 자원봉사활동을 권장하고 지원하여야 한다.
- 지원을 받는 자원봉사단체 및 자원봉사센터는 그 명의 또는 그 대표의 명의로 특정 정당이나 특정인의 선거운동을 하여서는 아니 된다.
- 누구든지 개인 또는 단체에 대하여 자원봉사활동을 강요하여서는 아니 된다.
- 자원봉사활동의 진흥 등에 관하여는 다른 법률에 특별한 규정이 있는 경우를 제외하고는 이 법에서 정하는 바에 따른다.
- 이 법의 적용을 받는 자원봉사활동의 범위는 '사회복지 및 보건 증진에 관한 활동, 지역사회개발·발전에 관한 활동, 환경보전 및 자연보호에 관한 활동, 사회적 취약계층의 권익증진 및 청소년의 육성보호에 관한 활동, 교육 및 상담에 관한 활동, 인권옹호 및 평화구현에 관한 활동, 범죄예방 및 선도에 관한 활동, 교통 및 기초질서계도에 관한 활동, 재난관리 및 재해구호에 관한 활동, 문화·관광·예술 및 체육진흥에 관한 활동, 부패방지 및 소비자보호에 관한 활동, 공명선거에 관한 활동, 국제협력 및 해외봉사활동, 공공행정분야 사무 지원에 관한 활동, 그 밖에 공익사업의 수행 또는 주민복리의 증진에 필요한 활동'으로 한다.

(2) 자원봉사활동의 진흥

① 자원봉사진흥위원회(제8조)

- 자원봉사활동에 관한 주요 정책을 심의하기 위하여 행정안전부장관 소속으로 관계 공무원 및 민간 전문가로 구성된 자원봉사진흥위원회를 둔다.
- 자원봉사진흥위원회는 다음의 사항을 심의한다.
  - 자원봉사활동의 진흥을 위한 정책 방향의 설정 및 협력·조정
  - 자원봉사활동의 진흥을 위한 국가기본계획과 연도별 시행계획에 관한 사항
  - 자원봉사활동의 진흥을 위한 제도 개선에 관한 사항
  - 그 밖에 자원봉사활동의 진흥에 필요한 사항
- 심의 사항을 미리 검토하고 관계 기관 간의 협의 사항을 정리하기 위하여 자원봉사진흥위원회에 실무위원회를 둘 수 있다.

② 자원봉사활동의 진흥에 관한 국가기본계획 및 연도별 시행계획의 수립(제9조, 제10조)

- 행정안전부장관은 관계 중앙행정기관의 장과 협의하여 자원봉사활동의 진흥을 위한 국가기본계획을 5년마다 수립하여야 한다.
- 기본계획에는 다음의 사항이 포함되어야 한다.
  - 자원봉사활동의 진흥에 관한 기본 방향
  - 자원봉사활동의 진흥에 관한 추진 일정
  - 관계 중앙행정기관의 자원봉사활동에 관한 추진 시책
  - 자원봉사활동의 진흥을 위하여 필요한 재원의 조달방법
  - 그 밖에 자원봉사활동의 진흥을 위하여 특히 필요하다고 인정되는 사항
- 관계 중앙행정기관의 장과 지방자치단체의 장은 기본계획에 따라 연도별 시행계획을 수립 · 시행하여야 한다.

③ 자원봉사자 등(제12조~제16조)

- 국가와 지방자치단체는 국가와 사회에 현저한 공로가 있는 자원봉사활동을 한 자원봉사자, 자원봉사단체, 자원봉사센터 등에 대하여 대통령령으로 정하는 바에 따라 포상할 수 있다.
- 국가는 국민의 자원봉사활동에 대한 참여를 촉진하고 자원봉사자의 사기를 높이기 위하여 매년 12월 5일을 자원봉사자의 날로 하고 자원봉사자의 날부터 1주일간을 자원봉사주간으로 설정한다.
- 국가와 지방자치단체는 자원봉사활동이 안전한 환경에서 이루어질 수 있도록 노력하여야 한다.
- 자원봉사단체 및 자원봉사센터는 자원봉사자에 대한 교육훈련 및 안전대책 등이 체계적으로 관리될 수 있도록 노력하여야 한다.
- 국가와 지방자치단체는 자원봉사활동의 진흥을 위하여 자원봉사단체 및 자원봉사센터가 대통령령으로 정하는 특정한 사업을 수행하기 위하여 국유 · 공유 재산이 필요하다고 인정하면 이를 무상으로 대여하거나 사용하게 할 수 있다.

4. 자원봉사활동 단체 및 기관

중요도 ★ ★

자원봉사활동에 관한 전반적인 내용을 묻는 문제가 주로 출제된다. 앞서 학습한 자원봉사활동의 범위, 자원봉사진흥위원회의 심의사항 등과 함께 한국자원봉사협의회의 업무, 자원봉사센터의 설치 및 운영에 관한 내용이 자주 출제되고 있다.

(1) 한국자원봉사협의회(제17조)

- 자원봉사단체는 전국 단위의 자원봉사활동을 진흥 · 촉진하기 위한 다음 각 호의 활동을 하기 위하여 한국자원봉사협의회를 설립할 수 있다.
  - 회원단체 간의 협력 및 사업 지원

– 자원봉사활동의 진흥을 위한 대국민 홍보 및 국제교류

– 자원봉사활동과 관련된 정책의 개발 및 조사 · 연구

– 자원봉사활동과 관련된 정책의 건의

– 자원봉사활동과 관련된 정보의 연계 및 지원

– 그 밖에 자원봉사활동의 진흥과 관련하여 국가 및 지방자치단체로부터 위탁받은 사업

• 한국자원봉사협의회는 법인으로 한다. 한국자원봉사협의회는 정관을 작성하여 행정안전부장관의 인가를 받아 등기함으로써 설립된다.

(2) 자원봉사센터의 설치 및 운영(제19조) ⭐

• 국가기관 및 지방자치단체는 자원봉사센터를 설치할 수 있다. 이 경우 자원봉사센터를 법인으로 하여 운영하거나 비영리 법인에 위탁하여 운영하여야 한다.

• 자원봉사활동을 효율적으로 추진하기 위하여 필요하다고 인정할 경우에는 국가기관 및 지방자치단체가 운영할 수 있다.

• 국가는 자원봉사센터의 설치 · 운영이 활성화될 수 있도록 적극 노력하여야 하며, 지방자치단체는 자원봉사센터의 운영에 필요한 경비를 지원할 수 있다.

5 가정폭력방지 및 피해자보호 등에 관한 법률

[시행 2023.4.11 / 법률 제19339호 / 개정 2023.4.11]

기출회차

				3		5
6	7		8		9	10
11		12	13		14	15
16	17	18		19	20
21	22					

강의로 복습하는 기출회독 시리즈

Keyword 248

1. 용어의 정의

(1) 가정폭력
가정구성원 사이의 신체적, 정신적 또는 재산상 피해를 수반하는 행위를 말한다.

(2) 가정폭력행위자
가정폭력범죄를 범한 사람 및 가정구성원인 공범을 말한다.

(3) 피해자
가정폭력으로 인하여 직접적으로 피해를 입은 자를 말한다.

(4) 아동
18세 미만인 자를 말한다.

2. 가정폭력방지 및 피해자보호 지원 등

(1) 가정폭력 실태조사(제4조의2)
여성가족부장관은 3년마다 가정폭력에 대한 실태조사를 실시하여 그 결과를 발표하고, 이를 가정폭력을 예방하기 위한 정책수립의 기초자료로 활용하여야 한다.

(2) 가정폭력 예방교육의 실시(제4조의3)
• 국가기관, 지방자치단체 및 초·중등교육법에 따른 각급 학교의 장, 그 밖에 대통령령으로 정하는 공공단체의 장은 가정폭력의 예방과 방지를 위하여 필요한 교육을 실시하고, 그 결과를 여성가족부장관에게 제출하여야 한다.
• 예방교육을 실시하는 경우 성폭력방지 및 피해자보호 등에 관한 법률에 따

른 성교육 및 성폭력 예방교육, 양성평등기본법에 따른 성희롱 예방교육 및 성매매방지 및 피해자보호 등에 관한 법률에 따른 성매매 예방교육 등을 성평등 관점에서 통합하여 실시할 수 있다.

- 여성가족부장관은 교육을 위하여 전문강사를 양성하고, 교육 프로그램을 개발·보급하여야 한다. 여성가족부장관은 가정폭력 예방교육 실시 결과에 대한 점검을 대통령령으로 정하는 바에 따라 매년 실시하여야 한다.

(3) 아동의 취학지원(제4조의4)

국가나 지방자치단체는 피해자나 피해자가 동반한 가정구성원이 아동인 경우 주소지 외의 지역에서 취학(입학·재입학·전학 및 편입학을 포함)할 필요가 있을 때에는 그 취학이 원활히 이루어지도록 지원하여야 한다.

(4) 피해자에 대한 불이익처분의 금지(제4조의5)

피해자를 고용하고 있는 자는 누구든지 가정폭력범죄의 처벌 등에 관한 특례법에 따른 가정폭력범죄와 관련하여 피해자를 해고하거나 그 밖의 불이익을 주어서는 아니 된다.

3. 가정폭력방지 및 피해자보호 관련 기관 및 시설

(1) 긴급전화센터(제4조의6, 제13조의2)

- 여성가족부장관 또는 시·도지사는 다음의 업무 등을 수행하기 위하여 긴급전화센터를 설치·운영하여야 한다. 이 경우 외국어 서비스를 제공하는 긴급전화센터를 따로 설치·운영할 수 있다.
    - 피해자의 신고접수 및 상담
    - 관련 기관·시설과의 연계
    - 피해자에 대한 긴급한 구조의 지원
    - 경찰관서 등으로부터 인도받은 피해자 및 피해자가 동반한 가정구성원의 임시 보호
- 여성가족부장관 또는 시·도지사는 긴급전화센터의 설치·운영을 대통령령으로 정하는 기관 또는 단체에 위탁할 수 있다.
- 여성가족부장관 또는 시·도지사는 긴급전화센터의 설치·운영을 위탁할 경우 그에 필요한 경비를 지원하여야 한다.
- 여성가족부장관은 3년마다 긴급전화센터, 상담소 및 보호시설의 운영실적을 평가하고, 그 결과를 각 시설의 감독, 지원 등에 반영할 수 있다.

중요도
가정폭력방지 및 피해자보호 등에 관한 법률에서는 거의 대부분 기관 및 시설에 관한 내용이 출제되었다. 긴급전화센터의 업무와 설치, 상담소의 업무, 보호시설의 설치, 보호시설의 종류와 업무 등을 중심으로 정리하도록 하자.

(2) 가정폭력 관련 상담소(제5조, 제6조) ⭐^{꼭!}

- 국가나 지방자치단체는 가정폭력 관련 상담소를 설치 · 운영할 수 있다.
- 국가나 지방자치단체 외의 자가 상담소를 설치 · 운영하려면 특별자치시장 · 특별자치도지사 · 시장 · 군수 · 구청장에게 신고하여야 한다.
- 상담소는 외국인, 장애인 등 대상별로 특화하여 운영할 수 있다.
- 상담소의 업무는 다음과 같다.
  - 가정폭력을 신고받거나 이에 관한 상담에 응하는 일
  - 가정폭력을 신고하거나 이에 관한 상담을 요청한 사람과 그 가족에 대한 상담
  - 가정폭력으로 정상적인 가정생활과 사회생활이 어렵거나 그 밖에 긴급히 보호를 필요로 하는 피해자등을 임시로 보호하거나 의료기관 또는 가정폭력피해자 보호시설로 인도하는 일
  - 행위자에 대한 고발 등 법률적 사항에 관하여 자문하기 위한 대한변호사협회 또는 지방변호사회 및 법률구조법인 등에 대한 필요한 협조와 지원의 요청
  - 경찰관서 등으로부터 인도받은 피해자등의 임시 보호
  - 가정폭력의 예방과 방지에 관한 교육 및 홍보
  - 그 밖에 가정폭력과 그 피해에 관한 조사 · 연구

(3) 가정폭력피해자 보호시설 ⭐^{꼭!}

① 보호시설의 설치 · 운영(제7조)

- 국가나 지방자치단체는 가정폭력피해자 보호시설을 설치 · 운영할 수 있다.
- 사회복지사업법에 따른 사회복지법인과 그 밖의 비영리법인은 시장 · 군수 · 구청장의 인가를 받아 보호시설을 설치 · 운영할 수 있다.
- 보호시설에는 상담원을 두어야 하고, 보호시설의 규모에 따라 생활지도원, 취사원, 관리원 등의 종사자를 둘 수 있다.
- 보호시설의 설치 · 운영의 기준, 보호시설에 두는 상담원 등 종사자의 직종과 수 및 인가기준 등에 필요한 사항은 여성가족부령으로 정한다.

② 보호시설의 종류 및 업무(제7조의2, 제8조)

- 보호시설의 종류는 다음과 같다.
  - 단기보호시설: 피해자등을 6개월의 범위에서 보호하는 시설
  - 장기보호시설: 피해자등에 대하여 2년의 범위에서 자립을 위한 주거편의 등을 제공하는 시설

- 외국인보호시설: 외국인 피해자등을 2년의 범위에서 보호하는 시설
- 장애인보호시설: 장애인복지법의 적용을 받는 장애인인 피해자등을 2년의 범위에서 보호하는 시설
- 단기보호시설의 장은 그 단기보호시설에 입소한 피해자등에 대한 보호기간을 여성가족부령으로 정하는 바에 따라 각 3개월의 범위에서 두 차례 연장할 수 있다.
- 보호시설은 피해자등에 대하여 다음의 업무를 행한다.
  - 숙식의 제공
  - 심리적 안정과 사회적응을 위한 상담 및 치료
  - 질병치료와 건강관리(입소 후 1개월 이내의 건강검진을 포함)를 위한 의료기관에의 인도 등 의료지원
  - 수사·재판과정에 필요한 지원 및 서비스 연계
  - 법률구조기관 등에 필요한 협조와 지원의 요청
  - 자립자활교육의 실시와 취업정보의 제공
  - 다른 법률에 따라 보호시설에 위탁된 사항
  - 그 밖에 피해자등의 보호를 위하여 필요한 일

③ 보호시설의 입소대상 및 퇴소 등(제7조의3, 제7조의4)

- 보호시설의 입소대상은 피해자등으로서 다음의 어느 하나에 해당하는 경우로 한다.
  - 본인이 입소를 희망하거나 입소에 동의하는 경우
  - 장애인복지법에 따른 지적장애인이나 정신장애인, 그 밖에 의사능력이 불완전한 자로서 가정폭력행위자가 아닌 보호자가 입소에 동의하는 경우
  - 장애인복지법에 따른 지적장애인이나 정신장애인, 그 밖에 의사능력이 불완전한 자로서 상담원의 상담 결과 입소가 필요하나 보호자의 입소 동의를 받는 것이 적절하지 못하다고 인정되는 경우
- 보호시설에 입소한 자는 본인의 의사 또는 입소 동의를 한 보호자의 요청에 따라 보호시설을 퇴소할 수 있으며, 보호시설의 장은 입소한 자가 다음의 어느 하나에 해당하는 경우에는 퇴소를 명할 수 있다.
  - 보호의 목적이 달성된 경우
  - 보호기간이 끝난 경우
  - 입소자가 거짓이나 그 밖의 부정한 방법으로 입소한 경우
  - 보호시설 안에서 현저한 질서문란 행위를 한 경우

④ 보호시설에 대한 보호비용 지원(제7조의5)

국가나 지방자치단체는 보호시설에 입소한 피해자나 피해자가 동반한 가정 구성원의 보호를 위하여 필요한 경우 '생계비, 아동교육지원비, 아동양육비, 직업훈련비, 퇴소 시 자립지원금, 그 밖에 대통령령으로 정하는 비용'의 보호 비용을 보호시설의 장 또는 피해자에게 지원할 수 있다. 다만, 보호시설에 입소한 피해자나 피해자가 동반한 가정 구성원이 국민기초생활보장법 등 다른 법령에 따라 보호를 받고 있는 경우에는 그 범위에서 이 법에 따른 지원을 하지 아니한다.

기출회차

		3	4	5
6	7	8	9	10
11	12	13	14	**15**
16	**17**	**18**	**19**	20
21	22			

강의로 복습하는 기출회독 시리즈

Keyword 249

6 성폭력방지 및 피해자보호 등에 관한 법률

[시행 2024.4.19 / 법률 제19363호 / 개정 2023.4.18]

1. 국가 등의 책무(제3조)

• 국가와 지방자치단체는 성폭력을 방지하고 성폭력피해자를 보호·지원하기 위하여 다음의 조치를 하여야 한다.
  – 성폭력 신고체계의 구축·운영
  – 성폭력 예방을 위한 조사·연구, 교육 및 홍보
  – 피해자를 보호·지원하기 위한 시설의 설치·운영
  – 피해자에 대한 주거지원, 직업훈련 및 법률구조 등 사회복귀 지원
  – 피해자에 대한 보호·지원을 원활히 하기 위한 관련 기관 간 협력체계의 구축·운영
  – 성폭력 예방을 위한 유해환경 개선
  – 피해자 보호·지원을 위한 관계 법령의 정비와 각종 정책의 수립·시행 및 평가
• 국가와 지방자치단체는 책무를 다하기 위하여 이에 따른 예산상의 조치를 하여야 한다.

2. 성폭력방지 및 피해자보호 지원 등

(1) 성폭력 실태조사(제4조)
여성가족부장관은 성폭력의 실태를 파악하고 성폭력 방지에 관한 정책을 수립하기 위하여 3년마다 성폭력 실태조사를 하고 그 결과를 발표하여야 한다.

(2) 성폭력 예방교육의 실시(제5조)
• 국가기관 및 지방자치단체의 장, 유아교육법에 따른 유치원의 장, 영유아보육법에 따른 어린이집의 원장, 초·중등교육법에 따른 각급 학교의 장, 고등교육법에 따른 학교의 장, 그 밖에 대통령령으로 정하는 공공단체의 장은 대통령령으로 정하는 바에 따라 성교육 및 성폭력 예방교육 실시, 기

관 내 피해자 보호와 피해 예방을 위한 자체 예방지침 마련, 사건발생 시 재발방지대책 수립·시행 등 필요한 조치를 하고, 그 결과를 여성가족부장관에게 제출하여야 한다.

- 교육을 실시하는 경우 성매매방지 및 피해자보호 등에 관한 법률에 따른 성매매 예방교육, 양성평등기본법에 따른 성희롱 예방교육 및 가정폭력방지 및 피해자보호 등에 관한 법률에 따른 가정폭력 예방교육 등을 성평등 관점에서 통합하여 실시할 수 있다.
- 여성가족부장관은 교육을 효과적으로 실시하기 위하여 전문강사를 양성하고, 관계 중앙행정기관의 장과 협의하여 생애주기별 교육프로그램 및 장애인 등 대상별 특성을 고려한 교육프로그램을 개발·보급하여야 한다. 여성가족부장관은 교육 및 성폭력 예방조치에 대한 점검을 대통령령으로 정하는 바에 따라 매년 실시하여야 한다.

(3) 피해자에 대한 법률상담 등(제7조의2)

국가는 피해자에 대하여 법률상담과 소송대리 등의 지원을 할 수 있다. 여성가족부장관은 대한법률구조공단 또는 대통령령으로 정하는 그 밖의 기관에 법률상담 등을 요청할 수 있다.

(4) 신고의무(제9조)

- 19세 미만의 미성년자(19세에 도달하는 해의 1월 1일을 맞이한 미성년자는 제외)를 보호하거나 교육 또는 치료하는 시설의 장 및 관련 종사자는 자기의 보호·지원을 받는 자가 피해자인 사실을 알게 된 때에는 즉시 수사기관에 신고하여야 한다.
- 국가기관, 지방자치단체 또는 대통령령으로 정하는 공공단체의 장과 해당기관·단체 내 피해자 보호 관련 업무 종사자는 기관 또는 단체 내에서 '업무·고용이나 그 밖의 관계로 인하여 자기의 보호·감독을 받는 사람에 대하여 위계 또는 위력으로 추행한 경우, 업무·고용 기타 관계로 인하여 자기의 보호 또는 감독을 받는 사람에 대하여 위계 또는 위력으로써 간음한 경우'의 어느 하나에 해당하는 성폭력 사건이 발생한 사실을 직무상 알게 된 때에는 피해자의 명시적인 반대의견이 없으면 즉시 수사기관에 신고하여야 한다.

3. 성폭력방지 및 피해자보호 관련 기관 및 시설

중요도 ★ ★

성폭력방지 및 피해자보호 등에 관한 법률은 최근 들어 출제되기 시작한 법률이다. 가정폭력방지 및 피해자보호 등에 관한 법률과 마찬가지로 기관 및 시설에 관한 내용이 주로 출제되고 있다.

(1) 성폭력피해상담소의 설치 · 운영 및 업무(제10조, 제11조) 꼭!

- 국가 또는 지방자치단체는 성폭력피해상담소를 설치 · 운영할 수 있다.
- 국가 또는 지방자치단체 외의 자가 상담소를 설치 · 운영하려면 특별자치시장 · 특별자치도지사 또는 시장 · 군수 · 구청장에게 신고하여야 한다.
- 상담소는 다음의 업무를 한다.
  - 성폭력피해의 신고접수와 이에 관한 상담
  - 성폭력피해로 인하여 정상적인 가정생활 또는 사회생활이 곤란하거나 그 밖의 사정으로 긴급히 보호할 필요가 있는 사람과 성폭력피해자보호시설 등의 연계
  - 피해자등의 질병치료와 건강관리를 위하여 의료기관에 인도하는 등 의료 지원
  - 피해자에 대한 수사기관의 조사와 법원의 증인신문 등에의 동행
  - 성폭력행위자에 대한 고소와 피해배상청구 등 사법처리 절차에 관하여 대한법률구조공단 등 관계 기관에 필요한 협조 및 지원 요청
  - 성폭력 예방을 위한 홍보 및 교육
  - 그 밖에 성폭력 및 성폭력피해에 관한 조사 · 연구

(2) 성폭력피해자보호시설 꼭!

① 보호시설의 설치 · 운영(제12조)

- 국가 또는 지방자치단체는 성폭력피해자보호시설을 설치 · 운영할 수 있다.
- 사회복지사업법에 따른 사회복지법인이나 그 밖의 비영리법인은 특별자치시장 · 특별자치도지사 또는 시장 · 군수 · 구청장의 인가를 받아 보호시설을 설치 · 운영할 수 있다.
- 국가 또는 지방자치단체는 보호시설의 설치 · 운영을 대통령령으로 정하는 기관 또는 단체에 위탁할 수 있다.

② 보호시설의 종류 및 업무(제12조)

- 보호시설의 종류는 다음과 같다.
  - 일반보호시설: 피해자에게 보호시설의 업무(제13조)에 관한 사항을 제공하는 시설
  - 장애인보호시설: 장애인차별금지 및 권리구제 등에 관한 법률에 따른 장애인인 피해자에게 보호시설의 업무(제13조)에 관한 사항을 제공하는

시설

- 특별지원 보호시설: 성폭력범죄의 처벌 등에 관한 특례법에 따른 피해자로서 19세 미만의 피해자에게 보호시설의 업무(제13조)에 관한 사항을 제공하는 시설
- 외국인보호시설: 외국인 피해자에게 보호시설의 업무(제13조)에 관한 사항을 제공하는 시설. 다만, 가정폭력방지 및 피해자보호 등에 관한 법률에 따른 외국인보호시설과 통합하여 운영할 수 있다.
- 자립지원 공동생활시설: 위의 보호시설을 퇴소한 사람에게 자립 · 자활 교육의 실시와 취업정보의 제공 및 그 밖에 필요한 사항을 제공하는 시설
- 장애인 자립지원 공동생활시설: 장애인보호시설을 퇴소한 사람에게 자립 · 자활 교육의 실시와 취업정보의 제공 및 그 밖에 필요한 사항을 제공하는 시설

• 보호시설은 다음의 업무를 한다.

- 피해자등의 보호 및 숙식 제공
- 피해자등의 심리적 안정과 사회 적응을 위한 상담 및 치료
- 자립 · 자활 교육의 실시와 취업정보의 제공
- 피해자등의 질병치료와 건강관리를 위하여 의료기관에 인도하는 등 의료 지원
- 피해자에 대한 수사기관의 조사와 법원의 증인신문 등에의 동행
- 성폭력행위자에 대한 고소와 피해배상청구 등 사법처리 절차에 관하여 대한법률구조공단 등 관계 기관에 필요한 협조 및 지원 요청
- 다른 법률에 따라 보호시설에 위탁된 업무
- 그 밖에 피해자등을 보호하기 위하여 필요한 업무

③ 보호시설의 입소 및 퇴소 등(제15조~제17조)

• 피해자등이 다음의 어느 하나에 해당하는 경우에는 보호시설에 입소할 수 있다.

- 본인이 입소를 희망하거나 입소에 동의하는 경우
- 미성년자 또는 지적장애인 등 의사능력이 불완전한 사람으로서 성폭력행위자가 아닌 보호자가 입소에 동의하는 경우

• 보호시설의 종류별 입소기간은 다음과 같다.

- 일반보호시설: 1년 이내. 다만, 여성가족부령으로 정하는 바에 따라 1년 6개월의 범위에서 한 차례 연장할 수 있다.
- 장애인보호시설: 2년 이내. 다만, 여성가족부령으로 정하는 바에 따라 피해회복에 소요되는 기간까지 연장할 수 있다.

- 특별지원 보호시설: 19세가 될 때까지. 다만, 여성가족부령으로 정하는 바에 따라 2년의 범위에서 한 차례 연장할 수 있다.
- 외국인보호시설: 1년 이내. 다만, 여성가족부령으로 정하는 바에 따라 피해회복에 소요되는 기간까지 연장할 수 있다.
- 자립지원 공동생활시설: 2년 이내. 다만, 여성가족부령으로 정하는 바에 따라 2년의 범위에서 한 차례 연장할 수 있다.
- 장애인 자립지원 공동생활시설: 2년 이내. 다만, 여성가족부령으로 정하는 바에 따라 2년의 범위에서 한 차례 연장할 수 있다.

• 보호시설에 입소한 사람은 본인의 의사 또는 입소 동의를 한 보호자의 요청에 따라 보호시설에서 퇴소할 수 있다. 보호시설의 장은 입소한 사람이 다음의 어느 하나에 해당하면 퇴소를 명할 수 있다.
- 보호 목적이 달성된 경우
- 보호기간이 끝난 경우
- 입소자가 거짓이나 그 밖의 부정한 방법으로 입소한 경우
- 그 밖에 보호시설 안에서 현저한 질서문란 행위를 한 경우

④ 보호시설에 대한 보호비용 지원(제14조)

국가 또는 지방자치단체는 보호시설에 입소한 피해자등의 보호를 위하여 필요한 경우 '생계비, 아동교육지원비, 아동양육비, 그 밖에 대통령령으로 정하는 비용'을 보호시설의 장 또는 피해자에게 지원할 수 있다. 다만, 보호시설에 입소한 피해자등이 국민기초생활 보장법등 다른 법령에 따라 보호를 받고 있는 경우에는 그 범위에서 이 법에 따른 지원을 하지 아니한다.

(3) 성폭력 전담의료기관의 지정 등(제27조)

• 여성가족부장관, 특별자치시장 · 특별자치도지사 또는 시장 · 군수 · 구청장은 국립 · 공립병원, 보건소 또는 민간의료시설을 피해자등의 치료를 위한 전담의료기관으로 지정할 수 있다.
• 지정된 전담의료기관은 피해자 본인 · 가족 · 친지나 긴급전화센터, 상담소, 보호시설 또는 통합지원센터의 장 등이 요청하면 피해자등에 대하여 '보건 상담 및 지도, 치료, 그 밖에 대통령령으로 정하는 신체적 · 정신적 치료'의 의료 지원을 하여야 한다.

7 사회복지공동모금회법

[시행 2019.1.15 / 법률 제16246호 / 개정 2019.1.15]

기출회차

	3	4	5
6	7	8	9	10
11	12	13	14	15
16	17	18	19	20
21	22		

강의로 복습하는 기출회독 시리즈

Keyword 245

1. 사회복지공동모금회의 설립 · 사업 등 ^{22회 기출}

(1) 사회복지공동모금회의 설립(제4조) ★

- 사회복지공동모금사업을 관장하도록 하기 위하여 사회복지공동모금회를 둔다.
- 모금회는 사회복지사업법의 사회복지법인으로 한다.
- 모금회는 정관을 작성하여 보건복지부장관의 인가를 받아 등기함으로써 설립된다.

(2) 사회복지공동모금회의 사업 및 정관(제5조, 제6조)

- 모금회는 '사회복지공동모금사업, 공동모금재원의 배분, 공동모금재원의 운용 및 관리, 사회복지공동모금에 관한 조사 · 연구 · 홍보 및 교육 · 훈련, 사회복지공동모금지회의 운영, 사회복지공동모금과 관련된 국제교류 및 협력증진사업, 다른 기부금품 모집자와의 협력사업, 그 밖에 모금회의 목적 달성에 필요한 사업'을 수행한다.
- 모금회의 정관에는 '목적, 명칭, 주된 사무소의 소재지, 사업에 관한 사항, 임원 및 직원에 관한 사항, 이사회에 관한 사항, 지회의 구성 및 운영 등에 관한 사항, 재산 및 회계에 관한 사항, 공고에 관한 사항, 정관의 변경에 관한 사항'이 포함되어야 한다.

(3) 분과실행위원회(제13조)

- 모금회의 기획 · 홍보 · 모금 · 배분 업무에 관한 사항을 심의하기 위하여 해당 분야의 전문가와 시민대표 등으로 구성되는 기획분과실행위원회, 홍보분과실행위원회, 모금분과실행위원회 및 배분분과실행위원회 등 분과실행위원회를 둔다.
- 분과실행위원회의 위원장은 1명 이상의 이사로부터 추천을 받은 이사 중에서 이사회의 의결을 거쳐 회장이 위촉하며, 그 위원은 해당 위원장의 제청과 이사회의 의결로 회장이 위촉한다.

- 분과실행위원회는 위원장 1명을 포함하여 20명 이내의 위원으로 구성한다. 다만, 모금분과실행위원회 및 배분분과실행위원회는 각각 20명 이상의 위원으로 구성한다.
- 분과실행위원회 위원의 임기는 2년으로 하며, 연임할 수 있다. 다만, 배분분과실행위원회 위원은 한 차례만 연임할 수 있다.
- 분과실행위원회가 심의한 사항을 이사회가 변경하려면 그 분과실행위원회 위원장의 의견을 청취하여야 하며, 이사회 회의록에 이를 기록하여야 한다.

(4) 지회(제14조)
- 모금회에 지역단위의 사회복지공동모금사업을 관장하기 위하여 특별시 · 광역시 · 특별자치시 · 도 · 특별자치도 단위 사회복지공동모금지회를 둔다.
- 지회에는 지회장을 두고 모금회에 준하는 필요한 조직을 둘 수 있다.
- 지회장은 이사회의 의결을 거쳐 회장이 임명한다.

2. 사회복지공동모금회의 임원 및 이사회

(1) 임원 및 이사회의 구성(제7조, 제8조)
- 모금회에는 회장 1명, 부회장 3명, 이사(회장 · 부회장 및 사무총장을 포함) 15명 이상 20명 이하, 감사 2명의 임원을 둔다.
- 임원의 임기는 3년으로 하며, 한 차례만 연임할 수 있다.
- 부득이한 사유로 후임임원이 선임되지 못하여 모금회의 업무수행에 지장이 있는 경우에는 후임임원이 선임될 때까지 임기가 만료된 임원이 그 업무를 수행한다.
- 모금회에는 정관으로 정하는 중요사항을 의결하기 위하여 이사(회장 · 부회장 및 사무총장을 포함) 15명 이상 20명 이하로 구성된 이사회를 둔다. 회장은 이사회를 소집하고 그 의장이 된다.

(2) 임원의 선임과 직무 등(제9조, 제10조, 제12조)
- 이사회는 다음의 어느 하나에 해당하는 사람 중에서 이사를 선임하여야 한다. 이 경우 규정에 해당하는 사람이 각각 4명 이상 포함되어야 한다.
  - 경제계 · 언론계 · 법조계 · 의료계에 종사하는 사람(4명 이상 포함되어야 함)
  - 노동계 · 종교계 · 시민단체에 종사하는 사람(4명 이상 포함되어야 함)
  - 사회복지 관련 학계에 종사하는 사람 등 사회복지전문가(4명 이상 포함

되어야 함)

– 그 밖에 학식과 덕망이 있는 사람

- 회장은 모금회를 대표하고, 소관 업무를 총괄하며, 소속 직원을 지휘 · 감독한다.
- 감사는 모금회의 업무집행상황, 재산상황, 회계 등 업무전반을 감사한다.
- 모금회의 업무를 처리하기 위하여 사무총장 1명과 필요한 직원 및 기구를 둔다.

3. 재원과 배분 ^{22회기출} 🏆

중요도 ★ ★

사회복지공동모금회법은 최근 시험에서 빠짐없이 출제되고 있다. 주로 사회복지공동모금회법의 전반적인 내용을 묻는 형태로 출제되는데, 재원과 배분에 관한 내용은 선택지로 자주 다뤄지는 부분이므로 반드시 꼼꼼하게 살펴봐야 한다. 22회 시험에서는 사회복지공동모금회법의 전반적인 내용을 묻는 문제에서 배분기준, 기부금품의 모집에 관한 내용이 선택지로 출제되었다.

(1) 재원의 사용 등(제17조, 제25조)

- 모금회의 사업에 필요한 경비는 '사회복지공동모금에 의한 기부금품, 법인이나 단체가 출연하는 현금 · 물품 또는 그 밖의 재산, 배분받은 복권수익금, 그 밖의 수입금'의 재원으로 조성한다.
- 공동모금재원은 사회복지사업이나 그 밖의 사회복지활동에 사용한다.
- 매 회계연도에 조성된 공동모금재원은 해당 회계연도에 지출하는 것을 원칙으로 한다. 다만, 재난구호 및 긴급구호 등 긴급히 지원할 필요가 있을 때를 대비하여 매 회계연도의 공동모금재원 일부를 적립하는 경우에는 그러하지 아니하다.
- 기부금품 모집과 모금회의 관리 · 운영에 필요한 비용은 바로 앞 회계연도 모금총액의 100분의 10의 범위에서 이사회의 의결을 거쳐 사용할 수 있다.

(2) 배분기준 등(제20조, 제20조의3, 제23조의2, 제24조)

- 모금회는 매년 8월 31일까지 '공동모금재원의 배분대상, 배분한도액, 배분신청기간 및 배분신청서 제출 장소, 배분심사기준, 배분재원의 과부족 시 조정방법, 배분신청 시 제출할 서류, 그 밖에 공동모금재원의 배분에 필요한 사항'이 포함된 다음 회계연도의 공동모금재원 배분기준을 정하여 공고하여야 한다.
- 모금회는 공동모금재원을 배분하는 경우 모금회가 배분하는 것임을 표시하여야 한다.
- 모금회(지회를 포함)는 매년 공동모금재원의 배분결과를 평가하고 그 평가결과를 이사회에 보고하여야 한다.
- 모금회는 각 회계연도의 공동모금재원 배분을 종료한 날부터 3개월 이내에 전국적으로 배포되는 1개 이상의 일간신문에 그 배분결과를 공고하여야

한다.

(3) 기부금품의 모집(제18조)
모금회는 사회복지사업이나 그 밖의 사회복지활동을 지원하기 위하여 연중 기부금품을 모집 · 접수할 수 있다. 모금회는 효율적인 모금을 위하여 기간을 정하여 집중모금을 할 수 있다.

(4) 복권의 발행(제18조의2)
모금회는 사회복지사업이나 그 밖의 사회복지활동 등을 지원하기 위한 재원을 조성하기 위하여 복권을 발행할 수 있다. 복권을 발행하려면 그 종류 · 조건 · 금액 및 방법 등에 관하여 미리 보건복지부장관의 승인을 받아야 한다.

(5) 모금창구의 지정(제19조)
모금회는 기부금품의 접수를 효율적이고 공정하게 하기 위하여 언론기관을 모금창구로 지정하고, 지정된 언론기관의 명의로 모금계좌를 개설할 수 있다.

(6) 기부금품의 지정 사용(제27조)
• 기부금품의 기부자는 배분지역, 배분대상자 또는 사용 용도를 지정할 수 있다.
• 모금회는 지정 취지가 이 법의 목적 · 취지나 공직선거법을 위반하는 경우 그 사실을 기부자에게 설명하고 이 법의 목적 · 취지와 공직선거법을 위반하지 아니하도록 지정할 것을 요구하거나 그 지정을 철회할 것을 요구하여야 한다. 기부자가 이에 따르지 아니하는 경우에는 기부금품을 접수하지 아니하여야 한다.
• 모금회는 지정이 있는 경우 그 지정 취지에 따라 기부금품을 사용하여야 한다.

11장 판례

한눈에 쏙!		중요도
❶ 판례의 의의	1. 판례의 의의	
❷ 사회복지 관련 주요 판례	1. 국민연금수급권 관련 판례	
	2. 국민연금 보험료 강제징수의 위헌 여부	
	3. 국민건강보험 강제가입과 체납 시 급여제한의 위헌 여부	
	4. 사회복지법인의 정관변경허가의 법적 성질	
	5. 이사회의 의결 없는 사회복지법인 기본재산처분의 효력	
	6. 저상버스 도입의무 불이행 위헌 확인	
	7. 장애인고용할당제도가 사업주의 헌법상 권리를 침해하는가	
	8. 국민연금 가입연령 제한의 위헌 여부	
	9. 일부이사가 참석하지 않은 상태에서 소집통지서에 회의의 목적사항으로 명시한 바 없는 안건에 관한 사회복지법인 이사회 결의의 효력	
	10. 맞춤형 복지제도 차별적용 위헌 확인	

기출경향 살펴보기

이 장의 기출 포인트

격년을 주기로 출제되는 경향(4회, 7회, 9회, 11회, 13회, 15회, 17회, 19회, 21회 기출)을 보이고 있다. 이러한 출제 경향이 지속적으로 유지된다면 23회 시험에서는 판례 문제가 출제될 확률이 매우 높으므로 이에 대비해야 한다. 주로 사회복지에 관한 헌법재판소나 대법원의 결정 또는 판결을 묻는 문제가 출제되고 있으므로 주요 판례의 내용에 관해서 정리하여야 한다.

최근 5개년 출제 분포도

연도별 그래프

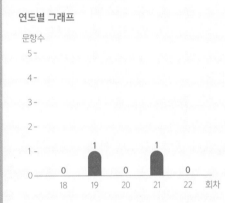

평균출제문항수

0.4 문항

2단계 학습전략

데이터의 힘을 믿으세요!
강의로 복습하는 **기출회독 시리즈**

3회독 복습과정을 통해
최신 기출경향 파악

최근 10개년 핵심 키워드

기출회독 250	판례		5문항

기본개념 완성을 위한 **학습자료 제공**

기본개념 강의, 기본쌓기 문제, ○ X 퀴즈, 기출문제, 정오표, 묻고답하기, 지식창고, 보충자료 등을 **아임패스**를 통해 만나실 수 있습니다.

		3	4	5
6	7	8	9	10
11	12	13	14	15
16	17	18	19	20
21	22			

기출회차

강의로 복습하는 기출회독 시리즈

Keyword 250

1 판례의 의의

잠깐!

판례(判例, precedents)

선례가 되는 재판으로 법원이 특정 소송사건에 대하여 법을 해석하거나 적용하여 내린 판단을 말한다. 당사자의 제소(提訴)에 의하여 법원이 그 구체적인 소송에서 내린 법원의 판단은 그 사건에 관해서만 구속력을 갖는 것이고, 다른 사건에 대하여는 구속력이 없는 것이다.

1. 판례의 의의

- 판례(判例)란 선례가 되는 재판으로 법원이 특정 소송사건에 대하여 법을 해석하거나 적용하여 내린 판단을 말한다. 우리나라는 성문법주의를 택하고 있기 때문에 판례가 법률과 동일한 구속력을 가지는 것은 아니지만, 다른 유사사건에 관하여 법원이 재판할 경우에 먼저의 재판이 나중 재판의 선례가 되고 상급법원의 판단은 이후 하급법원의 재판에 사실상의 영향을 미치기 때문에 판례는 사실상 구속력을 발휘하게 되고 법규범으로 작용하게 된다. 또한 헌법재판소의 헌법불합치 판결은 법률의 효력에 구속력을 가지고 있기 때문에 국가 정책에 지대한 영향을 미친다.

- 일반적으로 가장 상급법원인 대법원의 판례와 헌법재판소의 판례가 중요한 의미를 지니며, 대법원이나 헌법재판소는 판례집을 공개함으로써 하급심법원은 물론 국가와 일반국민들이 법률행위를 함에 있어 고려하도록 하고 있다. 대법원의 판례는 하급법원의 재판결과에 이의가 있어 상고 또는 재항고한 경우에 이루어진다. 헌법재판소는 위헌법률심판, 탄핵심판, 정당해산심판, 권한쟁의심판, 헌법소원심판의 권한을 행사한다.

- 사회복지법과 관련된 판례는 한편으로는 공익소송적인 의미를 갖는다. 공익소송(public interest litigation)이란 공공의 이익을 위해 제기된 소송을 말한다. 사회복지소송에 대한 법원의 판결은 소송당사자인 개인이나 집단뿐만 아니라 국민 다수의 이익에 직접적으로 영향을 미칠 수 있기 때문에 결과적으로 국가의 사회복지제도와 정책에 근본적인 변화를 가져오게 된다.[12)]

2 사회복지 관련 주요 판례

기출회차

3 4 5
6 7 8 9 10
11 12 13 14 15
16 17 18 19 20
21 22

강의로 복습하는 기출회독 시리즈

Keyword 250

1. 국민연금수급권 관련 판례 [97헌마190]

보충자료

판례 용어

(1) 사건 개요

청구인은 1989. 7. 1 국민연금에 가입하여 1995. 8부터 국민연금법상의 특례노령연금을 받아오던 중 국민연금에 가입되어 있던 청구인의 자녀 청구외 하·숙이 1997. 4. 1경 사망하자 국민연금관리공단에 유족연금을 신청하였는데, 국민연금관리공단 충남서부지부장은 같은 해 4. 28경 청구인에게 국민연금법 제52조의 규정에 의하여 특례노령연금과 유족연금의 수급권 중 급여 하나만을 선택하여 지급받을 수 있고 다른 급여는 지급이 정지되니 급여선택 신고서를 제출하라는 내용의 통지를 하였다. 이에 청구인은, 국민연금수급권자에게 2 이상의 급여의 수급권이 발생한 때에는 수급권자의 선택에 의하여 그 중의 하나만을 지급하고 다른 급여의 지급은 정지되는 것으로 규정하고 있는 국민연금법 제52조에 의하여 헌법상의 평등권, 행복추구권 등을 침해받았다고 주장하면서 위 법률조항의 위헌확인을 구하는 헌법소원심판을 청구하였다.

(2) 결정 요지 – 기각

국민연금은 국민이 인간다운 생활을 할 수 있도록 최저생활을 보장하기 위한 사회보장적 급여로서 법상의 급여액은 국민의 생활수준, 물가, 기타 경제사정에 맞추어 최저생활을 유지할 수 있도록 될 수 있으면 많은 급여를 지급하는 것이 바람직할 것이나, 한편 급여에 필요한 재원은 한정되어 있고, 인구의 노령화 등으로 급여대상자는 점점 증가하고 있어 급여수준은 국민연금재정의 장기적인 균형이 유지되도록 조정되어야 할 필요가 있으므로 한 사람의 수급권자에게 여러 종류의 연금의 수급권이 발생한 경우 그 연금을 모두 지급하는 것보다는 일정한 범위에서 그 지급을 제한하여야 할 필요성이 있고 국민연금의 급여수준은 수급권자가 최저생활을 유지하는 데 필요한 금액을 기준으로 결정해야 할 것이지 납입한 연금보험료의 금액을 기준으로 결정하거나 여러 종류의 수급권이 발생하였다고 하여 반드시 중복하여 지급해야 할 것은 아니므로, 이 사건 법률조항이 수급권자에게 2 이상의 급여의 수급권이 발생한 때 그 자의 선택에 의하여 그 중의 하나만을 지급하고 다른 급여의 지급을 정지하도록 한 것은 공공복리를 위하여 필요하고 적정한 방법으로서 헌법 제37조 제2항의 기본권 제한의 입법적 한계를 일탈한 것으로 볼 수 없고, 또 합리적인 이유가 있으므로 평등권을 침해한 것도 아니다.

2. 국민연금 보험료 강제징수의 위헌 여부
[헌재 2001.2.22, 99헌마365]

(1) 사건 개요
○○○ 씨 등 116인이 제기한 소송으로서, 국민연금관리공단으로부터 연금보험료를 납부하라는 통지를 받은 사업장가입자와 지역가입자들이 소득재분배와 강제가입을 전제로 한 국민연금법 제75조, 제79조가 헌법상 조세법률주의에 위배되며 재산권과 행복추구권을 침해하고 개인의 자유와 창의를 존중하는 헌법 제119조 제1항에 반한다는 이유로 국민연금법의 이 조항들의 위헌을 확인해달라는 헌법소원을 제기했다.

(2) 결정요지
① 국민연금제도는 가입기간 중에 납부한 보험료를 급여의 산출근거로 하여 일정한 급여를 지급하는 것이므로 반대급부 없이 국가에서 강제로 금전을 징수하는 조세와는 성격을 달리한다. 비록 국민연금법 제79조가 연금보험료의 강제징수에 관하여 규정하고 있으나 이는 국민연금제도의 고도의 공익성을 고려하여 법률이 특별히 연금보험료의 강제징수 규정을 둔 것이지 그렇다고 하여 국민연금보험료를 조세로 볼 수는 없다. 또한 국민연금제도에 소득재분배의 효과가 있지만, 이는 사회보험의 본질적 요소로서 소득재분배를 어느 정도로 할 것인지는 입법정책의 문제이며, 뿐만 아니라 연금보험료의 징수는 재산권행사의 사회적 의무성의 한계 내에 있다고 볼 수 있다. 따라서 국민연금제도는 조세법률주의나 재산권보장에 위배되지 않는다.
② 강제가입과 연금보험료의 강제징수를 전제로 한 국민연금제도는 자신 스스로 사회적 위험에 대처하고자 하는 개인들의 행복추구권을 침해한다고 볼 수 있다. 그러나 국민의 노령 · 폐질 또는 사망에 대하여 연금급여를 실시함으로써 국민의 생활안정과 복지증진에 기여할 것을 그 목적으로 하는 국민연금법의 입법목적에 정당성이 있으며, 국가적인 보험기술을 통하여

사회적 위험을 대량으로 분산시킴으로써 구제를 도모하는 사회보험제도의 일종으로서 그 방법 또한 적정하고, 필요한 최소한도로 개인의 선택권이 제한되며, 국민연금제도를 통하여 달성하고자 하는 공익이 개별적인 내용의 저축에 대한 선택권이라는 개인적 사익보다 월등히 크다고 보아야 할 것이어서 과잉금지의 원칙에 위배되지 아니하므로, 결국 위 행복추구권 침해는 헌법에 위반된다고 할 수 없다.

③ 우리 헌법의 경제질서 원칙에 비추어 보면, 사회보험방식에 의하여 재원을 조성하여 반대급부로 노후생활을 보장하는 강제저축 프로그램으로서의 국민연금제도는 상호부조의 원리에 입각한 사회연대성에 기초하여 고소득계층에서 저소득층으로, 근로세대에서 노년세대로, 현재세대에서 다음세대로 국민간에 소득재분배의 기능을 함으로써 오히려 위 사회적 시장경제질서에 부합하는 제도라 할 것이므로, 국민연금제도는 헌법상의 시장경제질서에 위배되지 않는다. (헌재 2001.2.22, 99헌마365, 판례집 제13권 1집, 301, 301-302)

3. 국민건강보험 강제가입과 체납시 급여제한의 위헌 여부 [2000헌마668]

(1) 사건 개요

윤○○씨는 국민건강보험법에 의한 건강보험의 가입자로서 2000. 9. 30경 국민건강보험공단 강서지사장으로부터 1993. 9부터 1998. 4까지 청구인이 미납한 보험료 512,070원을 2000. 10. 10까지 납부하지 않으면 이미 압류된 청구인의 전화를 처분하여(설비비 반환신청) 체납된 보험료에 충당할 예정이라는 독촉장을 받았다.

청구인은 국민건강보험의 의무가입 등을 규정한 국민건강보험법 제5조 등이 인간다운 생활을 할 권리, 재산권 등을 침해하는 것이라며 2000. 10. 25 이 사건 헌법소원심판을 청구하였다. 이에 국민건강보험의 의무가입을 규정한 국민건강보험법 제5조와 보험료 체납시 급여를 실시하지 않는다는 법 제48조 제3항이 헌법상 인간다운 생활을 할 권리와 재산권을 침해하는지 여부를 확인해달라는 헌법소원을 제기하였다.

(2) 결정요지

① 국민건강보험법 제48조 제3항은 그 자체로 직접 자유의 제한, 의무의 부과 또는 권리나 법적 지위의 박탈을 초래하는 것이 아니며, 국민건강보험

공단의 보험급여거부처분이라는 집행행위를 통하여 비로소 기본권에 대한 직접적 현실적 침해가 있게 되므로 기본권 침해의 직접성이 없다.

② 국민건강보험법이 의무적 가입을 규정하고 임의해지를 금지하면서 보험료를 납부케 하는 것은, 경제적인 약자에게도 기본적인 의료서비스를 제공하기 위한 국가의 사회보장·사회복지의 증진 의무(헌법 제34조 제2항)라는 정당한 공공복리를 효과적으로 달성하기 위한 것이며, 조세가 아닌 보험료를 한 재원으로 하여 사회보험을 추구하기 위한 것이다. 다만 보험료가 과도할 경우 그런 제도의 정당성이 문제되지만, 동법 제62조(보험료) 자체가 과도한 보험료를 정하고 있다거나 그에 대한 근거가 된다고 할 수 없다. 또한 동법은 생활이 어려운 자 등은 보험료의 부담없이 의료혜택을 받을 수 있게 하고, 일정한 계층을 위한 보험료 경감장치를 두고 있다. 한편 의무가입과 임의해지금지 및 보험료 납부에 관한 규정이 추구하는 공익에 비하여 제한되는 사익이 과도하다고 할 수도 없다. 그렇다면 동법 제5조 제1항 본문 및 제62조가 청구인의 재산권이나 인간다운 생활을 할 권리 혹은 행복추구권을 침해한다고 할 수 없다. (헌재 2001.8.30, 2000헌마668, 판례집 제13권 2집, 287, 287-288)

4. 사회복지법인의 정관변경허가의 법적 성질
[대법원 2000두5661]

(1) 사건 개요

모자복지시설과 영유아보육시설 등을 설치·운영해 온 사회복지법인의 수익사업으로서 유치원을 설치·운영하기로 하여, 당해 법인의 정관 중 사업의 종류에 관한 규정을 신설하여 수익용 기본재산의 임대사업 및 유치원 설치·운영의 수익사업을 사업의 종류에 포함시키는 내용을 추가하는 취지의 정관변경허가를 신청하였다. 이에 관할시장은 사회복지법인의 기본재산 일부가 수익사업으로 전환됨에 따라 감소된 목적사업용 기본재산을 보충토록 하고 허가조건을 이행하지 않을 때는 허가를 취소하고 사회복지사업법 제20조의 규정에 의하여 법인설립을 취소할 수 있다는 부관을 붙여 정관변경을 허가하였다.

그런데 당해 사회복지법인이 위 부관상의 출연의무를 이행하지 않자, 시장은 위 정관변경허가를 취소하는 처분을 하였고, 이에 사회복지법인은 이 처분을 취소해달라는 청구를 하였다.

(2) 판결요지

사회복지사업에 관한 기본적 사항을 규정하여 그 운영의 공정·적절을 기함으로써 사회복지의 증진에 이바지함을 목적으로 하는 (구)사회복지사업법 (1997.8.22 법률 제 5358호로 전문 개정되기 전의 것)의 입법 취지와 같은 법 제12조, 제25조 등의 규정에 사회복지법인의 설립이나 설립 후의 정관변경의 허가에 관한 구체적인 기준이 정해져있지 아니한 점 등에 비추어 보면, 사회복지법인의 정관변경을 허가할 것인지의 여부는 주무관청의 정책적 판단에 따른 재량에 맡겨져 있다고 할 것이다. 주무관청이 정관변경허가를 함에 있어서는 비례원칙 및 평등의 원칙에 적합하고 행정처분의 본질적 효력을 해하지 않는 한도 내에서 부관을 붙일 수 있다. 그러므로 원심판결에는 사회복지법인의 정관변경허가 및 부관의 한계 등에 관한 법리오해의 위법이 있다 할 것이므로 원심을 파기하고 환송한다.

5. 이사회의 의결 없는 사회복지법인 기본재산처분의 효력 [대법원2000다20090]

(1) 사건 개요

A재단 대표자는 이사회의 의결 없이 법인의 재산을 갑(甲)에게 이전하기로 약정하였다. 그러나 갑은 이사회의 의결 여부를 알지 못하는 선의(善意)의 제3자이다. 이사회가 재산의 인도를 거부하자 갑은 A재단을 상대로 재산의 인도를 주장하였다.

(2) 판결요지

사회복지사업법 제32조에 의하여 사회복지법인에 관하여 준용되는 공익법인의설립·운영에관한법률 제1조, 제6조, 제7조, 그 밖에 위각 법의 여러 규정을 살펴보면, 공인법인의설립·운영에 관한 법률 제7조에 공익법인의 재산처분에 관한 사항 등은 이사회에서 심의·결정한다고 한 것은 공익법인의 특수성을 고려하여 그 재산의 원활한 관리 및 유지 보호와 재정의 적정을 기함으로써 공익법인의 건전한 발달을 도모하고 공익으로 하여금 그 본래의 목적사업에 충실하게 하려는 데 그 목적이 있다 할 것이다. 사회복지법인의 대표자가 이사회의 의결 없이 사회복지법인의 재산을 처분할 경우에 그 처분행위는 효력이 없다.

6. 저상버스 도입의무 불이행 위헌 확인 [2002헌마52]

(1) 사건의 개요

장애인 이동권 쟁취를 위한 연대회의는 2001년 11월 26일 보건복지부장관에게 장애인이 편리하게 승차할 수 있는 저상버스의 도입을 청구하였으나 보건복지부장관은 건설교통부와 합의해야 한다는 등의 이유를 들며 이를 이행하지 않았다. 그러자 보건복지부장관을 상대로 저상버스를 도입하지 않은 부작위(不作爲)가 행복추구권, 인간다운 생활을 할 권리 등을 침해한다는 주장으로 2002년 1월 22일 이 사건 헌법소원심판을 청구하였다.

(2) 결정요지 – 각하

① 행정권력의 불행사에 대한 헌법소원은 공권력의 주체에게 헌법에서 유래하는 작위의무가 특별히 구체적으로 규정되어 있어 이에 따라 기본권의 주체가 행정행위를 청구할 수 있음에도 공권력의 주체가 그 의무를 해태하는 경우에 비로소 허용된다.

② 헌법은 제34조 제1항에서 모든 국민의 "인간다운 생활을 할 권리"를 사회적 기본권으로 규정하면서, 제2항 내지 제6항에서 특정한 사회적 약자와 관련하여 "인간다운 생활을 할 권리"의 내용을 다양한 국가의 의무를 통하여 구체화하고 있다. 헌법이 제34조에서 여자(제3항), 노인·청소년(제4항), 신체장애자(제5항) 등 특정 사회적 약자의 보호를 명시적으로 규정한 것은, '장애인과 같은 사회적 약자의 경우에는 개인 스스로가 자유행사의 실질적 조건을 갖추는 데 어려움이 많으므로, 국가가 특히 이들에 대하여 자유를 실질적으로 행사할 수 있는 조건을 형성하고 유지해야 한다'는 점을 강조하고자 하는 것이다.

③ 장애인의 복지를 향상해야 할 국가의 의무가 다른 다양한 국가과제에 대하여 최우선적인 배려를 요청할 수 없을 뿐 아니라, 나아가 헌법의 규범으로부터는 '장애인을 위한 저상버스의 도입'과 같은 구체적인 국가의 행위의무를 도출할 수 없는 것이다. 국가에게 헌법 제34조에 의하여 장애인의 복지를 위하여 노력을 해야 할 의무가 있다는 것은, 장애인도 인간다운 생활을 누릴 수 있는 정의로운 사회질서를 형성해야 할 국가의 일반적인 의무를 뜻하는 것이지, 상애인을 위하여 저상버스를 도입해야 한다는 구체적 내용의 의무가 헌법으로부터 나오는 것은 아니다. (헌재 2002.12.18, 2002헌마52, 판례집 제14권 2집, 904, 904-905)

7. 장애인고용할당제도가 사업주의 헌법상 권리를 침해 하는가 [2001헌바96]

(1) 사건 개요

대한종합개발주식회사가 장애인고용부담금등부과처분취소청구 소송을 제기하여 재판이 진행되는 중, 구 장애인고용촉진등에관한법률(2000. 1. 12)의 규정에 대한 위헌여부를 판단하기 위하여 위헌법률심판제청이 제기되었으나 기각되자 헌법소원심판을 청구하였다.

(2) 결정요지 – 합헌

① ㉮ 장애인은 그 신체적·정신적 조건으로 말미암아 유형·무형의 사회적 편견 및 냉대를 받기 쉽고 이로 인하여 능력에 맞는 직업을 구하기가 지극히 어려운 것이 현실이므로, 장애인의 근로의 권리를 보장하기 위하여는 사회적·국가적 차원에서의 조치가 요구된다. 이러한 관점에서 볼 때, 자유민주적 기본질서를 지향하는 우리 헌법이 원칙적으로 기업의 경제활동의 자유를 보장(헌법 제119조 제1항)하고 개인의 계약자유의 원칙을 천명(헌법 제10조 전문)하고 있다 하더라도 일정한 범위에서 이러한 자유를 제약하는 것은 불가피한 조치라고 할 수 있다. 청구인이 주장하는 계약자유의 원칙과 기업의 경제상의 자유는 무제한의 자유가 아니라 헌법 제37조 제2항에 의하여 공공복리를 위해 법률로써 제한이 가능한 것이며, 국가가 경제주체간의 조화를 통한 경제의 민주화를 위해 규제와 조정을 할 수 있다고 천명(헌법 제119조 제2항)하고 있는 것은 사회·경제적 약자인 장애인에 대하여 인간으로서의 존엄과 가치를 인정하고 나아가 인간다운 생활을 보장하기 위한 불가피한 요구라고 할 것이어서, 그로 인하여 사업주의 계약의 자유 및 경제상의 자유가 일정한 범위내에서 제한된다고 하여 곧 비례의 원칙을 위반하였다고는 볼 수 없다.

㉯ 구법 제3조에 의하면 국가와 지방자치단체는 장애인의 고용에 관하여 사업주 및 국민일반의 이해를 높이기 위해 교육·홍보 및 장애인 고용촉진운동을 추진하고, 사업주·장애인 기타 관계자에 대한 지원과 장애인의 특성을 고려한 직업재활의 조치를 강구하여야 하며, 기타 장애인의 고용촉진 및 직업안정을 도모하기 위하여 필요한 시책을 종합적이고 효과적으로 추진하여야 할 책임이 있는 공공적 주체이며, 한편 민간사업주와는 달리 기준고용률을 미달하는 경우 부담금의 납부를 명하고 이를 징수한다든지(구법 제38조) 기준고용률을 초과하는 경우 고용지원금 및 장려금(구법 제37조)을 지급할 수 없는 등 민간사업주와는 다른 지위에 있으므로, 국

가·지방자치단체와 민간사업주와의 차별취급은 합리적인 근거가 있는 차별이라고 할 것이다.

㉱ 구법 제35조 제1항 본문은 장애인고용의무사업주의 범위를 고용근로자 수를 기준으로 한다는 기본원칙을 정하였고, 한편 장애인고용의무제가 적용되는 사업주의 범위는 우리나라의 전체 실업자수와 그 중 장애인실업자 수가 차지하는 비율, 경제상황 등을 고려하여 시대에 따라 탄력적으로 정하여야 할 사항이어서 이를 법률에서 명시하는 것은 적당하지 아니하다는 입법자의 판단이 반드시 잘못되었다고 볼 수는 없다. 뿐만 아니라, 구법 제35조 제1항은 "…… 사업주는 그 근로자의 총수의 100분의 1 이상 100분의 5 이내의 범위 안에서 대통령령이 정하는 비율 이상에 해당하는 장애인을 고용하여야 한다"고 규정하고 있다. 여기에서 이 규정의 해석상 최소한 20인 이상의 근로자를 고용하는 사업주에게만 장애인고용의무가 도출됨을 알 수 있다. 왜냐하면, 기준고용률의 상한인 5%를 상정하더라도 20인이 되어야 1명의 장애인고용의무가 생기기 때문이다. 따라서 동 조항은 포괄위임입법금지원칙 내지는 법률유보원칙에 위반된다고 할 수 없다.

② ㉮ 구법은 장애인이 그 능력에 맞는 직업생활을 통하여 인간다운 생활을 할 수 있도록 장애인의 고용촉진과 직업재활 및 직업안정을 도모함을 목적으로 장애인고용의무 및 고용부담금 제도를 마련하고 있다. 고용부담금제도는 이러한 장애인고용의무제의 실효성을 확보하는 수단이므로 입법목적의 정당성이 인정된다. 한편, 고용부담금이 부과되는 집단은 일반국민이 아닌 특정집단인 "사업주"고, 부담금은 장애인의 고용을 촉진하기 위하여 전액이 "장애인고용촉진기금"으로 귀속되며, 이 기금은 주로 고용지원금, 장려금 그리고 사업주의 장애인고용을 위한 시설·장비의 설치·수리에 필요한 비용과 융자·지원 등에 지출되고 있다. 즉, 이 부담금은 장애인고용의 경제적 부담을 조정하고 장애인을 고용하는 사업주에 대한 지원을 위해 사용되고 국가의 일반적 재정수입에 포함되는 것이 아니므로 방법의 적정성도 인정할 수 있다. 나아가, 고용부담금의 부담기초액은 최저임금의 100분의 60 이상으로 규정되어 있는바, 2003년도의 경우에 85%에 불과한 실정이다. 따라서 이 정도의 부담금이라면 사업주의 재산권 등을 과도하게 침해하는 것이라고 할 수 없고, 헌법상 요구되는 장애인의 고용촉진이라는 공익에 비추어 볼 때 법익의 균형성을 크게 잃었다고 볼 수도 없다.

㉯ 이 사건 고용부담금 규정은 일정한 요건에 해당하는 사업주에게는 일정한 방식에 따라 고용부담금을 차등없이 부과하고 있다. 따라서 고용의무제가 적용되는 사업주와 그렇지 아니한 사업주 간의 구분자체에 불합리한 차별이 있는지 여부는 별론으로 하고 고용부담금제도 자체의 차별성은 문

제가 되지 않는다고 할 것이다. 고용부담금제도는 그 자체가 고용의무를 성실히 이행하는 사업주와 그렇지 않는 사업주간의 경제적 부담의 불균형을 조정하는 기능을 하기 때문이다.

③ 이 사건 심판대상조항 중 고용부담금조항(구법 제38조 제1항·제2항·제3항·제5항·제6항, 제39조 제1항)이 헌법에 위반되지 않는다는 점에 대하여는 재판관 전원의 의견이 일치하였고, 장애인고용의무조항(구법 제35조 제1항 본문 중 "대통령령이 정하는 일정수 이상의 근로자를 고용하는 사업주" 부분)에 대하여는 위헌의견에 찬성한 재판관이 5인이어서 다수이기는 하지만 헌법 제113조 제1항, 헌법재판소법 제23조 제2항 단서 제1호에서 정한 헌법소원에 관한 인용결정을 위한 심판정족수에는 이르지 못하여 위헌결정을 할 수 없으므로, 이 사건 심판대상조항 모두에 대하여 합헌결정을 선고하는 것이다. (헌재 2003.7.24, 2001헌바96, 판례집 제15권 2집 상, 58, 58-61)

8. 국민연금 가입연령 제한의 위헌 여부 [2000헌마390]

(1) 사건 개요

청구인 조○준은 74세, 박○룡은 83세, 장○걸은 79세, 홍○표는 74세, 이○승은 74세, 최○용은 71세, 김○찬은 79세인바, 청구인들은 장차 80, 90세, 또는 그 이상까지의 삶을 누림에 있어서 행복하게 노후를 살아갈 권리가 헌법에 의하여 보장되어 있음에도 국민연금법 제6조가 국민연금의 가입대상을 18세 이상 60세 미만의 국민으로 제한함으로써 헌법 제10조의 인간으로서의 존엄과 가치, 행복을 추구할 권리, 헌법 제11조 제1항의 평등원칙 및 헌법 제34조 제1항의 인간다운 생활을 할 권리 등을 침해한다는 이유로 위 법률조항의 위헌확인을 구하기 위하여 헌법소원심판을 청구하였다.

(2) 결정요지 – 기각

① 국민연금의 가입대상, 가입기간, 보험료, 연금수급자격 및 급여수준 등을 구체적으로 어떻게 정할 것인가는 국민의 소득수준, 경제활동연령, 정년퇴직연령, 평균수명, 연금재정 등 여러 가지 사회적, 경제적 사정을 참작하여 입법자가 폭넓게 그의 형성재량으로 결정할 수 있는 사항이라고 할 것이고, 그 결정이 명백히 자의적인 것으로서 입법재량을 벗어나지 않는 한 헌법에 위반된다고 할 수 없다. 현재 우리나라 국민의 일반적 퇴직연령은 60세 전·후이고, 평균추정수명은 74.9세이며, 60세 이상의 국민 중,

경제활동에 참가하고 있는 국민은 20%~30%에 불과하여 우리나라 국민의 60세 전·후 시기는 소득활동이 중단되거나 축소됨으로써 소득보장을 받아야 하는 때이다. 그렇다면 국민연금의 가입대상을 경제활동이 가능한 18세 이상 60세 미만의 국민으로 제한하고 있는 이 사건 법률조항은 노후의 소득보장이라는 연금제도의 입법취지에 따라 국민연금제도를 합리적으로 운영하기 위한 것으로 정당하고 60세 미만의 국민에 비하여 청구인들을 불합리하게 차별대우함으로써 헌법상의 평등원칙을 침해한다고 볼 수 없다.

② 현행 국민연금법상의 연금제도는 자기 기여를 전제로 하는 사회보험의 전형적인 한 형태이다. 그렇다면, 국가가 국민의 인간다운 생활을 보장하기 위한 헌법적 의무를 다하였는지 여부는 국민연금제도와 같은 사회보험에 의한 소득보장제도만으로 판단하여서는 아니 되고, 사회부조의 방식에 의하여 행하여지는 각종 급여나 각종 부담의 감면 등을 총괄한 수준을 가지고 판단하여야 할 것이다. 사실조회 회신에 의하면, 국민기초생활보장법, 노인복지법 등 법령에 의하여 저소득 노인에 대한 각종 급여 및 부담의 면제, 시설제공 등으로 인한 노인들의 생활여건에 비추어 볼 때, 이 사건 법률조항이 청구인들과 같은 노인들의 국민연금가입을 제한하고 있다고 하더라도 인간다운 생활을 보장하기 위하여 국가가 실현해야 할 객관적 내용의 최소한도의 보장에도 이르지 못하였다거나 헌법상 용인될 수 있는 재량의 범위를 명백히 일탈하였다고는 보기 어렵고 청구인들이 국민연금제도에서 제외되었다는 사실만으로 곧 그것이 헌법에 위반된다거나 청구인들의 인간으로서의 존엄과 가치, 행복추구권이나 인간다운 생활을 할 권리를 침해한 것이라고는 볼 수 없다 할 것이다.

9. 일부 이사가 참석하지 않은 상태에서 소집통지서에 회의의 목적사항으로 명시한 바 없는 안건에 관한 사회복지법인 이사회 결의의 효력 (= 무효) [대법원2004마916]

(1) 사건 개요

사회복지법인 이사회에서, 당시 대표이사이던 A를 제외한 나머지 이사 전원의 결의로 A를 제명하였다. 이사회의 소집통지서에는 법인 산하 각 지부와 관련한 사항이 1, 2안건으로, 그리고 '기타'가 제3안건으로 기재되어 있을 뿐 대표이사인 A의 제명과 관련한 안건은 회의의 목적사항으로 명시된 바가 없었다. 그럼에도 이사회에서 1, 2안건에 대하여 의결한 다음, 상임이사인 B가

이사회 소집 통지 당시 회의의 목적사항으로 명시된 바가 없었던 A의 제명을 안건으로 긴급 동의하여, 2인의 이사가 참석하지 않은 상태에서 A를 제외한 나머지 출석이사 4인의 찬성으로 A의 제명을 의결하였다.

(2) 판결요지

사회복지법인의 정관에 이사회의 소집통지시 '회의의 목적사항'을 명시하도록 정하고 있음에도, 일부 이사가 참석하지 않은 상태에서 소집통지서에 회의의 목적사항으로 명시한 바 없는 안건에 관하여 이사회가 결의하였다면, 적어도 그 안건과 관련하여서는 불출석한 이사에 대하여는 정관에서 규정한 바대로의 적법한 소집통지가 없었던 것과 다를 바 없으므로 그 결의 역시 무효이다.

10. 맞춤형 복지제도 차별적용 위헌 확인 [2006헌마186]

(1) 사건 개요

① 행정자치부장관은 공무원의 다양한 복지수요를 효과적으로 충족시키고 정부의 생산성을 증가시킬 목적으로 2005. 5. 26 대통령령 제18841호로 '공무원 후생복지에 관한 규정'을 제정하여 행정부 소속 공무원에 대하여 이른바 '맞춤형 복지제도'를 도입·시행하였는바, 이는 사전에 설계되어 제공되는 복지혜택 중에서 공무원이 자신의 선호와 필요에 따라 개별적으로 부여된 복지점수를 사용하여 적합한 복지혜택을 선택하는 것을 그 내용으로 한다.

② 부산광역시 남구보건소의 지방공무원으로 재직 중인 청구인은 대한민국 정부가 지방자치단체 소속의 지방공무원에게도 맞춤형 복지제도를 시행할 수 있도록 법규제정과 예산지원을 하지 아니한 부작위로 인하여 국가공무원과는 달리 맞춤형 복지제도의 혜택을 받지 못하는 차별취급을 받고 있다고 주장하면서, 2006. 2. 8 대한민국 정부를 피청구인으로 하여 그 부작위의 위헌확인을 구하는 이 사건 헌법소원심판을 청구하였다.

(2) 판결요지 – 각하

① 지방공무원법 제77조는 지방공무원의 보건·휴양·안전·후생 기타 능률 증진에 필요한 사항의 기준설정 및 실시 의무를 관할 지방자치단체의 장에게 부여하고 있고, 피청구인 대한민국 정부에게는 이를 위한 법령, 규칙 등 세부기준의 제정의무를 부여하고 있지 아니하므로, 그 부작위를 다투는 이 사건 심판청구는 부적법하다.

② 지방재정법, 지방교부세법 및 지방자치법 조항 어디에도 피청구인 대한민국 정부에게 지방공무원에 대한 맞춤형 복지제도의 실시를 위한 예산지원 의무 등을 규정하고 있지 아니하므로, 그 부작위를 다투는 심판청구 역시 부적법하다.

미주목록

1) 김남진, 1987.
2) 곽윤직, 2002.
3) 김기원, 2000; 김유성, 1992; 김철수, 2001.
4) 김철수, 1988.
5) 권영성, 1981.
6) 김유성, 1992.

7) 신섭중, 1993; 김기원, 2000.
8) 이인재 외, 2002.
9) 현외성, 2008; 197. 재인용.
10) 장동일, 2001: 193 이하.
11) 황인옥 외, 2002.
12) 윤찬영, 2011.

참고문헌

곽윤직, 2002, 『민법총칙』, 박영사.

곽효문, 2001, 『사회복지법제론』, 제일법규.

국민건강보험공단, 2014, 『2014년 사업장 업무편람』

국민연금관리공단, 2014, 『2014년 알기쉬운 국민연금 사업장 실무안내』

권영성, 1981, 『헌법학원론』(2005년판), 법문사.

김기원, 2009, 『사회복지법제론』(제4판), 나눔의집 출판사.

김남진, 1987, 『행정법 I』, 법문사, pp.439-446.

김만두, 1991, 『사회복지법제론』, 홍익재.

김유성, 1992, 『한국사회보장법론』, 법문사, pp.13-20, pp.31-100.

김철수, 1988, 『헌법학개론』(제17전정신판), 박영사.

김치영 · 정현태, 2008, 『사회복지법제론』, 파워북.

김형배, 1980, 『노동법』, 박영사.

김훈, 2012, 『사회복지법제론』, 학지사.

맹수석, 2001, 산업재해보상보험법상 업무상 재해의 인정 범위에 관한 연구, 『보험학회지』, v58, 한국보험학회, pp.169-176.

박석돈, 1997, 2007, 『사회복지서비스법』, 삼영사.

박을종, 1998, '장애우관련법의 국제적 동향', 『장애우법률입문』, 장애우권익문제연구소.

박차상 외, 2003, 『한국 사회복지법 강의』, 학지사.

배기효 외, 2003, 『한국 사회복지법제론』, 한올출판사.

보건복지부, 2016a, 『2016년 국민기초생활보장사업안내』,

_____, 2016b, 『2016년 의료급여사업안내』

_____, 2016c, 『2016년 장애인복지사업안내』

신섭중 외, 2001, 『사회복지법제』, 대학출판사.

신수식, 1992, 『사회보장론』, 박영사, pp.165-181.

유지태, 2001, 『행정법신론』, 박영사.

윤찬영, 2011, 『사회복지법제론』, 나남출판사.

이인재 외, 2002, 『사회보장론』, 나남출판사.

이중엽, 2008, 『사회복지법제론』, 유풍출판사.

인경석, 2001, 『국민연금법 해석』, 국민연금관리공단.

전광석, 1998, '국제사회보장법의 이념적, 규범적 및 사회정책적 기초', 『사회보장연구』, 제14권, 제1호, 한국사회보장학회.

전광석, 2002, 『한국사회보장법론』, 법문사.

조원탁 · 김형수 · 이형하 · 조준, 2009, 『한국복지법제론』, 양서원.

조원탁 · 이형하 · 조준, 2007, '사회보장기본법의 관련 복지제도 규정에 관한 연구', 『사회보장연구』 제23권 제1호, pp.57-79.

하상락, 1989, 『한국사회복지사론』, 박영사, pp.489-513.

현외성, 2008, 『한국사회복지법제론』(제5판), 양서원.

황인옥 외, 2003, 『현대사회복지법제론』, 나눔의집 출판사.

대한민국 국회 http://www.assembly.go.kr

법제처 http://www.moleg.go.kr

나눔의집 사회복지사1급

2025년
23회 대비
최신판

SINCE 2002
22번째 개정판

합격족보

필수 키워드 40

사회복지교육연구센터 편저

★ ★ ★
QR코드로 바로 보는 | **40강 무료제공**

과락을 극복하는 기출족보!
10년간 매년 출제된 40개의 **필수 키워드**

꼭! 시험장에 들고 가세요!
출제율 100%, 여기에서 매년 평균 **60문항** 출제

사회복지
전문출판 **나눔의집**

사회복지사1급의 모든 것

🔍 4,840문항 모든 기출문제를 분석해 찾은 데이터 기반 학습법

강의로 쌓는 **기본개념** 세트

수록률
99.5%

강의로 복습하는 **기출회독** 세트

출제율
96.5%

강의로 완성한 **문제집** 시리즈

강의로 잡는 **장별 기출문제집**

강의로 잡는 **회차별 기출문제집**

강의로 풀이하는 **합격예상문제집**

사회복지사1급 **합격족보**

(비매품)

사회복지사1급 **핵심요약집**

강의로 완성하는 FINAL 모의고사

(3회분)

사회복지사1급의 모든 것

나눔의집 수험서는 사회복지사1급 국가시험 1회~22회의 모든 기출문제 영역별 605문항, 총 4,840문항을 분석한 250개 핵심 키워드 및 내용을 바탕으로 다양한 개념들을 체계적으로 정리하고 약점을 보강하여 실전에 더 강해질 수 있도록 구성하였습니다.

나눔의 힘은
사회복지사 1급 시험에
진심입니다

10명 중 3명만이 겨우 합격한 제22회 시험
나눔의집 수강생은 10명 중 7.5명이 합격했습니다!

제22회 필기시험 전체 합격률		제22회 나눔의집 회원 합격률
		75.4%
나눔의집을 선택하는 이유! **선택의 차이는 곧 결과의 차이입니다.**		
29.9%		

※ 자료: 제22회 사회복지사 1급 필기시험 합격(예정)자 공고, 한국산업인력공단 / 제22회 대비 나눔의집 수강생 가채점 결과 데이터

최근 10개년
사회복지사1급 필기시험의
평균 합격률은 37.5%!

회차	22회	21회	20회	19회	18회	17회	16회	15회	14회	13회
합격률	29.9%	40.7%	36.6%	60.9%	33.2%	34.5%	33.7%	27.0%	47.3%	31.8%

※ 자료: 각 회차별 필기시험의 합격률로, 소수점 두 자리 이하는 버림

"사회복지사1급 시험은
결코 쉬운 시험이 아닙니다"

22회 합격자 신○○

시험을 보시면 아시겠지만 지금 사회복지사1급 시험은 운전면허 필기시험처럼 문제은행식 공부는 절대 통하지 않습니다. 기출문제를 많이 풀어보는 것이 중요하지 않다는 뜻이 아닙니다. 운전면허 같은 시험은 문제은행식 공부를 해도 기출문제에 변형이 없어서 통하겠지만 현재 사회복지사1급 시험은 매년 새로운 유형이 등장하고 기출문제의 유형에 변형이 많은 추세입니다. 또한 세부적인 세세한 내용까지 물어보는 문제도 많습니다.

따라서 기본개념이 든든하게 받침이 되어 있지 않은 상태에서 기출문제만 백날 많이 풀어봤자 조금만 유형이 바꿔서 나오면 틀릴 수밖에 없습니다.

나눔의집 시그니처 프리패스가 제시하는 '기본개념 이론학습 → 기출문제 풀기 → 실전 대비하기'의 틀로 탄탄히 공부하셔서 합격하시길 응원합니다.

"체계적인 커리큘럼과
전략적 학습이 필요합니다"

비교해 보시면 아실 수 있습니다

	타사		사회복지 전문출판 나눔의집

이론학습 과정
8개 영역을 압축하여 요약한 한 권짜리 통합이론서 대학 교재보다 더 상세하고 친절한 **8영역의 기본개념 + 강의**

문제풀이 과정
단순하게 구성된 기출문제 풀이 교재와 강의 (예상문제 풀이 과정 없음)
- 필수 키워드를 3회독 시스템으로 학습하는 **기출회독 교재와 강의**
- 장별로도 학습하고 회차별로도 학습하는 **기출문제 교재와 강의**
- 새로운 유형의 문제에 대비할 수 있는 **예상문제 교재와 강의**

실전대비 과정
세부적인 내용을 담지 못하고 지나치게 압축된 요약집 교재와 강의 (모의고사 풀이 과정 없음)
- 한 번 더 개념을 정리할 수 있는 **핵심특강 교재와 강의**
- 실제 시험과 동일하게 풀어보는 **파이널 모의고사 교재와 강의**

사회복지사1급 시험은 이 모든 과정이 담긴

 시그니처 프리패스 하나면 충분합니다

시그니처 프리패스 만의 특권1

"합격할 때까지
책임지겠습니다"

제23회 시험 합격 시!

원서지원비
25,000원 지원

※ 합격수기 작성 후 신청, 추후 별도 공지

합격할 때까지!

최신 강의로
연장

※ 시험 미응시 경우 강의연장 서비스 종료

합격할 때까지!

개정판
기출회독 8권 제공

※ 2025년 8월 이후 신청, 배송비 별도

시그니처 프리패스 만의 특권2

"합격할 때까지
동행하겠습니다"

맞춤 학습 관리!

아임패스
과목별 질문게시판
1 : 1 학습 묻고답하기

인간행동과 사회환경

기본이론 전도추리	2024-02-01 이소영	⊙ 42
기본이론 거절·거부 혼돈	2024-01-30 이소영	⊙ 28
모의고사 [답변완료] 체계이론	2024-01-11 배우현	⊙ 109

사회복지조사론

기본이론 [답변완료] 환원주의 오류 생태학적 오류	2024-01-11 전수현	⊙ 75
모의고사 [답변완료] 경향연구 질문	2024-01-09 신가영	⊙ 65
모의고사 [답변완료] 파이널 모의고사 1회 2교~	2024-01-08 해은우	⊙ 118

사회복지실천론

기본이론 [답변완료] 윤리강령 다문화 역량	2024-01-10 전수현	⊙ 58
기본이론 [답변완료] 실천환경 분류	2024-01-07 오지희	⊙ 64
기출문석 [답변완료] 회차별 기출문제집 사회복~	2024-01-04 홍서현	⊙ 85

사회복지실천기술론

모의고사 [답변완료] 파이널 48번 문제	2024-01-12 강철문	⊙ 98
모의고사 [답변완료] 해결중심모델과 역량강화모델	2024-01-11 박은우	⊙ 84
기본이론 [답변완료] 과정평가에 대해	2024-01-09 김성영	⊙ 93

신규서비스

기출문제로 이론을 배운다!

리버스 학습법 60
강의 제공

신규서비스

합격으로 가는 길을 제시한다!

시그니처
1 : 1 코칭 진단분석

"책만 보면 지겨우니까~"

사회복지사1급 시험을 준비하는 수험생들이
다양한 자료와 정보를 접할 수 있는
학습 놀이터 아임패스 impass.co.kr

레벨테스트 및
점수별 학습전략

자가진단
레벨테스트

8개 영역 문제은행

(기본쌓기 문제, 자가진단 모의고사 등)

8개 영역 지식창고

(기출키워드, 필수용어사전,
SPECIAL STAGE 등)

8개 영역 기본개념서 QR코드로 보는 보충자료

사회복지법제론 상·하반기 개정법률자료

사회복지사 1급 시험정보

(합격 안전선, 합격기준, 과락기준 등)

학습부담을 줄이는 필수학습 체크리스트

학습 노하우를 공유하는 나눔의집 선배들의 합격수기

"단순히 지식을 가르치는 교수가 아니라 선배 사회복지사의 마음으로 강의합니다"

현숙 교수님

✓ 현직 사회복지사도 듣는 사회복지실천 분야 명강의

✓ 10여 년의 현장 실무경험을 접목시키는 현장 중심 강의

담당 영역

1영역	인간행동과 사회환경
3영역	사회복지실천론
4영역	사회복지실천기술론
5영역	지역사회복지론
7영역	사회복지행정론

"단순히 자격증만을 취득하기 위한 공부보다는
현장에서 실력과 진정성을 갖춘
사회복지사가 되기 위한 공부가 되었으면 합니다."

고병무 교수님

✔ 현직 대학교 겸임교수의
　사회복지정책 분야 명강의

✔ 수많은 수험 강의(EBS, 에듀윌, 해커스 등)
　경력으로 보다 효율적으로
　학습할 수 있는 노하우를 전수

담당 영역

2영역	사회복지조사론
6영역	사회복지정책론
8영역	사회복지법제론

"사회복지사1급 합격은 끝이 아닌 시작입니다.
사회복지사가 되어 활동하는 자신을 상상하며
즐길 수 있는 공부가 되었으면 합니다."

강의 맛집 '아임패스'

나눔의집 회원님들이 합격을 향해 달려간 노력의 시간들입니다.
그 노력이 결실을 맺을 때까지 아임패스도 함께 달립니다.

2023년 나눔의집 강의 누적 수강시간

602,970시간 69년

2023년 나눔의집 총 조회수

1,416,000회

2023년 1월 15일 ~ 2024년 1월 13일 기준

"당신의 사회복지사1급 합격을 위해
나눔의집은 최고의 강의로
늘 함께하겠습니다"

나눔의집 사회복지사1급

2025년
23회 대비
최신판

SINCE 2002
22번째 개정판

합격족보

필수 키워드 40

사회복지교육연구센터 편저

★ ★ ★
QR코드로 바로 보는 │ ★ ★ ★
40강 무료제공

사회복지
전문출판 **나눔의집**

책 소개

사회복지사1급 시험에 합격하기 위해서는 각 교시별 40% 이상 득점과 총점 60% 이상 득점이라는 두 가지 조건을 충족해야 한다. 『합격족보 필수 키워드 40』은 이 두 가지 조건 중에서도 특히 각 교시별 40% 이상 득점해야 하는 과락 기준을 피하는 데에 초점을 두고 준비한 책이다.

이 책은 22회 기출문제 중 13회부터 22회까지의 최근 10년간 기출 흐름을 분석하여 각 영역별로 5개의 키워드를 추려 총 40개의 키워드를 집중적으로 살펴볼 수 있도록 하였다. 이 키워드들은 과락을 면하기 위한 안전선이 되어줄 필수 중의 필수 키워드이다. 각 필수 키워드마다 대표기출문제를 맛보기 삼아 풀어보고, 요약을 통해 주요 내용을 확인하고, 정답훈련을 통해 23회 시험의 합격을 위한 응용력을 키워보자.

이 책의 기본구성은 올 7월 출간될 『기출회독』을 기반으로 하며, 기출회독의 더 많은 키워드를 통해 합격점을 채울 수 있기를 바란다.

CONTENTS

합격을 잡는 학습방법

아임패스와 함께하는 단계별 합격전략

나눔의집의 모든 교재는 강의가 함께한다. 혼자 공부하느라 머리 싸매지 말고, 아임패스를 통해 제공되는 강의와 함께 기본개념을 이해하고 암기하고 문제풀이 요령을 습득해보자. 또한 아임패스를 통해 선배 합격자들의 합격수기, 학습자료, 과목별 질문 등을 제공하고 있으니 23회 합격을 위해 충분히 활용해보자.

기본개념 학습 과정

1단계

강의로 쌓는 기본개념

어떤 유형의, 어떤 난이도의 문제가 출제되더라도 답을 찾기 위해서는 기본적인 개념이 탄탄하게 잡혀있어야 한다. 기본개념서를 통해 2급 취득 후 잊어버리고 있던 개념들을 되살리고, 몰랐던 개념들과 애매했던 개념들을 정확하게 잡아보자. 한 번 봐서는 다 알 수 없고 다 기억할 수도 없지만 이제 1단계, 즉 이제 시작이다. '이렇게 공부해서 될까?'라는 의심 말고 '시작이 반이다'라는 마음으로 자신을 다독여보자.

기본개념 완성을 위한 학습자료

기본개념 강의, 기본쌓기 문제, ○ X 퀴즈, 기출문제, 정오표, 묻고답하기, 지식창고, 보충자료 등을 아임패스를 통해 만나실 수 있습니다.

실전대비 과정

4단계

강의로 완성하는 FINAL 모의고사 (3회분)

그동안의 학습을 마무리하면서 합격에 대한 확신을 가져보자. 답안카드를 포함하고 있으므로 모의고사는 반드시 시험시간에 맞춰 풀어봐야 한다.

강의로 잡는 회차별 기출문제집

학습자가 자체적으로 모의고사처럼 시험시간에 맞춰 풀어볼 것을 추천한다.

※이 내용은 합격수기 게시판에 올라온 선배 합격자들의 학습방법을 바탕으로 재구성한 것입니다.

기출문제 번호 보는 법

22	01	25
기출회차	영역	문제번호

'기출회차-영역-문제번호'의 순으로 기출문제의 번호 표기를 제시하여 어느 책에서든 쉽게 해당 문제를 찾아볼 수 있도록 하였다.

기출문제 풀이 과정

2단계

강의로 복습하는 기출회독

한 번을 복습하더라도 제대로 된 복습이 되어야 한다는 고민으로 만들어진 책이다. 기출 키워드마다 다음 3단계 과정으로 학습해나간다. 기출회독의 반복훈련을 통해 내 것이 아닌 것 같던 개념들이 내 것이 되어감을 느낄 수 있을 것이다.
1. 기출분석을 통한 이론요약
2. 다양한 유형의 기출문제
3. 정답을 찾아내는 훈련 퀴즈

강의로 잡는 장별 기출문제집

기본개념서의 목차에 따라 편집하여 해당 장의 기출문제를 바로 풀어볼 수 있다.

요약정리 과정

예상문제 풀이 과정

3단계

강의로 끝내는 핵심요약집

8영역을 공부하다 보면 먼저 공부했던 영역은 잊어버리기 일쑤인데, 요약노트를 정리해두면 어디서 어떤 내용을 공부했는지를 쉽게 찾아볼 수 있다.

강의로 풀이하는 합격예상문제집

내 것이 된 기본개념들로 문제의 답을 찾아보는 시간이다. 합격을 위한 필수문제부터 응용문제까지 다양한 문제를 수록하여 정답을 찾는 응용력을 키울 수 있다.

2024년 제22회
사회복지사1급 국가자격시험 결과

22회 필기시험의 합격률은 지난 21회 40.70%보다 10%가량 떨어진 29.98%로 나타났다. 많은 수험생들이 3교시 과목을 어려워하는데, 이번 22회 시험의 3교시는 순간적으로 답을 찾기에 곤란할 만한 문제들이 더러 포진되어 있었고 그 결과가 합격률에 고르란히 나타난 듯하다. 이번 시험에서 정답논란이 있었던 사회복지정책론 19번 문제는 최종적으로 '전항 정답' 처리되었다.

제22회 사회복지사1급 응시현황 및 결과

※이는 필기시험 결과이다.

1회~22회 사회복지사1급 국가시험 합격률 추이

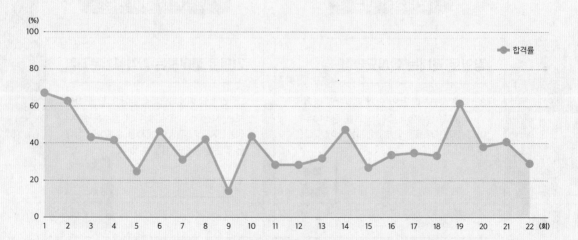

➕ 22회 영역별 기출 분석

1교시
사회복지기초

1영역 인간행동과 사회환경

우리 교재 8~13장에서 다루는 발달단계에 관한 문제는 2~4장에서 다루는 학자들의 이론이 연결되어 출제되곤 하는데, 이번 22회 시험에서는 유독 그런 경향이 강했다. 이로 인해 앞부분의 학습을 충실히 했다면 예년 시험보다 더 쉽게 느껴졌을 수 있다. 반대로, 발달이론에 대한 학습이 다소 부족했다면 점수 획득에 불리했을 것이다.

2영역 사회복지조사론

답을 선별하기 어렵게 만든 문제가 다수 출제되었으며, 기존에 자주 출제되지 않았던 분석단위, 인과관계 추론, 표집용어, 참여관찰자의 유형에 관한 문제가 출제되면서 까다롭게 느낀 수험생들도 있었을 것이다. 7장 측정과 9장 표집(표본추출)에서 총 8문제가 출제되면서 예년의 시험과 유사하게 여전히 높은 출제비중을 보였다.

2교시
사회복지실천

3영역 사회복지실천론

우리나라 사회복지 역사에서 외원단체 활동이 미친 영향을 살펴보는 문제, 1929년 밀포드 회의에서 결정된 공통요소를 확인하는 문제, 2023년 개정된 윤리강령의 윤리기준 영역을 확인하는 문제 등이 당황스럽게 느껴졌을 것 같다. 그 밖에는 답을 찾기 쉬운 문제들이 대다수였다.

4영역 사회복지실천기술론

실천모델, 가족치료모델, 개입기술 등에서 이론을 상세하게 살펴보는 문제나 사례를 분석해야 하는 고난이도 문제가 없어 점수 획득이 쉬웠을 것이다. 다만, 정신역동모델의 개입과정을 순서대로 나열하는 문제, 위기개입모델의 과정별 활동을 파악하는 문제 등이 처음 출제된 유형이어서 생소하게 느껴졌을 수 있다.

5영역 지역사회복지론

한동안 주춤했던 사회복지사의 역할이 2문제 출제되었고, 지역사회보호 개념이나 상호학습 개념, 포플의 모델 등 자주 출제되지 않았던 문제들도 등장했다. 기본개념서부터 꼼꼼하게 공부했다면 크게 어려움을 느끼지 않았을 테지만, 베이스 없이 최근 기출에만 집중했다면 시험장에서 꽤 당혹스러웠을 것이다.

3교시
사회복지정책과 제도

6영역 사회복지정책론

특정 내용에 편중되는 모습을 보였다. 5장 사회복지정책의 분석틀, 6장 사회보장론 일반, 11장 빈곤과 공공부조제도 등 3개의 장에서 무려 20문제가 출제되었다. 주목할 만한 점은 국민기초생활보장제도의 급여에 관한 문제에서 2024년부터 새롭게 개정되는 사항을 묻는 문제가 출제되기도 했다.

7영역 사회복지행정론

직무수행평가의 순서를 나열하는 문제, 섬김 리더십의 특징을 살펴보는 문제 등이 단독으로 출제된 것은 처음이었고, 시험 초창기에 출제된 적 있던 위원회 구조에 관한 문제가 아주 오랜만에 등장한 것도 특징적이다. 그럼에도 수험생들이 어려워하는 내용들이 답을 찾기에 곤란한 수준으로 출제된 것은 아니어서 전체 난이도는 예년과 비슷했다.

8영역 사회복지법제론

다수의 문제에서 기존에 출제되지 않았던 법조항이 출제되어 전반적인 난이도가 높았다. 사회복지사업법의 자원봉사활동 지원·육성, 국민기초생활보장법의 지역자활센터 사업, 의료급여법의 의료급여심의위원회 등 그동안 거의 출제되지 않았던 법조항이 다수 출제되어 생소하고 어렵게 느껴졌을 것이다.

➕ 사회복지사1급 필기시험 합격기준

	시험 과목 및 영역		면과락 기준	총점 기준
	과목	영역		
1교시	사회복지기초	인간행동과 사회환경 사회복지조사론	20점 이상 득점	120점 이상 득점
2교시	사회복지실천	사회복지실천론 사회복지실천기술론 지역사회복지론	30점 이상 득점	
3교시	사회복지정책과 제도	사회복지정책론 사회복지행정론 사회복지법제론	30점 이상 득점	

※ 필기시험 합격은 면과락 기준과 총점 기준을 모두 충족해야 함
  – 면과락 기준: 각 과목(교시)별 득점이 40% 이상이어야 과락이 아님
  – 총점 기준: 200점 만점에 120점 이상 득점해야 함

➕ 나눔의집 합격자의 영역별 평균 득점 현황

다음은 최근 5개년 나눔의집 가채점 이벤트의 데이터 자료입니다.
이를 참고하여 자신의 전략영역과 목표점수를 잡아보시기 바랍니다.

	인행사	조사론	실천론	기술론	지사복	정책론	행정론	법제론	총점
22회	16.8	13.6	17.9	17.5	15.3	14.9	17.3	12.2	125.5
21회	17.2	13.9	18.9	13.2	15.9	15.2	17.1	16.7	128.1
20회	18.2	12.2	20.7	15.6	17.3	14.8	15.4	14.1	128.3
19회	15.6	14.8	19.2	19.3	15.6	14.4	20.2	15.0	134.1
18회	18.9	13.1	17.2	14.8	15.8	12.6	15.8	14.8	123.0
5개년 평균	17.0	13.6	19.2	16.4	16.0	14.8	17.5	14.5	127.3점
	1과목: 30.6점		2과목: 51.6점			3과목: 46.8점			

➕ 합격기준 예시

예 1과목 과락으로 불합격 – 1교시 과락을 면하기 위한 점수는 20점 이상

인행사	조사론	실천론	기술론	지사복	정책론	행정론	법제론
11	8	23	20	19	13	20	17
1과목 득점: 19		2과목 득점: 62			3과목 득점: 50		총점: 131

1교시 과락

예 3과목 과락으로 불합격 – 2, 3교시 과락을 면하기 위한 점수는 30점 이상

인행사	조사론	실천론	기술론	지사복	정책론	행정론	법제론
20	14	22	18	21	7	14	8
1과목 득점: 34		2과목 득점: 61			3과목 득점: 29		총점: 124

3교시 과락

예 총점 부족으로 불합격 – 총점 기준은 120점 이상

인행사	조사론	실천론	기술론	지사복	정책론	행정론	법제론
17	12	18	15	16	11	18	12
1과목 득점: 29		2과목 득점: 49			3과목 득점: 41		총점: 119

총점 미달

예 조사론이 0점이어도 두 가지 합격 기준을 모두 통과

인행사	조사론	실천론	기술론	지사복	정책론	행정론	법제론
21	0	20	17	16	13	18	15
1과목 득점: 21		2과목 득점: 53			3과목 득점: 46		총점: 120

합격

➕ 일러두기

● 이 책은 한국사회복지교육협의회의 『사회복지 교과목 지침서 2022』를 바탕으로 하면서도 시험의 출제경향, 대학교재의 공통사항, 학습의 편의성 등을 고려하여 구성하였다.

● 수험서에서 다루고 있는 법률은 2024년 3월 초 현재 시행 중인 규정을 따랐다. 이후 추가적인 개정사항이 있을 시 주요 사항을 정리하여 아임패스 내 '학습자료'를 통해 게시할 예정이다.

● 이 책에서 발생할 수 있는 오류사항에 대해서는 아임패스 내 '정오표' 게시판을 통해 정정할 예정이다.

● 학습 중 헷갈리거나 궁금한 내용이 있을 때에는 아임패스 내 '과목별 질문' 게시판을 이용할 수 있다.

1영역 인간행동과 사회환경

	합격족보 필수 키워드	10년간 출제문항수	기출회독 No.
01	생태체계이론	17	015
02	피아제의 인지발달이론	14	008
03	에릭슨의 심리사회이론	12	005
04	프로이트의 정신분석이론	11	004
05	청소년기	11	023

➕ 출제비중

『**인간행동과 사회환경**』 필수 키워드 5개의 회차별 출제비중을 확인해보세요.

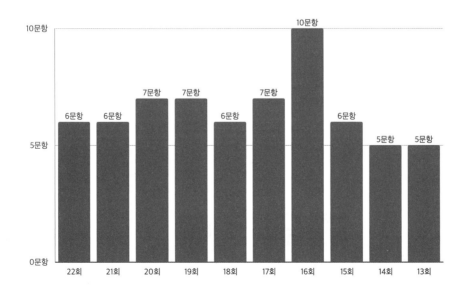

keyword	생태체계이론
sub keywords	생태체계이론의 특징, 생태체계이론의 주요 개념, 생태체계 관점
focus	생태체계이론은 최근 시험에 아주 비중있게 출제되고 있다. 생태체계이론의 주요 개념, 특징, 유용성 등을 확인해야 한다. 특히 브론펜브레너의 생태체계 구성은 사례와 연결해 출제되기도 한다.

21-01-14

브론펜브레너(U. Bronfenbrenner)의 사회환경체계에 관한 설명으로 옳은 것은?

① 문화, 정치, 교육정책 등 거시체계는 개인의 삶에 직접적이고 강력한 영향을 미친다.

② 인간을 둘러싼 사회환경을 미시체계, 중간체계, 내부체계, 거시체계로 구분했다.

③ 중간체계는 상호작용하는 둘 이상의 미시체계 간의 관계로 구성된다.

④ 내부체계는 개인이 직접 참여하거나 관여하지는 않으나 개인에게 영향을 미치는 체계로 부모의 직장 등이 포함된다.

⑤ 미시체계는 개인의 새로운 환경으로 이동할 때마다 형성되거나 확대된다.

정답률 확인	① 6% ② 8% **③ 69%** ④ 3% ⑤ 14%

답 ③

오답노트

① 거시체계는 개인의 삶에 직접적으로 개입하지 않는다.

② 브론펜브레너는 사회환경을 미시체계, 중간체계, 외부체계, 거시체계로 구분하였다. 내부체계는 해당하지 않는다.

④ 개인이 직접 참여하거나 관여하지는 않으나 개인에게 영향을 미치는 체계로 부모의 직장 등이 포함되는 것은 내부체계가 아니라 외부체계이다.

⑤ 개인이 새로운 환경으로 이동할 때마다 형성되거나 확대되는 체계로 적절한 것은 미시체계가 아니고 중간체계이다.

➕ 출제빈도

빈출 키워드 〈기출회독〉
015
3회독 시스템으로 합격을 완성하세요.

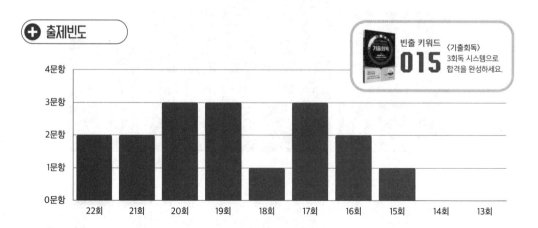

생태체계이론

★ 최근 10년간 **17문항** 출제 ★

이론요약

생태체계이론의 특징

[기본개념]
인간행동과 사회환경

5장

- 인간과 환경 사이의 상호보완성을 설명한다.
- 인간과 환경은 서로 분리되어 있는 것이 아니라 **지속적인 상호교류 안에서 존재**하는 하나의 체계로 본다.
- '환경 속의 인간'을 설명하는 데 있어서 **개인–환경 간에 적합성, 개인과 환경 간의 상호교류, 적응을 지지하거나 또는 방해하는 요소 등을 중요**하게 여긴다.
- 인간의 현재 행동은 인간과 환경 모두의 상호 이익을 찾는 과정에서 나타나는 것으로 본다.
- 클라이언트가 가진 어떠한 문제도 클라이언트 자신의 책임으로 보지 않고 **클라이언트를 둘러 싸고 있는 환경과의 상호작용의 산물**로서 본다.

생태체계이론의 주요 개념

- 에너지: 인간과 환경 사이에 적극적으로 개입하는 자연발생적 힘으로 투입이나 산출의 형태를 띤다.
- 적응: 주변 환경의 조건에 맞추어 조절하는 능력을 말한다.
- 적합성: 인간의 적응 욕구와 환경자원이 부합되는 정도이며, 개인적 욕구와 사회적 요구 사이의 조화와 균형 정도를 의미한다.
- 대처: 적응의 한 형태로 문제를 극복하기 위해 노력하는 것을 의미한다.
- 유능성: 확고한 결정을 내리고, 자신의 판단을 신뢰하며, 자기확신을 갖고, 환경에 바람직한 영향을 미칠 수 있는 능력을 의미한다.
- 스트레스: 개인과 환경 사이의 상호교류에서 나타나는 불균형으로 야기되는 생리·심리·사회적 상태를 말한다.
- 적소: 특정 집단이 공동체의 사회적 구조에서 차지하는 직접적 환경이나 지위들을 말한다.

생태체계의 구성

- 유기체(organism): 개별적이고 통제적이며 살아 있는 체계로 에너지와 정보를 필요로 한다.
- 미시체계(micro system): **개인 혹은 인간이 속한 가장 직접적인 사회적·물리적 환경**이다. 인간과 직접적이고 대면적인 상호작용을 함으로써 인간에게 영향력을 미친다.
- 중간체계(meso system): **두 가지 이상의 미시체계들 간의 관계 혹은 특정한 시점에서 미시체계들 간의 상호작용**

을 의미한다. 가족, 직장, 여러 사교집단 등 소집단이나 가족과 같은 개인을 둘러싸고 있는 두 가지 이상의 환경에서 일어나는 과정과 연결성이다.

- 외(부)체계(exo system): 개인과 직접 상호작용하지는 않으나 미시체계에 영향을 주는 사회적 환경이다.
- 거시체계(macro system): 개인이 속한 사회의 이념이나 제도의 일반적인 형태 혹은 개인에게 영향을 미치는 환경요소, 광범위한 사회적 맥락이다.
- 시간체계(chronosystem): 개인의 전 생애에 걸쳐 일어나는 변화와 역사적인 환경을 포함하는 체계이다.

다음 내용이 **왜 틀렸는지**를 확인해보자

17-01-15

01 생태체계이론은 <u>개인의 심리역동적 변화의지 향상에 초점</u>을 둔다.

생태체계이론은 유기체들이 어떻게 상호 적응상태를 이루고 어떻게 상호 적응해가는지에 초점을 두며, 인간과 주변환경 간의 상호교류, 상호의존성 또는 역동적 교류와 적응을 설명하는 통합적 관점이다.

16-01-05

02 <u>적합성</u>이란 체계가 균형을 위협받았을 때 이를 회복하려는 경향을 말한다.

체계가 균형을 위협받았을 때 이를 회복하려는 경향은 항상성에 해당한다. 적합성이란 인간의 적응 욕구와 환경자원이 부합되는 정도이며, 개인적 욕구와 사회적 욕구 사이의 조화와 균형 정도를 의미한다.

11-01-17

03 '환경 속의 인간' 관점에 의하면 <u>인간은 사회환경을 지배하는 독립적 존재</u>이다.

'환경 속의 인간'은 상호 긴밀히 영향을 주고받으며 상호교류하는 인간과 환경 사이의 관계에 초점을 둔다. 따라서 인간은 사회환경에 영향을 받으면서 영향을 미치기도 하는 존재이다.

04 <u>거시체계</u>는 두 가지 이상의 미시체계들 간의 관계 혹은 특정한 시점에서 미시체계들 간의 상호작용을 의미한다.

두 가지 이상의 미시체계들 간의 관계 혹은 특정한 시점에서 미시체계들 간의 상호작용을 의미하는 것은 중간체계이다. 거시체계는 개인이 속한 사회의 이념이나 제도의 일반적인 형태 혹은 개인에게 영향을 미치는 환경요소, 광범위한 사회적 맥락이다.

05 인간은 환경에 반응하지만 <u>스스로 환경을 창조해 내지는 못한다.</u>

인간은 환경에 반응할 뿐만 아니라 스스로 환경을 창조해 내는 주인이기도 하다.

06 생태체계이론의 주요 개념으로 <u>대처</u>는 인간의 적응 욕구와 환경자원이 부합되는 정도를 말한다.

인간의 적응 욕구와 환경자원이 부합되는 정도는 적합성을 의미한다. 대처란 적응의 한 형태로 문제를 극복하기 위해 노력하는 것을 말한다.

07 생태체계이론에서 인간은 목적지향적, 사회문화적, **환경순응적** 존재이다.

> 생태체계이론에서 강조하는 '환경 속 인간'이 인간을 환경순응적 존재, 수동적 존재로 본다는 의미는 아니다. 오히려 인간을 능동적, 목적지향적, 사회문화적 존재로 보면서 인간은 스스로 환경과 관계하며 환경에 적응하기도 하고 환경에 영향을 미치기도 하며 자아를 발달해가는 존재로 설명하였다.

`20-01-15`

08 브론펜브레너의 생태체계 구성에서 **미시체계**는 개인의 발달에 영향을 미치는 관계를 포함하며, 부모의 직업, 자녀의 학교 등이 해당한다.

> 미시체계는 개인 혹은 인간이 속한 가장 직접적인 사회적·물리적 환경으로 가족, 또래집단 등이 해당한다. 부모의 직업, 자녀의 학교 등은 외체계에 해당한다.

빈칸에 들어갈 **알맞은 말을** 채워보자

`19-01-14`

01 (   )은/는 개인과 직접 상호작용하지는 않으나 미시체계에 영향을 주는 사회적 환경이다.

`16-01-05`

02 생태체계이론은 체계이론과 (   )을/를 통합한다.

`07-01-22`

03 개인에게 직접적으로 영향을 미치며 성장함에 따라 변화하는 생태학적 환경은 (   )이다.

04 (   )은/는 개인이 지각한 요구와 이러한 요구를 충족시킬 수 있는 자원을 활용할 수 있는 능력 사이의 불균형에서 발생한다.

05 생태학적 관점에서의 인간관은 한마디로 (   )(이)라는 전체적 인간관을 가지고 있다.

 답 **01** 외(부)체계 **02** 생태학적 관점 **03** 미시체계 **04** 스트레스 **05** 환경 속의 인간

다음 내용이 옳은지 그른지 판단해보자

18-01-16
01 생태학적 이론은 환경과의 상호작용에서 인간을 수동적인 존재로 본다. ◎ ⊗

15-01-12
02 생태학적 이론은 인간과 환경 사이의 상호보완성을 설명하는 데 관심을 둔다. ◎ ⊗

06-01-17
03 생태체계관점은 클라이언트에게 개입할 수 있는 단 하나의 유일한 기법을 제시한다. ◎ ⊗

05-01-27
04 생태학 이론은 인간에 대해 낙관론적 견해를 지닌다. ◎ ⊗

05 생태체계이론은 사회복지사가 클라이언트체계이 자원을 발견하며, 클라이언트체계의 역량을 강화하는 개념적 도구로서 활용되기도 한다. ◎ ⊗

06 미시체계는 사회환경 내의 다양한 중범위체계와 역동적으로 상호작용한다. ◎ ⊗

07 생태체계관점에 의하면 모든 인간행동은 내적인 욕구와 환경적인 욕구 사이의 조화를 찾기 위한 적응과정으로 보고 있기 때문에, 어떤 행동도 부적응 행동으로 규정할 수 없다. ◎ ⊗

08 생태체계 관점에서 클라이언트를 사정할 때에는 거시체계보다 미시체계에 초점을 두어야 한다. ◎ ⊗

답 **01** × **02** ○ **03** × **04** ○ **05** ○ **06** ○ **07** ○ **08** ×

해설 **01** 생태학적 이론은 환경과의 상호작용에서 인간을 능동적인 존재로 본다.
03 생태체계관점은 통합적 관점으로서 2가지 이상의 개입기법을 사용한다.
08 미시체계, 거시체계 모두 사정한다.

keyword	피아제의 인지발달이론
sub keywords	인지발달이론의 특징, 인지발달이론의 주요 개념, 인지발달단계
focus	이론의 특징이나 한계점, 각 단계별 특징 및 핵심 개념을 묻는 문제 등이 출제되고 있다. 특히, 피아제의 인지발달단계에 관한 내용은 단독문제로 출제되는 것은 물론이고, 유아기, 아동기, 청소년기 등 생애주기 영역과 교차되는 내용이 많기 때문에 감각운동기, 전조작기, 구체적 조작기, 형식적 조작기 등 발달단계별 세부적인 특징을 모두 꼼꼼하게 살펴봐야 한다.

21-01-17

피아제(J. Piaget)의 인지발달이론에 관한 설명으로 옳은 것은?
① 전 생애의 인지발달을 다루고 있다.
② 문화적 · 사회경제적 · 인종적 차이를 고려하였다.
③ 추상적 사고의 확립은 구체적 조작기의 특징이다.
④ 인지는 동화와 조절의 과정을 통하여 발달한다.
⑤ 전조작적 사고 단계에서 보존개념이 획득된다.

정답률 확인	① 7% ② 3% ③ 9% ④ 66% ⑤ 15%

답 ④

오답노트
① 피아제가 제시한 인지발달단계는 감각운동기(0~2세) → 전조작기(2~7세) → 구체적 조작기(7~11/12세) → 형식적 조작기(12세~성인)이다.
② 문화적 · 사회경제적 · 인종적 차이를 고려하여 인지발달단계를 제시한 것은 아니다.
③ 추상적 사고의 확립은 형식적 조작기의 특징이다.
⑤ 보존개념은 전조작기부터 어렴풋하게 이해하기 시작하며 구체적 조작기에서야 획득된다.

➕ **출제빈도**

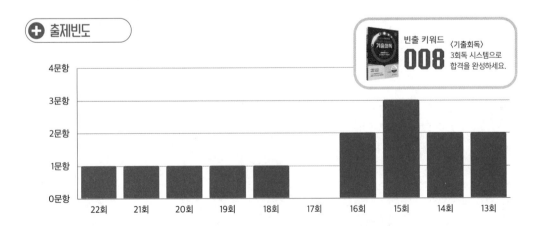

빈출 키워드 〈기출회독〉
008 3회독 시스템으로 합격을 완성하세요.

피아제의 인지발달이론

강의 QR코드

★ 최근 10년간 **14문항** 출제 ★

이론요약

인지발달이론의 특징

[기본개념]
인간행동과 사회환경

3장

- 인간은 인지적 특성에 따라서 **환경적 자극을 인지적으로 재해석하고 환경에 반응**한다고 가정한다.
- **인간의 감정이나 행동은 인지 혹은 생각에 의해 통제**될 수 있다.
- 인간은 매우 주관적인 존재이기 때문에 객관적인 현실이란 존재하지 않는다.
- 각 개인의 정서, 행동, 사고는 개인이 현실세계를 구성하는 방식에 따라 다르다.
- **인간의 의지는 환경과 상호작용하면서 변화하고 발달**한다.
- 발달단계에 있어서 각 단계에 도달하는 개인 간 연령의 차이는 있을 수 있으나 발달순서는 뒤바뀌지 않는다.

인지발달이론의 주요 개념

- 인지능력: 사람들에게 마음으로 무언가를 하게 만드는 인간의 모든 성격 또는 특성을 말한다.
- 보존: 6세 이상의 아이들은 동일한 양의 액체를 서로 다른 모양의 컵에 넣어도 항상 그 양이 동일하다는 개념을 이해하고 있는데, 이 개념을 보존이라 한다.
- 도식(스키마): 사물이나 사건, 자극에 대한 전체적인 윤곽이나 개념을 말하며, 세상을 인식하고 이해하는 가장 바탕이 되는 정신적 틀을 의미한다.
- 적응: 직접적인 환경과의 상호작용을 통해 도식이 변화하는 과정으로서, 동화와 조절이라는 수단을 통해 진행된다.
- 조직화: 상이한 도식들을 자연스럽게 서로 결합하는 것을 말한다.

인지발달단계

▶ 감각운동기(0~2세)

- 감각운동기는 간단한 반사반응을 하고 기본적인 환경을 이해하는 시기이다.
- 외부세계에 대한 정보를 습득하기 위해 빨기, 쥐기, 때리기와 같이 반복적 반사활동을 한다.
- **목적지향적 행동을 하며, 대상영속성을 이해하기 시작**한다.
- 감각운동기의 하위 6단계: 반사활동기 → 1차순환반응 → 2차순환반응 → 2차도식들의 협응 → 3차순환반응 → 통찰기(정신적 표상)

▶ 전조작기(2~7세)

- 상징적 사고가 본격화되면서 **가상놀이(상상놀이)를 즐긴다.**
- 감각운동기에 형성되기 시작한 **대상영속성이 확립**된다.
- 자신만을 인식하며 다른 사람의 욕구와 관점을 인식하지 못하는 **자아중심성을 갖는다.**
- 한 가지 대상 또는 한 부분의 상황에만 집중하고 다른 모든 측면을 무시하는 **중심화 경향**이 있다.
- 관계의 또 다른 면을 상상하지 않고 한 방향에서만 생각하는 **비가역성을 갖는다.**
- 보존개념을 어렴풋이 이해하기 시작하지만 아직 획득하지 못한 단계이다.

▶ 구체적 조작기(7~11/12세)

- 아동의 사고 능력은 구체적인 수준에서 논리적인 수준으로 발달한다.
- 모든 정신적 활동은 **대상이 실제로 눈에 보일 때만 가능**한 시기다.
- 형태 혹은 위치가 변할 수 있음을 이해하는 **보존개념(동일성, 보상성, 가역성)을 획득**한다.
- 사물을 일정한 속성에 따라 분류할 수 있는 능력인 **유목화 기능을 갖는다.**
- 특정한 속성이나 특징을 기준으로 하여 사물을 순서대로 배열하는 능력인 **서열화를 갖는다.**
- 논리적 사고를 방해하는 전조작기 사고의 특징인 **자아중심성을 극복**한다.
- 더 이상 한 가지 변수에만 의존하지 않고 더 많은 변수를 고려하게 된다.
- 사고의 비가역성을 극복함으로써 **가역적 사고가 가능**해진다.

▶ 형식적 조작기(11/12세~성인기)

- 구체적인 자료가 없어도 추상적으로 추론하고 생각하는 **추상적 사고가 가능**하다.
- 어떤 정보로부터 가설을 수립하여 일반적인 원리를 바탕으로, 특수한 원리를 논리적으로 이끌어내는 사고가 가능하다.
- 문제해결을 위해 사전에 모든 가능한 방법들을 생각하고 체계적으로 조합할 수 있는 능력이 형성된다.
- 관련된 모든 변인들의 관련성을 파악하여 적절한 문제해결 방법을 찾아낼 수 있다.
- **가설을 설정하고 미래의 사건을 예측**할 수 있다.

정답훈련

다음 내용이 **왜 틀렸는지**를 확인해보자

01 피아제는 인간을 매우 <u>객관적인 존재로 보았기</u> 때문에 <u>객관적인 현실이 존재</u>한다고 보았다.

> 피아제는 인간은 매우 주관적인 존재이기 때문에 객관적인 현실이란 존재하지 않는다고 보았다.

12-01-19

02 <u>전조작기</u>에는 유목화가 가능하여 동물과 식물이 생물보다 하위개념임을 안다.

> 전조작기가 아닌 구체적 조작기에 해당한다. 전조작기에는 논리적 사고가 이루어지지 않아 유목화가 어렵다.

11-01-04

03 피아제는 발달단계에 있어서 각 단계에 도달하는 개인 간 연령의 차이가 있을 수 있으며, **발달의 순서도 뒤바뀔 수 있다고 보았다.**

> 발달의 순서는 뒤바뀌지 않는다고 보았다.

04 **구체적 조작기**에는 대상이 실제로 눈에 보이지 않아도 가설을 세우고 추론할 수 있다.

> 대상이 눈에 보이지 않아도 머릿속으로 사고할 수 있는 추상적 사고가 가능한 시기는 형식적 조작기이다.

15-01-18

05 전조작기에는 감각운동기에 나타나기 시작한 **대상영속성이 사라진다.**

> 전조작기에는 감각운동기에 나타나기 시작한 대상영속성이 확립된다.

06 감각운동기의 하위 6단계 중 외부세계에 대한 대처로서, 쥐기, 빨기, 때리기, 차기와 같은 반사적 행동에 의존하는 단계는 **3차순환반응기(12~18개월)**이다.

> 감각운동기의 하위 6단계 중 외부세계에 대한 대처로서, 쥐기, 빨기, 때리기, 차기와 같은 반사적 행동에 의존하는 단계는 반사활동기(출생~1개월)이다. 3차순환반응기(12~18개월)에는 실험적 사고에 열중하며, 새로운 원인과 결과의 관계에 대해서 이를 가설화하여 다른 결과를 관찰하기 위해 다른 행동들을 시도하는 단계이다.

빈칸에 들어갈 알맞은 말을 채워보자

16-01-12
01 감각운동기의 6단계 중 손가락 빨기와 같이 우연한 신체적 경험을 하여 흥미 있는 결과를 얻었을 때 이를 반복하는 단계는 (   )이다.

15-01-06
02 (   )에는 비논리적 사고에서 논리적 사고로 전환된다.

03 동화와 조절을 통해 균형 상태를 이루는 것은 (   )라 하며, 모든 도식은 평형상태를 지향한다.

04 (   )은/는 대상이 시야에서 사라져도 계속 존재한다고 생각할 수 있는 것으로, 전조작기에 확립되는 특징이다.

14-01-06
05 (   )은/는 전조작기의 도덕적 수준으로 규칙은 불변적이며 지키지 않으면 벌을 받기 때문에 절대적으로 지켜야 한다고 생각한다.

06 인지발달단계는 (   ) – 전조작기 – 구체적 조작기 – 형식적 조작기의 순서이다.

07 물질의 질량 혹은 무게가 동일하게 남아 있는 동안에도 형태 혹은 위치가 변할 수 있음을 이해하는 것이 (   )이다.

13-01-03
08 (   )은/는 새로운 정보나 자극을 기존의 도식으로 받아들이는 과정으로 기존의 도식으로 새로운 경험, 자극, 사물을 이해하는 것을 말한다.

09 구체적 조작기에는 사물의 분류에서 전체와 부분과의 관계를 이해할 수 있는 능력인 (   )을/를 획득한다.

09-01-09
10 전조작기에는 타인은 인식하지 못하고 자신만을 인식하는 (   )이/가 나타난다.

답 **01** 1차순환반응기(1~4개월) **02** 구체적 조작기 **03** 평형화 **04** 대상영속성 **05** 타율적 도덕성 **06** 감각운동기 **07** 보존개념
08 동화 **09** 분류화 **10** 자아중심성

다음 내용이 옳은지 그른지 판단해보자

01 `14-01-13`
피아제 이론은 전 생애의 발달을 다루고 있다. ◎ ⊗

02 `12-01-19`
구체적 조작기에는 보존의 개념을 획득하게 되어 역조작성의 논리를 사용할 수 있다. ◎ ⊗

03 전조작기의 가장 중요한 특징은 추상적 사고가 가능하다는 것이다. ◎ ⊗

04 인간의 환경에 대한 적응은 동화와 조절의 상호작용에 의해 발생한다. ◎ ⊗

05 `11-01-04`
피아제 이론에 의하면 발달이 완성되면 낮은 단계의 사고로 전환하지 않는다. ◎ ⊗

06 `08-01-08`
피아제 이론은 문화적, 사회경제적, 인종적 차이 등을 충분히 고려하지 않았다는 한계점이 있다. ◎ ⊗

07 `19-01-01`
피아제의 이론은 발달단계의 순서가 개인과 문화에 따라 다르게 나타날 수 있음을 인식하는 데 공헌하였다. ◎ ⊗

08 인지발달을 위해서는 내적 성숙, 직접경험, 사회적 전달이 서로 잘 조화되어야 하고, 평형상태가 유지되어야 한다고 보았다. ◎ ⊗

09 형식적 조작기에는 가설을 설정하고 미래의 사건을 예측할 수 있으며, 제시된 문제가 자신의 이전 경험이나 신념과 어긋난다 할지라도 처리가 가능하다. ◎ ⊗

10 타율적 도덕성은 10세경까지 지속되다가 규칙이 협동적 상호작용을 위한 계약임을 배우게 되면서 자율적 도덕성으로 전환된다. ◎ ⊗

답 01 × 02 ○ 03 × 04 ○ 05 × 06 ○ 07 × 08 ○ 09 ○ 10 ○

해설 **01** 피아제는 성인기 이후의 발달에 대해서는 논의하지 않았다.
03 추상적 사고는 형식적 조작기의 특징에 해당한다.
05 형식적 조작기에 도달한 아동이나 고도로 인지발달이 된 성인도 때로는 낮은 단계의 사고를 한다.
07 피아제 이론은 발달단계에 있어서 각 단계에 도달하는 개인 간 연령의 차이는 있을 수 있으나 발달단계의 순서는 뒤바뀌지 않는다고 보았다. 또한 문화적 차이를 인식하지는 못했다.

합격족보 필수 키워드 03

keyword	에릭슨의 심리사회이론
sub keywords	심리사회이론의 인간관 및 주요 특징, 발달단계에 따른 심리사회적 위기 및 자아특질
focus	심리사회이론의 전반적인 내용을 다루는 문제들이 출제되고 있는데, 주된 포커스는 심리사회적 발달 단계의 특징 및 단계별 위기에 있다. 에릭슨의 8단계는 개별 발달단계와 연관해서도 자주 등장하기 때문에 각 단계별 위기와 성취할 과업 등을 꼼꼼히 정리하고 암기해두어야 한다.

라-01-05

에릭슨(E. Erikson)의 이론으로 옳지 않은 것은?

① 개인의 성격은 전 생애를 통하여 발달한다.
② 청소년기의 주요 발달과업은 자아정체감 형성이다.
③ 각 단계의 발달은 이전 단계의 발달을 토대로 이루어진다.
④ 성격발달에 있어서 환경과의 상호작용이 중요하다고 본다.
⑤ 학령기(아동기)는 자율성 대 수치와 의심의 심리사회적 위기를 겪는다.

정답률 확인   ① 3% ② 2% ③ 2% ④ 5% ⑤ 88%

답 ⑤

⑤ 학령기(아동기, 6~12세)는 근면 대 열등의 심리사회적 위기를 겪는다. 자율성 대 수치와 의심의 심리사회적 위기를 경험하는 단계는 초기아동기(18개월~3세)에 해당한다.

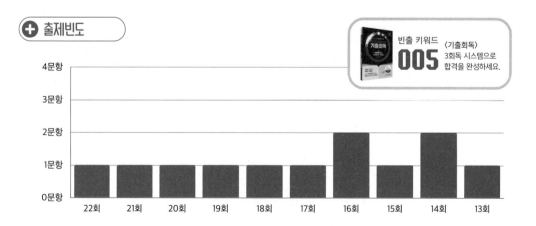

➕ 출제빈도

빈출 키워드 〈기출회독〉
005
3회독 시스템으로 합격을 완성하세요.

	22회	21회	20회	19회	18회	17회	16회	15회	14회	13회
문항 수	1	1	1	1	1	1	2	1	2	1

에릭슨의 심리사회이론

강의 QR코드

1회독	**2**회독	**3**회독
월 일	월 일	월 일

★ 최근 10년간 **12문항** 출제 ★

이론요약

심리사회이론의 특징

- 인간행동의 기초로서 원초아(id)보다 **자아(ego)를 더 강조하며**, 자아는 환경에 대한 유능성과 지배감을 확보하려고 하기 때문에 발달에 중요한 역할을 한다.
- 인간행동은 무의식에 의해서 결정되는 것이 아니라 **의식 수준에서 통제 가능한 자아에 의해서 동기화**된다.
- 발달과정에서 자아에 영향을 주는 **환경적 영향을 중요하게 생각**하였다.
- 발달단계에서 외부 환경에 대처하고 적응하는 과정을 중요하게 다룬다.
- **환경 속의 인간이라는 관점 형성에 크게 기여**하였다.

[기본개념]
인간행동과 사회환경

2장

심리사회이론의 주요 개념

- 자아정체감: 개인의 자아가 그의 인격체를 통합하는 방식에 있어서 동질성과 연속성이 유지되고 있다는 사실을 인식하는 동시에 자기 존재의 동일성과 독특성을 지속하고 고양시켜 나가는 자아의 자질을 의미한다.
- 점성원리: 발달은 기존의 기초 위에서 이루어지며, 특정 단계의 발달은 이전 단계에서 성취한 발달과업의 영향을 받는다.
- 위기: 각 단계의 심리사회적 위기를 성공적으로 극복하면 긍정적 자아특질이 강화되고, 개인의 성격이 발달한다.

심리사회적 발달단계

- 유아기(출생~18개월): **신뢰감 대 불신감 ➡ 희망**, 주요 관계: 어머니
- 초기 아동기(18개월~3세): **자율성 대 수치심 ➡ 의지**, 주요 관계: 부모
- 학령전기(3~6세): **주도성 대 죄의식 ➡ 목적**, 주요 관계: 가족
- 학령기(아동기, 6~12세): **근면성 대 열등감 ➡ 능력**, 주요 관계: 이웃 및 학교(교사)
- 청소년기(12~20세): **자아정체감 대 역할혼란 ➡ 충성심, 성실성**, 주요 관계: 또래집단
- 성인초기(20~24세): **친밀감 대 고립감 ➡ 사랑**, 주요 관계: 우정 · 애정 · 경쟁 · 협동의 대상들
- 성인기(24~65세): **생산성 대 침체 ➡ 배려**, 주요 관계: 직장동료 및 확대가족
- 노년기(65세 이후): **자아통합 대 절망 ➡ 지혜**, 주요 관계: 인류 및 동족

다음 내용이 **왜 틀렸는지**를 확인해보자

`18-01-09`

01 에릭슨 이론은 사회적 관심, 창조적 자아, 가족형상 등을 강조한다.

> 사회적 관심, 창조적 자아, 가족형상 등을 강조한 것은 아들러 이론이다.

`13-01-09`

02 심리사회적 이론은 인간의 공격성과 성적 충동의 영향력을 강조한다.

> 에릭슨의 심리사회이론이 아닌 프로이트의 정신분석이론에 해당하는 설명이다.

---

03 에릭슨 이론은 발달과정을 5단계로 제시하고 있다.

> 에릭슨 이론은 발달과정을 8단계로 제시하고 있다. 에릭슨의 8단계는 부분적으로는 프로이트가 제안한 단계에 근거하지만, 또 부분적으로는 에릭슨의 광범위한 문화연구에 기초한다.

---

04 에릭슨은 노년기의 중요한 발달과업으로 친밀감 형성을 들고 있다.

> 에릭슨은 성인초기의 중요한 발달과업으로 친밀감 형성을 들고 있다. 노년기는 더 이상 자신이 사회에 필요한 존재가 아니라는 사실을 인식하며 자아통합이라는 과업에 직면하게 된다.

---

05 발달단계 중 5단계는 어느 때보다 경제적으로 안정되어 있고 다양한 삶의 경험을 통해 지혜를 터득하며 가정과 사회에서 중요한 역할을 수행하는 인생의 황금기이다.

> 경제적으로 안정되어 있고 다양한 삶의 경험을 통해 지혜를 터득하며 가정과 사회에서 중요한 역할을 수행하는 인생의 황금기는 7단계인 성인기(중년기)이다. 발달단계 중 5단계는 청소년기이다.

---

06 에릭슨은 부모가 아동의 성격발달에 주는 영향을 매우 강조하였다.

> 부모가 아동의 성격발달에 주는 영향을 강조한 것은 프로이트이다. 반면, 에릭슨은 개인과 부모의 관계를 비롯해서 가족에게 영향을 미친 역사적·사회적 상황에까지 관심을 갖는다.

빈칸에 들어갈 알맞은 말을 채워보자

01 에릭슨의 심리사회발달 8단계 중 학령기의 심리사회적 위기는 근면성 대 (   )이다.

02 에릭슨에 의하면 성격은 (   )의 지배력과 사회적인 지지로 형성된다.

03 성인기에는 직장 및 가족과의 관계 속에서 (①   ) 대 침체라는 심리사회적 위기를 겪으며, 이 위기를 극복함으로써 (②   )(이)라는 자아특질을 획득해나간다.

04 (   )은/는 개인의 자아가 그의 인격체를 통합하는 방식에 있어서 동질성과 연속성이 유지되고 있다는 사실을 인식하는 동시에 자기 존재의 동일성과 독특성을 지속하고 고양시켜 나가는 자아의 자질을 의미한다.

17-01-04

05 에릭슨의 심리사회적 발달단계에 의하면 영아기(0~2세, 신뢰감 대 불신감)에는 (   )(이)라는 긍정적 결과를 획득하며, 어머니와 주요 관계를 맺는다.

14-01-07

06 인간발달은 (   )을/를 따르며, 이는 8단계의 단계별 성격이 앞서 전개된 발달단계의 결과로부터 발달한다는 것을 의미한다.

14-01-14

07 에릭슨의 발달단계 중 4단계인 학령기는 프로이트 발달단계의 (   )에 해당한다.

08 8단계인 노년기에는 (①   )을/를 추구하며, 심리사회적 위기를 잘 극복하면 (②   )(이)라는 자아특질을 획득한다.

13-01-09

09 인간행동은 의식 수준에서 통제 가능한 (   )에 의해 동기화된다.

15-01-11

10 에릭슨의 발달단계 중 자율성 대 수치심의 심리사회적 위기를 겪는 단계에서의 주요 관계는 (   )이다.

답 **01** 열등감   **02** 자아   **03** ① 생산성 ② 배려   **04** 자아정체감   **05** 희망   **06** 점성원리   **07** 잠복기   **08** ① 자아통합 ② 지혜
09 자아   **10** 부모

다음 내용이 옳은지 그른지 판단해보자

19-01-05
01 에릭슨 이론은 과학적 근거나 경험적 증거가 미흡하다는 비판을 받기도 했다. ◎ ⊗

14-01-14
02 에릭슨의 자율성 대 수치와 의심 단계는 프로이트의 항문기 단계이다. ◎ ⊗

10-01-06
03 에릭슨은 각 단계별 심리사회적 위기를 극복하면 부정적 자아특질이 강화된다고 하였다. ◎ ⊗

04 에릭슨은 유아기부터 노년기까지 성격발달을 전 생애로 확장했다. ◎ ⊗

05 인간행동의 기초로서 원초아(id)보다 자아(ego)를 더 강조한다. ◎ ⊗

06 에릭슨에 의하면 자아는 그 자체로 형성되며 환경에 대해 적극적이고 창조적으로 대응한다. ◎ ⊗

11-01-11
07 인간의 행동은 사회적 관심에 대한 욕구, 유능성에 대한 욕구에서 비롯된다. ◎ ⊗

08 에릭슨의 심리사회이론은 인간의 정상적인 위기와 사건을 좀 더 정확하게 이해할 수 있는 준거틀을 제시한다. ◎ ⊗

09 에릭슨은 원초아의 에너지가 현실세계에서 만족을 추구하는 데 사용되기 시작하면서 자아가 원초아에서 분화된 것으로 보았다. ◎ ⊗

10-01-06
10 에릭슨은 성격발달에서 유전적 요인의 영향력을 배제하였다. ◎ ⊗

↻ 답 01○ 02○ 03× 04○ 05○ 06○ 07○ 08○ 09× 10×

해설 **03** 에릭슨은 각 단계별 심리사회적 위기를 극복하면 긍정적 자아특질이 강화되고, 반대로 갈등이 지속되거나 만족스럽게 해결되지 못하면 자아의 발달은 손상을 입게 되고 부정적 자아특질이 강화된다고 보았다.
09 에릭슨은 자아가 원초아에서 분화된 것이 아니라 그 자체로 형성된 것으로 보았다.
10 에릭슨은 사회적 요인이 성격발달에 미치는 영향을 강조하는 심리사회적 이론을 제시하였으나 유전적 요인의 영향력을 배제하지는 않았다.

합격족보 필수 키워드 04

keyword	프로이트의 정신분석이론
sub keywords	정신분석이론의 인간관 및 주요 특징, 주요 개념, 심리성적 발달단계, 방어기제
focus	정신분석이론의 전반적인 내용을 꼼꼼히 살펴봐야 한다. 정신분석이론의 인간관, 의식수준, 원초아/자아/초자아, 구강기 → 항문기 → 남근기 → 잠복기 → 생식기로 이어지는 5단계의 심리성적 발달단계, 방어기제의 의미 및 구체적인 사례 등 기본개념서에서 다루는 모든 내용이 기출영역이었다.

21-01-06

프로이트(S. Freud)의 정신분석이론에 관한 설명으로 옳은 것은?

① 인간이 가진 자유의지의 중요성을 강조하였다.

② 거세불안과 남근선망은 주로 생식기(genital stage)에 나타난다.

③ 성격구조를 원초아, 자아, 초자아로 구분하였다.

④ 초자아는 현실원리에 지배되며 성격의 실행자이다.

⑤ 성격의 구조나 발달단계를 제시하지 않았다.

> **정답률 확인** ① 4% ② 7% ③ 83% ④ 4% ⑤ 2%

답 ③

오답노트

① 정신분석이론에서는 인간의 행동은 무의식적 본능에 의해 결정된다고 보면서, 인간을 수동적인 존재로 보았다.

② 거세불안과 남근선망은 남근기(phallic stage, 3~6세)에 해당하는 특징이다.

④ 초자아가 아닌 자아의 특징이다.

⑤ 성격구조(구조적 모형)를 원초아, 자아, 초자아로 구분하였다. 구강기 → 항문기 → 남근기 → 잠복기 → 생식기 등 5단계의 심리성적 발달단계를 제시하였다.

➕ 출제빈도

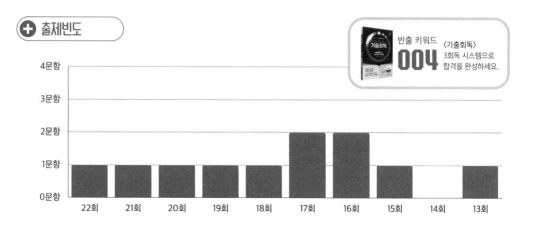

프로이트의 정신분석이론

강의 QR코드

1회독	**2**회독	**3**회독
월 일	월 일	월 일

★ 최근 10년간 **11문항** 출제 ★

이론요약

정신분석이론의 특징

• 인간의 행동은 <u>무의식적인 본능(성적 본능과 공격적 본능)에 의해 결정</u>된다.
• 인간의 자율성을 인정하지 않았으며, 인간은 비합리적이고 통제할 수 없는 무의식적인 생물학적 성적 본능에 의해 지배받는 <u>수동적 존재</u>로 보았다.
• <u>어린 시절의 경험이 중요한 영향</u>을 미치며, 유아기에 해결되지 않은 무의식적인 갈등은 성인기에 경험하는 심리적 문제의 중요한 원인이 된다.
• 인간은 무의식적인 내적 충동에 의해 야기된 긴장상태를 제거하여 쾌락을 추구하려는 속성을 지니고 있다.

[기본개념]
인간행동과 사회환경

2장

정신분석이론의 모형

▶ **지형학적 모형(의식수준)**
• <u>의식</u>: 우리가 자신에게 주의를 기울이는 바로 그 순간에 알아차릴 수 있는 경험과 감각을 말한다. 우리가 지각하고 있는 의식은 마음의 극히 일부분이다.
• <u>전의식</u>: 의식과 무의식의 중간 지점에 있으며, 이들 사이에서 교량 역할을 한다.
• <u>무의식</u>: 정신의 가장 깊은 곳에 위치해 있으며, 우리가 자각하지 못하는 경험과 기억으로 구성되었다. 인간의 지각, 경험, 행동의 상당 부분은 무의식에 의해서 결정된다.

▶ **구조적 모형(성격구조)**
• <u>원초아(id)</u>: 본능과 충동의 원천으로서 외부 세계와 단절되어 있다. 원초아에서 자아와 초자아가 분화되어 나온다. 원초아를 지배하는 원리는 고통을 피하고 쾌락을 추구하는 쾌락원리이다.
• <u>자아(ego)</u>: 원초아의 충동적 욕구를 외부세계의 제약을 고려하면서 현실적으로 표현하고 충족시키려고 노력하는 조직적, 합리적, 현실지향적 성격구조를 의미한다. 원초아와 초자아 사이에서 현실적이고 이성적인 균형을 유지하려는 역할을 하며, 현실원리에 의해 작동한다.
• <u>초자아(superego)</u>: 옳고 그름을 판단하고 결정하여 사회가 인정하는 도덕적 기준에 따라서 행동하도록 유도하는 기능을 한다. 현실적인 것보다는 이상적인 것을 추구하고 쾌락보다는 완전함을 추구한다. 자아와 함께 행동을 통제하는 기능을 한다.

주요 개념

- **인간의 본능**: 신체적 흥분이나 요구가 소망의 형태로 나타나는 것으로써 선천적인 신체적 흥분상태를 말하며, 모든 인간의 행동은 이러한 본능에 의해서 결정된다. 즉, 모든 행동의 궁극적인 원인이 된다. 본능은 직접 영향을 줄 수도 있고, 우회해서 행동에 영향을 주거나 가장될 수도 있다. 본능은 태어나면서 나타나며, 삶의 본능과 죽음의 본능은 서로 영향을 미치며 서로 융합되기도 한다.
- **리비도**: 인간행동과 성격을 규정하는 에너지의 원천, 성적 에너지를 말한다. 리비도가 집중되면 성적 긴장이 발생하고, 이 긴장을 해소함으로써 만족과 쾌감을 느낀다. 프로이트는 리비도 개념을 초기에는 자아본능(자기보존의 본능)에 대립하고 있는 성 본능(종족보존의 본능)에 따른 성적 에너지라고 보았고, 후기에는 사랑과 쾌감의 모든 표현이 포함된 것으로 보았다. 리비도는 인간발달단계에 대응한 성감대(입, 항문, 성기 등)와 충족의 목표 및 대상을 가지는데, 충족을 얻지 못할 경우 불안을 낳는다.

정신분석이론의 심리성적 발달의 5단계

- **구강기(출생~18개월)**: 입이 자극과 상호작용의 초점이다.
- **항문기(18개월~3세)**: 항문이 자극과 상호작용의 초점이다.
- **남근기(3~6세)**: 오이디푸스 콤플렉스와 엘렉트라 콤플렉스를 경험한다.
- **잠복기(6세~사춘기)**: 성적 활동이 잠재되는 시기이다.
- **생식기(사춘기~성인기 이전)**: 정신적·신체적 성숙이 거의 완성된다.

방어기제

- **억압**: 의식에서 용납하기 어려운 생각, 욕망, 충동 등을 무의식 속에 머물도록 눌러 놓는 것
- **반동형성**: 무의식 속의 받아들여질 수 없는 생각, 욕구, 충동 등을 정반대의 것으로 표현하는 경우
- **동일시**: 부모, 형, 윗사람, 주위의 중요한 인물들의 태도와 행동을 닮는 것
- **투사**: 자신이 용납할 수 없는 충동, 생각, 행동 등을 무의식적으로 다른 사람이 이러한 충동, 생각, 행동을 느끼거나 행한다고 믿는 것
- **대리형성**: 받아들여질 수 없는 소망, 충동, 감정 또는 목표를 좀 더 받아들여질 수 있는 것으로 전치하는 기제
- **상환**: 잃어버린 대상을 다른 대상으로 대치하는 것으로 대리형성의 특수한 형태, 죄책감으로부터 벗어나려는 기제
- **부정**: 의식수준으로 표출되면 도저히 감당할 수 없는 생각이나 욕구를 무의식적으로 부정하는 현상
- **보상**: 어떤 분야에서 특별히 뛰어나다는 인정을 받음으로써 다른 분야에서의 실패나 약점을 보충하고자 하는 경우
- **퇴행**: 심한 스트레스 또는 좌절을 당했을 때, 현재의 발달단계보다 더 이전의 발달단계로 후퇴하는 것
- **합리화**: 자신의 언행 속에 숨어 있는 용납하기 힘든 충동이나 욕구에 대해 사회적으로 그럴듯한 설명이나 이유를 대는 것

다음 내용이 왜 **틀렸는지**를 확인해보자

`19-01-04`

01 항문기는 양육자와의 상호작용과정에서 최초로 갈등을 경험하는 시기이다.

> 양육자와의 상호작용과정에서 최초로 갈등을 경험하는 시기는 구강기이다.

`12-01-08`

02 부모의 가장 싫은 점을 자신이 닮아가며 그대로 따라하는 행동은 방어기제 중 **반동형성**에 해당한다.

> 부모의 가장 싫은 점을 자신이 닮아가며 그대로 따라하는 행동은 적대적 동일시에 해당한다.

---

03 정신분석이론은 **성인기의 경험이 중요한 영향**을 미친다고 보았다.

> 정신분석이론은 어린 시절의 경험이 중요한 영향을 미친다고 보았다.

`11-01-02`

04 프로이트 이론은 **인간 자유의지의 중요성을 인식**하는 데 유용하다.

> 프로이트 이론은 인간이 무의식적인 충동에 의해 움직이는 지극히 수동적인 존재라고 본다.

---

05 프로이트는 개인과 부모의 관계를 비롯해서 **가족에게 영향을 미친 역사적·사회적 상황에까지 관심**을 갖는다.

> 개인과 부모의 관계를 비롯해서 가족에게 영향을 미친 역사적·사회적 상황에까지 관심을 가진 것은 에릭슨이다.

`10-01-05`

06 가까운 사람의 죽음을 받아들이는 것이 너무 고통스러워 그 사람이 잠시 여행을 간 것이라고 믿는 것은 방어기제 중 **상징화**에 해당한다.

> 가까운 사람의 죽음을 받아들이는 것이 너무 고통스러워 그 사람이 잠시 여행을 간 것이라고 믿는 것은 방어기제 중 부정에 해당한다.

빈칸에 들어갈 알맞은 말을 채워보자

01 프로이트의 심리성적 발달단계: 구강기 → (①   ) → (②   ) → 잠복기 → 생식기

`16-01-06`

02 남근기에 남아는 (   ) 콤플렉스로 인한 거세불안(아버지가 근친상간적 행동을 거세를 통해 벌할 것이 라는 두려움)을 경험한다.

03 (   )은/는 옳고 그름을 판단하고 결정하여 사회가 인정하는 도덕적 기준에 따라서 행동하도록 유도하 는 기능을 한다.

`07-01-06`

04 (   )은/는 원시적이고 본능적인 성격을 갖는다.

05 원초아를 지배하는 원리는 고통을 피하고 쾌락을 추구하는 (   )원리를 따른다.

06 (   )(이)란 인간행동과 성격을 규정하는 에너지의 원천, 성적 에너지를 말한다.

07 (   )은/는 리비도가 어떤 대상을 향해 정지해 있어 발달단계가 다음 단계로 진행하지 못하고 특정 단 계에 머무르는 것이다.

`09-01-06`

08 자아의 무의식 영역에서 일어나는 심리기제로서, 인간이 고통스러운 상황에 적응하려는 무의식적인 노력을 (   )(이)라고 한다.

09 (   )은/는 자신의 언행 속에 숨어 있는 용납하기 힘든 충동이나 욕구에 대해 사회적으로 그럴듯한 설 명이나 이유를 대는 방어기제이다.

`15-01-04`

10 (   )은/는 자신의 부정적인 충동, 욕구, 감정 등을 타인에게 찾아 그 원인을 전가시키는 것이다.

답 01 ① 항문기 ② 남근기   **02** 오이디푸스   **03** 초자아   **04** 원초아   **05** 쾌락   **06** 리비도   **07** 고착   **08** 방어기제   **09** 합리화
10 투사

다음 내용이 옳은지 그른지 판단해보자

15-01-04
01 보상(compensation)은 죄의식을 느끼게 하는 일들을 의식으로부터 무의식으로 밀어내는 방어기제이다. ◎ ✕

19-01-01
02 프로이트의 이론은 모방학습의 중요성을 인식하는 데 공헌하였다. ◎ ✕

03 정신분석이론은 지나치게 결정론적이고, 비합리적인 인간관을 가지고 있다는 비판을 받았다. ◎ ✕

12-01-08
04 운동을 잘 못하는 사람이 공부에 열중하는 행동은 신체화에 해당한다. ◎ ✕

17-01-06
05 해리는 어떤 대상에 피해를 주었을 경우, 취소 또는 무효화하는 것이다. ◎ ✕

06 인간의 모든 정신활동에는 목적이 있으며, 이는 지나온 과거의 발달과정에서 경험한 것에 의해 결정된다고 본다. ◎ ✕

07 생식기에 리비도가 추구하는 방향은 타인이 아닌 자기 자신에게만 국한된다. ◎ ✕

08 유아기에 해결되지 않은 무의식적인 갈등은 성인기에 경험하는 심리적 문제의 중요한 원인이 된다. ◎ ✕

09-01-06
09 방어기제는 정신내적 갈등의 원천을 왜곡, 대체, 차단하기 위해 활용한다. ◎ ✕

10 프로이트 이론은 인간의 성장 잠재력, 사회적 관계에 대한 욕구, 문제해결 능력 등을 과소평가하고 있다는 비판을 받았다. ◎ ✕

답 01✕ 02✕ 03○ 04✕ 05✕ 06○ 07✕ 08○ 09○ 10○

해설 **01** 보상은 실제적인 것이든 상상 속의 것이든 자신의 결함을 다른 것으로 보상받기 위해 자신의 강점을 지나치게 강조하는 것을 말한다.
02 모방학습의 중요성을 강조한 학자는 반두라이다.
04 운동을 잘 못하는 사람이 공부에 열중하는 행동은 보상에 해당한다.
05 해리는 의식세계에서 받아들이기 힘든 성격의 일부가 자아의 지배를 벗어나 하나의 독립된 기능을 수행하는 경우를 말한다.
07 구강기에 리비도가 추구하는 방향은 타인이 아닌 자기 자신에게만 국한된다.

합격족보 필수 키워드 05

keyword	청소년기
sub keywords	청소년기의 특징, 청소년기의 발달, 마르시아의 자아정체감, 엘킨드의 청소년기 자기중심성
focus	청소년기의 신체적 발달 특성, 인지발달 특성, 사회정서적 발달 특성을 종합적으로 묻는 유형이 대표적으로 출제되고 있으며, 마르시아의 자아정체감 4가지 범주, 청소년기의 상상 속 관중 및 개인적 우화 등의 개념도 기출영역이다.

21-01-22

청소년기(13~19세)에 관한 설명으로 옳지 않은 것은?

① 친밀감 형성이 주요 발달과업이다.
② 신체적 발달이 활발하여 제2의 성장 급등기로 불린다.
③ 특징적 발달 중 하나로 성적 성숙이 있다.
④ 정서의 변화가 심하며 극단적 정서를 경험하기도 한다.
⑤ 추상적 이론과 관념적 사상에 빠져 때로 부정적 정서를 경험한다.

정답률 확인 ① 89% ② 1% ③ 4% ④ 2% ⑤ 4%

답 ①
① 친밀감 형성은 성인초기(청년기)의 주요 발달과업이다.

➕ 출제빈도

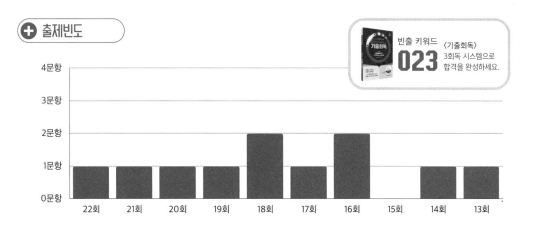

빈출 키워드 〈기출회독〉
023 3회독 시스템으로
합격을 완성하세요.

청소년기

강의 QR코드

1회독	2회독	3회독
월 일	월 일	월 일

★ 최근 10년간 **11문항** 출제 ★

이론요약

청소년기의 특징

[기본개념]
인간행동과 사회환경

10장

- 자기중심적 사고에서 벗어나 **추상적 사고가 가능**해진다.
- 가설을 통한 **연역적 사고와 논리적 추론**을 할 수 있다.
- 신체적 성장과 발달이 급격하게 진행되어 골격이 완성되는 시기이다.
- **자아정체감 확립을 주요 발달과업**으로 한다.
- 자아의식이 발달하여 고독에 빠지기 쉽고, **심리사회적 유예가 일어나는 시기**이다.
- 성적 성숙은 감정 기복과 같은 극단적 정서변화를 가져오기도 하며, 불안, 우울, 질투 등 부정적인 감정을 많이 경험하는 시기이다.
- 부모로부터 심리적으로 독립하고 자아정체감을 형성하는 심리적 이유기이다.
- 정서적 변화가 급격히 일어나는 질풍노도의 시기 또는 제2의 반항기라고 한다.
- 어린이도 성인도 아니라는 점에서 주변인으로 부르기도 한다.
- 프로이트 발달단계의 **생식기**에 해당하며, 에릭슨 발달단계의 **청소년기(자아정체감 대 역할혼란)**에 해당한다.

신체발달

- 사춘기 현상으로 인한 **급속한 신체의 외형적 성장과 호르몬의 변화에 따른 생식능력**을 획득한다.
- 간기능과 폐활량, 소화기능이 현저히 발달한다.
- 내분비선의 발달로 지방이 과다해져서 여드름이 발생한다.
- **제2차 성징이 출현하는 시기**로 성적으로 발달한다.
- 남성보다 여성에게서 섭식장애가 더 많이 나타나며, 섭식장애 중 거식증과 폭식증의 빈도가 가장 높다.

인지발달

- 피아제의 인지발달단계 중 **형식적 조작기**에 해당한다.
- 자신의 생각이 옳고그른지에 대해 비판적으로 검토할 수 있다.
- 경험하지 못한 사건에 대해 **가설을 설정하고 미래에 대한 예측이 가능**하다.
- 가능한 개념적 조합을 실제로 수행해보지 않아도 고려할 수 있다.
- 사건이나 현상과 관련된 변인을 동시에 다룰 수 있는 사고능력이 발달한다.

- **엘킨드의 청소년기 자기중심성**: 청소년기에는 급격한 신체적·정서적 변화로 자신의 외모와 행동에 지나치게 몰두하면서 자신의 관심사와 타인의 관심사를 구분하지 못한다.
  - **상상 속 관중**: 자신은 무대 위에 오른 배우이고 타인은 자신에게 관심을 갖고 집중하는 관중으로 여기기 때문에 강한 자의식을 가짐 – **내가 주인공!**
  - **개인적 우화**: 자신의 감정이나 사고는 너무 독특한 것이어서 다른 사람들은 자신을 이해할 수 없고 자신은 예외적인 존재라고 생각함 – **나는 특별해!**

사회정서발달

- 정서가 매우 강하고 변화가 심하며, 불안·우울 등 극단적인 정서를 경험한다.
- 자신의 격한 감정을 받아들이고 자신의 감정에 좀 더 관대해지는 것이 주요 발달과제이다.
- 부모의 지지와 승인을 필요로 하면서 동시에 부모의 통제를 받지 않으려 하며, 부모나 가족으로부터 분리되어 **친구나 자기 자신에게 의존하려는 경향이 증가**한다.
- 또래집단으로부터 인정받는 것이 중요해지면서 **또래집단의 영향력이 가장 큰 시기**이다.

마르시아의 자아정체감 4범주

- **정체감 성취**: 자아정체감의 위기를 성공적으로 극복하여 신념, 직업, 정치적 견해 등에 대해 스스로 의사결정을 내릴 수 있는 상태이다.
- **정체감 유예**: 현재 정체감 위기의 상태에 있으면서 자아정체감 형성을 위해 다양한 역할, 신념, 행동 등을 실험하고 있으나 의사결정을 못한 상태이다.
- **정체감 유실**: 부모나 사회의 가치관을 자신의 것으로 그대로 선택하므로, 위기도 경험하지 않고 쉽게 의사결정을 내리지만 독립적인 의사결정을 하지 못하는 상태이다.
- **정체감 혼란**: 정체감을 확립하기 위한 노력도 없고, 기존의 가치관에 대한 의문도 제기하지 않는 상태이다.

정답훈련

다음 내용이 왜 **틀렸는지**를 확인해보자

18-01-22

01 청소년기는 신체적 성장이 급속히 이루어진다는 점에서 **제1의 성장급등기**라고 한다.

> 제2의 성장급등기라고 한다.

13-01-18

02 질풍노도의 시기, 심리적 이유기, 주변인 시기, **제1반항기**, 성장급등기 등은 청소년기를 일컫는다.

> 제1반항기는 걸음마기에 해당한다. 유아기에는 부모와 자신이 별개의 존재라는 사실을 인식하기 시작하면서 자기주장이 강해져 반항적 행동을 보인다는 점에서 제1의 반항기라고 칭한다.

03 **피아제**는 청소년기에 성취해야 할 발달과업으로 자아정체감 형성을 제시하였다.

> 청소년기 발달과업으로 자아정체감을 제시한 학자는 에릭슨에 해당한다. 피아제는 청소년기를 형식적 조작기로 설명한 학자이다.

11-01-16

04 **청소년기**는 또래집단에서 단체놀이를 통해 상대를 존중하고 규칙과 예절을 배운다.

> 아동기의 특징이다.

19-01-20

05 청소년기의 성적 성숙에는 개인차가 있기 때문에 **발달의 순서가 일정하지 않다.**

> 성적 성숙에 개인차는 있지만 발달의 순서는 일정하다.

06 청소년기에는 신체의 외형적 성장이 급속하게 일어나지만, **신체 내부의 성장 속도는 다소 둔화된다.**

> 신체 외부뿐만 아니라 신체 내부의 발달도 크게 나타난다. 특히 간기능과 폐활량, 소화기능이 현저히 발달하며, 내분비선의 발달로 지방이 과다해져서 여드름이 발생한다.

빈칸에 들어갈 알맞은 말을 채워보자

11-01-16

01 에릭슨은 청소년기의 심리사회적 위기를 (   ) 대 역할혼란으로 보았다.

17-01-21

02 청소년기(13~19세)는 피아제 이론에서 (   )에 해당한다.

10-01-26

03 (   )은/는 청소년기에 나타나는 자기중심성 중 하나로 모든 사람이 자신에게 관심을 가지고 있다고 생각하는 것이다.

04 청소년기를 일컫는 말 중 (   )은/는 이 시기에 호르몬의 변화로 급격한 신체적, 성적 성숙이 일어남을 표현하는 것이다.

05 청소년기는 아동기에서 성인기로 전환하는 과도기로, 아동도 아니고 성인도 아니라는 점에서 (   )(이)라 부르기도 한다.

06 마르시아는 (   )와/과 전념을 기준으로 자아정체감을 4가지 범주로 구분했다.

12-01-24

07 청소년기에 자신의 삶에 대하여 고민하며 다양한 정보를 수집하고 탐색하는 행동을 지속하지만, 여전히 불확실한 상태로 선택과 결정을 하지 못한 채 구체적인 과업에 몰입하지 못하는 상태는 마르시아의 자아정체감 유형 중 정체감 (   )에 해당한다.

08 (   )은/는 청소년기에 부모의 지지와 승인을 필요로 하면서도 부모의 통제를 벗어나려 하며, 친구 혹은 자기자신에게 의존하려는 경향을 말한다.

09 (   )은/는 청소년기가 최종의 정체감을 성취하기 이전에 갖는 일종의 자유 시험기간임을 나타낸다.

답 **01** 자아정체감 **02** 형식적 조작기 **03** 상상적 청중(상상 속 관중) **04** 사춘기 **05** 주변인 **06** 위기 **07** 유예 **08** 심리적 이유 **09** 심리사회적 유예기

다음 내용이 옳은지 그른지 판단해보자

16-01-14

01 청소년기(13~19세)에는 자기개념의 발달이 시작되고 자기효능감이 급격히 증가한다.

17-01-21

02 청소년기는 애착대상이 부모에서 친구로 이동한다.

03 청소년기에는 가설을 통한 연역적 사고와 논리적 추론이 가능하다.

19-01-20

04 1차 성징은 성적 성숙의 생리적 징후로서 여성의 가슴 발달과 남성의 넓은 어깨를 비롯하여 변성, 근육 발달 등의 변화가 나타나는 것을 말한다.

14-01-22

05 청소년기는 힘과 기술이 향상되지만 신체적 성장 속도는 둔화된다.

11-01-16

06 청소년기는 이상적 자아와 현실적 자아의 괴리로 인해 갈등과 고민이 많은 시기이다.

07 청소년기에는 이성이 새로운 관심의 대상이 되어 동성이 아닌 이성과의 친밀한 관계를 성취하려고 한다.

08 청소년기는 성역할 정체감이 완성되는 시기이다.

(답) 01× 02○ 03○ 04× 05× 06○ 07× 08×

(해설) **01** 자기개념의 발달이 시작되고 자기효능감이 급격히 증가하는 시기는 아동기이다.
04 1차 성징은 사람이 처음 태어났을 때 생식기(생식기관)만으로 남자와 여자를 구분짓는 것을 말하며, 특별한 몸의 변화가 나타나지는 않는다.
05 청소년기는 신체적 성장과 발달이 급격하게 진행되어 골격이 완성되는 제2성장 급등기이다.
07 청소년기에는 이성이 새로운 관심의 대상이 되어 다양한 시도를 해보는 시기이지만 대체로 동성과의 관계가 더 강하고 중요하다. 이성과의 친밀한 관계를 성취하는 것은 청년기의 특징이다.
08 성역할 정체감이 완성되는 시기는 청년기이다.

2영역   사회복지조사론

	합격족보 필수 키워드	10년간 출제문항수	기출회독 No.
06	측정의 신뢰도와 타당도	22	045
07	표집방법	19	048
08	조사의 유형	17	032
09	실험설계의 유형별 특징	16	040
10	조사설계의 타당도	15	038

➕ 출제비중

『**사회복지조사론**』 필수 키워드 5개의 회차별 출제비중을 확인해보세요.

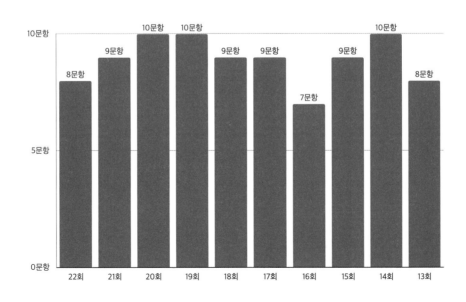

keyword	측정의 신뢰도와 타당도
sub keywords	신뢰도의 개념, 신뢰도 평가 방법, 타당도의 개념, 타당도 평가 방법, 신뢰도와 타당도의 관계
focus	측정의 신뢰도와 타당도에 관한 문제는 매년 빠지지 않고 반드시 출제되는 영역 중 하나이다. 사례를 제시하고 해당하는 신뢰도와 타당도를 고르는 문제, 신뢰도와 타당도에 대한 전반적인 내용을 동시에 비교하는 문제 등이 출제되고 있다. 특히, 평가 방법의 경우 사례제시형 문제로 자주 출제되고 있으므로 반드시 개념과 사례를 접목시켜 정리해야 한다.

21-02-24

신뢰도를 측정하는 방법으로 옳지 않은 것은?

① 동일한 상황에서 동일한 측정도구로 동일한 대상을 다시 측정하는 방법
② 측정도구를 반으로 나누어 두 개의 독립된 척도로 구성한 후 동일한 대상을 측정하는 방법
③ 상관관계가 높은 문항들을 범주화하여 하위요인을 구성하는 방법
④ 동질성이 있는 두 개의 측정도구를 동일한 대상에게 측정하는 방법
⑤ 전체 척도와 척도의 개별항목이 얼마나 상호연관성이 있는지 분석하는 방법

정답률 확인　① 13% ② 13% ③ 30% ④ 16% ⑤ 28%

답 ③
상관관계가 높은 문항들을 범주화하여 하위요인을 구성하는 방법을 요인분석이라고 한다. 요인분석은 연구하고자 하는 현상 또는 추상적인 개념이 몇 개의 요인들로 구성되어 있다고 가정하고, 그러한 요인들 각각을 측정할 수 있는 여러 개의 질문문항들을 만들어 조사를 실시한 후, 그 결과를 분석하여 원래 예상했던 요인들이 나타났는가, 또 나타난 요인들이 원래 작성했던 문항들로 구성되었는가를 검증하는 타당도 검증방법이다.

➕ 출제빈도

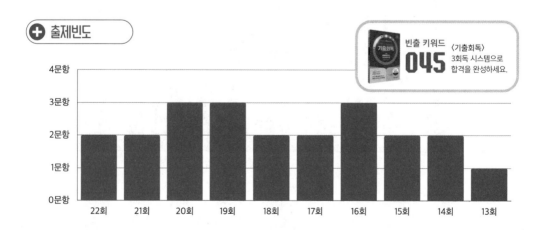

빈출 키워드
〈기출회독〉
045
3회독 시스템으로 합격을 완성하세요.

측정의 신뢰도와 타당도

강의 QR코드

★ 최근 10년간 **22문항** 출제 ★

이론요약

측정의 신뢰도

[기본개념]
사회복지조사론

7장

▶ 신뢰도의 개념
- 측정값의 일관성을 의미한다.
- 같은 대상에 대해 반복적으로 측정할 때 어느 정도 동일한 측정값을 산출하는지의 정도를 말한다.

▶ 신뢰도의 평가방법
- 검사-재검사법: 한 번의 측정이 이뤄진 후에 동일한 상황에서 동일한 측정도구, 동일한 대상을 다시 한 번 측정하여 두 측정값이 어느 정도 일관되는지를 비교하는 방법이다.
- 대안법: 서로 다른 유사한 양식의 두 가지 측정도구로 동일한 대상을 측정해서 상관관계를 검증하여 신뢰도를 측정하는 방법이다.
- 내적 일관성 신뢰도법
  - 반분법: 측정도구를 반으로 나눠 같은 시간에 각각 독립된 두 개의 척도로 사용함으로써 신뢰도를 추정하는 방법이다.
  - 크론바하의 알파계수: 반분법에서 산출한 모든 신뢰도계수들의 평균값으로 신뢰도를 계산하는 방법이다.

측정의 타당도

▶ 타당도의 개념
- 측정하고자 하는 개념을 얼마나 정확히 측정하였는가를 의미한다.
- 측정한 값과 대상의 진정한 값과의 일치 정도를 말한다.

▶ 타당도의 평가방법
- 내용타당도: 측정도구에 포함된 관찰내용들이 측정하려고 하는 속성이나 개념을 얼마나 대표성 있게 포함하고 있는가에 대해 논리적으로 판단하는 것이다.
- 기준타당도
  - 예측타당도: 측정도구를 이용하여 측정한 결과가 미래의 사건, 결과 등을 얼마나 잘 예측할 수 있는가를 통해서 타당도를 평가하는 것이다.

- 동시타당도: 측정도구의 측정값을 외적인 기준과 동시적인 시점에서 비교하여 타당도를 평가하는 것이다.
- **구성타당도**
  - 이해타당도: 측정도구가 구성개념을 이론에 따라 체계적·논리적·포괄적으로 이해하고 있는 정도를 평가하는 것이다.
  - 집중타당도: 동일한 개념이나 이론적으로 연관성이 높을 것으로 예상되는 개념들을 측정하는 서로 다른 측정도구의 측정결과 간의 상관관계를 평가하는 것이다.
  - 판별타당도: 서로 다른 개념을 측정하는 측정도구가 동일한 대상을 측정했을 때 얻은 측정값들 간의 상관관계를 평가하는 것이다.

신뢰도와 타당도의 관계

- 타당도가 높으면 신뢰도도 반드시 높다. 타당도가 낮으면 신뢰도는 높을 수도 있고, 낮을 수도 있다.
- 신뢰도가 높으면 타당도는 높을 수도 있고, 낮을 수도 있다.
- 신뢰도는 타당도의 필요조건이지만 충분조건은 아니다. 즉, 신뢰도는 타당도 확보를 위한 기본적 전제 조건이다.

정답훈련

다음 내용이 **왜 틀렸는지**를 확인해보자

20-02-14

01 신뢰도를 높이기 위해서는 <u>조사대상자가 알지 못하는 내용도 반드시 측정</u>해야 한다.

> 신뢰도를 높이기 위해서는 조사대상자가 알지 못하는 내용에 대해서는 측정하지 않는 것이 좋다.

16-02-13

02 측정도구를 동일 응답자에게 반복 적용했을 때 일관된 결과가 나오면 <u>타당도가 높은 것</u>이다.

> 측정값의 일관성을 의미하는 것은 신뢰도이다. 즉, 측정도구를 동일 응답자에게 반복 적용했을 때 일관된 결과가 나오면 신뢰도가 높은 것이다. 타당도는 측정하고자 하는 개념을 얼마나 정확히 측정하였는가를 말한다.

03 타당도는 측정값들 사이의 일치도를 말하는 개념이고, 신뢰도는 측정값과 실제값 사이의 일치도를 말하는 <u>개념</u>이다.

> 신뢰도는 측정값들 사이의 일치도를 말하는 개념이고, 타당도는 측정값과 실제값 사이의 일치도를 말하는 개념이다.

10-02-21

04 동일대상에게 시기만 달리하여 동일 측정도구로 조사한 결과를 비교하는 신뢰도 측정법은 <u>대안법</u>이다.

> 동일대상에게 시기만 달리하여 동일 측정도구로 조사한 결과를 비교하는 신뢰도 측정법은 검사-재검사법이다. 검사-재검사법은 한 번의 측정이 이뤄진 후에 동일한 상황에서 동일한 측정도구, 동일한 대상을 다시 한 번 측정하여 두 측정값이 어느 정도 일관되는지를 비교하는 방법이다.

05 <u>기준타당도</u>는 궁극적으로 전문가의 주관적 판단에 의존할 수밖에 없는 한계를 지니며, 통계적 검증이 어렵다.

> 내용타당도는 궁극적으로 전문가의 주관적 판단에 의존할 수밖에 없는 한계를 지니며, 통계적 검증이 어렵다.

06-02-12

06 <u>문항의 내용과 관계없이 문항의 수가 많을수록</u> 신뢰도가 높아진다.

> 동일한 개념의 항목이 많아야 신뢰도를 높일 수 있으며, 문항의 수가 지나치게 많아지면 타당도를 유지하기 어려워진다.

빈칸에 들어갈 알맞은 말을 채워보자

18-02-21

01 측정되는 개념이 속한 이론 체계 내에서 다른 개념들과 논리적으로 어느 정도 관련성을 갖고 있는 지를 경험적으로 검증하는 가장 수준이 높은 타당도는 (   )이다.

16-02-13

02 측정도구를 동일응답자에게 반복 적용했을 때 일관된 결과가 나오면 (   )가 높은 것이다.

14-02-17

03 내적 일관성 신뢰도는 척도 내 문항들 간 (   )을/를 분석하여 평가한다.

13-02-08

04 (   )은/는 측정도구를 반으로 나눠 같은 시간에 각각 독립된 두 개의 척도로 사용함으로써 신뢰도를 추정하는 방법이다.

12-02-13

05 동일인이 한 체중계로 여러 번 몸무게를 측정하는 것은 체중계의 (   )와 관련되어 있다.

11-02-07

06 우울 척도 A의 측정치가 우울 척도 B보다는 자아존중감 척도 C의 측정치와 더 일치할 때 척도 A의 (   )은/는 문제가 된다.

07 공무원시험 성적이 좋으면 업무도 잘한다는 사실로부터 알 수 있는 공무원시험의 타당도는 (   )이다.

08 (   )은/는 서로 다른 두 가지 형태의 측정도구로 동일한 대상을 차례로 측정하고 그 점수들 사이의 상관관계를 통해 신뢰도를 검증하는 방법이다.

09 (   )(이)란 측정도구에 포함된 내용들이 측정하려고 하는 속성이나 개념을 얼마나 대표성 있게 포함하고 있는가에 대해 논리적으로 판단하는 것이다.

10 크론바하의 알파계수는 0에서 1까지의 값을 가지며, (   )에 가까울수록 신뢰도가 높다.

---

 01 구성타당도 **02** 신뢰도 **03** 상관관계 **04** 반분법 **05** 신뢰도 **06** 판별타당도 **07** 예측타당도 **08** 대안법
09 내용타당도 **10** 1

다음 내용이 옳은지 그른지 판단해보자

14-02-17
01 반분법은 내적 일관성 신뢰도를 평가하는 방법이다. ◎⊗

09-02-12
02 크론바하 알파는 척도를 구성하는 전체 문항 조합들의 상관관계 평균값을 계산한 것이다. ◎⊗

07-02-16
03 반분법은 어떻게 반분하는가에 따라 상관계수가 다르게 나타날 수 있다. ◎⊗

04 신뢰도가 높으면 반드시 타당도도 높다. ◎⊗

05 측정항목이 많거나 선택범위가 넓을수록 신뢰도는 낮아진다. ◎⊗

06 신뢰도를 높이기 위해서는 응답자가 무관심하거나 잘 모르는 내용은 측정하지 않는 것이 좋다. ◎⊗

07 반분법은 반분을 어떻게 하느냐에 따라 다양한 상관계수(신뢰도계수)가 산출되지만, 크론바하의 알파계수는 단일한 신뢰도계수를 산출한다. ◎⊗

08 대안법은 동일한 현상을 측정하는 데 사용될 두 개의 동등한 측정도구를 개발하는 것이 어렵다는 단점이 있다. ◎⊗

09 구성타당도는 이해타당도, 집중타당도, 판별타당도로 구성되어 있는데, 이 세 가지의 타당도가 높아야 구성타당도가 높다고 말할 수 있다. ◎⊗

10 반분법은 개별 문항의 신뢰도나 개별 문항이 전체 척도의 신뢰도에 미치는 영향을 별도로 측정할 수 있다. ◎⊗

답 01○ 02○ 03○ 04× 05× 06○ 07○ 08○ 09○ 10×

해설 **04** 타당도가 높은 측정은 신뢰도도 높은 경향이 있지만, 신뢰도가 높다고 반드시 타당도가 높은 것은 아니다.
05 신뢰도를 높이기 위해서는 측정항목(하위변수)을 늘리고 선택범위(값)를 넓혀야 한다.
10 반분법은 문항 전체의 신뢰도는 측정할 수 있지만 개별 문항의 신뢰도나 개별 문항이 전체 척도의 신뢰도에 미치는 영향을 별도로 측정할 수 없는 한계가 있다.

keyword	표집방법
sub keywords	확률표집방법, 비확률표집방법, 질적 연구의 표집방법
focus	초창기 시험에서는 확률표집방법과 비확률표집방법의 특징을 비교하는 문제가 주로 출제되었지만 최근 시험에서는 개별 표집방법들을 실제 사례와 연결하는 문제가 자주 출제되고 있다. 특히, 질적 연구의 표집방법에 대한 사례문제의 경우 사례에 다양한 표집방법이 적용되어 있기 때문에 구분하기에 어려운 점이 있다.

[21-02-25]

할당표집방법에 관한 설명으로 옳지 않은 것은?

① 모집단의 주요 특성에 대한 정보를 활용한다.
② 모집단을 구성하는 주요 변수별로 표본을 할당한 후 확률표집을 실시한다.
③ 지역주민 조사에서 전체 주민의 연령대별 구성 비율에 따라 표본을 선정한다.
④ 표본추출 시 할당틀을 만들어 사용한다.
⑤ 우발적 표집보다 표본의 대표성이 높다.

정답률 확인	① 10% ② 42% ③ 18% ④ 11% ⑤ 19%

답 ②

할당표집방법은 비확률표집을 실시한다. 모집단의 속성 중 조사내용에 영향을 주는 요소를 정해서, 이를 기준으로 몇 개의 범주로 구분하고 각 범주에 해당하는 표본을 모집단에서 차지하는 범주의 비율에 따라 할당하고 각 범주로부터 할당된 수의 표본을 임의적으로 추출하는 것이다. 층화표집방법과 유사하지만 할당된 표본의 수를 무작위 표집이 아닌 임의표집한다는 점에서 층화표집방법과 다르다.

➕ 출제빈도

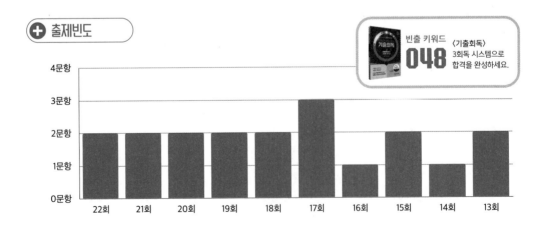

빈출 키워드
048
〈기출회독〉
3회독 시스템으로
합격을 완성하세요.

표집방법

★ 최근 10년간 **19문항** 출제 ★

이론요약

확률표집방법

[기본개념]
사회복지조사론

9장

▶확률표집방법의 개념

• 모집단의 각 표집단위가 모두 추출될 기회를 가지고 있고, 각 단위가 추출될 확률을 정확히 알고 무작위 방법에 기초하여 표집하면, 이를 확률표집이라고 하고 이 방법으로 추출된 표본을 확률표본이라고 한다.

• 확률표집방법은 통계치로부터 모수치를 정확히 추정하는 방법을 제시해준다.

▶확률표집방법의 유형

• 단순무작위표집법: 표집틀에서 각 사람이나 표집단위에 번호를 할당하여 조사자가 일정한 유형 없이 **단순히 무작위로 추출하는 방법**이다.

• 체계적 표집법: 표집틀인 모집단 목록에서 **일정한 순서에 따라** 매 k번째 요소를 표본으로 추출하는 방법이다.

• 층화표집법: 모집단을 먼저 서로 중복되지 않는 **여러 개의 층으로 분류한 후**, 각 층에서 단순무작위표집에 따라 표본을 추출하는 방법이다.

• 군집표집법: 모집단을 여러 개의 집락 또는 집단들로 구분하여, 이들 집락이나 집단 중 일부를 선택하고, **선택된 집락 또는 집단 안에서만** 표본을 무작위 추출하는 방법이다.

비확률표집방법

▶비확률표집방법의 개념

• 모집단에 대한 지식·정보가 제한되어 있거나 모집단으로부터 선택될 확률이 미리 알려지지 않은 경우 사용한다.

• 표집절차가 복잡하지 않으며 비용이 훨씬 적게 든다. 통계의 복잡성이 없으며 활용 가능한 응답자를 즉석에서 활용할 수 있다.

• 각 단위가 표본에 포함될 확률을 알 수 없고 표본오차를 산정할 수 없다. 어떤 사람이 선택될 확률이 알려지지 않기 때문에 표본이 모집단을 대표하고 있다고 말할 수 없고, 따라서 연구의 일반화에도 제한점이 있다.

▶비확률표집방법의 유형

• 편의표집법: 표본 선정의 편의성에 기준을 두고 **조사자 임의대로** 확보하기 쉽고 편리한 표집단위를 표본으로 추출하는 방법이다.

- 유의표집법: 전문가의 판단으로 **조사의 목적과 의도에 맞는 대상**을 표본으로 선정하는 방법이다.
- 할당표집법: 모집단의 속성 중 조사내용에 영향을 주는 요소를 정해서 이를 기준으로 몇 개의 범주로 구분하고, 각 범주에 해당하는 표본을 모집단에서 차지하는 범주의 비율에 따라 할당하고 각 범주로부터 **할당된 수의 표본을 임의적으로 추출**하는 방법이다.
- 눈덩이표집법: 연구에 필요한 특성을 갖춘 소수의 표본을 찾고, 그 표본을 통해서 다른 사람을 소개받아 **점차 표본의 수를 늘려가는 방법**이다.

질적 연구의 표집방법

- 기준표집: 연구자가 연구의 초점에 맞추어 미리 결정한 어떤 기준을 충족시키는 사례들을 선정하는 방법이다.
- 최대변화량 표집: 적은 수의 표본이지만 다양한 속성을 가진 사례들을 골고루 확보하기 위한 방법이다.
- 동질적 표집: 최대변화량 표집과 대조적이며, 동질적인 사례들로 표본을 선정하는 방법이다.
- 결정적 사례: 어떤 상황이나 문제에 대한 구체적인 정보를 제공하는 결정적인 사례를 표집하는 방법이다.
- 예외사례표집: 규칙적인 유형에 맞지 않는 극단적이거나 예외적인 사례를 검토하는 방법이다.
- 극단적/일탈적 사례: 연구자가 관심을 보이고 있는 현상이 전형적으로 나타나는 사례와 매우 특이하고 예외적인 사례를 표집하여 주요 현상에 대한 이해를 넓히는 방법이다.
- 준예외사례표집: 예외사례표집의 경우처럼 극단적인 사례나 예외적인 사례가 너무 특이해서 연구하는 현상을 왜곡할 가능성을 우려하여 일상적인 것보다는 약간 예외적이라고 할 수 있을 정도의 사례를 선정하는 방법이다.

다음 내용이 **왜 틀렸는지**를 확인해보자

`15-02-13`

01 확률표집은 **모집단으로부터 표본으로 추출될 확률을 알 수 없다.**

> 확률표집은 모집단으로부터 표본으로 추출될 확률을 알 수 있다. 확률표집은 모집단의 각 표집단위가 모두 추출될 기회를 가지고 있고, 각 단위가 추출될 확률을 정확히 알고 무작위 방법에 기초하여 표집하는 방법이다.

`14-02-19`

02 확률표집방법 중 **단순무작위표집법**은 주기성(periodicity)이 문제가 될 수 있다.

> 확률표집방법 중 체계적 표집법은 주기성(periodicity)이 문제가 될 수 있다. 체계적 표집법은 표집틀인 모집단 목록에서 일정한 순서에 따라 매 k번째 요소를 표본으로 추출하는 방법이다.

---

03 층화표집법은 층화를 위한 기준으로 연구목적에 부합하는 변수를 사용하는데, 이렇게 **층화한 하위집단은 이질적인 특성**을 갖는다.

> 층화표집법은 층화를 위한 기준으로 연구목적에 부합하는 변수를 사용하는데, 이렇게 층화한 하위집단은 동질적인 특성을 갖는다.

---

04 **유의표집법**은 모집단을 중복되지 않는 집단들로 분리한 후, 각 집단으로부터 체계적으로 표본을 추출하는 방법이다.

> 모집단을 중복되지 않는 집단들로 분리한 후, 각 집단으로부터 체계적으로 표본을 추출하는 방법은 층화표집법이다. 유의표집법은 연구자/전문가의 판단으로 조사의 목적과 의도에 맞는 대상을 표본으로 선정하는 방법이다.

---

05 일탈적인 대상을 연구하거나 모집단의 구성원을 찾기 어려운 대상을 연구할 때는 **할당표집법**을 주로 사용한다.

> 약물중독, 성매매, 도박 등과 같이 일탈적인 대상을 연구하거나 노숙인, 이주노동자, 불법이민자 등 모집단의 구성원을 찾기 어려운 대상을 연구하는 경우에는 눈덩이표집법을 주로 사용한다.

---

06 층화표집과 할당표집은 **이질적 집단에서 추출한 표본의 표집오차가 작다는 논리**에 기초한 표집방법이다.

> 층화표집과 할당표집은 이질적 집단보다 동질적 집단에서 추출한 표본의 표집오차가 작다는 논리에 기초한 표집방법이다.

빈칸에 들어갈 알맞은 말을 채워보자

17-02-19

01 할당표본추출은 (　　　　　　　　)(으)로서 모집단의 구성요소들이 표본으로 선정될 확률이 동일하지 않다.

14-02-19

02 모집단을 여러 개의 집단들로 구분하여 이들 집단 중 일부를 선택하고, 선택된 집단 안에서만 표본을 무작위로 추출하는 방법은 (　　　　　　)이다.

03 (　　　　　　)은/는 층화표집법과 유사하지만 할당된 표본의 수를 무작위 표집이 아닌 임의표집한다는 점에서 층화표집과 다르다.

04 질적 연구의 표집방법 중 (　　　　　　)은/는 규칙적인 유형에 맞지 않는 극단적이거나 예외적인 사례를 검토하는 방법이다.

13-02-13

05 1,000명을 번호 순서대로 배열한 모집단에서 4번이 처음 무작위로 선정되고 9번, 14번, 19번 등이 차례로 체계표집을 통해 선정되었다면 이 표집에서 표본 수는 (　　　　　　)이 된다.

11-02-29

06 눈덩이표집법은 주로 (　　　　　　)에서 많이 활용된다.

07 모집단에 대한 지식이나 정보가 제한되어 있거나 모집단으로부터 선택될 확률이 미리 알려지지 않은 경우에는 (　　　　　　)을/를 사용한다.

08 모집단의 각 표집단위가 모두 추출될 기회를 가지고 있고, 각 단위가 추출될 확률을 정확히 알고 무작위 방법에 기초하여 표집하는 것을 (　　　　　　)(이)라고 한다.

답 **01** 비확률표집방법 　**02** 집락표집법 　**03** 할당표집법 　**04** 예외사례표집법 　**05** 200 　**06** 질적 연구 　**07** 비확률표집방법
08 확률표집방법

다음 내용이 **옳은지 그른지** 판단해보자

20-02-18

01 임의표집은 모집단의 대표성이 높은 표본을 추출한다. ◎ ⊗

18-02-22

02 확률표집은 의식적이거나 무의식적인 편향(bias)을 방지할 수 있다. ◎ ⊗

14-02-19

03 할당표본추출은 연구자의 편향적 선정이 이루어 질 수 있다. ◎ ⊗

12-02-08

04 최대변화량표집은 적은 수의 표본이지만 다양한 속성을 가진 사례들을 골고루 확보하기 위한 방법 ◎ ⊗
이다.

05 집락표집법은 집락 간의 동질성이 확보되지 않는다면 표집오차가 발생할 가능성이 커진다. ◎ ⊗

06 비확률표집방법은 각 단위가 표본에 포함될 확률을 알 수 없고 표본오차를 산정할 수 없다. ◎ ⊗

07 체계적 표집법은 모집단을 구성하는 요소들이 일정한 순서대로 배열되어 있다면 표본추출 과정에 ◎ ⊗
서 체계적인 오류가 발생할 수 있다.

09-02-04

08 유의표집은 표본의 대표성을 보장할 수 있다. ◎ ⊗

09 할당표집은 비확률표집이지만 가능한 한 모집단을 대표하는 표본을 얻고자 하는 방법이다. ◎ ⊗

10 집락표집은 하위 집단 각각에서 모두 표본을 추출하지만, 층화표집은 하위 집단들 중 선택된 집단 ◎ ⊗
에서만 표본을 추출한다.

답 **01** ✕ **02** ○ **03** ○ **04** ○ **05** ○ **06** ○ **07** ○ **08** ✕ **09** ○ **10** ✕

해설 **01** 임의표집은 표본의 대표성 문제와 표집의 편의 문제가 발생할 수 있다.
08 유의표집은 표본의 대표성을 보장할 수 없다.
10 층화표집은 하위 집단 각각에서 모두 표본을 추출하지만, 집락표집은 하위 집단들 중 선택된 집단에서만 표본을 추출한다.

keyword	조사의 유형
sub keywords	탐색적 조사, 기술적 조사, 설명적 조사, 횡단조사와 종단조사, 패널조사, 경향조사, 동년배조사
focus	조사유형과 관련한 문제들은 설명적 조사, 패널조사와 같은 개별 유형에 대한 이해를 묻는 유형부터 종단조사와 횡단조사를 비교하는 유형, 조사유형 전반에 대한 이해를 묻는 유형 등 다양한 형태로 출제되고 있다. 특히, 종단조사의 대표적인 3가지 유형(패널조사, 동년배조사, 경향조사)을 구분할 수 있는 능력을 요구하는 문제가 자주 출제되고 있기 때문에 각 유형의 차이를 정확히 이해하는 것이 필요하다.

(21-02-05)

사회조사의 목적에 관한 설명으로 옳지 않은 것은?

① 지난해 발생한 데이트폭력 사건의 빈도와 유형을 자세히 보고하는 것은 기술적 연구이다.
② 외상 후 스트레스로 퇴역한 군인을 위한 서비스 개발의 가능성을 파악하기 위한 초기면접은 설명적 연구이다.
③ 사회복지협의회가 매년 실시하는 사회복지기관 통계조사는 기술적 연구이다.
④ 지방도시에 비해 대도시의 아동학대 비율이 높은 이유를 보고하는 것은 설명적 연구이다.
⑤ 지역사회 대상 설문조사를 통해 사회복지서비스의 만족도를 조사하는 것은 기술적 연구이다.

정답률 확인 ① 20% ② 44% ③ 5% ④ 17% ⑤ 14%

답②
서비스 개발이 가능한지를 파악하기 위한 연구는 탐색적 연구이다. 즉, 기존에 연구되지 않았거나 혹은 사전 지식이 부족한 경우 등 어떠한 내용을 탐색하기 위한 목적으로 수행하는 조사이다.

➕ 출제빈도

빈출 키워드 〈기출회독〉
032 3회독 시스템으로 합격을 완성하세요.

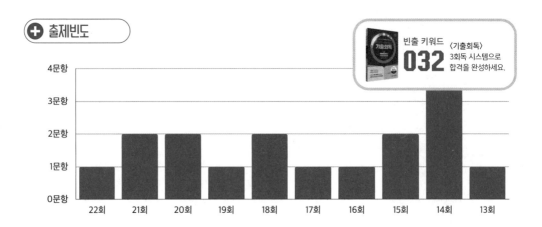

기출회독
032

조사의 유형

강의 QR코드

1회독		**2**회독		**3**회독
월 일		월 일		월 일

★ 최근 10년간 **17문항** 출제 ★

이론요약

조사목적에 따른 유형

▶ **탐색적 조사**
- 기존에 연구되지 않았던 새로운 주제에 대해 연구하는 경우, 연구문제에 대한 사전 지식이 부족한 경우, 연구문제를 형성하거나 연구가설을 수립하기 위한 경우 등에 실시한다.
- 문헌조사, 경험자조사, 특례조사 등이 있다.

▶ **기술적 조사**
- 영향요인 간에 어떠한 관계가 있을지를 파악하기 위해 실시하는 조사이다.
- 현상의 모양이나 분포, 크기, 비율 등 단순 통계적인 것에 대한 조사이다.
- 발생빈도와 비율을 파악할 때 사용한다.

▶ **설명적 조사**
- 사실의 인과관계를 규명하거나 미래의 사실에 대해 미리 예측하는 조사이다.
- 특정 변수에 영향을 미치는 변수의 조사 등이 해당된다.

[기본개념]
사회복지조사론

2장

시간적 차원에 따른 유형

▶ **횡단조사**
- 일정 시점에서 특정 표본이 가지고 있는 특성을 파악하거나, 특성에 따라 집단을 분류하는 조사이다.
- **일정 시점에서 측정**하므로 정태적인 성격을 갖고 있다.
- 주로 표본조사를 행하며 측정이 반복해서 이루어지지 않는다.

▶ **종단조사**
- 시간의 흐름에 따라 조사대상이나 상황의 변화를 측정하는 것으로 일정한 시간 간격을 두고 반복적으로 측정하여 자료를 수집한다.
- 일정한 시간적 간격을 두고 측정하므로 동태적이다.
- **장기간 동안 측정이 반복**해서 이루어진다.
- 패널조사: 장기간 반복적으로 조사를 실시하며, **매 조사시점마다 동일인을 대상**으로 조사한다.
- 경향조사: 시간의 흐름에 따라 나타나는 **일반적인 대상 집단의 변화**를 조사한다.
- 동년배조사: 시간의 변화에 따른 특정 동류집단의 변화를 조사한다.

다음 내용이 **왜 틀렸는지**를 확인해보자

18-02-09

01 일정기간의 변화에 대해 가장 포괄적 자료를 제공하는 것은 **동년배집단연구**이다.

> 일정기간의 변화에 대해 가장 포괄적 자료를 제공하는 것은 패널연구이다.

02 **표본조사**란 조사대상이라고 생각되는 모든 부분, 즉 모집단 전체를 대상으로 조사하는 조사연구로서 대표적인 것이 인구조사이다.

> 전수조사란 조사대상이라고 생각되는 모든 부분, 즉 모집단 전체를 대상으로 조사하는 조사연구로서 대표적인 것이 인구조사이다.

11-02-14

03 일정기간에 걸쳐 발생하는 변화에 관한 연구는 **횡단연구**이다.

> 일정기간에 걸쳐 발생하는 변화에 관한 연구는 종단연구이다.

09-02-19

04 **기술적 조사**는 변수 간의 인과관계를 규명하려는 조사이며, 가설을 검증하려는 조사이다.

> 설명적 조사는 변수 간의 인과관계를 규명하려는 조사이며, 가설을 검증하려는 조사이다.

08-02-29

05 **동년배조사**는 동일한 대상을 조사하므로 반복할 때마다 표본을 유지하기가 어렵다.

> 패널조사는 동일한 대상을 조사하므로 반복할 때마다 표본을 유지하기가 어렵다.

06 조사목적에 따른 유형에서 인구주택총조사, 실태조사, 여론조사 등이 대표적인 **탐색적 조사**에 해당한다.

> 조사목적에 따른 유형에서 인구주택총조사, 실태조사, 여론조사 등이 대표적인 기술적 조사에 해당한다.

빈칸에 들어갈 **알맞은 말**을 채워보자

01 시간의 변화에 따른 특정 동류집단의 변화를 조사하는 것은 (　　　　　　)이다.

`20-02-06`
02 (　　　　　　)와 동년배조사는 둘 이상의 시점에서 조사가 이루어지며, 동일대상을 반복하여 측정하지 않는다.

03 (　　　　　　)은/는 시간이 지나면서 조사대상이 중도에 탈락하는 문제가 발생할 수 있다.

04 (　　　　　　)은/는 일정 시점에서 특정 표본이 가지고 있는 특성을 파악하거나, 특성에 따라 집단을 분류하는 것으로 사회복지 분야에서 널리 사용된다.

05 현상의 모양이나 분포, 크기, 비율 등 단순 통계적인 것에 대한 조사는 (　　　　　　)이다.

`13-02-06`
06 (　　　　　　)은/는 장기간에 걸쳐 조사하는 연구로 질적 연구로도 이루어진다.

`12-02-10`
07 조사의 목적에 따라 탐색적 조사, 기술적 조사, (　　　　　　)(으)로 구분할 수 있다.

`10-02-12`
08 1990년대 10대와 2000년대 10대의 직업선호도를 비교조사하는 것은 (　　　　　　)에 해당한다.

`04-02-08`
09 (　　　　　　)은/는 예비조사의 성격인 경우가 많고 융통성 있게 운영하고 연구문제를 확인한다.

10 (　　　　　　)은/는 전수조사가 어려운 경우 모집단의 일부만을 추출하여 모집단 전체를 추정하는 조사이다.

답 **01** 동년배조사 **02** 경향조사 **03** 패널조사 **04** 횡단조사 **05** 기술적 조사 **06** 종단연구 **07** 설명적 조사 **08** 경향조사 **09** 탐색적 조사 **10** 표본조사

다음 내용이 옳은지 그른지 판단해보자

01 횡단조사는 유형에 따라 서로 다른 시점에서 동일 대상자를 추적해 조사해야 하므로 표본의 크기가 작아지게 된다. ⊚ ⊗

13-02-06
02 추이(trend)조사는 패널연구보다 개인의 변화에 대해 더 명확한 자료를 제공한다. ⊚ ⊗

03 종단조사 중 패널조사만이 동일인을 반복적으로 조사한다. ⊚ ⊗

04 예비조사는 탐색적 조사에 해당하며, 보통 설문지 작성의 사전단계에서 이루어진다. ⊚ ⊗

05 종단조사는 장기간 반복적으로 측정이 이루어지므로 비용이 많이 든다. ⊚ ⊗

06 패널조사는 상당 기간에 걸쳐 표본의 거처를 지속적으로 파악해야 하므로 종단조사들 중 가장 수행이 어렵다. ⊚ ⊗

07 질적 조사는 대상의 속성을 계량적으로 표현하고 그들의 관계를 통계분석을 통해 밝혀내는 조사이다. ⊚ ⊗

11-02-14
08 종단연구는 한 시점에서 대상을 관찰한다. ⊚ ⊗

10-02-12
09 종단적 조사는 개인의 노동시장활동과 같은 장기적 추이를 분석하는 데 활용된다. ⊚ ⊗

06-02-07
10 A대학교 재학생의 연령별 소비실태조사는 종단연구가 될 수 있다. ⊚ ⊗

답 **01**× **02**× **03**○ **04**○ **05**○ **06**○ **07**× **08**× **09**○ **10**×

해설 **01** 종단조사는 유형에 따라 서로 다른 시점에서 동일 대상자를 추적해 조사해야 하므로 표본의 크기가 작아지게 된다.
02 특정 개인들의 변화에 대한 전체적인 모습을 보여줄 수 있으며, 가장 포괄적이고 명확한 자료를 제공하는 것은 패널연구의 특징에 해당한다.
07 양적 조사는 대상의 속성을 계량적으로 표현하고 그들의 관계를 통계분석을 통해 밝혀내는 조사이다.
08 한 시점에서 대상을 관찰하는 연구는 횡단연구이다.
10 일정 시점에서 이루어지는 연구이므로 횡단연구에 해당한다.

합격족보 필수 키워드 09

keyword	실험설계의 유형별 특징
sub keywords	순수실험설계, 유사실험설계, 전실험설계
focus	설계유형의 특징이나 사례를 제시하고 이에 해당하는 적합한 설계유형을 고르는 형태가 주로 출제되고 있다. 또한 개별 설계유형에 국한하지 않고 여러 설계유형에 공통적인 특징을 제시하고 이에 해당하는 설계유형을 비교해서 파악하는 능력을 요구하는 문제도 출제되고 있다.

21-02-13

다음의 연구에서 활용한 연구설계에 관한 설명으로 옳은 것은?

> 청소년의 자원봉사의식 향상 프로그램의 효과성을 검증하기 위하여 청소년 200명을 무작위로 두 개의 집단으로 나눈 후 A측정도구를 활용하여 사전검사를 실시하였다. 하나의 집단에만 프로그램을 실시한 후 두 개의 집단 모두를 대상으로 A측정도구를 활용하여 사후검사를 실시하였다.

① 테스트효과의 발생 가능성이 낮다.
② 집단 간 동질성의 확인 가능성이 낮다.
③ 사전검사와 프로그램의 상호작용효과의 통제가 가능하다.
④ 자연적 성숙에 따른 효과의 통제가 가능하다.
⑤ 실험집단의 개입효과가 통제집단으로 전이된다.

정답률 확인   ① 4% ② 20% ③ 43% ④ 11% ⑤ 22%

답 ④

오답노트
① 사전검사에 의한 테스트효과가 발생할 수 있다.
② 실험집단과 통제집단을 무작위로 배치하였으므로 집단 간의 동질성을 확보한다.
③ 사전검사와 프로그램의 상호작용효과의 통제가 어렵다. 상호작용효과란 사전검사와 실험처치가 상호작용을 일으켜 생기는 것으로써 실험대상자가 사전검사를 실시한 후 실험처치를 받아들이는 강도가 달라지는 것을 말한다.
⑤ 실험집단의 개입효과가 통제집단으로 전이되는 것은 비동일 통제집단 설계에 해당한다.

➕ 출제빈도

빈출 키워드 〈기출회독〉
040 3회독 시스템으로
합격을 완성하세요.

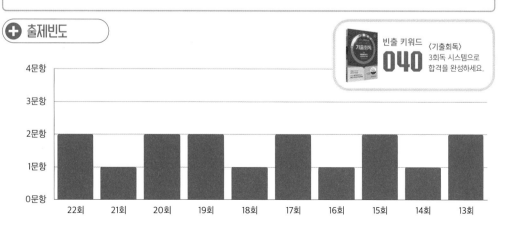

실험설계의 유형별 특징

강의 QR코드

1회독 > **2**회독 > **3**회독

월 일 | 월 일 | 월 일

★ 최근 10년간 **16문항** 출제 ★

이론요약

순수실험설계

[기본개념]
사회복지조사론

5장

- 통제집단 사전사후검사 설계: 연구대상을 실험집단과 통제집단에 무작위로 배치하고 **실험집단에 독립변수를 실험처치하기 전에 양 집단에 사전검사를 실시한다.** 실험처치를 한 후 양 집단에 사후검사를 실시하고 두 결과 간의 차이를 비교한다.
- 통제집단 사후검사 설계: 통제집단 사전사후검사 설계에서 **사전검사를 실시하지 않는다.**
- 솔로몬 4집단 설계: **통제집단 사전사후검사 설계와 통제집단 사후검사 설계가 결합**된 형태이며, 내적 타당도가 가장 높다.
- 요인 설계: **독립변수가 두 개** 이상일 때 적용되는 설계이다.
- 가실험 통제집단 설계: 통제집단 사후검사 설계에 **가실험효과를 측정할 수 있는 집단**을 추가적으로 결합해 만든 설계이다.

유사실험설계

- 단순시계열 설계: 독립변수를 노출시키기 전후에 일정 기간을 두고 **정기적으로 몇 차례 종속변수를 측정**한다.
- 복수시계열 설계: 단순시계열 설계에 **통제집단을 추가**한 설계이다.
- 비동일 통제집단 설계: **임의적인 방법으로 양 집단을 선정**하고 사전사후검사를 실시하여 종속변수의 변화를 비교한다.

전실험설계

- 1회사례 설계: **어떤 단일 집단에 실험처치**를 하고, 그 후에 그 집단의 종속변수의 특성을 검사하여 결과를 평가하는 설계이다.
- 단일집단 사전사후검사 설계: 조사대상자에 대해서 **사전검사를 실시하고 독립변수를 도입한 후 사후검사를 실시**하여 인과관계를 추정한다.
- 정태적 집단비교 설계: 통제집단 사후검사 설계에서 **무작위 할당만 제외**된 형태이다.

정답훈련

다음 내용이 **왜 틀렸는지**를 확인해보자

20-02-23

01 순수실험설계의 인과성 검증에 있어서 사전조사와 사후조사를 실시할 때 통제집단의 종속변수 측정치는 **통계적으로 유의미한 차이가 있어야 한다.**

> 사전조사와 사후조사에서 통제집단의 종속변수 측정치는 통계적으로 유의미한 차이가 없어야 한다. 반면, 실험집단의 종속변수 측정치는 통계적으로 유의미한 차이가 있어야 한다.

16-02-02

02 요인 설계는 외적 타당도를 높일 수 있으며, **시간과 비용적인 측면에서도 효율적**이다.

> 요인 설계는 외적 타당도를 높일 수 있으나, 고려해야 할 독립변수의 수가 많은 경우, 시간과 비용면에서 효율적이지 못하다.

15-02-18

03 **단순시계열 설계**는 실험집단과 통제집단에 대해 개입 전과 개입 후 여러 차례 종속변수를 측정한다.

> 복수시계열 설계는 실험집단과 통제집단에 대해 개입 전과 개입 후 여러 차례 종속변수를 측정한다.

11-02-09

04 검사효과를 통제할 수 있는 실험설계는 **통제집단 사전사후검사 설계와 통제집단 사후검사 설계**이다.

> 검사효과를 통제할 수 있는 실험설계는 솔로몬 4집단 설계와 통제집단 사후검사 설계이다.

05 통제집단 사후검사 설계에서 무작위 할당만 제외된 형태의 설계는 **분리표본 사전사후검사 설계**이다.

> 통제집단 사후검사 설계에서 무작위 할당만 제외된 형태의 설계는 정태적 집단비교 설계이다.

06-02-10

06 **통제집단 사후검사 설계**는 인과관계를 파악하기 위한 가장 보편적인 방법으로 실험집단과 통제집단을 무작위로 배치하고 개입 전후 두 집단에 대한 검사를 실시한다.

> 인과관계를 파악하기 위한 가장 보편적인 방법으로 실험집단과 통제집단을 무작위로 배치하고 개입 전후 두 집단에 대한 검사를 실시하는 것은 통제집단 사전사후검사 설계이다.

07 유사실험설계는 순수실험설계에 비해 <u>내적 타당도와 외적 타당도 모두 떨어진다.</u>

> 유사실험설계는 순수실험설계에 비해 내적 타당도는 떨어지지만 외적 타당도는 높은 경우가 많다.

빈칸에 들어갈 **알맞은 말**을 채워보자

19-02-24

01 다중시계열 설계는 단순시계열 설계의 내적 타당도 저해요인에 의한 문제점을 개선하기 위해 단순시계열 설계에
( )을/를 추가한 것이다.

17-02-09

02 ( )은/는 임의적인 방법으로 양 집단을 선정하고 사전–사후검사를 실시하여 종속변수의 변화를 비교
하는 것이다.

15-02-18

03 ( )은/는 통제집단 사전사후검사 설계와 통제집단 사후검사 설계를 결합한 것이다.

04 ( )은/는 실험집단과 통제집단을 임의적으로 선정하고 실험집단은 독립변수를 도입한 후 사후검사
를, 통제집단은 독립변수를 도입하지 않고 사후검사를 실시한다.

05 ( )은/는 준실험설계라고도 하며, 실험설계의 기본 요소 중 한두 가지가 결여된 설계이다.

06 ( )은/는 독립변수가 두 개 이상일 때 적용되는 설계이다.

답 **01** 통제집단 **02** 비동일 통제집단 설계 **03** 솔로몬 4집단 설계 **04** 정태적 집단비교 설계 **05** 유사실험설계 **06** 요인 설계

다음 내용이 옳은지 그른지 판단해보자

19-02-16
01 솔로몬 4집단 설계는 외부사건(history)을 통제할 수 있다. ◎ ⊗

02 순수실험설계는 무작위 할당, 통제집단, 독립변수의 조작, 종속변수에 대한 사전-사후 검사 및 비교 등 실험의 기본 요소를 모두 갖추고 있다. ◎ ⊗

03 순수실험설계는 인위적인 통제와 조작이 수월하여 실제 연구에서 많이 사용된다. ◎ ⊗

04 복수시계열 설계는 무작위 할당이 이루어지지 않아 실험집단과 통제집단이 이질적일 가능성이 크다. ◎ ⊗

05 전실험설계는 내적 타당도와 외적 타당도 저해요인을 거의 통제하지 못한다. ◎ ⊗

18-02-10
06 통제집단 사후검사 설계는 사전검사를 하지 않아도 집단 간 차이를 어느 정도 통제할 수 있다. ◎ ⊗

07 단순시계열 설계는 우연한 사건들의 영향을 통제할 수 있다. ◎ ⊗

08 비동일 통제집단 설계는 통제집단 사전사후검사 설계와 유사하지만 단지 무작위 할당에 의해 실험집단과 통제집단이 선택되지 않은 점이 다르다. ◎ ⊗

12-02-11
09 무료급식 서비스를 받은 노인의 변화를 분석하고자 할 때는 실험설계를 사용하는 것이 적합하다. ◎ ⊗

07-02-11
10 솔로몬 4집단비교 설계는 통제집단이 3개이고, 실험집단이 1개이다. ◎ ⊗

답 01 ○ 02 ○ 03 × 04 ○ 05 ○ 06 ○ 07 × 08 ○ 09 ○ 10 ×

해설 03 순수실험설계는 인위적인 통제와 조작을 하는 것이 현실적으로 어렵기 때문에 실제 연구에서는 유사실험설계를 더 많이 사용한다.
07 단순시계열 설계는 통제집단을 사용하지 않기 때문에 종속변수의 변화가 우연한 사건들의 영향을 받았을 가능성을 배제하지 못한다.
10 솔로몬 4집단비교 설계는 실험처치를 가하는 실험집단이 2개, 가하지 않는 통제집단이 2개이다.

합격족보 필수 키워드 10

keyword	조사설계의 타당도
sub keywords	내적 타당도, 내적 타당도 저해요인과 통제방법, 외적 타당도, 외적 타당도 저해요인과 통제방법
focus	타당도 저해요인과 관련된 문제는 매회 1문제 이상 반드시 출제되므로 꼼꼼하게 정리해둘 필요가 있다. 내적 타당도와 외적 타당도의 개념을 명확하게 구분할 줄 알아야 한다. 특히, 타당도 저해요인과 관련해서는 사례를 제시한 뒤, 해당 사례에서 타당도를 저해하는 요인이 무엇인지를 묻는 형태가 가장 많이 출제되고 있으므로 사례와 접목시켜 이해해야 한다.

21-02-07

조사설계의 내적 타당도와 외적 타당도에 관한 설명으로 옳은 것은?

① 어떤 변수가 다른 변수의 원인임을 정확하게 기술하는 것이 외적 타당도이다.
② 연구결과를 연구조건을 넘어서는 상황이나 모집단으로 일반화하는 정도가 내적 타당도이다.
③ 내적 타당도는 외적 타당도의 필요조건이지만 충분조건은 아니다.
④ 실험대상의 탈락이나 우연한 사건은 외적 타당도 저해요인이다.
⑤ 외적 타당도가 낮은 경우 내적 타당도 역시 낮다.

정답률 확인	① 5% ② 5% ③ 67% ④ 11% ⑤ 12%

답 ③

오답노트
① 어떤 변수가 다른 변수의 원인임을 정확하게 기술하는 것은 내적 타당도이다. 즉, 내적 타당도는 어떤 연구결과 각 변수 사이의 인과관계를 추론해 보았을 때, 어느 한 쪽의 변수가 다른 쪽 변수의 원인이 되는지를 확신할 수 있는 정도를 말한다.
② 연구결과를 연구조건을 넘어서는 상황이나 모집단으로 일반화하는 정도가 외적 타당도이다. 즉, 외적 타당도는 어떤 연구결과에 기술된 인과관계가 그 연구의 조건을 넘어서서 일반화될 수 있는 정도를 의미한다.
④ 실험대상의 탈락이나 우연한 사건은 내적 타당도 저해요인이다.
⑤ 외적 타당도가 낮더라도 내적 타당도는 높을 수 있다.

➕ 출제빈도

빈출 키워드 〈기출회독〉
038
3회독 시스템으로
합격을 완성하세요.

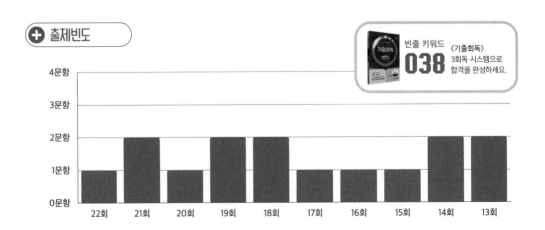

	22회	21회	20회	19회	18회	17회	16회	15회	14회	13회
문항	1	2	1	2	2	1	1	1	2	2

조사설계의 타당도

강의 QR코드

1회독	>	**2**회독	>	**3**회독
월 일		월 일		월 일

★ 최근 10년간 **15문항** 출제 ★

이론요약

조사설계의 타당도

[기본개념]
사회복지조사론

4장

- 내적 타당도: 어떤 연구결과 각 변수 사이의 인과관계를 추론해 보았을 때, 어느 한 쪽의 변수가 다른 쪽 변수의 <u>원인이 되는지를 확신할 수 있는 정도</u>를 말한다. 조사설계에서는 내적 타당도와 외적 타당도 가운데 우선적으로 내적 타당도를 높이는 것이 중요하며, 연구의 내적 타당도는 그 연구가 내적 타당도의 다양한 저해요인을 얼마나 잘 통제했는지 여부에 따라 정해진다.

- 외적 타당도: 어떤 연구결과에 기술된 인과관계가 그 연구의 조건을 넘어서서 <u>일반화될 수 있는 정도</u>를 의미한다. 내적 타당도의 핵심이 '인과관계'라면, 외적 타당도의 핵심은 '일반화'이다.

내적 타당도

▶ 내적 타당도 저해요인

- 역사(우연한 사건): <u>사전–사후 검사 사이에 발생하는 통제 불가능한 사건</u>이다.
- 성장(성숙, 시간적 경과): <u>연구 기간 중에 발생하는 개인의 신체적 · 심리적 성숙</u>을 말한다.
- 검사(측정, 테스트, 시험효과, 주시험효과): <u>사전검사가 사후검사에 영향을 미쳐</u> 변수 간 변화를 초래하는 것이다.
- 도구요인(도구, 도구화): 검사효과를 제거하기 위해 <u>사전–사후 검사 시 서로 다른 척도를 사용하거나 신뢰도가 낮은 척도를 사용할 경우</u> 전후 차이가 진정한 변화인지 알 수 없다.
- 통계적 회귀: <u>종속변수의 값이 지나치게 높거나 지나치게 낮은 사람들을 실험집단으로 선택했을 경우</u> 다음 검사에는 독립변수의 효과가 없더라도 높은 집단은 낮아지고 낮은 집단은 높아지는 현상을 말한다.
- 피험자의 상실(실험대상의 변동, 탈락, 소멸): 실험과정에서 일부 실험대상자가 이사, 사망, 질병, 싫증 등의 사유로 탈락하는 경우 조사대상의 표본 수가 줄어들면서 잘못된 실험결과가 될 수 있다.
- 선택과의 상호작용: 선택의 편의가 있을 때 잘못된 선택과 역사 또는 성장이 상호작용하여 문제를 일으키는 것이다.
- 인과관계 방향의 모호성: 독립변수와 종속변수 간에 어느 것이 원인인지 불확실해서 인과관계의 방향을 결정하기 어려운 경우가 있다.
- 확산/모방: 실험집단의 효과가 통제집단에 전파되어 두 집단 간의 차이가 약해져 비교가 어려워지는 경우를 말한다.
- 선정상의 편견(편향된 선별, 선택적 편의): 조사대상을 실험집단과 통제집단으로 나눌 때 종속변수에 영향을 미칠 수

있는 요인이 어느 한 집단으로 편향되는 경우이다.

▶ **내적 타당도를 높이는 방법**
- 무작위 할당: 연구대상자들을 실험집단과 통제집단에 유사한 속성으로 배치하는 방법이다.
- 배합/짝짓기: 연구주제에 영향을 미칠 것이라고 여겨지는 속성을 실험집단과 통제집단에 동일하도록 만드는 방법이다.
- 통계적 통제: 통제해야 할 변수들을 독립변수로 간주하여 실험설계에 포함시키고 실험을 실시한 후 결과를 분석함에 있어 통계적으로 그 영향을 통제하는 방법이다.

외적 타당도

▶ **외적 타당도 저해요인**
- 표본의 대표성: 연구결과를 실제 상황에 일반화할 수 있으려면 연구대상이 모집단을 대표해야 한다.
- 연구환경과 절차: 연구의 환경이나 절차들도 모집단의 일반적인 상황과 유사해야 한다.
- 실험조사에 대한 반응성: 조사대상자가 자신이 실험에 참여하고 있다는 것을 의식하지 않아야 한다.

▶ **외적 타당도를 높이는 방법**
- 표본의 대표성: 확률적 표집 또는 무작위 표집으로 대표성을 높일 수 있다.
- 가실험효과 통제: 조사상황을 피험자에게 알리지 않거나 가실험통제집단 설계를 사용한다.

정답훈련

다음 내용이 **왜 틀렸는지**를 확인해보자

18-02-12

01 사전점수가 매우 높은 집단을 선정하면 <u>내적 타당도를 높일 수 있다.</u>

> 사전점수가 매우 높은 집단을 선정하면 내적 타당도를 저해한다.

15-02-10

02 <u>역사, 성숙, 표본의 대표성, 중도탈락은 조사설계의 내적 타당도 저해요인</u>에 해당한다.

> 표본의 대표성은 조사설계의 외적 타당도 저해요인에 해당한다.

---

03 사전–사후검사 사이에 발생하는 통제 불가능한 사건으로서 조사기간이 길수록 **도구효과의 영향**을 받을 가능성은 커진다.

> 사전–사후 검사 사이에 발생하는 통제 불가능한 사건으로서 조사기간이 길수록 우연한 사건(history)의 영향을 받을 가능성은 커진다.

10-02-27

04 사전–사후검사에서 서로 다른 척도를 사용해서 발생하는 타당도 저해요인은 **검사효과**이다.

> 사전–사후검사에서 서로 다른 척도를 사용해서 발생하는 타당도 저해요인은 도구효과이다.

---

05 **개입의 확산**은 사전검사에서 극단적인 점수를 나타내어 사후검사에서는 독립변수의 효과와 무관하게 평균값으로 수렴하는 경향을 의미한다.

> 통계적 회귀는 사전검사에서 극단적인 점수를 나타내어 사후검사에서는 독립변수의 효과와 무관하게 평균값으로 수렴하는 경향을 의미한다.

---

06 <u>내적 타당도를 높이기 위한 방법으로는 확률적 표집 또는 무작위 표집, 가실험 통제집단 설정 등이 있고, 외적 타당도를 높이기 위한 방법으로는 무작위 할당, 배합 혹은 짝짓기, 통계적 통제, 외생변수의 제거 등이 있다.</u>

> 내적 타당도를 높이기 위한 방법으로는 무작위 할당, 배합 혹은 짝짓기, 통계적 통제, 외생변수의 제거 등이 있고, 외적 타당도를 높이기 위한 방법으로는 확률적 표집 또는 무작위 표집, 가실험 통제집단 설정 등이 있다.

빈칸에 들어갈 알맞은 말을 채워보자

`19-02-07`
01 (   )을/를 높이기 위해서는 확률표집방법으로 연구대상을 선정하거나 표본크기를 크게 하여야 한다.

`14-02-02`
02 동일한 프로그램의 효과성이 서울과 제주에서 같지 않은 것은 (   )의 문제이다.

03 내적 타당도의 핵심이 인과관계라면, 외적 타당도의 핵심은 (   )이다.

04 내적 타당도를 저해하는 외적 요인들을 통제하기 위해서는 연구대상자들을 실험집단 및 통제집단에 무작위로 배치하는 (   ) 방법을 사용해야 한다.

`07-02-20`
05 (   )은/는 피실험자들을 주요 변수에 따라 실험집단과 통제집단에 일일이 일치하도록 배치시키는 방법이다.

06 (   )은/는 동일한 측정도구를 사용하여 두 번 이상 테스트를 실시하는 경우 나타나는 현상을 의미한다.

07 극단적인 측정값을 보이는 대상자를 선정하면 (   )(이)라는 내적 타당도 저해요인이 발생할 가능성이 있다.

08 가실험효과가 발생하는 경우 실험조사에서는 나타났던 결과가 자연적인 상황에서는 나타나지 않을 가능성이 있기 때문에 (   )을/를 떨어뜨리는 요인으로 작용한다.

답 01 외적 타당도 **02** 외적 타당도 **03** 일반화 **04** 무작위 할당 **05** 정밀배합 **06** 테스트효과/주시험효과/검사효과
07 통계적 회귀 **08** 외적 타당도

다음 내용이 옳은지 그른지 판단해보자

17-02-03
01 내적 타당도를 높이는 중요한 전략 중 하나는 연구를 반복적으로 실시하여 결과를 축적하는 것이다.

14-02-02
02 특정 프로그램의 효과를 확인하기 위해 연구의 외적 타당도를 확보해야 한다.

13-02-12
03 호손효과를 통제하기 위해서는 통제집단을 추가하여 조사결과의 진위여부를 파악할 필요가 있다.

04 내적 타당도를 높이기 위해 철저히 통제된 실험을 하게 되는 경우 내적 타당도는 높아지는 대신, 모집단의 일반적인 상황과는 다르기 때문에 외적 타당도가 떨어질 수 있다.

05 선택의 편의라는 요인과 역사요인 혹은 성숙요인이 상호작용을 일으키는 경우 외적 타당도를 저해할 수 있다.

06 내적 타당도를 높이기 위한 방법 중 하나인 배합은 연구주제에 영향을 미칠 것이라고 여겨지는 속성을 실험집단과 통제집단에 동일하도록 만드는 것이다.

07 초등학교 학생들에 대한 농구교실이 아동의 신장에 미치는 효과를 연구했다면 농구교실이 아동의 성장에 미치는 효과도 있지만 연구기간 동안 아동의 자연 성장, 즉, 내적 타당도 저해요인인 성숙의 결과일 수도 있다.

09-02-07
08 성숙효과는 연구기간 중에 발생하는 개인의 신체적·심리적 성숙을 의미한다.

09 조사대상을 확률적 표집 또는 무작위 표집으로 선정하는 방식으로 대표성을 높이면 외적 타당도를 높일 수 있다.

10 연구대상자들을 실험집단 및 통제집단에 무작위로 배치하여 내적 타당도 저해요인을 통제할 수 있다.

답 01✕ 02✕ 03○ 04○ 05✕ 06○ 07○ 08○ 09○ 10○

해설 **01** 외적 타당도를 높이는 중요한 전략 중 하나는 연구를 반복적으로 실시하여 결과를 축적하는 것이다.
02 특정 프로그램의 효과를 확인하기 위해서는 연구의 내적 타당도를 확보해야 한다.
05 선택의 편의라는 요인과 역사요인 혹은 성숙요인이 상호작용을 일으키는 경우 내적 타당도를 저해할 수 있다.

3영역 사회복지실천론

	합격족보 필수 키워드	10년간 출제문항수	기출회독 No.
11	강점관점 및 역량강화모델	15	071
12	사례관리의 등장배경 및 주요 특징	15	077
13	서구 사회복지실천의 역사	14	066
14	다양한 면접 기술 및 유의할 점	14	084
15	실천현장의 분류	12	068

⊕ 출제비중

『사회복지실천론』 필수 키워드 5개의 회차별 출제비중을 확인해보세요.

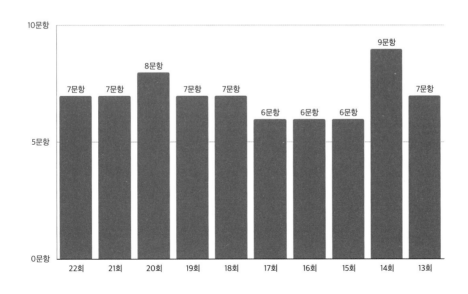

합격족보 필수 키워드 11

keyword	강점관점 및 역량강화모델
sub keywords	강점, 성장, 자기결정, 파트너십, 협동, 자원 사정, 대화단계, 발견단계, 발전단계
focus	강점관점의 주요 특징을 병리관점과 비교하며 정리해두어야 한다. 역량강화모델은 기본적으로 어떤 관점을 취하는지와 함께 강점관점을 기반으로 한 그 특징에 대해 파악해두어야 하며, 각 단계별 과업도 살펴보아야 한다.

> `21-03-11`
>
> ### 다음에서 설명하고 있는 사회복지실천모델은?
>
> - 비장애인이 대부분인 사회에서 장애인 클라이언트의 취약한 권리에 주목하였다.
> - 사회복지사와 클라이언트 집단은 장애인의 권익을 옹호하는데 협력하였다.
> - 대화, 발견, 발전의 단계를 통해 클라이언트 집단은 주도적으로 불평등한 사회제도를 개선하였다.
>
> ① 의료모델   ② 임파워먼트모델
> ③ 사례관리모델   ④ 생활모델
> ⑤ 문제해결모델
>
> | 정답률 확인 | ① 1% ② 62% ③ 5% ④ 1% ⑤ 31% |
> |---|---|
>
> 답 ②

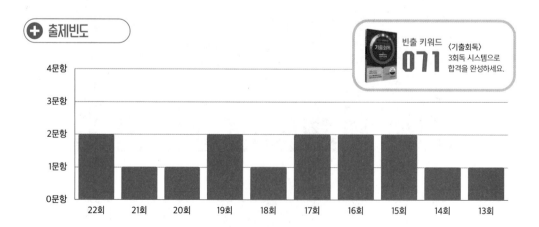

➕ 출제빈도

〈기출회독〉
빈출 키워드
071
3회독 시스템으로
합격을 완성하세요.

	22회	21회	20회	19회	18회	17회	16회	15회	14회	13회
문항	2	1	1	2	1	2	2	2	1	1

강점관점 및 역량강화모델

강의 QR코드

1회독   **2**회독   **3**회독
월   일   월   일   월   일

★ 최근 10년간 **15문항** 출제 ★

이론요약

[기본개념]
사회복지실천론

5장

강점관점

- 모든 인간은 성장하고 변화할 능력을 이미 내면에 가지고 있다고 보는 관점
- 문제를 <u>도전의 전환점</u> 혹은 <u>성장의 기회</u>로 봄
- 사회복지사와 클라이언트 간 <u>협력적 관계</u> 구축

▶ 병리관점 vs 강점관점

병리관점	강점관점
클라이언트의 병리성을 진단	현재 상황의 극복에 필요한 힘을 사정
병리적 문제의 치료 중심	재능, 자원, 강점 등 역량강화 중심
전문가의 지식, 기술, 판단에 따른 개입	자기결정권 존중, 협력관계 강조
과거, 무의식 분석	현재와 미래에 초점

임파워먼트모델(역량강화모델)의 특징 및 개입과정

▶ 개념 및 특징

- **생태체계관점**과 **강점관점**을 이론적 기반으로 함
- 클라이언트의 문제를 자원의 부족 내지는 자원을 이용할 수 있는 능력의 부족으로 보고 역량강화를 통해 스스로 삶을 통제할 수 있도록 하는 데 초점을 둠
- 이 모델에서 클라이언트는 수혜자가 아닌 소비자로 위치하며, **주체성과 자기결정권 등을 가짐**
- 역량강화는 개인, 대인관계, 구조적 차원(= 사회·정치적 차원) 등 모든 사회체계 수준에 적용 가능함

▶ 개입과정 및 과업

- **대화단계**: 파트너십의 형성, 현재 상황의 명확화, 방향 설정
- **발견단계**: 강점 확인, 자원의 역량사정, 해결방안 수립
- **발전단계**: 자원 활성화, 기회의 확대, 성공의 확인, 성과의 집대성

정답훈련

다음 내용이 **왜 틀렸는지**를 확인해보자

---

01 역량강화모델은 클라이언트를 **치료해야 할 대상**으로 본다.

> 클라이언트를 치료 대상으로 보는 것은 병리관점에 해당한다.
> 역량강화모델은 강점관점을 기반으로 하기 때문에 클라이언트를 치료 대상으로 보지는 않는다.

---

02 강점 관점은 **모든 인간은 성장하고 변화할 능력과 의지가 부족**하기 때문에 이러한 생각을 긍정적으로 전환시킴으로써 문제를 해결해나갈 수 있다고 전제한다.

> 강점 관점은 모든 인간은 성장하고 변화할 능력을 이미 내면에 가지고 있다고 보기 때문에 클라이언트 역시 자신의 문제를 해결할 수 있는 잠재력을 이미 갖고 있다고 본다.

`13-03-21`

03 역량강화모델에서 성공의 확인, 기회의 확대 등은 **발견단계**의 과업에 해당한다.

> 발전단계의 과업에 해당한다.

---

04 역량강화모델은 문제를 병리로 간주하는 **의료모델을 토대로 발전**하였다.

> 문제를 병리로 간주하는 의료모델에 대항하며 강점관점이 등장했고, 이러한 강점관점은 역량강화모델의 이론적 기반이 되었다.

`17-03-10`

05 강점관점에서 말하는 클라이언트의 강점은 용기와 낙관주의 같은 **개인 내적인 요소로 한정**된다.

> 강점은 용기와 낙관주의 같은 개인 내적인 요소뿐만 아니라 타고난 개성이나 재능, 후천적인 노력으로 얻은 자원이나 자산, 환경적 요소, 지지체계 등이 모두 포함된다.

`06-03-06`

06 강점관점에서는 **클라이언트의 진술보다 사회복지사의 전문적 판단**을 더 중요하게 여긴다.

> 강점관점에서는 클라이언트의 진술을 중요하게 여긴다.

다음 내용이 옳은지 그른지 판단해보자

14-03-06
01 강점관점을 기반으로 한 역량강화모델에서는 희망과 용기를 강조한다. ◎⊗

16-03-12
02 강점관점은 외상, 학대, 질병 등과 같은 힘겨운 일들을 도전과 기회로 고려한다. ◎⊗

19-03-08
03 강점관점은 클라이언트와 협동 작업이 이루어질 때 최선의 도움을 줄 수 있다는 실천원리를 강조한다. ◎⊗

17-03-10
04 강점관점에서 클라이언트의 삶의 전문가는 클라이언트이다. ◎⊗

18-03-18
05 역량강화의 개입과정: 대화단계 → 발전단계 → 발견단계 ◎⊗

06 역량강화모델에서 강점의 확인, 해결방안 수립 등은 발전단계의 과업에 해당한다. ◎⊗

13-03-21
07 임파워먼트모델의 발전단계에서 사회복지사는 현재 상황을 명확하게 이해함으로써 방향을 설정해야 한다. ◎⊗

08 역량강화모델은 클라이언트가 경험하는 문제와 관련된 역사적, 사회문화적, 정치적 이해관계에도 관심을 둔다. ◎⊗

09 임파워먼트모델에서는 클라이언트가 가진 개인적 능력과 자원이 부족하다고 보기 때문에 개인의 자기결정권을 인정하지 않는다. ◎⊗

18-03-18
10 임파워먼트모델은 클라이언트의 문제와 부적응에 대한 개입에 초점을 맞춘다. ◎⊗

답 **01** ○ **02** ○ **03** ○ **04** ○ **05** × **06** × **07** × **08** ○ **09** × **10** ×

해설 **05** 역량강화의 개입과정: 대화단계 → 발견단계 → 발전단계
06 강점의 확인, 해결방안 수립 등은 발견단계의 과업이다.
07 대화단계에서 이루어져야 할 과제이다.
09 임파워먼트모델에서는 클라이언트의 가능성과 잠재력을 강조하며, 부족한 자원을 개입을 통해 보완함으로써 역량을 강화해야 한다고 보며, 개인의 자기결정권을 중요시한다.
10 임파워먼트모델은 클라이언트의 문제와 부적응을 치료하는 것에 초점을 두는 대신, 클라이언트가 가진 가능성과 강점에 초점을 둔다.

합격족보 필수 키워드 12

keyword	사례관리의 등장배경 및 주요 특징
sub keywords	**탈시설화, 지방분권화, 클라이언트의 복합적 욕구, 서비스의 조정, 개별화, 포괄성, 지속성, 연계성**
focus	사례관리의 등장배경부터 주요 특징, 목적, 원칙 등은 각각 단독으로 출제되기도 하고 종합적인 문제로 출제되기도 한다. 사례관리 자체가 워낙 출제율이 높기 때문에 이에 관한 내용에서만 두 문제씩 출제되기도 하므로 꼼꼼히 살펴봐야 한다.

21-03-22

사례관리 등장 배경에 관한 설명으로 옳지 않은 것은?

① 탈 시설화로 인해 많은 정신 장애인이 지역사회 내에서 생활하게 되었다.

② 지역사회 내 서비스 간 조정이 필요하게 되었다.

③ 복지비용 절감에 관심이 커지면서 저비용 고효율을 지향하게 되었다.

④ 인구 · 사회적 변화에 따라 다양하고, 복합적이며 만성적인 욕구를 가진 클라이언트가 증가하였다.

⑤ 사회복지서비스 공급주체가 지방정부에서 중앙정부로 변화하였다.

정답률 확인	① 3% ② 1% ③ 6% ④ 1% ⑤ **89%**

답 ⑤

⑤ 사회복지서비스 전달체계가 중앙정부에서 지방정부로 이양되고 민영화가 진행됨에 따라 지역 내 다양한 서비스를 조정하고 연계할 수 있는 체계에 대한 필요성이 제기되었고 이러한 배경에서 사례관리가 등장하게 되었다.

➕ 출제빈도

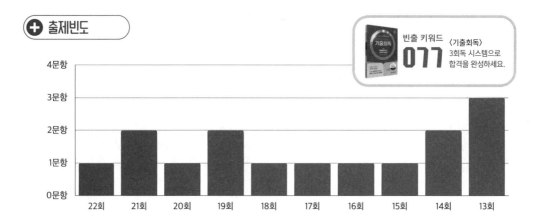

빈출 키워드
077
〈기출회독〉
3회독 시스템으로
합격을 완성하세요.

사례관리의 등장배경 및 주요 특징

강의 QR코드

1회독	**2**회독	**3**회독
월 일	월 일	월 일

★ 최근 10년간 **15문항** 출제 ★

이론요약

사례관리의 정의

- 대인서비스 실천분야에서 복합적 욕구를 지닌 클라이언트에게 포괄적, 통합적으로 개입하여 문제를 해결해나가려는 활동
- 공식적, 비공식적 지원과 활동의 네트워크를 조직·조정·유지하는 활동
- 개인의 기능 회복 및 증진을 위해 개인과 주변환경을 변화시키기 위한 개입활동

[기본개념]
사회복지실천론

6장

사례관리의 등장배경

- **탈시설화의 영향**
- **지방분권화, 민영화**에 따라 복잡하고 분산된 서비스의 조정기능 부재
- **만성적이고 복합적인 문제를 가진 클라이언트 증가**
- 클라이언트와 그 가족에게 부과되는 과도한 책임
- 비용효과성에 대한 인식 증가(서비스 비용 억제)
- 기존 서비스의 단편성: 통합적이고 체계적인 서비스 제공에 대한 필요성
- 사회적 지원과 사회적 지원망의 중요성에 대한 인식 증가
- 지역사회보호의 필요성 증가 및 재가복지서비스의 활성화

사례관리의 주요 특징

- **개별사회사업과 지역사회복지의 혼합**
  - 클라이언트의 욕구충족에 초점
  - 지역사회 차원의 네트워크 및 자원개발 강조
- **욕구 맞춤형 장기 서비스**
  - 욕구에 맞는 맞춤형 서비스 제공
  - 대체로 3개월 이상의 서비스가 요구되는 클라이언트 대상
- **환경 속 인간 관점**을 바탕으로 한 역량강화를 강조하며, **공식적·비공식적 자원 모두 활용**
- 사례관리팀을 통한 전문적 서비스
- **다차원적 접근**: 간접적 & 직접적, 미시적 & 거시적, 수평적 & 수직적

사례관리의 이론적 기초

생태체계이론, 강점관점, 역량강화모델, 사회적 지지망 이론 등

사례관리의 목적

- 보호의 연속성
  - 횡단적 차원의 연속성: 특정 시점에서 클라이언트의 다양한 욕구를 충족시키기 위해 포괄적 서비스를 제공한다.
  - 종단적 차원의 연속성: 장기간에 걸쳐 변화하는 개인의 욕구에 대해 반응적 서비스를 지속적으로 제공한다.
- 서비스의 통합성 확보
- 서비스에 대한 접근성 제고
- 사회적 책임성 보장

사례관리의 원칙

- **개별화**: 클라이언트 개개인과 그가 갖고 있는 욕구를 적절하게 개발하여 서비스 제공
- 서비스 제공의 **포괄성**: 클라이언트의 다양한 욕구가 모든 분야에 걸쳐 충족될 수 있도록 포괄적인 서비스 제공
- **클라이언트의 자율성** 극대화: 클라이언트가 선택할 자유를 최대화하고, 지나치게 보호하지 않으며, 클라이언트의 자기결정권을 보장
- 서비스 **지속성(연속성)**: 클라이언트의 욕구를 점검하여 일회적이거나 단편적인 서비스에 그치지 않고 지속적으로 서비스가 제공되게 함
- 서비스 **연계성**: 복잡하고 분리되어 있는 서비스 전달체계를 연결
- 서비스의 **접근성**: 클라이언트가 서비스를 이용하는 데 있어 장애가 되는 심리적 조건이나 물리적 요소 혹은 사회문화적·경제적 요소들을 최소화하여 서비스에 대한 접근성을 높임
- 서비스의 **체계성**: 서비스 간 중복을 줄이고 서비스의 비용을 효율적으로 관리하기 위해 서비스와 자원들 간에 조정이 필요함

다음 내용이 **왜 틀렸는지**를 확인해보자

`15-03-18`

01 사례관리는 **공공부문의 역할을 확대**하기 위한 목적에서 시작되었다.

> 민영화로 공공 사회복지 부문이 민간으로 이양되면서 민간에서는 분산된 서비스를 조정하고 연계할 장치에 대한 필요성이 제기되었고, 이러한 배경에서 사례관리가 주목받게 되었다.

`19-03-20`

02 장기보호에서 **단기개입 중심으로 전환**되며 사례관리가 등장하였다.

> 사례관리가 단기개입을 중심으로 하지는 않는다. 사례관리는 복합적인 문제, 다양한 욕구에 맞춤형 서비스를 제공하는 것에 초점이 있으며 이로 인해 장기적 차원으로 이루어진다.

---

03 사례관리는 지역사회 내에 흩어져 있는 전문적 원조활동을 연결하여 제공한다는 점에서 **비공식적 지지체계의 역할을 인식하지 못한다는 단점이 있다.**

> 사례관리는 공식적 지지체계뿐만 아니라 비공식적 지지체계도 적극적으로 활용한다.

---

04 사례관리는 복지서비스 제공의 지방분권화 정책과는 **관련이 없다.**

> 복지서비스가 지방분권화되면서 흩어진 서비스를 통합적으로 관리하고 제공해야 할 필요성이 제기되었다.

`06-03-28`

05 사례관리에는 자원을 연계하는 간접적 접근보다 **직접적 원조를 더 강조**한다.

> 사례관리에는 직접적 원조도 포함되지만 직접적 원조보다는 자원을 연계하는 간접적 접근을 더욱 중요시한다.

`05-03-30`

06 사례관리는 장기적 개입으로 **정신분석적 접근에 초점**을 맞춘다.

> 사례관리는 체계이론, 생태체계이론 등을 토대로 한 통합적인 접근이다.

다음 내용이 옳은지 그른지 판단해보자

12-03-19

01 사례관리는 서비스의 접근성 향상, 개인 및 환경의 변화를 위한 노력, 공식·비공식적 자원의 연계 및 조정 등을 특징으로 한다.

11-03-29

02 지역사회보호의 필요성이 증가한 것도 사례관리가 강조된 배경 중 하나이다.

03 사회복지가 민영화되는 과정에서 사례관리는 기관 간 경쟁심을 부추기는 부정적 현상을 낳기도 했다.

13-03-25

04 사례관리는 공적 책임을 강화하기 위해 비공식적 지지망의 활용을 최소화한다.

05 사례관리는 서비스에 대한 클라이언트의 의존성 강화에 초점을 두지는 않는다.

07-03-21

06 사회복지사가 클라이언트의 욕구를 사정하고 계획하는 데 있어서 다양한 서비스 영역을 검토하여 필요한 도움이 누락되지 않도록 한 것은 지속성의 원칙에 해당한다.

07 사례관리는 서비스 제공에 있어 통합성을 높일 수 있는 전략이기는 하지만 접근성을 높이기 위한 전략은 아니다.

13-03-23

08 사례관리는 클라이언트의 다양한 욕구가 여러 분야에서 충족될 수 있도록 포괄성의 원칙을 따라야 한다.

15-03-18

09 사례관리는 클라이언트 중심 서비스로 종결이 어려운 장기적 욕구의 대상자에게 적절하다.

답 01○ 02○ 03× 04× 05○ 06× 07× 08○ 09○

해설 **03** 사례관리는 타 기관의 서비스를 포괄적으로 제공하기 위해 기관 간 연계 및 조정을 기반으로 한다. 기관 간 경쟁심을 부추기는 현상과 연결되지는 않는다.
04 사례관리는 공적 책임의 강화를 목적으로 하지도 않으며, 다양한 공식적·비공식적 자원을 적극적으로 활용한다.
06 포괄성의 원칙에 해당한다.
07 사례관리는 클라이언트가 여러 기관을 찾지 않고도 필요한 서비스를 받을 수 있는 방법이라는 점에서 통합성뿐만 아니라 접근성을 제고할 수 있는 방법이다.

합격족보 필수 키워드 13

keyword	서구 사회복지실천의 역사
sub keywords	자선조직협회, 인보관운동, 리치몬드의 사회진단, 밀포드 회의, 진단주의, 기능주의, 3대 방법론 분화, 통합적 접근 등장
focus	자선조직협회와 인보관운동을 시작으로 3대 방법론 분화와 통합적 접근으로 이어지는 사회복지실천의 발달흐름을 정리해두자. 진단주의와 기능주의의 차이점을 확인하는 문제도 간헐적으로 출제되곤 한다.

(21-03-08)

자선조직협회(COS) 활동에 관한 설명으로 옳지 않은 것은?

① 민간 사회복지기관의 활동을 체계적으로 조정하기 위해 등장하였다.
② 적자생존에 기반한 사회진화론을 구빈의 이론적 기반으로 삼았다.
③ 빈민지역에 거주하며 지역사회 문제에 대한 집합적이고 개혁적인 해결을 강조하였다.
④ 과학적이고 적절한 자선활동을 수행하기 위해 클라이언트 등록체계를 실시하였다.
⑤ 자선조직협회 활동은 개별사회사업의 초석이 되었다.

정답률 확인   ① 3% ② 5% ③ **84%** ④ 6% ⑤ 2%

답 ③

③ 빈민지역에 거주하며 지역사회 문제에 대한 집합적이고 개혁적인 해결을 강조한 것은 인보관운동의 특징이다.

➕ 출제빈도

빈출 키워드 〈기출회독〉
066
3회독 시스템으로
합격을 완성하세요.

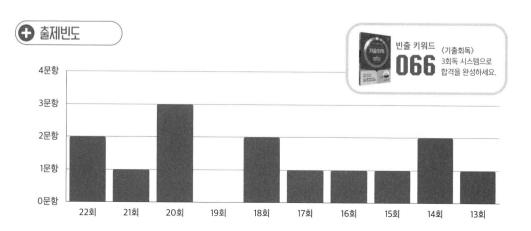

서구 사회복지실천의 역사

강의 QR코드

1회독		**2**회독		**3**회독
월 일	>	월 일	>	월 일

★ 최근 10년간 **14문항** 출제 ★

이론요약

태동기

▶ 자선조직협회

[기본개념]
사회복지실천론

3장

- 영국: 1869년 런던, 미국: 1877년 뉴욕
- 빈곤을 개인의 문제로 파악
- 가치 있는 빈민과 가치 없는 빈민을 구분하여 선별적 구호활동을 진행
- 기관 간 서비스 조정을 통해 자선의 오남용 및 의존문화를 근절하는 데에 초점
- 사회진화론, 적자생존의 논리
- 기독교적 도덕성 강조
- 중산층 부인이 중심이 된 우애방문원의 가정방문
- 지역사회복지, 사회복지조사, 개별사회사업의 발전에 영향을 줌

▶ 인보관운동

- 영국: 1884년 런던 토인비홀, 미국: 1886년 뉴욕 근린길드(코이트), 1889년 시카고 헐하우스(제인 아담스)
- 빈곤을 사회문제의 산물로 인식
- 빈민지역에 함께 거주
- 교육시설, 문화 프로그램 등 다양한 서비스를 직접 개발·제공
- 빈곤문제를 비롯한 노동착취 문제, 주택 문제, 공공위생 문제 등과 관련된 제도적 개혁을 추구
- 인보관운동의 3R: Residence(거주), Research(연구조사), Reform(개혁)
- 연구와 조사를 바탕으로 사회제도를 개혁해야 하며, 함께 살면서 같이 생활하지 않으면 빈민을 이해하지 못한다는 전제
- 지역사회복지, 집단사회사업의 발전에 영향을 줌

전문직 확립기(~1920)

- 교육 및 훈련제도 채택: 우애방문원에 대한 교육 시작, 플렉스너 비판 이후 17개의 전문사회복지학교 설립
- 보수체계 정립: 무급 자원봉사자인 우애방문원에게 보수 지급
- 사회복지전문직협회 설립
- 메리 리치몬드의 『사회진단』 발간(1917년)을 시작으로 사회복지실천 기초이론 구축

전문직 분화기(~1950)

▶ **사회복지실천 3대 방법론 확립**
- 개별사회사업
- 집단사회사업
- 지역사회조직

▶ **진단주의와 기능주의의 대립**
- 진단주의
  - 프로이트의 **정신분석학을 기반**으로 함
  - 인간은 무의식의 힘에 좌우된다는 기계적·결정론적 관점
  - **병리적 관점**으로 사회복지사가 치료의 중심이 됨
  - **과거 통찰 중심**
- 기능주의
  - 1930년대 **진단주의에 반대**하며 등장
  - 인간에 대한 창의적·의지적·낙관론적 관점
  - **인간의 성장 가능성 강조**
  - 사회복지사는 원조자이며, **변화의 중심과 책임은 클라이언트에게 있음**
  - **'지금-여기'**라는 현재 상황의 현실에 초점
  - 긴급한 문제에 대한 시간제한적 원조

통합기(1950~1970)

※ 1929년 밀포드 회의: 사회복지실천의 공통 요소 정리
- 기존의 전통적 3대 방법론의 한계 대두
- 문제해결모델, 4체계모델, 6체계모델, 단일화모델 등

다양화·확장기(1970년대 이후)

- 1970년대에 들어서면서 다양한 사회복지실천모델에 대한 연구가 활발해짐
- 빈곤뿐 아니라 비행, 장애, 보건, 정신건강 등 다양한 문제에 대한 관심으로 확장
- 병리보다 강점에 초점을 두며 개입전략의 다양성을 강조
- 과제중심모델, 강점관점, 역량강화모델 등의 등장

정답훈련

다음 내용이 왜 틀렸는지를 확인해보자

08-03-06

01 인보관운동은 **수혜자격 심사**를 통해 빈민을 지원했다.

> 수혜자격에 대한 심사를 진행한 것은 자선조직협회의 활동에 해당한다.

16-03-01

02 **기능주의**는 과거의 심리사회적 문제가 현재의 기능에 영향을 미친다고 본다.

> 기능주의가 아닌 진단주의에 해당한다.

03 우애방문원들의 활동은 **빈민 스스로 문제해결의 힘을 갖게 하는 데에 목표**를 두고 있었다.

> 우애방문원은 빈민구제에 있어 도덕적 잣대를 적용하여 빈민을 통제하고자 하였다. 우애방문원은 빈민가정을 방문하며 필요한 생활교육을 진행하기도 했지만 이는 근본적으로 그들의 나태함으로 인해 빈곤에서 벗어나지 못하고 있다는 전제를 갖고 있었으며, 문제해결의 힘을 갖게 하기 위한 교육의 의미는 아니었다.

08-03-07

04 사회복지 전문직의 분화기에는 진단주의 학파와 기능주의 학파 간 **갈등이 해소되었다**.

> 사회복지 전문직의 분화기에는 진단주의 학파와 기능주의 학파 간 갈등이 일었다.

12-03-18

05 진단주의 학파는 **미국의 대공황 이후 등장**하였다.

> 진단주의 학파는 1920년대를 전후로 정신분석학의 영향을 받아 발달하였고, 미국의 대공황을 거치면서 1930년대에 기능주의 학파가 등장하였다.

15-03-01

06 자선조직협회는 **연구와 조사를 통해 사회제도를 개혁해야 한다**는 기본개념을 가졌다.

> 연구와 조사를 통해 사회제도를 개혁해야 한다는 기본개념을 가진 것은 인보관 운동이다.

빈칸에 들어갈 **알맞은 말**을 채워보자

02-03-15

01 1917년에 발간된 메리 리치몬드의 (　　　　　　　)은/는 사회복지실천에 관한 이론과 방법을 체계화시킨 최초의 책이다.

07-03-01

02 1929년 (　　　　　)회의에서는 개별사회복지실천 방법론을 기본으로 하여 8가지 사회복지실천의 공통요소를 정리하였다.

16-03-01

03 (①　　　　　　　)주의는 과거의 심리사회적 문제가 현재의 기능에 영향을 미친다고 보았으며, 이에 반해 (②　　　　　　　)주의는 인간의 성장가능성과 자유의지를 강조한다.

01-03-04

04 세계 최초의 인보관은 1884년에 설립된 영국 런던의 (　　　　　　)이다.

14-03-15

05 자선조직협회는 (①　　　　　　)사회사업의 발달에, 인보관운동은 (②　　　　　　)사회사업의 발달에 영향을 미쳤다.

06 자선조직협회는 (　　　　　　)의 가정방문 활동을 통해 빈곤자들이 빈곤 상태에서 벗어날 수 있도록 원조하였다.

07 자선조직협회와 달리 (　　　　　　)은/는 사회환경의 중요성과 사회개혁의 필요성을 강조하며 교육 활동을 진행하였다.

11-03-13

08 인보관운동의 3R: 거주(Residence), 연구조사(Research), (　　　　　　)

09 사회복지실천의 발달 과정에서 개별사회사업, 집단사회사업, 지역사회조직론 등 3대 방법론이 확립된 것은 (　　　　　　)에 해당한다.

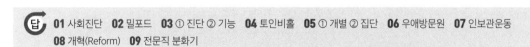

답 **01** 사회진단　**02** 밀포드　**03** ① 진단 ② 기능　**04** 토인비홀　**05** ① 개별 ② 집단　**06** 우애방문원　**07** 인보관운동
08 개혁(Reform)　**09** 전문직 분화기

다음 내용이 옳은지 그른지 판단해보자

`02-03-15`
01 1950년대에는 사회복지실천방법을 통합하려는 움직임이 활발해졌다. ◎ ⊗

---

02 문제해결모델, 4체계모델, 6체계모델, 단일화모델 등은 사회복지실천의 통합적 방법론으로서 제기 ◎ ⊗
된 모델들이다.

`08-03-07`
03 사회복지 전문직의 분화기에는 진단주의 학파와 기능주의 학파 간 갈등이 해소되었다. ◎ ⊗

`08-03-06`
04 자선조직협회는 수혜자격에 대한 심사를 진행하여 자격 있는 빈민에게 서비스를 제공했다. ◎ ⊗

---

05 플렉스너는 리치몬드의 『사회진단』을 비판하며 사회복지직은 전문성이 결여되어 있다고 지적했다. ◎ ⊗

---

06 우애방문원은 지식인층으로 구성되어 빈곤층의 사회문제에 대한 의식화 교육에 힘썼다. ◎ ⊗

---

07 미국 최초의 인보관은 제인 아담스가 설립한 '헐하우스'이다. ◎ ⊗

`12-03-18`
08 진단주의 학파는 과거를, 기능주의 학파는 현재를 중시한다. ◎ ⊗

`20-03-03`
09 자선조직협회의 우애방문원은 사회개혁을 강조하였다. ◎ ⊗

`20-03-02`
10 기능주의학파는 인간과 환경의 관계를 분석하는 데 초점을 두었다. ◎ ⊗

답 01○ 02○ 03✕ 04○ 05✕ 06✕ 07✕ 08○ 09✕ 10○

해설 **03** 사회복지 전문직의 분화기에는 진단주의 학파와 기능주의 학파 간 갈등이 일었다.
05 플렉스너의 사회복지직 전문성에 대한 비판은 1915년이며, 이에 대한 대응으로 리치몬드의 사회진단이 1917년 출간되었다.
06 우애방문원은 중산층 이상의 부인들이 중심으로 구성되어 빈곤가정을 방문하면서 생활에 관한 상담, 교육, 교화 등을 진행하였다. 사회문제에 대한 의식화 교육을 진행하지는 않았다.
07 미국 최초의 인보관은 1886년에 코이트가 설립한 뉴욕의 근린길드이다.
09 사회개혁은 인보관운동의 특징이다.

합격족보 필수 키워드 14

keyword	다양한 면접 기술 및 유의할 점
sub keywords	질문(개방형 질문, 폐쇄형 질문, 폭탄형 질문, 유도형 질문, 왜 질문), 명료화, 해석, 재명명, 직면, 요약, 환기 등
focus	다양한 면접 기술에 대해 출제되고 있다. 다양한 기술들의 특징을 비교해보도록 한 문제에 출제되기도 하며, 각각의 기술이 단독으로 출제되기도 한다. 특히 질문 유형은 각각의 특징을 확인하는 문제로도 출제되지만 사례와 연결하는 문제로도 출제된다. 면접을 위한 장소 및 분위기 연출, 면접자의 태도 등의 내용과 함께 출제되기도 한다.

21-03-04

사회복지실천 면접의 질문기술에 관한 내용으로 옳은 것은?

① 클라이언트가 방어적인 태도를 취할 수 있기에 '왜'라는 질문은 피한다.
② 클라이언트가 자유롭게 대답할 수 있도록 폐쇄형 질문을 활용한다.
③ 사회복지사가 의도하는 특정방향으로 이끌기 위해 유도형 질문을 사용한다.
④ 클라이언트에게 이중 또는 삼중 질문을 한다.
⑤ 클라이언트가 개인적으로 궁금해 하는 사적인 질문은 거짓으로 답한다.

정답률 확인	① 92% ② 2% ③ 3% ④ 2% ⑤ 1%

답 ①

오답노트
② 클라이언트가 자유롭게 대답할 수 있도록 하는 질문은 개방형 질문이다.
③ 사회복지사가 의도하는 특정방향으로 이끄는 유도형 질문은 피해야 한다.
④ 클라이언트에게 이중 또는 삼중 질문을 하는 폭탄형(중첩형) 질문은 피해야 한다.
⑤ 클라이언트가 개인적으로 궁금해 하는 사적인 질문은 진솔하게 답하되 간략히 답하여 면접의 초점이 클라이언트에게 유지될 수 있도록 해야 한다.

➕ 출제빈도

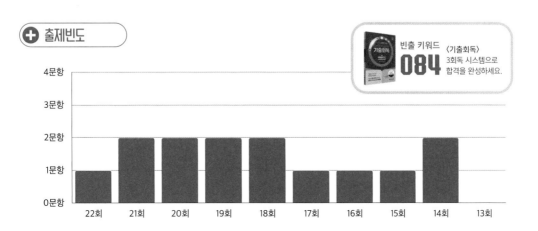

빈출 키워드 〈기출회독〉
084 3회독 시스템으로
합격을 완성하세요.

다양한 면접 기술 및 유의할 점

강의 QR코드

1회독 ＞ **2**회독 ＞ **3**회독

월 일 | 월 일 | 월 일

★ 최근 10년간 **14문항** 출제 ★

이론요약

[기본개념]
사회복지실천론

8장

관찰

- 사회복지실천의 모든 과정 동안 사용하는 기술이다.
- 클라이언트의 말과 행동에 주의를 기울여 클라이언트가 보이는 감정의 차이를 살펴봄으로써 클라이언트를 이해할 수 있다.

경청

- 클라이언트가 무엇을 표현하는지, 감정과 사고는 어떤 것인지를 이해하고 파악하면서 듣는 것을 말한다.
- 클라이언트의 이야기가 길어진다고 해서 너무 자주 끼어드는 것은 좋지 않다.

질문

- 클라이언트로부터 필요한 정보를 얻기 위해 사용하는 기술로 클라이언트의 대화 속도에 맞추어 질문해야 한다.
- 질문은 클라이언트로 하여금 추궁받는다는 느낌이나 공격받는다는 느낌이 들지 않도록 해야 한다.

※ 질문 유형: 폭탄형 질문, 유도형 질문, 왜? 질문 등은 피해야 한다.
- 개방형 질문: 원하는 답변을 자유롭게 할 수 있도록 하는 질문
- 폐쇄형 질문: 단답형 답변 혹은 '예', '아니요' 대답만 요구하는 질문으로, 사실관계의 확인이 필요할 때 주로 사용
- 폭탄형(중첩형) 질문: 질문에 여러 내용이 동시에 담겨 답변하기가 혼란스러울 수 있음
- 유도형 질문: 사회복지사가 듣고 싶은 답변을 하도록 이끌기 때문에 답변이 거짓으로 이루어질 수 있음
- 왜? 질문: 이유를 따지는 것 같은 느낌이 들어 방어적 태도를 갖게 될 수 있음

기타

- **명료화**: 사회복지사가 클라이언트의 이야기를 제대로 이해했는지를 확인하기 위해 사용한다. 클라이언트의 이야기가 중구난방이거나 모호할 때에 그 내용을 분명하게 정리하기 위해서 사용한다.
- **초점화**: 클라이언트가 두서없이 말을 장황하게 하거나 어떤 주제를 회피하고자 할 때, 혹은 클라이언트의 표현이 산만하고 혼란스러울 때 원래 주제에 초점을 맞춘다.
- **직면하기**: 클라이언트의 말과 행위 사이의 불일치, 표현한 가치와 실행 사이의 모순을 인식할 수 있도록 이끈다.

- 도전하기: 클라이언트가 문제를 문제로 인식하지 않을 때나 문제를 왜곡할 때 등에 회피하지 않고 직시할 수 있게 한다.
- 해석하기: 클라이언트의 이야기를 분석하여 관련된 이론, 전문가적 경험 등에 따라 상황의 가설을 세우고 접근방법을 제안하기도 하며, 클라이언트의 행동 등에 대한 문제 요인을 알려주기도 한다.
- 환언하기: 클라이언트가 한 이야기의 내용을 사회복지사가 다른 표현으로 바꾸어 진술하는 것이다.
- 환기하기: 클라이언트가 의식하지 못한 분노, 증오, 슬픔, 불안 등을 자유롭게 드러낼 수 있게 이끈다.
- **지지하기**
  - 재보증(안심): 클라이언트의 능력에 대해 사회복지사가 신뢰를 표현함으로써 클라이언트가 보이는 불안을 제거하고 위안을 준다.
  - 격려: 클라이언트가 자신감이 없거나 자존감이 낮아 어떤 행동을 주저할 때 그 행동을 해낼 수 있도록 하는 것이다.

정답훈련

다음 내용이 **왜 틀렸는지**를 확인해보자

10-03-28

01 면접에서 사회복지사는 클라이언트가 하고 싶어 하는 이야기는 **시간에 관계없이** 경청해야 한다.

> 면접은 시간제한을 두고 주어진 시간 내에 목적을 달성할 수 있도록 초점을 맞추어 진행하는 것이 필요하다.

10-03-28

02 면접에서 클라이언트가 상반된 이야기를 하더라도 관계 형성을 위해 **그대로 진행**한다.

> 클라이언트가 상반된 이야기를 할 때에는 클라이언트가 자신의 모순을 인식할 수 있도록 돕거나 클라이언트의 진의를 파악할 수 있도록 해야 한다.

03 면접에 있어 **폐쇄형 질문**, 폭탄형 질문, 왜 질문 등의 질문 유형은 피해야 한다.

> 폐쇄형 질문은 사실 관계를 간단히 확인할 때에 사용할 수 있는 질문 유형으로 피해야 할 질문 유형은 아니다.

14-03-09

04 클라이언트가 지나치게 말을 많이 하는 경우, **폐쇄형 질문만을 사용하여 초점을 모으는 것이** 필요하다.

> 클라이언트가 두서없이 말을 장황하게 하거나 주제에서 벗어날 때는 초점화 기술을 사용한다.

20-03-20

05 **폐쇄형 질문**은 클라이언트의 상세한 설명과 느낌을 듣기 위해 사용한다.

> 클라이언트의 상세한 설명과 느낌을 듣기 위해서는 개방형 질문을 한다.

06 직면 기술은 클라이언트의 모순을 짚어주는 기술로 사회복지사와 클라이언트 간 **관계형성의 초기에 사용하면 신뢰형성에 도움이** 된다.

> 직면 기술의 경우 잘못 사용하면 클라이언트가 공격당한다는 느낌을 받게 되거나 위축될 수도 있기 때문에 관계의 초기에 무분별하게 사용하는 것은 주의해야 한다.

빈칸에 들어갈 알맞은 말을 채워보자

01 (   ) 기법은 클라이언트의 진술에 일관성이 없거나 모호한 경우에 분명하고 구체적인 내용을 파악하기 위한 방법이다.

02 (   ) 기법은 클라이언트가 말하는 내용이 원래 주제에서 크게 벗어나는 경우 원래 주제를 다시 인식시켜 면접을 효율적으로 진행하기 위한 방법이다.

14-03-10
03 "결혼하셨습니까?"라는 질문 유형은 (   )형 질문에 해당한다.

09-03-21
04 "폭력을 당하신 부위는 어디였고, 그때 옆에 누가 계셨나요?"라는 질문은 (   ) 질문 유형에 해당한다.

09-03-21
05 "아드님과 평소에 관계가 좋지 않으셨죠?"라는 질문은 (   ) 질문 유형에 해당한다.

04-03-29
06 (   ) 기술은 클라이언트가 자신에 대한 솔직한 심정을 피하기 위해 왜곡된 행동을 보일 때에 실시하여 클라이언트가 보이는 모순을 인식할 수 있도록 돕는다.

07 (   ) 기술은 클라이언트의 진술내용에 대해 사회복지사가 자신의 표현으로 바꾸어 말함으로써 진술내용의 의미를 제대로 파악하고 있는지 확인하는 것이다.

08 (   ) 기술은 면접의 전 과정에서 기본이 되는 기술로, 클라이언트의 표정이나 몸짓 같은 비언어적 표현에 주의를 기울여야 함을 강조한다.

18-03-24
09 "그 상황에서 선생님의 기분은 어떠하셨나요?"라는 질문은 (   )형 질문에 해당한다.

답 **01** 명확화(명료화) **02** 초점화 **03** 폐쇄 **04** 중첩형(폭탄형, 복합) **05** 유도형 **06** 직면 **07** 환언 **08** 관찰 **09** 개방

합격족보 필수 키워드 15

keyword	실천현장의 분류
sub keywords	생활시설, 이용시설, 공공기관, 민간기관, 1차현장, 2차현장
focus	실제 시설들을 생활시설과 이용시설 혹은 1차 현장과 2차 현장으로 구분할 수 있는지를 확인하는 문제들이 출제되고 있다. 문제의 선택지에 어떤 시설들이 구성되었는지에 따라 정답률이 차이를 보이고 있기 때문에 다양한 시설들의 기능과 성격을 파악해두는 것이 필요하다.

21-03-13

사회복지 실천현장과 분류의 연결로 옳지 않은 것은?

① 사회복지관 – 1차 현장
② 종합병원 – 2차 현장
③ 발달장애인지원센터 – 이용시설
④ 노인보호전문기관 – 생활시설
⑤ 사회복지공동모금회 – 비영리기관

정답률 확인   ① 1% ② 7% ③ 8% ④ **64%** ⑤ 20%

답 ④

④ 노인보호전문기관은 노인복지법에 따라 국가 및 지방자치단체가 노인학대 관련 문제에 관한 지역 간 연계체계를 구축하고 노인학대를 예방하기 위해 설치·운영하는 기관이다. 노인학대 신고전화 운영 및 사례접수, 현장조사, 상담 및 사례관리가 주된 사업이기 때문에 이용시설에 해당한다.

➕ 출제빈도

빈출 키워드
068
〈기출회독〉
3회독 시스템으로
합격을 완성하세요.

실천현장의 분류

강의 QR코드

1회독 > **2**회독 > **3**회독
월　일　　월　일　　월　일

이론요약

기관의 기능에 따른 분류

▶ **1차 현장**
- 사회복지서비스 제공이 기관의 주된 기능
- 지역사회복지관, 노인복지관, 지역아동센터, 자활지원센터 등

▶ **2차 현장**
- 기관의 일차적인 기능은 따로 있으며, 필요에 의해 사회복지서비스를 제공하는 것
- 의료기관, 교정시설, 학교사회복지, 동주민센터, 어린이집(보육시설) 등

주거서비스 제공 여부

▶ **생활시설**
- 주거서비스를 포함한 사회복지서비스를 제공하는 기관
- 장애인거주시설, 아동양육시설, 청소년쉼터, 치매요양센터, 그룹홈

▶ **이용시설**
- 주거서비스를 제공하지 않음
- 사회복지관, 장애인복지관, 청소년상담센터, 주간보호센터

기관 설립주체 및 재원조달방식

▶ **공공기관**
- 정부 또는 정부 지원에 의해 운영되는 기관
- 행정체계와 집행체계로 나뉨

▶ **민간기관**
- 사회복지 관련 사업을 목적으로 하는 기관
- 기부금이나 후원금·재단 전입금, 기타 서비스 이용료를 재원으로 함
- 사회복지법인이나 재단법인, 사단법인, 종교단체, 시민단체 등

[기본개념]
사회복지실천론

4장

서비스 제공방식

- 직접서비스기관: 지역사회복지관, 아동양육시설, 지역자활센터 등 클라이언트에게 **사회복지서비스를 직접 제공**하는 기관
- 간접서비스기관: 자원봉사센터, 사회복지공동모금회, 사회복지협의회 등 클라이언트에게 **서비스를 직접 제공하지 않지만** 사회복지서비스와 관련된 기관

정답훈련

다음 내용이 왜 틀렸는지를 확인해보자

01 공공시설은 1차 현장, 민간시설은 2차 현장으로 구분한다.

> 1차 현장, 2차 현장의 구분은 기관의 기능에 따른 구분이다.

`04-03-27`

02 가정폭력피해자보호시설(쉼터)은 **이용시설**에 해당한다.

> 가정폭력피해자보호시설(쉼터)은 주거 서비스를 제공하기 때문에, 즉 클라이언트가 시설에 입소하여 서비스를 받기 때문에 생활시설에 해당한다.

`12-03-12`

03 정신건강복지센터는 **1차 현장이며 이용시설**이다.

> 정신건강복지센터는 2차 현장이며 이용시설이다.

04 재가노인복지시설은 이용시설이며, **노인주간보호센터는 생활시설**이다.

> 노인주간보호센터는 이용시설로 재가노인복지시설 중 주간서비스를 제공하는 시설이다. 부득이한 사유로 가족이 보호할 수 없는 낮 시간 동안 시설에서 제공하는 서비스를 받을 수 있다.

05 사회복지관은 1차 현장이지만, 노인복지관, 장애인복지관, 아동복지관 등은 **2차 현장**에 해당한다.

> 노인복지관, 장애인복지관, 아동복지관 등은 대상에 따라 특화된 복지관일 뿐 모두 1차 현장에 해당한다.

06 사회복지공동모금회, 자원봉사센터, **지역자활센터** 등은 간접서비스기관이다.

> 지역자활센터는 기초생활 수급자 및 차상위계층, 저소득층 주민들에게 직업훈련, 자활교육, 직업알선 등의 서비스를 지원하는 직접서비스기관이다.

빈칸에 들어갈 알맞은 말을 채워보자

01 학교, 보호관찰소, 의료기관 등 기관의 일차적인 기능은 따로 있으며, 필요에 의해 사회복지서비스를 제공하는 기관을 ( )차 현장이라고 한다.

02 사회복지관이나 지역아동센터처럼 주거서비스를 제공하지 않는 시설을 ( )시설이라고 한다.

03 ( )시설은 주거서비스를 포함한 사회복지서비스를 제공하는 시설을 말한다.

`12-03-12`
04 청소년쉼터는 (①)차 현장이며 (②)시설이다.

05 아동양육시설은 (①)차 현장이며, 영유아 어린이집은 (②)차 현장이다.

`09-03-02`
06 노인복지관은 재가노인서비스를 제공하는 ( )시설이다.

07 이용자에게 사회서비스를 직접 제공하는 기관이 직접 서비스 기관이라면, 사회복지공동모금회나 자원봉사센터와 같이 서비스를 직접 제공하지 않으면서도 사회복지의 실현을 위해 운영되는 기관을 ( ) 서비스 기관이라고 한다.

`17-03-02`
08 기관의 설립주체에 따라 구분할 때 지역사회보장협의체는 공공기관이며, 한국사회복지사협회는 ( ) 기관이다.

`18-03-04`
09 장애인복지관, 노인복지관, 지역아동센터는 (①)차 현장이면서 (②)시설이다.

`03-03-08`
10 모자가족복지시설은 (①)차 현장이고, 보건소는 (②)차 현장이다.

답 **01** 2 **02** 이용 **03** 생활 **04** ① 1 ② 생활 **05** ① 1 ② 2 **06** 이용 **07** 간접 **08** 민간 **09** ① 1 ② 이용 **10** ① 1 ② 2

합격족보 필수 키워드		10년간 출제문항수	기출회독 No.
16	가족 관련 개념 및 특성	15	108
17	해결중심 가족치료	14	115
18	위기개입모델	13	107
19	인지행동모델의 개입기법	11	102
20	집단 준비단계(계획단계)	10	121

➕ 출제비중

『**사회복지실천기술론**』 필수 키워드 5개의 회차별 출제비중을 확인해보세요.

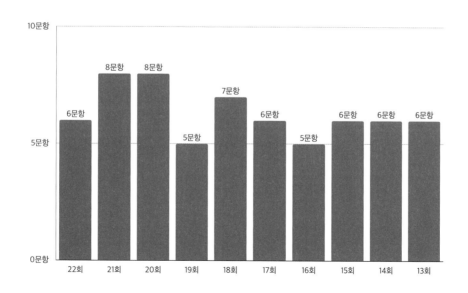

합격족보 필수 키워드 16

keyword	가족 관련 개념 및 특성
sub keywords	가족체계, 역동성, 가족항상성, 경계, 하위체계, 순환적 인과성, 환류, 비총합성
focus	가족이 체계로서 갖는 특징과 다양한 개념들에 대해 정리해두어야 하며, 현대 가족의 특징도 같이 살펴보자. 각각의 문제로 출제되기도 하지만 한 문제에서 가족의 특징, 체계적 개념, 현대 가족의 변화 양상 등이 한꺼번에 다뤄지기도 한다.

21-04-12

가족개입을 위한 전제조건에 관한 설명으로 옳지 않은 것은?

① 한 사람의 문제는 가족성원 모두에게 영향을 미친다.
② 한 가족성원의 개입노력은 가족 전체에 영향을 준다.
③ 가족성원의 행동은 순환적 인과성의 특성을 갖는다.
④ 가족문제의 원인은 단선적 관점으로 파악한다.
⑤ 한 가족성원이 보이는 증상은 가족의 문제를 대신해서 호소하는 것으로 본다.

정답률 확인	① 1% ② 1% ③ 2% ④ **91%** ⑤ 5%

답 ④

가족 간의 상호작용으로 인해 원인이 결과를 만들어내지만 그 결과가 또 다른 원인이 되는 연쇄적인 순화관계를 설명하는 것이 순환적 인과성이다. 이러한 순환적 인과성으로 인해 문제의 원인보다 문제가 유지되는 가족 간의 상호작용에 초점을 두는 것이 필요하다.

➕ **출제빈도**

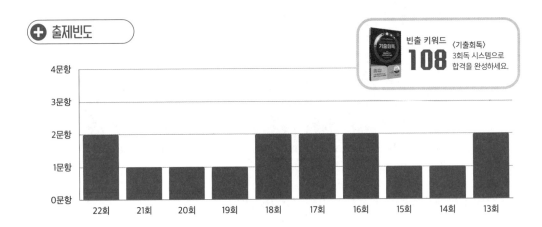

빈출 키워드 〈기출회독〉
108 3회독 시스템으로 합격을 완성하세요.

가족 관련 개념 및 특성

강의 QR코드

1회독 > **2**회독 > **3**회독
월 일 | 월 일 | 월 일

★ 최근 10년간 **15문항** 출제 ★

이론요약

체계로서의 가족

- 가족은 가족구성원 개개인으로 구성된 전체이며, 지역사회를 구성하고 이에 적응하는 부분으로서의 체계(system)이며 가족은 사회체계의 한 유형이다.
- **전체로서의 가족은 각 부분의 합 이상이다.**(비총합성의 원리)
- 가족은 큰 사회의 하위체계이다. 동시에 가족 내에 많은 하위체계들이 존재한다. 이러한 체계들은 상호작용하면서 에너지를 교환한다.
- **가족은 규칙에 따라 움직인다.**
- **가족 내 한 구성원의 변화는 모든 가족성원에게 영향을 미친다.**

[기본개념]
사회복지실천기술론

7장

가족체계의 역동성

- 가족구성원 모두는 가족 내에서 다른 가족원에게 일어나는 일의 영향을 받는다.
- 가족구성원 각자와 전체로서의 가족은 가족을 둘러싼 다른 많은 환경체계의 영향을 받는다.

가족체계와 관련된 주요 개념

▶ 가족항상성

- 가족이 구조와 기능에 있어 균형을 유지하려는 속성
- 가족은 위기상황 이후에 원래의 기능으로 되돌아가려는 경향을 보일 수 있음 → 사회복지사는 가족의 새로운 균형상태를 원조

▶ 가족 내부경계

- **경직된 경계**: 가족 간의 경계가 단절되어 필요한 상호작용과 의사소통이 이루어지지 않음
- **명확한 경계**: 유연하고 융통성 있는 경계로 적절히 상호작용하면서 개인의 자율성을 인정함
- **혼돈된 경계**: 가족 간의 경계가 지나치게 밀착되어 개개인의 자율성과 독립성이 결여됨

▶ 가족 외부경계

- **폐쇄형**: 외부와의 경계가 엄격하게 제한되어 외부와 상호작용하지 않음
- **개방형**: 가족규칙의 범위 내에서 외부와 유동적으로 상호작용함
- **방임형**: 외부와의 경계가 모호하여 상호작용에 제한이 없으며, 가족 경계선의 방어가 없음

▶ 하위체계
- 부부 하위체계, 부모 하위체계, 부모―자녀 하위체계, 형제자매 하위체계 등
- 건강한 가족은 하위체계 간 경계가 혼돈되지 않고 분명함

▶ 순환적 인과성
- 모든 행위는 다른 행위의 한 원인이 되면서 동시에 결과가 됨
- 문제의 원인이나 근원보다는 **문제를 유지하는 가족의 상호작용에 초점을 둠**
- "무엇"을 하느냐에 초점: 문제의 원인(왜?)보다는 문제를 유지시키는 가족의 상호작용(무엇을)에 초점을 둠

▶ 환류고리
가족은 의사소통과 환류를 통해 현재의 평형상태를 유지하려고 함
- 정적 환류: 한 성원이 새로운 행동을 했을 때 정적 환류는 그 변화행동을 확대, 강화시킴
- 부적 환류: 한 성원이 새로운 행동을 했을 때 부적 환류는 그 변화행동을 저지, 중단시킴

가족의 구조 및 기능상의 변화
- 다양한 형태의 가족 유형 증가: 전통적 확대가족이 분화되면서 수정확대가족, 핵가족, 노인가족 등이 증가하고 있으며, 이혼율 증가와 함께 한부모가족, 재혼가족도 증가하고 있다. 국제결혼 증가에 따라 다문화가족도 증가하고 있다.
- 가족구조의 단순화 및 가족규모의 축소
- 가족생활주기의 변화
- 전통적 기능의 축소
- 기혼여성의 사회활동 참여 증가에 따른 가사노동 분업

다음 내용이 **왜 틀렸는지**를 확인해보자

01 가족 대상 실천은 가족원 중 <u>문제의 원인 제공자를 확인</u>하는 것이 주요 목표이다.

> 가족의 문제는 순환적 인과관계가 있으므로 문제의 원인을 찾는 것보다 문제가 유지되는 가족의 상호작용에 초점을 둔다.

`13-04-09`

02 가족 내에서 가족원들은 저마다 공식적, 비공식적 **역할들이 고정되어 있다.**

> 가족원들은 가족 내에서 저마다의 역할을 수행하게 되는데 이는 생애 사건, 가족생활주기 등 다양한 영향을 받으며 변화한다.

`21-04-12`

03 가족개입에 있어 가족문제의 원인은 <u>단선적 관점</u>으로 파악해야 한다.

> 가족문제의 원인은 순환적 관점으로 파악해야 한다.

`11-04-28`

04 가족응집력이 높을수록 가족구성원들의 **독립성과 자율성이 커진다.**

> 가족응집력이 지나치게 높으면 가족구성원 간 밀착관계가 형성되어 독립성과 자율성이 결여될 수 있다.

`15-04-02`

05 부모-자녀 관계는 **밀착된 경계를 가진 관계일수록 기능적**이다.

> 지나친 밀착 관계에서는 독립심과 자율성이 결여될 수 있다는 점에서 역기능적이다.

`16-04-05`

06 순환적 인과성은 가족체계 내 문제가 <u>세대 간 전이를 통해 나타남</u>을 의미한다.

> 순환적 인과성은 세대 간 전이의 개념은 아니다. 현재 가족원 사이에서 상호영향을 줌으로써 문제가 지속되는 현상을 일컫는 개념이다.

다음 내용이 옳은지 그른지 판단해보자

01 현대사회의 가족복지정책은 전통적인 가족 기능을 유지하고 강화하는 데에 중점을 두고 있다. ◎ ⊗

`07-04-06`
02 독신가족, 동거가족, 다문화가족 등 다양한 가족의 형태가 증가하고 있다. ◎ ⊗

03 현대사회에서 다양한 가족 형태가 나타나고 있지만 그렇다고 해서 가족생활주기가 바뀌는 것은 아니다. ◎ ⊗

`12-04-20`
04 현대사회에서는 자녀의 결혼시기가 늦어짐에 따라 빈둥지 시기도 늦춰지고 있다. ◎ ⊗

`12-04-20`
05 현대사회에서는 단독가구 및 무자녀가구가 증가하면서 비전통적인 가족 유형이 늘고 있다. ◎ ⊗

`10-04-01`
06 과거에 가족이 수행했던 기능이 상당 부분 사회로 이양되었다. ◎ ⊗

07 여성들의 경제활동참가율 증가가 가족의 구조 및 기능 변화에 영향을 미친 것은 아니다. ◎ ⊗

`17-04-10`
08 1차 수준 사이버네틱스는 전문가가 가족 내부의 의사소통과 제어과정을 객관적으로 발견할 수 있다는 개념이다. ◎ ⊗

`17-04-10`
09 환류고리를 통해 가족규범이 유지되거나 변화되는 과정을 설명할 수 있다. ◎ ⊗

`10-04-13`
10 가족체계의 순환적 인과성 개념은 가족 문제의 원인을 단편적으로 파악하여 개입을 용이하게 한다. ◎ ⊗

(답) **01**× **02**○ **03**× **04**○ **05**○ **06**○ **07**× **08**○ **09**○ **10**×

(해설) **01** 현대사회의 가족복지정책은 약화된 가족의 기능을 보완하고 지원하기 위한 방향으로 진행되고 있다.
03 가족생활주기는 가족 형태에 따라 다르게 나타난다.
07 여성들의 경제활동참가율 증가로 맞벌이 가구가 증가하게 되면서 가족의 구조 및 기능 변화에도 영향을 주었다.
10 순환적 인과성은 모든 행위는 다른 행위의 한 가지 원인이 되면서 동시에 결과가 된다고 보는 것이다. 이 개념을 가족문제에 적용하면 문제의 원인과 결과를 단편적으로 파악하는 것이 아니라 가족의 상호작용을 통해 문제가 유지되는 양상에 초점을 두고 개입하게 되는 것이다.

합격족보 필수 키워드 17

keyword	해결중심 가족치료
sub keywords	탈이론, 비규범, 현재와 미래 강조, 질문 유형, 예외질문, 기적질문, 척도질문, 대처질문, 관계성질문
focus	해결중심 단기가족치료모델은 주로 이 모델의 특징을 파악하는 문제가 출제되었는데, 사회구성주의에 기반한 탈이론적이고 비규범적 모델이라는 특징은 특히나 자주 등장했다. 다양한 질문 유형을 사례와 함께 연결해보는 문제도 출제율이 높다.

21-04-03

해결중심모델에 관한 설명으로 옳은 것은?

① 클라이언트에게 대처행동을 가르치고 훈련함으로써 부적응을 해소하도록 한다.
② 탈이론적이고 비규범적이며 클라이언트의 견해를 존중한다.
③ 문제의 원인을 클라이언트의 심리 내적 요인에서 찾는다.
④ 클라이언트의 문제를 자원 혹은 기술 부족으로 본다.
⑤ 문제와 관련이 있는 환경과 자원을 사정하고 개입 방안을 강조한다.

정답률 확인   ① 20% ② **43%** ③ 7% ④ 11% ⑤ 19%

답 ②

해결중심모델은 문제가 무엇인지, 혹은 문제의 원인이 무엇인지를 밝힐 필요는 없다고 본다. 클라이언트의 자원과 기술을 발견하여 치료에 활용하고 클라이언트가 스스로 문제해결 방안을 찾을 수 있도록 돕는다. 클라이언트의 이야기에서 문제해결의 실마리를 찾으며 이를 과제로 연결해 제안하는 방식으로 진행된다.

➕ 출제빈도

빈출 키워드 〈기출회독〉
115 3회독 시스템으로 합격을 완성하세요.

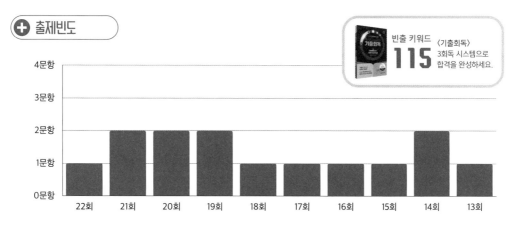

강의 QR코드

1회독	**2**회독	**3**회독
월 일	월 일	월 일

★ 최근 10년간 **14문항** 출제 ★

이론요약

주요 원칙 및 특징

[기본개념]
사회복지실천기술론

9장

- 탈이론적, 비규범적 모델
- 클라이언트의 견해 존중, **협력관계** 강조
- 가족이 원하는 해결에 초점을 둔 **단기개입**
- 미래지향적 모델: 과거가 아닌 **현재와 미래에 초점**
- 클라이언트에 대한 **'알지 못함'**의 자세 강조
- 건강한 것에 초점: **장애나 결함 등은 되도록 다루지 않음**
- **'반복적으로 잘못 다룬 것'**을 문제로 봄
- **파문 효과**를 통해 가족문제가 해결될 수 있다고 봄
- 클라이언트의 강점, 자원, 기술, 개성 등을 발견하여 치료에 활용
- 변화를 해결책으로 활용: **변화는 불가피한 것**
- 클라이언트는 이미 해결책을 갖고 있음: 성공 경험, 예외 상황 등을 해결책으로 활용
- 사회복지사는 방문형 클라이언트, 불평형 클라이언트가 고객형 클라이언트로 전환될 수 있도록 해야 함
- 치료목표는 달성할 수 있는 작은 것부터 세워나가며, 그 방법도 단순하고 간단한 것에서부터 시작
- 단기간에 경제적인 해결을 추구하기 때문에 **임시대응적이라는 비판**도 있음

중심철학

- 내담자가 문제 삼지 않는 것은 건드리지 말라.
- 일단 무엇이 효과가 있는지를 알면 그것을 더 많이 하라.
- 그것이 효과가 없다면 다시는 그것을 하지 말고 다른 것을 행하라.

개입목표와 원조방향

- 개입목표는 도움을 받으러 온 가족으로 하여금 그들 자신의 생활을 보다 만족스럽게 하기 위해서 **현재하고 있는 것과는 다른 것을 하거나 생각해내도록** 하여 현재 가족이 가지고 있는 문제를 해결하는 것이다.
- 사회복지사는 직접적으로 무엇을 하라고 지시하고 가르치기보다는 **가족들 스스로 문제해결의 방안을 찾아내고 사용할 수 있도록 원조**한다.

목표설정의 원칙

- 클라이언트에게 중요한 것
- 쉽게 성취할 수 있는 작은 것
- 구체적이고 명확하고 **행동적인 것**
- 문제를 없애는 것이 아닌 **조금 더 나아지는 것**
- 지금-여기에서 시작. 즉 **현재 단계에서 필요한 것**
- 실현가능하고 성취가능한 것
- **목표를 수행하기 위한 노력 그 자체가 성공의 시작**

대표적인 질문 기법

- **치료면담 전 변화에 대한 질문**: 면담 예약 후 당일 사이의 변화 확인 → 변화를 스스로 파악할 수 있게 함
- **예외질문**: 실패경험이 아닌 **성공경험을 확인**하기 위해 실시 → 성공경험을 확장하도록 해야 함
- **대처질문(극복질문)**: 상황이 더 나빠지지 않게 했던 클라이언트의 **노력을 확인**하는 질문 → **강점과 자원** 파악
- **기적질문**: 문제가 해결된 **상태를 상상**하게 하는 질문 → 상상을 현실로 연결할 수 있게 해야 함
- **척도질문**: **구체적인 숫자**로 문제의 심각도, 변화의지 등을 표현하게 함 → 과거가 아닌 현재와 미래에 초점을 둘 수 있게 해야 함
- **관계성 질문**: 클라이언트와 **중요한 관계에 있는 사람(부모, 친구 등)의 시각에서** 클라이언트의 문제를 보게 하는 질문 → 새로운 가능성을 탐색할 수 있게 함

빈칸에 들어갈 **알맞은 말**을 채워보자

※ 각각에 해당하는 해결중심모델의 질문 유형은?

`12-04-02`

01 "어려운 상황 속에서도 더 나빠지지 않고 견뎌낼 수 있었던 것은 무엇 때문이라고 생각하십니까?"
– (   )질문

`07-04-20`

02 남편이 매일 술을 마신다고 상담해 온 클라이언트에게 "남편이 술을 마시지 않는 때는 언제인가요?"
– (   )질문

`10-04-11`

03 "이처럼 어려운 상황에서도 어떻게 지금까지 견디어 올 수 있었나요?" – (   )질문

`10-04-11`

04 "처음 상담에 오셨을 때가 0점이고 개입목표가 달성된 상태를 10점이라고 한다면, 지금 당신의 상태는 몇 점입니까?" – (   )질문

`10-04-11`

05 "문제가 해결된다면 이를 어떻게 알 수 있나요?" – (   )질문

`14-04-06`

06 "당신 아버지께서는 문제가 해결된 상황에 대해 어떤 말씀을 하실까요?" – (   )질문

`05-04-20`

07 "어느 날 밤, 당신이 자고 있을 동안 기적이 일어나 꿈꾸던 대로 결혼생활이 완벽해졌습니다. 아침에 일어났을 때 결혼생활은 어떻게 달라졌을까요?" – (   )질문

`09-04-09`

08 "아버지가 술만 마시면 심하게 때리고, 그게 너무 고통스럽고 견디기 어려워 그 수준이 10점인 날들의 연속이라고 했지? 그런데 혹시 때리지 않는 날도 있니?" – (   )질문

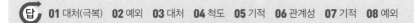

답 **01** 대처(극복) **02** 예외 **03** 대처 **04** 척도 **05** 기적 **06** 관계성 **07** 기적 **08** 예외

다음 내용이 **옳은지 그른지** 판단해보자

01 해결중심모델은 단기개입을 추구한다. ◎ ⊗

02 해결중심모델은 이론적 바탕을 강조한다. ◎ ⊗

`15-04-05`
03 해결중심모델에서는 변화는 항상 일어나며 불가피한 것으로 간주한다. ◎ ⊗

04 해결중심모델은 해결방안을 발견하고 구축하는 개입과정에서 클라이언트의 협력을 중시한다. ◎ ⊗

05 해결중심모델에서는 목표를 크게 잡아 성공에 따른 성취감을 극대화하는 데에 초점을 둔다. ◎ ⊗

`16-04-14`
06 해결중심모델에서는 목표를 문제해결의 시작으로 간주한다. ◎ ⊗

`15-04-05`
07 해결중심모델은 문제의 원인 규명에 초점을 둔다. ◎ ⊗

08 해결중심모델은 지금 현재에 필요한 것, 할 수 있는 것을 강조한다. ◎ ⊗

`10-04-10`
09 해결중심모델은 클라이언트의 자원, 성공경험에 초점을 두며, 사회복지사의 자문가 역할이 강조된다. ◎ ⊗

`19-04-12`
10 "잠이 안 와서 힘들다고 하셨는데, 잠을 잘 잤다고 느낄 때는 언제일까요?"라는 질문은 기적질문에 해당한다. ◎ ⊗

`19-04-12`
11 "그 어려운 상황 속에서도 견딜 수 있었던 것은 무엇이라 생각합니까?"라는 질문은 예외질문에 해당한다. ◎ ⊗

답 01 ○ 02 × 03 ○ 04 ○ 05 × 06 ○ 07 × 08 ○ 09 ○ 10 × 11 ×

해설 **02** 해결중심모델은 탈이론적인 특징을 갖는다.
05 해결중심모델에서는 쉽게 성취할 수 있는 작은 것부터 목표로 잡는다.
07 해결중심모델은 과거보다는 현재와 미래를 강조하기 때문에 문제의 원인 규명에 초점을 두는 것이 아니라 현재 불편한 점이 무엇인지에 초점을 두어 해결책을 발견하고 변화를 이끌어 현재와 미래에 적응하도록 돕는다.
10 예외질문에 해당한다.
11 대처질문에 해당한다.

합격족보 필수 키워드 18

keyword	위기개입모델
sub keywords	신속한 개입, 제한된 목표, 위기반응단계, 사회적 위험, 취약단계, 위기촉진요인, 실제위기단계, 재통합단계
focus	위기개입의 주요 특징 및 목표, 위기반응단계 등 다양한 내용이 두루두루 출제되어 왔다. 위기가 일어난 사건 자체의 해결에 초점이 있는 것이 아니라 위기를 받아들이는 클라이언트의 반응에 초점을 둔다는 점은 꼭 기억해두자.

21-04-02

위기개입모델에 관한 설명으로 옳지 않은 것은?

① 클라이언트에게 실용적 정보를 제공하고 지지체계를 개발하도록 한다.
② 단기개입 서비스를 제공한다.
③ 구체적이고 관찰 가능한 문제에 초점을 둔다.
④ 위기 발달은 촉발요인이 발생한 후에 취약단계로 넘어간다.
⑤ 사회복지사는 다른 개입모델에 비해 적극적이고 직접적인 역할을 수행한다.

정답률 확인	① 24% ② 4% ③ 17% ④ 52% ⑤ 3%

답 ④
④ 위기발달단계: 사회적 위험 → 취약 → 위기촉진요인 발생 → 실제 위기 → 재통합

➕ 출제빈도

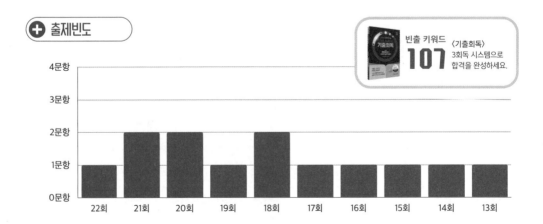

빈출 키워드
107
〈기출회독〉
3회독 시스템으로
합격을 완성하세요.

	22회	21회	20회	19회	18회	17회	16회	15회	14회	13회
문항 수	1	2	2	1	2	1	1	1	1	1

위기개입모델

★ 최근 10년간 **13문항** 출제 ★

이론요약

위기의 개념 및 특징

- 위협적 혹은 외상적 위험사건을 경험함으로써 취약해져 지금까지의 대처전략으로는 스트레스나 외상에 대처하거나 경감할 수 없는 불균형의 상태가 되는 것
- 단순한 원인과 결과로 설명하기 어려운 복잡한 증상
- **위험은 도움을 요청하는 과정을 통해 기회가 될 수 있음**
- 위기에 처했던 사람이 다시 위기를 경험할 수 있음
- **같은 상황을 경험하더라도 위기로 느끼는 사람과 그렇지 않은 사람이 있으며, 성공적으로 극복하는 사람과 그렇지 않은 사람도 있음**

[기본개념]
사회복지실천기술론

6장

위기의 유형

- 발달적 위기: 개인의 생애주기 혹은 가족생활주기에 따라 발생하는 위기
- 상황적 위기: 사고, 자연재해 등 예견할 수 없는 갑작스러운 위기
- 실존적 위기: 삶의 목적, 가치, 자유, 책임, 독립 등과 같은 삶의 이슈와 관련되어 발생하는 갈등과 불안

위기개입모델의 기본 원리

- **신속한 개입: 위기개입은 단기간, 시간제한적, 즉각적 개입을 특징으로 한다. 대체로 6주 이내의 해결을 꾀한다.**
- 행동기술: 사회복지사의 역할은 행동기술에 초점을 둔다.
- **제한된 목표: 위기 이전의 상태로 돌아갈 수 있도록 하는 것에 제한적인 목표를 둔다.**
- 희망과 기대
- 지지 및 정보제공
- 문제 파악 및 해결에 초점
- 클라이언트의 자신감 회복 및 자립

골란의 위기발달단계

- 사회적 위험 → 취약단계 → 위기촉진요인 발생 → 실제 위기단계 → 재통합
- 개입은 '실제 위기단계'에서 이루어짐

라포포트(L. Rapoport)가 제시한 위기개입 목표

▶ **1단계 목표(기본 목표)**

• 위기로 인한 증상 제거

• 위기 이전의 기능 수준으로 회복

• 불균형 상태로 만든 **촉발사건 이해**

• 클라이언트나 가족이 사용하거나 지역사회 자원 중 **이용할 수 있는 치료방법 모색**

▶ **2단계 목표(추가 목표)**

• 현재의 스트레스를 과거의 생애 경험이나 갈등과 연결

• 새로운 인식, 사고, 정서양식을 개발하고 위기상황 이후에도 사용할 수 있는 새로운 적응적 대처기제 개발

다음 내용이 왜 틀렸는지를 확인해보자

01 위기개입모델은 같은 상황에서 <u>모든 사람이 똑같은 정도의 위기감을 느낀다</u>는 것을 전제로 한다.

> 위기개입모델에서는 같은 상황이라 하더라도 사람마다 위기감을 느끼는 정도는 다르게 나타날 수 있다고 본다.

`05-04-05`
02 위기발달단계: **사회적 위험 → 실제 위기단계 → 위기촉진요인 발생 → 취약단계 → 재통합**

> 위기발달단계: 사회적 위험 → 취약단계 → 위기촉진요인 발생 → 실제 위기단계 → 재통합

03 위기발달단계에서 실제 사회복지사의 <u>위기개입이 필요한 단계는 사회적 위험이 발생한 순간</u>이다.

> 실제 사회복지사의 위기개입이 이루어지는 단계는 '실제 위기단계'이다.

`15-04-13`
04 위기개입모델에서는 사건에 대한 주관적인 인식보다 <u>사건 자체를 중요시</u>한다.

> 위기개입모델에서는 사건에 대한 주관적 인식에 주목한다.

05 인간의 성장·발달 과정에서 경험하는 사건들, 즉 **발달단계에 따라 겪게 되는 위협은 위기라고 보지 않는다.**

> 청소년기의 방황, 은퇴, 빈둥지증후군 등과 같이 발달단계에 따라 경험하게 되는 위기도 포함된다.

`08-04-08`
06 자살의 위험성이 있는 클라이언트에 개입할 때에는 **자살에 대한 직접적인 언급은 삼가야 한다.**

> 자살을 생각한 이유나 상황에 대해 이야기하여 그 심각성에 따라 개입이 달라질 수 있다.

`19-04-10`
07 위기개입모델은 문제의 원인을 이해하기 위해 **클라이언트의 과거 탐색에 초점**을 둔다.

> 위기개입모델은 과거 탐색과 같이 장기적으로 진행되는 개입에 초점을 두지는 않는다.

다음 내용이 옳은지 그른지 판단해보자

01 위기개입에서는 문제의 해결뿐만 아니라 클라이언트의 자신감을 회복시키고, 희망을 고취시키는 것도 중요하다. ◎ ✕

02 스트레스를 유발하는 사건이나 위험 상황이 발생하였다고 해서 모두 개입이 필요한 위기인 것은 아니다. ◎ ✕

03 위기개입에서는 클라이언트의 성격 유형을 파악하는 것이 선행되어야 한다. ◎ ✕

20-04-16
04 위기개입모델은 위기에 의한 병리적 반응과 영구적 손상의 치료에 초점을 둔다. ◎ ✕

05 위기로 인해 나타나는 불안은 긍정적 변화의 추진력이 될 수도 있다. ◎ ✕

06 위기개입의 가장 큰 목표는 위기를 발생시킨 상황이나 사건을 종료시키는 것에 있다. ◎ ✕

11-04-03
07 위기개입에서는 특정 문제에 초점을 두고 제한된 목표에 대한 신속한 개입을 추구한다. ◎ ✕

08 위기개입모델에서 정의하는 위기는 자연재해나 교통사고 등과 같이 클라이언트가 피할 수 없이 갑작스럽게 일어난 사건, 사고 등으로 한정된다. ◎ ✕

09 라포포트(L. Rapoport)가 제시한 위기개입 목표 중 위기로 인한 증상 제거는 추가 목표에 해당한다. ◎ ✕

(답) **01** ○ **02** ○ **03** ✕ **04** ✕ **05** ○ **06** ✕ **07** ○ **08** ✕ **09** ✕

(해설) **03** 위기개입은 단기간에 위기 이전 수준으로의 기능 회복을 돕는 것이 주요 목적이기 때문에 성격 유형을 파악하는 것이 선행되어야 하는 것은 아니다.
04 위기개입은 즉각적, 단기적 개입을 추구하기 때문에 위기요인의 발생이 심각한 병리 상태로 이어지지 않도록 방지하고 위기 이전 상태를 회복하도록 하는 것에 초점을 둔다.
06 위기가 발생된 상황이나 사건은 인위적으로 종료시킬 수 있는 것은 아니다. 따라서 위기개입의 목표는 클라이언트가 위기발생 이전과 같이 기능할 수 있도록 하는 데에 초점을 두게 된다.
08 위기개입모델에서는 사건, 사고뿐만 아니라 생애주기에 따라 경험하게 되는 상황이나 개인의 삶의 이슈와 관련되어 느끼게 되는 심리적 요인들도 위기로 본다.
09 위기로 인한 증상 제거는 1단계 목표, 즉 기본 목표에 해당한다.

합격족보 필수 키워드 19

keyword	인지행동모델의 개입기법
sub keywords	합리적 정서치료, 인지적 오류, 문제해결치료, 인지재구조화, 체계적 둔감법, 모델링, 사회기술훈련
focus	인지행동모델에서 어떤 기법들을 사용하는지를 단순히 확인하는 문제도 출제되지만, 엘리스, 벡 등이 제시한 개념들이 자세히 출제되기도 한다. 인지적 오류, ABCDE모델, 사회기술훈련, 체계적 둔감법, 모델링 등은 꽤 상세히 출제되기도 했다.

(건1-04-04)

인지적 오류(왜곡)에 관한 예로 옳지 않은 것은?

① 임의적 추론: 내가 뚱뚱해서 지나가는 사람들이 나만 쳐다봐.

② 개인화: 그때 내가 전화만 받았다면 동생이 사고를 당하지 않았을 텐데. 나 때문이야.

③ 이분법적 사고: 이 일을 완벽하게 하지 못하면 실패한 것이야.

④ 과잉일반화: 시험보는 날인데 아침에 미역국을 먹었으니 나는 떨어질거야.

⑤ 선택적 요약: 지난번 과제에서 나쁜 점수를 받았어. 이건 내가 꼴찌라는 것을 의미해.

정답률 확인　　① 8% ② 17% ③ 8% ④ 38% ⑤ 29%

답 ④

④ 미역국이 시험 결과에 대한 적절한 증거가 아니라는 점에서 임의적 추론에 해당한다. 임의적 추론은 이처럼 제시된 증거가 결과를 도출하기에 부적절한 것을 말한다.

과잉일반화는 한두 번 있었던 사건을 유사한 모든 사건에 동일하게 적용하는 것으로, 면접에 한 번 떨어진 사람이 '나는 어느 회사에서 면접을 보든 항상 떨어질꺼야'라는 싹쓸이식 부정적 결론을 내리는 것을 말한다.

➕ 출제빈도

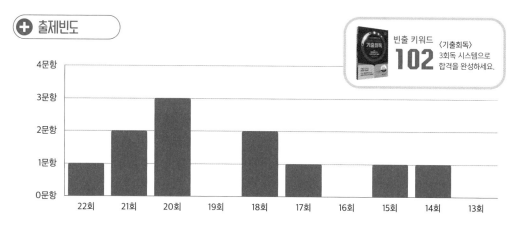

인지행동모델의 개입기법

강의 QR코드

★ 최근 10년간 **11문항** 출제 ★

이론요약

엘리스의 합리적 정서치료

[기본개념]
사회복지실천기술론

4장

- 정신분석이 과거의 경험을 토대로 문제를 해결하는 것에 반대하며 **현재의 상황에서 해결책을 발견**할 수 있다고 봄
- 클라이언트가 갖는 **비합리적 신념에 초점을 두어 인지를 재구조화**하고자 함
- 개입과정(ABCDE 모델)
  - A(Accident, 실재하는 사건): 인간의 정서를 유발하는 어떤 사건이나 현상 또는 행위
  - B(Belief, 신념체계): A에 대해서 가지고 있는 신념, 생각
  - C(Consequence, 정서적·행동적 결과): 개인의 믿음, 인식 등으로 인해 초래된 감정이나 행동
  - D(Dispute, 논의, 논박): 치료의 논박과정. 논리성, 현실성, 효용성 등의 차원에서 클라이언트가 가진 비합리적 신념에 대해 논박하는 질문을 제시
  - E(Effect, 효과): D를 통하여 합리적인 신념으로 재구조화된 이후에 갖게 되는 태도와 감정의 결과. 논박에 따른 인지적, 정서적, 행동적 효과

벡의 인지치료

- **인지적 측면의 왜곡을 수정**함으로써 클라이언트가 가진 심리사회적 문제를 해결할 수 있다고 봄
- **클라이언트의 자동적 사고를 수정**하여 정서나 행동을 변화시키는 데에 역점을 둠
- 인지적 왜곡(오류)의 유형
  - **임의적 유추**: 충분하고 적절한 증거가 없는데도 결론에 도달하는 것
  - **선택적 요약**: 상황에 대한 현저한 특성을 무시하고 맥락에서 벗어난 세부내용에 초점을 두는 것
  - **과잉일반화**: 단일 사건에 기초하여 극단적인 신념을 가지고 그것들과 유사하지 않은 사건들이나 장면에 부적절하게 적용
  - **극대화와 극소화**: 사건의 의미나 크기를 왜곡하는 것
  - **개인화**: 관련된 적절한 원인없이 부정적 사건이나 상황을 개인에게 연결시키는 것
  - **이분법적 사고**: 실패나 성공 등 극단적인 흑과 백으로 구분하려는 경향

즈릴라와 골드프라이드의 문제해결치료

- 일상생활에서 직면하는 문제상황에 대처해나갈 수 있도록 기술을 훈련시킴
- 문제를 도전으로 봄
- 자기통제훈련의 한 형태
- 문제해결 5단계
  - 1단계: 문제지향(문제인식)
  - 2단계: 문제정의(문제규정)와 형성
  - 3단계: 가능한 대안의 모색
  - 4단계: 의사결정
  - 5단계: 문제해결책의 실행과 검증

기타 인지행동 개입기법

인지재구조화	역기능적 사고와 관념을 현실적 사고와 관념으로 대치할 수 있도록 원조
경험적 학습	클라이언트에게 자기 자신의 인지적 오류에 부합하지 않는 특정한 행동을 하도록 함으로써 클라이언트가 자신의 인지적 오류를 발견하고 수정하도록 함
체계적 둔감화	덜 위협적인 상황에서 가장 위협적인 상황으로 순서대로 제시하면서 불안을 일으키는 자극들을 반복적으로 이완상태와 짝짓는 기법
모델링	다른 사람의 행동을 관찰하여 학습하는 것으로, 클라이언트는 시행착오를 겪지 않으면서 새로운 행동을 학습할 수 있음
이완훈련	근육의 수축·이완, 호흡법, 심상법 등을 통해 스트레스 상황에서 겪는 긴장감, 불안감, 우울, 분노 등의 감정에 대처할 수 있도록 함
시연	클라이언트가 어떤 행동을 현실 세계에서 실행하기에 앞서 사회복지사 앞에서 미리 연습
자기지시기술	클라이언트가 변화시키기 원하는 행동에 대한 실천지침을 작성하여 스스로 실행해보도록 함
내적 의사소통의 명료화	클라이언트가 독백하는 과정에 사회복지사가 그때그때 피드백을 함으로써 클라이언트는 자신이 가지고 있는 인지적 오류나 비합리적 신념을 이해하고 통찰하게 되어 인지적 변화가 일어날 수 있음
설명	클라이언트에게 감정이 어떻게 행동에 영향을 미치는지에 대해서 엘리스의 ABC모델을 적용하여 설명
기록과제	클라이언트에게 자신의 문제에 엘리스의 ABC모델을 적용하여 기록해볼 수 있도록 과제 부여
역설적 의도	클라이언트가 염려하는 특정 행동을 더욱 강화하도록 지시하여 그 행동에 관한 인지적 오류를 감소시키고 조절력을 증가시키는 전략
역동적·실존적 사고 반영	• 역동적 사고 반영: 문제 상황을 객관적, 경험적, 이론적 차원에서의 역동적 사고를 통해 해결 • 실존적 사고 반영: 개인의 삶의 의미와 잠재적 의미에 초점을 두어 인지구조를 재구조화
사회기술훈련	원만한 대인관계 및 사회적 관계를 맺기 어려운 사람들을 대상으로 함. 주로 집단활동으로 실시. 다양한 행동주의적 기법을 활용

다음 내용이 왜 **틀렸는지**를 확인해보자

`06-04-01`

01 인지행동모델의 개입기법 중 역할연기, **소크라테스식 문답법**, 모델링 등은 행동적 전략이다.

> 역할연기, 모델링은 행동적 전략에 해당하며, 소크라테스식 문답법은 인지적 전략이다.

`07-04-15`

02 자유연상은 강박적 사고로 인해 불안감을 호소하는 클라이언트에게 적용가능한 **인지행동기법**이다.

> 자유연상은 정신역동모델의 치료기법이다.

---

03 즈릴라와 골드프라이드가 제시한 문제해결치료모델은 **클라이언트가 스스로 치료할 수 없기 때문에 사회복지사가 치료자로서 기능해야 함**을 강조한다.

> 클라이언트가 스스로 치료자로서 기능할 수 있도록 하는 훈련을 강조한다.

---

04 엘리스는 인간의 정서적, 행동적 결과에 영향을 미치는 원인으로서 사건에 대한 관점이나 시각보다 **사건이나 사실 그 자체를 살펴봐야 한다**고 보았다.

> 특정 사건이나 사실 그 자체가 아닌 그것을 바라보는 시각, 신념체계를 중요시한다.

`12-04-04`

05 "내가 신고만 빨리 했어도 지하철 화재로 사람들이 죽지 않았을 텐데."라는 생각은 인지적 왜곡의 유형 중 **임의적 추론**에 해당한다.

> 개인화에 해당한다.

`09-04-02`

06 형제가 많은 집에서 유독 사랑을 독차지하며 자란 클라이언트가 "다른 사람들이 나를 대접해주지 않으면 참을 수 없다"고 하는 것은 **벡의 인지적 오류 중 과잉일반화에 해당**한다.

> 엘리스가 제시한 비합리적 신념 중 인정의 욕구에 해당한다.

다음 내용이 옳은지 그른지 판단해보자

`09-04-13`
01 모델링을 통해 클라이언트의 시행착오를 줄이고 성공경험을 촉진할 수 있다. ◎ ⊗

02 인지행동모델은 인지재구조화를 통해 잘못된 신념체계를 수정한다. ◎ ⊗

`03-04-06`
03 인지적 왜곡 중 선택적 요약은 사건의 의미나 크기를 왜곡하는 것을 말한다. ◎ ⊗

`11-04-08`
04 경험적 학습은 왜곡된 인지에 도전하여 변화를 유도하는 것으로 인지적 불일치 원리를 적용한다. ◎ ⊗

05 체계적 둔감법은 클라이언트가 가장 위협적이라고 느끼는 극한의 상황을 먼저 제시하여 불안 상황에 둔감해지도록 하는 방법이다. ◎ ⊗

`11-04-23`
06 사회기술훈련에서는 난이도가 높은 과제로부터 쉬운 과제를 주는 조성화의 원칙을 준수해야 한다. ◎ ⊗

`10-04-16`
07 사회기술훈련을 위해 강화, 모델링, 과제부여, 역할연습 등을 실시할 수 있다. ◎ ⊗

08 우울증, 불안증 같은 정신적 문제를 호소하는 클라이언트에게 사회기술훈련은 적절하지 않다. ◎ ⊗

`12-04-04`
09 "선생님은 나를 미워하니까 성적도 나쁘게 줄 거야."는 인지 왜곡 중 임의적 추론에 해당한다. ◎ ⊗

`15-04-10`
10 체계적 탈감법은 특정 행동에 대한 불안을 유발하는 행동을 하도록 지시하는 것이다. ◎ ⊗

11 벡의 인지치료는 사람들의 감정이나 행동을 결정하는 것은 사건 자체가 아니라 그 사건을 해석하는 방식에 따른다는 인지매개가설에 따라 전개된다. ◎ ⊗

12 엘리스의 모델에서 비합리적 신념에 대한 논박(D)에 따른 효과(E) 중 인지적 효과는 클라이언트가 어떤 상황에 대한 적절한 느낌을 갖게 된다는 것이다. ◎ ⊗

답 **01** ○ **02** ○ **03** × **04** ○ **05** × **06** × **07** ○ **08** × **09** ○ **10** × **11** ○ **12** ×

해설 **03** 사건의 의미나 크기를 왜곡하는 것은 극대화 및 극소화에 해당한다. 선택적 요약은 어떤 상황의 전체적인 맥락을 보지 않고 특정 세부내용에만 초점을 두어 왜곡하는 것을 말한다.

05 체계적 둔감법은 덜 위협적으로 느끼는 상황에서 점차적으로 더 위협적으로 느끼는 상황으로 순서대로 제시하여 그 상황에 대한 불안을 완화시키는 방법이다.

06 쉬운 과제부터 부여하여 점차 어려운 과제를 제시하고 복잡한 기술을 세분화하여 시행한다.

08 사회기술훈련은 공격적인 사람들, 자기중심적인 사람들 등 대인관계에 어려움이 있는 사람들의 사회기술 향상을 위해 실시하게 된다. 우울증, 불안증 같은 정신적 문제를 호소하는 클라이언트들에게도 가능하다.

10 체계적 탈감법은 클라이언트에게 가장 덜 위협적인 상황에서 가장 위협적인 상황까지 상황을 순서대로 제시하면서, 불안자극과 불안반응 간의 연결이 없어질 때까지 불안을 일으키는 자극들을 반복적으로 이완상태와 짝지어 실시하는 기법이다.

12 인지적 효과가 아닌 정서적 효과에 해당한다. 인지적 효과는 합리적 신념을 갖게 된다는 것이다. 이를 테면, 시험에 떨어졌을 때 '나는 뭘 해도 안 되는 인간이야'라는 비합리적 신념이 합리적 신념으로 재구조화되면 '이 시험에 떨어져서 속상하긴 하지만 그게 뭘 해도 안 된다는 건 아니야'라는 인지적 변화가 이루어질 수 있다는 것이다. 정서적 효과는 시험 불합격으로 인해 극도의 우울에 빠져 있는 경우 '좀 슬픈 정도'로 감정의 수준을 적절히 맞출 수 있다는 것이다.

합격족보 필수 키워드 20

keyword	집단 준비단계(계획단계)
sub keywords	목적 설정, 집단성원 모집, 회합빈도 및 기간 정하기, 집단 구성, 동질성 및 이질성, 개방집단과 폐쇄집단, 집단의 크기, 집단환경 준비
focus	구성원들의 동질성과 이질성을 균형 있게 고려해야 하며, 어떠한 경우에 개방집단 혹은 폐쇄집단이 적합한지를 비롯해 집단의 규모나 회합 시간, 환경 등 집단을 구성함에 있어 고려할 요소들을 살펴봐야 한다.

21-04-19

집단을 준비 또는 계획하는 단계에서 고려할 사항으로 옳은 것을 모두 고른 것은?

ㄱ. 집단성원의 참여 자격 ㄴ. 공동지도자 참여 여부
ㄷ. 집단성원 모집방식과 절차 ㄹ. 집단의 회기별 주제

① ㄱ
② ㄱ, ㄷ
③ ㄴ, ㄹ
④ ㄱ, ㄷ, ㄹ
⑤ ㄱ, ㄴ, ㄷ, ㄹ

정답률 확인 ① 0% ② 17% ③ 4% ④ 15% ⑤ 64%

답 ⑤
집단을 준비하는 단계에서는 집단의 목적 및 성격을 바탕으로 어떤 특성을 가진 사람들로 집단을 구성할 것인지, 어떤 방식으로 운영할 것인지 등을 결정해야 한다. 또한 집단의 과정, 지속기간, 주제, 활동사항 등을 계획하여 구성원 모집에 공고해야 한다.

➕ 출제빈도

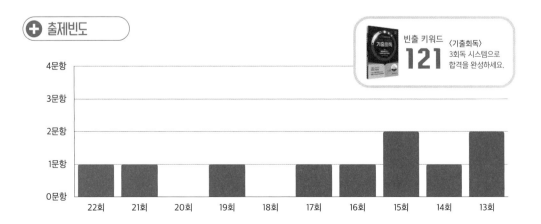

빈출 키워드
121
〈기출회독〉
3회독 시스템으로
합격을 완성하세요.

집단 준비단계(계획단계)

강의 QR코드

★ 최근 10년간 **10문항** 출제 ★

이론요약

준비단계의 과업

- 집단이 형성되기 이전에 사회복지사가 <u>집단에 대한 계획과 구성에 대해 준비</u>
- 집단목적의 설정
- 잠재적 성원 확인 및 정보수집
- 집단의 회합빈도 및 지속시간 정하기
- **성원모집 및 집단구성**
- **집단의 환경적 요소 마련하기**

[기본개념]
사회복지실천기술론

11장

집단구성 시 고려할 사항

- **동질성과 이질성**
  - 동질성이 높은 경우 의사소통이 원활하고, 문제 및 과업을 규명하기에 용이함
  - 이질성이 높은 경우 서로 다른 관점의 차이를 통해 열린 사고를 배울 수 있음
- **개방집단과 폐쇄집단**
  - 개방집단은 새로운 성원이 유입되면서 새로운 아이디어와 분위기가 쇄신되는 효과를 얻을 수도 있지만 집단응집력이나 집단문화 등이 변동될 수 있음
  - 폐쇄집단은 새로운 성원의 유입이 없기 때문에 성원들 간 자기개방 및 응집력을 높일 수 있지만 중간에 이탈자가 발생하면 집단활동을 이어가기 어려울 수도 있음
- **집단의 크기**
  - 집단의 내용 및 성격, 구성원 간 상호작용, 구성원의 만족도 등을 고려하여 구성
  - 집단이 너무 크면 결속력이 떨어질 수 있고, 집단이 너무 작으면 상호작용이 작아 기대하는 효과를 거두지 못할 수 있음
- **인구사회학적 특성과 다양성**: 연령, 성별, 사회·문화적 요소 등 다양성을 고려해야 함

다음 내용이 **왜 틀렸는지**를 확인해보자

---

01 동질성이 높은 성원들로 집단을 구성하는 경우 성원 간 **친밀도나 결속력이 낮게 나타날 수 있다.**

> 동질성이 높은 경우에 친밀도나 결속력이 더 강하게 나타난다.

`08-04-20`

02 이주노동자들을 위한 집단교육프로그램을 준비하는 단계에서 사회복지사는 **집단의 역동성을 파악**해야 한다.

> 집단역동성은 집단이 본격적으로 시작한 후 일어나는 현상이기 때문에 준비단계에서는 파악할 수 없다.

`14-04-16`

03 다양한 집단성원의 참여를 유도하기 위해 **폐쇄형 집단으로 구성**한다.

> 다양한 집단성원의 참여를 유도하기 위해서는 개방형 집단이 적절하다.

---

04 집단의 크기는 **되도록 작은 것이 좋다.**

> 집단의 크기는 효과적이고 만족스러운 상호작용이 일어날 수 있는 수준에서 적절히 설정해야 한다. 집단의 크기가 너무 작으면, 성원 간 상호작용이 충분히 일어나지 않으며 중간에 이탈자가 발생했을 때 활동을 이어가기 어려울 수 있다.

`05-04-17`

05 집단을 구성함에 있어 성원 간의 방어와 저항을 줄이기 위해서는 **이질성을 우선**적으로 고려하여야 한다.

> 성원 간의 방어와 저항을 줄이기 위해서는 이질성보다 동질성을 우선적으로 고려하여야 한다.

---

06 단계별로 성취해야 할 목표가 있는 집단의 경우 **개방집단으로 구성**하는 것이 더 효과적이다.

> 단계별로 성취해야 할 목표가 있는 집단을 개방집단으로 구성할 경우 새로운 성원이 적응하기 어렵기 때문에 폐쇄집단으로 구성하는 것이 적절하다.

07 개방집단은 새로운 정보와 자원의 유입을 <u>허용하지 않는다.</u>

개방집단은 새로운 정보와 자원의 유입을 허용한다.

08 집단 <u>준비단계</u>에서는 성원들의 참여를 촉진하기 위해 집단의 목적과 규칙, 활동내용을 정확히 설명해야 한다.

준비단계에서는 아직 집단의 구성이 확정되지 않았기 때문에 집단의 목적, 규칙, 활동내용이 구체적이지 않다.

09 집단의 크기가 작을 때에는 **탈퇴를 막고 폐쇄집단으로 운영해야 한다.**

집단활동에서 탈퇴를 강제로 막기는 어렵다. 한편, 집단이 소규모일 때에는 한두 명의 탈퇴로도 집단활동에 지장이 생길 수 있기 때문에 폐쇄집단으로 운영하는 것이 적절하지 않을 수 있다.

10 집단의 크기가 클수록 **참여의식이 증가하고 통제와 개입이 쉽다.**

성원의 수가 많을수록 참여의식은 감소할 수 있고, 통제와 개입도 어려울 수 있다.

11 사회복지사가 집단활동을 계획함에 있어서는 **집단지도자가 추구하는 가치가 우선적으로 고려되어야 한다.**

집단형성에서 고려할 내용은 집단의 목적, 잠재적 성원의 모집과 사정, 집단의 구성, 집단의 지속기간과 회합 빈도, 물리적 환경, 기관의 승인에 관한 것이다.

다음 내용이 옳은지 그른지 판단해보자

16-04-21

01 집단이 개방적일 경우, 발달단계를 예측하는 것이 용이하다. ◎ⓧ

14-04-16

02 집단의 응집력을 높이기 위해 참여 동기가 유사한 성원을 모집한다. ◎ⓧ

---

03 집단의 활동시간은 참여자들의 성격, 연령 등에 따라 달라질 수 있다. ◎ⓧ

---

04 집단의 크기가 크면 목적을 달성하는 데에 유리하다. ◎ⓧ

07-04-13

05 사회복지사는 집단을 계획하는 단계에서 집단의 목적, 물리적 환경 등을 파악하며 집단 활동을 모니터링한다. ◎ⓧ

---

06 집단의 크기가 클 경우 집단활동에 있어 소극적이거나 위축감을 느끼는 참여자가 발생할 수 있다. ◎ⓧ

09-04-26

07 집단 프로그램은 언어적 의사소통 위주의 프로그램으로 구성될 수 있도록 해야 한다. ◎ⓧ

13-04-05

08 집단 활동을 계획할 때에는 프로그램 수행에 있어서의 안정성이나 시기적 적절성 등을 고려해야 한다. ◎ⓧ

답 01 ✕ 02 ○ 03 ○ 04 ✕ 05 ✕ 06 ○ 07 ✕ 08 ○

해설 **01** 개방집단은 집단이 시작된 이후 이탈하는 성원도 생기고 새롭게 참여하는 성원도 생기기 때문에 개방집단의 발달단계를 예측하는 것은 어렵다. 계획에 따라 집단을 발달시키려고 하는 경우에는 폐쇄집단으로 운용하는 것이 더 적절할 수 있다.

04 집단의 크기가 크다고 해서 목적 달성에 유리한 것은 아니다. 오히려 구성원들마다 원하는 바가 달라 갈등이 발생할 우려도 있기 때문이다.

05 집단 활동에 대한 모니터링은 집단 활동이 시작된 이후에 활동의 진행상황을 점검하기 위해 진행되므로 보통 중간단계에서 이루어진다.

07 집단 프로그램은 언어적 프로그램으로 진행되기도 하지만, 미술치료, 놀이치료, 스포츠 등 다양한 비언어적 활동으로 진행되는 경우도 많다.

5영역 지역사회복지론

	합격족보 필수 키워드	10년간 출제문항수	기출회독 No.
21	지역사회복지실천 이론들	20	138
22	지역사회의 개념 등	15	129
23	우리나라 지역사회복지의 발달	15	134
24	사정 단계	12	142
25	지역사회보장계획	11	152

➕ 출제비중

『지역사회복지론』 필수 키워드 5개의 회차별 출제비중을 확인해보세요.

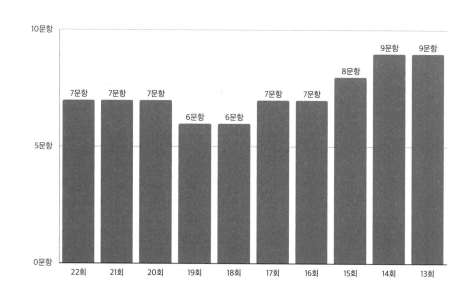

합격족보 필수 키워드 21

keyword	지역사회복지실천 이론들
sub keywords	구조기능론, 갈등이론, 사회체계이론, 생태체계이론, 자원동원이론, 교환이론, 하드캐슬 권력균형전략, 엘리트주의, 다원주의, 사회구성론, 권력의존이론
focus	지역사회복지실천에 관한 각각의 이론별 특징을 살펴보는 것뿐만 아니라 각 이론이 실제 어떤 상황에서 어떻게 적용될 수 있는지도 파악할 수 있어야 하며, 그때의 한계점도 같이 생각해봐야 한다.

21-05-05

갈등이론에 관한 설명으로 옳은 것은?

① 이익과 보상으로 사회적 관계가 유지된다.
② 특정 집단이 지닌 문화의 의미를 해석한다.
③ 지역사회는 상호의존적인 부분들로 구성되어 있다.
④ 조직구조 개발에 자원동원 과정을 중요하게 여긴다.
⑤ 이해관계의 대립을 불평등한 분배로 설명한다.

정답률 확인	① 10% ② 4% ③ 6% ④ 3% ⑤ 77%

답 ⑤

오답노트
① 사회교환이론에 관한 설명이다.
② 사회구성론에 관한 설명이다.
③ 구조기능론에 관한 설명이다.
④ 자원동원이론에 관한 설명이다.

➕ 출제빈도

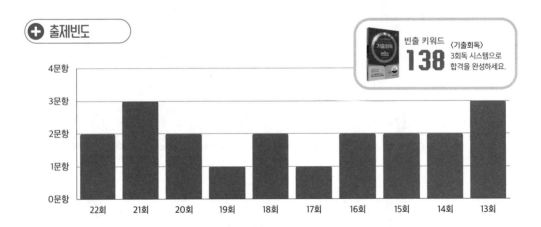

빈출 키워드 〈기출회독〉
138 3회독 시스템으로
합격을 완성하세요.

지역사회복지실천 이론들

강의 QR코드

★ 최근 10년간 **20문항** 출제 ★

이론요약

구조기능이론

• 지역사회는 여러 부분으로 구성되어 있고, 각 부분은 전체가 기능을 잘 발휘할 수 있도록 기여

• 지역사회의 균형과 안정을 강조

[기본개념]
지역사회복지론

4장

갈등이론

• 사회의 권력과 자원 등이 불평등하기 때문에 갈등은 본질적으로 발생하는 불가피한 현상이라고 봄

• 갈등을 사회변화를 가능하게 하는 주요 기제로 간주

• 어느 한 집단이 다른 집단을 성공적으로 완전히 지배함에 따라 안정이 일어날 수 있지만 이는 일시적인 현상일 뿐 사회는 본래 분열되어 있다고 봄

※ 알린스키(Alinsky)

  – 갈등이론을 지역사회조직화에 적용한 대표적인 학자

  – 모든 사람이 재화와 서비스에 평등하게 접근할 수 있어야 하며, 지역사회조직의 목표는 지배집단과 피지배집단이 동등한 혜택을 받는 것이라고 주장

  – 소수의 지배집단이 갖고 있는 자원과 의사결정의 권한을 가져오기 위한 피지배집단의 조직화와 대항을 강조

사회체계이론

• 다양한 체계들 간의 상호작용을 강조

• 지역사회의 각 구성요소들이 상호 긴밀하게 연결되어 집단이 형성되고, 여러 집단이 서로 결합되어 제도를 이루고, 여러 제도들이 서로 결합되어 지역사회를 이룬다고 봄

생태(체계)이론

• 인간과 그를 둘러싼 사회환경을 하나의 거대한 생태계로 파악(환경 속 인간 관점)

• 사회환경의 변천과정을 역동적으로 설명할 수 있는 이론

• 경쟁, 지배, 집중화, 계승, 분산 등의 개념을 통해 지역사회의 변화과정을 설명

• 인간은 환경과 상호작용하면서 환경에 적응하는 동시에 진화하는 역동적 존재임을 가정하면서도, **환경에 대한 적응**

(환경과의 적합성)을 전제로 체계의 안정성을 지향하기 때문에 적극적인 변화나 저항을 추구하지는 않음

자원동원이론

- 사회운동조직의 역할과 한계를 규명하는 이론
- 조직의 활성화를 위해 자원이 필요하며 자원의 유무에 따라 사회운동의 성패가 결정된다고 봄
- 자원에는 돈, 정보, 사람, 조직원 간의 연대성, 사회운동의 목적과 방법에 대한 정당성 등이 포함됨
- 자원동원의 핵심 과제는 '조직원을 어떻게 확보할 것인가'와 '잠재적 조직원에게 조직의 철학과 이념을 어떻게 전달할 것인가'에 있음

교환이론

- 사회적·물질적 자원의 교환을 인간 상호작용의 근본 형태로 파악
- 지역사회복지실천도 교환의 장에서 이루어짐
- 교환자원: 상담, 지역중심 서비스, 기부금, 재정지원, 정보, 정치적 권력, 의미, 힘 등
- 교환관계의 단절이나 불균형, 교환자원의 부족 및 고갈 등으로 인해 지역사회문제가 발생할 수 있음

  ※ 하드캐슬의 권력균형전략
    - 경쟁: 교환에 참여하는 대신 다른 자원을 찾는 것
    - 재평가: A가 B의 자원을 재평가하여 종속을 피하는 방법
    - 호혜성: A와 B가 서로에게 필요한 교환관계임을 인식하게 하여 A와 B의 관계를 독립적이고 동등한 관계로 바꾸는 것
    - 연합: B에 종속된 A, C, D 등이 힘을 합쳐 B의 권력에 대항하는 전략
    - 강제: 물리적 힘을 동원하여 B가 갖고 있는 자원을 A가 장악하는 전략(법적, 윤리적 문제가 발생할 수 있으므로 유의해야 함)

엘리트주의와 다원주의

- 엘리트주의: 소수의 지배 엘리트 집단(정치와 경제 등에서 중요한 정책을 결정할 때 우월한 지위에서 영향을 미치는 사람 또는 집단)이 국가의 정책을 좌우하는 권력을 장악하고 있다고 봄
- 다원주의: 다원화된 현대사회에서는 각 이익집단의 대결과 갈등을 정부가 종합하여 균형적인 결정을 내린다는 것

사회구성론

- 지식의 객관성을 강조하는 전통적인 실증주의를 비판
- 개인이 처한 사회나 문화 속 맥락에 따라 현실의 문제나 상황을 구성 또는 재구성할 수 있다는 관점
- 다양한 문화를 가진 클라이언트와의 지속적이고 집중적인 대화과정을 강조함
- 클라이언트의 행동에 영향을 끼치는 사회·경제 및 정치적 구조에 대한 이해를 갖고, 클라이언트의 다양한 문화적 가치와 규범에 대한 민감성을 강조

권력의존이론

- 집단들이 갖고 있는 자원의 크기에 따라 권력이 발생하며 권력이 작은 집단은 권력이 큰 집단에 의존하게 된다는 관점
- 지역사회 내 집단들 사이에 힘의 획득, 분산 등 권력구조를 파악하기 위한 이론적 토대가 됨

정답훈련

다음 내용이 왜 틀렸는지를 확인해보자

01 갈등이론에서는 갈등으로 인해 사회가 분열되고 사회변화가 제한된다고 보았다.

> 갈등이론에서는 사회가 분열되어 있다고 보며, 갈등 상황에서 해결책을 만들어 나가는 과정을 곧 사회발전의 과정이라고 보았다.

02 다원주의는 개인 혹은 개별 집단이 자신의 목표와 이익을 달성하기 위해 각자의 의견을 표출함으로써 대립과 타협이 일어나며 그 과정에서 가장 큰 힘을 가진 개인 혹은 집단이 권력을 갖고 정책을 좌우하게 된다는 것이다.

> 다원주의에서는 개인과 집단 사이에 갈등이 일어날 때 정부가 공정하고 종합적인 입장에서 조정하여 균형 있는 정책을 내놓는다고 본다.

03 생태이론은 인간과 환경 사이의 갈등, 환경에 대한 인간의 저항 등을 설명한다.

> 생태이론은 기본적으로 체계의 안정성을 지향하기 때문에 갈등이나 저항을 설명하지 못하며, 환경에 대한 인간의 변화 노력은 적극적인 변화가 아닌 대안 제시 정도에 그친다.

04 사회구성론은 다양한 문화적 배경을 가진 클라이언트와 함께하는 사회복지사에게 문화적 민감성을 가질 수 있는 함의를 제공하면서도 지배구조에 대한 적응을 강조한다는 한계가 있다.

> 사회구성론은 기존 지식이 지배집단의 이익을 대변하는 경향에 대해 비판적이다. 따라서 지배구조나 잘못된 제도에 대한 적응을 강조하지 않는다. 오히려 이에 대해 어떻게 대항해야 할 것인지에 관심을 갖는다.

05 교환이론에서는 교환이 반복될수록 당사자 간에 갈등이 커진다고 보았다.

> 교환이론에서는 교환행위가 반복됨에 따라 당사자 사이에 사회적 관계가 더욱 강화된다고 보았다.

06 자원동원이론은 신뢰, 네트워크, 호혜성 등의 개념을 통해 자원이 사회운동의 성패에 미치는 영향력을 설명하였다.

> 자원동원이론은 조직원의 충원, 자금조달, 적절한 조직구조의 개발 등 자원의 유무에 따라 사회운동의 성패가 결정된다고 보았다.
> 신뢰, 네트워크, 호혜성 등은 사회자본이론에서 제시된 개념들이다.

빈칸에 들어갈 알맞은 말을 채워보자

01 `15-05-05`

( )이론의 예: 사회복지관은 생존차원에서 외부 재정지원을 필요로 하지만 재정지원자의 요구를 무시하기 어렵다. 이런 상황에서 A사회복지관은 기관운영 재원을 마련하기 위해 다양한 후원기관을 발굴하였고, 이를 통해 직원들은 사업운영의 자율성이 확대되는 것을 경험하였다.

02 `13-05-22`

( )이론: 지역사회는 공간을 점유하는 인간집합체로서 경쟁, 중심화, 분산 및 분리 등의 현상이 존재한다. 지역사회의 변환과정을 역동적 진화과정으로 설명할 수 있다.

03 `12-05-14`

( )이론: 사회운동을 발전시키기 위하여 회원들을 적극적으로 참여하도록 독려한다. 조직의 발전을 위해서 구성원 모집, 자금 확충, 직원 고용에 힘쓴다.

04 `10-05-07`

하드캐슬이 제시한 권력균형전략: 경쟁, ( ), 호혜성, 연합, 강제

05 `15-05-01`

( )이론: 다양한 집단과 조직이 이익을 표출함으로써 정책 과정에 영향을 미칠 수 있다. 지역사회복지정책 결정은 이익집단들의 상대적 영향력 정도에 따라 달라진다.

06 `17-05-08`

( )이론의 예: A사회복지사는 결혼이주여성들을 지원하는 과정에서 그들의 행동에 영향을 미쳤던 자국의 사회, 경제 및 정치적 구조를 이해하고 그들의 문화적 가치와 규범에 대한 의미를 해석해야 한다.

07 `09-05-03`

( )이론: 전체 사회는 크고 작은 하위체계로 구성되어 있다고 보면서 다양한 하위체계들 사이의 상호작용을 강조하였다.

답 **01** 권력의존 **02** 생태 **03** 자원동원 **04** 재평가 **05** 다원주의 **06** 사회구성 **07** 체계

다음 내용이 옳은지 그른지 판단해보자

13-05-21

01 갈등이론은 갈등을 둘러싼 연대와 권력형성의 도구가 될 수 있다는 측면에서 사회행동모델에 유용하다.

08-05-08

02 체계이론의 관점에서 지역사회체계는 동질성을 보존하기 위해 외부와 상호 독립된 폐쇄적인 경계를 유지한다.

10-05-04

03 갈등이론을 기반으로 한 지역사회복지실천은 불평등 관계를 바꾸고자 한다.

11-05-03

04 자원동원이론에서 말하는 자원에 연대성은 포함되지 않는다.

09-05-04

05 사회교환론은 사회복지조직이 생존을 위해 외부의 재정적 지원에 의존하게 되는 현실을 설명하는 이론이다.

11-05-05

06 생태이론은 지역사회가 변화에 순응하면 살아남고 순응하지 못하면 도태된다는 자연의 섭리를 강조한다.

13-05-21

07 자원동원이론은 재정자원에 초점을 두고 있어 사회적 소수자의 권리옹호를 위한 실천에는 유용하지 않다.

09-05-03

08 사회구성론은 모든 현상에 대한 객관적 진실이 존재한다는 점에 의구심을 던지며, 개인이 처한 사회문화적 맥락에 따라서 현실의 문제나 상황을 구성 또는 재구성할 수 있다고 보았다.

답 01○ 02× 03○ 04× 05× 06○ 07× 08○

해설 **02** 지역사회체계는 개방체계로서 다른 체계들, 즉 외부환경과 관계를 맺는다.
04 자원동원이론에서의 자원은 물질적인 차원에 한정된 것은 아니다.
05 사회복지조직이 생존을 위해 외부의 재정적 지원에 의존하게 됨을 설명한 이론은 권력의존이론이다.
07 사회운동조직이 비주류계층 및 사회적 약자의 권리옹호나 대변 등을 포함한 사회적 항의 활동을 할 때 동원할 수 있는 자원의 정도와 범위에 따라 활동의 역할과 한계가 규정된다는 점에서 자원동원이론을 적용해볼 수 있다.

합격족보 필수 키워드 22

keyword	지역사회의 개념 등
sub keywords	지역사회의 정의, 지리적 의미와 기능적 의미, 상실이론/보존이론/개방이론, 공동사회/이익사회, 지역사회 유형화, 기능과 제도, 비교 척도
focus	지리적 지역사회와 기능적 지역사회의 개념, 지역사회 상실이론·보존이론·개방이론의 차이, 퇴니스가 제시한 공동사회에서 이익사회로의 변화 등을 살펴보자. 또한 던햄의 지역사회 유형화에서 4가지 기준의 차이를 파악해두어야 하고, 길버트와 스펙트가 제시한 기능과 제도를 연결할 수 있어야 하며, 워렌이 제시한 지역사회 기능의 비교 척도까지 모두 기출영역이다. 각각의 내용은 단독 문제로 출제되기도 하지만 한 문제에 종합적으로 출제되기도 한다.

21-05-01

다음은 길버트와 스펙트(N. Gilbert & H. Specht)의 지역사회 기능 중 무엇에 해당되는가?

> 구성원들이 지역사회의 다양한 사회적 규범을 준수하고 순응하게 하는 것

① 생산·분배·소비 기능   ② 의사소통 기능
③ 사회치료 기능   ④ 상부상조 기능
⑤ 사회통제 기능

정답률 확인   ① 3% ② 2% ③ 3% ④ 2% ⑤ **90%**

답 ⑤

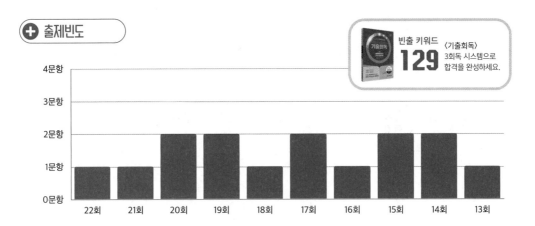

➕ 출제빈도

빈출 키워드 〈기출회독〉
129 3회독 시스템으로 합격을 완성하세요.

	22회	21회	20회	19회	18회	17회	16회	15회	14회	13회
문항	1	1	2	2	1	2	1	2	2	1

지역사회의 개념 등

강의 QR코드

★ 최근 10년간 **15문항** 출제 ★

이론요약

지역사회의 개념

- **지리적 의미의 지역사회**: 지리적, 공간적 속성에 근거한 집단
- **기능적 의미의 지역사회**: 공통의 이해관계나 특성에 따라 모인 집단
- 지리적 의미의 지역사회에서 기능적 지역사회 개념으로 변화
- 시간과 공간을 뛰어 넘는 사이버공동체, 가상공동체(virtual community) 등 새로운 형태의 지역사회 출현

[기본개념]
지역사회복지론

1장

지역사회에 대한 다양한 정의

- **파크와 버제스(Park & Burgess)** – "지역사회라는 용어는 한 지역을 구성하는 사람들과 조직들의 지리적 분포라는 견지에서 고려될 수 있는 사회와 사회집단에 적용된다. 모든 지역사회는 사회이지만, 모든 사회가 지역사회는 아니다."
- **맥키버(MacIver)** – "지역사회란 모든 형태의 **공동생활지역**으로서 부락 혹은 읍, 시, 도, 국가 혹은 더 넓은 지역까지도 포함한다. 어느 지역이 지역사회로 불리기 위해서는 다른 지역과 구별될 수 있어야 하고, 공동생활이란 그 지역의 개척자들이 부여한 특별한 의미를 가질 수 있는 자체적인 특성을 지녀야 한다."
- **워렌(Warren)** – "지역사회는 **지역적 접합성**을 가지는 주요한 사회적 기능을 수행하는 사회적 단위 및 체계의 결합이다."
- **힐러리(Hillery)** – "지역사회는 **지역적 영역의 공유, 공동의 유대, 사회·문화적 상호작용** 등의 3가지 구성요소가 나타난다."

지역사회를 바라보는 이론적 관점

- 지역사회 **상실이론**: 도시화로 인해 전통적인 공동체는 쇠퇴했다고 보는 관점으로 지역사회는 더 이상 존재하지 않는 잃어버린 것으로 간주
- 지역사회 **보존이론**: 상실이론에 대한 반론으로 제기된 이론. 도시에도 전통적 농촌사회와 같이 혈연, 이웃, 친구 등을 통해 사회적 지지를 받음
- 지역사회 **개방이론**: 기존의 지역성이라는 한정된 범주를 넘어 기능적 의미를 포괄. 사회적 지지망의 관점에서 비공식적 연계를 강조

공동사회와 이익사회(퇴니스)

서구 사회의 역사적 발전을 '**공동사회 연합체 → 공동사회 협의체 → 이익사회 협의체 → 이익사회 연합체**'의 순서로 설명

- 공동사회 연합체: 가족, 혈연, 이웃이나 친구를 통한 관계. 가족중심의 비공식복지
- 공동사회 협의체: 공동의 노동이나 직업적 소명에 기초한 관계. 교회나 길드 등에 의한 초기 형태의 공식복지
- 이익사회 협의체: 합리성 및 이해타산에 기초한 관계. 민간에 의한 자선적 조직 강조. 아직은 미약한 공식복지
- 이익사회 연합체: 산업화로 피폐해진 인간관계의 회복과 사회적 연대의 가치를 강조. 공식적·제도적 복지의 발전

좋은 지역사회의 특징(워렌)

- 구성원 사이의 인격적인 관계 형성
- 권력의 폭넓은 분산과 배분
- 다양한 소득집단, 인종집단, 종교집단, 이익집단을 포용
- 높은 수준의 지역적 통제
- 의사결정 과정에서 협력의 극대화, 갈등의 최소화
- 주민들의 자율성 보장

지역사회의 유형화(던햄)

- **인구 크기**: 대도시, 중소도시
- **경제적 기반**: 어촌, 산촌
- **정부 행정구역**: 특별시, 광역시, 시·군·구
- **인구구성의 사회적 특수성**: 외국인 밀집 지역 등

지역사회의 기능(길버트와 스펙트)

- **생산·분배·소비 → 경제제도**: 일상생활을 위해 필요한 재화와 서비스를 생산, 분배, 소비하는 과정과 관련된 기능
- **사회화 → 가족제도**: 지역사회 구성원들이 사회를 구성하는 가족, 집단, 조직, 지역사회의 지식, 가치, 행동유형을 터득하는 과정과 관련된 기능
- **사회통제 → 정치제도**: 지역사회가 그 구성원들에게 사회의 규범(법, 도덕, 규칙 등)에 순응하게 하는 기능
- **사회통합 → 종교제도**: 지역사회 구성원들의 상호 간 협력, 결속력 등을 강조하는 기능
- **상부상조 → 사회복지제도**: 지역사회 구성원들이 서로에게 도움을 주는 것과 관련된 기능

지역사회 기능의 비교척도(워렌)

- **지역적 자치성**: 지역사회의 기능을 수행하는 데 있어 타 지역에 의존하는 정도
- **서비스 영역의 일치성**: 서비스 영역이 동일지역 내에서 이루어지고 있는 정도
- **지역에 대한 주민들의 심리적 동일시**: 지역주민들이 가지는 소속감의 정도
- **수평적 유형**: 지역사회 내의 상이한 단위조직들의 상호 관련성

다음 내용이 **왜 틀렸는지**를 확인해보자

08-05-01

01 지리적 지역사회가 **기능적 지역사회의 의미를 포괄**한다.

> 지리적 지역사회는 지리적 범위 내에서 지역사회를 살펴보는 것이고, 기능적 지역사회는 지리적 범위를 넘어선 개념이기 때문에 지리적 지역사회가 기능적 지역사회를 포괄하는 것은 아니다.

---

02 던햄(Dunham)이 제시한 지역사회의 유형화는 **기능적 의미의 지역사회를 고려**하였다.

> 던햄의 지역사회 유형화는 지리적 차원에서 제시된 것이다.

10-05-02

03 **산업화 이후 공동사회(Gemeinschaft)가 발전**되어 왔다.

> 산업화 이후에는 이익사회 형태가 발전하였다.

10-05-02

04 장애인 부모회는 **지리적 지역사회에 해당**한다.

> 지리적 범위를 넘어 구성될 수도 있다.

---

05 지역사회 보존이론에서 말하는 지역사회는 지역성의 의미에서 벗어나 **기능적 의미의 지역사회를 고려**하였다.

> 기능적 차원을 고려한 것은 개방이론이다.
> 보존이론은 전통적으로 지역사회에 있던 기능들이 여전히 유효하게 일어나고 있다고 본 입장이다.

11-05-02

06 좋은 지역사회가 되기 위해서는 **지역주민들의 자율권이 적절히 제한되어야 한다.**

> 좋은 지역사회가 되기 위해서는 지역주민의 자율권이 보장되어야 한다.

빈칸에 들어갈 알맞은 말을 채워보자

10-05-02

01 지역사회를 지리적 의미와 기능적 의미로 구분하여 제시한 학자는 (　　　　　　)이다.

17-05-01

02 힐러리는 지역사회의 기본 3요소로 (　　　　　　), 공동의 유대감, 지리적 영역의 공유 등을 제시하였다.

14-05-01

03 지역사회의 기능을 측정하는 기준으로 지역적 자치성, 서비스 영역의 일치성, 심리적 동일시, 수평적 유형 등 4가지를 제시한 학자는 (　　　　　　)이다.

16-05-01

04 던햄(Dunham)은 인구 크기 기준, (　　　　　　) 기준, 행정구역 기준, 사회적 특수성 기준 등에 따라 지역사회를 유형화하였다.

05 지역사회 (　　　　　　)이론은 상실이론에 대한 반론으로 제기되어 현대에도 전통사회와 유사하게 지역사회의 사회적 기능이 이루어지고 있다고 본 관점이다.

14-05-02

06 '을' 종교단체가 지역주민 어르신을 대상으로 경로잔치를 개최하고 후원물품을 나누어준 것은 지역사회의 기능 중 (　　　　　　) 기능의 사례에 해당한다.

07 퇴니스에 따르면, (① 　　　　　　)사회는 전통적이고 정서적인 관계를 기반으로 하며, (② 　　　　　　)사회는 개인주의 및 합리적 이익추구를 기초로 한다.

15-05-02

08 지역사회 비교 척도 중 (　　　　　　)은/는 지역주민들이 자기 지역을 중요한 준거집단으로 생각하는 정도를 말한다.

16-05-01

09 길버트와 스펙트는 지역사회의 (　　　　　　) 기능이 현대의 사회복지제도로 정착되었다고 보았다.

답 **01** 로스(Ross)　**02** 사회적 상호작용　**03** 워렌(Warren)　**04** 경제적 기반　**05** 보존　**06** 사회통합　**07** ① 공동 ② 이익
08 심리적 동일시　**09** 상부상조

다음 내용이 옳은지 그른지 판단해보자

15-05-03

01 지리적 지역사회는 일정한 지리적 공간을 공유하는 사람들의 집단을 의미한다.   ◎⊗

14-05-02

02 '갑' 마을에서 인사 잘하는 마을 만들기를 위하여 조례를 제정하고, 위반하는 청소년에게 벌금을 강   ◎⊗
제로 부과하도록 하는 것은 지역사회의 사회화 기능에 해당한다.

13-05-03

03 모든 지역사회는 사회(society)이나, 모든 사회가 지역사회는 아니다.   ◎⊗

04 맥키버(MacIver)는 공동생활권의 차원에서 지역사회를 설명하며 지역사회의 범위를 부락, 읍 단위   ◎⊗
로 한정하였다.

05 워렌(Warren)은 좋은 지역사회는 구성원 사이에 인격적 관계를 바탕으로 한다고 보았다.   ◎⊗

16-05-01

06 기능적 지역사회는 이념, 사회계층, 직업유형 등을 중심으로 이루어진다.   ◎⊗

12-05-13

07 외국인노동자 공동체와 유사한 공동체는 공동의 관심을 바탕으로 정체성을 공유하면서도 상호작용   ◎⊗
이 활발히 일어나지 않는 특징이 있다.

15-05-03

08 지역사회는 이익사회에서 공동사회로 발전한다.   ◎⊗

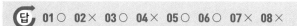 **01** ○ **02** ✕ **03** ○ **04** ✕ **05** ○ **06** ○ **07** ✕ **08** ✕

(해설) **02** 조례 제정과 같이 제도, 규범 등을 따르도록 하는 기능은 사회통제의 기능에 해당한다.
04 모든 형태의 공동생활지역으로 부락이나 읍 외에 시·도, 국가 혹은 더 넓은 지역도 지역사회로 포함된다고 설명하였다.
07 공동의 관심과 정체성을 공유하면서 상호작용이 활발히 일어나게 된다.
08 지역사회는 공동사회에서 이익사회로 발전한다(퇴니스).

합격족보 필수 키워드 23

keyword	우리나라 지역사회복지의 발달
sub keywords	전통적 인보관행, 조선시대 인보제도, KAVA, 재가복지 발달, 사회행동모델 확산, 지역사회보장계획, 희망복지지원단, 사회보장정보시스템, 읍면동 복지허브화
focus	우리나라 지역사회복지의 발달은 역사적 흐름과 관련하여 연대별 특징을 알아두어야 하며, 주요 사건에 대해서는 정확한 연도와 함께 그 특징도 파악해두어야 한다. 시설평가 시행, 지역사회보장계획 도입, 공동모금회 설립, 공공 전달체계의 변화 등은 다른 영역에서도 자주 등장하는 내용으로 매우 중요하다.

21-05-03

한국의 지역사회복지 역사에 관한 설명으로 옳은 것은?

① 1960년대 – 지역자활센터 설치 · 운영

② 1970년대 – 사회복지관 운영 국고보조금 지원

③ 1980년대 – 희망복지지원단 설치 · 운영

④ 1990년대 – 재가복지봉사센터 설치 · 운영

⑤ 2010년대 – 사회복지사무소 시범 설치 · 운영

> **정답률 확인**　① 3% ② 21% ③ 11% ④ 55% ⑤ 10%

답 ④

오답노트
① 2000년대 – 지역자활센터 설치 · 운영(2006년 '자활후견기관'을 '지역자활센터'로 명칭 변경, 2007년 운영)
② 1980년대 – 사회복지관 운영 국고보조금 지원(1983년)
③ 2010년대 – 희망복지지원단 설치 · 운영(2012년)
⑤ 2000년대 – 사회복지사무소 시범 설치 · 운영(2004년)

➕ 출제빈도

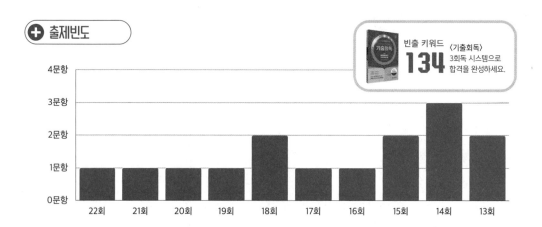

빈출 키워드
134
〈기출회독〉
3회독 시스템으로 합격을 완성하세요.

우리나라 지역사회복지의 발달

강의 QR코드

1회독 　월　일 > **2**회독 　월　일 > **3**회독 　월　일

★ 최근 10년간 **15문항** 출제 ★

이론요약

전통적인 인보상조 관행 및 국가제도

▶ 관행

- 계: 큰 지출에 대비하기 위한 경제적 상부상조
- 두레: 농사일 협력을 위한 마을 전체의 공동노력
- 품앗이: 대체로 개인간 또는 소규모로 구성되어 노동력 상시 교환
- 향약: 마을 단위로 실시된 향촌의 자치규약. 현재의 조례와 유사
- 사창: 흉년에 대비하여 미리 향민에게 곡식을 징수 · 기증받아 저장해 두는 촌락단위의 구휼제도

▶ 국가제도

- 오가작통법: 5가구를 한 통으로 묶어 연대책임을 지움. 지방자치적 성격
- 의창: 흉년이 든 해에 기민을 구제하기 위하여 양곡을 저장 · 보관해두는 제도
- 상평창: 평상시 빈민에 대해 곡물을 대여함. 상환의 의무가 있음
- 진휼청: 조선시대 흉년에 곡물(진휼미)을 풀어 빈민을 구제하고 곡가를 조절하는 국가 기관
- 동서대비원: 치료를 목적으로 하는 의료구호 기관
- 혜민국: 의약, 의복제공 기관

[기본개념]
지역사회복지론

3장

일제강점기

- 전통적인 자생 복지활동은 위축 · 해체
- 조선구호령 실시(해방 이후 1961년 생활보호법이 제정됨에 따라 폐지)

해방 이후

▶ 외국민간원조단체 한국연합회(KAVA)

- 전쟁 난민 및 고아를 돕기 위한 시설보호사업으로 시작
- 보건사업, 교육, 지역개발사업, 전문 사회복지사업 전개

▶ 새마을운동

- 1958년 지역사회개발위원회 규정 공포, 이후 **1970년대 새마을운동**으로 전환

- 지역사회개발 사업으로서 근면, 자조, 협동을 기본이념으로 함
- 농촌의 생활환경개선 사업에서 시작해 소득증대 사업으로 확대

1980년대

▶ **지역사회복지의 정착**
- 1983년 사회복지사업법 개정으로 사회복지관 운영에 대한 국가적 지원에 관한 규정 마련
- 1987년 사회복지전문요원 도입
- 1989년 저소득층 영구임대아파트 건립 시 사회복지관 건립 의무화

▶ **지역사회행동의 확산**
- 1980년대를 거치면서 민간단체들을 중심으로 한 **사회행동이 증가**
- 저소득층 지역사회의 재개발반대운동, 핵발전소설치반대운동 등 지역을 배경으로 지역사회문제를 해결하기 위한 사회행동도 증가

1990년대

- 지방자치제도 실시(1995년 지방자치단체장 직선)
- 1992년 재가복지봉사센터 설립(2010년 재가복지봉사센터가 종합사회복지관으로 흡수 · 통합됨)
- 1997년 사회복지공동모금법 제정(1999년 사회복지공동모금회법으로 개정)
- 1999년 1기 사회복지 시설평가 시작

2000년대

- 2000년 국민기초생활보장법 시행으로 지역사회 중심의 자활지원 사업 시작
- 2003년 사회복지사업법 개정으로 4년마다 지역사회복지계획 수립 의무화(2005년 지역사회복지협의체 개소, 2007년 1기 계획 시작, 현재 지역사회보장계획)
- 2004년 아동복지법 개정으로 지역아동센터 법제화
- 2007년 지역사회서비스투자사업 실시, 전자바우처 사회서비스 사업 시행
- 2010년 사회복지통합관리망 행복e음 개설
- 2012년 시 · 군 · 구 희망복지지원단 설치
- 2013년 사회보장정보시스템 개통
- 2014년 사회보장급여의 이용 · 제공 및 수급권자 발굴에 관한 법률 제정, 2015년 시행
- 2016년 행정복지센터를 통한 '읍 · 면 · 동 복지허브화' 사업 실시
- 2017년 주민자치형 공공서비스 실시, 읍 · 면 · 동 찾아가는 보건복지팀 설치
- 2019년 공공 체계를 통해 돌봄 서비스를 직접 제공하기 위한 사회서비스원 개소
- 2022년 차세대 사회보장정보시스템(희망이음) 개통

정답훈련

다음 내용이 **왜 틀렸는지**를 확인해보자

14-05-05

01 한국의 지역사회복지는 **2000년대 들어서면서 중앙집권이 강화되는 경향**을 보였다.

> 1990년대에 시작된 지방자치제의 영향을 받아 사회복지 역시 지방분권이 이루어졌다.

09-05-06

02 **2000년대 들어서면서 사회복지공동모금법이 제정**되어 민간단체에 의한 공동모금사업이 실시되었다.

> 사회복지공동모금법이 제정된 것은 1997년(시행은 1998년)이다. 현재는 사회복지공동모금회법(1999년 개정)으로 시행되고 있다.

03 사회복지시설에 대한 평가 의무화는 **1997년 사회보장기본법 개정**을 통해 이루어졌다.

> 1997년 사회복지사업법 개정으로 시설평가가 의무화되었다. 시설평가에 관한 법률조항의 시행은 이듬해인 1998년이었고, 실제 시설평가가 처음 진행된 것은 1999년이다.

13-05-19

04 2012년에는 사회보장기본법상의 **'사회서비스'가 '사회복지서비스'로 변경**되었다.

> '사회복지서비스'가 '사회서비스'로 변경, 확장되었다.

08-05-03

05 **1990년대**에는 지방자치 시대를 맞아 지역사회복지계획(현 지역사회보장계획)이 수립되었다.

> 지역사회복지계획에 관한 법 규정은 2003년 사회복지사업법 개정을 통해 마련되었고 2005년 7월부터 시행되어 2007년 제1기 계획이 시작되었다.

16-05-03

06 1970년대에는 **사회복지관 국고보조금 지침이 마련**되었다.

> 1983년 사회복지사업법 개정으로 사회복지관이 공식적으로 국가 지원을 받을 수 있게 되었으며, 1989년 「사회복지관 운영·건립 국고보조사업지침」에 따라 국가지원금 산출방식이 마련되었다.

12-05-11

07 1960년대 들어 우리나라 최초의 사회복지관이 건립되었다.

1921년에 설립된 태화여자관이 우리나라 최초의 사회복지관으로 평가되고 있다.

08 새마을운동은 **1980년대**에 시작한 우리나라의 전형적 지역사회개발사업이다.

새마을운동은 1970년대에 시작되었다.

12-05-11

09 1950년대 우리나라에는 **외국공공원조단체** 한국연합회(KAVA)가 조직되었다.

KAVA는 외국의 공공이 아닌 민간 원조단체였다.

03-05-04

10 계, 두레, 향약, **오가작통** 등은 민간이 주도했던 자생적인 인보관행이었다.

오가작통은 국가적으로 실시했던 인보제도였다.

11 혜민국, 상평창, 의창, 진휼청, **공굴** 등은 국가에서 상시적으로 운영했던 복지기구의 성격을 갖는다.

공굴은 중병 혹은 장애가 있는 사람이나 과부 등 농사를 짓기 어려운 사람들을 위해 마을 사람들이 공동으로 농사를 지어주던 관행이었다.

04-05-30

12 조선시대 오가작통은 오늘날 **공공근로의 성격**을 가졌다.

오가작통은 지방자치제도의 성격을 띠었다.

빈칸에 들어갈 알맞은 말을 채워보자

10-05-05

01 (   )년에는 사회복지시설평가를 위한 사회복지사업법 개정이 이루어졌다.

10-05-05

02 국민기초생활보장제도가 시행된 것은 (   )년이다.

03 2019년에는 공공부문에서 사회서비스 근로자를 직접 고용하고 사회서비스를 직접 제공하기 위해 (   ) 을/를 출범하였다.

04 2016년 읍·면·동 (   ) 사업을 추진하면서 동주민센터는 행정복지센터로 탈바꿈하였다.

15-05-22

05 2014년 제정된 「사회보장급여의 이용·제공 및 수급권자 발굴에 관한 법률」에 따른 지역사회보장계획은 (   )년마다 수립하도록 규정되어 있다.

17-05-07

06 (   )년에 시·군·구 단위에 설치된 희망복지지원단은 통합적 사례관리를 추진한다.

14-05-19

07 새마을운동은 근면, 자조, (   ) 등을 주요 정신으로 한다.

08 2015년 사회보장급여의 이용·제공 및 수급권자 발굴에 관한 법률이 시행됨에 따라 지역사회(①   )계획은 지역사회(②   )계획으로 그 범위가 확대되었다.

답 **01** 1997   **02** 2000   **03** 사회서비스원   **04** 복지허브화   **05** 4   **06** 2012   **07** 협동   **08** ① 복지 ② 보장

다음 내용이 옳은지 그른지 판단해보자

17-05-07
01 2000년대에 들어서면서 저소득층 영구임대아파트 건립 시 일정 규모의 사회복지관 건립을 의무화했다.

02 새마을운동은 농촌마을 공동체의 자율성을 약화시켰고, 전통적인 농촌공동체의 지혜와 전통도 단절시키는 결과를 초래하기도 했다.

15-05-08
03 조선시대 흉년으로 인한 이재민과 빈민을 구제한 국가기관은 동서대비원이다.

04 1980년대 후반 이후 각 민간단체들을 중심으로 복지 이슈와 관련된 사회운동이 이루어졌으며, 지역사회 문제의 해결을 위해 점차 사회행동모델이 강조되었다.

05 1986년에 자활지원센터의 시범사업이 실시되었다.

13-05-15
06 향약은 유교적 예속의 보급, 공동체적 결속, 지역의 체제안정을 위해 마을 단위로 실시된 향촌의 자치규약을 말한다.

07 국민기초생활보장제도가 시행되면서 지역사회 중심의 자활지원사업이 본격적으로 전개되었다.

08 사회보장급여의 이용·제공 및 수급권자 발굴에 관한 법률이 시행됨에 따라 사회복지사업법상의 지역사회복지계획이 이 법률로 이관되어 지역사회보장계획으로 변경되었다.

답 01× 02○ 03× 04○ 05× 06○ 07○ 08○

해설 **01** 1989년 주택건설촉진법, 1991년 주택건설 기준 등에 관한 규정 및 주택건설 기준 등에 관한 규칙 등을 통해 저소득층 영구임대아파트 건립 시 일정 규모의 사회복지관 건립을 의무화하였다.
03 조선시대 흉년으로 인한 이재민과 빈민을 구제한 국가기관은 진휼청이다.
05 1996년에 자활지원센터의 시범사업이 실시되었다.

keyword	사정 단계
sub keywords	**사정의 원칙 및 범위, 포괄적 사정, 문제중심 사정, 하위체계 사정, 자원 사정, 협력 사정, 참여관찰, 델파이, 명목집단, 초점집단, 공청회, 포럼**
focus	사정 단계에서 가장 많이 출제된 내용은 자료수집방법, 욕구조사방법 등 사정 방법에 관한 내용이다. 사정의 개념, 사정에서 살펴봐야 할 사항들, 사정의 유형 등 전반적인 사항을 두루 살펴봐야 한다.

21-05-13

지역사회 욕구사정 방법에 관한 설명으로 옳은 것은?

① 명목집단기법: 지역주민으로부터 설문조사를 통해 직접적으로 자료를 획득
② 초점집단기법: 전문가 패널을 대상으로 반복된 설문을 통해 합의에 이를 때까지 의견을 수렴
③ 델파이기법: 정부기관이나 사회복지 관련 조직에 의해 수집된 기존 자료를 활용
④ 지역사회포럼: 지역주민이 참여할 수 있는 공개 모임을 개최하여 구성원의 의견을 모색
⑤ 사회지표분석: 지역사회 문제를 잘 파악하고 있는 사람들을 대상으로 정보를 확보

정답률 확인 ① 4% ② 5% ③ 3% ④ 85% ⑤ 3%

답 ④

오답노트
① 지역주민으로부터 설문조사를 통해 직접적으로 자료를 획득하는 것은 서베이 조사에 해당한다.
② 전문가 패널을 대상으로 반복된 설문을 통해 합의에 이를 때까지 의견을 수렴하는 것은 델파이기법에 해당한다.
③ 정부기관이나 사회복지 관련 조직에 의해 수집된 기존 자료를 활용하는 것은 사회지표분석에 해당한다.
⑤ 지역사회 문제를 잘 파악하고 있는 사람들을 대상으로 정보를 확보하는 것은 초점집단기법에 해당한다.

➕ 출제빈도

빈출 키워드
142
〈기출회독〉
3회독 시스템으로
합격을 완성하세요.

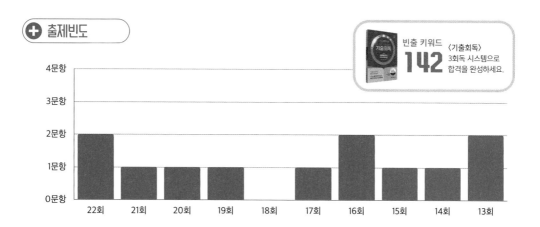

기출회독

142

사정 단계

강의 QR코드

1회독	**2**회독	**3**회독
월 일	월 일	월 일

★ 최근 10년간 **12문항** 출제 ★

이론요약

사정의 개념 및 원칙

[기본개념]
지역사회복지론

6장

- 문제확인 단계에서 파악된 문제를 해결하기 위한 <u>서비스나 프로그램을 개발하기 위한 준비</u> <u>단계</u>
- 주요 원칙: 사정의 목표와 초점의 명확화, 제한된 자원과 역량을 고려, 구체적 쟁점이나 문제에 초점, 지역주민의 참여

사정에서 고려할 사항

- 지역사회의 발전 과정
- 정치적·사회적 구조
- 경제적 상황
- 사회문화적 특징

사정의 유형

- 포괄적 사정: 특정한 문제나 표적집단에 한정하지 않고 지역사회 전반을 대상으로 한 사정 유형
- 문제중심 사정: 지역사회에서 우선적으로 해결이 필요한 중요한 영역에 초점을 둔 유형
- 하위체계 사정: 지역사회의 특정 하위체계를 중심으로 사정
- 자원사정: 권력, 전문기술, 재정, 서비스 등 인적·물적 자원 영역을 검토
- 협력 사정: 지역사회 참여자들이 완전한 파트너로서 조사계획, 참여관찰, 분석과 실행 국면 등에 관계되면서 지역사회 에 의해 수행되는 사정

사정을 위한 자료수집 방법

▶ 양적 접근
- 구조화된 서베이
  - 구조화된 질문지를 통해 설문조사를 진행하여 응답을 구하는 방식
- 사회지표 분석
  - 통계청, 국가기관, 복지 관련 전문 기관 등에서 진행한 수치화된 자료를 활용하여 욕구를 파악하는 방법

▶ 질적 접근

• 델파이기법
  - 문제와 관련된 전문가에게 이메일이나 우편 등을 통해 개방형 질문으로 설문지를 발송하여 의견을 취합하는 방식
  - 참여자 간의 영향력은 방지할 수 있지만 정해진 기간 안에 의견 취합이 안 되는 경우가 많으며, 반복적으로 진행하다 보면 점점 답변 회수율이 떨어질 수 있음

• 명목집단기법
  - 참여자들이 의견을 무기명으로 적어 제출하면 사회자가 각 내용을 발표한 후 투표를 진행하여 우선순위 결정
  - 참여자들이 서로 누가 어떤 의견을 냈는지 모른다는 점은 델파이기법의 장점과 동일함

• 초점집단기법
  - 소집단으로 구성하여 참여자들의 토론 및 질의응답을 통해 문제에 대한 의견을 듣는 방법
  - 전문가도 참여하지만 수혜자, 잠정적 수혜자, 지역주민 등이 참여하는 직접적 욕구조사 방법

• 주요정보제공자기법
  - 문제와 관련된 전문가, 실무자 등을 통해 대상집단 및 욕구를 파악하는 방법
  - 서비스 제공자, 관련 단체의 대표자 등 전문가들이 주로 참여하는 간접적 욕구조사 방법

• 지역사회포럼
  - 모든 지역주민들에게 공개적으로 진행하는 방식으로, 토론자들이 먼저 관련 문제에 대한 설명 및 토론 등을 진행한 후 방청한 지역주민들과의 질의응답 시간을 진행함
  - 지역주민의 욕구나 문제에 대한 지역주민의 인식을 알 수 있음
  - 다양한 의견이 제시될 수 있으나 문제의 본질이나 욕구파악이 오히려 어려울 수 있음

• 공청회
  - 정부의 프로그램이나 계획에 대해 의견을 개진할 수 있는 기회를 제공
  - 공청회에 참석한 참석자들의 견해가 전체 지역주민을 대표하는지를 확신하기 어려우며, 통제가 어렵다는 한계가 있음
  ※ 포럼과 진행방식은 동일하지만 공청회의 주체는 국가 및 지자체

• 참여관찰
  - 지역주민의 일상적인 삶에 참여하여 주민들의 문제를 직접 보고 들으며 체험하는 방법

다음 내용이 왜 틀렸는지를 확인해보자

---

01 **사정단계**는 지역사회의 전반적인 분위기를 파악하고 문제나 욕구를 확인하기 위해 정보를 수집하는 데에 초점을 둔다.

> 문제확인 단계에 대한 설명이다. 사정단계는 서비스나 프로그램을 개발하기 위한 준비단계이기 때문에 문제를 구체화시켜 프로그램 개발로 이어질 수 있게 해야 한다.

`13-05-08`

02 하위체계사정은 하위체계의 **정태적인 이해를 높이는 데 활용**된다.

> 하위체계사정은 하위체계의 역동성을 고려하여 동태적으로 파악할 수 있도록 진행해야 한다.

---

03 초점집단조사방법은 **다수의 사람들이** 정보와 의견을 나눌 수 있도록 하는 욕구조사방법이다.

> 초점집단조사방법은 문제와 관련 있는 소수의 사람들이 한 자리에 모여 정보와 의견을 나눔으로써 욕구조사를 진행하는 방법이다.

`17-05-11`

04 델파이기법에서 설문지는 **폐쇄형 질문으로 구성**한다.

> 설문구성은 개방형으로 시작해서 이후에는 유사한 응답내용을 폐쇄형으로 구성하여 질문한다.

`13-05-08`

05 민속학적(ethnographic) 방법은 일반적으로 **표준화된 면담도구를 사용**한다.

> 민속학적 방법은 표준화된 면담도구를 사용하기보다는 현지 관찰을 통해 지역주민의 삶, 행동, 문화, 가치 등을 파악한다.

---

06 협력 사정을 통해 지역사회에 존재하는 재정, 서비스, 전문기술 등 **인적, 물적 자원 영역을 검토**한다.

> 인적, 물적 자원 영역을 검토하는 것은 자원 사정에 해당한다.
> 협력 사정은 문제에 관한 조사 계획부터 관찰, 분석, 실행 등의 과정에 지역사회 참여자들이 완전한 파트너로서 협조하며 함께하는 사정을 말한다.

07-05-07
07 지역사회포럼은 공청회와 달리 **참석자들에 대한 통제가 용이하다.**

> 지역사회포럼과 공청회는 진행방식이 동일하다. 전문가들이 주제와 관련된 화제를 제시하고 청중들이 질문이나 의견을 제시하게 되는데, 분위기가 과열될 경우 통제가 어렵다.

13-05-08
08 **비공식적 인터뷰**는 자료수집과정에서 신뢰도와 일관성을 높이는 방법이다.

> 대체로 질적 방법은 양적 방법에 비해 신뢰도와 일관성에 취약하다.

빈칸에 들어갈 **알맞은 말**을 채워보자

16-05-16
01 ( ) 기법은 모든 참여자가 직접 만나 욕구에 대한 우선순위를 결정한다. 욕구순위에 대한 합의의 과정이 반복시행을 거쳐 이루어질 수 있다.

17-05-11
02 ( ) 기법은 지역사회문제에 대한 전문지식을 갖고 있는 주요 정보제공자로 구성하며, 응답 내용이 합의에 이르기까지 여러 번에 걸쳐 설문 과정을 반복한다.

08-05-29
03 ( ) 기법은 문제와 관련된 지역주민이나 수혜자들 중에서 소수의 관련자들과 함께 만나 정보를 얻으면서 지역사회의 욕구를 파악해가는 방법이다.

---

04 ( ) 사정은 해결이 필요한 특정 이슈나 영역에 초점을 두어 진행하는 사정 유형이다.

14-05-09
05 ( ) 사정은 지역사회에서 이용할 수 있는 권력, 전문기술, 재정, 서비스 등을 조사하는 사정이다.

06-05-15
06 민속학적 방법, 비공식 인터뷰는 질적 자료수집 방법이며, 사회지표 분석은 ( ) 방법이다.

답 **01** 명목집단 **02** 델파이 **03** 초점집단 **04** 문제중심 **05** 자원 **06** 양적

합격족보 필수 키워드 25

keyword	지역사회보장계획
sub keywords	사회보장급여의 이용 · 제공 및 수급권자 발굴에 관한 법률, 지역사회보장계획의 원칙, 수립절차, 수립내용, 4년 단위 계획, 중장기 계획, 시행 및 평가 등
focus	지역사회보장계획이 언제부터 시작되었는지, 어느 법률에 따라 운용되는지, 몇 년 단위로 시행되는지, 수립절차는 어떻게 진행되는지, 어떤 원칙들을 따르는지, 어떤 내용들을 수립하는지 등이 모두 출제범위이다. 각각의 내용이 단독 문제로 출제되기도 하며 한 문제에서 종합적으로 출제되기도 한다.

21-05-18

시 · 군 · 구 지역사회보장계획에 관한 설명으로 옳은 것을 모두 고른 것은?

ㄱ. 시 · 군 · 구 지역사회보장협의체의 보고와 의회의 심의를 거쳐야 한다.

ㄴ. 사회보장급여의 이용 · 제공 및 수급권자 발굴에 관한 법률에 의거한다.

ㄷ. 시행연도의 전년도 11월 30일까지 수립하여 제출하여야 한다.

ㄹ. 4년마다 수립하고 매년 연차별 시행계획을 수립해야 한다.

① ㄱ, ㄴ 　　　　　　　　　② ㄱ, ㄷ

③ ㄴ, ㄹ 　　　　　　　　　④ ㄱ, ㄴ, ㄹ

⑤ ㄴ, ㄷ, ㄹ

정답률확인　① 12% ② 5% ③ 31% ④ 39% ⑤ 13%

답 ③

오답노트

ㄱ. 지역사회보장협의체의 심의와 해당 시 · 군 · 구 의회의 보고를 거쳐야 한다.

ㄷ. 시 · 군 · 구 계획은 전년도 9월 30일까지, 그 연차별 시행계획은 전년도 11월 30일까지 각각 제출해야 한다.

➕ **출제빈도**

빈출 키워드 〈기출회독〉
152
3회독 시스템으로
합격을 완성하세요.

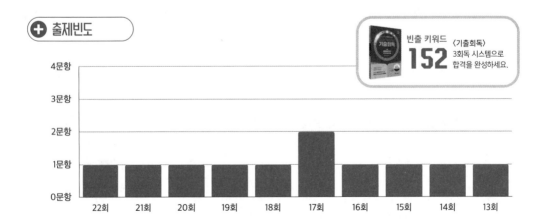

지역사회보장계획

강의 QR코드

1회독		**2**회독		**3**회독	
월	일	월	일	월	일

★ 최근 10년간 **11문항** 출제 ★

이론요약

목적 등

- 지역사회보장서비스를 <u>종합적·계획적·중장기적으로</u> 추진하기 위한 방법
- <u>4년마다 수립 + 해마다 연차별 시행계획 수립</u>
- 필요성: 지역사회복지의 제도화, 서비스의 지속적·안정적 공급, 서비스 공급주체의 다원화, 사회자원 조달과 적정배분
- 목표: **지역 차원의 통합적 시행계획** 수립, **지역주민의 참여**를 유도, 지역의 사회복지 공급 주체로서의 **공공과 민간 간 협력**

[기본개념]
지역사회복지론

지역사회복지론
기본개념

10장

연혁

- 2003년 사회복지사업법 개정, 2005년 7월부터 계획 수립을 의무화하는 규정 마련
- 2007~2010년 1기 계획 진행
- 2015년 7월 「사회보장급여의 이용·제공 및 수급권자 발굴에 관한 법률」 신설 시행에 따라 '지역사회보장계획'으로 변화됨

계획 수립의 원칙

- <u>지역성</u>
- <u>과학성</u>
- <u>연속성</u>
- <u>실천성</u>
- <u>자율성</u>
- <u>참여성</u>

계획의 내용

▶ **시·군·구 계획**
- 지역사회보장 수요의 측정, 목표 및 추진전략
- 지역사회보장지표의 설정 및 목표

- 지역사회보장의 분야별 추진전략, 중점 추진사업 및 연계협력 방안
- 지역사회보장 전달체계의 조직과 운영
- 사회보장급여의 사각지대 발굴 및 지원 방안
- 지역사회보장에 필요한 재원의 규모와 조달 방안
- 지역사회보장에 관련한 통계 수집 및 관리 방안

▶ **시 · 도 계획**
- 시 · 군 · 구의 사회보장이 균형적이고 효과적으로 추진될 수 있도록 지원하기 위한 목표 및 전략
- 지역사회보장지표의 설정 및 목표
- 시 · 군 · 구에서 사회보장급여가 효과적으로 이용 및 제공될 수 있는 기반 구축 방안
- 시 · 군 · 구 사회보장급여 담당 인력의 양성 및 전문성 제고 방안
- 지역사회보장에 관한 통계자료의 수집 및 관리 방안

수립 절차

① 지역주민 등 이해관계자 의견수렴
② 시 · 군 · 구 지역사회보장계획 수립
③ 지역사회보장협의체 심의, 시 · 군 · 구 의회 보고
④ 시 · 도지사에게 제출
⑤ 제출된 시 · 군 · 구 지역사회보장계획의 종합 · 조정
⑥ 시 · 도 사회보장위원회 심의, 시 · 도 의회 보고
⑦ 보건복지부장관에 제출
⑧ 사회보장위원회 보고

※ **지역사회보장협의체**
지역의 사회보장을 증진하고, 사회보장과 관련된 서비스를 제공하는 관계 기관과의 연계 · 협력을 강화하기 위해 해당 시 · 군 · 구 단위에 설치한다.

※ **시 · 도 사회보장위원회**
시 · 도의 사회보장 증진을 위하여 시 · 도 단위에 설치되며, 시 · 도 계획을 심의한다.

※ **사회보장위원회**
사회보장에 관한 주요 시책을 심의 · 조정하기 위해 사회보장기본법에 따라 국무총리 소속으로 설치된다.

시행결과의 평가

- 보건복지부장관은 시 · 도 계획의 시행결과를, 시 · 도지사는 시 · 군 · 구 계획의 시행결과를 평가할 수 있다.
- 시 · 도지사는 평가를 시행한 경우 그 결과를 보건복지부장관에게 제출하여야 하며, 보건복지부장관은 이를 종합 · 검토하여 사회보장위원회에 보고하여야 한다.

지역사회보장균형발전지원센터

보건복지부장관은 시 · 도 및 시 · 군 · 구의 사회보장 추진 현황 분석, 지역사회보장계획의 평가, 지역 간 사회보장의 균형 발전 지원 등의 업무를 효과적으로 수행하기 위하여 지역사회보장균형발전지원센터를 설치 · 운영할 수 있다.

다음 내용이 **왜 틀렸는지**를 확인해보자

---

01 지역사회보장계획에 관한 사항은 **사회보장기본법에서 규정**하고 있다.

> 사회복지사업법상 지역사회복지계획으로 출발하여 현재 「사회보장급여의 이용·제공 및 수급권자 발굴에 관한 법률」에 따라 운영되고 있다.

`09-05-22`

02 보건복지부장관은 시·군·구 지역사회보장계획의 **시행결과를 평가해야 한다**.

> 시행결과에 대한 평가가 의무사항은 아니다.

---

03 시·군·구 계획은 지역사회보장협의체의 심의와 함께 **시·도 의회의 보고**를 거쳐야 한다.

> 시·군·구 계획은 지역사회보장협의체의 심의와 시·군·구 의회의 보고를 거쳐야 한다.
> 시·도 계획은 시·도사회보장위원회의 심의와 시·도 의회의 보고를 거쳐야 한다.

`11-05-20`

04 지역사회보장계획에는 **지역사회보장협의체의 구성에 관한 사항을 포함**한다.

> 지역사회보장협의체는 지역사회보장계획을 심의하는 기관으로, 사회보장급여의 이용·제공 및 수급권자 발굴에 관한 법률 및 시행령에 그 구성에 관한 사항이 규정되어 있다.

`15-05-16`

05 지역사회보장계획은 **주택, 고용, 문화를 제외한** 보건과 의료영역에 초점을 둔다.

> 지역사회보장계획은 사회서비스 전 영역에 포괄적으로 관심을 둔다. 사회서비스란 사회복지서비스, 보건의료서비스를 비롯해 주택, 고용, 문화와 관련된 서비스를 모두 포괄한다.

---

06 시·도지사는 시·도 지역사회보장계획의 시행결과를, 시·군·구청장은 시·군·구 지역사회보장계획의 시행결과를 평가할 수 있다.

> 보건복지부장관은 시·도 지역사회보장계획의 시행결과를, 시·도지사는 시·군·구 지역사회보장계획의 시행결과를 평가할 수 있다.

07 지역사회보장계획은 **보건복지부의 심의**를 거쳐야 한다.

> 시·군·구 계획의 심의는 지역사회보장협의체에서, 시·도 계획의 심의는 시·도 사회보장위원회에서 진행한다. 시·도 사회보장위원회의 심의와 해당 시·도 의회의 보고를 거친 시·도 계획은 보건복지부장관에게 제출해야 한다.

08 지역사회보장계획은 지역 고유의 특성을 반영하는 지역성, **사회보장에 관한 기본계획과의 분리성**, 지역의 특성과 욕구를 반영하여 계획을 자유롭게 설정할 수 있는 자율성 등의 원칙을 따른다.

> 사회보장 기본계획과의 연계성을 원칙으로 한다.

09 지역사회보장계획이 시행됨에 따라 **공급자 중심**의 지역사회복지실천이 강화될 수 있었다.

> 지역사회보장계획의 목적이 공급자 중심의 지역사회복지실천에 있는 것은 아니다.
> 지역사회보장계획은 서비스 공급 주체를 다원화하고 민과 관이 협력하며 주민들이 주체가 된 지역사회보장이 이루어질 수 있도록 하는 것을 목적으로 한다.

10 **수립된 시·군·구 지역사회보장계획에 대해서** 지역주민 등 이해관계자의 의견을 수렴하여 지역사회보장협의체의 심의 및 시·군·구 의회의 보고를 진행해야 한다.

> 수립된 계획에 대해서 지역주민 등의 의견을 듣는 것이 아니라, 계획을 수립하기에 앞서 지역주민 등의 의견을 수렴하여 계획에 반영되도록 해야 한다.

11 보건복지부장관은 시·도 및 시·군·구의 사회보장 추진 현황 분석, 지역사회보장계획의 평가, 지역 간 사회보장의 균형발전 지원 등의 업무를 효과적으로 수행하기 위하여 **사회보장위원회**를 설치·운영할 수 있다.

> 지역사회보장균형발전지원센터에 관한 설명이다.
> 사회보장위원회는 사회보장 증진을 위한 기본계획, 사회보장 관련 주요 계획, 사회보장제도의 평가 및 개선 등 사회보장에 관한 주요 시책을 심의·조정하기 위해 사회보장기본법에 따라 국무총리 소속으로 설치된 기관이다.

01 (   )년부터 제1기 지역사회복지계획이 진행되었다.

`14-05-20`
02 시·도지사 및 시·군·구청장은 (   )년마다 지역사회보장계획을 수립해야 한다.

`14-05-20`
03 「사회보장급여의 이용·제공 및 수급권자 발굴에 관한 법률」의 제정으로 지역사회복지계획의 범위를 사회복지에서 (   )(으)로 확장하였다.

04 지역사회보장계획은 (   )에 따른 사회보장에 관한 기본계획과 연계되도록 하여야 한다.

`16-05-21`
05 시·군·구 지역사회보장계획은 시행연도의 전년도 9월 30일까지 (   )에게 제출해야 한다.

06 보건복지부장관은 제출받은 시·도 지역사회보장계획을 (①   )에 (②   )하여야 한다.

🔄 **답 01** 2007 **02** 4 **03** 사회보장 **04** 사회보장기본법 **05** 시·도지사 **06** ① 사회보장위원회 ② 보고

6영역　사회복지정책론

	합격족보 필수 키워드	10년간 출제문항수	기출회독 No.
26	사회보장의 특징	25	179
27	빈곤과 소득불평등	14	187
28	사회복지정책의 가치	13	163
29	사회복지정책의 재원	12	177
30	사회복지정책 이데올로기	11	171

➕ 출제비중

『**사회복지정책론**』 필수 키워드 5개의 회차별 출제비중을 확인해보세요.

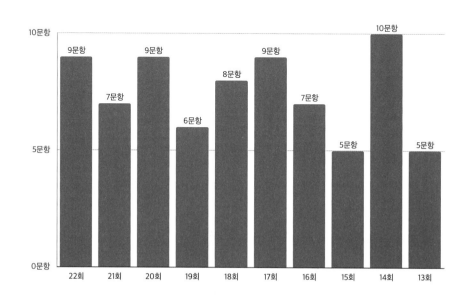

keyword	사회보장의 특징
sub keywords	사회보장의 개념, 사회보장기본법, 사회보장제도, 사회보험, 소득재분배
focus	주로 사회보장의 전반적인 사항을 묻는 문제가 출제되었다. 사회보장기본법에서 규정하고 있는 기본 이념, 기본방향, 운영원칙에 관한 문제, 우리나라의 사회보장제도에 관한 문제, 사회보장의 목적인 소득재분배에 관한 문제, 사회보험과 민간보험의 비교에 관한 문제 등이 출제된 바 있다. <사회복지법제론>의 사회보장기본법과 함께 정리해두자.

21-06-12

사회보험과 비교하여 공공부조제도의 장점으로 옳은 것은?

① 대상효율성이 높다.

② 가입률이 높다.

③ 수급자에 대한 낙인을 예방할 수 있다.

④ 행정비용이 발생하지 않는다.

⑤ 수평적 재분배 효과가 크다.

정답률 확인 ① 75% ② 5% ③ 6% ④ 3% ⑤ 11%

답 ①

오답노트

② 저소득층을 선별하여 가입하는 공공부조제도보다 모든 국민을 대상으로 강제가입의 원칙을 적용하는 사회보험의 가입률이 더 높다.

③ 공공부조제도는 자산조사를 통하여 선별적으로 적용되기 때문에 수급자에 대한 낙인이 발생할 수 있다.

④ 공공부조제도는 수급자격을 결정하기 위한 자산조사를 실시하는 데 행정비용이 많이 소요될 수 있다.

⑤ 공공부조제도는 소득이 높은 사람으로부터 소득이 낮은 사람으로 재분배되기 때문에 수직적 재분배 효과가 크다.

➕ 출제빈도

빈출 키워드
179 〈기출회독〉
3회독 시스템으로
합격을 완성하세요.

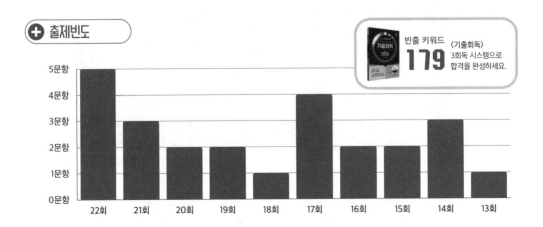

사회보장의 특징

★ 최근 10년간 **25문항** 출제 ★

이론요약

사회보장의 목적

[기본개념]
사회복지정책론

6장

- **기본생활보장**: 사회보장제도는 국가의 존재 근거 중 하나인 국민의 생존권 보호를 수행하는 제도로서 **국민들의 기본적 욕구를 보장**하기 위한 것이다.
- **소득재분배**: 정부의 재정지출 중에서 **소득재분배의 효과가 가장 두드러진 것**이 사회보장 지출이다. 사회보장 지출은 수직적 재분배의 기능도 하고 있지만, 보험료를 분담하는 동일계층 간의 수평적 재분배의 기능도 담당한다.
- **사회적 연대감의 증대**: 소득상실의 위험에 노출된 사람들에게 사회적 연대감을 보여주어 **사회통합을 도모하는 제도적 장치**이다.

사회보장제도의 운영원칙

- 국가와 지방자치단체가 사회보장제도를 운영할 때에는 이 제도를 필요로 하는 **모든 국민에게 적용**하여야 한다.
- 국가와 지방자치단체는 사회보장제도의 급여 수준과 비용 부담 등에서 **형평성을 유지**하여야 한다.
- 국가와 지방자치단체는 사회보장제도의 정책 결정 및 시행 과정에 공익의 대표자 및 이해관계인 등을 참여시켜 이를 **민주적으로 결정하고 시행**하여야 한다.
- 국가와 지방자치단체가 사회보장제도를 운영할 때에는 국민의 다양한 복지 욕구를 효율적으로 충족시키기 위하여 **연계성과 전문성을 높여야** 한다.
- **사회보험은 국가의 책임**으로 시행하고, **공공부조와 사회서비스는 국가와 지방자치단체의 책임**으로 시행하는 것을 원칙으로 한다. 다만, 국가와 지방자치단체의 재정 형편 등을 고려하여 이를 협의·조정할 수 있다.

우리나라 사회보장기본법에서의 분류

- **사회보험**: 국민에게 발생하는 사회적 위험을 보험의 방식으로 대처함으로써 국민의 건강과 소득을 보장하는 제도이다.
- **공공부조**: 국가와 지방자치단체의 책임 하에 생활 유지 능력이 없거나 생활이 어려운 국민의 최저생활을 보장하고 자립을 지원하는 제도이다.
- **사회서비스**: 국가·지방자치단체 및 민간부문의 도움이 필요한 모든 국민에게 복지, 보건의료, 교육, 고용, 주거, 문화, 환경 등의 분야에서 인간다운 생활을 보장하고 상담, 재활, 돌봄, 정보의 제공, 관련 시설의 이용, 역량 개발, 사회참여 지원 등을 통하여 국민의 삶의 질이 향상되도록 지원하는 제도이다.

소득재분배

- 사회보장 지출은 수직적 재분배의 기능도 하고 있지만, 보험료를 분담하는 동일계층 간의 수평적 재분배의 기능도 담당한다.
- 공공부조는 누진적인 조세를 재원으로 저소득층에게 제공하기 때문에 수직적 재분배 효과를 갖는다.
- 연금재정 운영방식 중 부과방식은 현재 노인세대에게 지급할 연금을 미래세대인 근로계층이 부담하는 방식으로, 세대 간 재분배 효과가 발생한다. 적립방식은 연금급여를 적립했다가 장래에 지급하는 방식으로 장기적 재분배 효과를 갖는다.

▶ **시간을 기준으로 구분**

- 단기적 재분배: 사회적 욕구의 충족을 위해 현재의 자원을 사용하는 소득재분배이다.
- 장기적 재분배: 생애 또는 세대에 걸쳐 이루어지는 소득재분배이다.

▶ **계층구조를 기준으로 구분**

- 수직적 재분배: 고소득층에서 저소득층으로의 소득재분배이다.
- 수평적 재분배: 동일계층 내의 소득재분배이다.

▶ **세대를 기준으로 구분**

- 세대 내 재분배: 동일한 세대 내에서의 소득재분배이다.
- 세대 간 재분배: 앞 세대와 먼 후손 세대 간의 소득재분배이다.

사회보험과 관련 영역과의 비교

▶ **사회보험과 민간보험**

- 사회보험의 가입은 강제가입이지만, 민간보험은 임의적, 선택적 가입이다.
- 사회보험은 개인적 형평성보다는 사회적 적절성을 중시하지만, 민간보험은 개인적 형평성을 중시한다.
- 사회보험은 보험자와 피보험자의 관계에 있어서 권리적 성격이 강하지만, 민간보험은 계약적 성격이 강하다.
- 사회보험은 물가상승에 의한 실질가치의 변동을 보장받지만, 민간보험은 물가상승에 대한 보장을 받기가 어렵다.

▶ **사회보험과 공공부조**

- 사회보험의 대상은 모든 국민(보편주의)이지만, 공공부조는 빈곤층(선별주의)에 한정되어 있다.
- 사회보험의 재원은 기여금, 부담금(일부는 조세)이고, 공공부조는 조세이다.
- 사회보험은 급여 제공 시 자산조사에 근거하지 않지만, 공공부조는 자산조사를 실시한다.
- 사회보험은 공공부조에 비해 대상효율성이 낮지만, 공공부조는 다른 제도에 비해 대상효율성이 높다.
- 사회보험은 수직적 재분배와 수평적 재분배 효과를 모두 갖고 있으나, 공공부조에 비해 수직적 재분배효과가 크지 않다.

다음 내용이 왜 틀렸는지를 확인해보자

20-06-07

01 사회보험은 **현금급여만을 지급**하며, 대부분 국가 또는 공법인이 운영한다.

> 사회보험은 현금급여 외에 현물급여 등도 지급하고 있다.

17-06-17

02 **사회보험급여**는 철저한 보험수리원칙에 따라 납부한 보험료에 비례한다.

> 민간보험급여는 철저한 보험수리원칙에 따라 납부한 보험료에 비례한다.

15-06-19

03 소득재분배는 **시장의 기능에 따라 1차적으로 소득이 분배**되는 것이다.

> 소득재분배란 시장기능에 의한 소득의 분배가 현저하게 불평등하기 때문에 이러한 소득의 불평등을 완화하기 위해 정부가 정책적으로 개입하는 것이다.

13-06-20

04 세대 내 재분배는 **노령세대 대(對) 근로세대의 소득재분배**이다.

> 세대 내 재분배는 동일한 세대 내의 재분배를 의미한다. 노령세대 대(對) 근로세대는 세대 내 재분배가 아닌 세대 간 재분배이다.

12-06-17

05 사회보장기본법에서 정의하는 사회보장의 영역으로는 **사회복지서비스, 공공부조, 사회서비스**가 있다.

> 사회보장기본법에서 정의하는 사회보장의 영역으로는 사회보험, 공공부조, 사회서비스가 있다.

06 **민간보험**은 강제가입이 원칙이고, 개인적 형평성보다는 사회적 적절성을 중시한다.

> 사회보험은 강제가입이 원칙이고, 개인적 형평성보다는 사회적 적절성을 중시한다.

06-06-19
07 우리나라의 사회보험제도에서 가장 먼저 실시된 제도는 <u>**국민연금제도**</u>이다.

> 우리나라의 사회보험제도에서 가장 먼저 실시된 제도는 산업재해보상보험제도이다.

빈칸에 들어갈 알맞은 말을 채워보자

17-06-01
01 공공부조와 사회서비스는 (   )의 책임으로 시행하는 것을 원칙으로 한다.

16-06-13
02 아동수당은 (   ) 재분배에 해당한다.

13-06-20
03 고소득층 대 저소득층의 소득재분배 유형은 (   ) 재분배이다.

10-06-20
04 사회보험과 민간보험 중 (   )의 급여는 계약에 의해 정해진다.

05 (   )은/는 국가와 지방자치단체의 책임하에 생활 유지 능력이 없거나 생활이 어려운 국민의 최저생활을 보장하고 자립을 지원하는 제도이다.

 01 국가와 지방자치단체   **02** 수평적   **03** 수직적   **04** 민간보험   **05** 공공부조

다음 내용이 옳은지 그른지 판단해보자

20-06-16
01 국민연금, 국민기초생활보장제도, 보육서비스는 우리나라의 사회보장기본법에 근거한 사회보장제도이다. ◎ ⊗

20-06-24
02 세대 간 재분배는 주로 적립방식을 통해 운영된다. ◎ ⊗

03 사회보장기본법상 부담 능력이 있는 국민에 대한 사회서비스에 드는 비용은 그 수익자가 부담함을 원칙으로 한다. ◎ ⊗

19-06-20
04 재원조달 측면에서 보험방식이 부조방식보다 재분배 효과가 크다. ◎ ⊗

19-06-23
05 민간보험은 피보험자의 욕구에 기초하지 않고 사전에 결정된 급여를 제공한다. ◎ ⊗

06 사회수당은 사회적 권리를 강하게 보장하며, 보편주의 원칙에 가장 가깝다. ◎ ⊗

18-06-19
07 사회보험의 급여조건은 보험료 기여조건과 함께 사회적 위험에 직면해야 하는 조건이 부가된다. ◎ ⊗

08 사회보험에 드는 비용은 사용자, 피용자 및 자영업자가 부담하는 것을 원칙으로 하되, 관계 법령에서 정하는 바에 따라 국가가 그 비용의 일부를 부담할 수 있다. ◎ ⊗

09 연금의 적립방식은 연금급여를 적립했다가 장래에 지급하는 방식으로 장기적 재분배 효과를 갖는다. ◎ ⊗

10 건강보험제도는 수직적 재분배에 해당하며, 국민기초생활보장제도는 수평적 재분배에 해당한다. ◎ ⊗

답 01○ 02× 03○ 04× 05× 06○ 07○ 08○ 09○ 10×

해설 **02** 세대 간 재분배는 주로 부과방식을 통해 운영된다.
04 재원조달 측면에서 부조방식이 보험방식보다 재분배 효과가 크다.
05 사회보험은 피보험자의 욕구에 기초하지 않고 사전에 결정된 급여를 제공한다.
10 건강보험제도는 수평적 재분배에 해당하며, 국민기초생활보장제도는 수직적 재분배에 해당한다.

합격족보 필수 키워드 27

keyword	빈곤과 소득불평등
sub keywords	빈곤의 개념, 빈곤의 측정, 소득불평등의 개념, 소득불평등의 측정
focus	빈곤의 개념 및 측정과 관련해서는 절대적 빈곤과 상대적 빈곤 개념의 차이, 빈곤 측정 방식의 종류, 빈곤갭과 빈곤율의 차이 등과 관련한 내용이 출제되었다. 소득불평등과 관련해서는 지니계수, 5분위 분배율, 10분위 분배율 등 전반적인 내용을 묻는 문제가 주로 출제되었다. 특히, 5분위 분배율과 10분위 분배율은 계산형 문제와 같은 고난이도 문제가 출제된 바 있으므로 이에 대비해야 한다.

21-06-15

다음 중 상대적 빈곤선을 설정(측정)하는 방식으로 옳은 것을 모두 고른 것은?

ㄱ. 중위소득의 일정 비율　　　　　　ㄴ. 라이덴(Leyden) 방식
ㄷ. 반물량 방식　　　　　　　　　　ㄹ. 라운트리(Rowntree) 방식
ㅁ. 타운센드(Townsend) 방식

① ㄱ, ㄴ　　② ㄱ, ㅁ　　③ ㄴ, ㅁ　　④ ㄷ, ㄹ　　⑤ ㄱ, ㄷ, ㄹ

정답률 확인　① 12% ② 29% ③ 10% ④ 17% ⑤ 32%

답 ②

오답노트
ㄴ. 라이덴 방식은 주관적 빈곤을 측정하는 방식이다. '당신의 가구에서는 얼마의 소득(혹은 지출)이 있다면 근근이 살아갈 수 있겠니까?'라는 식의 질문을 통해 빈곤선을 추정한다.
ㄷ. 반물량 방식은 절대적 빈곤을 측정하는 방식으로서 오르산스키 방식이라고도 한다. 식료품비에 1/3의 역수인 3을 곱하여 빈곤선을 측정한다.
ㄹ. 라운트리 방식은 절대적 빈곤을 측정하는 방식으로서 전물량 방식이라고도 한다. 인간 생활에 필수적인 모든 품목에 대하여 최저한의 수준을 정하고 화폐가치로 환산하여 빈곤선을 측정한다.

➕ 출제빈도

빈출 키워드
187
〈기출회독〉
3회독 시스템으로
합격을 완성하세요.

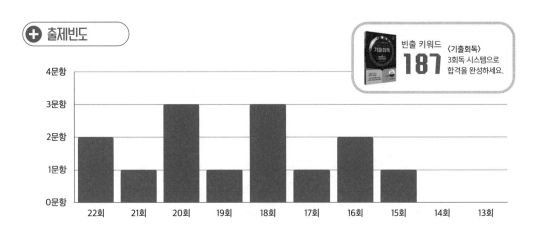

빈곤과 소득불평등

강의 QR코드

★ 최근 10년간 **14문항** 출제 ★

이론요약

빈곤의 개념

[기본개념]
사회복지정책론

11장

▶ 절대적 빈곤

• 빈곤을 최소한의 생존수준에 미치지 못하는 상태, 즉 먹을 것과 안전한 물과 집, 신체적 건강과 같은 **기본적인 욕구를 충족하지 못하는 상태로 개념화**하는 것이다.
• 라운트리 방식(전물량방식): 생활에 필수적인 품목의 최저 수준을 정하고 이를 화폐가치로 환산해 빈곤선을 구하는 방식이다.
• 오르샨스키 방식(반물량방식): 미국의 3인 이상 가구의 엥겔계수(엥겔지수, 가구소득 또는 가구지출 중 식료품비가 차지하는 비중. 국가, 시대, 소득수준에 따라 달라짐)가 대개 3분의 1이라는 점에 착안해서 최저한의 식료품비를 계산한 후 여기에 3(엥겔계수의 역)을 곱해 빈곤선을 계산하는 방식이다.

▶ 상대적 빈곤

• 어떤 사회의 **평균적인 소득수준, 생활수준과 밀접한 관련**이 있다. 사회의 불평등 수준에 큰 영향을 받는다.
• 절대적 빈곤의 문제는 경제 발전에 의해 일정 부분 완화될 수도 있지만, 상대적 빈곤의 문제는 **불평등과 상대적 박탈감과 밀접한 관련**을 가지고 있다.
• 상대적 빈곤선은 보통 박탈지표방식과 소득과 지출을 이용한 상대적 추정방식으로 측정한다.

▶ 주관적 빈곤

• 적절한 생활수준을 유지하기 위해 필요한 소득수준에 대한 **개인들의 평가에 근거하여 빈곤을 정의하는 것을 의미**한다.
• 네덜란드 라이덴 대학의 학자들에 의해 개발(라이덴 방식)되었다.

▶ 사회적 배제

• 빈곤의 역동성과 동태적인 과정에 초점을 맞춘다.
• 소득의 문제에 국한되지 않는 다차원적인 불리함을 의미한다.

빈곤의 측정

• 빈곤율: 빈곤선을 기준으로 **빈곤가구와 비빈곤가구를 구분하고 빈곤가구에 사는 개인의 수를 구하여 전체 인구에서 차지하는 비율을 통해 측정**하는 방법이다. 빈곤율은 빈곤층의 규모를 보여줄 수 있지만, 빈곤층의 소득이 빈곤선

에 비해 부족한 정도를 보여주지는 않는다.
- 빈곤갭: 빈곤층의 소득을 모두 **빈곤선 수준까지 끌어올리기 위해서 어느 정도의 소득이 필요한가를 보여주는 방법**이다. 보통 이 빈곤갭을 GNP(혹은 GDP) 대비 비율로 나타내는 것이 일반적이다. 빈곤갭은 빈곤율처럼 빈곤층의 규모를 보여주지는 못한다. 또한 빈곤율과 빈곤갭 모두 빈곤층 내부에서의 소득의 이전이나 분배 상태를 보여주지 못한다.
- 센(Sen)의 빈곤지표: 빈곤율, 빈곤갭, 상대적 불평등 세 가지 측면을 모두 고려한다.

소득불평등의 측정

- 10분위 분배율: **하위 40% 가구의 소득 합 / 상위 20% 가구의 소득 합**이다. 수치가 클수록 소득 격차가 작은 것이며, 수치가 작을수록 소득 격차가 큰 것이다.
- 5분위 분배율: **상위 20% 가구의 소득 합 / 하위 20% 가구의 소득 합**이다. 수치가 클수록 소득 격차가 큰 것이며, 수치가 작을수록 소득 격차가 작은 것이다.
- 지니계수: 0과 1 사이의 값을 가지며, **1에 가까울수록 불평등**한 상태이다.

다음 내용이 **왜 틀렸는지**를 확인해보자

`20-06-21`

01 지니계수는 **불평등도가 증가할수록 수치가 작아지기 때문에 가장 불평등한 상태는 0**이다.

> 지니계수는 0과 1사이의 값을 가지며, 불평등도가 증가할수록 수치가 커져 가장 불평등한 상태는 1이다.

`12-06-03`

02 10분위 분배율 비율이 높을수록 **소득분배가 불평등**하다.

> 10분위 분배율은 비율이 높을수록 소득 격차가 작은 것이며, 비율이 낮을수록 소득 격차가 큰 것이다. 따라서 그 비율이 높을수록 소득분배가 평등하다.

---

03 **절대적 빈곤**은 어떤 사회의 평균적인 소득수준, 생활수준과 밀접한 관련이 있다.

> 어떤 사회의 평균적인 소득수준, 생활수준과 밀접한 관련이 있는 것은 상대적 빈곤이다.

`11-06-25`

04 OECD에서는 국가 간 비교를 위해 주로 **절대적 빈곤 개념을 사용**한다.

> OECD에서는 국가 간 비교를 위해 주로 상대적 빈곤 개념을 사용한다.

`09-06-28`

05 **빈곤갭은 빈곤층의 규모를 나타내고, 빈곤율은 빈곤의 심도**를 나타낸다.

> 빈곤율은 빈곤층의 규모를 나타내고, 빈곤갭은 빈곤의 심도를 나타낸다.

---

06 **5분위 분배율**은 소득이 낮은 하위 40% 가구의 소득 합을 소득이 가장 높은 상위 20% 가구의 소득 합으로 나눈 것이다.

> 소득이 낮은 하위 40% 가구의 소득 합을 소득이 가장 높은 상위 20% 가구의 소득 합으로 나눈 것은 10분위 분배율이다. 5분위 분배율은 소득이 가장 높은 상위 20% 가구의 소득 합을 소득이 낮은 하위 20% 가구의 소득 합으로 나눈 것이다.

빈칸에 들어갈 알맞은 말을 채워보자

17-06-19
01 (   )은/는 빈곤인구가 전체 인구에서 차지하는 비율로 정의된다.

16-06-06
02 (   )은/는 박탈지표방식과 소득·지출을 이용한 상대적 추정방식으로 측정할 수 있다.

11-06-25
03 우리나라의 국민기초생활보장제도는 (   ) 개념을 도입했다.

04 인간 생활에 필수적인 모든 품목에 대하여 최저한의 수준을 정하고 화폐가치로 환산하여 빈곤선을 측정하는 라운 트리의 빈곤 측정 방식을 (   )(이)라고 한다.

05 주관적 빈곤을 측정하는 대표적인 방식으로 (   )이 있다.

06 (   )은/는 빈곤층의 소득을 모두 빈곤선 수준까지 끌어올리기 위해서 어느 정도의 소득이 필요한가를 보여주는 방법이다.

06-06-22
07 (   )은/는 빈곤의 결과뿐만 아니라 원인과 과정에 이르는 총괄적인 고찰을 시도하며, 이를 극복하기 위해서는 민주적인 참여도 중요하다.

08 빈곤율, 빈곤갭, 상대적 불평등의 세 가지 측면을 모두 고려하여 빈곤정도를 측정하기 위해 개발한 빈곤지표를 (   )(이)라 한다.

답 **01** 빈곤율 **02** 상대적 빈곤 **03** 상대적 빈곤 **04** 전물량 방식 **05** 라이덴 방식 **06** 빈곤갭 **07** 사회적 배제 **08** 센 지표

다음 내용이 옳은지 그른지 판단해보자

01 15-06-11
절대적 빈곤은 소득불평등과 관계가 있다. ◎ ⊗

02 10-06-26
로렌즈 곡선은 완전평등선에서 아래쪽으로 볼록할수록 평등함을 나타낸다. ◎ ⊗

03 5분위 분배율은 수치가 클수록 소득 격차가 큰 것이며, 수치가 작을수록 소득 격차가 작은 것이다. ◎ ⊗

04 02-06-18
엥겔계수를 이용하여 최저생계비를 산출하는 방식은 전물량 방식이다. ◎ ⊗

05 사회적 배제는 복지권리, 고용에 대한 접근성, 교육, 차별문제, 사회적 관계망, 사회참여능력, 정치 생활 통합정도에 초점을 맞춘다. ◎ ⊗

06 소득불평등의 개념은 소득 수준의 격차, 소득 전체의 분포와 관련이 있다. ◎ ⊗

07 라운트리는 식료품비에 1/3의 역수인 3을 곱하여 빈곤선을 계측하였다. ◎ ⊗

08 노동시장분절론은 개인의 빈곤은 분절된 노동시장에서 어느 쪽에 고용되느냐에 의해 영향을 받는 다고 본다. ◎ ⊗

09 일반적으로 소득을 측정하는 단위에는 가족, 가구가 있다. ◎ ⊗

10 빈곤율과 빈곤갭 모두 빈곤층 내부에서의 소득의 이전이나 분배 상태를 보여주지 못한다. ◎ ⊗

답 **01**× **02**× **03**○ **04**× **05**○ **06**○ **07**× **08**○ **09**○ **10**○

해설 **01** 소득불평등과 관계가 있는 것은 상대적 빈곤이다.
02 소득불평등도가 높을수록 곡선이 아래로 더욱 볼록해지고 타원형의 음영부분은 더욱 커진다.
04 엥겔계수를 이용하여 최저생계비를 산출하는 방식은 반물량 방식이다.
07 오르산스키는 식료품비에 1/3의 역수인 3을 곱하여 빈곤선을 계측하였으며, 이를 엥겔방식 혹은 반물량 방식이라 한다.

합격족보 필수 키워드 28

keyword	사회복지정책의 가치
sub keywords	평등, 자유, 효율성, 사회적 적절성, 롤스의 사회정의론
focus	사회복지정책의 가치와 관련된 문제는 매회 반드시 출제되는 영역 중 하나이다. 다양한 평등 개념을 묻는 문제, 평등과 자유, 사회적 적절성 등의 가치 전반에 대한 이해를 묻는 문제가 주로 출제되고 있다. 가치에 대한 개념적 내용에 대한 이해뿐만 아니라 각 가치와 이를 구현하는 정책 프로그램을 연결해서 이해할 필요가 있다.

21-06-23

사회복지정책 급여의 적절성에 관한 설명으로 옳지 않은 것은?

① 인간다운 생활을 할 수 있는 수준의 급여를 제공하는 것을 말한다.

② 기초연금 지급액 인상은 적절성 수준을 높여줄 수 있다.

③ 급여를 받는 사람의 삶의 질에 대한 관심의 표현이다.

④ 일정한 수준의 물질적, 정신적 복지를 제공해야 한다는 것과 관련된다.

⑤ 적절성에 대한 기준은 시간과 환경에 따라 변하지 않는다.

정답률 확인   ① 2% ② 2% ③ 4% ④ 1% ⑤ 91%

답 ⑤

적절성에 대한 기준은 시간과 환경에 따라 변하며 다양하다.

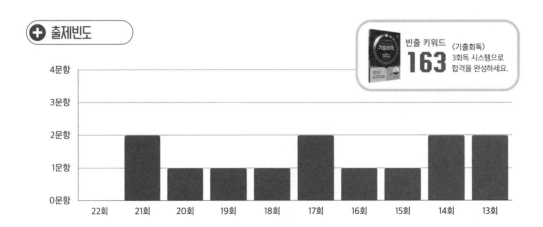

⊕ 출제빈도

빈출 키워드 〈기출회독〉
163 3회독 시스템으로
합격을 완성하세요.

사회복지정책의 가치

강의 QR코드

1회독 > **2**회독 > **3**회독

월 일 | 월 일 | 월 일

★ 최근 10년간 **13문항** 출제 ★

이론요약

평등

- 수량적 평등, 결과의 평등: <u>모든 사람을 똑같이 취급</u>하여 사람들의 욕구나 능력의 차이와 상관없이 사회적 자원을 똑같이 분배하는 것이다.
- 비례적 평등, 공평, 형평: <u>개인의 욕구, 노력, 능력 및 기여에 따라</u> 사회적 자원을 상이하게 배분하는 것이다.
- 기회의 평등: <u>개인을 동등한 출발선</u>에 서도록 하지만 이후에 발생하는 결과의 불평등은 정당화될 수 있다고 본다.

[기본개념]
사회복지정책론

1장

효율성

- 수단으로서의 효율성: 여러 가치를 추구하는 여러 정책 중의 하나를 선택할 때 상대적으로 효율적인 수단을 선택하는 것이 바람직하다는 것을 의미한다.
- 목표로서의 효율성: 사회복지정책이 추구하는 목표인 배분적 효율을 의미하는데, 여기서 배분적 효율이란 사회 전체의 효용만족감을 높일 수 있도록 사회적 자원을 배분하는 것을 의미한다.

사회적 적절성

- 인간다운 생활을 할 수 있도록 <u>적절한 수준</u>의 급여를 제공하는 것을 의미한다.
- 사회적 적절성과 비례적 평등의 가치는 상충할 수도 있다.

자유

- 소극적 자유: <u>강제가 없을 때 경험하는 자유</u>를 말하며, 타인이나 사회 또는 국가로부터 간섭을 받지 않을 수 있는 자유를 의미한다.
- 적극적 자유: <u>스스로 원하는 혹은 바람직하다고 생각하는 어떤 목적이나 행위를 추구할 수 있을 때 경험하는 자유</u>를 의미한다.

다음 내용이 왜 틀렸는지를 확인해보자

01 <u>비례적 평등</u> 가치는 재분배를 통한 불평등 완화, 복지국가의 확대라는 전략으로 나타나기도 한다.

> 결과의 평등 가치는 재분배를 통한 불평등 완화, 복지국가의 확대라는 전략으로 나타나기도 한다.

02 불평등의 완화를 위하여 시행하는 재분배 정책은 **결과의 평등보다는 기회의 평등을 추구**하는 것이 바람직하다.

> 불평등의 완화를 위하여 시행하는 재분배 정책은 기회의 평등보다는 결과의 평등을 추구하는 것이 바람직하다.

03 여성 고용할당제는 **결과의 평등**에 해당한다.

> 여성 고용할당제는 여성에게 고용의 기회를 일정 부분 할당하는 것으로 기회의 평등에 해당한다.

`14-06-10`

04 <u>형평성</u>은 인간다운 생활을 할 수 있도록 적절한 급여가 제공되어야 한다는 것이다.

> 인간다운 생활을 할 수 있도록 적절한 급여가 제공되어야 한다는 것은 사회적 적절성이다.

`13-06-09`

05 빈곤대책의 교육프로그램은 **결과의 평등**의 가치를 반영한 것이다.

> 빈곤대책의 교육프로그램은 기회의 평등의 가치를 반영한 것이다.

`10-06-04`

06 <u>적극적 자유</u>는 타인의 간섭이나 구속으로부터의 자유를 뜻한다.

> 타인의 간섭이나 구속으로부터의 자유는 소극적 자유로서 강제가 없을 때 경험하는 자유를 의미한다. 이런 소극적 자유의 개념은 국가의 역할과 개입을 최소한의 상태로 억제하는 것을 강조한다. 반면 적극적 자유는 스스로 원하는 혹은 바람직하다고 생각하는 어떤 목적이나 행위를 추구할 수 있을 때 경험하는 자유를 의미한다.

빈칸에 들어갈 알맞은 말을 채워보자

17-06-06
01 드림스타트(Dream Start) 사업은 (   )을/를 반영하는 것으로 볼 수 있다.

14-06-10
02 보험수리원칙은 개인적 (   )의 가치를 반영한다.

11-06-13
03 (   )은/는 개인의 욕구, 능력, 기여에 따라 사회적 자원을 상이하게 배분하는 비례적 평등개념이다.

04 공공부조의 급여 수준과 관련한 '열등처우의 원칙'은 (   )의 가치를 반영하고 있다.

05 (   )은/는 사회 전체의 효용을 높일 수 있도록 사회적 자원을 배분(분배)하는 것으로써 파레토 효율이라고도 한다.

06 (   )을/를 강조하는 사람들은 개인주의적 차원에서 자유를 바라보는 것을 비판하면서 사회적, 집단적 측면에서 자유를 바라볼 것을 주장하며, 국가의 적극적인 개입을 요구하기도 한다.

07 모든 사람을 똑같이 취급하여 사람들의 욕구나 능력의 차이와 상관없이 사회적 자원을 똑같이 분배하는 것을 (   )(이)라고 한다.

08 한국의 대표적인 공공부조제도인 국민기초생활보장제도의 급여기준도 (   )의 가치에 근거한다.

답 **01** 기회의 평등 **02** 형평성 **03** 형평 **04** 비례적 평등 **05** 배분적 효율성 **06** 적극적 자유 **07** 결과의 평등 **08** 사회적 적절성

다음 내용이 옳은지 그른지 판단해보자

01 [19-06-07] 결과가 평등하다면 과정의 불평등은 상관없다는 것이 기회의 평등이다. ⊚ ⊗

02 [13-06-10] 롤스의 사회정의론은 개인의 자유를 중시한다는 점에서 자유주의적 전통에 속한다. ⊚ ⊗

03 소극적 자유는 신자유주의자들이 강조하는 가치이다. ⊚ ⊗

04 한국의 사회보험제도는 적절성의 가치만을 반영하고 있다. ⊚ ⊗

05 수량적 평등을 위해서는 삶에서의 성공이 운과 출생에 의해서가 아니라 스스로의 재능과 노력에 의해 이루어지게끔 공교육체계를 도입할 수 있다. ⊚ ⊗

06 인간다운 생활을 할 수 있는 정도의 급여수준이라는 측면에서 비교하면 공공부조에 비해 사회보험이 사회적 적절성의 실현 정도가 상대적으로 높다고 볼 수 있다. ⊚ ⊗

07 롤스의 사회정의론에서 최소극대화 원칙은 합의 당사자들이 선택할 수 있는 가능한 대안들의 결과 중 최악의 것 중에서 최선을 보장하는 대안을 선택한다는 것이다. ⊚ ⊗

08 [06-06-03] 기회의 평등은 가장 소극적인 평등의 개념이다. ⊚ ⊗

09 파레토 개선은 다른 사람의 효용을 줄이지 않으면서 특정 사람의 효용을 높이는 것을 의미한다. ⊚ ⊗

10 비례적 평등의 가치를 실현하기 위해서는 자원배분의 기준이 우선 정해져야 한다. ⊚ ⊗

답 01× 02○ 03○ 04× 05× 06○ 07○ 08○ 09○ 10○

해설 **01** 과정상의 기회만 평등하다면 그로 인한 결과의 불평등은 상관없다는 것이 기회의 평등이다.
04 한국의 사회보험제도는 적절성의 가치 외에도 다양한 가치를 동시에 반영하고 있다.
05 기회의 평등을 위해서는 삶에서의 성공이 운과 출생에 의해서가 아니라 스스로의 재능과 노력에 의해 이루어지게끔 공교육체계를 도입할 수 있다.

keyword	사회복지정책의 재원
sub keywords	공공재원(일반예산, 사회보험료, 조세지출), 민간재원(자발적 기여, 기업복지, 사용자 부담, 비공식 부문 재원)
focus	사회복지정책의 각 재원의 특징을 비교하는 문제가 주로 출제되고 있다. 이외에도 공공재원과 비영리 기관의 재원으로 분류되는 경우를 고르는 문제나 조세와 사회보험료를 비교하는 문제, 재원들을 전체적으로 서로 비교해서 다루는 유형의 문제도 출제되고 있다.

(19-06-14)

사회복지정책의 재정에 관한 설명으로 옳은 것은?

① 한국의 사회복지정책 재원은 주로 민간 기부금에 의존한다.

② 사회복지재정이 수행하는 기능 가운데 하나는 소득재분배이다.

③ 조세가 역진적일수록 소득재분배의 기능이 크다.

④ 한국의 조세부담률은 OECD 회원국가의 평균보다 높다.

⑤ 사회복지재원으로서 이용료는 연동제보다 정액제일 때 소득재분배 효과가 크다.

정답률 확인 ① 1% ② 84% ③ 8% ④ 3% ⑤ 4%

답 ②

오답노트

① 한국의 사회복지정책 재원은 주로 공공재원(조세, 사회보험료)에 의존한다.

③ 조세가 누진적일수록 소득재분배의 기능이 크다.

④ 한국의 조세부담률은 OECD 회원국가의 평균보다 낮다.

⑤ 사회복지재원으로서 이용료는 정액제보다 연동제일 때 소득재분배 효과가 크다. 정액제는 소득수준과 관계없이 정해진 금액을 기여하는 방식으로서 모든 사람이 정액으로 기여하기 때문에 소득재분배 효과가 가장 작다. 연동제는 전국소비자 물가변동률을 연금액에 반영하는 방식으로서 시간이 지나면서 떨어지는 화폐의 가치와 물가의 상승으로 떨어지는 연금액의 가치를 방지하여 실질적인 연금액의 가치를 보장하기 때문에 소득재분배 효과가 크다.

➕ 출제빈도

빈출 키워드
177
〈기출회독〉
3회독 시스템으로
합격을 완성하세요.

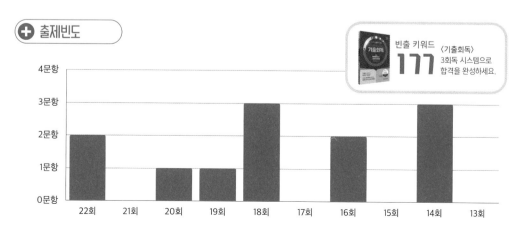

사회복지정책의 재원

강의 QR코드

1회독	**2**회독	**3**회독
월 일	월 일	월 일

이론요약

공공재원

[기본개념]
사회복지정책론

5장

▶ 일반예산(조세)

- (개인)소득세는 일반적으로 <u>누진적인 방식으로 부과</u>한다.
- **평등(소득재분배)과 사회적 적절성을 구현**하는 데 가장 중요한 재원이다.
- 조세는 민간부문의 재원이나 공공부문의 재원 중에서 사회보험의 기여금보다 재원의 안정성이나 지속성이 더 강한 특성이 있다.
- 대상자의 보편적 확대나 보편적 급여의 제공에서 유리하다.
- 소비세(간접세, 소비자에게 부과, 역진적 특성): 일반소비세(부가가치세), 개별소비세(특별소비세 – 고가의 상품, 서비스에 부과)가 있다. 간접세는 조세저항이 적어 징수가 용이하지만 그 비중이 높을수록 소득재분배 기능은 약화된다. 주로 상품이나 서비스 가격에 포함되기 때문에 최종적으로 상품 등을 소비하는 소비자가 부담한다.

▶ 사회보험료

- 강제가입을 통해서 '역의 선택(adverse selection)'의 문제를 해결할 수 있고, 위험분산이나 규모의 경제 등으로 보험의 재정안정을 이루는 데 유리하다.
- 기본적으로 **조세에 비해 소득재분배 효과가 약하다**(사회보험료는 일반적으로 정률제).
- 사회보험료는 <u>일종의 목적세 성격</u>을 갖고 있으며, 사용되는 용도가 비교적 명확하기 때문에 상대적으로 거부감이 적다.
- 사회보험료는 모든 근로소득에 동률로 부과하고 있고, 자산소득에는 추가로 보험료가 부과되지 않기 때문에 자산소득이 많은 고소득층이 저소득층에 비해 부담이 상대적으로 적다.
- 사회보험료에는 보험료 부과의 기준이 되는 소득의 상한액이 있어서 고소득층이 유리하다.

▶ 조세지출

- 내야 하는 세금을 걷지 않거나 되돌려주는 방식이며, **소득공제, 세액공제** 등이 있다.
- 저소득층은 과세대상에서 제외되어 조세감면혜택을 누리지 못하는 경우가 많고 소득이 높을수록 공제 대상 지출이 높기 때문에 고소득층이 유리하다.

민간재원

▶ 자발적 기여

• 개인, 기업, 재단 등이 사회복지를 위해서 제공한 자발적인 기부금을 말한다.

• 제공자의 자발적 의사에 의존하기 때문에 예측가능성도 낮고, 재원의 안정성도 약하다.

▶ 기업복지

• 기업의 사용자가 피고용자에게 주는 임금 이외의 사회복지적인 급여 혜택을 말한다.

• 공공부문의 사회복지가 미성숙한 국가에서는 기업복지의 규모가 크고 프로그램도 다양하다.

▶ 사용자 부담

• 공공부문이든 민간부문이든 <u>사회복지서비스를 받는 사람이 서비스 이용 비용에 대하여 본인이 일부분 부담하는 것</u>을 말한다.

• 서비스 이용자가 서비스를 남용하는 것을 억제하는 효과가 있으나, 역진성이 나타날 수 있고, 저소득층의 서비스 접근성을 떨어뜨리는 효과가 있을 수 있다. 이러한 문제점을 해결하기 위하여 일정 소득 이하의 이용자에게는 부과하지 않거나 수준을 낮추기도 한다.

▶ 비공식 부문 재원: 가족 내 이전과 가족 간 이전

• 가족이나 친지, 이웃 등에 의해서 해결되는 복지욕구를 비공식 부문이라고 한다.

• 가족, 친척, 이웃 등의 비공식 부문에 의한 사회복지는 공공부문의 사회복지가 확대되기 이전에는 중요한 역할을 했으나, 현재는 그 중요성이 크게 줄었다. 그럼에도 불구하고 비공식 부문의 복지가 여전히 존재하고 있고, 특히 일부 국가들에서는 매우 중요한 역할을 하고 있다.

• 일상에 나타나는 긴급한 복지 욕구에 대해서는 공식적인 부문보다 비공식 부문이 신속성이 있기 때문에 비공식 부문이 중요한 역할을 하기도 한다.

다음 내용이 왜 틀렸는지를 확인해보자

`16-06-12`

01 사회복지 재원 중 이용료는 **저소득층의 서비스 접근성을 향상**시킬 수 있다.

> 사회복지 재원 중 이용료는 역진성이 나타날 수 있으며, 저소득층의 서비스 접근성을 떨어뜨릴 수 있다는 문제가 제기되고 있다.

`14-06-18`

02 정부가 받아야 할 세금을 감면하는 방식을 통해 마련하는 사회복지재원은 **사회보험료**이다.

> 정부가 받아야 할 세금을 감면하는 방식을 통해 마련하는 사회복지재원은 조세지출이다.

---

03 **일반조세**는 사회보장 급여에 대한 '권리'를 갖는 것으로 생각하여 저항이 상대적으로 적기 때문에 정치적인 측면에서 유리하다.

> 사회보험료는 사회보장 급여에 대한 '권리'를 갖는 것으로 생각하여 저항이 상대적으로 적기 때문에 정치적인 측면에서 유리하다.

`11-06-15`

04 조세감면은 일부 소득항목에 대한 소득공제로 인해 **재분배 효과가 대체로 누진적**이다.

> 조세감면은 납부해야 할 세액에서 일정 비율을 감면해주는 조세지출에 해당하며, 조세지출은 일반적으로 소득 재분배에 역진적 효과를 갖는다.

`07-06-15`

05 **조세지출**은 필요 이상의 서비스 비용을 억제할 수 있고, 국가의 부담을 경감할 수 있으며, 낙인감을 해소할 수 있다.

> 사용자 부담(이용료)은 필요 이상의 서비스 비용을 억제할 수 있고, 국가의 부담을 경감할 수 있으며, 낙인감을 해소할 수 있다.

---

06 자발적 기여, 기업복지, 사용자 부담, 가족 내 이전 등은 **공공재원**에 속한다.

> 자발적 기여, 기업복지, 사용자 부담, 가족 내 이전 등은 민간재원에 속한다.

빈칸에 들어갈 알맞은 말을 채워보자

01 우리나라 사회보장의 주된 재원은 (   )이다.

02 (   )은/는 납세 의무자와 그 세금을 부담하는 자가 일치하는 세금으로 소득세, 법인세, 주민세 등이 있다.

03 (   )에는 보험료 부과의 기준이 되는 소득의 상한액이 있어서 고소득층이 유리하다.

04 사회보험료는 강제가입을 통해서 (   )의 문제를 해결할 수 있고, 위험분산이나 규모의 경제 등으로 보험의 재정안정을 이루는 데 유리하다.

05 조세감면, 소득공제, 세액공제 등은 (   )에 해당한다.

답 **01** 일반조세 **02** 직접세 **03** 사회보험료 **04** 역선택 **05** 조세지출

다음 내용이 옳은지 그른지 판단해보자

20-06-17
01 민간재원 중 기업복지는 근로의욕을 고취하여 생산성이 향상하는 효과가 있다. ◎ⓧ

02 일반조세를 재원으로 하는 사회복지정책은 안정성과 지속성의 측면에서도 바람직하다. ◎ⓧ

18-06-14
03 소득세와 달리 사회보험료는 소득이 높은 사람이 더 적게 부담한다. ◎ⓧ

16-06-10
04 조세와 달리 사회보험료는 추정된 부담능력(assumed capacity)을 고려한다. ◎ⓧ

11-06-15
05 조세는 모두가 부담하기 때문에 도덕적 해이가 적게 발생한다. ◎ⓧ

06 복지다원주의가 중요한 의제로 부각되면서 다양한 재원을 혼합하여 사용하는 프로그램이 점차 늘어나고 있다. ◎ⓧ

07 누진적인 개인소득세 구조에서 소득이 높을수록 조세감면의 액수가 커지기 때문에 고소득층이 유리하다. ◎ⓧ

08 개인소득세가 대표적인 누진세이며, 소비세인 부가가치세가 대표적인 역진성 조세이다. ◎ⓧ

답 01○ 02○ 03× 04× 05× 06○ 07○ 08○

(해설) **03** 소득세와 사회보험료 모두 소득이 높은 사람이 더 많이 부담한다.
04 조세와 사회보험료 모두 추정된 부담능력을 고려한다.
05 조세의 경우 고액체납 및 각종 탈세 등 도덕적 해이가 발생할 소지가 크다.

keyword	사회복지정책 이데올로기
sub keywords	조지와 윌딩의 이데올로기 모형, 케인스주의, 신자유주의, 신보수주의, 제3의 길, 사회투자국가
focus	사회복지정책과 관련된 주요 이데올로기와 사상적 조류의 특징을 살펴보아야 한다. 특히, 조지와 윌딩의 이데올로기 모형에 대한 각각의 특징을 구분하는 문제가 자주 출제되고 있다. 최근 시험에서는 각각의 이데올로기의 특징을 상세하게 묻는 유형으로도 출제되고 있다. 따라서 이데올로기에 따른 복지국가관, 국가의 개입, 중심적 가치에 있어서 어떤 차이가 있는지 비교해서 이해할 필요가 있다.

(21-06-07)

조지(V. George)와 윌딩(P. Wilding)이 제시한 이념 중 소극적 집합주의에 관한 설명으로 옳은 것은?

① 시장에 대한 국가개입을 최소화하고 개인의 소극적 자유를 극대화하는 것이 바람직하다.

② 개인의 적극적 자유를 보장하기 위해서는 철저한 계획경제와 생산수단의 국유화가 필요하다.

③ 환경과 생태의 관점에서 자본주의의 성장과 복지국가의 확대는 지속가능하지 않다.

④ 복지국가는 노동의 성(gender) 분업과 자본주의 가부장제를 고착화시키는 역할을 한다.

⑤ 시장의 약점을 보완하고 불평등과 빈곤에 대응하기 위하여 실용적인 국가개입이 필요하다.

> **정답률 확인**　① 45% ② 3% ③ 4% ④ 3% ⑤ 45%

답 ⑤

소극적 집합주의자들의 가치는 자유와 개인주의를 강조한다는 점에서 반집합주의자들의 가치와 유사하지만, 이러한 가치가 절대적인 성격을 가진다기보다는 일정하게 제한적인 경향을 보이며, 실용주의적인 경향이 크다. 시장체계의 약점을 보완하고 문제점을 해결한다는 측면에서 어느 정도 정부의 개입을 인정한다. 이러한 실용주의적인 경향은 다른 이데올로기와 분명하게 구분되기보다는 혼합적이며 중도적인 성격을 보이는 사실과 연관된다. 복지국가를 사회안정과 질서의 유지에 필요한 것으로 간주하여 제한적으로 지지한다.

오답노트

① 반집합주의에 해당한다.　　　　② 마르크스주의에 해당한다.

③ 녹색주의에 해당한다.　　　　④ 페미니즘에 해당한다.

➕ 출제빈도

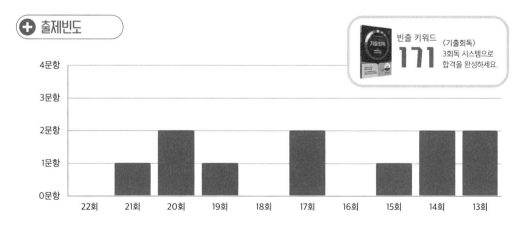

빈출 키워드 〈기출회독〉
171
3회독 시스템으로 합격을 완성하세요.

사회복지정책 이데올로기

강의 QR코드

1회독 > **2**회독 > **3**회독

| 월 | 일 | 월 | 일 | 월 | 일 |

★ 최근 10년간 **11문항** 출제 ★

이론요약

조지와 윌딩의 이데올로기 초기 모형

[기본개념]
사회복지정책론

▶ 반집합주의

- 개인의 자유를 신봉하는 것이 특징이며, 자유방임주의에 기반한다.
- 복지국가는 개인의 자유, 독창성, 선택을 제한한다고 보며, 복지제공에 있어서 **정부의 역할을 최소화**시켜야 한다는 입장이다.
- 국가의 개입이 시장경제의 효율성을 저해하고 개인의 자유를 침해한다고 본다.

3장

▶ 소극적 집합주의

- 반집합주의자들과 유사하지만, 자본주의가 효율적이고 공정하게 기능하기 위해서는 일정한 규제가 필요하다는 것을 인정한다는 점에서 차이를 보이며, 실용주의적 경향을 보인다.
- 시장체계의 약점을 보완하고 문제점을 해결한다는 측면에서 **어느 정도 정부의 개입을 인정**한다.
- 복지국가를 **사회 안정과 질서의 유지에 필요한 것으로 간주**하여 제한적으로 지지한다.

▶ 페이비언 사회주의

- 혁명적인 변화보다는 점진적인 제도 개혁과 인간의 육성을 동시에 수행해 나갈 때 사회주의라는 목표에 도달할 수 있다는 사회개혁 전략이다.
- **복지국가의 확대로 자본주의를 변화**시킬 수 있다고 보며, 자유주의를 비판하면서 사회는 개인의 합 이상의 유기체이며 사회가 바람직한 상태일 때 개인도 행복할 수 있다고 본다.

▶ 마르크스주의

- **자본주의의 생산양식을 비판**하며, 자본주의의 수정이나 개혁보다는 전면적인 변혁을 강조한다.
- 적극적 자유를 중시하며, 부의 균등한 분배는 사적 수단의 사적 소유가 소멸된 후에 가능하다고 본다.
- 사회복지의 확대만으로는 **자본주의의 근본적 모순을 극복할 수 없다고 본다.**

조지와 윌딩의 수정된 이데올로기 모형

▶ 신우파

- 사회복지정책 확대가 **경제적 비효율성과 근로동기 약화**를 가져왔다고 비판한다.
- **정부의 개입이 유해**하다고 주장하며, 국가의 개입과 규제가 사회적 비효율을 초래하기 때문에 복지국가는 개인의 자

유를 침해할 수밖에 없다고 주장한다.
- 시장이야말로 소비자의 선호를 발견하고 조정하는 최선의 체계라고 주장하며, 복지비용의 삭감, 공공부문의 민영화, 기업에 대한 규제 완화 등을 주장한다.

▶ 중도노선
- 정부의 행동이 **필연적이거나 효율적일 때로만 국가개입을 제한**하며, 근본적으로는 정부의 개입을 최소화시키는 것이 바람직하다고 주장한다.
- 실용적 성격을 지니며, 신우파와 유사하게 자유, 개인주의, 경쟁적 사기업을 신봉하지만 중심 가치들을 절대적 가치로 믿지 않으며 조건부로 신봉한다는 점에서 신우파와 차이가 있다.

▶ 사회민주주의
- 중심적 사회가치는 평등, 자유, 우애이며, 시장체계의 정의롭지 못한 분배를 시정하는 것이 정부의 역할이라고 주장한다.
- 사회통합과 평등 추구를 위한 **사회복지정책의 확대를 지지**한다.

▶ 마르크스주의
- 민주적 사회주의자들과 마찬가지로 자유, 평등, 우애를 중시하지만 노동자와 빈민들에게 평등은 허구에 불과하다고 주장한다.
- **경제적 평등과 계급갈등에 대한 강조**는 사회경제적 측면에서 정부의 강력하고 적극적인 역할로 이어진다.

▶ 페미니즘
- 가부장적 복지국가를 비판하지만 양성평등을 위한 사회복지정책의 역할도 인정하는 등 양면적인 복지국가관을 보인다.
- 복지국가가 **여성 특유의 욕구에 대한 배려에 실패했음을 강조**한다.

▶ 녹색주의
- 경제성장과 소비의 지속 확대가 가능하며 바람직하다는 신념에 입각한 복지국가는 잘못되었다고 주장하면서 공공복지 지출도 축소되어야 한다고 주장한다.
- 사회복지서비스는 **사회문제의 원인이 아닌 현상만을 다루고 있다고 비판**한다.

기타 사회복지정책 관련 이데올로기
- 케인스주의: 적극적인 재정정책의 필요성을 주장하며, 국가가 적극적으로 경제에 개입하여 유효수요를 창출함으로써 시장의 불완전성을 보완한다고 본다.
- 신자유주의: 국가 개입의 최소화, 사회보장제도의 축소, 국영기업의 민영화를 주장하며, 대처리즘, 레이거노믹스가 이에 속한다.
- 제3의 길: 사민주의적 복지정책과 신자유주의 복지정책의 장점을 혼합한 것으로써 시장의 효율과 복지의 형평을 동시에 추구하며, 노동시장에 참여할 의무를 강조한다.
- 사회투자국가: 복지의 투자적·생산적 성격, 경제정책을 우위에 둔 경제정책과 사회정책의 통합, 시민권의 권리와 의무 균형, 결과의 평등보다는 기회의 평등을 강조한다.

다음 내용이 **왜 틀렸는지**를 확인해보자

01 소극적 집합주의자들은 **절대적으로 자유와 개인주의를 강조하며, 복지국가의 개입을 인정하지 않는다.**

> 소극적 집합주의자들은 자유와 개인주의를 강조하지만 이러한 가치가 절대적이지는 않으며, 시장체계의 약점을 보완하고 문제점을 해결한다는 측면에서 어느 정도 정부의 개입을 인정한다.

02 케인스는 **국가가 최소한으로 경제에 개입**해야 한다고 주장하였다.

> 케인스는 국가가 적극적으로 경제에 개입하여 유효수요를 창출함으로써 시장의 불완전성을 보완할 수 있다고 보고, 시장에 대한 국가의 적극적인 개입을 주장하였다.

`13-06-12`

03 페이비언 사회주의는 **가족 등 비공식부문의 역할이 상대적으로 중요**하다.

> 페이비언 사회주의는 생산수단, 기업의 점진적인 국유화를 주장했다는 점에서 비공식부분의 역할보다는 공식부분의 역할을 중요하게 고려하였다고 볼 수 있다.

`10-06-23`

04 마르크스주의는 **사회복지의 확대를 통해 자본주의의 근본적 모순을 극복**할 수 있다고 본다.

> 마르크스주의는 사회복지의 확대를 통해서만 자본주의의 근본적 모순을 극복할 수는 없다고 보며, 빈곤의 퇴치와 불평등의 해소는 복지국가 확대를 통해 이루어질 수 없다고 본다.

05 제3의 길의 복지정책은 **사회보장과 재분배의 측면만을 강조하면서 경제적인 측면은 중요시 하지 않는다는 비판**을 받았다.

> 제3의 길의 복지정책은 사회보장과 재분배에 관심을 기울이는 동시에 경제적인 부를 산출하는 주도적인 주체로서의 복지수혜 계층의 역할을 강조하고 있다.

06 실용적 성격을 지닌 **마르크스주의**는 신우파와 유사하게 자유, 개인주의, 그리고 경쟁적 사기업을 신봉한다.

> 실용적 성격을 지닌 중도노선은 신우파와 유사하게 자유, 개인주의, 그리고 경쟁적 사기업을 신봉한다.

빈칸에 들어갈 알맞은 말을 채워보자

14-06-03

01 ( )은/는 자본주의에 대해서 긍정적이며, 시장개방, 노동의 유연성, 탈규제, 민영화 등의 정책을 선호한다.

14-06-05

02 ( )은/는 영국 노동당 정부가 제3의 길의 구체적 실천전략으로 제시한 국가모형에서 비롯된 것으로써 복지의 투자적 성격과 생산적 성격을 강조하며, 복지와 성장, 사회정책과 경제정책의 상호보완성을 강조한다.

12-06-07

03 조지와 윌딩의 모형 중 ( )은/는 국가 개입은 경제적 비효율을 초래하므로 민영화를 통한 정부 역할 축소를 주장하였으며, 전통적 가치와 국가 권위의 회복을 강조하였다.

11-06-07

04 ( )이 강조한 복지개혁으로는 권리와 의무의 조화, 근로와 복지의 연계, 사회복지 공급주체의 다원화, 사회투자국가가 있다.

07-06-07

05 ( )은/는 국민들의 유효수요를 증대시키기 위하여 정부개입을 옹호한 경제이론이다.

06 ( )은/는 점진적이고 지속적인 불평등 완화에 대한 국가 책임, 적극적인 역할을 인정하며, 의회정치를 통한 점진적인 사회주의를 지향한다.

07 ( )은/는 1979년 마가렛 대처가 이끄는 보수당 정부의 출범과 함께 시작된 신자유주의정책의 흐름을 지칭한다.

08 ( )은/는 복지국가가 개인의 자유, 독창성, 선택을 제한한다고 보며 개인의 자유, 시장의 자유, 개인의 선택의 확대를 강조하는 입장이다.

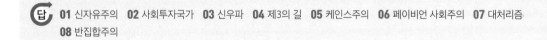

답 **01** 신자유주의 **02** 사회투자국가 **03** 신우파 **04** 제3의 길 **05** 케인스주의 **06** 페이비언 사회주의 **07** 대처리즘
08 반집합주의

다음 내용이 옳은지 그른지 판단해보자

15-06-25
01 사회투자모형에서 인적자원에 대한 투자는 결과의 평등을 지향한다. ◎⊗

02 반집합주의는 사회복지정책의 확대가 경제적 비효율성과 근로동기의 약화를 가져온다고 비판한다. ◎⊗

11-06-14
03 신자유주의자들은 복지급여수급이 개인의 저축 및 투자동기를 약화시킨다고 본다. ◎⊗

04 사회민주주의는 시장체계의 정의롭지 못한 분배를 시정하는 것이 정부의 역할이라고 주장한다. ◎⊗

05 페이비언 사회주의는 평등이라는 복지이념을 강조한다. ◎⊗

06 신자유주의자들은 사회복지제도의 확대가 조세 및 사회보험료 부담을 증가시켜 이러한 부담을 피하려는 지하경제가 증가한다고 비판한다. ◎⊗

07 케인스주의에서 사회복지지출은 사회복지정책 목표의 달성을 위한 수단이면서 소비 수요 증대를 통한 완전고용 및 경제성장 달성을 위한 수단으로서의 의미도 있다. ◎⊗

08 녹색주의는 경제성장과 소비의 지속 확대가 가능하며 바람직하다는 신념에 입각하여 복지국가를 추구한다. ◎⊗

09 소극적 집합주의는 반집합주의와 유사하지만 국가 개입을 제한적으로 인정한다는 점에서 차이가 있다. ◎⊗

10 신자유주의는 시장적 자유와 개인의 사적 소유권을 절대적 가치로 파악한다. ◎⊗

답 01✕ 02○ 03○ 04○ 05○ 06○ 07○ 08✕ 09○ 10○

해설 01 사회투자모형에서 인적자원에 대한 투자는 기회의 평등을 지향한다.
08 녹색주의는 경제성장과 소비의 지속 확대가 가능하며 바람직하다는 신념에 입각한 복지국가는 잘못되었다고 본다.

7영역   사회복지행정론

	합격족보 필수 키워드	10년간 출제문항수	기출회독 No.
31	한국 사회복지행정의 역사	16	191
32	사회복지조직에서의 인적자원관리	15	208
33	현대조직이론	13	193
34	사회복지행정의 특성	12	189
35	전달체계 구축의 원칙	11	201

➕ 출제비중

『**사회복지행정론**』 필수 키워드 5개의 회차별 출제비중을 확인해보세요.

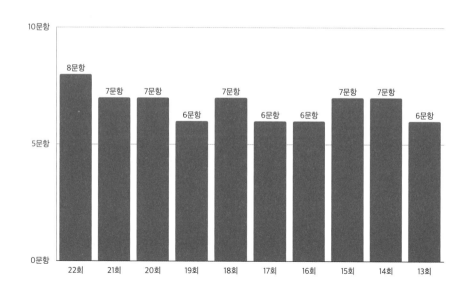

keyword	한국 사회복지행정의 역사
sub keywords	사회복지전문요원, 사회복지전담공무원, 시설평가제 도입, 사회복지공동모금회 설립, 사회복지행정학회 창립, 1급 자격시험 시행, 희망복지지원단, 행복e음, 사회보장정보시스템, 행정복지센터, 읍·면·동 복지허브화, 찾아가는 보건복지서비스
focus	대한민국 정부수립 전후부터 최근의 전달체계까지 사회복지행정의 발전 흐름을 파악해야 한다. 특히 인터넷 발달에 따라 시스템 구축이 시작되고, 지역사회 중심의 복지가 강조되면서 나타난 2000년대 이후 공공 전달체계의 변화를 잘 살펴보도록 하자.

21-07-01

한국 사회복지행정의 역사에 관한 설명으로 옳지 않은 것은?

① 1950~1960년대 사회복지서비스는 주로 외국 원조단체들에 의해 제공되었다.
② 1970년대 사회복지사업법 제정으로 사회복지시설에 대한 제도적 지원과 감독의 근거가 마련되었다.
③ 1980년대에 사회복지전문요원제도가 도입되었다.
④ 1990년대에 사회복지시설 평가제도가 도입되었다.
⑤ 2000년대에 사회복지관에 대한 정부 보조금 지원이 제도화 되었다.

정답률 확인 ① 4% ② 18% ③ 10% ④ 9% ⑤ 59%

답 ⑤
⑤ 1970년 사회복지사업법 제정 당시부터 사회복지법인에 대한 국가 또는 지방자치단체의 보조금 지급에 관한 규정을 마련하고 있었다.

➕ 출제빈도

빈출 키워드
191
〈기출회독〉
3회독 시스템으로
합격을 완성하세요.

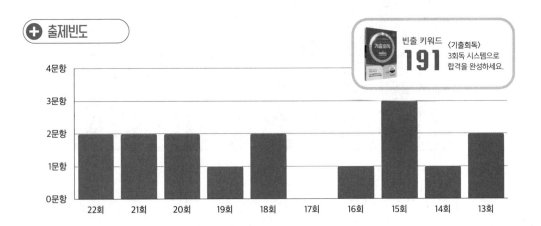

한국 사회복지행정의 역사

강의 QR코드

1회독	**2**회독	**3**회독
월 일	월 일	월 일

★ 최근 10년간 **16문항** 출제 ★

이론요약

외원기관의 활동과 사회복지행정의 출발(1946년~1970년대)

- 외국 원조기관들의 수용시설 위주의 긴급구호, 시설보호
- 1970년대 사회복지사업법 제정
- 사회복지행정 교과목 신설

[기본개념]
사회복지행정론

2장

사회복지행정의 체계화와 본격화(1980년대~1990년대)

- **1987년 사회복지전문요원** 제도 시행(공공복지행정의 체계 마련)
- **1992년 사회복지전담공무원** 및 복지사무전담기구의 법적 근거 마련(사회복지전담공무원으로 전환은 2000년부터)
- 1995년 보건복지사무소 시범운영
- 1997년 사회복지시설 평가 의무화(1999년 1기 평가)
- 1999년 사회복지행정학회 설립

사회복지행정의 확립(2000년대 이후)

- 2003년 제1회 사회복지사 1급 자격증 시험 시행
- 2004년 사회복지사무소 시범사업 운영
- **2005년 지역사회복지협의체** 운영, 지역사회복지계획 수립
- 2007년 동사무소를 동주민센터로 변경, 주민생활지원서비스 전달체계 실시
- **2010년 사회복지통합관리망 '행복e음'**
- **2012년 희망복지지원단**: 시·군·구 단위 설치, 통합 사례관리 업무
- **2013년 사회보장정보시스템** 개통
- **2015년** 「사회보장급여의 이용·제공 및 수급권자 발굴에 관한 법률」 시행(지역사회복지계획 → **지역사회보장계획**)
- **2016년 행정복지센터를 통한 읍·면·동 복지 허브화 추진** 발표
- 2017년 주민자치형 공공서비스 추진 계획 발표, 읍·면·동 찾아가는 보건복지팀을 통해 찾아가는 보건복지서비스 확대
- 2018년 '지역사회 통합돌봄 기본계획' 발표, 2019년 16개 지방자치단체를 선정하여 추진
- 2019년 사회서비스원 출범

다음 내용이 왜 틀렸는지를 확인해보자

05-07-03

01 1950년대 **국가중심의 빈민구제가 활성화**되었다.

> 1950년대 빈민구제 활동은 외국 원조기관들의 긴급구호, 시설보호 등이 큰 부분을 차지한다.

02 **1967년에 제정된 사회복지사업법**은 사회복지기관에 대한 지원 및 지도·감독의 근거가 되었다.

> 사회복지사업법은 1970년에 제정되었다.

02-07-03

03 사회복지조직의 대규모 양적 팽창은 **1970년대 말 이후부터 이루어졌다.**

> 양적 팽창은 1980년대 후반 이후부터 본격적으로 이루어졌다.

11-07-08

04 1997년 사회복지사업법 개정에는 사회복지시설 설치의 신고제 변경, 사회복지 시설평가 도입, **사회복지공동모금회 설립** 등의 내용이 담겼다.

> 사회복지공동모금회 설립에 관한 규정은 사회복지공동모금회법에서 다룬다.

04-07-03

05 1990년대에 들어서면서 **사회복지전문요원이 배치**되기 시작하였다.

> 사회복지전문요원 제도를 도입한 것은 1987년이다.

05-07-03

06 1980년대에는 **지역사회복지협의체**의 설치가 의무화되었다.

> 지역사회복지협의체(현 지역사회보장협의체)는 2003년 사회복지사업법 개정으로 설치규정이 마련되어 2005년부터 운영되기 시작했다.

07 공공 부문에 사회복지 사업을 전담하는 인력이 <u>처음 배치되기 시작한 것은 2000년</u> 사회복지전담공무원 임용부터이다.

> 1987년 사회복지전문요원이 공공부문에 배치되어 오다가 1992년 일반직 사회복지전담공무원에 관한 규정이 마련된 이후 2000년부터 사회복지전담공무원으로 전환되었다.

08 <u>2000년 사회복지사업법 개정</u>에 따라 사회복지사 1급 국가자격시험 규정이 마련되었으며, 2003년 첫 시행되었다.

> 1급 시험 규정이 마련된 것은 1997년 사회복지사업법 개정이다.

09 희망복지지원단은 2012년 복합적인 욕구를 가진 대상자에게 통합 사례관리를 실시하기 위해 <u>읍·면·동 단위</u>에 설치되었다.

> 희망복지지원단은 시·군·구 단위에 설치되어 있다.

10 '읍·면·동 복지허브화' 사업의 추진을 위해 사회보장시스템을 개통하였다.

> '읍·면·동 복지허브화' 사업은 2016년부터 추진되었다.
> 사회보장정보시스템은 전 부처에서 제공되는 복지사업 관련 정보를 연계하여 부정 및 중복 수급을 방지할 목적으로 2013년에 개통하였다.

`15-07-24`

11 지방분권화에 따라 **지방정부에서 운영되던 사회복지사업이 국고보조사업으로 이양**되었다.

> 지방분권화와 함께 국고보조사업의 일부가 지방으로 이양되었다.

`09-07-02`

12 2000년대에 시작된 사회복지 시설평가 제도는 3년마다 **표본추출에 따라 실시**된다.

> 시설평가는 표본추출로 실시되는 것이 아니라 모든 시설에 실시된다.

`17-07-02`

13 최근 우리나라 사회복지행정은 이용시설보다 **생활시설 중심의 보호가 강조**되고 있다.

> 우리나라 사회복지의 발달은 한국전쟁을 겪으며 부모를 잃은 아동들을 위한 생활시설 위주로 발전하다가 최근에는 이용시설, 지역사회복지 중심의 서비스 제공이 강조되고 있다.

합격족보 필수 키워드 32

keyword	사회복지조직에서의 인적자원관리
sub keywords	인적자원관리의 구성요소, 직무분석, 직무기술서, 직무명세서, OJT, 계속교육, 소진의 4단계
focus	인적자원관리의 전반적인 과정들을 살펴볼 필요가 있다. 모집 및 선발 등 직원을 채용하는 과정에서 고려해야 할 사항들과 직원들에 대한 교육 및 훈련에 대한 사항, 소진까지 각각 개별적으로 출제되기도 하지만, 이 장 전체의 내용이 총 망라된 종합적인 문제로 출제되기도 한다.

21-07-11

사회복지조직의 인적자원관리에 관한 설명으로 옳지 않은 것은?

① 동기부여를 위한 보상관리는 해당되지 않는다.

② 직원채용, 직무수행 평가, 직원개발을 포함한다.

③ 목표관리법(MBO)으로 직원을 평가할 수 있다.

④ 직무수행 과정에서 경력을 개발해 나갈 수 있도록 한다.

⑤ 직무만족도 개선과 소진관리가 포함된다.

> **정답률 확인**   ① 89% ② 2% ③ 6% ④ 1% ⑤ 2%

답 ①

① 인사관리의 핵심적인 요소로 업무분석 및 업무성과에 대한 평가, 직원개발 및 보상 등을 꼽을 수 있다. 구성원의 채용·배치부터 교육 및 훈련, 업무평가, 동기부여 및 사기진작, 근무시간·급여·성과급·승진·퇴직금, 노사협조 등에 관한 사항을 포함한다.

➕ 출제빈도

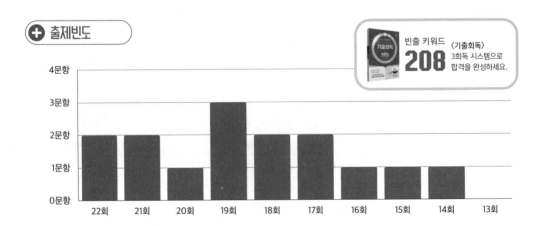

빈출 키워드 〈기출회독〉
208 3회독 시스템으로 합격을 완성하세요.

사회복지조직에서의 인적자원관리

강의 QR코드

1회독	>	**2**회독	>	**3**회독
월 일		월 일		월 일

★ 최근 10년간 **15문항** 출제 ★

이론요약

인적자원관리란?

[기본개념]
사회복지행정론

8장

- 구성원의 **성과관리, 보상관리, 개발관리** 등을 포함
- 성과에 따른 보상을 중심으로 했던 인사관리에서 **구성원을 인적자원으로 보고** 인적자원을 관리한다는 개념으로 확장됨

인사관리의 과정

충원계획 수립 → 모집·선발 → 채용 및 배치 → 오리엔테이션 → 평가 → 승진

직무기술서와 직무명세서

- **직무분석을 바탕으로 작성**
- 직무기술서: 직무의 성격, 내용, 수행방법, 직무에서 기대되는 결과, 임무와 책임 명시
- 직무명세서: 직무수행에 필요한 지식, 능력 및 교육수준, 경력, 자격증 등에 대한 요건 명시

직원능력개발의 방법

- 신디케이트(syndicate, 분임토의): 소집단으로 나누어 따로 토의를 진행한 후 전체가 모여 발표 및 토론을 진행
- OJT: 직장 내 훈련, 직무상 훈련, 현장훈련
- 패널토의: 전문가들만 토의하고 연수자들은 토의를 들음
- 포럼: 자료제공 후 참여자들의 의견 표명
- 역할연기: 실제 연기 후 여러 직원들이 평가, 토론
- 임시대역(understudy): 상사의 부재를 대비하여 직무수행 대리
- 사례발표: 직원들이 돌아가며 사례를 발표
- 계속교육: 정규교육을 모두 수료한 사람들에게 지속적으로 교육을 제공하여 전문성 유지 및 향상

소진

- 직업에서 경험하는 스트레스와 고통들에 대한 반응으로 직무에서부터 멀어져 가는 과정을 의미
- 직업에 대한 이상, 열정, 목적의식이나 관심을 점차적으로 상실해가는 과정
- **소진의 4단계: 열성 → 침체 → 좌절 → 무관심**

다음 내용이 왜 틀렸는지를 확인해보자

14-07-14

01 명문화, 세분화된 직무는 **이용자의 욕구와 시장변화에 대한 전략을 세우는 데 도움**이 된다.

> 직무가 지나치게 세분화되어 있으면 새로운 상황에서 새로운 업무가 발생할 때 누가 그 일을 해야 하는지에 대한 문제가 발생할 수 있다.

02 구성원의 전문성을 강화하기 위해서는 **끊임없는 순환보직을 통해 역량을 개발**한다.

> 순환보직을 통해 다양한 업무를 경험해볼 수 있지만, 지나치게 잦거나 많으면 전문성과 능률성, 책임성이 저하되고 행정의 일관성을 해칠 우려도 있다.

10-07-12

03 **직무명세서를 작성한 후 해당 직무에 대한 직무분석**이 이루어져야 한다.

> 직무분석의 결과를 바탕으로 직무명세서를 작성한다.

04 직원능력개발의 대상은 **신규채용자 및 일반 직원에 한정**된다.

> 상급자 및 관리자에 대해서도 슈퍼바이저 혹은 멘토로서의 역할이나 리더십에 관한 교육, 환경변화에 맞는 조직의 정책 수립을 위한 교육 등이 진행된다.

05 인력개발에 관한 교육 및 훈련이 길어지면 업무에 지장을 줄 수 있으므로 **1회성 혹은 단기간에 진행**해야 한다.

> 교육 및 훈련이 어떤 목적으로 어떤 내용으로 진행되는가에 따라 1회 혹은 단기적으로 진행될 수도 있으며 장기적으로 진행될 수도 있다.

11-07-07

06 인력의 소진을 최소화하기 위한 전략으로 **개인별 성과평가에 기초한 연봉제 임금 방식을 도입**한다.

> 개인별 성과평가로 인해 구성원 간 불필요한 경쟁이 심화될 수 있다는 점에서 오히려 소진이 촉진될 수 있다.

다음 내용이 옳은지 그른지 판단해보자

19-07-13

01 직무기술서에는 급여 수준, 직무 명칭, 직무 내용, 직무 수행방법, 핵심 과업 등이 포함되어야 한다.

05-07-14

02 인사관리의 핵심요소로 개발관리, 성과관리, 보상관리 등을 꼽을 수 있다.

17-07-14

03 직무평가는 직무명세서를 작성하기에 앞서 직무에 대한 업무내용과 책임을 종합적으로 살펴보는 것으로, 이는 인적자원관리의 기초가 된다.

09-07-21

04 구성원의 사기 진작을 위해 인력개발 프로그램에 대한 평가는 하지 않는다.

03-07-27

05 승진 기회 제공, 급여 인상 및 각종 포상 제도를 비롯해 슈퍼비전, 의사결정 과정에의 참여 등은 직무만족에 영향을 준다.

18-07-16

06 소진은 직무에서 비롯된 스트레스에 대한 반응을 말하는 것으로, 업무와 관련한 목적의식이나 관심을 점차적으로 상실하는 과정이다.

17-07-13

07 소진은 열성 → 좌절 → 무관심 → 침체의 단계로 진행된다.

03-07-19

08 OJT는 별도의 교육 시간과 장소를 마련하여 선임자가 피훈련자에게 1:1로 업무수행의 지식, 기술 등을 알려주는 직무수행능력 개발방법이다.

답 01 ✕ 02 ○ 03 ✕ 04 ✕ 05 ○ 06 ○ 07 ✕ 08 ✕

해설 **01** 직무기술서는 직무와 관련된 사항을 정리하여 작성하는 것으로, 급여 수준이 포함되지는 않는다.
03 직무평가가 아닌 직무분석에 관한 설명이다.
04 인력개발 프로그램의 효율성, 효과성 등을 평가하여 이후 프로그램이 개선될 수 있도록 반영한다.
07 소진은 열성 → 침체 → 좌절 → 무관심의 단계로 진행된다.
08 OJT는 직장 내 훈련이라고 한다. 별도의 교육 시간과 장소를 마련하여 진행되는 것이 아니라 업무수행 과정에서 훈련이 이루어진다.

합격족보 필수 키워드 33

keyword	현대조직이론
sub keywords	총체적 품질관리(TQM), 목표관리이론(MBO), 학습조직이론
focus	현대조직이론에서 목표관리이론이나 학습조직이론도 간간이 출제되지만 해마다 출제되는 내용은 총체적 품질관리이다. TQM의 주요 특징 및 원칙을 살펴보고, 최근 출제빈도가 높아진 품질차원(서브퀄)도 정확히 기억해두자.

21-07-16

사회복지조직의 서비스 질 관리에 관한 설명으로 옳은 것은?

① 서비스 질 관리를 위하여 위험관리가 필요하다.
② 총체적 품질관리(TQM)는 기업의 소비자 만족을 극대화하기 위한 기법이므로 사회복지기관에 적용하기에는 적합하지 않다.
③ 총체적 품질관리는 지속적인 개선보다는 현상유지에 초점을 둔다.
④ 서브퀄(SERVQUAL)의 요소에 확신성(assurance)은 포함되지 않는다.
⑤ 서브퀄에서 유형성(tangible)은 고객 요청에 대한 즉각적 반응을 말한다.

정답률 확인	① 75% ② 5% ③ 4% ④ 4% ⑤ 12%

답 ①

오답노트
② 사회복지조직에서는 다양한 경영기법을 도입하고 있으며, 총체적 품질관리도 서비스의 질 관리 차원에서 관심도가 높은 이론이다.
③ 총체적 품질관리에서는 생산 및 관리 등 전체 과정에서 지속적인 개선을 통해 고품질을 확보하고 유지한다.
④⑤ 서브퀄: 신뢰성 – 계약사항의 반영, 즉응성 – 필요한 시기에 즉각 제공, 확신성 – 서비스에 대한 신뢰감 제공, 공감성 – 개별화된 이해, 가시성/유형성 – 사회복지사의 용모 및 기관의 청결

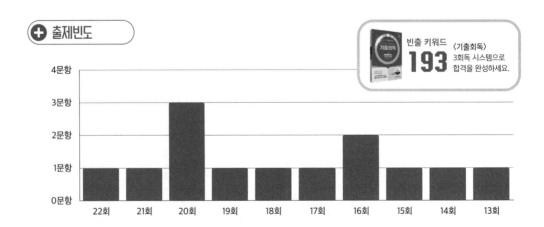

➕ 출제빈도

빈출 키워드
193
〈기출회독〉
3회독 시스템으로
합격을 완성하세요.

현대조직이론

강의 QR코드

1회독	>	**2**회독	>	**3**회독
월 일		월 일		월 일

★ 최근 10년간 **13문항** 출제 ★

이론요약

총체적 품질관리(TQM)

[기본개념]
사회복지행정론

3장

▶ 주요 특징

- **고품질 확보를 위한 총체적 관리과정**, 전 과정에서의 노력
- **고객중심**, 고객의 만족을 위한 상시적 노력
- **품질의 판정은 클라이언트**
- TQM의 도입과 정착을 위해서는 리더의 강력한 의지가 요구됨
- 집단적 노력, **전체 구성원의 참여 유도**
- **분권적** 조직 구성, 팀워크 강조
- **지속적 학습, 지속적 개선 강조**
- 서비스의 변이 가능성을 방지하는 데에 초점, 장기적 관점, **예방적 통제**
- 통계자료 분석 등 과학적 방법 사용
- 신뢰 관리, 인간 존중

▶ 주요 품질차원(SERVQUAL)

- **신뢰성**: 약속된 방식, 일관된 방식으로 서비스를 제공하고, 품질에 대한 클라이언트의 기대를 만족시켜야 함
- **즉응성**(응답성): 필요한 시기에 짧은 시간 내에 서비스 제공
- **확신성**: 서비스에 관한 풍부한 지식을 갖춰 신뢰를 줄 수 있어야 함
- **공감성**(감정이입): 클라이언트에 대한 개별화된 이해와 관심
- **가시성**(유형성): 시설 및 장비의 위생, 직원의 용모단정 등

※ 위험관리

- 조직을 운영하거나 서비스를 제공하는 과정에서 나타날 수 있는 위험에 대한 예측 및 대비, 위험에 대한 대응
- 위험요인
  - 개인적 요인: 클라이언트에 대한 잘못된 진단 및 처우, 사회복지사의 기능적 손상(알코올 중독 등), 실적 조작, 비밀누설 등
  - 집단적 요인: 이용자의 사고 및 고충 처리에 대한 부적절한 대응, 전염병 확산, 후원금 급감 등 경영상의 요인, 운영상의 불법행위, 자연재해 등

목표관리이론(MBO)

- **명확한 목표설정을 통한 총체적 관리체계**(주로 단기적 목표설정과 그 목표의 달성을 강조)
- 책임한계의 규정, 참여와 상하협조
- 피드백의 개선을 통한 관리 계획의 개선
- 구성원의 동기부여 및 보상 강조
- 양적 성과에만 치중하게 될 위험도 있음

학습조직이론

- **조직과 인력을 임파워시켜** 클라이언트에게 효과적인 서비스를 제공하고자 함
- **개별 구성원의 학습뿐만 아니라 조직 전체의 학습도 강조**
- 부분적 개선을 위한 단선적 학습과 조직 전체의 변화를 위한 복선적 학습
- 학습조직 구축요인: 자기숙련, 사고모형, 공유비전, 팀학습, 시스템 사고

정답훈련

다음 내용이 **왜 틀렸는지**를 확인해보자

16-07-07

01 총체적 품질관리에서는 **최고책임자의 의사결정권을 강조**한다.

> 분권적 조직을 추구하며 의사결정 과정에서 직원들의 참여를 강조한다.

17-07-16

02 TQM에서 강조하는 다섯 가지 품질차원은 신뢰성, 즉응성, 공감성, 가시성, **수익성**이다.

> 품질차원: 신뢰성, 즉응성, 확신성, 공감성, 가시성

03 총체적 품질관리는 **단기적, 사후관리적 관점**이라는 한계가 있다.

> 총체적 품질관리는 장기적 관점으로 전 과정에서의 품질 확보를 강조하며, 예방적 통제를 추구한다.

14-07-11

04 TQM에서는 **최고 관리자**를 품질의 최종 결정자로 간주한다.

> TQM은 고객의 만족을 가장 일차적으로 고려하기 때문에 품질의 최종 결정자 역시 이용자가 된다.

05 목표관리이론에서는 **목표를 수량적으로 설정하지는 않는다.**

> 목표를 수량적으로 표시하여 측정할 수 있도록 설정하는 것을 전제로 한다. 이를 토대로 달성정도, 즉 성과를 파악하기 때문에 단기적이고 가시적이고 계량적인 성과에만 주력하게 만든다는 한계가 지적되기도 한다.

06 학습조직이론에서 **학습은 조직의 위기 시에만 요구**되는 것이다.

> 조직의 위기 시에만 요구되는 것은 아니다. 효과성과 생산성을 제고하기 위한 수단으로 학습을 강조하기 때문에 조직 및 구성원의 역량강화 및 경쟁력 확보를 위해 도입될 수 있다.

다음 내용이 옳은지 그른지 판단해보자

01 총체적 품질관리는 변동 가능성 방지에 초점을 두기 때문에 변화를 꾀하기 어렵다. ⊙ⓧ

`15-07-03`
02 TQM에서 서비스 품질은 마지막 단계에서 고려된다. ⊙ⓧ

`19-07-16`
03 총체적 품질관리에서 서비스의 질은 고객의 결정에 의한다. ⊙ⓧ

`20-07-25`
04 총체적 품질관리에서는 집단의 노력보다 개인의 노력이 품질향상에 더 기여한다고 본다. ⊙ⓧ

`16-07-07`
05 총체적 품질관리는 작업시간 단축을 목표로 한다. ⊙ⓧ

`15-07-03`
06 TQM에서 의사결정은 자료분석에 기반한다. ⊙ⓧ

`16-07-11`
07 위험관리이론에서는 안전 확보가 서비스 질과 연결된다고 본다. ⊙ⓧ

08 목표관리이론에서는 현실적인 실행가능성보다 클라이언트의 문제해결을 우선시한다. ⊙ⓧ

09 목표관리론은 목표를 수량적으로 측정하여 이를 얼마나 달성했는가에 따라 성과를 파악하기 때문에 목표를 수량화하기 어려운 사회복지조직에서는 적용하기 어려운 측면도 있다. ⊙ⓧ

10 학습조직이론에서는 조직 및 구성원의 역량강화에 있어 복선적 학습이 더 효과적이라고 보았다. ⊙ⓧ

답 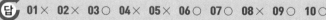 01✕ 02✕ 03◯ 04✕ 05✕ 06◯ 07◯ 08✕ 09◯ 10◯

해설 **01** 총체적 품질관리에서 변동 가능성을 방지한다는 것은 서비스 제공 과정에서 품질이 계약된 대로, 이용자의 기대에 맞게 유지될 수 있도록 함을 의미할 뿐이다. TQM에서는 오히려 고품질을 위한 변화와 개선을 강조한다.

02 TQM에서 품질관리는 전 과정에 걸쳐 고려된다.

04 총체적 품질관리에서는 구성원 전체의 참여와 팀워크를 강조한다. 즉 품질은 전체 과정을 통해 결정되기 때문에 고품질 확보를 위해서는 모든 구성원의 집단적 노력이 필요하다는 것이다.

05 서비스 개선을 위한 한 가지 방안으로 작업시간 단축이 진행될 수는 있다. 하지만 오히려 지나친 작업시간의 단축은 품질 저하를 가져올 수도 있기 때문에 작업시간의 단축 그 자체를 목표로 하지는 않는다.

08 클라이언트의 문제해결을 더 우선시한다고 볼 수는 없다. 현실적으로 조직에서 추진하기 어려운 서비스나 프로그램을 무리하게 진행하다 보면 해결하기 어려운 문제점들이 발생할 수 있기 때문에 현실적인 실행가능성을 고려하여 목표를 수립한다.

합격족보 필수 키워드 34

keyword	사회복지행정의 특성
sub keywords	정책을 서비스로 전환, 도덕적 가치지향, 휴먼서비스, 기술의 불확실성, 목표의 모호성, 결과의 무형성, 효율성 및 효과성 척도의 부재
focus	전문가의 역량에 따라 서비스의 양과 질이 다를 수 있으며 클라이언트와 사회복지사와의 관계가 성과에 영향을 미친다는 점과 함께 가치추구적(가치판단적) 활동이라는 점은 자주 등장했다. 사회복지행정은 그 자체로도 빈출 내용이지만, 조직구조, 기획, 인적자원관리, 마케팅, 환경변화 등 이후 공부하게 될 모든 내용의 밑바탕이 된다는 점에서 실질적인 출제율은 더 높다고 봐야 한다.

21-07-03

사회복지행정의 특징에 관한 설명으로 옳은 것은?
① 서비스 성과를 평가하기 어렵다.
② 사회복지행정가는 가치중립적이어야 한다.
③ 서비스 효율성은 고려하지 않는다.
④ 재정관리는 사회복지행정에 포함되지 않는다.
⑤ 직무환경에 관계없이 획일적으로 운영된다.

정답률 확인   ① 57% ② 38% ③ 3% ④ 1% ⑤ 1%

답 ①

오답노트
② 사회복지행정은 가치판단적, 가치지향적 특징을 갖는다.
③ 자원은 한정되어 있기 때문에 사회복지조직도 서비스의 효율성을 주요 가치로 고려한다.
④ 예산, 결산, 회계 등의 재정관리는 사회복지행정에 포함된다.
⑤ 직무환경은 조직이 추구하는 가치 및 사업의 성격의 영향을 받는다.

➕ 출제빈도

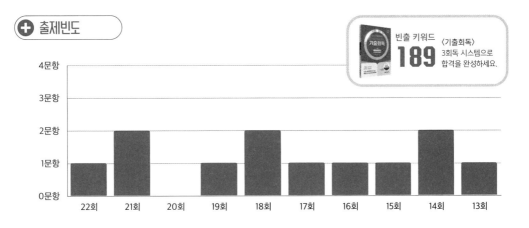

빈출 키워드 〈기출회독〉
189 3회독 시스템으로 합격을 완성하세요.

사회복지행정의 특성

강의 QR코드

1회독	**2**회독	**3**회독
월 일	월 일	월 일

★ 최근 10년간 **12문항** 출제 ★

이론요약

사회복지행정의 정의

- 사회복지조직을 중심으로 **정책이 서비스로 전환**되는 과정
- 사회복지조직의 **목표를 달성**하기 위해서 **인적, 물적 자원을 관리**하는 과정
- 관리자를 포함한 모든 조직구성원의 역동적인 협력활동
- 조직을 변화시키고 발전시키는 사회복지실천의 개입방법

[기본개념]
사회복지행정론

1장

일반행정과 사회복지행정의 공통점

- 대안의 모색, 실행, 평가가 이루어지는 문제해결 과정
- 상호관련된 부분들이 모여진 체계로 구성됨
- 인적, 물적 자원을 동원하고 조직화함
- 공공의지(public will)의 실현과 관련됨
- 조력 과정이 요구됨
- 조직부서 간의 업무조정 및 직무평가가 이루어짐
- 관리자에 의해 기획, 의사결정, 평가 등의 과정이 이루어짐

휴먼서비스 조직의 특성(Hasenfeld)

- 휴먼서비스 조직의 **원료는 인간**이다.
- 휴먼서비스 조직의 **목표는 불확실**하며 애매모호하다.
- 휴먼서비스 조직이 활용하는 **기술은 불확실**하다.
- 휴먼서비스 조직의 핵심 활동은 **직원과 클라이언트의 관계**이다.
- 휴먼서비스 조직은 **직원의 전문성에 대한 의존도가 크다.**
- 휴먼서비스 조직의 **효과성을 측정할 척도가 부족**하다.

사회복지조직의 특수성

- **도덕적 가치 지향** → 사회복지행정은 **가치지향적, 가치판단적!** (가치중립적 아님)
- 사회복지사와 클라이언트의 사이의 상호작용
- **사회적 책임성**

- 기술의 불확실성 및 전문가의 중요성
- 목표의 모호성
- **성과의 무형성**
- 효과성, 효율성 척도의 부재
  - 효과성: 클라이언트에게 제공된 서비스가 욕구를 충족시키고 목표를 달성할 수 있어야 함
  - 효율성: 최소한의 자원으로 최대의 효과를 산출할 수 있어야 함

다음 내용이 왜 틀렸는지를 확인해보자

`11-07-22`

01 사회복지행정은 **가치중립적 행정기술을 적용**해야 한다.

> 사회복지조직의 원료는 인간이기 때문에 도덕적 가치판단이 요구되며, 이로 인해 사회복지행정은 가치중립적이 아니라 가치지향적 특징을 갖는다.

---

02 사회복지행정은 동일한 문제에 대해 **동일한 서비스를 제공함으로써 일률적인 성과를 내는 데에 초점**을 둔다.

> 동일한 문제라 하더라도 그 문제를 둘러싼 요소들은 다르게 나타날 수 있으며, 그 문제를 받아들이는 클라이언트의 사고나 감정 역시 다를 수 있다. 따라서 동일한 문제라 하더라도 다른 서비스가 제공될 수 있다. 동일한 서비스를 제공했다 하더라도 효과나 만족감은 다를 수 있기 때문에 일률적인 성과를 만들어내는 것이 어렵다.

`06-07-01`

03 사회복지행정은 **측정 도구가 잘 개발되어 있어 성과 측정이 용이**하다.

> 사회복지서비스에 대한 성과는 클라이언트가 느끼는 만족도의 영향을 받기 때문에 객관적이고 과학적인 측정이 모호한 경우가 많다.

`09-07-01`

04 일선 직원과 클라이언트와의 관계가 조직 효과성을 좌우한다는 점은 **사회복지행정과 일반행정의 공통점**이다.

> 일선 직원과 클라이언트와의 관계가 조직 효과성을 좌우한다는 것은 사회복지행정에서만 나타나는 특징이다.

---

05 사회복지조직은 목표를 설정함에 있어 **여러 이해관계의 영향력을 배제해야 한다.**

> 사회복지조직은 정부의 정책 방향, 지역사회의 특성 및 지역주민의 성향, 후원자, 서비스 이용자 및 가족, 타 기관 및 전문가 등 여러 환경체계와 이해관계의 영향을 받게 되며 이를 배제할 수는 없다.

`07-07-16`

06 사회복지행정은 **실천기술이 표준화**되어 있다.

> 사회복지행정은 클라이언트, 즉 인간을 대상으로 하기 때문에 실천기술을 표준화하기 어렵다.

---

07 사회복지조직은 법률과 규칙에 의해 운영되므로 **전문성은 중요하지 않다.**

사회복지서비스는 무형적이며 클라이언트마다 문제나 욕구가 다르기 때문에 사회복지사의 전문성에 따라 제공되는 서비스 및 성과가 달라진다. 이로 인해 사회복지조직에서는 실무자의 재량이 크고 실무자에 대한 의존도가 높다.

08 사회복지행정은 인간을 대상으로 하는 **직접적인** 사회복지실천방법이다.

사회복지행정은 간접적인 사회복지실천방법이다.

09 사회복지조직은 **외부환경에 대한 의존성이 낮다.**

사회복지조직은 사회적, 경제적 변화와 같은 외부환경에 대한 의존성이 높다.

10 서비스 대상으로서 **인간을 가치중립적 존재로 가정**한다.

가치중립적이란 말은 어떤 특정 가치관에 치우치지 않는다는 것인데, 사회복지행정의 대상은 도덕적 가치를 갖는 인간이기 때문에 인간을 가치중립적 존재로 가정한다는 설명은 적절하지 않다.

11 사회복지행정은 **정형화된 문제에만 접근**한다.

클라이언트마다 겪는 문제나 욕구는 다 다르기 때문에 그 문제를 정형화하거나 유형화하기 어려우며, 개별화된 접근이 필요하다.

12 사회복지행정은 **일반행정과 달리** 공공의지(public will)를 실현하는 데에 관심을 둔다.

공공의지의 실현은 사회복지행정과 일반행정의 공통적인 특징이다. 공공의지에 대한 개념적 정의가 명확하진 않지만 공공의 이익 정도로 생각하면 된다.

합격족보 필수 키워드 35

keyword	전달체계 구축의 원칙
sub keywords	평등성, 적절성, 포괄성, 지속성, 통합성, 전문성, 책임성, 접근용이성
focus	대체로 정답률이 높은 편이기는 하지만, 각 원칙에 대한 특징을 잘 정리해서 구분해두어야 한다.

`19-07-18`

사회복지전달체계 구축 시 고려해야 할 사항으로 옳지 않은 것은?

① 통합성: 서비스의 중복과 누락을 방지하고 다양한 서비스를 통합적으로 제공해야 한다.

② 포괄성: 클라이언트의 다양한 욕구 중 한 가지 욕구를 해결하기 위하여 전문가 집단이 개입하는 방식이다.

③ 적절성: 사회복지서비스의 양과 질이 서비스 수요자의 욕구 충족과 서비스 목표 달성에 적합해야 한다.

④ 접근성: 서비스 이용자에게 공간, 시간, 정보, 재정 등의 제약이 없는 서비스 제공을 의미한다.

⑤ 전문성: 충분한 사회복지전문가의 확보가 필요하다.

정답률 확인	① 1% ② 92% ③ 1% ④ 3% ⑤ 3%

답 ②

② 포괄성은 다양한 욕구 중 어느 한 가지 욕구에 주목하는 것이 아니라, 다양한 욕구에 대해 복합적 차원에서 다각도로 접근해야 한다는 것이다.

➕ 출제빈도

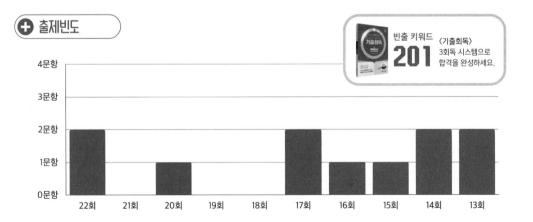

빈출 키워드
201
〈기출회독〉
3회독 시스템으로
합격을 완성하세요.

기출회독

201

전달체계 구축의 원칙

강의 QR코드

1회독		**2**회독		**3**회독
월 일	>	월 일	>	월 일

★ 최근 10년간 **11문항** 출제 ★

이론요약

서비스 제공의 원칙

- 전문성: 사회복지라는 **전문적 서비스를 제공**하며, 핵심 업무는 반드시 **사회복지전문가가 담당**해야 함
- 적절성: **서비스 양과 질, 제공 기간**이 클라이언트의 욕구충족과 서비스의 목표달성을 위해 **충분해야 함**
- 포괄성: 다양한 욕구나 다양한 문제를 해결하기 위해 **다각도의 서비스 제공. 클라이언트 중심**
- 통합성: 서비스의 **중복/누락 방지**에 초점을 둠. **기관 간 연계**를 통한 서비스 제공. **기관 중심**
- 지속성: **서비스가 끊어지지 않고 제공**되어야 함. 해당 기관에서 복합적 욕구를 모두 충족시킬 수 없을 때에는 지역사회 연계를 통해 지속성을 확보해야 함
- 평등성: 클라이언트의 연령, 성별, 소득, 지역, 종교나 지위에 관계없이 제공
- 책임성: 사회복지서비스의 전달에 대하여 책임을 다해야 한다는 것으로, 효과성 및 효율성을 포괄
- 접근성: 지리적인 거리, 경제적인 이유, 개인적 동기와 인식 등 물리적, 심리적 장벽 해소

[기본개념]
사회복지행정론

5장

다음 내용이 왜 **틀렸는지**를 확인해보자

16-07-10

01 책임성의 원칙은 **충분한 양과 질 높은 서비스가 제공되어야 함**을 의미한다.

> 책임성은 사회복지조직은 서비스 제공에 대해 위임받은 조직이므로 서비스 전달에 책임을 져야 함을 의미한다.

16-07-10

02 전문성의 원칙은 **서비스가 종합적으로 제공되어야 함**을 의미한다.

> 전문성은 전문적인 자격을 갖춘 사람에 의해 전문적인 서비스가 제공되어야 함을 의미한다.

14-07-09

03 책임성을 높이는 전략이 접근성에 **영향을 주지는 않는다.**

> 각각의 원칙은 서로 연결성을 갖고 있기 때문에 책임성을 높이는 전략이 접근성을 높이기도 한다.

10-07-14

04 서비스의 접근성은 **수급자격의 요건을 강화하여 자원을 효율적으로 활용하는 것**을 의미한다.

> 수급자격 요건을 강화하면 자원을 덜 사용하게 될 수는 있겠으나 서비스의 접근성은 낮아지게 된다.

04-07-02

05 통합성, 접근성, 적절성, **진실성** 등은 사회복지 전달체계 구축에서의 주요 원칙이다.

> 진실성은 포함되지 않는다.

07-07-23

06 **적절성**의 원칙은 클라이언트에게 여러 서비스들이 누락되지 않고 제공되기 위한 노력이다.

> 적절성의 원칙은 욕구충족을 위해 충분한 양과 질의 서비스가 제공되어야 함을 말한다.
> 다양한 서비스의 누락 방지와 관련된 원칙은 통합성의 원칙이다.

사회복지법제론

	합격족보 필수 키워드	10년간 출제문항수	기출회독 No.
36	사회복지사업법	35	230
37	사회보장기본법	27	228
38	법의 체계와 적용	12	224
39	한국 사회복지법률의 역사	11	227
40	기초연금법	9	232

➕ 출제비중

『**사회복지법제론**』필수 키워드 5개의 회차별 출제비중을 확인해보세요.

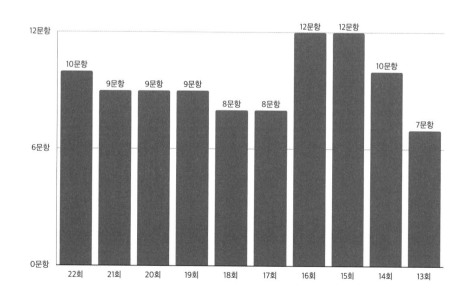

합격족보 필수 키워드 36

keyword	사회복지사업법
sub keywords	사회복지법인, 사회복지사, 사회복지시설, 사회복지의 날, 사회복지위원회, 사회복지업무의 전자화, 사회복지서비스 우선제공 대상자, 기본이념, 국가와 지방자치단체의 복지와 인권증진의 책임
focus	사회복지사업법에서 명시된 주요 내용에 관한 문제가 출제되고 있다. 전반적인 내용을 묻는 유형으로 출제되기도 하며, 사회복지법인, 사회복지사, 사회복지시설 등에 관하여 단독 문제로도 출제된다. 특히, 사회복지법인에 관한 문제는 매회 1문제 이상 반드시 출제되므로 꼼꼼하게 정리해둘 필요가 있다.

(21-08-10)

사회복지사업법상 사회복지사에 관한 설명으로 옳지 않은 것은?

① 사회복지사의 등급은 1급·2급으로 한다.
② 보건복지부장관은 정신건강사회복지사·의료사회복지사·학교사회복지사의 자격을 부여할 수 있다.
③ 보건복지부장관은 사회복지사가 거짓이나 그 밖의 부정한 방법으로 자격을 취득한 경우 그 자격을 1년의 범위에서 정지할 수 있다.
④ 사회복지법인에 종사하는 사회복지사는 정기적으로 보수교육을 받아야 한다.
⑤ 자신의 사회복지사 자격증은 타인에게 빌려주어서는 아니 된다.

정답률확인 ① 2% ② 10% ③ **84%** ④ 3% ⑤ 1%

답 ③

보건복지부장관은 사회복지사가 거짓이나 그 밖의 부정한 방법으로 자격을 취득한 경우 그 자격을 취소하여야 한다.

➕ 출제빈도

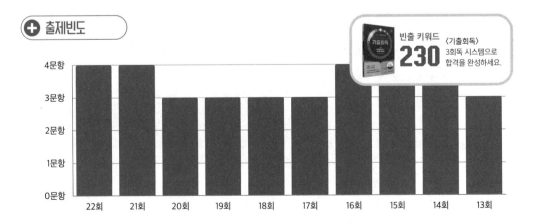

빈출 키워드
230
〈기출회독〉
3회독 시스템으로
합격을 완성하세요.

사회복지사업법

강의 QR코드

1회독 | **2**회독 | **3**회독
월 일 | 월 일 | 월 일

★ 최근 10년간 **35문항** 출제 ★

이론요약

[기본개념]
사회복지법제론

7장

기본이념

- 사회복지를 필요로 하는 사람은 누구든지 자신의 의사에 따라 서비스를 신청하고 제공받을 수 있다.
- 사회복지법인 및 사회복지시설은 공공성을 가지며 사회복지사업을 시행하는 데 있어서 공공성을 확보하여야 한다.
- 사회복지사업을 시행하는 데 있어서 사회복지를 제공하는 자는 사회복지를 필요로 하는 사람의 인권을 보장하여야 한다.
- 사회복지서비스를 제공하는 자는 필요한 정보를 제공하는 등 사회복지서비스를 이용하는 사람의 선택권을 보장하여야 한다.

사회복지사

- 자격: 보건복지부장관은 사회복지에 관한 전문지식과 기술을 가진 사람에게 사회복지사 자격증을 발급할 수 있다. **사회복지사의 등급은 1·2급으로 하고 사회복지사 1급 자격증을 받으려는 사람은 국가시험에 합격**하여야 한다. 정신건강·의료·학교 영역에 대해서는 영역별로 정신건강사회복지사·의료사회복지사·학교사회복지사의 자격을 부여할 수 있다.
- 결격사유: 피성년후견인 또는 피한정후견인, 금고 이상의 형의 선고를 받고 그 집행이 끝나지 아니하였거나 그 집행을 받지 아니하기로 확정되지 아니한 사람, 법원의 판결에 따라 자격이 상실되거나 정지된 사람, 마약·대마 또는 향정신성의약품의 중독자, 정신건강증진 및 정신질환자 복지서비스 지원에 관한 법률에 따른 정신질환자(다만, 전문의가 사회복지사로서 적합하다고 인정하는 사람은 제외)
- 보수교육: 사회복지법인 또는 사회복지시설에 종사하는 사회복지사는 **연간 8시간 이상의 보수교육**을 받아야 한다. 보수교육에는 사회복지윤리 및 인권보호, 사회복지정책 및 사회복지실천기술 등이 포함되어야 한다.
- 사회복지사 의무채용시설이 아닌 경우: 노인복지법에 따른 노인여가복지시설(노인복지관은 제외), 장애인복지법에 따른 장애인 지역사회재활시설 중 수화통역센터·점자도서관·점자도서 및 녹음서 출판시설, 영유아보육법에 따른 어린이집, 성매매방지 및 피해자보호 등에 관한 법률에 따른 성매매피해자등을 위한 지원시설 및 성매매피해상담소, 정신건강증진 및 정신질환자 복지서비스 지원에 관한 법률에 따른 정신요양시설 및 정신재활시설, 성폭력방지 및 피해자보호 등에 관한 법률에 따른 성폭력피해상담소

사회복지법인

- 설립: 사회복지법인을 설립하려는 자는 대통령령으로 정하는 바에 따라 **시·도지사의 허가**를 받아야 한다.
- 구성: 법인은 대표이사를 포함한 **이사 7명 이상과 감사 2명** 이상을 두어야 한다. 법인은 이사 정수의 3분의 1(소수점 이하 버림) 이상을 시·도사회보장위원회, 지역사회보장협의체의 어느 하나에 해당하는 기관이 3배수로 추천한 사람 중에서 선임하여야 한다.
- 임원의 보충: 이사 또는 감사 중 결원이 생긴 때에는 **2개월 이내에 보충**해야 한다.
- 겸직 금지: 이사는 법인이 설치한 사회복지시설의 장을 제외한 그 시설의 직원을 겸할 수 없다. 감사는 법인의 이사, 법인이 설치한 사회복지시설의 장 또는 그 직원을 겸할 수 없다.
- 수익사업: 법인은 목적사업의 경비에 충당하기 위하여 필요할 때에는 법인의 설립 목적 수행에 지장이 없는 범위에서 수익사업을 할 수 있다.

사회복지시설

- 설치: 국가나 지방자치단체는 사회복지시설을 설치·운영할 수 있다. 국가나 지방자치단체가 설치한 시설은 필요한 경우 **사회복지법인이나 비영리법인에 위탁하여 운영**하게 할 수 있다. **국가 또는 지방자치단체 외의 자가 시설을 설치·운영하려는 경우에는 보건복지부령으로 정하는 바에 따라 시장·군수·구청장에게 신고**하여야 한다.
- 시설 수용인원 제한: 각 시설의 수용인원은 300명을 초과할 수 없다. 다만, '노인복지법에 따른 노인주거복지시설 중 양로시설과 노인복지주택, 노인복지법에 따른 노인의료복지시설 중 노인요양시설, 보건복지부장관이 사회복지시설의 종류·지역별 사회복지시설의 수·지역 및 종류별 사회복지서비스 수요·사회복지사업 관련 종사자의 수 등을 고려하여 정하여 고시하는 기준에 적합하다고 시장·군수·구청장이 인정하는 사회복지시설'은 300명을 초과할 수 있다.
- 업무의 전자화: 보건복지부장관은 사회복지법인 및 사회복지시설의 종사자, 거주자 및 이용자에 관한 자료 등 운영에 필요한 정보의 효율적 처리와 기록·관리 업무의 전자화를 위하여 정보시스템을 구축·운영할 수 있다. 보건복지부장관은 정보시스템을 효율적으로 운영하기 위하여 전담기구에 그 운영에 관한 업무를 위탁할 수 있다.
- 사회복지관의 서비스 우선제공 대상자: 국민기초생활보장법에 따른 수급자 및 차상위계층, 장애인·노인·한부모가족 및 다문화가족, 직업 및 취업 알선이 필요한 사람, 보호와 교육이 필요한 유아·아동 및 청소년, 그 밖에 사회복지관의 사회복지 서비스를 우선 제공할 필요가 있다고 인정되는 사람

법정단체

- 한국사회복지사협회: 사회복지사는 사회복지에 관한 전문지식과 기술을 개발·보급하고 사회복지사의 자질향상을 위한 교육훈련 및 사회복지사의 복지증진을 도모하기 위하여 한국사회복지사협회를 설립한다.
- 한국사회복지협의회: 사회복지에 관한 업무를 수행하기 위하여 전국 단위의 한국사회복지협의회(중앙협의회), 시·도 단위의 시·도 사회복지협의회(시·도협의회) 및 시·군·구 단위의 시·군·구 사회복지협의회(시·군·구협의회)를 둔다.

다음 내용이 왜 틀렸는지를 확인해보자

`16-08-11`

01 사회복지법인의 이사 중에 결원이 생겼을 때에는 **3개월 이내에 보충**하여야 한다.

> 이사 또는 감사 중에 결원이 생겼을 때에는 2개월 이내에 보충하여야 한다.

`14-08-10`

02 **사회복지관의 후원자**는 사회복지사업법상 사회복지관이 실시하는 사회복지서비스의 우선제공대상자에 해당한다.

> 사회복지관은 모든 지역주민을 대상으로 사회복지서비스를 실시하되, 지역주민 중 '국민기초생활보장법에 따른 수급자 및 차상위계층, 장애인·노인·한부모가족 및 다문화가족, 직업 및 취업 알선이 필요한 사람, 보호와 교육이 필요한 유아·아동 및 청소년, 그 밖에 우선 제공할 필요가 있다고 인정되는 사람'에게 우선제공해야 한다.

`12-08-15`

03 국가나 지방자치단체 외의 자가 설치·운영하는 사회복지시설은 **신고의 의무가 없다.**

> 국가 또는 지방자치단체 외의 자가 시설을 설치·운영하려는 경우에는 시장·군수·구청장에게 신고하여야 한다.

---

04 **금고 이상의 형을 선고받고 그 집행이 끝나지 아니한 사람**은 사회복지사가 될 수 있다.

> 금고 이상의 형을 선고받고 그 집행이 끝나지 아니하였거나 그 집행을 받지 아니하기로 확정되지 아니한 사람은 사회복지사가 될 수 없다.

`09-08-18`

05 법인이 정관을 변경하고자 할 때에는 **보건복지부장관의 허가**를 받아야 한다.

> 법인이 정관을 변경하고자 할 때에는 시·도지사의 인가를 받아야 한다.

---

06 국가는 국민의 사회복지에 대한 이해를 증진하고 사회복지사업 종사자의 활동을 장려하기 위하여 **매년 7월 9일을 사회복지의 날로 하고, 사회복지의 날부터 한 달간을 사회복지의 달로 한다.**

> 국가는 국민의 사회복지에 대한 이해를 증진하고 사회복지사업 종사자의 활동을 장려하기 위하여 매년 9월 7일을 사회복지의 날로 하고, 사회복지의 날부터 1주간을 사회복지주간으로 한다.

빈칸에 들어갈 알맞은 말을 채워보자

20-08-11
01 법인은 대표이사를 포함한 이사 (   )명 이상과 감사 2명 이상을 두어야 한다.

19-08-10
02 (   )은/는 시설에서 제공하는 서비스의 최저기준을 마련하여야 한다.

18-08-09
03 해산한 법인의 남은 재산은 (   )에 귀속된다.

14-08-11
04 사회복지시설에 종사하는 사회복지사는 정기적으로 인권에 관한 내용이 포함된 (   )을/를 받아야 한다.

05 대통령령으로 정하는 경우를 제외하고 각 사회복지시설의 수용인원은 (   )명을 초과할 수 없다.

11-08-20
06 사회복지사에 대한 전문지식 및 기술의 개발·보급, 사회복지사의 전문성 향상을 위한 교육훈련, 사회복지사제도에 대한 조사연구 등을 수행하는 조직은 (   )이다.

07 (   )(이)란 국가·지방자치단체 및 민간부문의 도움을 필요로 하는 모든 국민에게 사회보장기본법에 따른 사회서비스 중 사회복지사업을 통한 서비스를 제공하여 삶의 질이 향상되도록 제도적으로 지원하는 것을 말한다.

08 사회복지사업법은 사회복지사업에 관한 기본적 사항을 규정하여 사회복지를 필요로 하는 사람에 대하여 인간의 존엄성과 (   )을/를 보장하고 사회복지의 전문성을 높이는 것을 목적으로 한다.

08-08-15
09 사회복지사업법령상 사회복지시설에 종사하고 있는 사회복지사는 보수교육을 연간 (   )시간 이상 받아야 한다.

10 사회복지법인은 시·도지사의 (   )을/를 받아 이 법에 따른 다른 법인과 합병할 수 있다.

---

 01 7   **02** 보건복지부장관   **03** 국가 또는 지방자치단체   **04** 보수교육   **05** 300   **06** 한국사회복지사협회   **07** 사회복지서비스
08 인간다운 생활을 할 권리   **09** 8   **10** 허가

다음 내용이 옳은지 그른지 판단해보자

19-08-09

01 사회복지서비스를 이용하는 사람의 선택권을 보장하는 것은 사회복지사업법상의 기본이념에 해당한다.

18-08-08

02 국민건강보험법은 사회복지사업법에서 열거하고 있는 사회복지사업 관련 법률에 해당한다.

17-08-10

03 사회복지서비스를 필요로 하는 사람에 대한 사회복지서비스 제공은 현금으로 제공하는 것이 원칙이다.

16-08-11

04 사회복지법인을 설립하려는 자는 시·도지사의 인가를 받아야 한다.

05 사회복지사업 또는 사회복지업무에 종사하였거나 종사하고 있는 사람은 그 업무 수행 과정에서 알게 된 다른 사람의 비밀을 누설하여서는 아니 된다.

15-08-08

06 자산 및 회계에 관한 사항, 임원의 임면 등에 관한 사항은 사회복지법인의 정관에 포함되어야 한다.

14-08-09

07 보건복지부장관은 사회복지법인 및 사회복지시설의 종사자, 거주자 및 이용자에 관한 자료 등 운영에 필요한 정보의 효율적 처리와 기록·관리 업무의 전자화를 위하여 정보시스템을 구축·운영할 수 있다.

12-08-16

08 사회복지를 필요로 하는 사람은 전문가의 진단에 따라 서비스를 신청하고 제공받을 수 있다.

09 사회복지사의 등급은 1급·2급으로 하되, 정신건강·의료·학교 영역에 대해서는 영역별로 정신건강사회복지사·의료사회복지사·학교사회복지사의 자격을 부여할 수 있다.

05-08-10

10 법인은 목적 사업의 경비에 충당하기 위하여 필요한 때에는 법인의 설립목적 수행에 지장이 없는 범위 안에서 수익 사업을 할 수 있다.

답 01○ 02× 03× 04× 05○ 06○ 07○ 08× 09○ 10○

해설 **02** 국민건강보험법과 같은 사회보험법은 사회복지사업법에서 열거하고 있는 사회복지사업 관련 법률에 해당하지 않는다.
03 사회복지서비스를 필요로 하는 사람에 대한 사회복지서비스 제공은 현물(現物)로 제공하는 것을 원칙으로 한다.
04 사회복지법인을 설립하려는 자는 시·도지사의 허가를 받아야 한다.
08 사회복지를 필요로 하는 사람은 누구든지 자신의 의사에 따라 서비스를 신청하고 제공받을 수 있다.

합격족보 필수 키워드 37

keyword	사회보장기본법
sub keywords	법의 목적 및 기본이념, 사회보장제도, 사회보장수급권, 사회보장 기본계획, 사회보장위원회, 비용부담, 사회보장제도의 운영원칙
focus	사회보장기본법의 전반적인 내용을 묻는 문제가 주로 출제되고 있다. 기본이념, 국가와 지방자치단체의 책임, 사회보장수급권, 사회보장 기본계획, 사회보장위원회, 사회보장제도의 운영원칙 등 전반적인 내용이 두루 출제되고 있다.

(21-08-05)

사회보장기본법상 사회보장수급권에 관한 설명으로 옳지 않은 것은?

① 사회보장급여를 받으려는 사람은 국가나 지방자치단체에 신청하는 것을 원칙으로 하고 있다.

② 사회보장수급권은 다른 사람에게 양도하거나 담보로 제공할 수 없다.

③ 사회보장수급권은 원칙적으로 제한되거나 정지될 수 없다.

④ 사회보장수급권은 구두로 통지하여 포기할 수 있다.

⑤ 사회보장수급권의 포기는 취소할 수 있다.

정답률 확인 ① 6% ② 2% ③ 18% ④ 71% ⑤ 3%

답 ④

사회보장수급권은 정당한 권한이 있는 기관에 서면으로 통지하여 포기할 수 있다.

➕ 출제빈도

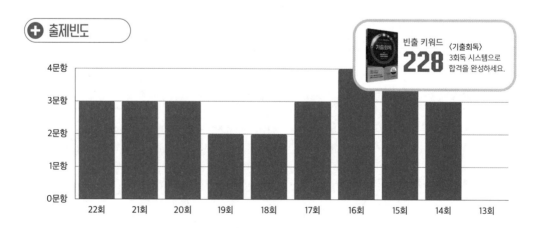

빈출 키워드 〈기출회독〉
228
3회독 시스템으로
합격을 완성하세요.

사회보장기본법

강의 QR코드

★ 최근 10년간 **27문항** 출제 ★

이론요약

용어의 정의

[기본개념]
사회복지법제론

5장

- 사회보장: 출산, 양육, 실업, 노령, 장애, 질병, 빈곤 및 사망 등의 사회적 위험으로부터 모든 국민을 보호하고 국민 삶의 질을 향상시키는 데 필요한 소득·서비스를 보장하는 **사회보험, 공공부조, 사회서비스**
- 사회보험: 국민에게 발생하는 사회적 위험을 보험의 방식으로 대처함으로써 국민의 건강과 소득을 보장하는 제도
- 공공부조: 국가와 지방자치단체의 책임하에 생활 유지 능력이 없거나 생활이 어려운 국민의 최저생활을 보장하고 자립을 지원하는 제도
- 사회서비스: 국가·지방자치단체 및 민간부문의 도움이 필요한 모든 국민에게 복지, 보건의료, 교육, 고용, 주거, 문화, 환경 등의 분야에서 인간다운 생활을 보장하고 상담, 재활, 돌봄, 정보의 제공, 관련 시설의 이용, 역량 개발, 사회참여 지원 등을 통하여 국민의 삶의 질이 향상되도록 지원하는 제도
- 평생사회안전망: 생애주기에 걸쳐 보편적으로 충족되어야 하는 기본욕구와 특정한 사회위험에 의하여 발생하는 특수욕구를 동시에 고려하여 소득·서비스를 보장하는 맞춤형 사회보장제도
- 사회보장 행정데이터: 국가, 지방자치단체, 공공기관 및 법인이 법령에 따라 생성 또는 취득하여 관리하고 있는 자료 또는 정보로서 사회보장 정책 수행에 필요한 자료 또는 정보

사회보장수급권

- 국가와 지방자치단체는 모든 국민이 건강하고 문화적인 생활을 유지할 수 있도록 사회보장급여의 수준 향상을 위하여 노력하여야 한다.
- 국가는 관계 법령에서 정하는 바에 따라 **최저보장수준과 최저임금을 매년 공표**하여야 한다.
- 국가와 지방자치단체는 **최저보장수준과 최저임금 등을 고려하여 사회보장급여의 수준을 결정**하여야 한다.
- 사회보장급여를 받으려는 사람은 관계 법령에서 정하는 바에 따라 국가나 지방자치단체에 신청하여야 한다.
- 사회보장수급권은 관계 법령에서 정하는 바에 따라 **다른 사람에게 양도하거나 담보로 제공할 수 없으며, 이를 압류할 수 없다.**
- 사회보장수급권은 제한되거나 정지될 수 없다. 다만, 관계 법령에서 따로 정하고 있는 경우에는 그러하지 아니하다.
- 사회보장수급권은 **정당한 권한이 있는 기관에 서면으로 통지하여 포기**할 수 있다. 포기는 취소할 수 있다.

사회보장제도의 운영원칙

- 보편성: 국가와 지방자치단체가 사회보장제도를 운영할 때에는 이 제도를 필요로 하는 모든 국민에게 적용하여야 한다.
- 형평성: 국가와 지방자치단체는 사회보장제도의 급여수준과 비용부담 등에서 형평성을 유지하여야 한다.
- 민주성: 국가와 지방자치단체는 사회보장제도의 정책 결정 및 시행 과정에 공익의 대표자 및 이해관계인 등을 참여시켜 이를 민주적으로 결정하고 시행하여야 한다.
- 효율성, 연계성 및 전문성: 국가와 지방자치단체가 사회보장제도를 운영할 때에는 국민의 다양한 복지 욕구를 효율적으로 충족시키기 위하여 연계성과 전문성을 높여야 한다.
- 공공성: 사회보험은 국가의 책임으로 시행하고, 공공부조와 사회서비스는 국가와 지방자치단체의 책임으로 시행하는 것을 원칙으로 한다. 다만, 국가와 지방자치단체의 재정 형편 등을 고려하여 이를 협의·조정할 수 있다.

사회보장 기본계획

- 보건복지부장관은 관계 중앙행정기관의 장과 협의하여 **사회보장에 관한 기본계획을 5년마다 수립**하여야 한다. 이는 사회보장위원회와 국무회의의 심의를 거쳐 확정한다.
- 기본계획에는 '국내외 사회보장환경의 변화와 전망, 사회보장의 기본목표 및 중장기 추진방향, 주요 추진과제 및 추진 방법, 필요한 재원의 규모와 조달방안, 사회보장 관련 기금 운용방안, 사회보장 전달체계, 그 밖에 사회보장정책의 추진에 필요한 사항'이 포함되어야 한다.

사회보장위원회

- 사회보장에 관한 주요시책을 심의·조정하기 위하여 **국무총리 소속**으로 사회보장위원회를 둔다.
- **위원장 1명, 부위원장 3명과 행정안전부장관, 고용노동부장관, 여성가족부장관, 국토교통부장관을 포함한 30명 이내의 위원으로 구성한다. 위원장은 국무총리가 되고 부위원장은 기획재정부장관, 교육부장관 및 보건복지부장관**이 된다.
- 위원은 대통령령으로 정하는 관계 중앙행정기관의 장과 근로자를 대표하는 사람, 사용자를 대표하는 사람, 사회보장에 관한 학식과 경험이 풍부한 사람, 변호사 자격이 있는 사람 중에서 대통령이 위촉하는 사람으로 한다. 임기는 2년이다. 다만, 공무원의 임기는 재임기간으로 한다.

정답훈련

다음 내용이 왜 틀렸는지를 확인해보자

20-08-04

01 사회보험, 공공부조, 사회서비스는 <u>지방자치단체의 책임으로 시행하는 것을 원칙</u>으로 한다.

> 사회보험은 국가의 책임으로 시행하고, 공공부조와 사회서비스는 국가와 지방자치단체의 책임으로 시행하는 것을 원칙으로 한다.

20-08-05

02 국가는 사회보장제도의 안정적인 운영을 위하여 **중장기 사회보장 재정추계를 매년 실시**하고 이를 공표하여야 한다.

> 국가는 사회보장제도의 안정적인 운영을 위하여 중장기 사회보장 재정추계를 격년으로 실시하고 이를 공표하여야 한다.

---

03 국가와 지방자치단체는 <u>사회보장급여의 신청을 대신할 수 없다.</u>

> 사회보장급여를 받으려는 사람은 국가나 지방자치단체에 신청하여야 한다. 다만, 관계 법령에서 따로 정하는 경우에는 국가나 지방자치단체가 신청을 대신할 수 있다.

16-08-05

04 사회보장수급권은 <u>이유를 불문하고 제한되거나 정지될 수 없다.</u>

> 사회보장수급권은 제한되거나 정지될 수 없다. 다만, 관계 법령에서 따로 정하고 있는 경우에는 그러하지 아니하다.

11-08-07

05 **독립성의 원칙**은 사회보장기본법상 사회보장제도의 운영원칙 중 하나이다.

> 사회보장제도의 운영원칙에는 보편성, 형평성, 민주성, 효율성 · 연계성 · 전문성, 공공성의 원칙이 있다.

---

06 사회보장위원회의 <u>위원장은 보건복지부장관</u>이 되고 부위원장은 <u>기획재정부장관, 교육부장관</u>이 된다.

> 사회보장위원회의 위원장은 국무총리가 되고 부위원장은 기획재정부장관, 교육부장관 및 보건복지부장관이 된다.

빈칸에 들어갈 알맞은 말을 채워보자

19-08-05

01 사회보장수급권은 정당한 권한이 있는 기관에 ( )(으)로 통지하여 포기할 수 있다.

19-08-07

02 ( )(이)란 생애주기에 걸쳐 보편적으로 충족되어야 하는 기본욕구와 특정한 사회위험에 의하여 발생하는 특수욕구를 동시에 고려하여 소득·서비스를 보장하는 맞춤형 사회보장제도를 말한다.

16-08-04

03 사회보장위원회는 위원장 1명, 부위원장 3명과 행정안전부장관, 고용노동부장관, 여성가족부장관, 국토교통부장관을 포함한 ( )명 이내의 위원으로 구성한다.

16-08-06

04 국내외에 거주하는 외국인에게 ( )의 원칙에 따라 사회보장제도를 적용하여야 한다.

15-08-25

05 보건복지부장관은 관계 중앙행정기관의 장과 협의하여 사회보장 증진을 위하여 사회보장에 관한 기본계획을 ( )년 마다 수립하여야 한다.

09-08-09

06 사회보장에 관한 주요 시책을 심의·조정하기 위하여 국무총리 소속으로 ( )을/를 둔다.

07 ( )은/는 사회보장정보시스템의 구축·운영을 총괄한다.

08 국가와 지방자치단체는 모든 국민이 건강하고 문화적인 생활을 유지할 수 있도록 ( )의 수준 향상을 위하여 노력하여야 한다.

08-08-29

09 국가와 지방자치단체는 모든 국민이 쉽게 이용할 수 있고 사회보장급여가 적시에 제공되도록 지역적·기능적으로 균형잡힌 ( )을/를 구축하여야 한다.

07-08-11

10 국가는 관계 법령에서 정하는 바에 따라 ( )와/과 최저임금을 매년 공표하여야 한다.

답 **01** 서면 **02** 평생사회안전망 **03** 30 **04** 상호주의 **05** 5 **06** 사회보장위원회 **07** 보건복지부장관 **08** 사회보장급여 **09** 사회보장 전달체계 **10** 최저보장수준

다음 내용이 **옳은지 그른지** 판단해보자

19-08-05
01 사회보장수급권의 포기는 취소할 수 없다. ◎ⓧ

18-08-04
02 국가와 지방자치단체는 기존 제도와의 관계, 사회보장 전달체계와 재정 등에 미치는 영향 등을 사전에 충분히 검토하여야 한다. ◎ⓧ

17-08-06
03 모든 국민은 사회보장 관계 법령에서 정하는 바에 따라 사회보장급여를 받을 권리를 가진다. ◎ⓧ

16-08-04
04 사회보장위원회 위원의 임기는 2년으로 하며, 공무원인 위원의 임기는 1년으로 한다. ◎ⓧ

15-08-22
05 부담 능력이 있는 국민에 대한 사회서비스에 대해서는 관계 법령에서 정하는 바에 따라 지방자치단체가 그 비용의 일부를 부담할 수 있다. ◎ⓧ

06 사회보장급여를 받으려는 사람은 관계 법령에서 정하는 바에 따라 국가나 지방자치단체에 신청하여야 한다. ◎ⓧ

14-08-05
07 사회보장에 관한 기본계획은 다른 법령에 따라 수립되는 사회보장에 관한 계획에 우선하며 그 계획의 기본이 된다. ◎ⓧ

10-08-09
08 부담능력이 있는 국민에 대한 사회복지서비스에 드는 비용은 그 수익자가 부담하는 것을 원칙으로 한다.

08-08-29
09 보건복지부장관은 사회보장제도의 발전을 위하여 전문인력의 양성, 학술 조사 및 연구, 국제 교류의 증진 등에 노력하여야 한다.

10 국가와 지방자치단체는 최저보장수준과 최저임금 등을 고려하여 사회보장급여의 수준을 결정하여야 한다.

 **답** 01✕ 02○ 03○ 04✕ 05○ 06○ 07○ 08○ 09✕ 10○

(해설) 01 사회보장수급권의 포기는 취소할 수 있다.
04 사회보장위원회 위원의 임기는 2년으로 하며, 공무원인 위원의 임기는 그 재임 기간으로 한다.
09 국가와 지방자치단체는 사회보장제도의 발전을 위하여 전문인력의 양성, 학술 조사 및 연구, 국제 교류의 증진 등에 노력하여야 한다.

keyword	법의 체계와 적용
sub keywords	법의 제정, 법의 일반적 체계, 법의 분류방법, 법원, 사회복지법의 개념, 사회복지법의 체계
focus	사회복지법의 법원, 법체계, 법령 제정과 관련한 문제들이 출제되었다. 세부적으로 살펴보면 법률의 제정 과정, 사회복지법의 법원(성문법, 불문법), 체계(헌법, 법률, 명령, 조례, 규칙), 법의 적용과 해석(상위법 우선의 원칙, 특별법 우선의 원칙, 신법우선의 원칙) 등 사회복지법의 총론적인 내용에 관한 문제가 주로 출제되고 있다.

`20-08-02`

우리나라 사회복지법의 법원에 해당하는 것을 모두 고른 것은?

ㄱ. 대통령령
ㄴ. 조례
ㄷ. 일반적으로 승인된 국제법규
ㄹ. 규칙

① ㄱ
② ㄱ, ㄴ
③ ㄱ, ㄴ, ㄹ
④ ㄴ, ㄷ, ㄹ
⑤ ㄱ, ㄴ, ㄷ, ㄹ

정답률 확인 ① 9% ② 7% ③ 24% ④ 7% ⑤ 53%

답 ⑤

우리나라의 법원은 성문법주의를 채택하고 있다. 성문법에는 헌법, 법률, 명령(시행령, 시행규칙), 자치법규(조례, 규칙), 국제조약 및 국제법규 등이 해당한다.

➕ 출제빈도

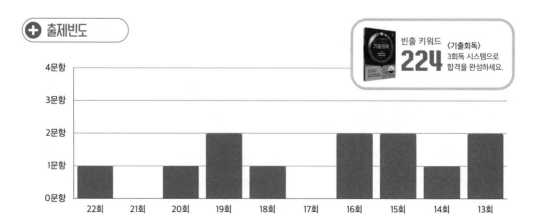

빈출 키워드 〈기출회독〉
224 3회독 시스템으로 합격을 완성하세요.

법의 체계와 적용

강의 QR코드

★ 최근 10년간 **12문항** 출제 ★

이론요약

법원

[기본개념]
사회복지법제론

1장

▶ **성문법으로서의 법원**

- 헌법: **최상위의 법**으로서 헌법의 규정은 사회복지 관련 하위법규의 존립근거이면서 재판의 규범이다.
- 법률: **국회의 의결에 의해 제정**된다.
- 명령(시행령, 시행규칙): 국회의 의결을 거치지 않고 **대통령 이하의 행정기관이 제정한 법규**이다.
- 자치법규: 조례(지방자치단체가 자치입법권에 의거하여 법령의 범위 안에서 **지방의회의 의결을 거쳐 그 사무에 관하여 제정한 법**)와 규칙(지방자치단체의 장이 법령 또는 조례가 위임한 범위 내에서 **그 권한에 속하는 사무에 관하여 정립한 법**)을 말한다.
- 국제조약: 국가 간에 맺은 문서에 의한 합의로서 국제기구도 조약을 체결할 수 있다.
- 국제법규: 국제관습과 우리나라가 체결당사자가 아닌 조약으로서 국제사회에 의하여 그 규범성이 일반적으로 승인된 것이다.

▶ **불문법으로서의 법원**

- 관습법: 관행이 계속적으로 행해짐에 따라 법으로서의 효력을 가지게 된 경우를 말한다.
- 판례법: 법원이 내리는 판결을 말한다.
- 조리: 사물의 도리, 합리성, 본질적 법칙을 의미한다.

법의 분류방법

- 상위법과 하위법: 우리나라 법체계는 헌법을 정점으로 하여 **법률, 시행령, 시행규칙, 자치법규(조례와 규칙)의 순서**로 위계를 갖고 있다.
- 일반법과 특별법: **법의 적용과 효력의 범위가 넓은 법이 일반법이고, 제한된 영역에서 적용되는 법을 특별법**이라고 한다.
- 강행법과 임의법: 강행법은 당사자의 의사와 관계없이 적용이 강제되는 법이고, 임의법은 당사자의 의사에 따라 법을 적용할 수도 있고 적용을 배제할 수도 있는 법이다.
- 신법과 구법: **신법은 새로 제정된 법이고, 구법은 신법에 의해 폐지되는 법**을 말한다.

- 실체법과 절차법: 실체법은 법을 실현하고자 하는 그 자체의 법이고, 절차법은 실체법의 실현방법에 관한 법이다. 헌법, 민법, 형법, 상법은 실체법이며, 형사소송법, 민사소송법 등은 절차법에 속한다.

법령 적용과 해석
- 상위법 우선의 원칙: 법형식 간의 위계체계는 헌법, 법률, 명령(대통령령, 총리령·부령), 조례, 규칙 순이 된다. 이 순서에 따라 어느 것이 상위법 또는 하위법인지가 정해지며, 하위법의 내용이 상위법과 저촉되는 경우에는 '상위법 우선의 원칙'을 적용한다.
- 특별법 우선의 원칙: 동등한 법형식 사이에서 어떤 법령이 규정하고 있는 일반적인 사항과 다른 특정의 경우를 한정하거나 특정의 사람 또는 지역을 한정하여 적용하는 법령이 있는 경우에 이 두개의 법령은 일반법과 특별법의 관계에 있다고 하고, 이 경우에는 특별법이 일반법에 우선한다는 것이다.
- 신법 우선의 원칙: 동등한 법형식 사이에 법령내용이 상호 모순·저촉하는 경우에는 시간적으로 나중에 제정된 것이 먼저 제정된 것보다 우선하는 효력을 가진다는 것이다.

법률의 제정
- 법률을 제·개정하는 '입법권'은 국회의 권한으로 규정되어 있다.
- 법률안을 심의·의결하는 과정은 국회의 고유권한이지만, 법률안을 제출하는 것은 정부도 할 수 있다. 국무회의의 심의를 거쳐서 대통령이 서명하고, 국무총리 및 관계 국무위원이 부서하여 국회에 제출 하면 이후 심의와 의결의 과정을 거치게 된다.
- 법률안이 제출되면 소관 상임위원회에 회부되어 심사를 받고, 심사가 끝나고 본회의에 회부되면 법률안에 대한 심의와 의결이 진행된다. 재적의원 과반수의 출석과 출석의원 과반수의 찬성이 있을 경우 의결된다.
- 본회의에서 의결되면 정부에 이송되어 15일 이내에 대통령이 공포하게 된다. 법률안에 이의가 있으면 대통령은 거부권을 행사하고 재의를 요구할 수 있다. 재의 요구된 법률안은 국회가 재적의원 과반수의 출석과 출석의원 2/3 이상의 찬성으로 전과 같은 의결을 하면 그 법률안은 법률로 확정된다.

법률과 그 하위법령의 일반적 입법원칙
- 대통령은 법률에서 구체적으로 범위를 정하여 위임받은 사항과 법률을 집행하기 위하여 필요한 사항에 관하여 대통령령을 발할 수 있다.
- 국무총리 또는 행정각부의 장은 소관 사무에 관하여 법률이나 대통령령의 위임 또는 직권으로 총리령 또는 부령을 발할 수 있다.
- 헌법에 의해 체결·공포된 조약과 일반적으로 승인된 국제법규는 국내법과 같은 효력을 가진다.
- 지방자치단체는 주민의 복리에 관한 사무를 처리하고 재산을 관리하며, 법령의 범위 안에서 자치에 관한 규정을 제정할 수 있다.

다음 내용이 왜 틀렸는지를 확인해보자

19-08-02

01 헌법, 법률, 명령, 자치법규, 국제조약 및 국제법규 등은 **불문법으로서의 법원**에 해당한다.

> 헌법, 법률, 명령, 자치법규, 국제조약 및 국제법규 등은 성문법으로서의 법원에 해당한다.

14-08-03

02 법률안에 이의가 있어도 대통령은 거부권을 행사하고 **재의를 요구할 수 없다.**

> 법률안에 이의가 있으면 대통령은 거부권을 행사하고 재의를 요구할 수 있다.

03 형식적 효력이 동등한 법형식 사이에 법령내용이 상호 모순·저촉하는 경우에는 **시간적으로 먼저 제정된 것이 나중에 제정된 것보다 우선**하는 효력을 가진다.

> 형식적 효력이 동등한 법형식 사이에 법령내용이 상호 모순·저촉하는 경우에는 시간적으로 나중에 제정된 것이 먼저 제정된 것보다 우선하는 효력을 가진다.

04 **법률**은 국회의 의결을 거치지 않고 대통령 이하의 행정기관이 제정한 법규를 의미하며, 대통령령, 총리령, 부령 등이 있다.

> 명령은 국회의 의결을 거치지 않고 대통령 이하의 행정기관이 제정한 법규를 의미하며, 대통령령, 총리령, 부령 등이 있다.

11-08-01

05 우리 실정법상 **사회보장의 정의규정은 존재하지 아니한다.**

> 우리나라는 사회보장기본법 제3조에서 사회보장의 정의를 규정하고 있다.

06 우리나라의 법체계는 **헌법 – 법률 – 시행규칙 – 시행령 – 자치법규의 순서**로 위계를 갖고 있다.

> 우리나라의 법체계는 헌법 – 법률 – 시행령 – 시행규칙 – 자치법규의 순서로 위계를 갖고 있다.

07 헌법에는 법률을 제·개정하는 '입법권'은 <u>대통령의 권한으로</u> 규정되어 있다.

> 헌법에는 법률을 제·개정하는 '입법권'은 국회의 권한으로 규정되어 있다.

빈칸에 들어갈 **알맞은 말을** 채워보자

`16-08-01`

01 국회에서 의결된 법률안은 정부에 이송되어 ( )일 이내에 대통령이 공포한다.

`14-08-03`

02 법률은 특별한 규정이 없는 한 공포한 날로부터 ( )일을 경과함으로써 효력을 발생한다.

`10-08-02`

03 관습법과 조리는 사회복지법의 ( )에 속한다.

04 ( )은/는 당사자의 의사와 관계없이 적용이 강제되는 법이고, 임의법은 당사자의 의사에 따라 법을 적용할 수도 있고 적용을 배제할 수도 있는 법이다.

`05-08-01`

05 시행령은 대통령이 제정하며, 부처 장관은 ( )을/를 제정한다.

`04-08-02`

06 특별법과 일반법으로 분류하자면 사회복지사업법은 장애인복지법에 대하여 ( )(으)로 분류할 수 있다.

07 ( )은/는 모든 법령은 헌법을 정점으로 하나의 단계적 구조를 이루고 있으므로 둘 이상 종류의 법령이 그 내용에 있어서 상호 모순·저촉하는 경우에는 상위법령이 하위법령에 우선한다는 것이다.

08 ( )은/는 법원이 내리는 판결을 법으로 보는 경우이며 대법원의 판례에 의해 형성된다.

답 **01** 15 **02** 20 **03** 불문법 **04** 강행법 **05** 시행규칙 **06** 일반법 **07** 상위법 우선의 원칙 **08** 판례법

다음 내용이 옳은지 그른지 판단해보자

01 `15-08-01`
사회복지법은 단일 법전 형식으로 구성되어 있다. ◎ ⊗

02 `15-08-12`
국무총리는 사회복지에 관하여 총리령을 직권으로 제정할 수 있다. ◎ ⊗

03 둘 이상 종류의 법령이 그 내용에 있어서 상호 저촉하는 경우에는 상위법령이 하위법령에 우선한다. ◎ ⊗

04 헌법의 규정은 사회복지 관련 하위법규의 존립근거이면서 동시에 재판의 규범으로서도 의미를 지니고 있다. ◎ ⊗

05 `13-08-11`
구법인 특별법과 신법인 일반법 간에 충돌이 있는 경우에는 구법인 특별법이 우선 적용된다. ◎ ⊗

06 `10-08-06`
대통령은 법률에서 구체적으로 범위를 정하여 위임받은 사항에 대해서만 대통령령을 발할 수 있다. ◎ ⊗

07 조리란 사물의 도리, 합리성, 본질적 법칙을 의미한다. ◎ ⊗

08 법률안을 심의·의결하는 과정은 국회의 고유권한이지만, 법률안을 제출하는 것은 정부도 할 수 있다. ◎ ⊗

답 **01**× **02**○ **03**○ **04**○ **05**○ **06**× **07**○ **08**○

해설 **01** 사회복지법은 단일 법전 형식이 아니라 개별법 체계로 구성되어 있다.
06 대통령령은 구체적으로 범위를 정하여 위임받은 사항과 법률을 집행하기 위하여 필요한 사항에 관하여 대통령이 발할 수 있는 명령을 말한다.

합격족보 필수 키워드 39

keyword	한국 사회복지법률의 역사
sub keywords	사회복지관련 주요 법률의 제·개정
focus	시기별로 같은 시기에 제정된 법률이 바르게 짝지어진 것을 찾는 문제, 제시된 법률을 제정된 순서대로 나열하는 문제, 가장 최근에 제정된 법률을 찾는 문제 등 다양한 방식으로 변형해서 출제될 가능성이 있다. 참고로 영국의 사회복지 관련 법률의 역사에 관한 문제가 4회 시험에서 단 한 번 출제된 바 있다.

21-08-01

법률의 제정 연도가 빠른 순서대로 옳게 나열된 것은?

ㄱ. 국민기초생활보장법
ㄴ. 산업재해보상보험법
ㄷ. 사회복지사업법
ㄹ. 고용보험법
ㅁ. 노인복지법

① ㄱ - ㄴ - ㄷ - ㄹ - ㅁ
② ㄴ - ㄱ - ㅁ - ㄷ - ㄹ
③ ㄴ - ㄷ - ㅁ - ㄹ - ㄱ
④ ㄷ - ㄱ - ㄹ - ㅁ - ㄴ
⑤ ㄷ - ㅁ - ㄴ - ㄹ - ㄱ

정답률 확인　① 6% ② 12% ③ 69% ④ 4% ⑤ 9%

답 ③

ㄴ. 산업재해보상보험법: 1963년 제정
ㄷ. 사회복지사업법: 1970년 제정
ㅁ. 노인복지법: 1981년 제정
ㄹ. 고용보험법: 1993년 제정
ㄱ. 국민기초생활보장법: 1999년 제정

➕ 출제빈도

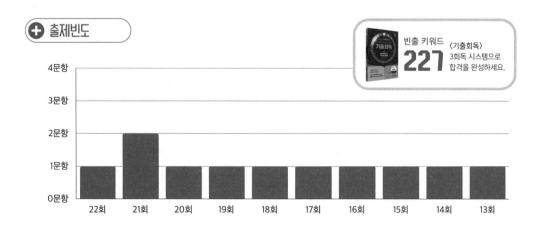

	22회	21회	20회	19회	18회	17회	16회	15회	14회	13회

빈출 키워드
227 〈기출회독〉
3회독 시스템으로
합격을 완성하세요.

한국 사회복지법률의 역사

강의 QR코드

1회독 〉 **2**회독 〉 **3**회독

월 일 | 월 일 | 월 일

★ 최근 10년간 **11문항** 출제 ★

이론요약

1960년대

- 공무원연금법 시행(1960년)
- 생활보호법 제정(1961년): 국민기초생활보장법의 전신
- 아동복리법 제정(1961년): 보육사업 본격 실시. 탁아소를 법정 아동복지시설로 인정. 아동복지법의 전신
- **산업재해보상보험법 제정(1963년): 4대 보험 중 가장 먼저 제정된 법**
- 사회보장에 관한 법률 제정(1963년): 사회보장기본법의 전신
- 기타: 재해구호법 제정(1962년), 군인연금법 제정(1963년), 갱생보호법 제정(1961년)

[기본개념]
사회복지법제론

2장

1970년대

- **사회복지사업법 제정(1970년)**
- 국민복지연금법 제정(1973년): 석유파동으로 시행 연기
- 의료보호법 제정(1977년): 의료급여법의 전신
- 공무원 및 사립학교교직원 의료보험법 제정(1977년)

1980년대

- 아동복지법 전부개정(1981년): 아동복리법 폐지. 어린이날(5월 5일) 제정
- 심신장애자복지법 제정(1981년): 장애인복지법의 전신
- **장애인복지법 개정(1989년): 심신장애자복지법 → 장애인복지법으로 명칭 변경**
- **노인복지법 제정(1981년)**
- 모자복지법 제정(1989년)
- 사회복지사업법 일부개정(1983년): 사회복지사 자격제도가 처음으로 도입
- **국민연금법 개정(1986년): 기존의 국민복지연금법을 전부개정하여 1988년부터 시행**

1990년대

- **사회보장기본법 제정(1995년)**
- **국민기초생활보장법 제정(1999년): 생활보호법 폐지**

- 영유아보육법 제정(1991년)
- 고용보험법 제정(1993년 제정, 1995년 시행)
- 국민건강보험법 제정(1999년)
- 사회복지공동모금법 제정(1997년): 1999년 개정으로 사회복지공동모금회법으로 명칭 변경
- 기타: 장애인고용촉진등에 관한 법률 제정(1990년), 성폭력범죄의 처벌 및 피해보호자 등에 관한 법률 제정(1994년), 정신보건법 제정(1995년), 청소년보호법 제정(1997년), 가정폭력방지 및 피해자보호 등에 관한 법률 제정(1997년)

2000년대

- 장애인복지법 개정(2003년): 장애범주를 10개에서 15개로 확대(추가: 호흡기장애인, 간장애인, 안면 장애인, 장루·요루장애인, 간질장애인)
- 의료급여법 개정(2001년): 의료보호법 → 의료급여법으로 명칭 변경
- 아동복지법 개정(2001년): 아동학대 신고 의무화
- 긴급복지지원법 제정(2005년)
- 노인장기요양보험법 제정(2007년)
- 다문화가족지원법 제정(2008년)
- 장애인연금법 제정(2010년)
- 기초연금법 제정(2014년): 기존 기초노령연금법 폐지
- 국민기초생활보장법 개정(2014년): 급여별 수급자 선정기준을 다층화하고, 최저생계비 대신 최저보장수준 및 기준 중위소득 제도를 도입
- 사회보장급여의 이용·제공 및 수급권자 발굴에 관한 법률 제정(2014년)
- 기타: 건강가정기본법 제정(2004년), 저출산·고령사회기본법 제정(2005년), **자원봉사활동기본법 제정(2005년)**, 한부모가족지원법 개정(2007년, 모자복지법 → 모·부자복지법에서 명칭 변경), 장애인활동지원에 관한 법률 제정(2011년), 노숙인 등의 복지 및 자립지원에 관한 법률 제정(2011년), 치매관리법 제정(2011년), 장애아동복지지원법 제정(2011년), 발달장애인 권리보장 및 지원에 관한 법률 제정(2014년), **아동수당법 제정(2018년)**

정답훈련

다음 내용이 왜 **틀렸는지**를 확인해보자

`15-08-05`

01 긴급복지지원법, 노인장기요양보험법, 장애인연금법, 다문화가족지원법은 **1990년대 제정**된 사회복지법이다.

> 긴급복지지원법(2005년 제정), 노인장기요양보험법(2007년 제정), 장애인연금법(2010년 제정), 다문화가족
> 지원법(2008년 제정)은 모두 2000년대에 제정된 사회복지법이다.

---

02 장애인연금법은 경제적으로 어려운 장애인을 지원하기 위한 목적으로 **2007년에 제정**되었다.

> 장애인연금법은 장애로 인하여 생활이 어려운 중증장애인에게 장애인연금을 지급함으로써 중증장애인의 생활
> 안정 지원과 복지증진 및 사회통합을 도모하는 데 이바지함을 목적으로 2010년에 제정되었다.

---

03 기초연금법이 **2012년에 제정**되면서 기존의 기초노령연금법은 폐지되었다.

> 기초연금법이 2014년에 제정되면서 기존의 기초노령연금법은 폐지되었다.

`14-08-01`

04 고용보험법, 사회보장기본법, 노인장기요양보험법, 국민기초생활보장법 중 가장 먼저 제정된 법률은 **노인장기요
양보험법**이다.

> 고용보험법, 사회보장기본법, 노인장기요양보험법, 국민기초생활보장법 중 가장 먼저 제정된 법률은 고용보험
> 법이다. 고용보험법은 1993년, 사회보장기본법은 1995년, 노인장기요양보험법은 2007년, 국민기초생활보장
> 법은 1999년에 제정되었다.

`09-08-03`

05 사회복지사업법은 **2003년 개정법률**부터 사회복지시설 평가제를 도입하였다.

> 사회복지사업법은 1997년 개정으로 사회복지시설 평가제가 도입되었다.

---

06 **2000년** 국민건강보험법이 제정되면서 지역과 직장 의료보험이 완전통합되는 국민건강보험제도를 구축하였다.

> 1999년 국민건강보험법이 제정되면서 지역과 직장 의료보험이 완전통합되는 국민건강보험제도를 구축하였다.

---

07 1995년 제정된 **사회복지사업법**을 통해 사회보장의 범위를 사회보험, 공공부조, 사회복지서비스 및 관련 제도로 정하고 수급권을 보호하는 규정을 마련하였다.

> 1995년 제정된 사회보장기본법을 통해 사회보장의 범위를 사회보험, 공공부조, 사회복지서비스 및 관련 제도로 정하고 수급권을 보호하는 규정을 마련하였다.

08 2007년 노인의 노후생활 안정을 도모하고 가족의 부양부담을 덜어줌으로써 국민의 삶의 질을 향상시키기 위해 **노인복지법이 제정**되었다.

> 2007년 노인의 노후생활 안정을 도모하고 가족의 부양부담을 덜어줌으로써 국민의 삶의 질을 향상시키기 위해 노인장기요양보험법이 제정되었다.

빈칸에 들어갈 알맞은 말을 채워보자

01 1999년 (   )이 제정되면서 전신인 생활보호법은 폐지되었다.

`12-08-12`

02 사회복지사업법은 1970년에 제정되었고, (   )년 개정 때 사회복지사 자격제도가 처음으로 도입되었다.

`10-08-01`

03 재해구호법, 산업재해보상보험법은 모두 (   )년대에 제정된 법이다.

04 생활이 어려운 저소득 국민의 건강 증진을 목적으로 하는 의료보호법이 2001년에 개정되면서 (   )으로 법명이 변경되었다.

05 2005년 갑작스러운 위기상황이 발생한 경우 누구든지 손쉽게 도움을 청하고 필요한 지원을 받을 수 있도록 (   )이 제정되었다.

 01 국민기초생활보장법 **02** 1983 **03** 1960 **04** 의료급여법 **05** 긴급복지지원법

다음 내용이 옳은지 그른지 판단해보자

19-08-01

01 국민연금법과 노인복지법은 2000년대에 제정되었다.

18-08-01

02 긴급복지지원법, 고용보험법, 노인복지법, 기초연금법 중 제정연도가 가장 빠른 것은 긴급복지지원법이고, 가장 늦은 것은 기초연금법이다.

17-08-02

03 '산업재해보상보험법 – 국민연금법 – 고용보험법 – 국민건강보험법'은 법률의 제정연도가 빠른 순서대로 나열한 것이다.

04 정신보건법은 2016년 개정되면서 법률의 명칭이 정신건강증진 및 정신질환자 복지서비스 지원에 관한 법률로 변경되었다.

09-08-03

05 사회복지사업법 제정시 사회복지사 자격에 관한 규정이 있었으나 국가시험은 도입되지 않았다.

06-08-04

06 국민연금법, 노인복지법, 산재보험법, 고용보험법 중 가장 최근에 제정된 법은 고용보험법이다.

07 요보호아동에서 모든 아동으로 법 적용의 대상을 확대하고자 1991년 아동복리법이 아동복지법으로 전부 개정되었다.

08 1999년 국민기초생활보장법이 제정되면서 수급권자, 보장기관 등의 용어를 사용하여 권리적 성격을 강화하였다.

답 01× 02× 03○ 04○ 05× 06○ 07× 08○

해설 **01** 국민연금법은 1973년 12월에 제정된 국민복지연금법을 개정하여 1986년 12월에 국민연금법으로 명칭을 변경하였고, 노인복지법은 1981년 6월에 제정되었다.

02 긴급복지지원법, 고용보험법, 노인복지법, 기초연금법 중 제정연도가 가장 빠른 것은 노인복지법(1981년)이고, 가장 늦은 것은 기초연금법(2014년)이다.

05 사회복지사업법 제정시 '사회복지사'라는 용어를 사용하지 않았다. 다만 사회복지사업 종사자에 관한 자격과 관련한 내용을 규정하기는 하였다.

07 아동복리법이 아동복지법으로 개정된 것은 1981년이다.

합격족보 필수 키워드 40

keyword	기초연금법
sub keywords	용어의 정의, 지급대상, 연금의 신청 및 지급, 연금액의 산정 및 급여액 결정, 비용의 분담, 수급권의 소멸 및 지급정지
focus	기초연금법은 공공부조법에서 국민기초생활보장법 다음으로 출제 빈도가 높다. 기초연금법에 관한 문제는 주로 기초연금법 전반에 대한 내용들이 출제되었는데, 지급대상, 신청, 연금액, 비용부담, 수급권의 상실과 보호, 소멸시효 등에 관한 내용들이 주로 다루어졌다.

(20-08-14)

기초연금법상 기초연금의 지급정지 사유에 해당하는 것을 모두 고른 것은?

ㄱ. 기초연금 수급자가 금고 이상의 형을 선고받고 교정시설 또는 치료감호시설에 수용되어 있는 경우
ㄴ. 기초연금 수급자가 행방불명되거나 실종되는 등 대통령령으로 정하는 바에 따라 사망한 것으로 추정되는 경우
ㄷ. 기초연금 수급권자가 국적을 상실한 때
ㄹ. 기초연금 수급자의 국외 체류기간이 60일 이상 지속되는 경우

① ㄱ, ㄴ   ② ㄷ, ㄹ   ③ ㄱ, ㄴ, ㄷ   ④ ㄱ, ㄴ, ㄹ   ⑤ ㄱ, ㄴ, ㄷ, ㄹ

정답률 확인   ① 2% ② 3% ③ 24% ④ **9%** ⑤ 62%

답 ④
특별자치시장·특별자치도지사·시장·군수·구청장은 기초연금 수급자가 다음의 어느 하나의 경우에 해당하면 그 사유가 발생한 날이 속하는 달의 다음 달부터 그 사유가 소멸한 날이 속하는 달까지는 기초연금의 지급을 정지한다.
• 기초연금 수급자가 금고 이상의 형을 선고받고 교정시설 또는 치료감호시설에 수용되어 있는 경우
• 기초연금 수급자가 행방불명되거나 실종되는 등 대통령령으로 정하는 바에 따라 사망한 것으로 추정되는 경우
• 기초연금 수급자의 국외 체류기간이 60일 이상 지속되는 경우(이 경우 국외 체류 60일이 되는 날을 지급 정지의 사유가 발생한 날로 봄)
• 그 밖에 위에서 언급한 세 가지 경우에 준하는 경우로서 대통령령(기초연금 수급자가 거주불명자로 등록된 경우)으로 정하는 경우

➕ **출제빈도**

빈출 키워드
232
〈기출회독〉
3회독 시스템으로
합격을 완성하세요.

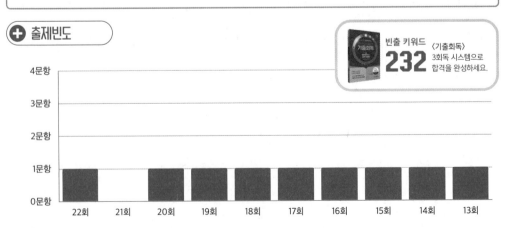

	22회	21회	20회	19회	18회	17회	16회	15회	14회	13회

(y축: 0문항 / 1문항 / 2문항 / 3문항 / 4문항)

기초연금법

강의 QR코드

1회독 > **2**회독 > **3**회독

| 월 | 일 | 월 | 일 | 월 | 일 |

★ 최근 10년간 **9문항** 출제 ★

이론요약

지급대상

- 65세 이상인 사람으로서 <u>소득인정액이 선정기준액(보건복지부장관이 정하여 고시하는 금액) 이하</u>인 사람에게 지급한다.
- 보건복지부장관은 선정기준액을 정하는 경우 <u>65세 이상인 사람 중 기초연금 수급자가 100분의 70 수준</u>이 되도록 한다.

기초연금 지급의 정지 및 수급권의 상실

- 특별자치시장 · 특별자치도지사 · 시장 · 군수 · 구청장은 '기초연금 수급자가 금고 이상의 형을 선고 받고 교정시설 또는 치료감호시설에 수용되어 있는 경우, 기초연금 수급자가 행방불명되거나 실종되는 등 대통령령으로 정하는 바에 따라 사망한 것으로 추정되는 경우, 기초연금 수급자의 국외 체류기간이 60일 이상 지속되는 경우, 그 밖에 위에서 언급한 세 가지 경우에 준하는 경우로서 대통령령(기초연금 수급자가 거주불명자로 등록된 경우)으로 정하는 경우'에 해당하면 그 사유가 발생한 날이 속하는 달의 다음 달부터 그 사유가 소멸한 날이 속하는 달까지는 기초연금의 지급을 정지한다.
- 기초연금 수급권자는 '사망한 때, 국적을 상실하거나 국외로 이주한 때, 기초연금 수급권자에 해당하지 아니하게 된 때'의 어느 하나에 해당하게 된 때에 기초연금 수급권을 상실한다.

급여의 신청, 결정, 지급

- 기초연금을 지급받으려는 사람(기초연금 수급희망자) 또는 대리인(배우자, 자녀, 형제자매, 친족 등), 관계공무원은 특별자치시장 · 특별자치도지사 · 시장 · 군수 · 구청장에게 기초연금의 지급을 신청할 수 있다.
- 특별자치시장 · 특별자치도지사 · 시장 · 군수 · 구청장은 조사를 한 후 기초연금 수급권의 발생 · 변경 · 상실 등을 결정한다. 결정을 한 경우에는 그 결정 내용을 서면으로 그 이유를 구체적으로 밝혀 기초연금 수급권자에게 지체 없이 통지하여야 한다.
- 특별자치시장 · 특별자치도지사 · 시장 · 군수 · 구청장은 기초연금 수급권자로 결정한 사람에 대하여 기초연금의 지급을 신청한 날이 속하는 달부터 기초연금 수급권을 상실한 날이 속하는 달까지 매월 정기적으로 기초연금을 지급한다.
- 기초연금의 지급이 정지된 기간에는 기초연금을 지급하지 아니한다.

기초연금액의 감액

- 본인과 그 배우자가 모두 기초연금 수급권자인 경우에는 각각의 기초연금액에서 **기초연금액의 100분의 20에 해당하는 금액을 감액**한다.
- 소득인정액과 기초연금액(부부감액이 적용되는 경우에는 그 감액분이 반영된 금액을 말함)을 합산한 금액이 선정기준액 이상인 경우에는 선정기준액을 초과하는 금액의 범위에서 기초연금액의 일부를 감액할 수 있다.

비용의 분담

- 국가는 지방자치단체의 노인인구 비율 및 재정 여건 등을 고려하여 기초연금의 지급에 드는 비용 중 100분의 40 이상 100분의 90 이하의 범위에서 대통령령으로 정하는 비율에 해당하는 비용을 부담한다.
- 국가가 부담하는 비용을 뺀 비용은 특별시·광역시·특별자치시·도·특별자치도와 시·군·구가 상호 분담한다. 이 경우, 그 부담비율은 노인인구 비율 및 재정여건 등을 고려하여 보건복지부장관과 협의하여 시·도의 조례 및 시·군·구의 조례로 정한다.

수급자의 권리보호

- 기초연금 **수급권은 양도하거나 담보로 제공할 수 없으며, 압류 대상으로 할 수 없다.**
- 기초연금으로 **지급받은 금품은 압류할 수 없다.**
- 지급 결정이나 그 밖에 이 법에 따른 처분에 이의가 있는 사람은 특별자치시장·특별자치도지사·시장·군수·구청장에게 이의신청을 할 수 있다.
- 기초연금 수급권자의 권리는 **5년간 행사하지 아니하면 시효의 완성으로 소멸**한다.

정답훈련

다음 내용이 왜 틀렸는지를 확인해보자

12-08-08

01 기초연금법령상 수급권자의 권리의 <u>소멸시효는 3년</u>이다.

> 기초연금법령상 수급권자의 권리의 소멸시효는 5년이다.

11-08-17

02 특별자치시장·특별자치도지사·시장·군수·구청장은 기초연금 수급권자로 결정한 사람에 대하여 **기초연금의 지급을 신청한 날이 속하는 다음 달부터 기초연금 수급권을 상실한 날이 속하는 달까지** 매월 정기적으로 기초연금을 지급한다.

> 특별자치시장·특별자치도지사·시장·군수·구청장은 기초연금 수급권자로 결정한 사람에 대하여 기초연금의 지급을 신청한 날이 속하는 달부터 기초연금 수급권을 상실한 날이 속하는 달까지 매월 정기적으로 기초연금을 지급한다.

09-08-12

03 기초연금 수급자가 사망한 경우 기초연금 수급자에게 지급되지 않은 **미지급 연금액은 소멸**된다.

> 기초연금 수급자가 사망한 경우로서 그 기초연금 수급자에게 지급되지 아니한 기초연금액이 있는 경우에는 그 기초연금 수급자의 사망 당시 생계를 같이 한 부양의무자(배우자와 직계혈족 및 그 배우자)가 미지급 기초연금을 청구할 수 있다.

04 국가는 지방자치단체의 노인인구 비율 및 재정 여건 등을 고려하여 기초연금의 지급에 드는 비용 중 **100분의 60 이상 100분의 90 이하의 범위**에서 대통령령으로 정하는 비율에 해당하는 비용을 부담한다.

> 국가는 지방자치단체의 노인인구 비율 및 재정 여건 등을 고려하여 기초연금의 지급에 드는 비용 중 100분의 40 이상 100분의 90 이하의 범위에서 대통령령으로 정하는 비율에 해당하는 비용을 부담한다.

05 기초연금의 이의신청은 그 처분이 있음을 안 날부터 **30일 이내에 서면**으로 하여야 한다.

> 기초연금의 이의신청은 그 처분이 있음을 안 날부터 90일 이내에 서면으로 하여야 한다.

빈칸에 들어갈 알맞은 말을 채워보자

18-08-14

01 본인과 그 배우자가 모두 기초연금 수급권자인 경우에는 각각의 기초연금액에서 기초연금액의 100분의 (   )에 해당하는 금액을 감액한다.

16-08-15

02 보건복지부장관은 선정기준액을 정하는 경우 65세 이상인 사람 중 기초연금 수급자가 100분의 (   ) 수준이 되도록 한다.

14-08-15

03 기초연금 수급권자에 대한 기초연금액은 기준연금액과 (   ) 등을 고려하여 산정한다.

04 기초연금을 지급받으려는 사람 또는 대리인은 (   )에게 기초연금의 지급을 신청할 수 있다.

13-08-12

05 소득인정액은 본인 및 배우자의 (   )와/과 재산의 소득환산액을 합산한 금액을 말한다.

 01 20 **02** 70 **03** 국민연금 급여액 **04** 특별자치시장 · 특별자치도지사 · 시장 · 군수 · 구청장 **05** 소득평가액

다음 내용이 옳은지 그른지 판단해보자

01 기초연금액의 적정성 평가를 할 때에는 노인 빈곤에 대한 실태조사와 기초연금의 장기적인 재정 소요에 대한 전망을 함께 실시하여야 한다.

11-08-17

02 기초연금 수급권은 양도하거나 담보로 제공할 수 없으나, 압류는 가능하다.

03 기초연금 수급권자가 사망한 때에는 기초연금 수급권을 상실한다.

04 기초연금 수급자의 국외 체류기간이 90일 이상 지속되는 경우에는 기초연금의 지급을 정지한다.

05 국가와 지방자치단체는 기초연금의 지급에 따라 계층 간 소득역전 현상이 발생하지 아니하고 근로의욕 및 저축 유인이 저하되지 아니하도록 최대한 노력하여야 한다.

답 **01**○ **02**× **03**○ **04**× **05**○

(해설) **02** 기초연금 수급권은 양도하거나 담보로 제공할 수 없으며, 압류 대상으로 할 수 없다.
04 기초연금 수급자의 국외 체류기간이 60일 이상 지속되는 경우에는 기초연금의 지급을 정지한다.